U0920902

《2020 上海教育年鉴》编委会

上海教育概览(2019)

基础教育

中小学、幼儿园、特殊教育、工读学校总数	3253所↑
幼儿园	1670所↑
小学	698所
中学	842所↑
特殊教育学校	31所↑
工读学校	12所
中小学、幼儿园、特殊教育学校、工读学校在校学生总数	201.34万人
幼儿园在园幼儿数	57.13万人↓
小学在校学生数	82.63万人
普通初中在校学生数	45.10万人
普通高中在校学生数	15.94万人
特殊教育在校学生数	0.48万人↑
工读学校在校学生数	0.06万人↓
义务教育入学率	99.9%以上
初中毕业生数	8.43万人↓
高中阶段毕业生数(含普通高中、普通中专、职业高中、技工学校)	8.14万人
高考统考考生数	7万余人
647所高校在沪实际录取学生数	近6万人

中等职业教育

普通中等职业学校总数	80所
职业高中	23所
中等专业学校	50所
中等技工学校	7所
普通中等职业学校全日制在校学生总数	8.66万人↓

高等教育

普通高等学校总数	64所
普通高校本专科在校学生总数	52.66万人↑
本科在校学生数	39.13万人↑
高职高专在校学生数	13.53万人
研究生培养机构(不包括中科院在沪分院和煤炭院上海分院)	49家
在读研究生数	19.63万人↑
在读博士生数	3.81万人↑
在读硕士生数	15.82万人↑
研究生招生数(含科研机构)	6.75万人↑
博士生招生数	1.9万人↑
硕士生招生数	5.75万人↓
普通高等学校本专科招生数	14.83万人↑
本科生招生数	9.83万人↑
专科生招生数	5.00万人↓
普通高校本专科毕业生数	13.17万人↓

成人中等高等学历教育

成人中高等学历教育学校总数	24所
独立设置成人高校	14所
独立设置中等专业学校	10所↓
成人高等教育和中等专业教育在校学生总数	28.33万人↑
成人本专科在校学生数	12.81万人↓
网络本专科在校学生数	14.18万人↑
成人中专在校学生数	1.34万人↓
成人本专科招生数	4.58万人↑
成人网络本专科招生数	5.36万人↓

成人中专招生数	0.5万人
成人本专科毕业生人数	4.01万人↓
成人网络本专科毕业生人数	4.62万人↑
成人中专毕业生人数	0.51万人

非学历教育

成人职业技术培训机构	726所
民办非学历高等教育机构	213所↑
校外教育机构总数	23所
少年宫	19所
少年科技站	3所
少年之家	1所
各类老年教育机构	5973个↓

中外合作办学

中外合作办学机构	27个↓
中外合作办学项目	150个↓
外籍人员子女学校数	37所↑
外籍人员子女学校在读学生数	31768名
在沪普通高校来华留学生数	644806人↑

教工队伍

中小学教职工总数	13.98万人↑
小学专任教师数	5.95万人↑
中学专任教师数	6.17万人↑
普通高校教职工总数	7.72万人↑
普通高校专任教师数	4.63万人↑
正高级职称教师数	0.85万人
副高级职称教师数	1.44万人
中级职称教师数	1.72万人
市属高校教职工总数	4.26万人
市属高校专任教师数	2.82万人
中央部委属高校教职工总数	3.25万人
中央部委属高校专任教师数	1.64万人

教育经费

全市一般公共预算教育支出预算	1064.8亿元↑
市本级一般公共预算教育支出预算	257亿元↓
区级一般公共预算教育支出预算	807.8亿元↑

注：↑表示统计数据与上年相比有所增加，↓表示统计数据与上年相比有所减少。

3月21日，教育部、上海市在沪召开深化教育综合改革2019年度工作会商会

7月30日，建设上海区域教育综合改革创新示范区签约仪式举行

12月19日，第八届"上海市青少年科技创新市长奖"颁奖仪式举行

12月18日，"奋斗的我 最美的国"上海市新时代先进人物进校园启动仪式暨首场事迹报告会在上海交通大学举行

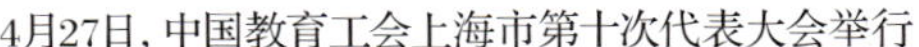

4月27日，中国教育工会上海市第十次代表大会举行

11–12月，基础教育助力“新秀”教师教学展示与教学论坛在嘉定区举行

11月2日，举行2019学前教育年会专家报告专场

6月26日，长三角教育督导协作框架签约仪式举行

9月16日，以“我和我的祖国”为主题的第三届全国中小学生电影周在上海电影博物馆开幕

2月20日，上海幼儿园、中小学将垃圾分类作为开学第一课

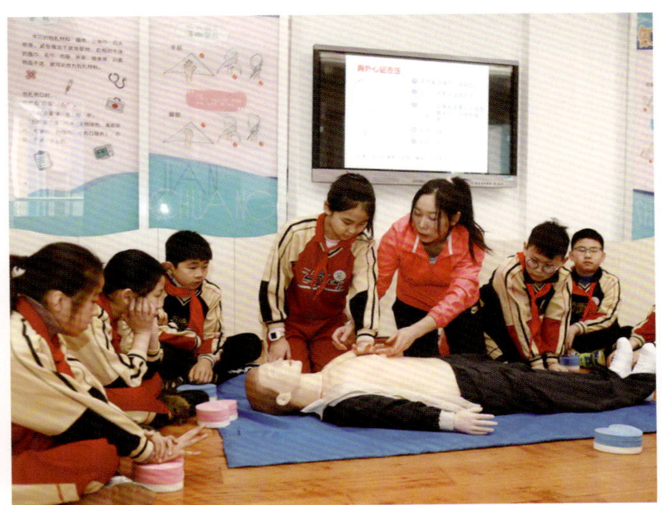

3月25日，全国安全教育日学生救护技能展示活动举行

10月14日，“我和我的祖国：上海市大中小学思政课一体化建设教学观摩活动”在华东师范大学举行

4月26–28日，第十六届上海教育博览会“迈向2035的‘城市·职业·教育’”展在上海展览中心举行。本届教博会首次聚焦职业教育、首次设立长三角展区，以“职业成才 匠心筑梦”为主题，生动展现上海职业教育改革发展的丰硕成果和迈向2035的美好前景

8月27日，上海市杨浦职业技术学校选手徐澳门在第45届世界技能大赛中夺得车身修理项目金牌

4—8月，举办“体验职业，发现自己，启迪未来”——2019年上海市学生职业体验日活动。图为小学生参加上海市商贸旅游学校的体验项目

11月8日，2019年沪喀职教联盟工作推进会暨“一校为主，多校对一”对口帮扶喀什职业技术学院签约仪式在新疆喀什举行

5月11–12日，上海市“星光计划”第八届职业院校技能大赛在上海科技馆举办。近10万名中职校和高职院校师生参加23个专业大类、113个项目比赛

第八届 星光计划
上海市职业院校技能大赛

5月23日，首批教育部中华优秀传统文化传承基地“顾绣师范教育传承基地”在上海师范大学揭牌

11月21日，上海首次举行学生国防教育论坛，组建专家库助推校园国防教育

6月14日，复旦大学上海医学院领导班子宣布会议在复旦大学枫林校区举行

12月15日，“奋斗的我 最美的国”2019年上海大学生校园歌会在上海财经大学举行

3月30日，2018上海教育年度新闻人物揭晓

12月20日，首届上海市普通高等学校“音乐、舞蹈教师基本功展示”和“音乐、美术教育专业本科生基本功展示”暨“青春放歌”大学生艺术单项比赛颁奖演出在上海师范大学举行

9月27日，“我和我的祖国”上海女教师朗诵比赛在上海师范大学举行

9月9日，上海教育系统庆祝中华人民共和国成立70周年暨上海市庆祝第35个教师节主题活动在复旦大学举行

9月14日，小学生参观“上海解放70周年主题摄影展，听92岁地下党员车仰慧讲述照片背后的故事

12月7日，上海市中小学生庆祝中华人民共和国成立70周年系列活动表彰大会在普陀区青少年中心举行，全市获奖师生代表300余人参加

9月5日，上海大学生“青春告白祖国”启动仪式暨首场宣讲会在同济大学举行。上海市60所高校的2000余名大学生参加启动仪式，并聆听宣讲

1月3日，“爱心助我高飞——关爱进城务工人员子女成长成果展示活动”在中福会少年宫举行

7月8日，2019年上海市小学生爱心暑托班556个办班点开班。学生开始体验“快乐不简单”的爱心暑托班生活

10月18日，上海市语言文字志愿服务总队成立。20所高中被命名为首批上海市语言文字“啄木鸟”志愿服务定点学校

3月20日，全市公办小学晚托服务延时至18时

11月4日，参加第二届进博会的外国首脑夫人参观上海市贸易学校

7月14日，2019国际（上海）青少年足球赛决赛举行。喀麦隆的法金飓风队获本届赛事总冠军

11月20日，中英数学教学交流活动在上海市实验学校举行

5月17日，2019国际田联钻石赛事上海站·世界田径名将校园行在上海市晋元高级中学举行。图为美国110米栏名将大卫·奥利弗与学生合影

编辑说明

一、《上海教育年鉴》是上海市教育委员会编纂的按年度发布上海教育改革和发展情况的专业性年鉴。它是上海各级教育行政部门、各级各类学校执行党和国家的教育法律法规与方针政策、做好教育工作的经验总结，是上海教育事业发展进程的真实记录。

二、编纂本年鉴是为教育管理决策、教育科学研究提供参考，为宣传交流上海教育改革与发展成就设立窗口，为关注和研究上海教育的相关单位与个人提供信息资料。

三、本年鉴的基本内容有："特载""各级各类教育""区域教育""高等学校""教育科研与考试、评估机构""教育电视与报刊""教育人物""大事记""法律 法规 规章 文件""教育统计"。

四、本年鉴为"类目—分目—条目"三级结构层次，以条目为主要载体。为便于检索，卷首设中英文目录，卷末有索引。索引分主题词索引、人名索引和串文图片索引。

五、本年鉴记述时限为2019年1月1日至12月31日，部分内容、数据涉及2019年前，个别资料延续到2020年3月。

六、本年鉴稿件由上海市教育委员会相关处室、直属单位，各区教育行政部门，各高等院校等有关单位提供。

目 录

特 载

各级各类教育

综合类

教材和语言文字管理

对外合作与交流

专题报告

区域教育

黄浦区

徐汇区

嘉定区

浦东新区

金山区

复旦大学上海医学院

上海交通大学

上海交通大学医学院

同济大学

上海体育学院

上海音乐学院

上海戏剧学院

上海立信会计金融学院

上海电机学院

教育电视与报刊

上海教育电视台

上海教育报刊总社

教育人物

大事记

法律　法规　规章　文件

教育统计

索　引

Contents

Special Articles

Various Educations at Different Levels

Miscellanies

Basic Education

Education in Districts

Huangpu District

Xuhui District

Jiading District

Pudong New District

Fengxian District

Chongming District

Higher Educational Institutions

Fudan University

Shanghai Medical College, Fudan University

Shanghai Jiao Tong University

Shanghai Jiao Tong University School of Medical

Tongji University

Shanghai University of Finance and Economics

Shanghai Customs College

Shanghai Civil Aviation College

Shanghai University of International Business and Economics

East China University of Political Science and Law

Shanghai University of Engineering Science

Shanghai Municipal Educational Examinations Authority

Shanghai Education Evaluation Institute

Educational TV and Press

Educational Personage

Chronicles of Events

Laws, Regulations and Documents

Educational Statistics

Index

特　载

Special Articles

勇当全国教卫事业改革发展探路者

中共上海市教育卫生工作委员会书记 沈 炜

上海教育卫生系统承担着“幼有所育、学有所教、病有所医”的民生责任，责任越大越需要全面从严治党。我们将按照市级机关党的建设工作会议部署，对标“三个坚定不移”要求，牢牢扭住党的政治建设这一根本性建设任务，全面提升市教卫直属机关党建质量和水平，以教卫机关党建为引领，带动系统党建质量进一步提升，为办好人民满意的教卫事业提供坚强政治保证。

始终对标“排头兵”“先行者”定位，勇当全国教卫事业改革发展探路者。近年来，上海教卫系统先后承担教育综合改革、高考综合改革、深化医药卫生体制改革、“三全育人”综合改革等国家重大改革试点任务，着眼到2020年率先总体实现教育现代化，建立城乡一体的医疗卫生服务和医疗保障体系。我们将在市委领导下，发挥党的政治优势和组织优势，激发机关党员干部和广大教职工、医务人员干事创业的动力活力，做好补短板、拉长板、固底板各项既定改革任务，确保到2020年底如期完成试点任务，担当好“试验田”角色，为全国教育卫生事业改革发展提供更多可复制、可推广的制度性成果。

始终坚持以人民为中心的立场，着力激励机关党员干部勇挑最重的担子、敢啃最难啃的骨头，有力破解民生领域痛点难点。一要着力破解“3个3”民生痛点。完善“政府引导、家庭为主、多方参与”的3岁以下幼儿托育服务体系，构建以托幼一体化为主导、各方共同参与的供给模式，努力满足市民托育服务需求；丰富3—6岁学前教育资源、提升保教质量，保障有需求、符合条件的适龄幼儿入园；提升小学生下午3时30分课后延时服务质量，破解小学生家庭接孩子“最后一公里”问题。二要着力促进各学段招生入学公平公正。全面落实中央有关全面提高义务教育质量部署，稳慎有序推进中考改革和高考改革，牢牢守住教育公平底线。三要着力加强培训市场综合治理。跨前一步履行培训市场综合治理牵头职责，促进培训市场健康有序发展，满足市民多元学习需求。四要着力扩大面向各类人群的教育服务。促进高校继续教育转型发展，发展社区教育、老年教育，实施“百万在岗人员学力提升计划”。

始终对接国家和上海重大需求，着力增强机关干部主动对接经济社会发展需求的意识，提升教育的服务力和贡献度。一要优化人才培养机制，提升人才培养类型、结构、规模与社会需求匹配度，重点为前沿科技产业、先进制造产业和现代服务提供有力人才支撑。二要提升教育系统科研贡献度，引导高校在“卡脖子”关键领域开展技术攻关，加强高校科技园建设，促进科技成果转移转化，提升“纸变钱”能力。三要深化教育国际合作交流，深度参与PISA测试和TALIS调查，扩大上海基础教育国际影响。发挥联合国教科文组织上海教师教育中心作用，吸引更多国际教育组织落驻上海，推进上海全球学习型城市建设，助力“五个中心”建设。

（原载2019年12月6日《解放日报》）

服务高层次人才发展战略
推动上海研究生教育迈向一流

上海市教育委员会主任　陆　靖

习近平总书记在全国教育大会上提出，教育是民族振兴、社会进步的重要基石，是国之大计、党之大计。研究生教育是教育事业的重要组成部分，是创新型人才的主要来源，是人才竞争和科技竞争的重要支柱。近年来，上海发挥研究生教育在高层次人才战略上的支撑作用，以国家"双一流"建设为契机，着力深化改革、着力提高质量、着力服务需求，以一流为目标加快推进研究生教育综合改革，为国家创新发展与城市卓越发展提供高层次人才支撑和知识保障。

一流城市孕育一流教育，一流教育支撑一流城市发展。"加快一流大学和一流学科建设"写入了党的十九大报告。在2018年底颁布的《中国教育现代化2035》中也提到，要以一流为目标，以学科为基础、绩效为杠杆、改革为动力，支持推动一批高水平大学和学科争创世界一流。一方面，"一流"不是类别，也不是序位，"一流"不意味着只有一个，"一流"强调的是一种层次，是指在某种范围、领域内的突出表现，核心在于人才培养质量。另一方面，"一流"本身既要具备"一招鲜，吃遍天"的技能，又要有领军人物、行业翘楚。达成"一流"必须具备三个条件："一流"必须扎根中国大地办大学，立足本土，这是一流建设的价值基点；"一流"必须坚持培养社会主义建设者和接班人，这是一流建设的核心根本；"一流"必须进一步提升教育服务能力和贡献水平，这是一流建设的发展动力。

上海在加快研究生教育一流发展中形成了"1＋2＋3"的协同推进模式。"1"指一个框架，制定了高校分类管理评价框架；"2"指两项计划，即对接国家"双一流"建设战略，实施高水平地方高校建设计划和高峰高原学科建设计划；"3"指三个机制，即围绕人才培养、质量评估、国际交流构建一流研究生教育推进机制。

一、以分类管理评价为基础，推动构建一流的治理体系

健全高校分类发展体系已成为高等教育改革的关键支撑，政府需要依托分类框架科学治理、优化管理评价，高校需要依据分类框架找准定位、强化内涵发展。

（一）引导高校坚持特色，找准定位

按照"政府政策引导、高校自主选择、社会参与评估"的思路，从整体布局上，结合经济社会发展和行业产业人才需求，促进高校在各自领域和类型中"各展所长"，从"一列纵队"向"多列纵队"转变。

（二）制定二维分类评价指标体系

从人才培养主体功能和主干学科专业集聚度两个维度，形成学术研究型、应用研究型、应用技术型和应用技能型的高校分类管理格局。同时，设置办学方向与管理水平、办学条件与资源、办学质量与水平、办学声誉与特色4个一级指标、13个二级指标、40个左右的三级指标，通过指标的内涵界定和权重分配体现不同类型间的差异和特色。

（三）发挥分类评价结果导向作用

探索制定与分类评价结果挂钩的操作方案，逐步把分类评价结果作为预算安排、基建规划、招生计划、人事编制、学科评审等资源分配管理的重要参考和依据，真正实现高校“类型不同、要求不同、评价不同、支持不同”。

二、以“双一流”建设为依托，推动构建一流的政策体系

建设世界一流大学和一流学科是党中央、国务院作出的重大战略决策。上海坚持规划引领，基于高等教育布局规划、高校学科发展规划，实施高水平地方高校建设计划和实施高峰高原学科建设计划，对标国家“双一流”建设战略。

（一）实施高水平地方高校建设计划

一方面，推进高水平地方研究型高校建设。从2016年起，上海科技大学、上海大学等13所学校纳入高水平地方高校建设试点，按照“一校一策”原则，实施整体评审、分年投入的方式，给予“放权松绑”“创新团队”等政策支持。

另一方面，启动高水平地方应用型高校试点。上海电力大学等4所学校纳入试点范围，目标是建设国内领先、行业公认的高水平应用型高校，建成若干在国内顶尖、国际有一定影响力的特色学科专业。对入选的试点高校给予优化师资队伍结构专业建设、应用型人才培养、产教融合等方面政策支持。

（二）实施“高峰高原学科建设计划”

依据上海高校学科发展规划，以“在高原上建高峰”的思路，从2015年开始启动“高峰高原学科建设计划”，优化学科布局结构、凝练学科发展方向，形成四类“高峰”学科和两类“高原”学科的布局体系。第一阶段投入36亿元，支持100余个学科点建设。在国家“双一流”建设评选中，57个学科入选；在第四轮学科评估中，100个参加评估的高峰高原学科中有半数学科实力明显提升。

为进一步优化高峰高原学科布局，强化目标管理，一方面瞄准国家和上海重大发展战略需求，引导研究型高校增列和建设服务国家区域发展重点领域、空白领域和急需领域的学位授权点；引导应用型高校重点建设专业学位授权点，发展新一代信息技术、生物医药、节能环保等相关学科。另一方面，建立学科动态调整机制，根据阶段绩效评价结果，对未达成建设目标的学科降低建设类别或调出高峰高原学科建设范围。

三、以体制机制优化为驱动，推动构建一流的制度体系

上海坚持从改革人才培养模式、健全质量管理体系、扩大国际交流合作三个层面，系统推进一流研究生教育发展。

（一）完善人才培养创新机制

坚持立德树人是人才培养的核心。上海先行试点“课程思政”改革，着力把思想政治工作贯穿研究生培养全过程，着力突出思想政治理论课在研究生教育中的核心地位。已逐步发展出以思政课为核心、综合素养课为支撑、专业课为辐射的三位一体的思政教育课程体系，建设形成了4门思政课必修课、50余门“中国系列”思政课选修课、400余门综合素养课、1000余门专业课。

持续推进高层次应用型人才培养。为进一步促进人才培养与经济社会发展实际需求的紧密联系，上海探索开展以“六化模式”为核心的专业学位研究生培养模式改革：培养规格行业化、知识能力复合化、实习实践制度化、导师队伍“双师化”、考核评价系统化、培养途径国际化。率先开展临床医学硕士专业学位研究生教育与住院医师规范化培训相结合的改革试点，形成研究生招生和住院医师招录相结合、研究生培养和住院医师规范化培训相结合、专业学位授予标准与临床医师准入标准相结合的新型培养模式，并陆续推广到艺术、教育、法律、会计等专业学位研究生培养中。

（二）完善质量评估保障机制

一是推行研究生教育年度质量报告制度。自2014年起建立上海高校学位与研究生教育质量年度报告发布制度，对研究生教育工作进行全面总结，反映招生、培养过程、学位授予、研究生毕业及就业、质量保障体系建设、国际化等情况，推进研究生培养单位的主体意识和社会责任意识，完善质量管理常态化工作机制，逐步提升研究生教育规范化、科学化管理水平。

二是制定专业学位论文评价标准。为进一步明确专业学位的实践导向特点，突出强调学生在实践中发现问题、分析问题和解决问题的能力，改变专业学位教育学术化倾向，已经陆续建立了37种专业学位论文基本要求及评价指标体系，规范专业学位论文指导与评审标准，引导专业学位论文着眼于实践，突出社会性、经济性和实用性价值。

三是完善硕士学位论文抽检机制。按照“随机抽取、均衡比例、科学公正”的原则开展硕士学位论文抽检，采用一般抽检和重点抽检相结合的方式，促进培养单位逐步建立与完善研究生培养自我约束、自我监督体系，促进上海市研究生培养质量的提高。

（三）完善国际合作交流机制

一是服务国家对外开放战略。为响应“一带一路”倡议，培养国际组织后备人才，上海高校通过专项化培养、定制式服务等人才培养方式，培养具有中国情怀和国际视野的国际化高端人才，为国际社会提供人力资源培训。

二是增强来华留学生培养能力。上海加大国外优秀青年来沪攻读研究生吸引力度，健全留学生政府奖学金资助体系，改进教学环境和方式，在研究生层次设置了15个全英文学位项目，营造多元文化交融的培养氛围。截至2018年，在沪高校攻读研究生学位的来华留学生超过8500人。

三是提升中外办学内涵质量。实施中外合作办学、合作研究以及与高水平大学开展联合学位等项目，促进上海研究生教育水平的提高。经教育部批准设立的上海中外合作办学机构有12个，研究生合作办学项目达22个。

（原载《中国研究生》2019年第6期）

各级各类教育
Various Educations at Different Levels

综 合 类

【2019年上海教育综述】 全市共有幼儿园1670所、小学698所、普通中学842所、特殊教育学校31所、工读学校12所，共有在校学生201.34万人，教职工22.43万人。全市共有普通中等职业学校80所，全日制在校生8.66万人，教职工1.14万人。全市共有成人中等专业学校10所，在校生1.34万人，教职工0.02万人。全市共有普通高等学校64所、独立设置成人高校14所，普通高校本专科在校学生52.66万人、成人高校在校生12.81万人、成人网络本专科在校生14.18万人。全市共有研究生培养机构49家(不包括中科院在沪分院和煤炭院上海分院)，共有研究生在校生19.63万人(含全日制和非全日制)。全市共有成人职业技术培训机构726所，结业生173万人次。民办非学历高等教育机构213所。全市共有校外教育机构23所，其中青少年活动中心(少年宫)19所、少年科技站3所、少年之家1所，教职工总数1359人。

深化教育综合改革。召开教育部和上海市人民政府深化教育综合改革2019年度工作会商会议，确定部市2019年深化上海市教育综合改革重点合作项目备忘，印发《教育部 上海市人民政府深化上海市教育综合改革2019年重点工作备忘的通知》。市教委与浦东新区签署上海区域教育综合改革创新示范区共建协议。积极推进国家民航局、市政府共建上海民航职业技术学院，海关总署与市政府签订合作备忘录共建上海海关学院。2019年3月22日召开上海市教育大会，大会深入学习贯彻习近平总书记关于教育的重要论述和全国教育大会精神，全面部署实施国家和上海的"教育现代化2035"，动员全市上下为加快推进上海教育现代化、办好人民满意的教育而努力。出台《上海教育现代化2035》和《上海市面向2020年加快推进教育现代化实施方案》。全市16个区均召开区教育大会。

强化立德树人根本任务。15所高校开设"习近平新时代中国特色社会主义思想概论"课程，创设"中国系列"思政选修课，在高校开展"一校一课"课程创新与实践，入选中组部"贯彻落实习近平新时代中国特色社会主义思想、在改革发展稳定中攻坚克难的生动案例"。在中小学遴选100门"中国系列"课程。开展上海学校思政课教师集体大备课、教学大比武、教学大巡讲等，举行上海市大中小思政课一体化建设教学观摩系列活动。深化学科德育和课程思政改革，出台《关于深入推进上海高校课程思政教育教学改革的指导意见》。开展"上海高校课程思政领航计划"，遴选、确立10所"领航高校"和20所"领航学院"。继续做好市政府实事项目的小学生"爱心暑托班"，共开办556个办班点，由市级统一配送德、智、体、美、劳五大类别课程。研制《上海市教育委员会关于加强上海学校心理健康教育的意见》，推进上海学校心理健康教育工作体系建设。举办"医教结合，关爱成长"第四届上海市大型心理咨询活动，深入推进心理健康教育医教结合试点建设。

促进基础教育更高质量发展。开展2019年"新增50个托育点"市政府实事项目，完成布点56个。研究制定《上海市托育服务工作三年行动计划(2020—2022)》。开发"本市3岁以下幼儿托育服务市场排摸调查"信息平台，正式上线"育之有道"App，升级"育儿周周看"。落实全年新建、改扩建30所幼儿园的目标，开展小区配套幼儿园建设情况排摸和治理工作。促进义务教育提质增效，出台《本市落实义务教育阶段学生减负增效工作实施意见》，出台《上海市加强义务教育学校作业管理措施》以及相关作业设计与实施指导意见。推进义务教育优质均衡发展，启动本市紧密型学区和集团首批创建工作。研制特色普通高中创建第二轮三年行动计划，命名第三批5所特色普通高中学校。深化基础教育课程与教材改革，实现义务教育阶段统编三科教材全覆盖，继续做好义务教育非统编教材阶段性修订。研制上海市普通高中课程实施方案。推进基础教育评价改革，完成2019年度小学绿色指标测评，发布2018年初中绿色指标评价结果，指导各区基于评价结果实施改进行动。推进落实小学课后服务工作。推进特殊教育三年行动计划落实，为576名新入学入园适龄残疾儿童提供适切的教育安置。

推进职业教育内涵发展。教育部和市政府签署《教育部　上海市人民政府实施职业教育改革发展合作备忘录》，市政府出台《贯彻落实〈国家职业教育改革实施方案〉推动上海职业教育高质量发展行动计划（2019—2022年）》。出台《上海深化产教融合推进一流专科高等职业教育建设试点方案》，推动产教融合校企合作深度发展，推动应用型本科高校、高职院校、中职学校积极参与“1＋X”证书制度建设。全面推动现代学徒制试点，5所中职学校和8所高职院校被确立为教育部现代学徒制试点学校，4家上海企业被教育部认定为产教融合型企业。2019年，新增26个中高职贯通专业、6个中本贯通专业、2个高本贯通专业，初步形成中职—高职—应用本科—专业学位研究生纵向完整的培养体系。优化专业布局，重点聚焦集成电路、人工智能、生物医药等新兴专业和学前教育、养老服务等民生领域。组织参加2019年全国职业院校技能大赛、第八届上海市“星光计划”职业院校技能大赛、第五届中国“互联网＋”大学生创新创业大赛。

创新高等教育人才培养模式。推进高校“双一流”建设，督促指导本市“双一流”建设高校进行“符合度”“达成度”分析，积极开展“双一流”建设中期自评工作。继续指导相关高校推进高水平地方高校建设，出台《关于推进高校分类发展实施高水平地方应用型高校试点建设方案》，支持上海电力大学、上海工程技术大学、上海应用技术大学、上海立信会计金融学院等4所应用型高校开展高水平应用型高校试点建设。继续推进2019年上海高校分类评价工作，自主开发远程信息采集平台，完成第三方数据采集。推进高峰高原学科建设，新增“智能科学与技术”Ⅳ类高峰学科，服务支撑上海科创中心建设。加强高峰高原学科过程管理，组织30所高校115个高峰高原学科开展2018年度建设进展报告编制工作，形成10余份跟踪分析报告。与市科委共同推进市级大学科技园培育工程，组织上海高校开展新一轮国家大学科技园申报工作。推进本科教学质量提升，结合教育部一流本科专业建设“双万计划”，遴选省级一流专业建设点296个。组织开展2019年度上海高校优质混合式在线课程示范案例征集工作，探索基于FD—QM体系的标准式评议，首次遴选50门课程。评审立项2019年市级重点课程527门，评审认定2019年上海市级虚拟仿真实验教学项目86项，遴选推荐市属高校国家精品在线课程17门，遴选推荐国家虚拟仿真实验教学项目35项。加强研究生教育，完成硕士学位授权点合格抽评工作。在全国率先实施一流研究生教育引领计划，各研究生培养单位共申报立项31个一流研究生教育项目。继续开展学位授权点学校自主调整和市级统筹增列，增列1个博士点和18个硕士点。复旦大学、上海交通大学和同济大学3所自主审核单位拟自主增列4个博士点和3个硕士专业学位点。

完善终身教育服务体系。研制《上海市学习型城区创建指导标准》和实施方案，在部分区开展试点。优化和拓宽学分银行功能，试点开展民办培训机构和企业培训学员学习成果认定和累积工作。推进上海百万在岗人员学力提升行动计划。进一步完善“双证融通”机制，推进在岗人员非学历证书、培训等学习成果与学历课程学分的认定和转换。全面开展市民终身学习“人文行走”，新增“人文行走”主题线路20余条、“人文修身”学习点200多个。成立长三角地区开放教育学分银行，发布《长三角地区社区教育、老年教育协同发展三年行动计划》。正式加入联合国教科文组织全球学习型网络城市，成为全球“教育促进可持续发展”主题协调城市，参加全球第四届学习型城市大会，上海作为中国的唯一代表作了主旨报告。建立一支5万多人的上海社区教育助学志愿者队伍。举办第四届上海社区教育教学评比活动，开展上海社区教育优秀微课评选和社区网上读书活动。通过上海终身教育资源配送平台汇聚全市各类优质资源，有数字课程 254 门资源 3860 个、实体资源 77 种，全年配送数字资源 66352 个、配送实体资源近 5 万个。推动老年教育，做好星级学习团队培育工作，培育五星级老年学习团队 109 个、四星级团队 1529 个、三星级学习团队 1877 个、二星级学习团队 1904、一星级老年学习团队 2061 个。加快构建培训市场综合治理格局，推动出台《上海市人民政府关于加强本市培训机构管理促进培训市场健康发展的意见》《上海市培训机构监督管理办法》。健全校外培训机构白名单制度，完善"法律适用审定机制"，加强对办学者的指导培训。

加强民办学校分类管理。推进非营利性和营利性民办学校办理过渡程序。推进规范"公参"义务教育阶段民办学校办学秩序，指导制定区工作方案和"一校一策"具体方案。开展民办高校公共实训中心建设，编制《上海市民办高校实验实训中心建设市级建设财力投资补助实施方案》。开展上海市民办教育人才建设项目，组织开展 2019 年"民智计划"，有 10 人入选。开展"强师工程"，2019 年有民办高校教师 498 人参加"强师工程"各项培训项目。推进民办教育协同发展服务中心建设，举办"第一届长三角地区民办高校教师教学技能大赛"，召开 2019 年长三角民办教育协作发展会议。

推进人事体制机制改革。建立新入职教师思想品德核查和涉性侵害违法犯罪人员从业限制的长效机制。教师资格认定工作纳入全市"一网通办"，实现材料递交、办理时间"双减半"。推进兼职教师试点工作，有 86 人通过培训考核。加大学前教育教师队伍建设力度，推进落实本市 3 岁以下幼儿托育机构从业人员与幼儿园师资队伍建设三年行动计划。优化见习教师规范化培训和展示交流，更加关注课堂教学。开展中小学正高级教师职称评审，实施正高级教师流动工作。开展新一轮长三角名校长联合培训工作，开展对口支援地区师资培训培养工作。深化中等职业学校教师职称制度改革，试点开展中等职业学校正高级讲师和实习指导教师职称评审。建立健全高校教师职前培养、招聘录用、职初培训、专业发展、平台支撑、选优评奖等全过程的生态链和培养体系，推进高等教育教师队伍建设配套制度改革。搭建高层次人才服务平台，探索为高层次人才引进和日常管理提供"一门式""管家式"服务。开展向于漪老师学习活动，组织开展各类评优评先活动，并在教师节进行表彰宣传。加强教育东西部扶贫协作和对口支援工作，帮助对口地区培训优秀教育管理干部、校长和骨干教师 2500 余名，辐射对口地区教师近万名。

平稳推进招生考试改革。推进义务教育阶段招生改革，继续实施公民办小学同步招生，民办小学和民办初中报名录取比与上年基本持平。推进高中阶段招生考试改革，出台《初中学业水平考试实施办法》《初中学生综合素质评价实施办法》和《上海市初中道德与法治、历史学科日常考试指导意见》，推进中考命题改革工作。推进初中外语听说测试标准化考场建设，组织开展初中理科标准化实验考场建设标准研制和论证咨询。建成上海市初中学生综合素质评价信息管理系统，完成 2018 学年入学初中学生综合素质评价相关信息录入。落实高考综合改革配套举措，加强高中学业水平考试的命题和分析研究，平稳实施 2019 年各批次学业水平考试。继续做好普通高中学生综合素质评价信息在春招校测、专科层次自主招生、高水平大学自主招生及综合评价录取改革试点批次中的使用。完成研究生招生考试工作、春季考试招生、秋季高考与普通高校集中录取、专科层次依法自主招生、中等职业学校应届毕业生考试招生以及两次高职扩招专项考试招生工作。

健全毕业生就业创业服务体系。继续加强上海高校毕业生就业工作创新基地、职业生涯指导和服务体系建设，依托上海市大学生科技创业基金会加大对高校毕业生的创新创业资金投入。修订《上海市大学生科技创业基金管理办法》，将创新创业教育纳入高校人才培养方案中，完善创新创业人才培养体系。以实施"大学生村官""三支一扶""西部计划""教师特岗计划""西藏专招"等中央和地方基层就业项目为引领，引导高校毕业生赴基层就业。主动对接国家重大战略和地方发展需求，着力促进高校毕业生多渠道就业。加强市校两级就业服务体系建设，促进上海市各高校间的交流共享，全面推进就业创业服务工作。开展创新创业教育，组织完成2019年上海市级大学生创新创业训练计划项目立项4047项，推荐报送国家级大学生创新创业训练计划项目1804项。举办第六届上海大学生创新创业训练计划成果展。组织开展第四届“汇创青春”——上海大学生文化创意作品展示活动，征集60余所上海高校学生文化创意作品4000余件，参赛作品数量较往年增加30%。组织开展第五届“互联网+”大学生创新创业大赛上海赛区工作，组织高职院校学生积极参加全国职业技能大赛。

促进学生健康成长。组织开展“家校协同，让孩子健康成长”2019年上海市家庭教育主题宣传活动。开展2019年上海市家庭教育示范校评估，211所中小幼学校成为新一批上海市家庭教育示范校。推进上海市初中学生社会实践工作，开发“上海市初中学生社会实践电子记录平台”。完成市、区两级学生社会实践基地审核备案100多家，基地总数超2000家。开展学生社会实践基地满意度测评工作。研制《关于进一步加强上海市大中小学、幼儿园劳动教育的意见》，举行“劳动创造美好生活”大中小学思政课一体化建设教学观摩活动。推进青少年体育素养评价及运动技能等级标准测试，探索建立学生每天运动1小时相关记录激励机制。推进学生艺术团联盟品牌建设，全市462所大中小学校加入“五大”学生艺术联盟，举办学生新年音乐会，组织夏季音乐节、国际艺术节、上海之春音乐节校园板块活动等。全面推进中小学食育工作，加强儿童青少年近视综合防控工作，会同市卫生健康委等八部门研究出台《上海市贯彻落实〈综合防控儿童青少年近视实施方案〉行动方案》。开展垃圾分类宣传活动，举办“垃圾分类，我最行”环保公益宣传大行动。开展2019年上海市青少年科技节和人工智能周等活动。

优化财务与审计工作。完善生均拨款制度，持续保障经常性经费投入。提高地方公办高校生均定额标准，进一步提高上海市地方公办高校经常性经费使用自主权。建立健全适合本市实际情况的学生资助制度，会同市财政局、市民政局、市残联研究制定《上海市中小学幼儿园学生资助资金管理实施办法》，保障家庭经济困难学生受教育权利。提升学生资助工作水平，营造帮助学生成长成才与各项资助举措紧密结合的资助育人氛围。实施各类审计，继续推进市属高校内部审计(基础性状况)评价工作。建立健全多层级审计监督体系，完善审计工作机制。夯实各类审计业务，推行审计全覆盖，形成以经济责任审计为主要抓手、统筹兼顾部门预算审计的工作新格局。

提升教育对外开放水平。稳步推进中国—上海合作组织国际司法交流合作培训基地、中阿改革发展研究中心、上海全球治理与区域国别研究院等重点项目建设工作。加强国际组织人才培养，支持高校探索培养外交外事和国际组织管理服务人才，支持高校与国际组织合作开展国际职员教育培训，选派学生赴国际组织实习，支持教师赴国际组织任职。持续推进联合国教科文组织二类机构“教师教育中心”、国际戏剧协会总部、上海亚洲海事技术合作中心(MTCC—Asia)、联合国教科文组织一类中心“国际教育局”的创建及引进工作，提升上海教育国际化整体水平。继续实施中英高级别人文交流机制之“中英数学教师交流项目”，累计互派中小学教师855人。配合国家人文交流和“一带一路”倡议，推进孔子学院内涵建设，已有12所高校和10所中小学在30个国家举办了孔子学院47所、孔子课堂70个、教学点525个，其中新建3所孔子学院。全年共接收72个“一带一路”沿线国家来华留学生30380人。拓展城市间教育交流合作，支持学校开展多种形式的人文交流，建设一批教育国际合作与交流示范学校和特色学校。

加强教育信息化建设。推进上海市教育信息化应用标杆培育校创建工作，入选名单覆盖幼儿园、中小学、中等职业学校和高等学校等各个层级。举办2019年世界人工智能大会教育行业主题论坛，市教委与华为等国内大型信息科技领军企业签署智慧教育政企合作战略框架协议。完成26项行政审批事项、27项公共服务事项接入“一网通办”总门户；11个便民服务事项(部分)接入“随申办市民云”移动平台。幼儿入园登记、义务教育入学报名、中高考成绩查询等民众广泛关注的事项接入并通过“一网通办”平台办理。“教师资格认定”“举办民办高等学校审批”被列入2019年市政府“双100”重点项目。积极配合和推进电子证照、电子证明工作，完成全部在籍学生的“电子学生证（中、小学）”以及近三年的“教师资格证”的归集和制证。市学生事务中心“存档证明”率先完成与“一网通办”总门户的对接，实现网上开具。市教委成为上海市首批入驻“在线开具证明”专栏的单位之一。开展国家网络安全宣传周上海地区校园日主题活动，选拔“网络安全宣传公益大使”“网络安全金牌讲师”。深化政务公开工作，在“上海教育”门户网站开设中考、高考、春考、专升本、自主招生考试等多个与招生考试工作相关的专题栏目，推进市教委信息公开标准目录制定工作，形成《主动公开事项目录》，在网站上开设“社会公益事业建设领域政府信息公开目录”专栏。

推进依法治教与教育督导。出台《上海市教育委员会关于教育领域“放管服”改革综合授权改革举措》，持续推进各项合法性审查工作。举办上海市“学宪法　讲宪法”演讲比赛等系列活动，组队参加全国“学宪法　讲宪法”活动，以总分第三的成绩获团体季军。开展全市中小学生“走近人大，晨读宪法”活动。组织开展第六届大学生法治辩论赛、高中生法治辩论邀请赛、“新沪杯”中学生法律知识竞赛、“浦江杯”青少年宪法法治优秀文艺作品征集活动、青少年宪法法治教育优秀教案征集活动，为全市教育系统宪法法治宣传教育营造了良好的法治环境。开展普通话水平测试、汉字应用水平测试、实用汉语能力测试，依法加强学校语言文字工作规范化建设。组织开展语言文字推广基地遴选建设工作，复旦大学、华东师范大学、上海大学、上海市奉贤区青少年活动中心被批准为国家语言文字推广基地。强化教育督导机构建设，重点强化“上海市人民政府教育督导委员会”机构建设，增强教育督导机构的法定权威性。开展督政、督学和评估监测工作，做好“省级人民政府履行教育职责评价”整改和自评工作，完成对杨浦区等5个区政府履行教育职责的综合督政，有序推进全市“义务教育优质均衡发展区”督导评估及其他各类督导工作。

加强学校安全管理。健全学校安全管控机制，提升实验室和危化品安全管控能力。开展大、中、小学公共安全知识竞赛、现场展示以及大学生安全教育网络学习和标准化考试等活动。研制出台《关于本市加强中小学幼儿园安全风险防控体系建设的实施意见》，积极推进市、区两级学校安全中心建设，中小学幼儿园视频监控与市、区平台对接完成率超过85%。发布上海地方标准《重点单位重要部位安全技术防范系统要求》（第6部分：中小学、幼儿园、托育机构），督促义务教育学校按照国家标准加强校园安全防范设施建设。开展年度中小学、幼儿园公共安全教育精品课程评选展示活动。开展校园欺凌专项治理工作，会同市检察院研制《中小学生欺凌防控指导手册（试行版）》。全面启动“面向2035”现代化高校后勤保障体系大调研工作，研究制定上海高校后勤现代化建设标准和实施意见。推动学生社区标准化建设，组织开展学生公寓“6T”创建工作，“6T”公寓达标率75%。（郑秀敏）

【深化教育综合改革】 贯彻落实习近平总书记考察上海重要讲话精神，牵头制定《关于深入学习贯彻落实习近平总书记考察上海重要讲话精神　奋力谱写新时代上海教育改革发展新篇章的实施意见》。推进部市共建合作机制。教育部、上海市人民政府召开深化教育综合改革2019年度工作会商会议；出台《教育部　上海市人民政府深化上海市教育综合改革2019年重点工作备忘》，推动大中小劳动教育一体化、职业教育改革合作等10项重点工作取得积极进展；推动教育部、国家中医药管理局和上海市政府三方共建上海中医药大学。健全教育综合改革成果推广交流机制。在部市共建交流机制、上海教育质量评估指标试点、应用型人才协同培养、长三角高等工程教育联盟、部属高校与市属高校联动发展及教育综合改革辐射交流等方面建立共享机制；梳理和总结上海教育综合改革可复制、可推广的改革举措和成效，增强教育综合改革的“溢出效应”，分别与江西省上饶市、云南省昆明市、海南省海口市举办教育综合改革论坛，扩大教育改革成果区域共享辐射。（孙　勇）

【加快推进教育现代化】 谋划推进率先总体实现教育现代化。3月22日，召开上海市教育大会，市委、市政府出台《上海教育现代化2035》《上海市面向2020年加快推进教育现代化实施方案》。举办加快推进基础教育现代化培训班和高校党政干部培训班。全市16个区分别召开全区教育大会。加强党对教育工作的全面领导，建立健全市委教育工作领导小组运行机制，研究审议一批教育改革重点事项。上海各区完善加强党对教育事业全面领导的体制机制，组建区委教育工作领导小组，市、区两级合力推进教育现代化的工作格局初步形成。搭建上海市教育改革发展交流平台，依托《中共上海市委教育工作领导小组办公室简报》，向中央深改委、教育部等中央部委报送上海改革发展成果和进展。（孙　勇）

【市级教育基本建设】 年内，上海大学延长校区改造工程、上海工程技术大学松江校区二期工程、上海音乐学院上音歌剧院、上海戏剧学院昌林路新校区、上海理工大学南校区新建一期工程、上海立信会计金融学院浦东新校区（一期东区）项目6个市重大工程项目按计划全面完成既定工程进度以及年度投资计划。上海工程技术大学松江校区二期工程、上海音乐学院上音歌剧院、上海戏剧学院昌林路新校区等重点项目竣工并在9月投入使用。上海市发展和改革委员会下达2019年度市级教育系统市级建设财力投资计划，涉及市属公办高校基本建设项目，市委党校、中科院、在沪部属高校基建项目共29个。其中市属公办高校（学校）基建项目共22个，全面完成。在完成上述投资计划的基础上，被列入全国教育现代化（产教融合）项目的上海工艺美术职业学院新建现代艺术设计教学实训中心项目的投资计划全面完成。（陈亚捷、张玲燕）

【高水平地方高校建设】 深入开展高水平地方高校建设，指导支持上海大学、上海中医药大学等7所研究型试点建设高校，根据各校建设方案，有序推进年度建设工作。支持复旦大学上海医学院整体开展高水平地方高校建设，支持上海师范大学、华东政法大学、上海戏剧学院、上海海事大学聚焦相关学科开展高水平地方高校（学科）建设。开展高水平地方高校建设中期评估，研究编制《上海市高水平地方高校试点建设中期评估方案》。开展上海大学、上海中医药大学高水平地方高校中期评估工作，经评估，两所学校高水平地方高校建设成效显著，整体实力明显提升，有关重点建设学科中期目标达成，整体发展态势良好。启动实施高水平地方应用型高校试点。市教委等7部门联合印发《关于推进高校分类发展实施高水平地方应用型高校试点建设方案》，支持上海电力大学整体开展高水平地方应用型高校建设，支持上海工程技术大学、上海应用技术大学、上海立信会计金融学院聚焦相关专业群开展高水平地方应用型高校试点建设。

（秦晋一、黄海洋）

【上海教育"十四五"规划基本思路研究】 根据国家和上海市"十四五"规划研究编制工作部署，市教委研究形成《上海市教育事业发展"十四五"规划研究和编制工作方案》。市教委委托市教育科学研究院和华东师范大学教育经济宏观政策研究院的专家队伍平行开展前期研究工作。研究工作注重突出历史站位，"十四五"时期涵盖"两个一百年"重要时间节点，"规划"认真贯彻习近平总书记对上海提出的总体要求，全面落实新发展理念，主动与国家教育现代化2035、上海城市总体规划、上海教育现代化2035规划等文件进行对接，把重点内容、重要节点、重大举措落实到"十四五"事业发展中。注重突出前瞻引领，重点从"一带一路"倡议、长三角一体化发展、"五个中心""四大品牌"等国家和上海重大战略，以及上海人口发展、信息技术等关键领域深入分析上海教育面临的新机遇与新挑战，并对未来发展趋势做出研判。注重突出问题导向。响应社会需求和人民关切，全面梳理上海市教育内部与外部存在的重大问题与挑战，针对性思考谋划"十四五"改革发展。注重突出科学专业。充分借助专家力量，凝聚专家智慧，运用对标研究和大数据分析等方法，先分后合开展基本思路研究。注重突出协同研究。基本思路与专项思路研究工作同步开展，互相衔接。年内，形成《上海市教育改革和发展"十四五"规划基本思路》送审稿。

（秦晋一、黄海洋）

【长三角教育协同发展】 推动长三角一体化教育协同发展，推进教育领域重点工作，建立健全重点项目推进工作机制。在服务国家战略方面，牵头推进联合开发区域教育现代化监测(评价)指标体系。在师资队伍建设方面，牵头与三省共同制定《2019—2021年第四轮长三角名校长联合培训方案》等。在创新创业方面，举办第四届“汇创青春”——上海大学生文化创意作品展示活动分类展示和优秀作品汇展，并成立“汇创青春”长三角高校文创联盟。在终身教育方面，召开长三角地区开放教育学分银行建设推进会，成立长三角地区开放教育学分银行。在高校技术转移方面，举办首届长三角产学研深度融合创新论坛暨长三角高校技术转移联盟成立会议。在教育教学管理方面，签署长三角教育督导协作框架协议书、成立长三角教育发展政策与法治研究中心。在推进高校间合作方面，上海理工大学与长三角相关高校依托“长三角高等工程教育联盟”，成立长三角高等工程教育大学科技园联盟；上海交通大学联合长三角地区10家医学院成立长三角医学教育联盟。（闫　伟、何　斌）

【高校思政课改革创新】 坚持以习近平新时代中国特色社会主义思想铸魂育人为主线，开好新课程、重塑新队伍、打造新课堂、建构新格局，形成思政课改革新面貌。市委办公厅、市政府办公厅印发《关于深化新时代学校思想政治理论课改革创新的实施意见》的通知。建设以新思想为核心的课程群，指导15所示范马克思主义学院所在高校开设“习近平新时代中国特色社会主义思想概论”课程。“中国系列”思政选修课相关做法入选中组部“贯彻落实习近平新时代中国特色社会主义思想、在改革发展稳定中攻坚克难的生动案例”。实施“上海高校课程思政领航计划”，推动课程思政向纵深发展。提升思政课师资队伍新水平，配齐建强思政课专职教师队伍，丰富壮大思政课兼职教师队伍，强化思政课教师培训体系。举办上海高校马克思主义学院院长研修班，上海高校课程思政高级研修班院长班、书记班。推动思政课内涵式新发展，让党的创新理论入耳入脑更入心。统筹推进课程内容建设，组织力量统一研制教学大纲、编制示范教案、建设案例库，将新思想的科学内涵转化为教学内容。开展上海高校思政课大备课、大培训、大比武、大巡讲。坚持“开门办思政”，组织思政课教师走出校园开展社会实践。组织策划“理论达人讲解新时代”理论宣讲微视频在全网发布。构建思政课建设新格局，加强党对思政课建设的领导，抓好马克思主义学院主阵地、主平台，挖掘更多社会资源向学校开放，形成全社会支持思政课建设的工作体系。在全国深化新时代学校思想政治理论课改革创新现场推进会上，市委常委、宣传部部长周慧琳代表上海就思政课改革创新作典型发言。（王　瑾）

【高校辅导员队伍专业化建设】 注重顶层设计，健全辅导员队伍的工作机制，研制《关于加强新时代上海高校辅导员队伍建设的实施意见》等文件。创新工作模式，聚焦“系统化教育、规范化管理、个性化服务、综合性协调”的职能定位，探索辅导员“同场域、同频率、同成长”新三同工作模式。注重思想引领，夯实辅导员的理想信念根基。开展“青春为祖国绽放”“青春告白祖国”“奋斗的我　最美的国”等主题教育活动，让习近平新时代中国特色社会主义思想入耳入脑、入心入行。优化实践育人，开展“行走的课堂——百队进千企”和“小我融大我，青春献给祖国”主题社会实践活动。注重配好建强，推进队伍专业化职业化建设。配齐配强辅导员队伍，滚动开展辅导员队伍建设和学生思想动态调研。规范辅导员培训研修基地建设，开展辅导员分层分类培训，设立辅导员海外研修基地。强化辅导员培养支撑，开展辅导员博士生培养，加强在领军人才、青年拔尖人才、阳光计划、育才奖等各类人才培养计划方面的支持力度。继续开展“2019年度上海高校辅导员队伍建设月”系列活动。上海交通大学汪雨申、同济大学李睿入选2019年全国“最美高校辅导员”。（杨长亮、王　瑾）

【初中学生社会实践】 市教委、市精神文明办、团市委联合印发《上海市初中学生社会实践管理工作实施办法》，明确初中学生社会实践的主要范围、课时安排、工作流程、组织管理、保障措施等内容。8月28日，召开《上海市初中学生社会实践管理工作实施办法》媒体座谈会。9月1日,上海市初中学生社会实践综合评价工作全面启动。截至年底,共发布初中生项目及课程220个,21万名初中生参加各级各类社会实践活动。建立市、区两级社会实践基地2006家,其中市级学生社会实践基地224家、区级社会实践基地1782家。开发"上海市初中学生社会实践电子记录平台",建立数据周报送制度。结合重大节庆日,组织全体学生进入爱国主义教育基地参加活动。（邹　竑、周时奕）

【推进学校心理健康服务体系建设】 全市学校心理健康教育工作围绕教育教学、实践活动、咨询服务、预防干预、队伍建设、平台保障等展开,研制《关于加强上海学校心理健康教育的意见》,推进学校心理健康服务体系建设。推进教育教学和实践活动。举办高校师资12个主题的心理公开课,丰富心理健康教育微课程资源库;组织4个区开展区域中小学心理健康教育特色课程建设。实施"我的国,我的家,我的心'晴'故事"学校心理健康教育活动月,高校活动覆盖37万人次,区大型活动覆盖近8万人次。研制《中小学生涯教育大纲》《生涯教育实施指南》,在闵行、奉贤、静安等区开展生涯教育展示活动。"上海学校心理"公众微信号推送心理文章逾200篇。强化咨询服务和预防干预。定期做好对各区心理中心热线和面询的数据统计、分析与指导,举办"医教结合关爱成长"第四届上海市大型心理咨询活动。医教结合项目覆盖各高校片区,启动新一轮中小学心理健康教育"医教结合"试点项目。加强心理健康教育教师队伍建设。配齐建强专职心理健康教育教师队伍。启动新一轮10个上海学校心理健康教育名师工作室培训。指导8个高校示范心理中心实施16期专题培训。开展上海市中小学心理健康教育骨干教师高端研修以及学校心理咨询师培训,培训覆盖1300余人次。举办学校心理健康教育教师专业胜任力与专业发展论坛、中小学生涯教育论坛等。（李正云、周时奕）

【推进家校协同攻坚计划】 落实教育部家校协同育人攻坚计划和教育部办公厅、全国妇联办公厅《关于开展全国家庭教育主题宣传活动的通知》要求,5月和9月,市教委分别在杨浦区和奉贤区召开以"家校协同,让孩子健康成长"为主题的上海市家庭教育主题宣传活动。通过专家巡讲、专题节目、专栏文章、校长访谈、家长座谈等多种形式,持续深入宣传家庭教育的重要作用和科学教育理念,推动中小学校和社会各界高度重视家庭教育,增强家庭教育指导的针对性和有效性,营造家校协同良好育人环境,培养孩子好思想、好品行、好习惯,促进孩子健康快乐成长。（江伟鸣、孙　红）

【庆祝中华人民共和国成立70周年系列主题教育活动】 组织全市大中小学生庆祝中华人民共和国成立70周年系列活动,教育引导广大学生在学习榜样、实践锻炼、争当先进中坚定理想信念,厚植爱国情怀,砥砺奋斗精神。在中小学、中职校,以"2019,向祖国致敬"为主题,以"向英烈致敬——向祖国建设者致敬——做好新时代接班人"为主线,开展研学实践纪实、国风动漫大展、诗文赏析诵读、少年宣讲团、观影微语征集、主题征文活动等六大板块活动,覆盖全市16个区近600所中小学校、中职校,共13万人次学生参与。在高校,依托"市、片区、校"三级主题教育体系,组织开展"青春为祖国绽放——上海高校大学生毕业大课"、上海大学生"青春告白祖国"、首都教育系统服务保障国庆活动上海宣讲、"奋斗的我　最美的国"先进人物进校园等主题宣讲活动,覆盖全市所有高校。组织全市高校大学生逾10万人,在思政课教师、辅导员的指导下,赴全国30个省份开展"小我融入大我,青春献给祖国"主题社会实践活动。

（孙　红、杨智勇、王　瑾、周时奕）

【上海中小学生参加全国中小学生电影周活动】 9月16—20日,由教育部、中宣部主办的第三届"全国中小学生电影周"活动在上海举行。本届电影周以"我和我的祖国"为主题,弘扬爱国主义主旋律,通过影院、电视、网络、校园院线等多种渠道,集中展映优秀影片,举办影视教育论坛,开展"电影+课堂"学科德育探索,举办开闭幕式,征集学生微电影作品等系列教育活动。上海中小学生参与线上线下投票上百万人次,《开国大典》获"最喜爱的经典影片”;《红星照耀中国》《烈火英雄》《流浪地球》等获“最喜爱的优秀影片”;评选出20部学生喜爱的微电影作品。组织流动放映队走进进城务工人员随迁子女学校,免费播放影片80场,观影学生近4万人。中小学生逾10万人现场参与电影科学“工作坊”、电影微课堂等一系列活动。

(邹　竑、周时奕)

【开展《上海市学前教育三年行动计划》专项督导】 根据《上海市学前教育三年行动计划(2015—2017年)督导评估指标》,围绕各区政府履职、发展保障、提升质量三个方面实施督导,在16个区开展自评和线上采集学前相关数据的基础上,对嘉定区、奉贤区、崇明区、金山区、徐汇区、浦东新区、松江区和虹口区开展实地核查,全面了解各区学前教育三年行动计划落实的整体情况。对照总体目标和发展指标的要求,16个区政府均认真落实《三年行动计划》的各项措施,积极推动上海学前教育稳步发展,总体目标和发展指标完成情况良好。各区政府明确履职要求,落实各方责任,加强顶层设计,聚焦儿童发展,推动出台配套政策,落实发展目标;创新学前教育工作机制,攻坚发展难题,协同各方力量,共创学前教育新格局;新建扩建园所,优化配备,扩大师资来源,加大师训力度;提供早教指导,规范托育管理,健全投入机制,完善经费保障;强化监管职能、加强教研科研、医教结合等方式,提升保教质量。本次专项督导发现学前教育在资源总量、区域分布、师资队伍、专业能力、办园经费、办园水平等方面依然存在问题。

(龚　燕)

【完成5个区政府履行教育职责督政】 市政府教育督导室持续开展第三轮综合督政工作,2019年度完成对杨浦、长宁、闵行、徐汇、黄浦等5个区的综合督政。通过市督导室与申报区开展督前对接会,面对面交流等方式,凝聚思想共识,系统部署整体工作;通过责任督学挂牌督导随访形式开展全覆盖普查,形成分析报告,聚焦区域重难点问题,为后期实地精准督导提供依据;通过问卷调研广泛搜集意见,形成汇总分析,为开展实地督政提高针对性和实效性。对5个区的督政工作强化政府履职,推动创新发展,深化推进教育综合改革,进一步明确政府承担教育发展的主体责任,推进区域始终把教育摆在优先发展的战略地位。同时,结合区域推进“义务教育优质均衡发展区”创建工作,推动区政府及职能部门在依法履职的基础上,聚焦教育重点难点,关注区域发展短板问题,推动区域教育向优质均衡发展。

(龚　燕)

【长三角教育督导协作框架协议签署】 6月26日,长三角地区教育督导一体化协作框架签约仪式在上海师范大学举行。上海市、江苏省、浙江省、安徽省教育厅(教委)教育督导分管领导共同签署《长三角地区教育督导协作框架协议书》,该框架协议立足长三角地区教育更高质量一体化发展的协作战略目标,以创新驱动、平等协商、协同高效为基本原则,以构建长三角地区教育督导一体化协作的成熟体制机制为重点,聚焦协作承担国家重大改革项目、联合开展督导实践创新、构建工作资源共享机制等三方面重点内容,整合资源,通力协作,实现长三角地区教育督导工作互助共赢发展。　(何宏伟)

【举办上海教育督导论坛】 6月26—27日,第二届上海教育督导论坛在上海师范大学举行。围绕“教育督导推动高中转型发展”主题,与会人员分享实践探索成果。6月27日,聚焦“学校文化建设和学生培养”和“特色实验项目与教师培养”,分别在宜川中学和复兴高级中学举办分论坛。本次论坛由上海市教育委员会、上海市政府教育督导室联合主办,由上海师范大学、上海市教育督导研究中心和上海市教育督导事务中心承办。

(赵雁鸿)

【开展高校分类评价】 年内,在总结2018年试测经验基础上,市政府教育督导室组织实施高校分类评价。优化工作机制,综合考虑最新文件精神及工作实际,对部分评价指标内涵、评价方式进行完善。通过信息采集和研究分析平台,实现全部填报工作在线完成。邀请专家参与集中评价。加强数据的全面核查。组织专家对部分高校开展实地督导。强化研究分析,加大数据公布力度,以图表相结合形式立体化呈现评价结果。召开集中反馈会,向高校反馈本校结果及所在类型高校研究报告。召开4场分类型高校座谈会、开通反馈服务邮箱、畅通咨询服务热线、赴部分高校进行个别反馈或调研。推动评价结果在市属高校党政负责干部考核、高校绩效工资分配动态调整、民办高校支持政策等方面得到充分运用。（王　娟）

【中等职业教育质量监测】 年内，市政府教育督导室开展中职教育质量监测（试点）工作。选取学前教育（保育）专业为试点。本次监测仅考察专业基础知识和专业技能素养，以国家和全市中职学前教育专业教学标准和相关职业技能鉴定标准为依据，监测7所中职学校学前教育专业三年级学生622人。本次监测探索测试命题的新范式，制定考试大纲、双向细目表，建设题库，形成三套考卷，并赴海南省开展试测。监测分笔试和现场操作两部分。此外，面向学生开展专业问卷调查。为打造符合专业特点的考务工作流程，工作团队研究制定考务工作手册。通过监测，构建政府、大学、行业和中职校“四位一体”的工作协同机制和交流合作机制。（唐金良）

【上海教育东西部扶贫协作和对口支援】 上海教育东西部扶贫协作和对口支援工作精准对接“7省20地州”实际需求，着力保障贫困地区义务教育，阻断贫困代际传递。全面强化组织领导。召开市教卫党委系统2019年对口支援工作大会，进一步提高政治站位，总结2018年教育对口支援工作，布局新一年工作要求，聚焦帮扶重点领域、重点区域、重点内容，全面部署脱贫攻坚冲刺阶段各项扶贫协作和对口支援任务。落实市级人力资源培训项目。继续实施“影子校长”“金种子校长”等培训项目，2019年承担的市级人力资源培训项目26个，共培训教育行政管理干部、校长及教师2500余人，辐射对口地区教师近万名。深入开展教育人才援疆援藏工作。2019年上海市选派组团式援藏教师30人、“万名支教”援藏援疆支教教师185人（援藏教师15人，援疆教师170人）到西藏日喀则和新疆喀什四县支教，结合当地教情学情，通过“传帮带”引领教师队伍能力发展。着力依托职教联盟精准扶贫。依托沪喀、沪果、沪遵、沪滇四大职教联盟，搭建东西扶贫协作新平台，加强受援地区职业教育能力建设。对口帮扶西宁果洛中学。开启上海大同教育集团对口帮扶西宁果洛中学新模式。利用大同教育集团优质教育资源，助推果洛中学办出品质、办出特色。2019年，青海西宁果洛中学正式开学，首批招收当地学生396人。持续推进上海各高校发挥优势专业，辐射对口地区经济发展；加强教育消费扶贫，做好民族学生交流交往交融工作。（丁　健）

【与香港特区、澳门特区、台湾地区的交流合作】 在上海市就读的香港特区各类学生5300余人，其中大学生650余人、中小学生4500余人、幼儿园幼儿100余人；在上海市就读的澳门特区各类学生500余人，其中大学生400余人、中小学生60余人、幼儿园幼儿40余人。就读的台湾地区各类学生4000余人，其中大学生1300余人、中小学生2300余人、上海台商子女学校共有学生1400人。高等教育领域交流合作。举办沪港大学联盟暑期学校，通过学生互派、课程互认、学分互认等形式，促进学术交流。举办沪港大学联盟名师讲堂，发挥名师影响力，共享优质教育资源，促进专业交流和交融。在成员高校中遴选一批沪港大学联盟学生交流品牌项目。设立沪港大学联盟实习项目，加强两地青年在创新创业和国情了解方面的认识。举办2019年沪港大学联盟理事会暨论坛。12所高校获批招收上海、香港特区、澳门特区、台湾地区学生。在同济大学设立上海、香港特区、澳门特区、台湾地区研究生招生考试考点。依托平台，做好基础教育领域交流合作。推进上海、香港特区、澳门特区姊妹校平台建设。截至年底，全市共有10个区参与项目平台建设，结对校有75对。上海与香港特区、澳门特区中小学交流活动次数和双方互动往来频率大幅增加。以夏令营、学科竞赛、教育论坛等多种创新形式开展上海、香港特区、澳门特区师生互访，同时通过网络、新媒体平台构建交流新模式。鼓励上海和台湾地区中小学在中华优秀文化传承、科技创新等方面开展研学、夏令营等交流活动。落实中央一系列对香港特区、澳门特区、台湾地区涉教育领域的优惠便利措施，提升香港特区、澳门特区、台湾地区学生的融入感和认同感。满足在沪香港特区、澳门特区、台湾地区学生入学（入园）需求。全市共有36所高校具备招收香港特区、澳门特区、台湾地区学生资质。坚持“保证质量、一视同仁”原则，落实在沪香港特区、澳门特区、台湾地区学生享有与本地学生同等待遇。（李佳璐）

【加强对整体任务和重点工作的跟踪督查督办】 按照市委、市政府有关督查工作的要求，加强对整体任务和重点工作跟踪督办，确保各项教育改革工作有序推进。围绕市委、市政府重点工作，梳理明确市教卫工作党委、市教委牵头20条重点条目牵头处室，加强与处室沟通协作，每月督查督办重点工作开展情况，及时预警可能逾期完成的项目，组织开展年度绩效考核，确保市委、市政府年度重点项目按时完成。根据市委督查室、市政府督查室工作安排，全年共跟踪督办9项市政府常务会议审议事项和648件市委、市政府领导批示件，梳理形成58份市政府专题会议抄告单和12份市教卫工作党委、市教委领导批示办理情况抄告单，协助开展学校体育场地向社会开放等专项督查，有效落实上级部门和各级领导重要文件、重要会议、重要批示。（关　默）

【高质量完成教育信息报送】 围绕上海教育综合改革工作的重点、难点和热点问题，完成教育信息报送任务。组织开展全国“两会”、国庆阅兵等重大活动约稿，完成“老小旧远”“健全特殊群体关爱机制”“完善高校资助育人体系”等近10篇专题约稿。开展教育信息采集和编报工作，全年编发16期《上海教育工作简报》、21期《每周教育信息》，其中《上海着力深化义务教育阶段数学课程改革　助力中国数学教育走向世界》被教育部简报单篇录用；《上海探索开展高校分类评价工作》《上海市创新开展中职教育精准扶贫》《上海市抓牢抓实校园食品安全》等8篇材料被教育部网站“一线采风”录用。全力做好各类专报工作，全年共计报送210期《上海教育工作情况专报》、152期《上海教卫安全稳定专报》，其中80份专报被市领导批示。确保急事急报、特事特报、大事快报，确保信息沟通的及时、准确、高效。四是开展市教卫工作党委系统办公室信息培训班，组织高校、区教育局、直属事业单位和学校、公立医院等120余家单位党政办公室分管负责人开展信息工作专项学习，进一步畅通市教卫工作党委系统信息报送渠道，提高信息报送质量。（关　默）

【全面推进政务公开】 市教委紧紧围绕教育重大决策部署和公众关切，着力保障教育公平和提升教育质量，全面推进决策、执行、管理、服务、结果公开。加强政务公开工作。在“上海教育”网站新增主动公开政府信息459条，全文电子化率100%，信息公开专栏访问量达301.86万人次；推进招生等重点领域信息公开工作；规范党政混合信息公开工作，市教卫工作党委、市教委共制发党政合署文件27件，确定为主动公开的文件13件；推进财务信息公开，在“中国上海”门户网站及“上海教育”网站公开市教委预算系统内高校2019年度预算和2018年度决算信息、市教委和下属预算单位国有资产管理情况等信息；在“上海教育”网开设市政府实事项目专栏，向公众提供新增50个托育点的项目介绍、实施机构、最新进展、项目计划、相关政策、问题解答等内容；开设建议提案办理专栏，公开81件主办件答复；做好依申请公开工作，全年共受理答复信息公开申请82件，落实市政府依申请分办工作，均在规定时间内答复完毕。印发2019年度上海高校和区教育局政府政务公开评议工作实施方案，引进社会专业机构，对高校和区教育局的政务公开、网上互动、信息依申请公开等指标进行独立测评；组织年度教育系统政务公开培训，提升教育系统政务公开工作整体水平。加强政策解读。通过运用文字、表格、图解、视频等多种形式，就关系民生的教育政策和社会关注的教育热点做出政策解读276条，及时为广大学生和家长释疑解惑；举办新闻发布会、新闻通气会、媒体座谈会等总计40多场，组织媒体采访活动100多场，满足群众知情权；做好市教委主要领导做客“电台民生访谈”工作；通过网

上公示、问卷调查、网上评选、“教育大家谈”等形式开展交流互动共计 55 项，浏览和参与者达 7.8 万人次。（郑秀敏）

【高水平地方高校创新团队建设】 根据《关于建设上海高水平地方高校创新团队收入分配机制试行意见的通知》精神，市教委与市人力资源社会保障局、市财政局开展 2019 年高水平地方高校创新团队评审和 2017 年高水平地方高校创新团队中期考核评价工作。根据市教育综合改革领导小组第五十五次专题会议精神，结合全市高水平地方高校建设推进情况，确定将复旦大学上海医学院、上海师范大学、华东政法大学、上海戏剧学院、上海海事大学、上海大学纳入 2019 年第三批高水平地方高校创新团队申报范围。根据专家组评审意见，市教委与市人力资源社会保障局、市财政局合议，确认 2019 年创新团队入选名单，并就建设起始时间和资助经费安排达成一致。2019 年创新团队入选名单包括战略创新团队 20 个，重点创新团队 36 个。市教委对 2017 年创新团队进行中期考核评价，46 个团队纳入 2019 年创新团队中期考核评价范围。考核评价结果为上海大学的 32 个创新团队中，评价合格团队 25 个，基本合格团队 5 个，不合格团队 2 个。上海中医药大学的 14 个创新团队中，评价合格团队 11 个，基本合格团队 2 个，不合格团队 1 个。第一批创新团队运行情况基本正常，多数创新团队基本完成预设中期目标，产出了一批有影响力的研究成果，探索出具有上海高水平地方高校特色的创新团队建设路径。（钱晓杭）

【于漪获“人民教育家”国家荣誉称号】 在庆祝中华人民共和国成立 70 周年之际，上海市杨浦高级中学名誉校长、上海市教师学研究会名誉会长于漪被授予“人民教育家”国家荣誉称号。于漪，中共党员，1929 年 2 月出生，曾任全国语言学会理事、全国中学语文教学研究会副会长。68 年来，于漪用“站上讲台就是生命在歌唱”的精神走出一条语文教学改革之路，被称誉“育人是一代师表，教改是一面旗帜”。市教卫工作党委、市教委在全市教育系统开展向人民教育家于漪学习活动。于漪是新时代中国特色社会主义共同理想的坚定信仰者和忠实践行者，是学科教改的先行者，是素质教育的坚守者，是青年教师思想的引领者，是先进教育思想的传播者。通过开展向于漪学习活动，激励和引导广大教师在实践中回答好培养什么人、怎样培养人、为谁培养人的问题，以更加昂扬的精神状态和更加务实的工作作风，从自己做起，立足课堂、立足岗位，回应人民对更好教育的期盼，为实现“两个一百年”奋斗目标、实现中华民族伟大复兴的“中国梦”贡献自己的智慧和全部力量。（孙　鸿）

【教师资格证认定纳入“一网通办”】 教师资格认定系统于 9 月 1 日起在市政府“一网通办”网站上线，截至年底共接受申请数据 7794 条，实现办理时间、提交材料“双减半”。根据《2019 年上海市深入推进“一网通办”工作要点》要求，“教师资格认定”行政审批事项被纳入全市“一网通办”办理，以“减时间、减环节、减材料、减跑动”为目标，实施流程再造，提升政府管理科学化、精细化、智能化水平。优化流程，教师资格认定减少一个环节，审批时间均由 30 个工作日缩短至 15 个工作日。开通快递领证服务，减少申请人办理过程中的跑动次数。共享数据，通过市大数据中心和教育部调用校验申请人身份证、居住证、无犯罪记录、学历学位等信息，申请人需提供的材料从每人 9—12 份，最多可减少至“零提交”。市区联动，组织市、区各认定机构业务人员培训，做到全市通办，所有办理统一化、服务标准化。（张　瑾）

【高校毕业生就业创业】 至 9 月 1 日，上海高校毕业生总人数为 17.56 万人，就业率 96.38%，比上年下降 0.77 个百分点，实际就业人数增加 335 人。市教卫工作党委、市教委组织相关学校开展就业工作专题座谈，研讨毕业生就业工作推进过程中发生的新问题并做出相应部署，组织相关高校开展分行业就业形势、“慢就业”现象等方面的专项课题研究工作，了解市场需求变化情况，对可能出现的问题提前进行预警预判。各高校主动对接国家和地方经济社会发展的人才需要，引导毕业生到重点地区、重大工程、重大项目、重要领域就业。支持大学生到国际组织实习任职。如复旦大学牵头“国际组织人才培养输送工作（上海）高校联盟”，建立参与全球治理人才培养输送的动员遴选机制，引导学生参与全球治理。鼓励毕业生到基层就业。年内，全市高校约5.35万名毕业生到基层单位就业，占毕业生总数的30.47%。抓好就业项目建设，提高就业创业指导服务水平。市教委围绕“就业促进、创业引领、基层成长”等工作内容，立项18个专项研究课题、5个就业创业示范基地、7个就业创业孵化基地、10个生涯示范工作室、18个生涯培育工作室和20个校外实践基地。通过对每个阶段的汇报交流考核项目实施进度，加强上海市各高校间的交流共享，提高就业创业指导服务水平。（钱昆鹏）

【普通高校招生考试】 稳步推进高考综合改革，做好相关文件的发布工作、高考各项考务工作、高考招生录取工作。春季考试招生、专科层次依法自主招生、面向应届中等职业学校毕业生招生和秋考统一高考招生工作均平稳完成。本年度普通高校春季考试招生调整院校自主测试计分方式：获得院校自主测试资格后缺考的考生，其院校自主测试成绩按零分计入春考总分，并参与院校后续录取排序。本年度秋季高考呈现4个方面特点：第一，院校专业组得到进一步优化。基于前两年的实际招录情况和人才培养需求，部分院校聚焦选科和招录限制条件，本科所有批次院校专业组总量比上年增加55个，提高考生志愿意向与院校专业的匹配度。第二，考生志愿填报更加精准。通过对2018—2019年高校录取平均分及平均分位次等信息进行分析发现，在本科普通批次1070个院校专业组志愿中，前11个志愿的总体投档成功率达到94%以上，考生的志愿意向得到了较好满足。第三，高水平大学招生情况良好。参加本科普通批次招生的外省市高水平大学均一次投满，在沪招生分数逐年提升。第四，院校招生位序整体保持稳定。（俞治论）

【资助高校学生】 上海市高等教育学生资助工作坚持“广覆盖、保基本、不遗漏”，形成“奖、助、贷、勤、免、补”六位一体的学生资助政策体系。年内，全市普通高等学校共资助学生238.06万人次，深入推进“精准资助”和“资助育人”两项重点工作，加大政策宣传力度，做到资助政策宣传全覆盖。充分挖掘、大力宣传受助优秀学生典型，发挥其励志引领作用。营造帮助学生成长成才与各项资助举措紧密结合的资助育人氛围，搭建各类工作平台，举办全市高校资助工作论坛、开展评选资助育人工作典型案例等多项活动，推进育人工作开展，提高资助工作实效。（乔发超）

【高校获得的科技经费和奖项】 年内，上海高校通过各种渠道获得的科技总经费218.1亿元，其中为社会企事业服务所得科技经费53.3亿元，占总经费的24.3%。开展各类研究课题48285项，其中基础研究21406项、应用研究17111项、实验与发展3682项、R&D成果应用3250项、其他科技服务2836项。上海高校及附属医院获国家科学技术奖（含合作项目）共计30项，其中牵头完成19项。其中：自然科学奖7项（均为牵头完成二等奖）、技术发明奖3项（均为二等奖，其中牵头完成2项）、科技进步奖18项（特等奖1项，牵头完成；一等奖2项，均为合作完成；二等奖15项，其中牵头完成7项）、国际科技合作奖2项。（姜冠成）

【高校高峰高原学科建设】 服务支撑上海科创中心建设，完成同济大学“智能科学与技术”Ⅳ类高峰学科布点工作，支撑上海自主智能无人系统科学中心建设，进一步优化上海高校学科布局。支持31所高校122个学科持续开展高峰高原学科建设，引导高校加速培养创新型人才，聚焦高水平团队，开展高质量科学研究，产出有影响力成果，上海交通大学船舶与海洋工程Ⅰ类高峰学科“海上大型绞吸疏浚装备的自主研发与产业化”项目获2019年度国家科技进步特等奖。加强高峰高原学科建设过程管理，组织高峰高原学科开展年度建设进展报告编制工作，并形成相关分析报告。做好高峰高原学科拟购大型科学仪器申报工作，推进高峰高原学科承担重大任务，聚焦主攻方向搭建研究平台。开展“跨学科建设，提升高校科技创新力”研究，形成《上海部分高校推进交叉学科建设情况研究报告》。分析上海市高校500余个学科发展基本情况，调研未来上海城市发展战略需求，梳理分析国家最新学科建设政策及导向、兄弟省份学科建设相关政策，为研究学科建设规划思路和举措提供支撑。建立绩效动态监测机制，依托第三方机构强化对在建学科的动态跟踪管理，完成10余份高校学科发展跟踪简报和有关分析报告。（贺伟伟）

【高校科技成果转移转化】 持续推进上海市高校技术转移体系建设，支持并指导上海市高校技术转移机构专业化、职业化、国际化建设。上海理工大学、上海交通大学被教育部认定为首批高等学校科技成果转化和技术转移基地，指导相关高校做好教育部基地的建设工作，提升服务高校科技成果转化工作的水平。对上海市高校科技成果转化发展现状进行广泛调研和系统总结，形成《上海高校科技成果转移转化调研报告》。组织市属普通公办高校完成2018年度高校科技成果转化年度报告的填报工作，并对相关情况进行分析并形成总结报告。持续支持上海市协同创新中心建设，提升高校和产业发展的紧密关联度，促进高校的知识创新向现实生产力的转变，依托同济大学、东华大学建设的2家上海市协同创新中心被认定为省部共建协同创新中心。（葛　昊）

【高校服务科创中心建设】 指导上海市高校精准对接上海科创中心建设重大需求，主动承担科创中心建设重大任务。进一步扩大高校科研自主权，增强高校原始创新能力。协助制定《关于进一步深化科技体制机制改革　增强科技创新中心策源能力的意见》及相关配套文件，会同市财政局制定《上海市市级教育财政科研类项目经费管理办法》，让承担市级教育财政科研类项目的负责人和团队享受科研体制改革政策红利，做好科研领域“放管服”政策的宣讲解读，提升科研人员的感受度和获得感。推进国家大学科技园建设，与市科委共同制定《关于加快推进本市大学科技园高质量发展的指导意见》，推进市级大学科技园培育工程和新一轮国家大学科技园申报工作推动上海高校大学科技园体系建设，组织大学科技园年度免税申报工作，经国家有关部门审核通过后，复旦大学等6家上海高校国家大学科技园可享受相关免税政策。（葛　昊）

【加强学校体育课程改革】 构建学校体育艺术“一条龙”育人体系。市政府办公厅印发《关于加强本市中小学体育艺术工作的指导意见》。深入推进学校体育课程改革建设，系统实施小学“兴趣化”、初中“多样化”、高中“专项化”和大学“个性化”体育课程改革，推动中小学开设7种以上运动项目，做好足球、冰雪等项目进校园工作；推进小学阶段开设4节体育课，落实学生每年体育运动不少于360小时（高中阶段专项时间不少于180小时）；发挥多层次赛事活动育人作用。完善阳光体育大联赛、单项锦标赛等赛事活动设计，完善校园足球“四横四纵”赛事体系，举办中国（上海）国际青少年校园足球邀请赛，组织做好第十四届全国学生运动会备战、集训及预赛等工作；激励引导学生自觉参加体育锻炼。制定发布体育中考改革方案，形成更加科学的育人导向，推进实施学生运动等级技能标准测试及体育素养评价工作，研究搭建学生每天锻炼1小时管理平台，规范做好国家学生体质健康监测工作；做好学校体育场馆对外开放工作。发布《关于进一步加强本市学校体育场馆向社会开放工作的实施意见》和《上海市学校体育场馆向社会开放导则》。

（时　多）

【推进艺术课程改革】 推进艺术课程改革，完善学生艺术素质评价制度。研发编撰“戏剧、戏曲、舞蹈、影视”相关课程指导资料，实施美术馆现场教学，组织艺术科研课题评审，编制上海市2018年度艺术教育发展年度报告；推进学生艺术团联盟品牌建设，参与市级重大艺术节庆。依托夏季音乐节、国际艺术节、上海之春音乐节等，搭建学生艺术实践的平台，邀请国内外艺术家走进校园演出交流；弘扬优秀传统文化，加强师资队伍建设。开展“戏曲进校园”“篆刻进校园”等活动，建设中华传统文化基地，开展青少年民族文化系列培训活动，抓好美育教师培养的“源头”，设立9个中小学文化艺术名师工作室，举办高校艺术教育师生基本功展示，成立高校美育教师联盟。（蒋萍芳）

【监管学校食品卫生安全】 加强学校食品安全和传染病防治工作，强化平台管理，利用三大平台对学校食品安全及传染病防治进行全过程监管，推进放心食堂建设，以食品原材料追溯、明厨亮灶、加工操作规范、从业人员健康管理等为重点，建立从食品材料来源到加工制作过程的全过程管理体系。会同市市场局在全市范围内开展卫生安全风险排查，及时发现风险隐患并督促整改。开展学校卫生保健骨干专业培训，推进中小学食育工作，开展优秀案例征集、编制相关指南，充分挖掘和发挥午餐的综合育人作用。举办“健康生活、幸福成长”健康教育主题活动，在爱眼日、洗手日、口腔健康日等节点开展宣教活动，会同市红十字会开展弘扬人道主义精神等主题活动。（姜兴文）

【建设青少年科学创新实践培养平台】 完善青少年科学创新实践培养平台建设。联合市科委开展青少年科学创新实践工作站和馆校合作。加强青少年科学人才梯队建设，推进上海市青少年科学研究院建设，建立科技创新后备人才发现和培养机制。开展明日科技之星、人工智能创新月、中小学科普校园行、青少年科技节、自然保护周等上海市青少年科技创新教育活动。持续推动学校生活垃圾分类管理工作，下发《上海市教育委员会等七部门关于在学校推进生活垃圾分类管理工作的通知》和《上海市中小学校生活垃圾分类收集容器设置管理办法》。（黄　峰）

【市专门教育研究与评估中心成立】 5月28日，市教委、市公安局、市检察院、团市委印发《关于建立上海市专门教育研究与评估中心的通知》，由市教委、市公安局、市检察院、团市委和浦东新区教育局共建上海市专门教育研究与评估中心，并共同承担“中心”专业指导工作，决定发展规划、年度计划和重大事项。浦东新区教育局承担“中心”日常管理工作。“中心”设在浦东新区育华(集团)学校，其主要职责是开展预防未成年学生违法犯罪研究和专门教育研究、开展专门教育评估、指导专门学校专业发展、服务、指导中小学预防未成年学生违法犯罪工作等。9月18日，市教委、市公安局、市检察院、团市委联合召开“加强上海专门学校建设和专门教育工作研讨会暨上海市专门教育研究与评估中心揭牌仪式”。（张大飞）

【发布《中小学生欺凌防控指导手册(试行版)》】 市教委会同市检察院研制《中小学生欺凌防控指导手册》，并于2019学年春季开学发布试行版，为中小学校早期发现、预防和处置学生欺凌和暴力行为提供指导。《指导手册》以问题为导向，针对学生欺凌认定难、处置难等问题，力求进一步明确标准、细化举措、规范流程，切实解决基层学校难题。《指导手册》分四个部分：第一部分为学生欺凌的界定，细化、明晰欺凌的界定标准、常见的欺凌形式、欺凌关系中的主要角色、易发生欺凌的主要场所、诱发欺凌的常见因素、欺凌的主要危害和关于欺凌的常见错误观念等；第二部分为学生欺凌的预防，明确学校预防、教师预防、家长预防和学生预防的主要举措；第三部分为学生欺凌发生后的调查与处置，完善学校初步干预、开展调查、认定和处置、信息通报、后续处理等流程；第四部分为相关附表，供学校调查统计时参考使用。（张大飞）

【多举措维护中小学安全】 全年全市中小学未发生因学校责任导致的学生重特大伤亡事故，学生非正常死亡事故较上年下降24%。主要举措如下：完善责任体系。9月25日，市委副书记、市政法委书记尹弘召开上海市学校安全工作会议，要求推进校园安全隐患整改，着力维护校园安全稳定，全面提升防范能级，确保校园安全稳定。按照市政府出台的《关于加强中小学幼儿园安全风险防控体系建设的实施意见》要求，各区教育局和学校构建安全管理责任体系，完善绩效考核制度，从严压实学校安全监管责任。市、区教育部门注重与公安、消防、应急等部门密切协同，形成多方参与、各司其职、齐抓共管的工作格局。提升安保水平。全市中小学、幼儿园在坚持做到“一门两保安”基础上，小学、幼儿园在上学和放学时段再增加2名保安协同守护。公安部门落实“将小学、幼儿园作为巡逻必到点”制度。市教委会同市公安局修订并发布上海市地方标准《重点单位重要部位安全技术防范系统要求

（第6部分：中小学、幼儿园、托育机构）》，推动全市中小学、幼儿园及托育机构提升安防设施建设水平。全市85%中小学视频安防监控系统与市、区教育视频安防监控平台实现数据对接与交换，并逐步接入属地公安系统。排除风险隐患。组织公安、消防部门赴16个区53所学校开展学校安全检查，现场指导学校整改安全隐患，并抄告相关区教育局督促整改。委托专业单位对267所中小学开展风险勘查。组织区教育部门对全市3000余所中小学幼儿园安全情况开展全面排查。提高教育实效。对47名中小学校安全教育分管校长及199名骨干教师开展公共安全教育专项培训。组织开展中小学幼儿园公共安全教育活动精品课程评选，共评出121节市级精品课程。推进公共安全教育共享场所建设，全市1179所义务教育学校完成体验教室建设，占应建学校的96%。继续打造安全教育媒体宣传品牌，制作播出公共安全教育开学第一课第三、第四季。（卢　惠）

【中小学及周边环境建设与整治】 市教委组织开展"2017、2018学年度上海市安全文明校园"评选工作，全市68%的中小学幼儿园获评安全文明校园，获评学校数为2192所，其中303所学校获评上海市平安示范单位。全市16个区3900余所中小学幼儿园（含教学点）的3万余路监控视频接入市、区视频安防平台，其中1600余所学校的视频监控已接入属地公安系统和政法委"雪亮工程"。上海市学校安全管理平台已完成消防标准化管理、安全信息、设备管理、风险查勘模块的研发与上线运行。全市中小学幼儿园约派驻保安员2.19万余人，全部为专职保安员，其中专业保安公司派驻2.15万余人，专业派驻率98%。全年，各级公安部门共出动警力1.3万余人（次），开展中小学幼儿园治安检查1.1万所（次），协同开展校园周边联合整治2500余次，发现并整改各类治安隐患1500余处。市场监管、文旅等部门共检查互联网上网服务营业场所6409家次，立案处罚57件；共检查歌舞娱乐场所5021家次，立案处罚124起。药监等部门全覆盖检查全市3家疫苗生产企业、4家疫苗配送单位、17家市、区疾控中心和476家疫苗接种单位，现场检查医疗机构120余家。网信、"扫黄打非"、文化执法、教育等多部门对网络文化、网络视听和网络出版等多个领域进行清理整治工作。市教委牵头加强对学习类App管理，指导各区及学校对进校园学习类App开展备案登记工作，禁止含有色情、暴力、网络游戏、商业广告及违背教育教学规律等有害内容的学习类App进入校园。绿化市容、城管执法等部门着力遏制占道设摊、占道堆物、散发非法小广告等违法行为；开展"绿色护考"等专项执法整治行动，加强中考、高考期间巡查管控。绿化市容、教育等部门结合《上海市生活垃圾管理条例》的实施，开展垃圾分类进校园活动，并与社会教育、家庭教育相结合，促进垃圾分类工作落到实处。（孙韬韬）

【制定《关于本市进一步调整优化结构提高教育经费使用效益的实施意见》】 为进一步推动上海教育综合改革再出发，率先实现教育现代化，根据《国务院办公厅关于进一步调整优化结构提高教育经费使用效益的意见》，结合上海市实际，制定《上海市人民政府办公厅关于本市进一步调整优化结构提高教育经费使用效益的实施意见》（以下简称《实施意见》）。《实施意见》明确三个方面总体思路：一是对接落实习近平总书记提出的"三项新任务"和"五个方面要求"、城市发展对教育提出的新需求，优化经费结构；二是围绕新时代立德树人根本任务，强化学校党建和思想政治工作，对接落实国家"双一流"建设、新时代教师队伍建设改革、国家职业教育实施方案等，保障经费安排；三是对接上海面向2020年率先总体实现教育现代化补短板、促攻坚任务，强化保障力度。《实施意见》包括明确工作目标和工作原则、完善教育经费投入机制、优化教育经费使用结构、科学管理使用教育经费和加强组织实施五个方面内容。（严文卿）

【高等教育经费投入改革】 以深化教育投入机制改革为动力，以调整优化经费支出结构为主线，完善投入机制，优化使用结构，提高使用效益，保障高等教育事业改革发展。提高地方公办高校生均定额标准，持续保障经常性经费投入。市教委会同市财政局在分析测算的基础上，研制2020年高校生均综合定额标准调整方案，提高高校生均综合定额标准。提高全市地方公办高校经常性经费。出台捐赠收入财政配比政策。8月16日，市委副书记尹弘主持召开市委教育工作领导小组专题会议，审议通过《上海市市属公办普通高等学校社会捐赠收入财政配比资金管理暂行办法》。9月24日，市财政局、市教委联合印发管理办法。根据管理办法，市教委在部门预算中设立市属高校社会捐赠收入财政配比资金，对市属高校获得的符合规定条件的社会捐赠收入实行奖励补助，促进高校进一步扩大办学资金来源。聚焦重点，全力保障高水平地方高校试点建设项目、第二阶段高峰高原学科建设、部市共建中央驻沪高校、高水平地方高校建设项目，统筹安排相关经费。（杨雁俊）

【专项经费投入机制改革】 市教委开展专项经费投入机制改革工作。改革后，市级高等教育专项资金主要用于高水平地方高校试点建设项目和高原高峰项目、部市共建“双一流”地方配套、民办高校内涵建设经费。教育费附加市级集中使用部分主要用于基础教育课程教材改革、质量综合评价和招生考试改革、学前教育与托育服务工作推进、校长与教师培养培训等。改革后，市教委专项经费数量减少41%；教育费附加市级集中使用部分专项数量减少55%。此项改革有利于市教委各部门集中精力做好本职业务的政策研究、整体规划、宏观管理等工作，由事前管理，转变为事中监督、事后监督。（严文卿）

【全市地方公办高校所属企业体制改革】 根据《国务院办公厅关于高等学校所属企业体制改革的指导意见》精神和教育部要求，按照市委、市政府的工作部署和市政府办公厅关于印发《上海市地方公办高等学校所属企业体制改革工作方案》通知要求，市教委组织全市地方公办高校（含委属中职校）在全面摸底的基础上，制订各校所属企业体制改革方案。市教委严格依据国务院和上海市相关文件的规定，结合学校的实际情况，按照“以清理关闭和脱钩剥离为常态，以保留为例外”的原则，组织专家重点对学校申请保留的企业进行全面审核，严格控制各学校保留企业数量，对有特殊情况的企业暂时保留，不符合保留规定的企业则不予保留，并原则同意各学校关闭、无偿划转、公开转让、减资退股方案。市教委将专家意见反馈给相关学校，在听取学校意见的基础上，于11月底形成全市高校所属企业体制改革初步方案。（艾乐旺）

【市属高校内部审计评价】 根据《审计署关于内部审计工作的规定》等文件精神，为提升市属高校内部审计工作质量，市教委组织开展市属高校内部审计（基础性状况）评价。本次评价共涉及29所市属高校，平均得分78.53分，较上年度增幅达13.16%，其中复评得分高于上年度的有23所。评价结果表明，大部分高校对内审工作都高度重视，能够对照上年度评价中发现的问题，采取有效措施积极改进，内审工作明显提质增效。各市属高校内审工作在制度建设、体制机制、质量控制、审计整改、审计信息化等方面得分较上年度增长均超过10%；但质量控制、审计整改、审计结果运用、审计信息化等方面仍为市属高校内审工作的主要“短板”，亟须进一步加强。市教委及各有关高校对本次评价结果高度重视。市教委研究制定相关指导性文件，推进整体工作。各高校对评价结果揭示的薄弱环节，认真制定改进措施，完善内审工作机制。（周　琳）

【落实审计整改】 根据《关于进一步加强审计整改工作的意见》等文件精神，市教委在实现审计全覆盖的同时，完善工作机制，压实主体责任，指导与监督被审计单位按照市教卫工作党委、市教委审计整改要求落实整改工作，抓即知即改、强化责任追究、建立长效机制，实现审计整改的闭环管理，审计整改工作取得成效。推进审计整改“最后一公里”，探索新的工作模式和机制，主要做法：通过市教卫工作党委会、两委经济责任审计工作联席会议、系统全面从严治党大会等，作专题研究部署，通报审计整改落实情况，明确要求。完善审计整改工作机制，建立整改工作台账，实行“问题清单”和“整改清单”相对接的清单式管理，通过专人“点对点指导”、内审部门集体论证、联席会议共同决策、领导小组审定等，严格对账销号。实行动态跟踪检查，对以前年度应完

成但未完成整改的单位，开展审计整改“回头看”，建立健全整改闭环管理机制。（周 琳、张 娅）

【持续推进教育政务服务】 深化教育政务服务“一网通办”工作，推进各部门各单位工作流程再造。已完成全部26项行政权力事项、27项公共服务事项接入“一网通办”总门户；11个便民服务事项（部分）接入“随申办市民云”移动平台。幼儿入园登记、义务教育入学报名、中高考成绩查询等民众广泛关注的事项均接入并通过“一网通办”平台办理。（李 曼）

【首批入驻“在线开具证明”专栏】 完成全部在籍学生的“电子学生证（中、小学）”（约130万人）以及近三年的“教师资格证”（约4万人）的归集和制证。3月，学生事务中心“存档证明”率先与“一网通办”总门户对接，实现网上开具，市教委也成为首批入驻“在线开具证明”专栏的五家单位之一。11月，上海教育考试院进一步完成8类考试成绩证明的技术对接，并在“一网通办”门户和“随申办市民云”上线。（李 曼）

【推进教育数据治理与应用】 为推进教育数据治理，市教委印发《上海教育系统加快推进数据治理和“一网通办”工作实施方案》以及《上海教育数据管理办法（试行）》。在数据归集方面，超过1600万条数据被抽取进入大数据中心数据湖，数据总量和数据质量位于全市各委办局前列。在数据共享应用方面，已完成35个数据授权接口，联系申请了6个教育部数据接口。综合数据质量排全市第六。公共数据开放共享工作被市经济信息化委评为全市公共数据开放“十佳”部门。（李 曼）

【举办2019年世界人工智能大会教育行业主题论坛】 2019年8月29日，2019年世界人工智能大会教育行业主题论坛“人工智能助力教育现代化”在上海世博展览中心举行。论坛由“专家论道”“对话企业”“圆桌会议”三个环节组成。论坛现场，市教委与华为等国内大型领军信息科技企业签署智慧教育政企合作战略框架协议，发布了《人工智能助力教育健康发展倡议书》。（李 曼）

【公布教育信息化应用标杆培育校创建名单】 自上海市教育信息化应用标杆培育校创建工作启动以来，通过采用书面评议、答辩评审和现场调研等方式进行综合评定，市教委已遴选部分学校开展创建工作，并于2019年上半年分两批公布入选创建名单的学校。入选创建名单的有幼儿园、中小学、中等职业学校和高等学校等。上海市教育信息化应用标杆培育校的创建、探索与实践将为全市同类学校的建设起到示范、引领的作用。（李 曼）

【开展依法治校创建】 落实教育部《依法治教实施纲要（2016—2020年）》和《上海市面向2020年加快推进教育现代化实施方案》，确保全市各级各类学校全面达到依法治校的基本要求，为上海2020年率先总体实现教育现代化提供坚强的法治保障。年内，市教委推动各级各类学校开展依法治校创建工作。经学校申报、专家评审，认定15所高校、14所行业所属中职校、609所中小学及幼儿园为第二批“上海市依法治校示范校”（2016—2020年）；认定31所高校、22所行业所属中职校、1814所中小学及幼儿园为第二批“上海市依法治校标准校”（2016—2020年）。至2019年底，有58所完成创建工作，创建完成率93.5%；全市应评的40所行业类中职校中有37所完成创建工作，创建完成率92.5%；全市3228所中小学（含区属中职校）及幼儿园已有2980所完成创建工作，创建完成率92.3%。（陈志新）

【有序推进教育立法】 上海教育系统对接国家和全市立法规划、年度立法计划，统筹协调，有序推进相关教育立法工作。贯彻落实全国人大和上海市人大的相关要求，6—9月，开展相关调研、检查，完成《高等教育法》及《上海市高等教育促进条例》实施执行情况的执法检查。开展修订《上海市终身教育促进条例》前期调研；参与国家层面《民办教育促进法实施条例》《未成年学生学校保护规定》《学位条例》等立法调研工作。持续建设好8家“上海教育立法咨询与服务研究基地”。遴选一批前瞻性、基础性、关键性研究选题，继续支持复旦大学、上海交通大学、华东师范大学、上海财经大学、上海师范大学、华东政法大学、上海政法学院、上海市教育科学研究院等8家“上海教育立法咨询与服务研究基地”，切实加强“依法行政党政负责人责任清单”“学校章程修订指南”“教师惩戒权”“性骚扰”等重点项目建设及运行机制建设，为上海教育法治工作提供专业化服务和有力支撑。（蒋侯玲）

【党内法规制度建设】 2019年，上海教育系统按时完成市教卫工作党委党内规范性文件清理工作。归集梳理自2018年10月31日以来发文机关为党委、党委办公室、纪委（纪检组）、纪委办公室的文件总目录，进行系统清理并发布《中共上海市教育卫生工作委员会关于废止、宣布失效和修改部分党内规范性文件的决定》。开展党内法规研究市级重点项目研究。依托上海市人民政府决策咨询研究（教育政策专项）平台和市委有关部门法治处室负责人会商会议机制，发布“新时代党内法规制度体系构建的目标愿景、问题难点与实施路径研究”等多项党内法规市级重点项目，评选并开展相关研究。实施党内法规研究领军人才计划。市教卫工作党委、市教委同市委办公厅、市委组织部、市委宣传部、市纪（监）委、市委统战部等对入选人员启动“研究选题”“研究方向”“研究素材”等系列支持和工作指导。支持建设若干党内法规研究中心。复旦大学、华东政法大学、上海政法学院启动“上海教育系统党内法规研究中心”建设，形成全市党内法规制度建设与研究工作合力，打造在全国有影响力的党内法规与党内规范性文件研究基地。（蒋侯玲）

【推进依法教育行政】 贯彻国家和全市依法行政各项要求，依法治教的能力和水平得到提升。推进行政审批事项改革。审批事项缩减至9项，开展行政规范性文件制定和备案11件，完成100项教育类政务服务事项的“双减半”工作，配套完成事项办理指南的网上更新，持续推进一网通办。研制《上海市教育委员会关于教育领域“放管服”改革综合授权改革举措》。报送的《放到位、管到点、服到心，以“放管服”为抓手，推动本市教育高质量均衡发展》被市委依法治市办评为“2019年度上海市法治建设优秀案例十大入围案例”。全市高等教育领域“放管服”工作接受中央“放管服”改革专题协调小组调研，受到充分肯定。聚焦法治宣传教育工作。开展“全国学生争当宪法小卫士”网络活动，上海45万学生参与；组队参加教育部全国学生“学宪法　讲宪法”活动总决赛，获全国团体第三名；举办全市法宣活动10场，其中直播3场；承办教育部全国法治名师培训班2次，受训教师达1600余人；上海市教育系统获全国“七五”普法中期先进集体2个、先进个人3人，市教委获全国学生“学宪法　讲宪法”活动优秀组织奖。年内，与市司法局签署“上海市宪法教育馆”合作共建协议。（陆海佳）

【高校食堂保供稳价】 年内，高校食堂成本压力趋紧，市教委依托上海高校后勤配货管理中心发挥高校学生食堂主副食品供应主渠道作用，提前预判，多措并举，落实资金，加大储备，和全市高校后勤一起保障学生食堂的正常供应和价格稳定。发挥团体采购对高校市场价格的调控作用，全年对猪肉、鸡蛋、牛羊肉等重点产品实施补贴，向高校供应冻猪肉2333.3吨，按低于市场批发价供应高校食堂。加大猪肉和禽类采购和储备力度，供应高校的冻猪肉库存约1200吨，满足高校食堂后期采购需求。实施冷冻猪肉联合采购、免费代储，6月份联合采购猪肉613吨。根据市政府统一部署，面向高校学生食堂投放300吨储备冻猪肉。（吴　巍）

【推进高校后勤“精准扶贫”】 市教委依托高校供货体系，放大高校联办后勤平台的作用，推进高校后勤“精准扶贫”工作。将“精准扶贫”和“农校对接”相结合，做好遵义道真优质蔬菜供应上海高校食堂工作，与遵义市绥阳县签订产销对接协议。开展“上海高校精准扶贫　助力喀什脱贫攻坚”系列活动，在全市81家教育超市门店举办20多场新疆优质产品专场推介巡展活动。参与扶贫公益活动，与12所高校共同参加东方卫视全国首档精准扶贫公益节目《我们在行动》第三季云南道真和第四季新疆莎车两站录制拍摄，道真蔬菜订单总数达988吨，新疆产品销量1亿元。协调教育超市与上海工艺美术职业学院签订援疆电脑合作捐赠协议，首批

捐赠300台电脑，送往新疆喀什地区莎车、泽普、叶城等三县贫困乡村中小学校。（吴　巍）

【开展“后勤育人、安全育人”风采展示活动】 10月18日，市教委组织开展“‘不忘初心、庆新中国70华诞，牢记使命、建后勤保卫新功’上海学校后勤育人、安全育人”风采展示活动。相关委办局领导、各高校、各区教育局代表等900余人出席活动。活动表彰2019年第二届上海市中小学、幼儿园后勤管理与服务“孺子牛”奖，共50个先进集体和100名先进个人；第四届上海市中等职业学校后勤先进工作者30人；第四届上海高校后勤“绿叶奖”包括“上海高校后勤标兵”63人、“上海高校校园卫士”20人、上海高校“绿叶奖”提名奖6人。活动现场为长年奋斗在后勤保卫岗位并做出突出贡献的13位老同志颁发上海高校后勤、保卫系统突出贡献奖。（吴　巍）

【举办上海市大学生美食节】 12月15日，第二届上海大学生美食节在华东理工大学举办。美食节主题为“青春饭，好食光”。34所高校70个经典菜、创新菜、网红菜在活动上展出。首个高校后勤劳动教育实践基地（服务育人示范岗）同时成立，共有1200名在校大学生代表和600名社会观众受邀参加活动。本次美食节特别设置扶贫菜互动环节，邀请资深花艺师和学生代表互动，现场进行食材创意插花教学。将新疆的南瓜、云南的牛肝菌、遵义道真的西蓝花、胡萝卜等蔬菜，搬上插花表演舞台。参与者还可以凭券兑换一只新疆喀什贫困农户种植的苹果，实实在在地分享扶贫果实。另外，为践行健康中国的理念，引导大学生养成健康的饮食习惯，本届美食节设置“青未来绿色健康主题展台”，为参与者提供绿色、健康、营养创意的餐食。（吴　巍）

【推进高校“十三五”技防建设】 市教委持续推动全市高校开展“人脸识别”“应急联动”“智慧消防”等先进技防系统安全管理信息化平台建设和应用，提升高校技防管理、应用和实战水平。年内，引导23所高校开展28个安全环境示范点建设。如松江大学城安全环境示范点项目，通过对人脸识别、视频结构化分析、人卡核验、人脸访客认证对讲、人员行为分析、数据融合应用、可视化电子地图等新技术的应用，建立学生社区“四道防线”，从出入口，室外公共区域，宿舍楼大门口及宿舍楼内部4个场景进行安全设施建设，为学生创造安定的学习生活环境。（贾晓航）

【举办大学生安全知识竞赛】 10月，市教委、市应急管理局、市公安局、市司法局、市禁毒委员会办公室等单位联合举办上海市第四届大学生安全知识竞赛。竞赛主题是“我的安全我做主，学校安全共分担”。全市62所高校近15万名大学生参与本届竞赛及相关活动。经过校内选拔赛、片区赛、复赛层层比拼，上海交通大学、华东师范大学、上海财经大学、上海师范大学、上海海事大学、上海对外经贸大学、上海应用技术大学、上海工商外国语职业学院8所高校的参赛队进入总决赛。12月1日，总决赛在上海师范大学举行，围绕国家安全、实验室安全、财产安全、交通安全、心理健康、网络安全、消防安全、扫黑除恶等8个主题，分为技能操作比赛、理论竞答、终极PK等环节。上海交通大学队获总冠军。（贾晓航）

【举办大学生“安全金话筒”优秀主持人大赛】 为展现上海高校大学生青春风采，发挥大学生在高校平安校园建设中的作用，市高等教育学会保卫工作专业委员会举办上海市首届大学生“安全金话筒”优秀主持人大赛。大赛主题是“我的安全我做主，学校安全共分担”，活动面向全体上海高校全日制在校学生。来自全市高校的16名大学生通过初选进入决赛，经过个性化主持、即兴评述、搭档主持三个环节的角逐，上海师范大学、上海外国语大学获“安全金话筒”奖。大赛的金话筒奖、银话筒奖、铜话筒奖获得者被市教委安全办、市高等教育学会保卫工作专业委员会聘为“高校安全形象大使”，并入选上海市高校安全宣教系列活动主持人后备人才队伍。（贾晓航）

【学前教育规范发展】 上海贯彻落实《中共中央

国务院关于学前教育深化改革规范发展的若干意见》，继续新建、改扩建幼儿园。4月，上海市教委印发《关于做好2019年本市学前教育适龄幼儿入园工作的通知》，明确幼儿园入园工作基本程序，首次启用"上海市适龄幼儿入园信息登记系统"，组织适龄幼儿入园信息登记。8月，由市教委等12个部门联合印发《上海市学前教育三年行动计划(2019—2021年)》。年内，上海在全国优秀游戏案例评选中获37个奖项，占全国获奖总数的28%。承办教育部组织的全国幼儿园游戏活动研讨会，对幼儿游戏活动进行交流和展示。召开上海市第八届学前教育年会，4000人参会，围绕"课程与教学""管理""游戏""健康教育""教师成长""家园共育"等话题分享经验，互动交流。（瞿佳杰）

【促进3岁以下幼儿托育服务发展】 5月，国务院办公厅发布《国务院关于促进3岁以下婴幼儿照护服务发展的指导意见》。9月，市委、市政府领导现场调研华师大闵行永德实验幼儿园和常春藤托育园，并召开现场推进会。上海承办全国托育服务工作现场推进会。市教委组织制定《上海市托育服务工作三年行动计划(2020—2022年)》，与市妇联共同牵头实施"新增50个托育点"市政府实事项目，共计建设托育点56个，其中托幼一体的托育点50个，新增托额1607个，提前超额完成全年工作目标。鼓励社会力量办托育机构，全年社会力量新办托育机构137家，有效增加托育资源供给。开发"全市3岁以下幼儿托育服务市场排摸调查"信息平台，会同市市场监管局、市民政局等有关部门，依托区、街道开展专项调研，对托育服务市场开展排摸和规范整治。加强科学育儿指导工作，开展市区两级共18场线下科学育儿指导活动，正式上线"育之有道"App，升级"育儿周周看"，扩大科学育儿的受益面。（汤婷婷）

基础教育

【2019年概况】 全市共有中小学、特殊教育学校及工读学校1583所，其中小学698所、中学842所、特殊教育学校31所、工读学校12所。共有在校学生144.21万人，其中小学生82.63万人、普通初中学生45.10万人、普通高中学生15.94万人、特殊教育学生0.48万人、工读学校学生0.06万人。全市中小学教职工总数14.34万人，其中小学专任教师5.95万人、中学专任教师6.17万人。

推进招生考试制度改革，促进学生全面健康成长。实施公民办小学同步招生，推进义务教育阶段招生改革。推进高中阶段招生考试改革，出台《上海市初中学业水平考试实施办法》和《上海市初中学生综合素质评价实施办法》，完成发布培训，推进政策落地实施工作。出台《上海市初中道德与法治、历史学科日常考试指导意见》，并做好两门学科日常考核的教研指导工作。推进中考命题改革工作，研制形成相关学科课程终结性评价指南和教学指导意见，并完成部分学科的市级培训工作。推进初中外语听说测试标准化考场建设，研制初中理化实验考场建设标准。建成上海市初中学生综合素质评价信息管理系统，完成2018学年入学初中学生综合素质评价相关信息录入。落实高考综合改革配套举措。加强高中学业水平考试的命题和分析研究，平稳实施2019年各批次学业水平考试。继续推进高考英语题库建设。结合普通高中新课程、新教材的使用进程，优化上海市普通高中学业水平考试安排及综合素质评价工作。完善高中学生综合素质评价信息管理系统，继续开展高中生研究性学习真实性认证工作，高中学生18000余人接受认证服务。继续做好普通高中学生综合素质评价信息在春招校测、专科层次自主招生、高水平大学自主招生及综合评价录取改革试点批次中的使用。

深化基础教育课程教材与评价改革，培育学生发展核心素养。实现义务教育阶段统编三科教材全覆盖，组织开展教材专项修订，继续做好义务教育非统编教材阶段性修订。研制上海市普通高中课程实施方案。启动高一年级统编三科教材使用，完成教材部分配套资源开发、三科教师培训工作，组织开展专项教研及考试评价指导工作。做好普通高中非统编教材的编制、送审、审读试教及修改等工作。推进基础教育评价改革。完成2019年度小学绿色指标测评，发布2018年初中绿色指标评价结果，指导各区基于评价结果实施改进行动。推进基于课程标准的教学与评价，扩大小学低年级主题式综合活动试点，扩大到2个整体区、36所试点校。启动儿童学习基础素养第二轮实践研究。依托市教科院，围绕区域基础教育环境质量评估，与部分区域合作开展理论与实践案例研究。依托市教育评估院，开展高中教育质量综合评价指标体系研制工作，形成指标框架。

促进义务教育提质增效，推进优质均衡发展。联合8部门出台《本市落实义务教育阶段学生减负增效工作实施意见》，从学校管理、教学研究、教师专业素质、作业管理和家庭教育指导等多方面提高学校教育质量。出台《上海市加强义务教育学校作业管理措施》以及相关作业设计与实施指导意见。出台《关于推进本市紧密型学区和集团建设的实施意见》，启动紧密型学区和集团首批创建工作。探索新优质学校认证机制。完成城乡学校携手共进计划中期评估。实施公办初中强校工程，126所强校工程实验校均已制定并实施三年规划，推动各区将强校工程实验校与名师名校长培养、学区集团等紧密结合，研制上海市“百所公办初中强校工程”增值评估方案。联合5部门出台《关于全面加强本市乡村小规模学校和乡镇寄宿制学校建设的实施意见》。启动第三轮47所民办中小学特色学校及26所学校民办特色项目创建工作。

推进普通高中特色多样发展，促进育人方式变革。研制特色普通高中创建第二轮三年行动计划，以特色高中创建评估为抓手，促进高中教育从分层发展走向分层与分类发展相结合。命名第三批5所特色普通高中学校。研制普通高中学校建设实施意见，引导普通高中教育改革与发展，激发高中学校办学积极性、主动性、创造性，建设内容主要包括普通高中学校校舍建设、教育装备建设、信息化建设、教师队伍建设以及课程与教学建设。继续开展高中国际课程班年检、国际课程本土化实施研究、四门核心课程教育教学研究与培训工作。

落实各项教育建设规划，优化基础教育资源配置。落实义务教育“五项标准”，指导和督促各区推进城乡义务教育一体化“五项标准”确定的校舍建设、学校装备、信息化环境建设、教师配备达标等项目，全年全市场馆池总计完成开工65个项目，完成学校装备项目647个，其中完成建设124个创新实验室、234个图书馆升级改造学校装备项目、289个安全教育场所设施。持续推进《上海市特殊教育三年行动计划(2018—2020年)》，组织特殊教育三年行动计划中期评估，并对浦东新区等9个区进行实地调研。开展市级层面国家三类特教学校义务教育课程标准培训工作。研制基础教育学校无障碍环境建设实施指南和中小学随班就读课程实施指导意见。完善残疾儿童入学机制，优化信息通报系统。召开2018特教资源征集活动总结表彰会暨特教征文启动会。

加强基础教育管理服务，推进信息化深度应用。联合市财政局、市人力资源社会保障局联合出台《关于进一步做好本市小学生校内课后服务工作的通知》，实现因需免费提供课后服务全覆盖，58.83万名小学生参加校内课后服务，100%的受访家长对课后服务政策表示认同，约90%的家长对学校组织的课后服务表示满意。加强义务教育控辍保学工作。研制推进中小学数字教材与应用新三年行动计划，全年共有11个区共计151所学校、1050个班级、1401位教师、38562位学生参与数字教材应用研究。做好基础教育信息化多种应用模式的研究推进与经验总结。研制中小学图书馆建设与应用评估指标以及中小学创新实验室建设与运行评估指标，开展实地试评估。（王湖滨）

【推进义务教育优质均衡发展】 年内，全市持续推进义务教育优质均衡发展，办好家门口的好学校，不断适应市民日益增长的优质教育需求。落实城乡义务教育一体化“五项标准”。完成“十三五”期间“五项标准”总工作任务的95%以上。推进紧密型学区和集团建设。出台《关于推进本市紧密型学区和集团建设的实施意见》，开展紧密型学区、集团建设调研，形成紧密型学区集团创建工作方案，启动紧密型学区和集团首批创建工作。落实公办初中“强校工程”。召开公办初中强校工程推进会暨培训会，组织市级专家组对各区强校工程实施方案进行专业评估和指导，组织16个区强校工程片区交流活动。推进城乡学校携手共进计划。召开首轮城乡学校携手共进计划专题培训，对76所郊区学校开展中期评估，目标达成率97.36%。推进新优质学校集群发展。探索新优质学校认证体系，试行开展新优质学校成长认证。举行新优质学校集群发展集中培训，组织开展各种主题交流展示活动。加强乡村小规模和乡镇寄宿制学校建设。联合5部门出台《关于全面加强本市乡村小规模学校和乡镇寄宿制学校建设的实施意见》，促进两类学校“小而优”“小而美”发展。 （刘中正）

【实施小学生校内课后服务】 3月1日，市教委等3部门联合印发《关于进一步做好本市小学生校内课后服务工作的通知》，将免费课后服务延时至18时。市教委指导各区加紧研制实施方案，抓好落实。召开小学校长座谈会，梳理学校典型做法。组织开展小学课后服务现场调研，加强对各区实施情况的统计分析和督促指导。完善课后服务机制，推进从“有人看护”向“看护得好”转变。与市有关部门对接，形成引入社会公益力量参与课后服务方案。为全面了解小学生校内课后服务开展情况，总结推广一些有效、管用、家长和学校都认同的好做法，组织课后服务专项调研(侧重延时服务)。调研结果显示，公办小学普遍开展校内课后服务，85%的公办小学在校生享受不同程度的课后服务。校内课后服务以素质拓展活动和自主活动为主。多数区将所需经费纳入年度教育经费预算，对参与人员通过绩效奖励予以保障。家长对课后服务满意度较高。 （刘中正）

【中小学年度招生】 全市共有33.16万名适龄儿童少年进入小学、初中就学，比上年增加约1万人。其中小学新生18.63万人、初中新生13.53万人。2019年幼升小招收符合条件的随迁子女6.95万人、小升初招收符合条件的随迁子女4.29万人。全市继续实施公民办小学同步招生，组织市、区幼小衔接专题培训，将公民办小学同步招生政策传递到所有幼儿大班家长。严格规范民办学校招生工作，明确要求民办中小学面谈“七个严禁”，要求民办学校按照多元化的综合素质评价框架设计面谈活动。优化随迁子女入学办法，保障符合条件的随迁子女在沪接受免费义务教育的权利。利用特殊教育信息通报系统数据，进一步保障残疾适龄儿童接受义务教育。义务教育阶段在校残疾学生数为7103人，其中特教安置1498人。全市中招报名人数72387人，其中69711人升入高中阶段各类学校(高中录取52164人、中职校录取17547人)。提前招生录取中，继续探索通过综合素质评价和考试成绩相结合的方式。高中提前批录取9275人，占高中计划的17.31%；中职校提前批录取11258人，占中职校计划的41.34%。共有19所学校参与特殊教育高中阶段学校(含中职特教班)招生。参加全市特殊教育初中毕业统一学业考试并填报志愿的考生共287人，录取251人，录取率87.46%。

（刘中正、金　松、魏　倩）

【基础教育考试招生制度改革】 推进义务教育阶段招生改革。实施公民办小学同步招生，研制2020年全市义务教育阶段学校招生入学工作实施意见。推进高中阶段招生考试改革。出台《上海市初中学业水平考试实施办法》《上海市初中学生综合素质评价实施办法》《上海市初中道德与法治、历史学科日常考试指导意见》以及初中学生社会实践活动管理政策；建设上海市初中学生综合素质评价信息管理系统，完成2018年六年级学生的相关评价信息补录工作；加紧推进初中学生社会实践电子记录平台建设和运行；推进中考命题改革工作，研制形成“相关学科课程终结性评价指南”以及“相关学科初中教学指导意见”;加快推进初中外语听说测试标准化考场建设,加紧研制初中理化实验考场建设标准。落实高考综合改革配套举措。开展普通高中学生综合素质评价信息采集工作,完成2019届高三学生综合素质评价信息推送使用工作;发布2019年普通高中学业水平考试命题要求;开展高中生研究性学习真实性认证工作,为18000余名高中学生提供认证服务;研制普通高中学校建设实施意见。

(刘中正、赵佳然、龚 柳、金 松)

【推进中小学课程改革】 落实国家课程教材改革新要求,推进全市中小学深化基础教育课程改革工作。加强课改顶层设计,依托“立德树人”人文社科重点研究基地推进实践转化。完成课程领导力第二轮项目结项和第三轮项目开题。完成数学等7门学科小学四、五年级教学基本要求编制,形成《上海市初中道德与法治、历史学科日常考试指导意见》及“相关学科初中教学指导意见”。成立上海市学习素养课程研究所,启动小学低年级主题式综合活动课程第二批试点,有序推进相关资源平台建设。扎实推进教材建设,从2019年秋季学期起,统编三科教材实现义务教育阶段全覆盖,高中从起始年级起滚动推进。全面推进普通高中非统编教材编制,11门学科12套教材通过国家初审。完成教育部教材核查修订等各类教材审查、修订、管理工作。英文版 *Real Shanghai Mathematics* 小学一至六年级全套教科书及配套练习正式出版,从2019年秋季起在英国部分小学投入使用。推进基础教育教学质量评价改革,完成2018年上海市初中学业质量绿色指标评价报告,举行2019年小学学业质量绿色指标测评,继续推进高中学校综合质量评价指标体系研制工作。 (赵佳然、刘中正、金 松)

【普通高中非统编教材编修】 在2月完成第一轮专业指导的基础上,4—5月参照国家教材审核模式,市委宣传部、市教委、市委党校,共同组建思政、专业和综合三个专家组,编制思政、专业、综合指导标准,对教科书进行第二次业务指导。共召开4次分项指导启动会,60余次指导专家与编制组的交流研讨会,形成并反馈专家组书面修改意见65份。8—9月,长三角地区学科专家共同审核、推荐送国家初审教科书名录。经相关决策会议审议通过后,9月23日,赴京送初审。11月上旬,收到教材局初审意见,数学等11门学科教科书通过初审。市课改工作委、市课改办、市教委教研室联合制定后续工作计划。12月,市教委教研室牵头组织全市16个区的146所学校、200余名教研员、605名一线教师参与审读试教工作。各学科教材编制组结合相关意见加紧完善教材。 (赵佳然)

【特殊教育】 全市共有特殊教育学校31所,学前特教点55个,中职特教点19个。在校学生共计8636人。上海围绕落实《第二期特殊教育提升计划(2017—2020年)》《上海市特殊教育三年行动计划(2018—2020年)》持续推进特殊教育发展。一是以评促建,推进计划落实。迎接教育部特教二期提升计划调研组实地考察,在全国特教专题研讨班上作专题培训。完成对浦东新区等9个区三年行动计划实施情况中期评估,推进各项重要指标落实。二是建全机制,完善特教体系。与市残联对接、优化信息交换流程,确保残疾儿童接受义务教育权利。印发《关于开展2019年上海市残疾学生申请统一学业考试合理便利工作的通知》和《关于开展2019年特殊教育初中毕业统一学业考试及合理便利申请工作的通知》,保障残疾学生进入高中阶段学习权利。三是医教结合,提升专业能力。通过医教结合综合评估为576名残疾新生提供适切教育安置。启动特殊学生保健服务工作研究,完成社会适应领域数字化评估工具编制。四是课程建设,促进内涵发展。开展特教学校义务教育国家课程标准培训,发布特教用书目录,研制随班就读课程实施意见,持续加强特教课程资源库建设。五是加强保障,推进融合教育。研制基础教育学校无障碍环境建设实施指南,启动加强随班就读工作管理和自闭症儿童融合教育服务体系建设研究,推进融合教育。

(魏 倩)

职 业 教 育

【2019年概况】 为贯彻落实《国家职业教育改革实施方案》，制定《贯彻落实〈国家职业教育改革实施方案〉推动上海职业教育高质量发展行动计划(2019—2022年)》。市教委与教育部签署《教育部 上海市人民政府落实〈国家职业教育改革实施方案〉备忘录》，教育部将加大对上海职业教育改革发展的政策支持力度、项目支持力度和典型推介力度，上海将坚持推动普职协调发展、高职扩招、深化教育教学改革、深化产教融合校企合作等方面的工作。3月1日，新修订的《上海市职业教育条例》正式实施，开展《条例》的释义与解读。

完善贯通培养机制。2019年，对接产业经济升级需要，新增软件技术、计算机网络、工业机器人等26个中高职贯通专业，环境工程、数字媒体等6个中本贯通专业，总计191个中高贯通专业点，58个中本贯通专业点，已占普通中职专业点数的40%，初步形成中职—高职—应用本科—专业学位研究生纵向完整的培养体系。

提升人才培养质量。推进“1＋X”证书制度改革，落实《国家职业教育改革实施方案》，试点第一批、第二批“1＋X”证书，涉及物流管理、Web前端开发、老年照护、建筑信息模型、智能新能源汽车等领域。上海市共有9所应用型本科院校、18所高职院校、30所中职院校的227个专业点15000余名学生参与“1＋X”证书制度试点。继续开展职教综合改革项目。启动新一批物联网技术、网络与信息安全、文物保护技术等9个专业教学标准的开发与修订。新增4所中职校开展国际水平专业教学标准试点实施。组织上海市4个教育部现代学徒制试点项目的年检和验收工作，完成上海市年度报告1份，新增5个典型案例。现代学徒制试点中职学校已达32所，试点专业数达33个，涉及加工制造、交通运输、轻纺食品、旅游服务、商贸财经和文化艺术等6个专业领域。5所试点学校被确立为教育部现代学徒制试点学校。对接国家职业教育资格目录和“1＋X”证书试点项目，取消平面媒体印制技术等6个试点专业、新增学前教育等3个试点专业。电子商务等3个专业调整配备专项职业能力证书，新增12个试点项目，涉及6个专业、12所学校，新开发3个新增专业人才培养方案、3门融通课程标准及考核方案。推动专业课程资源建设。公布《示范性品牌专业和品牌专业建设验收方案》，完成17个专业大类共151个立项专业的验收工作。开展专业教学标准修订、课程及教材开发。开发10个专业教学标准，构建起与工作岗位适应的新课程体系，并有机融入教育部“1＋X”职业技能证书等级标准。验收42本校本课程，立项49本校本教材；8门网络课程上线，13门网络课程正在开发，立项8门网络课程；立项20项精品课程；完成2020年48门课程在线开放课程立项工作。推进中职信息化建设。印发《上海市中等职业教育信息化建设行动计划(2019—2022)》，将信息技术深度融入职业教育全过程、全面提升师生信息化素养、利用信息化手段将优质资源辐射欠发达地区将是上海中职教育信息化发展新态势。深入推进职教集团工作。举办上海市职教集团10年发展报告发布暨区域经验交流主题活动。对接上海产业升级发展需求，成立智能机器人职教集团，构建职业教育集团运行绩效评价机制，推荐5个职教集团为国家示范性职教集团。

打造双师型教师队伍。开展第五轮来自41所学校的141名新进教师规范化培训。750余名教师参与42个市级专业教师、校长培训项目。开展新一轮20名管理干部赴英国培训，16名电子技术、电子商务等4个专业类教师到德国参加专项培训。依托41个名师工作室，编辑出版名师培育工作室典型案例集，开展名师素养及培养路径课题研究。新增10个技能大师工作室，聘请大国工匠、全国技能能手、上海工匠进入中职学校，传帮带授技艺，提升学校专业技能水平。推进378名教师（含26名来自对口支援省市教师和3名来自长三角省市教师来上海实践）赴31个市级企业实践基地（含19个高技能人才基地）进修，组织开发9个专业大类（第一批3个已发布，第二、三批6个正在开发中）教师企业实践培训标准及编制开发指导手册。上海赛区向全国职业院校教学能力大赛组委会递交参赛作品12件，其中公共基础课3件、专业技能课9件，100%完成赛事指标，高于全国其他省市作品送选完成率。上海职教团队在本次比赛中获2个一等奖、4个二等奖、4个三等奖，获奖率83.3%。

提升学生终身发展能力。上海职业院校就业率连续3年保持在98%以上。2019年，中职毕业生就业率98.73%，其中71.11%直接升入高一级学校（高职、本科、含中高中本贯通学生）。对口就业率87.78%，直接就业毕业生对工作持总体满意的比率为99.49%。学生参加各类大赛成果丰富。2019年全国职业院校技能大赛38个项目比赛，获18枚金牌、78枚银牌、86枚铜牌，获奖率79.48%。第八届上海市“星光计划”职业院校技能大赛赛项涉及23个专业大类、113个比赛项目。在5379名中高职决赛选手中，20.8%选手获相应中（高）级职业资格证书。参加第五届中国“互联网+”大学生创新创业大赛。按照教育部要求，首次将“互联网+”大学生创新创业大赛的参赛对象扩大到中职，专门开设由高职和中职组成的职教赛道，共有43个中职学校参赛，参赛项目共计1359个，参赛人次为5545人次。市级比赛中，中职组获11个金奖、21个银奖、31个铜奖、82个优胜奖。3个金奖项目报送参加第五届中国“互联网+”大学生创新创业大赛全国总决赛，最终上海信息技术学校获全国总决赛银奖。学生职教体验活动在原先的基础上进一步丰富其内涵，由教博会体验活动、学校职业体验活动、科技馆职业体验活动和暑期职业体验活动四部分组成，体验项目涉及17个专业大类，400多个项目，共计26万余人次参加。首次开设暑期企业夏令营活动，在19所开展暑期小达人的学校中选择8家校企合作单位开展企业实践夏令营。加强校园文化建设。在东方绿舟和世纪广场举行上海中职学生优秀社团首次集中开放展示活动。64所上海中职学校参与学生优秀社团集中开放展示活动，共开放展示1174个社团，其中与学校专业密切相关的社团197个。以“我和我的祖国”为主题，在上海国际舞蹈中心举行上海市中等职业学校学生庆祝中华人民共和国成立70周年展演活动。9所学校参加大世界职业教育传习教室布馆、项目互动，共开设14个项目，488场传习课程，1万余名市民游客参与互动课堂。

完成对口支援地区的招生，做好内地中职班招生以及滇西建档立卡学生兜底招生任务。来自对口支援地区学生3235人在上海各中职校学习。四大职教联盟继续发挥平台作用，从上海及对口支援地区的学生德育教育、师资培训、专业建设规划、校校结对等多方位开展合作交流，对口帮扶。有效推动上海优质职业教育资源对外辐射，为全国培养优秀技术技能型人才。举办长三角职业教育名师名校长专业发展专题研讨会，组织3名来自长三角省市的专业教师赴上海企业实践。借助长三角区域内职业教育协作平台，聚焦政、校、企资源优势，以职业院校名师、名校长工作室为抓手，开展协同规划、协同教学、协同科研、协同实践，开创区域内职业教育多主体交流合作新机制。8月，上海3所中职校和1所高职校代表中国参加第四十五届世界技能大赛，获两金两优胜的成绩。（马　骏）

【中等职业教育教学改革】 中等职业教育以强化教研为宗旨，稳步推进中高、中本贯通教育试点，探索“双证融通”“现代学徒制”“学分银行”等人才培养模式试点，开发实施“专业教学标准”“示范性教材”“精品课程”“网络课程”，开展“教学调研”“教学研究”“匠心匠艺”，组织开展第五届校本教材展示交流评优活动，以此提高教师专业教学能力，提升学生学业质量。完善职教体系，提升贯通培养水平。开展中高、中本贯通培养研究，研制《上海市第一批中高职教育贯通专业教学标准开发实施方案》，启动首批 23 个中高专业教学标准开发，研制《上海市中高职教育贯通专业教学标准开发指导手册》。全年完成项目组组建、专业调研、工作任务与职业分析、课程结构分析等开发任务，形成 23 个项目的项目组名单、调研报告、工作任务与职业能力分析表和课程结构分析表等阶段性开发成果。研制《上海市中高职教育贯通、中等职业教育—应用本科教育贯通高水平专业建设工作方案》，根据方案，完成 42 个立项高水平专业项目建设方案、项目计划书编制。扩大中高、中本贯通培养联合教研组，推进以“人才培养方案一体化设计”为主题的联合教研。加强内涵发展，推进综合改革项目。继续推进职业教育国际化。上海商业会计学校、上海市航空服务学校和上海信息技术学校 3 所中职校启动先进职业教育经验对外输出工作，开展前期需求调研，确定面向东南亚、欧洲相关国家的职业教育对外合作与交流，研究制定对外输出方案，并经过专家论证。继续开展“双证融通”专业改革试点研究与实践。启动第七批 12 个专业点的试点工作，完成学校试点工作方案与试点专业教学实施方案论证。聚焦“融在标准”“融在教学”，推进“双证融通”联合教研机制，指导原有试点专业优化课程标准、考核方案以及教学资源开发。继续开展现代学徒制试点研究与实践。开展全市中等职业学校第一批现代学徒制试点项目情况调研，形成调研报告。对首轮试点研究与实践成果进行全面总结，编著出版《联动　融合　发展——上海市中等职业教育现代学徒制研究与探索》一书。启动第三批 13 所学校现代学徒制试点工作，完成教育部第二批试点项目验收和第三批试点项目年检。继续开展“中高职立交桥”学分银行试点。完成 30 门沟通课程考试方案。制作学分银行电子宣传手册，以数字渠道扩大惠及面。强化教学管理，加强教材课程建设。继续修订专业教学标准。完成物联网技术等 10 个专业教学标准的研究与文本编制工作。根据社会经济发展，调整专业培养目标，优化课程结构与课程内容，编写约 140 门专业核心课程和专业方向课程的课程标准，并融入“1+X”职业技能证书等级标准。继续开展教材建设工作。组织对 21 所学校所申报的 34 册（套）教材进行遴选与评议，向教育部报送 8 册优质教材。组织举办上海市中等职业学校第五届校本教材展示交流评比活动，收到 52 所申报参展学校的登记教材 731 册（其中数字教材 49 册），申报参评教材 195 册（其中数字教材 27 册）。开展中职校实习管理和校企合作工作的排查与指导，形成《2018 年度中职学校学生实习管理工作自查以专家初评基本情况报告》以及 59 个学校实习管理工作典型案例。上海信息技术学校入选教育部教学管理 50 强。推进精品课程及在线开放课程建设。20 门精品课程立项为市级建设项目。对 2019 年立项的 148 门在线开放课程，分别进行立项、建设方案评审、阶段性建设培训。“易班”中职课堂共计上线中职网络课程 53 门。

（马　骏）

【中等职业学校招生】　2019 年，全市中职校录取总数 3.75 万人，普职比为 58∶42。坚持“普职比大体相当”原则，统筹管理高中阶段各类学校招生。继续实施中等职业学校提前批次和统一批次相结合的招生模式，全市统一和分区投档相互补充的录取方式。继续扩大中职国家和市级示范校自主招生计划，把中职校艺术、航空、贯通培养模式等专业以及示范校自主招生专业，纳入提前批次招生。改革中职校招生办法，在原有招生类别的基础上新增“五年一贯制”的招生类别，在上海电子信息职业技术学院和上海震旦职业学校两所高职院校开展试点。优化招收进城务工人员随迁子女办法。进城务工人员随迁子女可以同时填报五年一贯制、中高职贯通志愿和中职志愿。在校学习期间，进城务工人员随迁子女与上海户籍学生一样享有同等帮困助学政策。中职校继续开展特殊职业教育和成人中专教育。有 19 所普通中职校附设特教班、特殊职业教育学校。改革成人中专招生流程，将成人中专的招生计划统一纳入全市中职计划管理。首次实施“中等职业教育国家奖学金”。经国务院同意，从 2019 年开始设立中等职业教育国家奖学金。上海首批 132 名中职学生获奖，共发放奖金 79.2 万元。继续实行“专业奖励”等政策。截至 2019 年底，全市奖励专业 55 个，就读奖励专业的学生占享受免费教育学生数的 49.3%。继续实施“上海市奖学金”制度，奖励在校期间品学兼优的中职校学生。继续精准实施招生兜底行动。精准对接云南省多元需求，发挥沪滇职教联盟平台功能，全市27所中职校全年共招收云南籍学生1818人。继续做好上海中职校“内地西藏中职班”“内地新疆中职班”和对口支援贵州省遵义市等6省10个对口支援地区以及西部地区中等职业学校联合招生、合作办学工作。 （黄 蕾、谢 俊）

【普通中等职业学校毕业生就业】 全市74所全日制普通中等职业学校（以下简称“中职校”）毕业生总数28287人，比上年减少1101人。就业（含升学）人数27928人，就业率为98.73%。其中普通中专毕业生17257人，占毕业生总人数的61.01%，就业率99.01%；职校毕业生8599人，占毕业生总人数的30.40%，就业率98.58%；技校毕业生2431人，占毕业生总人数的8.59%，就业率97.24%。全市中职校“普通中职”毕业生（除招生类别为“中高职”“中本贯通”的毕业生）21484人，占毕业生总人数的75.95%。其中就业21129人，就业率98.35%。上海中职校毕业生直接就业（含进入企、事业单位以及自主创业、自谋出路、参军、出国等其他方式就业）7814人，直接就业率为27.62%。（其中普通中专毕业生直接就业率为19.49%；职业学校毕业生直接就业率为33.31%；技工学校毕业生直接就业率为65.24%。）；升入高一级院校20114人，升学率71.11%。普通中专升学率为79.52%；职业学校升学率为65.28%；技工学校升学率为32.00%。

（黄 蕾、谢 俊）

【举办“星光计划”职业院校技能大赛】 5月11—12日，上海市“星光计划”第八届职业院校技能大赛在上海科技馆举办。大赛中职组设13个大类70个项目，全市共有84846名学生参加初赛，有66所中职学校的3757名学生进入决赛阶段比赛。高职组设10个大类43个项目，全市14838名高职学生参与初赛，并有30所高职院校的1622名学生进入决赛阶段。大赛开设8个教师项目，共有42名中职教师和18名高职教师参赛。大赛以“弘扬工匠精神，创造精彩人生”为主题，坚持大赛与教育培养目标、专业教学标准、国家职业标准、全国技能大赛和世界技能大赛相结合，借鉴世界技能大赛的办赛理念、评分规则。赛项中有54个竞赛项目与国际比赛接轨，有60个竞赛项目与国家比赛接轨。大赛邀请德国学生、中国台湾地区及长三角地区职业院校的学生与上海学生同台竞技。沪喀、沪果、沪遵、沪滇四大职业教育联盟邀请对口支援地区职业院校师生到沪观摩。职业擂台赛设置“点钞”“文字录入”“珠算”三个“金手指奖”和“毛笔书法”“艺术插花”两个“金技艺奖”项目，吸引社会人士与职教学生同台打擂。为确保擂台赛的公正公平，5个“打擂”项目均由相关行业协会负责评判工作。 （黄 蕾）

【中职校选手在技能大赛中获得好成绩】 5月7日—6月16日，在上海市“星光计划”第八届职业院校技能大赛的基础上选拔产生的上海中职代表队参加2019年全国职业院校技能大赛。上海中职代表队由39所中职学校229名参赛学生组成，参与38个项目的比拼，共有182名学生获奖，其中金牌18枚、银牌78枚、铜牌86枚，获奖率79.48%。获一等奖的18名中职生来自全市8所中职校。参加38个项目的比赛，有9个项目夺金，夺金覆盖率23.68%。当地时间8月22—27日，上海共有10名选手代表中国参加在俄罗斯喀山举行的第45届世界技能大赛。这10名选手中有3名选手来自3所中职学校。经过激烈角逐，上海市杨浦职业技术学校教师徐澳门、上海市城市建设工程学校（上海市园林学校）学生陆亦炜分别获汽车车身修理和花艺项目的两块金牌，上海信息技术学校学生冯家乐获网站设计与开发项目的优胜奖。第五届中国“互联网+”大学生创新创业大赛首次将参赛对象扩大到中职学生，专门开设由高职和中职组成的职教赛道，共有43个中职学校参赛，参赛项目共计1359个，参赛人次为5545人次。在上海赛区比赛中，中职组获11个金奖、21个银奖、31个铜奖、82个优胜奖。其中3个金奖项目参加第五届中国“互联网+”大学生创新创业大赛全国总决赛。最终，上海信息技术学校获全国总决赛银奖。 （黄 蕾）

【对口支援与民族教育】 依托沪喀、沪果、沪遵和沪滇四大职教联盟，以技术技能型人才培养、提升职业教育发展水平、创新对口帮扶模式、搭建东西协作新平台等途径，为经济社会发展提供人才支撑。各联盟聚焦教师队伍制度建设，通过“组团式”送教、“结对式”跟学、“浸润式”体验等互动教研方式，开展系统、富有针对性的师资培养培训，推进职业院校内涵建设，全面提升职业教育人才培养质量，把发展职业教育作为智力扶贫和技能扶贫的“直通车”。各联盟结合实际，德育与技能相结合，提升综合素养。开展走进中华艺术宫系列活动，文教结合，全方位提升学生的文化底蕴、审美能力，激发青春朝气；组织民族班和对口支援地区学生到科技馆现场观摩“星光计划”职业院校技能大赛，树立技能强国的理念；开展红色之旅研学活动，通过学生互访加深革命传承教育，让德育教育入脑入心；开展公共安全实训活动，让学生了解城市交通安全、紧急救护等知识，帮助学生掌握生存逃生技能和应急情况处理能力，尽快融入上海城市生活。开展各项比赛，提高教学水平。沪喀联盟通过课程教学研究、师资共享、基地共建的校企合作和现代学徒制人才培养试点，实现招生与招工同步、入学与就业同步，让学生学以致用、精准就业，实现“培养一个学生，脱贫一个家庭”的目标。共有新疆内职班学生2970余人毕业，其中就业990余人，升入高职院校900余人，就业升学率98.5%。加强学生交流。沪遵联盟组织在沪学生，参加“我和我的祖国”走进中华艺术宫迎接中华人民共和国成立70周年特别活动，参加职业教育文化艺术场馆课程化教学、艺术实践创作、德育志愿者服务3个板块的活动，体验多项民族艺术课程，感受中华文化与爱国热情。沪喀联盟围绕两地学生实际情况与诉求，认真布局与统筹，开展多种形式的“手拉手”交流互动。沪滇联盟组织成员校学生干部和上海市“星光之约”记者团，共50余名师生开启红色之旅研学活动。 （黄　蕾）

【师资队伍建设】 搭建教师成长阶梯化平台，着力打造“双师型”职业教育教师队伍。开展第四期新进教师规范化培训工作。以职教理论、专业教学能力、育德能力、专业实践、自主研修等5大模块为主要内容，141位新进教师参加。根据新进教师专业(学科)情况，在导师库中选聘40名具有高级职称的教师作为市级带教导师。启动第五期新进教师规范化培训。共有41所学校141名学员报名参加，其中53名基础课老师、88名专业课老师。聘请带教导师48人。加强名师培养工作。建设职业教育名师培育工作室。对教师学员和导师进行跟踪调研，开展名师素养及培养路径课题研究，共立项42个名师培育工作室。举办长三角名校长名师专业发展主题研讨会，搭建长三角职教教师相互学习、风采展示和交流研讨的平台。建设职业教育技能大师工作室，组织第一批10个技能大师工作室学员报名、面试遴选，拟定带教方案和学员发展规划。组织第二批技能大师工作室申报、评审，第二批立项10个职业教育技能大师工作室，先后开展38个市级培训项目，600余名教师参加培训。20余位对口帮扶省市教师到沪参加汽车专业专项培训。推进中职学校校长领航班，6名学员开启两年的专项培养，提高中职学校校长的领导力。推动中职教师企业实践，共有73个学校378名教师参加企业实践，沪滇、沪遵、沪果联盟共派出26名外省市学员到沪企业实践。组织开发机电、酒店管理、软件开发3个大类专业教师企业实践培训标准开发指导手册。加强师资国际化培训，开展新一轮管理干部赴英国培训，提升上海职业教育国际化水平。 （马　骏）

【职业教育贯通培养】 年内，上海有中高贯通试点191个、中本贯通试点58个，涉及中职学校53所、高职院校29所、本科院校15所。全年招生7500余人，占中职校招生人数的30%，专业点的40%。强化人才培养方案一体化设计，加强一体化贯通培养方案设计的具体指导，推进培养方案的一体化实施。优化调整中高、中本贯通培养联合教研组，推进以“人才培养方案一体化设计”为主题的联合教研。规范管理强化标准体系建设，研制《上海市第一批中高职教育贯通专业教学标准开发实施方案》，启动首批23个专业教学标准开发项目。研制

《上海市中高职教育贯通、中等职业教育—应用本科教育贯通高水平专业建设工作方案》和《项目建设方案》《项目计划书》，完成42个立项高水平专业项目建设方案、项目计划书编制。开展中本贯通专业支持项目，通过分层分类的经费支持，激励本科学校推进中本贯通专业建设。 （马　骏）

高 等 教 育

【2019年概况】 年内，全市高等教育在校生99.28万人（含研究生、普通本专科生、成人本专科生、网络本专科生）。全市共有普通高等学校64所。普通高校教职工7.72万人（其中市属高校4.39万人），专任教师4.63万人（其中市属高校2.94万人）。研究生19.63万人（含全日制和非全日制），普通高校本专科在校生52.66万人。招收普通本专科学生14.83万人，招收研究生6.75万人（含全日制和非全日制）。

强化立德树人根本任务。召开上海市科学道德和学风建设宣讲教育报告会，30多所高校和科研单位的研究生、科技工作者代表参加，各高校设立分会场。开展科学道德与学风建设优秀案例和优秀组织奖申报工作。在历年专家报告影像记录基础上，将叶叔华、杨福家、陈凯先、陈赛娟等10位院士近年来在上海市科学道德和学风建设宣讲教育报告会上的精彩内容编辑制成《十院士谈学风》专题片。组织上海研究生培养单位收看在北京人民大会堂举办的“礼赞共和国，追梦新时代——以习近平新时代中国特色社会主义思想为引领，大力弘扬科学家精神，持续加强科学道德和学风建设——2019年全国科学道德和学风建设宣讲教育报告会”。

提升高等教育内涵建设。开展2019年学位授权点动态调整工作。经学校申请和上海市学位委员会审议，4所高校拟撤销6个硕士学位授权点，5所高校拟自主增列1个博士学位授权点、6个硕士学位授权点和1个硕士专业学位授权类别。市级统筹拟增列9个硕士学位授权点和2个硕士专业学位授权点。继续推进本科教学质量提升，结合教育部一流本科专业建设“双万计划”，遴选省级一流专业建设点296个（市属高校145个、部属高校151个），推荐报送市属高校国家级一流专业建设点145个。组织开展2019年马克思主义理论研究和建设工程重点教材任课教师培训工作。深入实施高等职业教育教学改革。完成第三批高本贯通培养试点立项工作，新增3个专业试点。召开现代学徒制座谈会，推进现代学徒制试点工作，对教育部现代学徒制试点单位开展验收和年检工作。持续推进高职院校教学诊断与改进工作。组织开展第三批“双证融通”试点课程评审工作。开展两批“1+X”证书制度试点申报工作，首批共16所高职院校申报，第二批共11所高职院校申报。组织院校结合专业做好高职扩招工作，召开高职扩招工作推进会，指导学校做好扩招人才培养工作。

加强应用型人才培养。开展临床医学专业学位研究生培养模式改革工作。完成2020年5+3+X，5+3项目招生计划分配工作，分配相关高校650个硕士研究生和116个博士研究生招生指标。开展紧缺医学人才培养工作，共核准相关高校在全科、儿科、妇产科、麻醉和急诊等专业127名硕士研究生招生增量。开展3+3+3紧缺人才供需衔接调研工作。跨前一步建立人才培养供需衔接机制。率先聚焦“人工智能、集成电路、生物医药”3个前沿科技产业、“大飞机、大船舶、大汽车”3个先进制造业，“养老、护理、学前教育”3个民生急需领域，开展人才培养供需对接。深化高职高技能人才培养工作。印发《上海高校养老服务类专业建设三年行动计划（2019—2021年）》，开展2019年上海高校养老类专业学生社会实践项目立项，共有27个项目申报，其中21个予以立项。推动电竞专业建设，3所高职院校新增“电子竞技运动与管理”专业，召开电竞专业座谈会，成立上海市校园电子竞技运动协会。做好2019年上海高职院校专业目录增补建议备案工作，做好2020年上海高职院校拟招生专业申报工作。开展2019年度上海高职高专院校市级精品在线开放课程申报工作。（卫　备）

【研究生教育综合改革】 开展学位授权审核。国务院学位委员会批准2018年申请的增列、撤销和调整博士硕士学位授权点名单以及新增学位授权自主审核单位名单。华东师范大学被批准为学位授权自主审核单位。11所高校的35个学位授权点经动态调整予以撤销，8所高校的13个学位授权点经动态调整予以增列，14所高校的原工程硕士154个领域对应调整为电子信息等8个类别的69个硕士专业学位授权点，4所高校的原工程博士7个领域对应调整为8个类别的17个博士专业学位授权点。开展2019年学位授权点动态调整以及自主审核单位学位点增列工作，经国务院学位委员会批准，上海撤销6个硕士学位授权点，增列1个博士学位授权点和18个硕士学位授权点。经学校申请、专家评审和上海市学位委员会审议，上海健康医学院增列为学士学位授予单位，其护理学、生物医学工程和康复治疗学3个专业增列为学士学位授予专业，上海交通大学等15所高校的20个专业增列为学士学位授予专业。实施上海一流研究生教育引领计划。在全国率先实施一流研究生教育引领计划，上海各研究生培养单位围绕一流的研究生培养机制、一流的学位点优化布局和建设机制、一流的国际合作交流机制、一流的教育质量监测机制、一流的资源配置保障机制五个方面开展建设，发展与一流大学、一流学科相匹配的一流研究生教育。经评审，首批共立项建设31个一流研究生教育引领计划项目。加强研究生教育质量保障体系建设。推进上海学位与研究生教育质量年度报告（2018—2019年）编制工作，指导各高校和各专业学位教育指导委员会完成和发布本校和本专业学位类别的学位与研究生教育质量年度报告（2018—2019年）。完成2018年硕士学位论文抽检工作，对2017年9月1日至2018年8月31日期间授予硕士学位的45648篇论文进行抽检，按照一般抽检和重点抽检相结合的方式确定抽中论文2295篇（抽中率4.9%）。经专家评审，认定“合格”论文2266篇，合格率为98.7%；认定“存在问题”论文29篇，存在问题率为1.3%。加强产教融合，深化高层次应用型人才培养模式改革。对接产业主管部门“需求清单”，根据行业企业需求分类优化人才培养模式、规模、结构，更加精准对接需求。深化医教协同，推进临床医学专业学位研究生培养和住院/专科医师规范化培训相结合项目（5＋3，5＋3＋X）的实施。年内，教育部继续给予上海“5＋3＋X”项目116名专项博士生招生计划，复旦大学等3所高校对招生名额进行1∶1配套，共招收“5＋3＋X”项目博士生297人。上海中医药大学开展中医博士专业学位研究生教育综合改革试点，全年共招收70名中医专业学位博士生。启动新疆喀什地区医学研究生人才专项培养计划，复旦大学、上海交通大学、同济大学每年定向为喀什地区培养30名临床医学、公共卫生、护理专业研究生。开展科学道德与学风建设宣讲活动。全市按照“全覆盖、制度化、重实效”目标要求，在市级、大学园区、高校三个层面积极推进宣讲教育工作，着力构建宣讲教育长效机制。市教委、市科协于6月20日在科学会堂召开上海市科学道德和学风建设宣讲教育报告会。大会邀请中科院院士、中科院上海分院副院长张旭和上海市教书育人楷模、上海交通大学教授刘西拉作宣讲报告。全市研究生培养单位开展宣讲教育活动1868场，25.1万人次参与宣讲教育活动。

（吴庆全）

【高校创新创业教育改革】 市教委获“第五届中国‘互联网＋’大学生创新创业大赛优秀组织奖”“教育部2019年‘西门子杯’中国智能制造挑战赛优秀组织奖”“2019第11届全国大学生广告艺术大赛优秀指导单位”等荣誉。华东师范大学、上海对外经贸大学入选2019年度“全国创新创业典型经验高校”50强。市教委联合市发展改革委、市人力资源社会保障局、市经信委、团市委组织开展第五届中国“互联网+”大学生创新创业大赛上海赛区工作，并在全国总决赛中获7项金奖、8项银奖、21项铜奖，创历史最好成绩。市教委支持举办上海大学生学科竞赛活动27项。市教卫工作党委、市教委组织开展第四届“汇创青春”——上海大学生文化创意作品展示活动，成立长三角高校文创联盟。上海高校入选国家级大学生创新创业训练项目1804项（其中市属高校877项）。截至2019年底，设有独立创新创业学院（含创业学院等）的高校20个，开设创新创业教育必修课的高校32个，开设创新创业教育专门课程1269门，在校学生参加各类创新创业竞赛107867人次，在校学生新注册企业298个，2019届毕业生创业598人，带动就业2001人。

（赵丽霞）

【高校合作办学】 支持高校合作办学，推进长三角三省一市优质资源共享。西南片高校联合办学本科高校共19所，辅修专业跨校修读2289人，授予跨校辅修专业学士学位405人，颁发跨校辅修专业证书127人。东北片高校联合办学本科高校由12所增至15所，辅修在读学生约2400人，开设辅修课程102门，辅修结业学生708人。松江大学园区高校联合办学本科高校7所，辅修在读学生3652人，授予辅修学位645人，颁发辅修证书271人。临港区域高校联盟开始实质运行，5所校共提供8门跨校互选特色课程，276名学生选课。各片区发挥整体优势，举办各类活动。西南片区组织举办“‘长三角·心未来’——2019长三角地区高校心理学博士论坛暨第五届上海市西南片区高校研究生心理学学术论坛”等活动；东北片继续深化在线课程平台——“上海高校在线”；松江片区继续推进长三角交换生项目，派出21名学生，接收59名学生，并与浙江大学续签交换生项目协议；临港区域联盟先后举办电子设计大赛、数学竞赛、第一届田径运动会、大学生暑期就业实习招聘会等系列活动。

（赵丽霞）

【一流本科建设】 实施《上海高校学校创新人才培养机制　推进一流本科建设试点方案》，推动高校聚焦人才培养根本任务、创新人才培养机制，建设一流本科专业，培养一流人才。引导高校主动适应国家发展新战略需求和上海经济社会发展新需求，推进一流专业建设。上海高校入选2019年国家级一流专业建设点216个（其中市属高校83个），省级一流专业建设点84个（其中市属高校62个）。深入推进信息技术与教育教学深度融合，着力打造具有高阶性、创新性和挑战度的一流课程。年内，立项建设市级重点课程527门，推荐报送市属高校国家级精品在线开放课程17门，评审认定市级虚拟仿真实验教学项目86项，推荐报送国家级虚拟仿真实验教学项目35项。推荐报送国家级一流本科课程63门。以显著提升大学生信息素养和应用信息技术解决学科问题的能力为改革目标，印发《上海高校大学计算机课程教学改革参考方案》，首批选择16所高校开展大学计算机教学整体试点改革，同时推进课程、产学合作、师资培训等项目立项建设。开展2019年度上海高校优质混合式在线课程示范案例征集工作，探索基于FD-QM体系的标准式评议，首次遴选50门课程。

（赵丽霞）

【高职院校“双一流”建设】 根据《国家职业教育改革实施方案》总体部署，结合上海实际，服务全市“五个中心”“四大品牌”战略需求，全市统筹发展一流专科高等职业教育，打造一批一流高等职业院校和专业，3月，印发《上海深化产教融合推进一流专科高等职业教育建设试点方案》。开展上海一流高职建设立项工作。通过单位申报、专家评审、结果公示等程序，一流高职院校立项建设3所高职院校，培育建设4所高职院校，一流高职专业立项建设48个专业，培育建设11个专业。（赵　坚）

民办教育

【民办学校分类管理】 开展非营利性民办学校和营利性民办学校登记办理手续工作。共有1581所现有学校选择登记为非营利性民办学校(不含人社部门审批的职业技能类培训机构),其中高校12所、中小学179所、幼儿园541所、培训机构849所。选择登记为非营利性民办学校的,依法修订学校章程、完善法人治理结构和内部管理制度、继续办学。至年底,选择登记为非营利性的1581所民办学校全部完成现有学校过渡手续的办理。共有199所现有学校选择登记为营利性民办学校(不含人社部门审批的职业技能类培训机构),其中高校6所、高中3所、中等职业学校1所、幼儿园30所、培训机构159所。选择登记为营利性的民办学校在许可机关以及相关职能部门的指导下,由学校组织进行财务清算,依法明确资产权属,按照国家有关规定缴纳相关税费,重新办理法人登记手续,继续办学。至年底,62所选择登记为营利性的民办学校办理完成现有学校过渡手续。培训机构中有4所完成过渡手续;有1所中职、10所幼儿园和38所培训机构已终止办理转设手续、作为非营利性学校完成过渡工作;另有1所幼儿园和8所培训机构已终止办学。 (苏　铁)

【举办第四届民办高校教学技能大赛】 3—8月,市教委举办第四届民办高校教师教学技能大赛,全市17所民办高校共有97名教师参加比赛。大赛分为初赛、复赛两个阶段,注重考察民办高校教师的课堂教学能力与实训教学技能,新增对教学基本规范、教学信息化手段等相关内容的考量,具体涵盖教育理念、教学设计、教学目标、教学内容、教学过程、教学评价等方面的内容。经预选、初赛、复赛等多项环节,结合大赛评审委员会评审、大赛组委会审定,评出获奖名单。大赛获奖名单中,18人获初任教师组奖项,其中一等奖3人、二等奖2人、三等奖4人、优胜奖9人;16人获骨干教师组奖项,其中一等奖3人、二等奖3人、三等奖4人、优胜奖6人。 (季秋瑜)

【首届长三角民办高校教师技能大赛】 11月14—15日,市教委联合江苏省教育厅、浙江省教育厅、安徽省教育厅联合举办第一届长三角地区民办高校教师教学技能大赛。作为首届长三角民办高校教师技能大赛,比赛以“重师德、重教学、重实践”为原则,以推动区域民办高校教学改革、整合区域优质教学资源为主旨,覆盖长三角三省一市47所民办高校。本次教师技能大赛分为选送和评定两个阶段,第一阶段由三省一市根据各校申报情况分别选送20名参赛教师,参赛教师可选报本科常规教学组、本科实践教学组、高职常规教学组、高职实践教学组参加比赛;第二阶段由大赛组委会统一组织,根据80名入选教师的“现场教学”与“教学设计”情况予以评定,最终大赛共评出一等奖4人、二等奖12人、三等奖24人以及优胜奖若干人。在大赛的颁奖典礼上,部分长三角三省一市的民办高校发起成立“长三角民办高校教学发展联盟”,联盟坚持平等合作和共同发展的宗旨,为长三角民办高校的教师发展构建一个专业性的学术交流平台,推进高校教学研究和实践水平的提升。 (季秋瑜)

【非营利性民办高校实验实训中心建设】 市教委、市发改委、市财政局等部门针对全市民办高校实训实验设施建设,编制《上海市民办高校实验实训中心建设市级建设财力投资补助实施方案》。市级建设财力对学校实验实训基地建设投资给予30%补助。7月，根据市发改委《关于梳理本市民办高校实验实训中心项目情况的函》，市教委组织上海市非营利性民办高校正式申报，形成项目清单。经梳理，9家非营利性民办高校有实验实训在建项目或建设计划，合计建设规模约18.2万平方米。

（季秋瑜）

终身教育

【2019年概况】 深化学习型城市建设。启动上海学习型城区创建工作，在部分区开展试点。推进学习型乡村建设，设立15个品牌项目。优化和拓宽学分银行功能，试点开展民办培训机构和企业培训学员学习成果认定及累积工作。开展上海百万在岗人员学力提升行动计划。开展市民终身学习人文行走，新增主题线路20余条，人文修身学习点200多个，全年参与活动人数约100万人。深化市民终身学习体验基地建设，全年参与体验学习的市民达到250余万人次。开展第十届“科普进社区、科普进家庭”活动。以“文化传承及科学创新”为主题，首创5家社区学习坊。营造良好学习氛围。重点推进第五届上海市民诗歌节、上海市第十五届全民终身学习活动周、上海市第十四届老年教育艺术节、上海市民诵读节等系列活动。举办第七届终身教育上海研讨会。深化长三角区域合作，成立长三角地区开放教育学分银行。发布《长三角地区社区教育、老年教育协同发展三年行动计划》。加入联合国教科文组织全球学习型城市网络，成为全球“教育促进可持续发展”主题协调城市。

完善终身教育服务体系。深化上海社区教育志愿服务，建立6支志愿服务分队、41个工作站、228个服务点，实名注册志愿者人数达到1.8万余人。推动社区教育教学建设，更新上海社区学习地图。全年配送终身教育数字资源6.6万余个，配送实体资源近5万个。推进社区教育实验工作，完成34所上海市街镇社区学校内涵建设合格验收评估。深入推动老年教育发展。做好星级学习团队培育工作，累计培育星级团队近7500个。新建老年教育慕课课程50门，全年慕课学习总人次为2.8万人次。建立全市老年教育师资分层培训机制，全年培训近4000人次。全面落实老年教育三类学习点建设计划，完成示范学习点184个、老年教育社会学习点123个、养教结合学习点55个（含日照中心36个）、养教结合标准化学习点28个。完成上海老年教育信息化管理平台的教务系统全市覆盖应用任务。组织开展“我心目中的最美老年学员”主题讲述活动，深入推进老年素质教育建设。做好老年教育教材及配套开发电子教材、有声读物、微课等建设。推动高校继续教育发展。加大高校继续教育联盟推进力度。初步建立高校非学历教育信息采集制度，制定非学历教育信息采集标准。完成高校继续教育思政专项培训。共有60所高校的近300人次参加培训。建立由16所高校组成的上海高校社区教育服务联盟。推进高等教育自学考试工作，全年组织两次统一考试，报考人次18万余人次，考试科次53万余科次，本专科毕业人数近7000人。

规范教育培训市场秩序。加强培训机构日常监管。联合市场监管部门，开展全市民办教育培训机构“双随机一公开”检查工作，优化培训机构管理平台功能，完善培训机构年度检查指标，开展培训机构年检工作。健全校外培训机构白名单制度，实现白名单动态更新。健全完善“法律适用审定机制”，逐渐优化审定方式，形成常态化、制度化审定机制。加强对办学者的指导培训。健全培训市场规范发展的长效机制。会同有关部门拟订《上海市人民政府关于加强本市培训机构管理促进培训市场健康发展的意见》《上海市培训机构监督管理办法》，拟订线上培训制度文件及配套材料，启用培训机构在线填报、职能部门在线联合审查、审查结果动态更新等功能。（韩保磊）

【高等教育自学考试】 分别在4月和10月开展高等教育自学考试，涉及主考学校19所，开考本专科专业90个。其中4月高教自考实际开考课程344门，报考人数9万余人（其中新生2.8万余人），理论考试26万余科次，共有9万余人次考试通过，毕业人数0.34万余人；10月高教自考实际开考课程349门，报考人数9万余人（其中新生2.7万余人），理论考试26万余科次，共有近10万人次考试通过，毕业人数0.36万余人。全年总计报考人次数达到18万余人次，理论考试53万余科次。相比上年度，报考人次数上升10.5%，理论考试科次数上升3.1%。组织2次全封闭命题、审题工作，命题教师人数达514人次。命制课程门数共计427门次，其中命制全国统考卷87门次、命制上海市级卷340门次。启用考务、考籍与毕业审定综合管理系统。考生可在新平台上完成转考、免考、成绩、论文、毕业等业务的在线申请、在线查询、在线办理、在线缴费，基本实现高教自考考务、考籍的全流程信息化管理。扩大集约化考场试点，在第七十四次和第七十五次高教自考中，启用上海理工大学附属初级中学体育馆（可容纳360名考生）、上海第二工业大学体育馆（可容纳720名考生）进行集约化试点。75044科次参加试点，有效节省考场1088个。（韩保磊）

【老年教育慕课建设】 上海老年教育慕课课程建设是“十三五”老年教育的重点工作之一，已完成《传统手工香囊制作》《上海面塑》《老年人生活彩妆入门》等50门全新课程建设并上线，其中时尚类6门、健康类15门、艺术类14门、文化类7门、生活类8门。截至2019年底，老年教育慕课平台共上线课程总数为150门，其中时尚类28门、健康类29门、艺术类31门、文化类32门、生活类30门。课程涵盖五大门类，体系化建设初见成效。依托黄浦区、浦东新区、金山区、闵行区、崇明区等社区学院新建5个老年教育慕课应用实践区，在新实践区招募62名助学辅导员，面向老年学习者提供集中式开班学习辅导。至年底，10个实践区共开班387个，参与学员共2万余人次。完成上海老年教育慕课平台与上海市终身教育学分银行的对接工作。慕课平台学习成果在学分银行得到认定和积累。（韩保磊）

【举办上海市民诗歌节】 全市有100多万市民、200多个诗社或诗歌学习团队参与第五届上海市民诗歌节。市民原创诗歌投稿逾10万首。诗歌节期间，开展田园诗歌朗诵会、纪念海子诗歌分享会、纪念上海解放70周年朗诵会等活动；各区、街镇的群众诗社也为市民搭建学习成果展示平台；高校、作家协会教授、诗人到社区、学校开设“诗歌讲堂”。上海学习网、上海教育新闻网和东方教育时报公众微信平台开设“上海市民诗歌节”专栏，推出“中外名诗赏析”“在线诗歌电子图书”“历届市民创作优秀诗歌作品集”栏目。超过300万人次通过手机、电脑参与网上“我来读诗”活动。组委会办公室利用浦东新区社区学院、大隐书局、市作家协会等社会资源成立“市民诗歌之家”，依托上海教育报刊总社建成“市民诗歌馆”，定期举办诗歌理论研讨会、诗歌朗诵会、诗歌新书发布会、市民交流学习心得等多种活动，让爱诗的市民有了学习和交流的空间和场所。11月8日，在郑州举行的2019年全民终身学习活动周全国总开幕式上，上海市民诗歌节获“特别受百姓喜爱的终身学习品牌项目”，这是全国终身学习的最高奖项。（韩保磊）

【加入联合国教科文组织全球学习型城市网络】 市教委启动申请加入联合国教科文组织全球学习型城市网络的各项工作。6月28日，联合国教科文组织终身教育研究所通过上海的申请。上海正式成为联合国教科文组织全球学习型城市网络（GNLC）成员。10月1—3日，上海应邀参加由联合国教科文组织终身学习研究所和哥伦比亚麦德林市联合举办的第四次国际学习型城市大会。上海市教委副主任倪闽景作为中国代表在全体会议上作“建设包容、可持续发展的学习型城市之上海经验”主旨报告，全面阐述上海学习型城市建设的推进策略、实施路径与监测保障，展示上海学习型城市的建设成效。第四次国际学习型城市大会通过《麦德林宣言》，倪闽景作为亚洲代表，担任《麦德林宣言》6人起草组成员，参与宣言的起草工作。UNESCO学习型城市于2019—2021年实施全球网络的未来战略，根据网络城市认同的优先问题和事项，共设立7个主题，分别是教育促进可持续发展，公民教育，教育规划、监测与评估，全民健康与福祉教育，读写能力（阅读、家庭读写），企业家精神，平等与包容。上海成为GNLC的“教育促进可持续发展的主题协调城市”。（韩保磊）

【培训市场综合治理】 持续深化培训市场领域治理工作，出台综合治理政策文件。同时，加强培训市场线上线下协同监管。根据教育部等六部委出台的《关于规范校外线上培训的实施意见》等文件要求，市教委会同各相关部门拟订《上海市校外线上培训备案细则》，明确线上培训的备案范围、工作流程和处理举措，加快推进校外线上培训备案工作的实施。市政府出台《关于加强本市培训机构管理促进培训市场健康发展的意见》和《上海市培训机构监督管理办法》，在管理范围上着眼“全面覆盖”、在管理方式上注重“综合治理”，聚焦突出问题，坚持支持与规范并重、事前审批与事中事后监管并重、行业管理与行为监管并重、政府管理与社会治理并重原则，明确管理思路、强调部门职能，多措并举提升培训机构规范水平、促进培训市场健康发展。市政府办公厅下发《关于建立上海市培训市场综合治理工作联席会议制度的通知》，重新明确联席会议名称及组成方案，将原“上海市规范教育培训市场管理联席会议”更名为“上海市培训市场综合治理工作联席会议”，并增加文旅、体育、科技等组成部门。拟订《上海市培训市场综合治理联席会议工作制度》《上海市培训机构非正常停业应急处置预案》等各项工作制度。（戴桂香）

教材和语言文字管理

【公共场所社会用字依法管理和社会共治】 贯彻语言文字法律法规，加强语言文字依法管理，逐步建立并完善社会广泛参与的社会用字治理体系，持续优化城市语言环境。市语委、市教委推进公共场所社会用字监管和服务，加强语言文字志愿服务机制建设，鼓励和支持社会监督，形成“语委牵头、条块结合、专家和志愿者共同参与”的监管机制和规范有序的工作程序。为推动语言文字志愿服务规范化、常态化发展，成立语言文字志愿服务总队。首批20所语言文字“啄木鸟”志愿服务定点校授牌。年内，结合推普宣传周、法制宣传、迎进博会等活动，开展多种语言文字法律法规宣传和培训。10月18日，市语委办、市志愿者协会联合举行全市语言文字监测工作推进交流暨志愿者培训活动。培训内容包括语言文字法律法规，语言文字规范知识，公共场所英文译写规范，语言文字网络监测平台使用、志愿服务的发展与实践等。落实各区语委日常监测职责，推进公共场所社会用字监测全面覆盖。市、区语委两级联动，推进高中生社会用字检查“啄木鸟行动”长效开展。对公共场所的语言文字使用情况进行集中监测和记录，向语言文字工作部门提交不规范用字记录1400多条。

（马晓华）

【国家通用语言文字规范化建设】 开展中华经典诵写讲师资培训、汉字应用能力培训等培训工作，提升社会各行业人员的语言文字规范意识和应用能力。开展国家通用手语和盲文的培训，全市公共服务领域的工作人员、专兼职手语翻译、电视台手语主持、特殊学校教师、各区残联工作人员、聋协骨干等参加。继续做好普通话水平测试和汉字应用水平测试工作，全年组织普通话水平测试 350 场，测试总人数 164010 人。组织各区、18 所高校的 15154 人参加汉字应用水平测试。组织上海部分高校留学生参加实用汉语能力测试。对各区 48 所中小幼学校及同济大学、华东理工大学、上海财经大学、上海理工大学和上海海关学院等 5 所高校开展学校语言文字规范化达标建设情况评估抽查。开展语言文字推广基地建设。开展首批国家语言文字推广基地和上海市语言文字推广基地遴选建设工作。上海大学、上海市奉贤区青少年活动中心、华东师范大学、复旦大学被批准为国家语言文字推广基地。推进中华经典诵写讲行动，传承弘扬中华优秀语言文化。承办第二十二届全国推普宣传周开幕式暨庆祝中华人民共和国成立 70 周年经典诵读展示活动，以“普通话诵七十华诞，规范字书爱国情怀”为主题，通过多种艺术形式抒发爱国情怀。举办 2019 年上海市中华经典诵读大赛、书法篆刻大赛、诗文创作大赛和诗词讲解大赛系列活动。开展《中国诗词大会》(第五季)上海赛区面试选拔活动。举办 2019 年市民诵读节、留学生中国诗文诵读大会等活动。联合市书协、市教育发展基金会开展“书法名家进校园”活动，全年共举行 2 场市级书法交流展示活动、5 场书法名家交流研讨会、10 场书法名家进校园讲座，制作 5 节视频课程。

(马晓华)

对外合作与交流

【教育国际合作与交流】 拓展教育国际合作新渠道。接待来自美国、新西兰、新加坡等 29 个国家和地区的 29 批到访团组。与新西兰达尼丁市完成友好城市合作协议的续签。推进人文交流发展。继续实施新一轮中英高级别人文交流项目之“中英数学教师互派交流项目”。推进全市各高校参与上海与新西兰合作机制中“人文交流板块”的相关内容。参与上海市服务国家“一带一路”倡议项目。推进“中国—上海合作组织国际司法交流合作培训基地”“中阿改革发展研究中心”建设和“上海全球治理与区域国别研究院”等重点项目。上海合作组织国际司法交流合作基地先后承办 30 余期国外高官研修班，主办 10 多个国内外高端学术论坛。中阿中心举办 8 期阿拉伯国家官员研修班，编写 11 期简报。国别研究院在国内外相关传媒发表文章 100 余篇，举办系列讲座 60 余期，并于中国第二届国际进口博览会期间举办第二届“联通世界与未来”国际会议配套活动。加强友好城市教育交流活动。举办第十一届上海国际友好城市青少年夏令营，来自五大洲、16 个国家、16 个上海市国际友好城市的 91 名中学师生参加活动。在上海与新西兰达尼丁市签署的“全面合作伙伴关系协议”框架下，共选派 6 所大学的 12 名大学生前往达尼丁市进行短期交流。完成上海—德国汉堡中学生交流项目，双方互派 15 名学生开展为期 3 周的交流。提升学生跨国际理解能力。选派上海中学、华师大二附中、上外附中等三所中学的 8 名学生及 4 名教师组团于 8 月 31 日—9 月 7 日赴俄罗斯参加“第四届莫斯科国际大都市奥林匹克竞赛”，并获团体一等奖。与市政府外办、市精神文明办、市文化和旅游局联合指导“上海市境外安全文明行校园大赛”，引导大学生关注境外安全文明知识，提升大学生跨文化交流能力和文化综合素养；指导上海外国语大学主办第四届“外教社杯”上海市高校学生跨文化能力大赛；与澳大利亚驻华大使馆合作，组织中澳职教政策交流会；与芬兰驻上海总领事馆合作，组织“中芬学前教育讨论会”暨“芬兰学前教育中国路演”。加强国际组织建设及人才培养。推进联合国教科文组织二类机构“教师教育中心”、国际戏剧协会总部、上海亚洲海事技术合作中心等国际组织的创建及引进工作。支持高校与国际组织合作开展国际职员教育培训，选派学生赴国际组织实习，支持教师赴国际组织任职。全年共资助来自 9 所高校的 66 名学生前往联合国总部、联合国教科文组织、联合国开发计划署、中国—东盟中心等国际组织开展为期三个月至一年的专业实习。（芦琍琍、李　阳）

【外籍人员子女学校】 全市 38 所外籍人员子女学校在校生共 31067 人（幼儿园 3791 人、小学 13227 人、初中 8791 人、高中 5258 人），学生数与上年基本持平。12 所学校办学规模千人以上，其中上海美国学校、上海日本人学校、上海中学国际部在校生 3000 人左右。各校严格执行相关文件，在管理机制、教师和学生管理、课程和教学管理、财务与资产管理、日常管理、涉外民办非企业单位（法人）登记、年度注册备案及办学认证工作等方面规范办学行为。市教委对部分外籍人员子女学校校园安全、安保、技防等重要设施管理进行飞行检查和不定期抽查，并会同市公安局交警总队、相关区交警支队对部分外籍人员子女学校校车安全运行情况进行抽查。编制 2019 年度《上海市外籍人员子女学校蓝皮书》，内容包含外籍人员子女在沪就学需求、途径、政策等各类信息。举办中国文化进校园系列活动，国际友人亲身体验中国传统文化，丰富外籍人员子女学校学生的课余文化生活。启动“上海市中学校长、教师赴外籍人员子女学校伙伴研修”项目。本地学校校长、教师到上海长宁外籍人员子女学校、上海日本人外籍人员子女学校、上海美国外籍人员子女学校等小学、初中和高中学段随班听课、交流学习。（栾雪莲）

【中外合作办学】 共受理 16 个中外合作办学项目的申请。截至年底，全市共有中外合作办学机构和项目 177 个（机构 27 个、项目 150 个），其中开展学历教育的机构和项目 158 个（研究生 30 个、本科 67 个、专科 44 个、中职（高中）17 个）、非学历教育 19 个（含学前教育 2 个）。支持有条件的高校与国外高水平大学开展中外合作办学。上海纽约大学二期建设持续推进。华东理工大学“国际卓越工程师学院”揭牌，学院借鉴法国特色工程师培养体系，依托华东理工大学化学工程与工艺、高分子材料、应用化学、环境工程等多个优势专业，实行本科至研究生一贯制培养模式。加强上海纽约大学中国学生的思政课程建设，完善《上海纽约大学思想政治理论课教学实施方案》，明确实施路径，确保中国籍学生思政课落到实处。根据国务院批复《中国（上海）自由贸易总体方案》中关于“允许设立中外合作经营性培训机构”的要求，推进教育领域对外开放，制定相关政策规范与工作流程。

（栾雪莲）

【外国留学生教育】 年内，共有来自 187 个国家和地区的 64480 名外国留学生在全市招收外国留学生的 45 所高校（科研机构）就读，总人次比上年增长 6%。其中，长期生 45290 人，占总数的 70%；学历生 23830 人，比上年增长 7.7%，占长期生总数的 49.34%。学历生中专科生 38 人、本科生 13393 人、硕士生 7081 人、博士生 2385 人，学历生中 68% 的留学生来自“一带一路”沿线的 74 个国家。建立健全国际学生课程教学和中国文化体验基地，注重讲授中华文化课程，完成 2019 年外国留学生英语课程项目结项评审工作，45 门课程被列入第四批外国留学生英语授课示范性课程。多部门联手确保在沪留学生安全稳定工作。与市禁毒委员会、市公安出入境管理局等部门联合对全市高校国际学生毒品预防教育工作进行部署。服务国家“一带一路”倡议和区域发展，助力沿线国家（地区）青年留学上海。举办第十一届“中国上海教育展”。组织 26 所高校和 5 所中学赴巴拿马、哥斯达黎加两国参展，推介上海教育，吸引优秀学生，为上海高校与“一带一路”沿线国家（地区）搭建教育合作交流平台。开展“一带一路”教育服务项目。升级打造与沿线国家（地区）的人文合作交流。举办高水平研修班，“一带一路”沿线 30 余个国家（地区）近千名高级官员参加。2019 年，教育服务项目增加到 20 个，涵盖国家城市发展、青年外交、产能国际合作、教育行政、中国现代农业、高级航运、高级翻译和艺术文化等 18 个领域，培训人员 400 余人。2019 年

“上海暑期学校”为期一个月，开设中医、武术、乒乓等24个项目，700余名“一带一路”沿线国家(地区)青年学生参与体验。推进实施中小学非通用语教学项目。上海市中小学非通用语种教育工作继续在浦东新区、徐汇区、静安区等7个区16所中小学开展。9个语种(意大利语、葡萄牙语、土耳其语、希伯来语、瑞典语、希腊语、泰国语、阿拉伯语、波斯语)18个教学班，约400名中小学生参与学习。6个语种(葡萄牙语、意大利语、希腊语、瑞典语、泰国语、土耳其语)6本上海市中小学非通用语种教材编印基本完成。 (葛静怡)

【国际中文教育】 截至11月，全市已有12所高校和10所中小学在33个国家举办孔子学院47所、孔子课堂79所(其中下设课堂65所)、教学点543个，遍布世界五大洲。2019年，新建丹麦国际商学院商务孔子学院、希腊亚里士多德大学孔子学院、金德尔全球大学语言培训与研究中心3所孔子学院。2018—2019学年，上海孔子学院工作联盟高校承办的孔子学院注册学生13万人，非注册学生3.7万人，举办文化活动8081场，参与人数达143万人次。上海孔子学院工作联盟高校承接分别来自44个国家的各类来华团组共82批次，接待总人数近3000人次。“孔子新汉学项目”新入学16名中外合作培养及来华攻读学位博士生，累计培养来自26个国家的85名外国博士生。第九届中国—中东欧国家经贸论坛期间，各国领导人观摩了与上海对外经贸大学合作共建的萨格勒布大学孔子学院；卢森堡大公国副首相兼司法大臣弗利克斯·布拉兹到访复旦大学，双方就2018年新合作共建的复旦大学与卢森堡大学孔子学院进行深入交谈，促进两国在教育和人文等领域的交流；教育部副部长田学军访问撒马尔罕国立外国语学院与上海外国语大学合作共建的孔子学院；国家科学技术部副部长李萌访问秘鲁天主教大学与上海外国语大学合作共建的孔子学院。 (葛静怡)

专 题 报 告

2019年上海市高校毕业生就业质量年度报告[①]

一、上海高校应届毕业生就业概况

2019届上海高校毕业生总人数为175603人，截至2019年9月1日，上海高校毕业生就业率为96.38%，比去年下降0.77个百分点，实际就业人数增加335人。

（一）上海高校毕业生规模与结构

1. 毕业生性别分布

2019年上海高校毕业生总体的男女性别分布为46∶54。女性毕业生总体就业率比男性高0.18个百分点，女生就业率与男生就业率的差距与2018年的差距（0.21个百分点）相比呈现出缩小的趋势。其中，除研究生学历层次外，其他学历层次的女性毕业生就业率均高于男性，这与2018年显示的趋势一致（见图1）。

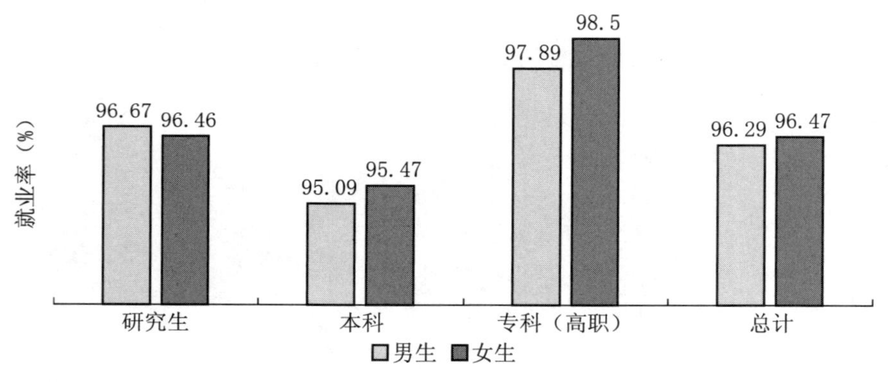

图1　2019年不同性别毕业生的就业率统计图

2. 毕业生学历层次分布

2019届高校毕业生中，研究生42335人，占24.11%、本科生85968人，占48.96%、专科（高职）47300人，占26.94%。2019年上海高校毕业生学历层次规模分布与2018年相比仍保持稳定。如图2所示，不同学历层次的毕业生就业率均超过95%，其中研究生就业率96.55%、本科生就业率95.30%、专科（高职）生就业率98.19%，专科（高职）毕业生就业率＞研究生就业率＞本科生就业率，这一趋势与2018年一致。

① 《2019年上海市高校毕业生就业质量年度报告》的数据来源于市高校毕业生就业信息库（若无特别说明，数据统计的截止时间为2019年9月1日）。本报告所采用的“毕业生人数”“就业人数”“就业率”等名词以教育部《关于高校毕业生初次就业率的统计方法和内容说明》的定义为准。

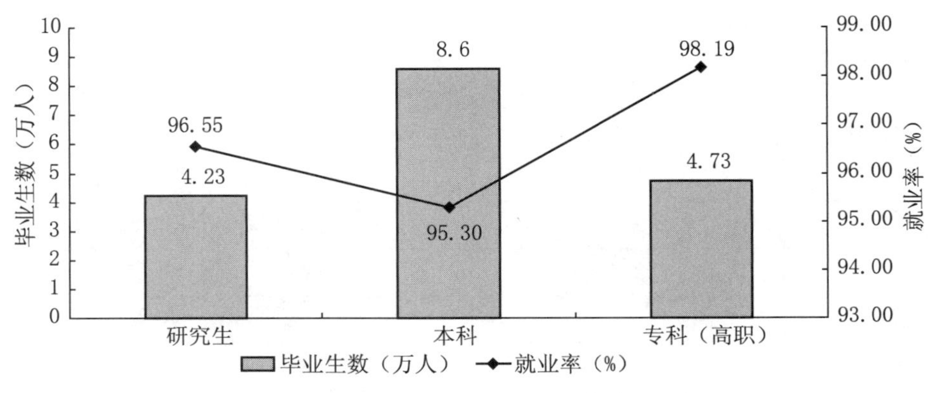

图 2　2019 年上海高校毕业生总体就业率情况统计图

3. 毕业生所在学科门类（专业大类）分布

如图 3 所示，从研究生和本科层次来看，学科门类毕业生结构稳定，其中工学毕业生人数最多，约占 2019 年总毕业生人数的三分之一，其研究生和本科毕业生的就业率也相对较高。哲学、经济学、法学的研究生和本科生的就业率差距相对较大，均在 3 个百分点以上，但不同的是，经济学、法学等学科是研究生的就业率高于本科生的就业率，而哲学则是本科生的就业率高于研究生的就业率。此外，历史、理学、艺术学等学科也是本科生就业率略高于研究生。

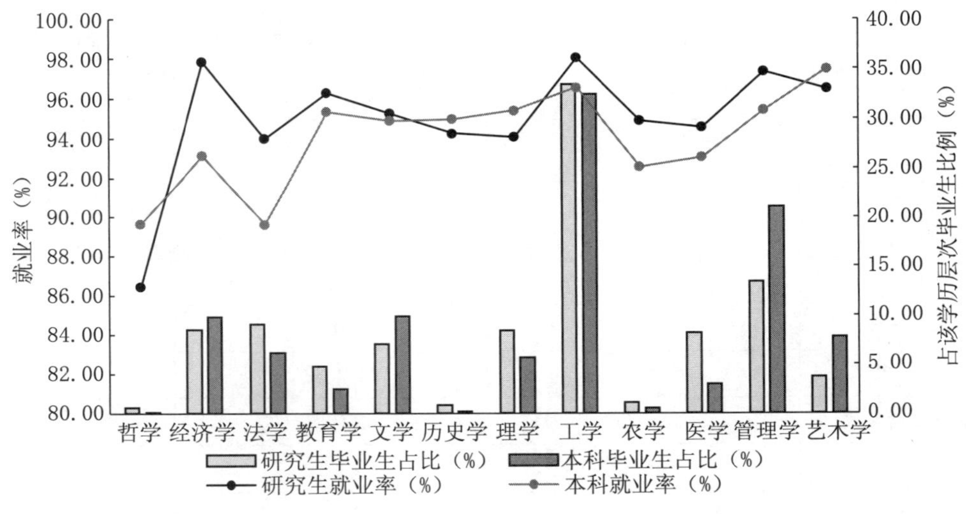

图 3　不同学科门类（专业大类）毕业生的人数占比及其就业率统计图

从专科（高职）层次来看，在高职高专专业目录调整之前（即 2016 年前入学）的毕业生的就业情况如表 1 所示，这部分毕业生数仅占 4.00%。目前，专科（高职）层次主要以专业目录调整之后（即 2016 年及以后入学）的毕业生为主，其就业情况如表 2 所示。在毕业生数上，医药卫生大类、财经商贸大类、文化艺术大类的毕业生占比均在 10%以上，各专业大类的毕业生就业率平均为 98.51%，与去年相比略有上升。

表 1　各专科（高职）专业大类毕业生的就业率情况统计表（2016 年前入学）

专业大类	毕业生数	占比（%）	就业率（%）
农林牧渔大类	31	1.64	96.77
交通运输大类	179	9.46	92.18
生化与药品大类	2	0.11	100.00
资源开发与测绘大类	14	0.74	92.86

续表

专业大类	毕业生数	占比(%)	就业率(%)
材料与能源大类	6	0.32	100.00
土建大类	156	8.24	98.08
水利大类	6	0.32	100.00
制造大类	207	10.94	97.10
电子信息大类	121	6.39	97.52
环保、气象与安全大类	16	0.85	100.00
轻纺食品大类	53	2.80	96.23
财经大类	349	18.44	93.12
医药卫生大类	124	6.55	99.19
旅游大类	237	12.52	91.98
公共事业大类	43	2.27	97.67
文化教育大类	147	7.77	98.64
艺术设计传媒大类	177	9.35	93.79
法律大类	25	1.32	96.00

表 2　各专科(高职)专业大类毕业生的就业率情况统计表(2016 年及以后入学)

专业大类	毕业生数	占比(%)	就业率(%)
农林牧渔大类	798	1.76	98.62
资源环境与安全大类	349	0.77	99.14
土木建筑大类	2114	4.66	99.05
装备制造大类	4407	9.71	98.89
生物与化工大类	218	0.48	99.54
轻工纺织大类	601	1.32	99.33
食品药品与粮食大类	380	0.84	99.21
交通运输大类	4131	9.10	96.73
电子信息大类	3966	8.73	98.01
医药卫生大类	6146	13.54	97.07
财经商贸大类	8752	19.27	98.85
旅游大类	2310	5.09	98.83
文化艺术大类	4785	10.54	98.87
新闻传播大类	1354	2.98	97.71
教育与体育大类	3594	7.92	98.58
公安与司法大类	1111	2.45	99.82
公共管理与服务大类	391	0.86	96.42

4. 毕业生生源地分布

2019 年上海高校毕业生中的上海生源与非上海生源的比例大约为 3∶7。总体而言，上海生源毕业生就业率略高出非上海生源 0.79 个百分点，这一差距与 2018 年相比扩大 0.23 个百分点，具体情况如表 3

所示。

2019 年，上海高校毕业生非上海生源人数最多的省份仍为安徽、浙江和江苏。

表 3　2019 年上海生源与非上海生源高校毕业生就业率情况统计表

学　　历	上海生源		非上海生源	
	毕业生数(人)	就业率(%)	毕业生数(人)	就业率(%)
研究生	0.37 万	96.16	3.86 万	96.59
本科	2.68 万	96.11	5.91 万	94.94
专科(高职)	2.31 万	98.00	2.42 万	98.38
总计	5.37 万	96.93	12.19 万	96.14

(二) 上海高校毕业生就业方式

1. 不同学历层次毕业生就业方式分布

2019 年上海高校毕业生就业方式中，“报到就业”约占 2/3，“升学”“出国”“灵活就业”合计达到近 1/4。相较 2018 年，“报到就业”的毕业生占比有所下降，“灵活就业”“升学”“出国”的毕业生占比均有提升(见表 4)。

而从分学历来看，相比较而言，专科(高职)层次毕业生选择“报到就业”和“单位接收就业”的比例最高，也较为符合专科(高职)高校的培养定位，而与 2018 年的比较可以看出，2019 年专科(高职)毕业生选择“升学”和“出国”的比例在增加，选择“报到就业”和“单位接收就业”的比例有轻微下降；本科层次毕业生除“报到就业”外，选择“升学”和“出国”的比例相对较高；而研究生层次毕业生除“报到就业”外，“定向委培”的比例相对略高。

表 4　上海高校就业毕业生就业方式分布情况统计表

已就业毕业生情况	研究生占比(%)	本科生占比(%)	专科(高职)占比(%)	合计占比(%)
报到就业	77.02	52.44	83.05	66.78
签订劳动合同，单位接收就业	3.63	7.45	8.57	6.83
定向委培	8.60	0.56	0.00	2.35
灵活就业	4.23	9.65	1.60	6.13
升　　学	4.09	16.44	5.37	10.42
出　　国	2.35	13.17	1.39	7.32
国家、地方项目	0.08	0.29	0.03	0.16

2. 不同学科门类(专业大类)毕业生就业方式分布

2019 年不同学科毕业生的毕业去向的主要分布情况与 2018 年基本一致，其中：

如表 5 所示，研究生层次，经济学、教育学和工学三个学科门类中，毕业生选择“就业”的比例较高(80%以上)；哲学、历史学、理学和农学四个学科门类毕业生选择“升学”的占比相对较多(10%以上)；管理学毕业生“定向委培”的比例较高，占该学科门类总体就业去向的 38.18%。

如表 6 所示，本科层次，选择“就业”的毕业生在本学科中比例最高(70%以上)的学科门类为教育学，除农学外，其他学科门类选择“就业”的毕业生占比均有所下降；文学、历史学、农学和艺术学四个学科门类选择“灵活就业”的毕业生占比在下降，其余学科门类选择“灵活就业”的毕业生占比在上升；法学、历史学和艺术学三个学科门类选择“升学”的毕业生占比略有下降，其余学科均在上升，特别是农学，选择“升学”的毕业生占比增长了 5 个百分点。

如表7和表8所示，专科(高职)层次，绝大多数学生毕业后选择“就业”。以专业目录调整(即2016年及以后入学)之后的毕业生为主体来看，资源环境与安全大类、轻工纺织大类、文化艺术大类、教育与体育大类和公共管理与服务大类的毕业生选择“升学”的占比较高(6%以上)。

表5　研究生就业方式分布情况统计表

学科门类	报到就业(%)	签订劳动合同，单位接收就业(%)	定向委培(%)	灵活就业(%)	升学(%)	出国(%)	国家、地方项目(%)
哲　学	54.01	6.33	7.59	11.39	13.50	6.75	0.42
经济学	88.07	3.54	1.99	2.47	2.95	0.98	0.00
法　学	76.71	10.20	2.16	6.01	3.14	1.61	0.16
教育学	80.57	2.68	4.10	7.69	3.09	1.82	0.05
文　学	72.81	7.33	4.75	8.27	2.69	4.01	0.14
历史学	70.96	3.89	4.19	7.19	11.98	1.80	0.00
理　学	74.43	3.41	1.77	3.88	10.62	5.83	0.06
工　学	89.78	1.42	1.37	1.62	3.37	2.42	0.02
农　学	70.51	5.07	2.76	8.06	11.98	1.15	0.46
医　学	64.11	2.53	20.87	2.20	7.59	2.71	0.00
管理学	53.05	4.01	38.18	2.53	1.45	0.59	0.20
艺术学	66.78	3.28	1.84	24.62	1.51	1.84	0.13

表6　本科生就业方式分布情况统计表

学科门类	报到就业(%)	签订劳动合同，单位接收就业(%)	定向委培(%)	灵活就业(%)	升学(%)	出国(%)	国家、地方项目(%)
哲　学	22.12	2.65	0.00	12.39	46.02	15.93	0.88
经济学	49.81	8.60	0.10	10.09	11.90	19.23	0.28
法　学	31.53	14.07	0.94	21.08	16.83	14.66	0.88
教育学	72.23	6.82	1.40	8.61	7.98	2.61	0.34
文　学	50.24	9.54	0.93	8.92	11.24	18.91	0.22
历史学	40.41	3.11	0.52	5.18	29.02	21.76	0.00
理　学	37.03	6.18	0.87	9.52	29.51	16.68	0.21
工　学	53.29	4.99	0.52	6.38	22.84	11.80	0.18
农　学	44.12	5.66	0.00	9.95	31.45	8.14	0.68
医　学	47.27	5.25	0.46	8.33	33.07	5.58	0.04
管理学	61.30	8.47	0.48	8.24	8.88	12.24	0.39
艺术学	54.75	8.29	0.33	19.88	7.17	9.37	0.21

表7　专科(高职)毕业生就业方式分布情况统计表(2016年前入学)

学科门类	报到就业(%)	签订劳动合同，单位接收就业(%)	定向委培(%)	灵活就业(%)	升学(%)	出国(%)	国家、地方项目(%)
农林牧渔大类	86.67	6.67	0.00	0.00	6.67	0.00	0.00
交通运输大类	47.88	33.33	0.00	5.45	13.33	0.00	0.00
生化与药品大类	50.00	0.00	0.00	0.00	50.00	0.00	0.00

续表

学科门类	报到就业（%）	签订劳动合同，单位接收就业（%）	定向委培（%）	灵活就业（%）	升学（%）	出国（%）	国家、地方项目（%）
资源开发与测绘大类	92.31	7.69	0.00	0.00	0.00	0.00	0.00
材料与能源大类	100.00	0.00	0.00	0.00	0.00	0.00	0.00
土建大类	88.89	6.54	0.00	0.65	3.92	0.00	0.00
水利大类	50.00	16.67	0.00	0.00	33.33	0.00	0.00
制造大类	64.68	8.46	0.00	1.49	24.88	0.50	0.00
电子信息大类	77.97	5.93	0.00	0.85	13.56	1.69	0.00
环保、气象与安全大类	68.75	18.75	0.00	6.25	6.25	0.00	0.00
轻纺食品大类	72.55	7.84	0.00	0.00	15.69	3.92	0.00
财经大类	68.00	10.15	0.00	1.54	20.00	0.31	0.00
医药卫生大类	76.42	11.38	0.00	0.81	11.38	0.00	0.00
旅游大类	71.10	21.56	0.00	2.75	4.59	0.00	0.00
公共事业大类	83.33	0.00	0.00	2.38	14.29	0.00	0.00
文化教育大类	67.59	6.90	0.00	1.38	20.69	3.45	0.00
艺术设计传媒大类	75.90	9.64	0.00	8.43	4.22	1.81	0.00
法律大类	66.67	4.17	0.00	0.00	29.17	0.00	0.00

表8 专科(高职)毕业生就业方式分布情况统计表(2016年及以后入学)

学科门类	报到就业（%）	签订劳动合同，单位接收就业（%）	定向委培（%）	灵活就业（%）	升学（%）	出国（%）	国家、地方项目（%）
农林牧渔大类	88.95	6.73	0.00	0.38	3.05	0.00	0.89
资源环境与安全大类	91.04	2.31	0.00	0.58	6.07	0.00	0.00
土木建筑大类	88.30	8.74	0.00	0.14	1.81	1.00	0.00
装备制造大类	87.77	6.29	0.00	0.37	5.03	0.55	0.00
生物与化工大类	88.48	6.45	0.00	0.92	3.69	0.46	0.00
轻工纺织大类	86.77	4.69	0.00	0.00	7.04	1.51	0.00
食品药品与粮食大类	84.35	8.49	0.00	1.33	4.51	1.33	0.00
交通运输大类	72.92	21.70	0.00	2.83	2.25	0.28	0.03
电子信息大类	88.76	4.94	0.00	0.33	4.71	1.26	0.00
医药卫生大类	80.99	8.60	0.00	4.84	4.66	0.87	0.03
财经商贸大类	82.14	11.02	0.00	0.55	5.31	0.97	0.01
旅游大类	89.18	3.99	0.00	1.18	5.17	0.44	0.04
文化艺术大类	81.36	7.72	0.00	2.75	6.89	1.29	0.00
新闻传播大类	86.47	3.70	0.00	1.36	4.84	3.63	0.00
教育与体育大类	80.21	2.77	0.00	0.71	9.17	7.14	0.00
公安与司法大类	95.85	2.71	0.00	0.00	1.26	0.18	0.00
公共管理与服务大类	90.45	2.65	0.00	0.80	6.10	0.00	0.00

（三）上海高校毕业生就业基本情况

1. 上海高校毕业生就业率与直接用工率

2019年上海高校毕业生中直接用工人数(包括“报到就业”“签订劳动合同，单位接收就业”和“定向委培”三类)为128563人，直接用工率为73.21%，较2018年下降1.93个百分点。

2. 上海高校毕业生就业行业去向

如表9所示，根据《国民经济行业分类GB/T4754—2011》，下表呈现了2019年上海高校毕业生在沪报到就业的行业流向分布情况。与2018年相比，上海高校毕业生行业流向的排位无明显变化。2019年位列前4位的行业中，“制造业”“信息传输、软件和信息技术服务业”和“教育”的占比较2018年均略有上升，“居民服务、修理和其他服务业”的占比较2018年略有下降。

表9　在沪报到就业毕业生的行业流向分布情况统计表

行业门类	研究生	本科生	专科(高职)生	总计(人)	比例(%)
制造业	5264	5601	4836	15701	18.68
信息传输、软件和信息技术服务业	3056	4216	2543	9815	11.68
居民服务、修理和其他服务业	1408	2948	4319	8675	10.32
教育	2608	3385	1201	7194	8.56
金融业	2974	2299	305	5578	6.64
卫生和社会工作	1521	886	2673	5080	6.04
租赁和商务服务业	861	1981	1802	4644	5.53
批发和零售业	822	1680	1779	4281	5.09
建筑业	620	1581	1991	4192	4.99
交通运输、仓储和邮政业	469	1675	2035	4179	4.97
科学研究和技术服务业	1290	1193	1150	3633	4.32
文化、体育和娱乐业	397	1346	1382	3125	3.72
公共管理、社会保障和社会组织	514	941	1374	2829	3.37
住宿和餐饮业	25	368	1680	2073	2.47
房地产业	605	419	349	1373	1.63
水利、环境和公共设施管理业	149	255	210	614	0.73
农、林、牧、渔业	34	135	356	525	0.62
采矿业	57	147	69	273	0.32
电力、热力、燃气及水生产和供应业	55	185	30	270	0.32
总　　计	22729	31241	30084	84054	100.00

3. 上海高校毕业生就业地区流向

通过对上海高校不同生源地毕业生流向数量最多的前5个省市进行统计，统计对象主要是毕业生7种就业分布情况中的5种(不包含毕业生升学和出国)，按照各地生源总数从高到低进行排序，其中上海、安徽、江苏和浙江是生源数最多的4个省市，且都有相当比例的毕业生选择留在上海就业。从毕业生回流各自生源地的比例来看，流向上海、西藏、北京的比例近几年始终居前3位，其中回生源所在地西藏就业的毕业生以委培定向为主。

上海高校毕业生就业流向西部①地区就业的情况，主要包括毕业生去西部地区就业和大学生志愿服务西部计划情况。2019年上海高校流向西部十二省市就业的毕业生有7746名(含西部计划志愿者)，较2018年递增7.33%。

(四) 上海高校毕业生自主创业情况

根据教育部有关毕业生自主创业的统计口径，2019年本市高校共有约1274名毕业生自主创业，占毕业生总数的0.73%。各学历层次分布情况如图4所示。

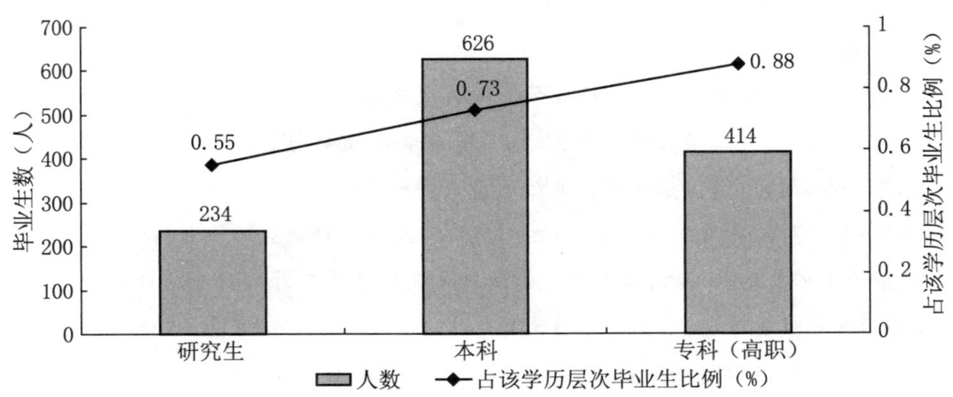

图4 2019年上海高校毕业生自主创业情况统计图

2019年全年，上海市大学生科技创业基金会“天使基金”申请数1827项，资助数362项，资助金额首次达到1.0558亿元。截至2019年12月31日，基金会已累计受理创业项目申请9845个，资助项目2691个，资助金额约5.6857亿元，带动超过3万人实现就业。

(五) 上海高校毕业生基层就业②情况

根据教育部有关毕业生赴基层就业的统计口径，2019年本市高校共有约5.35万名毕业生到基层单位就业，占毕业生总数的30.47%。各学历层次分布情况如图5所示。其中，“大学生村官”(选调生)92人、“三支一扶”232人、“西部志愿者计划”126人。

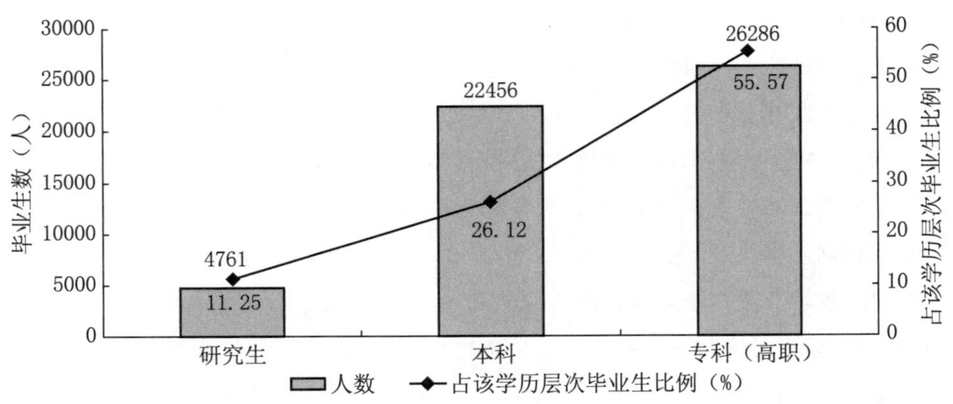

图5 2019年上海高校毕业生基层就业情况统计图

二、上海市促进高校毕业生就业创业的若干举措

2019年，上海市教委以习近平新时代中国特色社会主义思想为指导，深入贯彻党的十九大精神和十九

① 西部十二省市是指陕西、甘肃、青海、宁夏、新疆、四川、重庆、云南、贵州、西藏、广西、内蒙古。

② 基层就业包括基层党政机关、艰苦行业事业单位、科研助理、中小企业、艰苦行业企业、部队、预征入伍、国家基层项目、地方基层项目、到村任职计划项目、三支一扶计划项目、志愿服务西部计划项目、农村建制村、城镇社区、服务社区计划项目、自主创业和科技创业。

届二中、三中全会精神，认真落实党中央、国务院关于促进高校毕业生就业创业的决策部署，在教育部的指导下，在市委市政府的高度重视和正确领导下，坚持服务党和政府治国理政、服务国家重点领域发展、服务国家实体经济建设、服务学生成才需求，把“稳就业”放在更加突出的位置，面对复杂严峻的就业形势，不断创新工作机制，夯实基础、多措并举、密切协同、强化保障，全面推进就业创业各项工作，进一步推动高校毕业生向更高质量和更充分就业迈进，确保了本市高校毕业生就业局势稳定。

（一）密切关注外部环境，加强就业形势分析研判

2019 年高校毕业生就业工作面临着国际国内形势急剧变化、大学生自身择业观念发生改变、“慢就业”现象不断增加等情形，就业形势异常严峻。上海市教卫工作党委、上海市教委密切关注毕业生就业工作，要求市学生事务中心将往年就业数据每月报送两次增加至三次，及时掌握高校毕业生就业进展情况，督促签约率下降明显的高校采取有效措施促进学生就业，并要求各校面向重点地区、重点领域、重点单位做好岗位需求挖潜工作；与此同时，组织相关学校开展就业工作专题座谈，研讨毕业生就业工作推进过程中发生的新问题并做出相应部署，定期发布就业小贴士，提示各高校做好就业工作中的风险防控工作。

面对错综复杂的国内外形势，上海市教委还组织相关高校开展了外贸行业就业形势、金融行业就业市场信息、制造业类用人单位发展现状、临港地区大学生就业形势、“慢就业”现象等方面的专项课题研究工作，了解市场需求变化情况；同时，委托上海市教科院开展高校毕业生就业结构性矛盾研究，对未来五年高校毕业生就业结构性矛盾的发展趋势进行宏观研判，以期提前做好毕业生择业观引导工作，对可能出现的问题提前进行预警预判。

（二）主动对接国家战略，促进毕业生多渠道就业

一是引导大学生服务国家战略。上海各高校主动对接国家和地方经济社会发展的人才需要，引导毕业生到重点地区、重大工程、重大项目、重要领域就业。各个高校根据自身专业特点，积极加强与国家重要行业关键领域用人单位在人才培养、导师聘任、实践基地等方面的深度合作。例如，上海交通大学与中国工程物理研究院、中国核工业集团、中国航天科技集团、中国航天科工集团、中国航空工业集团、中国船舶工业集团、中国船舶重工集团、中国航空发动机集团等国家重点单位开展全面合作。

二是支持大学生到国际组织实习任职。支持复旦大学牵头“国际组织人才培养输送工作（上海）高校联盟”，构建“项目渠道、人员遴选、项目管理、危机预案、资金支持”五位一体工作体系，建立参与全球治理人才培养输送的动员遴选机制，积极引导学生参与全球治理。2019 年，各高校结合自身学科专业特色，积极开展全球治理人才专项培养计划，举办 2019 年上海论坛“国际组织圆桌论坛”和“世界与你有约”国际组织系列讲座等活动，据不完全统计，本年度有超过 60 名学生赴国际组织实习，工作单位包括联合国教科文组织、联合国总部、联合国儿童基金会等组织，工作地点包括美国纽约、瑞士日内瓦、奥地利维也纳等地。

三是鼓励毕业生到基层就业。上海市教卫工作党委、上海市教委认真贯彻全国高校思政工作会议精神和中央关于鼓励高校毕业生到基层工作的意见要求，加大教育引导和宣传工作力度，配合相关部门组织实施好“特岗计划”“大学生村官”“三支一扶”“大学生志愿服务西部计划”等基层就业项目。2019 年，本市高校共有 53503 名毕业生到基层单位就业，占毕业生总数的 30.47%。

（三）抓好就业项目建设，提高就创指导服务水平

2019 年，上海市教委以项目申报、考核、评估为抓手，加强市校两级就业服务体系建设，促进上海市各高校间的交流共享，全面推进就业创业服务工作，提高就业创业指导服务水平。

一是开展就业工作基地与项目建设。2019 年，上海市教委结合高校毕业生就业创业新形势、新任务、新要求，继续加强上海高校毕业生就业工作创新基地、职业生涯指导和服务体系建设，围绕“就业促进、创业引领、基层成长”等工作内容，重点聚焦一批符合青年大学生群体特点、体现学校及专业特色、满足社会经济发展需求的项目，立项 18 个专项研究课题、5 个就业创业示范基地、7 个就业创业孵化基地、10 个生涯

示范工作室、18个生涯培育工作室和20个校外实践基地。各类项目均制订明确的工作职责和任务清单，最大限度的实现任务量化。同时，加强过程管理，开展授牌启动、中期汇报、年度考核和周期评估，通过对每个阶段的汇报交流考核项目实施进度，加强上海市各高校间的交流共享。

二是着力提升毕业生就业能力。优化毕业生的就业能力是实现高质量就业的保障，而职业生涯教育正是提高大学生就业能力的关键。2019年，上海高校紧密围绕高等教育综合改革和人才培养质量提升的总体要求，从大学生职业生涯长远发展的实际需求出发，在课程体系建设和生涯实践平台搭建等多个方向开展了一系列行之有效的探索。在上海市教委推动下，上海师范大学成功举办"本土实践：创新与发展"2019年高校学生职业生涯发展教育研讨会，为上海市高校职业生涯教育提供了强有力的理论支撑。在实践层面，上海各高校结合自身人才培养目标，开展举办新生训练营，培养学生的生涯意识和行业情怀。部分高校还举办了行业分享系列讲座，帮助毕业生调整就业预期，找准职业定位。此外，各高校还结合生涯课程学习，组织多场企业实践参观调研活动，帮助学生更多了解企业现状和发展前景。

三是强化就业困难群体帮扶。上海市教委积极发挥各级部门间的联动机制，与市人力资源社会保障局、市财政局联动做好"就业困难"大学生的补助以及离校未就业大学生就业服务的衔接工作。上海各高校针对考研落榜、就业困难以及少数民族毕业生建立"一对一"帮扶机制，开展个性化辅导、岗位信息推送，通过"辅导＋推荐"的干预模式进行就业帮扶。

四是切实保障毕业生就业权利。上海市教委要求各高校加强校园内招聘活动管理，严格执行"四不准""三严禁"①规定，普及就业创业有关法律法规知识，提高大学生的法律意识和维权意识，部分高校通过就业信息系统制度，及时摸排学生信息、签约进展，及时向上级主管部门报送工作情况；此外，市学生事务中心还提示高校关注可能发生的异常退工情况，加强毕业生和用人单位诚信教育和管理，做到诚信签约、诚实履约。

五是高度重视就业统计与反馈。加强毕业生就业信息的核查，就业信息的更新要依据毕业生本人签字的协议书或证明材料。毕业生就业去向落实到人，有证可查，一一对应，确保本市就业率的真实性、客观性与准确性。此外，各高校持续开展毕业生、校友、用人单位调研，反馈学校教育教学和人才培养。部分高校除了按时向社会发布高校毕业生就业质量年度报告外，还联合社会第三方机构撰写发布毕业生毕业半年后培养质量调查报告，主动对接地区、行业、产业需求，进一步建立完善高校学科专业、培养层次、培养类型动态调整机制，努力实现本市高等教育规模和结构的科学配置和布局。

（上海市教育委员会学生处）

① "四不准"即不准以各种方式强迫毕业生签订就业协议和劳动合同；不准将毕业证书、学位证书发放与毕业生签约挂钩；不准以户档托管为由劝说毕业生签订虚假就业协议；不准将毕业生顶岗实习、见习证明材料作为就业证明材料。"三严禁"即严禁发布含有限定985高校、211高校等字样的招聘信息；严禁发布违反国家规定的有关性别、户籍、学历等歧视性条款的需求信息；严禁发布虚假和欺诈等非法就业信息，坚决反对任何形式的就业歧视。

区域教育
Education in Districts

黄 浦 区

【**2019年概况**】 黄浦区有各级各类教育机构140所，其中中学35所、小学29所、幼儿园46所、特殊教育学校4所、中等职业学校7所、工读学校1所、其他教育机构18所。全区教职员工8514人，专任教师6455人。全区普教系统在校学生62393人，其中高中学生9334人、初中学生14549人、小学生21134人、中职校学生5350人、托幼机构幼儿11741人、其他学校(特殊教育学校及工读学校)学生285人。

加快推进区域教育现代化，制定并下发“一个实施方案，两个行动计划”即《黄浦区面向2020年加快推进教育现代化实施方案》和配套制定的《黄浦区推进创新教育三年行动计划(2019—2021年)》《黄浦区教育人才培养和激励行动计划》。加强未成年人思想道德建设，推进“中小学德育课程一体化研究”项目。召开区德育特色课程共享应用推进会，向开发首批区级德育特色课程的学校颁发证书。出台《关于进一步加强道德与法治课、思想政治课建设的方案》，实施区域思政课“五项行动”：思政助力师德师风建设行动、中小幼思政一体化教育行动、思政课堂教学深化研究行动、思政课教师队伍发展行动以及课程思政融合协同育人行动。实现“管理育人”，召开区未成年人思想道德建设大会，调整区未成年人思想道德建设领导小组；完成2019年市中小学心理健康教育示范校和达标校的复检评估工作，实现达标校创建100%；完成新一轮区级中小学行为规范示范校的申报评估。开展“我们的节日”主题实践活动。举办“我是非遗传习人”评选活动，3组家庭入选“上海市十佳非遗传习家庭”。上海市第十中学被评为新一批优秀非遗传习基地学校。组织“扣好人生第一粒扣子”主题教育实践活动，深化“文文明明幸福行”区小公民道德建设工程的品牌内涵。开展“新时代好少年”等学习宣传活动，评选出区级“新时代好少年”87人、市级“新时代好少年”5人；开展“清明祭英烈”“童心向党”“向祖国敬礼”等革命传统教育，传承红色基因活动共计50余场，42000多名学生参加活动。围绕打造“多彩学习圈”海派实践体验版图为目标，在做好《黄浦区学生社会实践护照》(2019年)小学版、初中版、高中版的改版编写工作的基础上，编制下发“黄浦区幼儿亲子社会实践护照实践手册”，实现中小幼学段的全贯通。继续深化高中生志愿服务(公益劳动)课程的落实，启动初中生综合素质评价社会实践工作，制定《黄浦区初中学生社会实践管理工作实施方案》。组织拍摄“文文明明劳动小课堂”微视频课程，制作“青少年垃圾分类绿色课程”视频网课，形成家、校、社协同推进劳动教育的局面。

进一步深化学区化集团化办学。区域层面启动研究区域学区化集团化内涵发展指标，从制度、课程、队伍、文化、特色等方面提供指导性意见。为进一步扩大集团化办学的辐射效应、促进优质教育资源的共享，格致教育集团增补北京东路小学为成员学校。在协作块内涵建设方面，加强小学低年级主题式综合活动课程、质量保障体系等区域特色项目的共研共享，实现各校“和而不同”的发展。通过黄浦教育微信公众号推出“协作块连连看”，展现各协作块的办学特色及发展成果。新优质学校发展方面，起草新优质学校联盟章程，完成3所区新优质校的复评，启动新一轮区级新优质学校的申报工作。组织7所市、区新优质学校围绕“新优质”五大特征，从教育评价、教师发展、办学特色、课程建设等角度交流办学心得，促进新优质学校的发展。

加强初中强校工程实验校建设。一是以“双名工程”培养为动力，促进师资提升；二是以紧密型学区化集团化办学为载体，健全共享机制；三是以专家团队为依托，推动科学评价；四是加强初中建设经费投入，优化资源配置；五是以课程领导力项目为引领，丰盈教科研品质；六是与新优质学校相联动，同伴互助激发办学活力；七是以中考改革为契机，凝练办学品牌特色。区教育局根据市教委强校工程大培训的内容和精神，制定《黄浦区加强初中建设实验校自查与规划》。加强市、区、校三级联动，充分发挥市、区种子校、试点校的桥梁纽带作用，引领带动全区低年级主题式综合活动课程的建设。有序完成 2019 年上海市小学学业质量绿色指标测试。

继续开展“幼儿园保教质量评价监测与质量保障体系构建”的研究。开展大班幼儿发展评价，形成各领域、各层面评价分析报告。依托“幼儿健康监测与分析平台”对幼儿健康发展进行监测与分析，挖掘幼儿健康数据，定期形成区、园层面幼儿健康监测分析报告。支持达到设置标准的托育服务机构率先开展服务，规范引导符合资质的举办方进入托育服务领域。给 9 家托育机构发放告知书，其中 3 家为非营利性托育机构，6 家为营利性托育机构。进一步做好学前教育资源扩充与布局调整，应对入园高峰逐步改善办园条件，实施达标工程。初步完成《黄浦区 3 岁以下幼儿托育机构(点)事中监管办法》以及黄浦区托育机构基本内控制度参考文本。实施多元化、立体式的“常态＋动态”监管，做到定期服务指导覆盖率 100%。完善区 03 早教信息平台，开通网上课堂，拓展早教指导服务模式与途径。

加快推进现代职教体系建设。召开区职教集团工作大会及集团理事会议，加快职教专业布局调整、推进师资建设和职教国际合作、建设中职创业指导中心、建设区域职业体验中心、推进技能人才专项激励计划，为区域经济和社会发展培养工匠精神和工匠技能的优秀人才。参加“迈向 2035‘城市·职业·教育’”为主题的第十六届上海教育博览会，展现黄浦百年职教底蕴与现代工匠精神融合的“海派、传承、优质、创新”的特色与亮点。商贸旅游职校参加市第八届“星光计划”职业院校技能大赛；上海蓝带厨艺职业技能培训学校举办第四十五届世界技能大赛全国集中性考核比赛；中华职业学校完成示范品牌专业西餐烹饪、品牌专业中餐烹饪与营养膳食专业验收评估；开展中本视觉传达设计专业、中高贯通专业研讨活动；完善教学质量监控体系，引入第三方评价，开展教师教学视导。上海市商贸旅游学校深化复合型技术技能人才培养培训模式改革，参与“1＋X”证书制度试点工作。在上海市“星光计划”第八届职业院校技能大赛中，两所职业学校共获 20 个项目的团体和个人一等奖。

深化国民教育和终身教育体系融合发展机制建设。一是提出适应“老有所学、老有所为、老有所养、老有所乐”的工作要求并明确时间节点。二是建设市民海派文化体验基地，定期推送基地活动预约信息，组织开展 40 余场体验活动，修订、发放“海派文化体验基地护照”，完成市级体验手册修订工作。三是建设老年教育供给三类学习点，指导 9 个居委示范学习点建设，4 个养教结合学习点，5 个社会学习点开展学习点创建工作。建设老年学习团队第二孵化区，完成 6 个五星团队，126 个一星团队的申报，并完成二星、三星、四星团队的升级工作。四是利用重大节庆优势，发展老年教育优势特点，组织全区 10 个街道老年学校和区老年大学学员组队参加老年教育艺术节。五是开启人文行走推进会，弘扬黄浦红色经典。

持续推进教育培训市场规范整治工作。研究制定《2019—2021 年黄浦区推进校外教育、校外培训机构专项治理工作方案》，依托“互联网＋监管”平台，联合市场监管部门对 58 家从事教育培训活动的机构开展“双随机、一公开”抽查。

进一步完善教育信息化基础设施建设，实现黄浦教育城域网无线网络全面覆盖，探索黄浦教育数据中心 EDC 建设模式和管理机制。完善并推广黄浦教育统一身份认证系统，建设上海市黄浦区教育行政服务平台，继续实施学校门户网站群发布系统建设，实现统一标准体系、统一技术平台、统一安全防护、统一运维监管。指导学校开展智慧校园建设，基于信息化技术推进学生个性化学习指导。深入推进信息化标杆校项目建设，与人工智能领域龙头企业开展合作，推进人工智能基地学校建设。启动新一轮优秀教师队伍建设，优秀教师梯队式培养呈现金字塔序列。全区成立19个区名师、名校长工作室，带教培养学员297人；评选出128名区学科带头人，形成11个专业发展研修组；另有17个第四期上海市普教系统名师名校长培养工程“种子计划”(黄浦)团队，17名团队领衔人进入名师工作室学习，171名学员落地区域管理。

推进教育对口帮扶工作。向对口的云南省普洱市、青海省果洛藏族自治州玛多县、重庆市万州区等地定期派出教师到结对县帮助工作，选派黄浦教育系统专家团开展短期讲学。协调安排当地校长、教师到上海跟岗培训。落实大同教育集团对青海省果洛中学的对口帮扶。推动黄浦区中小学分别与普洱市下属5个县的中小学结对。继续推进与嘉定区、崇明区等区的合作交流。

加强学校体育工作。开展“高中体育专项化”课程教学，进一步扩大“小学体育兴趣化、初中体育多样化”课程教学改革试点学校。聘请市级专家赴试点学校开展专题调研。完善小学体育课课时安排，指导做好小学1—4年级增加1节体育课的实施工作。协调体育部门，继续实施体育教练进学校项目。做好小学三年级人人学会游泳品牌工作。落实“学生阳光体育活动”的一体化推进，推进中小学体育传统项目“一条龙”育人体系。加强校外体育活动中心建设，开展教练师资培训，坚持学生阳光体育大联赛、校园运动队联盟、学生体育社团等品牌特色发展。继续加强区校园足球联盟、精英训练营和区校园排球联盟等组织机制建设，规范日常训练和组织参赛工作。继续做好校际间各项赛事活动安排，进一步扩大校园足球、排球的普及范围。鼓励学校组织学生参与击剑、毽球、武术套路、羽毛球、游泳、网球、乒乓球等项目锦标赛和公开赛。

加强日常食品卫生监管。明确视频监控、食品溯源等工作要求，落实“阳光溯源”平台运行，实现学校使用率、原料验收率、逾期处理率均达100%。与黄浦区市场监督管理局共同推进“放心学校食堂”建设，全面保障校园食品安全，全区140家已创建“学校放心食堂”。

做好学校传染病防控工作，加强对学校因病缺勤缺课每日网络直报工作上报的管理工作，对常见病、传染病采取积极预防措施，做到“早发现、早报告、早隔离、早治疗”，提高对不明原因疾病、突发事件的应急处理能力。全面加强儿童青少年近视防控工作、开展学校控烟工作。做好教育系统生活垃圾分类管理工作。

坚持依法治教。把教育管理和办学活动全方位纳入法治轨道，加强法治建设统筹谋划与整体布局，提升治理法治化、规范化水平，推进教育治理体系和治理能力现代化。落实政府权力清单、责任清单、服务清单、效能清单“四张清单”制度，提高依法履职、监管执法的能力。参与市教委组织的关于行政人员执法培训和校长教师依法治校培训，提升队伍法治专业化水平。开展“依法治校”验收工作，全区共有89所学校参与第二批依法治校示范校、达标校创建验收工作，健全完善依法治校制度体系。

(徐燕雯)

【在市青少年科技创新大赛中获奖】 3月23—24日，主题为“创新·体验·成长”的第三十四届上海市青少年科技创新大赛在上海科学会堂举行。全市16个区约30万名学生参赛。黄浦区18所学校120余名学生带着80项优质项目参加终评，获70项青少年科技创新成果一等奖，获奖数居全市第二。同时获4项科技创意一等奖、1项科幻画一等奖及83项各类专项奖。其中，“新型智能复合车道系统”“拟南芥幼苗对绿光响应的初探——植物有绿光受体吗”获推荐参加7月在澳门特区举行的全国青少年科技创新大赛。(罗小燕)

【与嘉定区签署委托管理协议】 4月9日，黄浦区和嘉定区就嘉定新城实验中学、小学委托管理签约仪式在嘉定区综合办公大楼举行。根据协议，从2019学年开始，黄浦区大同初级中学、蓬莱路第二小学分别对嘉定区嘉定新城实验中学、嘉定新城实验小学进行委托管理，通过输出办学理念，参与教师培训，在学校管理、课程设置、队伍建设和教科研等方面给予全面指导和资源扶持，帮助这两所学校快速提升管理水平和办学质量。(徐燕雯)

【举行未成年人垃圾分类宣传教育活动】 5月6日，区教育局、半淞园街道共同举办“文文明明绿色行，垃圾分类新风尚”——黄浦区未成年人垃圾分类宣传教育活动启动仪式。区绿化市容管理局、区文明办、区教育局、半淞园街道办事处的领导以及来自区内学校、社区的居民、学生和家长代表参加启动仪式。现场，学校师生、家长及周边社区中福花苑第二居委的居民们共同展示形式多样的垃圾分类宣传教育活动。（徐燕雯）

5月6日，黄浦区未成年人垃圾分类宣传教育活动启动仪式在徽宁路第三小学举行

【人文行走主题学习活动启动】 5月10日，2019年上海市民终身学习人文行走推进会暨“海派黄浦，红色荣耀”人文行走主题学习活动启动。路线设点上海革命历史博物馆、中共中央秘密印刷厂旧址、黄浦剧场、老闸捕房、五卅惨案流血处、“人民之音”第一声——凯旋电台旧址、永安公司绮云阁、申报馆、报童小学等10个具有红色记忆的历史建筑。活动旨在激发市民的爱国热情，增强民族自豪感。（熊莉娜）

【举行黄浦学校“强校工程”实践展示活动】 5月17日，在上海市黄浦学校举行“强校工程”实践展示活动。区教育局、区教育学院、大同教育集团各成员校的领导以及相关专家和学员出席。活动分为两个部分：“种子计划”4位学员的教学公开展示和上海市自然学科特级教师张瑞芳的主题讲座“怎样上好一节课”，对黄浦学校“强校工程”进行阶段成果总结。（罗小燕）

【在2019年度DI创新思维全球总决赛获奖】 5月23—26日，2019年度DI创新思维全球总决赛在美国堪萨斯城开幕。黄浦区13支学生队伍参赛。民办永昌学校获初中挑战A第一名、达芬奇专项奖、即时挑战第一名，上海师范大学附属卢湾实验小学获小学挑战A第三名、文艺复兴奖，上海师范专科学校附属小学获小学挑战B即时挑战第一名。上海参赛队共获9个奖项，其中黄浦区获6个。（罗小燕）

【黄浦区教育对口帮扶交流团赴普洱开展讲学活动】 7月16—21日，黄浦区教育对口帮扶交流团在云南省普洱市景谷县进行联片集中培训，以“修身提能做好教师，筑梦育才奋斗中国梦”为主题，围绕“基础教育改革与发展趋势”“立德树人与德育工作教学改革”“教学改革与教研活动”“教师队伍建设与工作室建设”推出8个专场的报告、论坛和教育教学研讨活动。景谷县和江城县的校长、骨干教师200多人参与活动。（徐燕雯）

【大同教育集团—西宁果洛中学远程教学平台开启】 8月25日，上海大同教育集团与西宁果洛中学的远程教育启动仪式、西宁果洛中学加盟上海大同教育集团授牌仪式在大同教育集团对口援建学校青海省果洛自治州西宁果洛中学举行。上海大同教育集团与西宁果洛中学远程教育平台实现互联互通。8月31日，通过远程直播平台，两地学生共同上了七年级部编语文教材第一课《春》，开启大同教育集团对果洛中学帮扶新阶段。（罗小燕）

【举行庆祝中华人民共和国成立70周年学生展演活动】 9月27日，“我爱你中国”——上海市黄浦区教育系统庆祝中华人民共和国成立70周年学生展演活动在黄浦区青少年艺术活动中心举行。展演活动由黄浦区学生中华传统民族文化展示以及黄浦区高水平学生艺术团展演两大部分组成。活动播放《黄浦区学校艺术教育献礼建国70周年》主题宣传片。上海·黄浦学生工艺表演团与上海·黄浦学生茶艺表演团携手展示中华传统民族文化。上海·黄浦学生爱乐乐团、上海·黄浦学生民乐团、上

海·黄浦学生舞蹈团、上海·黄浦学生戏剧团、上海·黄浦春天少年合唱团参加展演。（罗小燕）

9月27日，黄浦区教育系统庆祝中华人民共和国成立70周年学生展演活动举行

【举办区全民终身学习活动周】 10月31日，2019年黄浦区全民终身学习活动周开幕式暨“礼赞新时代，人文滨江行”黄浦段启动仪式举行。现场为2018年全民终身学习活动周成功组织奖、上海市2019年“百姓学习之星”等获奖集体和个人颁奖，为新增的“市民学习基地”豫园湖心亭和当代艺术博物馆授牌。“黄浦好长者”摄影漫画作品展同时举行。（熊莉娜）

【上海市书法名家进校园活动举行】 11月19日，“2019年上海市书法名家进校园暨黄浦区卢湾二中心小学书画节活动”在卢湾二中心小学举行。市女书协和黄浦区教育局、区委老干部局，各区语委等单位相关人员参与活动。卢湾二中心小学作为上海市“书法名家进校园活动”首批定点学校，与参加活动的学校交流了立足课堂、积极实践、实现让每个学生在“书法文化殿堂中成长”的做法。该校师生展示了“从楷书到行书”的硬笔书法微课。（寿钰婷）

附：区教育局驻地及负责人

（2019年1—12月）

地址：延安东路300号
邮编：200001
电话：33134800

区委分管领导：余海虹
区政府分管领导：李　原

区教育工作党委书记：蔡　蓉
副书记：姚晓红

区教育局局长：姚晓红
副局长：杨　燕、吴　刚、余维永、严　奕

徐　汇　区

【2019年概况】 徐汇区有各级各类教育机构207所，其中中学41所（高级中学8所、完全中学11所、初级中学18所、一贯制学校4所）、小学44所、职业高中1所、中专学校8所、幼托园99所、特殊教育学校2所、其他教育单位10所。全区有市实验性示范性高中5所、市特色普通高中项目校5所、市新优质学校项目校5所、市示范性特殊教育学校1所、市示范园4所。全区教职工14509人（专任教师10139人，其中高级职称教师1337人，占教师总数的13.2%；中级职称的教师4619人，占教师总数的45.6%）。全区有特级教师38人、特级校长12人，有上海市普教系统名校长名师培养工程“高峰计划”3人、攻关计划5人。全区学生12.33万人，其中普通中学学生39808人、小学学生45724人、幼儿园（托儿所）幼儿24718人、特殊学校学生284人、职业高中学生431人、中专学校学生12166

人。全区符合条件的徐汇区户籍3—6岁适龄儿童入园率100%,义务教育阶段入学率100%,高中阶段入学率98%。有业余大学1所、老年大学4所、社区学校13所、居委学习点302个和养老机构学习点20个,有专职教师65人、兼职教师733人,班级数3357个、学员数79970人次。有街镇学习团队501个、居村委学习团队1874个,社区教育志愿者1431人。

年内,区教育局在全国第六届中小学生艺术展演中获全国"地(市)、县(市)教育行政部门优秀组织奖"。1所学校获评2019年全国教育系统先进集体称号,2所学校获评2019年全国青少年校园篮球特色学校称号,9所学校获首届上海市文明校园,23家单位获2017—2018年度上海市文明单位,13所学校获评2019年上海市家庭教育示范校,5所学校入选市教育信息化应用标杆培育校。1人获评"全国优秀教师"称号,1人获评"2019年上海市五一劳动奖章",1个教研组获"2019年上海市工人先锋号"。

深化学前教育内涵建设,做好4所一级幼儿园的复验,启动第二轮幼儿园个性化评价。召开区强校工程推进会,建立一对一委托管理机制,组织专家团把脉学校发展方向,开展教学研究联盟研讨活动。依托学区化办学平台,推进9名教师的校际柔性流动。制定《徐汇区关于推进紧密型学区建设的工作方案》,进一步优化学区布局、完善治理结构。召开"公参民"规范管理专题工作会议,启动民办学校公共资源规范管理一校一案,完成区教育基金换届工作。完善区域特教三级管理模式,稳步推进学前特教设点布局。加快市级特色高中创建,支持和指导徐汇中学接受市级复评、紫竹园中学接受市级初评。坚持"校舍设计规划"和"专业发展规划同步",高标准高起点规划好徐汇南部职校设计,探索中职校"长学制"办学模式。完成30家社会学习点建设,成立老年教育社会学习点联盟,进一步创新教育治理模式。简化民办培训机构申办流程,加强事中事后监管,建设徐汇区民办培训机构信用评价体系。

推进课程、教学、教师研修和评价四位一体教育改革,组建"高品质优化基于核心素养的区域课改实践体系"推广与研究网络,确定首批实验校,落实各学段研究项目。组织开展校长、教师培训,研制"指向核心素养培育的'教学'操作定义、要素及课堂评价工具",形成涵盖各学段13门第一批实验学科的核心素养教学案例。做好教育部统编教材实施的教师培训工作。召开学习基础素养研讨会,提升校长、教师开展项目化学习的领导力。

推进"AI+"教育试点。加快培育教育信息化标杆学校,上海市第二中学等5所学校入选上海市信息化标杆校。以第二届"世界人工智能大会"召开为契机,举行小学生"人工智能"项目化学习成果展示,成立"未来科学城"校外人工智能课程中心。完成人工智能课程中学《教学基本要求》与《学生读本》的合作编写,率先在8所高中、12所初中和10所小学实施"人工智能"课程。与人工智能企业和教育研究机构对接,构建以课题研究为统领的人工智能联合实验室和转化平台建设。与市教委教研室、华东师范大学合作,开展"信息化环境下指向学科核心素养培育的区域性教学改进研究"项目研究。

加大骨干教师的选拔力度,完成市"四有"好教师(教书育人楷模)的推荐。推荐13名教师参加市正高级教师职务评审。完善各类名师成长平台,建立健全348名市"种子计划"学员的培养、管理、考核和激励机制,成立14位特级教师为主持人的第五期名师工作室,继续办好优秀教师高研班。推进学校教师队伍建设,5所学校获评区教师专业发展学校,12所学校获评见习教师规范化培训优秀基地校。拓宽师资招聘渠道,全年新招聘446名教师、77名职员。改进师资配备标准,调整小学师生比至1∶14.5。开展校长职级工作专题调研,进一步完善校长职级评审标准和职级晋升条件,完善校长职级工资分配方案。

庆祝中华人民共和国成立70周年,组织"从石库门到天安门"研学旅行,举办"我和我的祖国"学生书画展、"童心向党"歌咏活动暨学生合唱节等活动。整合区域基地和场馆资源,开发徐汇区青少年"励志地图",与龙华烈士纪念馆合作开展"开学第一课",与钱学森图书馆共同打造"朴械研学"系列活动。继续开展光启创新基地、青少年科学研究院的青少年科技创新活动,首次推出AI校外体验课程。在第十七届"明日科技之星"评选活动中,获奖人数居全市第一；在全国OM、DI大赛中获12项一等奖，4支队伍代表中国参加世界大赛；在机器人竞赛等比赛中共获市级、国家级、国际级一等奖100多项。组织推荐优秀节目参加全国第六届中小学生艺术展演等活动。开展“交响乐进课堂”鉴赏音乐会12场、“戏剧进校园”优秀课本剧观摩8场，开展16场“美育大课堂”艺术教师培训。继续推进体育课程“三化”改革，举办学生阳光体育比赛。完成校园足球精英训练营、全国青少年校园足球“满天星”训练营队员选拔、训练、参赛等工作，学生在各类市级及以上比赛中获一等奖和第一名的超过120项。完成“三大球联盟”推进工作，选拔一批全国足球特色校、网球特色校、冰雪特色校。完成中小学生体质健康调研和学生体质抽样监测工作。推进全国儿童青少年近视防控试点区建设，做好青少年近视预防宣传和监测干预等工作。启动校园“云医院”项目，建立6所“医学专家进校园活动”试点学校。实施校长每周食堂安全检查制度、家委会每周食堂检查制度、校领导每日陪餐制度。

（俞海燕）

【与复旦大学合作办学】 2月24日，在市教委的支持下，徐汇区政府和复旦大学签署合作办学协议，双方共建共管复旦大学附属徐汇实验学校和复旦大学附属中学徐汇校区。其中，复旦大学附属徐汇实验学校设置小学部、初中部；复旦大学附属中学徐汇校区按照市实验性、示范性高中标准建设，与复旦大学附属中学一体化、同质化管理。8月23日，复旦大学附属徐汇实验学校举行揭牌仪式。

（俞海燕、梁　斌）

8月23日，复旦大学附属徐汇实验学校揭牌

【举办徐汇区第十四届学习节】 3—12月，区第十四届学习节按季度分不同主题举行，分别由长桥街道、虹梅街道、斜土街道和华泾镇承办。学习节期间，13所社区家长学校举办讲座107场，参与人数9355人；举办家长沙龙、亲子活动221场，参与人数22375人。13所学生社区实践指导站共开展未成年人活动196场，吸引中小学生1.4万人参与。组织社区各类人群参与终身学习人文行走活动，完成海派寻源、名人故居、江南文化、红色文化、徐汇滨江5条人文行走路线，并编写人文行走学习手册。

（马丹宇）

【在全国中小学生艺术展演中获奖】 4月15—20日，徐汇区优秀节目代表上海市赴苏州参加全国第六届中小学生艺术展演，获全国艺术表演类一等奖1项、二等奖2项、三等奖1项；全国艺术作品类一等奖1项、三等奖1项。徐汇区教育局获全国“地（市）、县（市）教育行政部门优秀组织奖”“上海市优秀组织奖”。（钱文华）

【市政府教育督导室核查区学前教育三年行动计划落实情况】 5月6日，市政府教育督导室对徐汇区落实学前教育三年行动计划（2017—2019）情况进行实地核查。期间，召开由区人力资源社会保障局、住房城乡建设管理委、财政局、卫生健康委、督导室、幼教科、学前教研室等相关部门负责人参加的座谈会，与12名各级各类幼儿园的园长座谈。

（宣　艳）

【开发徐汇区青少年励志地图】 7月1日，徐汇区青少年“励志地图”小程序正式上线。区内8万多名中小学生在“励志地图”导引下，展开4条寻访路线，开展各类主题实践活动，在寻访中感知、在探究中触摸、在修身中励志，亲身体验“初心”的含义，扣好人生第一粒扣子，传承红色基因。（袁学佳）

【在明日科技之星评选活动中获奖】 8月7日，第十七届上海市百万青少年争创“明日科技之星”评选结果公布，徐汇区有10个项目的12名学生获“明日科技之星”称号。（陶　俊）

【举行小学生人工智能项目化学习成果展示活动】 8月30日，区教育局主办“我们的人工智能大会”徐汇区小学生人工智能项目化学习成果展示活动暨“未来科学城”校外人工智能课程中心授牌仪式。活动由未来科学城承办、区内各小学协办。活动的场地布置、技术展示、导览介绍、体验流程设计均由学生在教师的指导下进行设计、撰写，并最终作为“展区导览员”面向参观者（学生、教师、家长）进行展示。活动展示当日吸引500多名参观者，并被10余家主流媒体报道。展示活动作为世界人工智能大会的“小学生版”具有一定的影响力。

（梁　斌）

8月30日，徐汇区小学生人工智能项目化学习成果展示活动现场

【接受依法履行教育责任综合督政】 10月15—17日，徐汇区政府接受市教育综合督政组开展依法履行教育责任综合督政。期间，在自评汇报会上，区政府作题为《高标准高质量优化每一个孩子的终身发展之路》的自评报告。督政组与区人大、区政协以及区政府职能部门相关领导，各级各类学校校长和教师代表进行27场访（座）谈交流，查阅督政项目相关资料；走访16家单位，体教结合组观课7节。在责任督学对90所学校进行全覆盖普查的基础上，开展网上问卷调查。17日，召开综合督政意见反馈会，就督查情况向区政府进行专题反馈。（李　颖）

【成立徐汇区德育中心】 10月29日，徐汇区教育局成立德育中心，与行政科室、教育学院德育研究室构成三个层面的德育治理体系。德育中心以开展学生德育活动为核心，以仪式教育、主题教育、社会实践、家庭教育等为抓手，推进未成年人思想道德建设、社会主义核心价值观教育，打造徐汇德育活动品牌。

（王　晨）

【举办徐汇区教育系统“学术节”】 11月20日，徐汇区教育系统第十届学术节开幕式暨“指向学生核心素养培育的教师关键能力的构建”主题论坛举行。除开幕式外，在区域、学校两个层面，以主题论坛、专题研讨、教学展示、微型报告、案例分享、教学展示等形式举办33场活动，13000人次参加。

（韩菁蓉）

附：区教育局驻地及负责人

（2019年1—12月）

地址：漕溪北路336号
邮编：200030
电话：64879460

区委分管领导：吕晓慧
区政府分管领导：晏　波

区教育工作党委书记：王莉韵（2月离任）、姚黎红（2月到任）
副书记：王　彤、王亦群（12月离任）、杨震青（12月到任）

区教育局局长：王　彤
副局长：李文萱、钱佩红、王　璠（11月离任）、王　欣（12月到任）、李　剑（4月到任）

长 宁 区

【2019年概况】 长宁区有各级各类教育机构106所，其中中学26所(含民办中学3所)，包括高级中学4所、完全中学4所、初级中学14所、十二年一贯制学校2所、九年一贯制学校2所；小学23所(含民办小学2所)；幼儿园38所(含民办幼儿园6所、托幼管理中心1所)；校外教育机构2所(含少年宫1所、少年科技指导站1所)；特殊教育学校3所、专门学校1所、中等职业学校1所、业余大学(社区学院)1所、其他单位11所。在校学生56102人，其中高中学生4457人、初中学生12990人、小学学生22478人、幼儿园(包括托儿所)幼儿12667人、特殊教育学校学生283人、中等职业学校学生1565人、区业余大学学生1662人，含各学段在读外籍学生440人。教职员工7630人(含民办学校899人、托幼管理中心137人)，其中在编教职员工6199人。专任教师5497人(含民办学校515人、托幼管理中心102人)，其中在编专任教师4686人。符合条件的适龄幼儿入园率100%、高中阶段教育新生入学率97.40%。全年教育经费总投入为29.14亿元。落实全学段帮困助学政策，投入帮困资金805.54万元，惠及困难学生4314人。投入资金273.65万元用于义务教育阶段免费教科书，资助学生1925人。

在原有11个教育集团的基础上，组建两个初中教育“联合体”。建立区、校共建华东师范大学附属天山学校项目推进例会制度，探索多学段集团化办学模式。推动集团内联合教研、科研和培训，骨干教师柔性流动，共同开发社区教育及场馆教育资源，凸显优质资源共享。

缓解“托育难”，开办14家托育机构，覆盖8个街道(镇)。缓解“入园难”，通过校舍资源整合、托幼一体、内部挖潜扩班等方式，优化设点布局。符合条件的适龄幼儿学前三年毛入园率达100%，接受普惠性学前教育服务的幼儿达89.8%。开展构建富有童趣的幼儿园课程实施方案的实践研究。编制《区域家校共育计划实施指导手册》。推进初中强校工程缓解“择校热”，完善实验校实施方案。继续开展作业开放性研究，以作业为抓手优化课堂教学、改善学生学习方式。编撰和出版《学生创新素养培育的实践探索——初中作业开放性研究成果汇编》。落实中考改革，开展政策宣讲解读、加强三科统编教材研训、实施初中学生综合素质评价。完善区域高中生自主学习平台建设。聚焦研究性学习、综合素质评价、课程管理平台试点项目和生涯规划，推进高考改革。以学校素质教育项目和课程领导力项目申报和实施为抓手，推动高中多样化特色发展。落实公参民改革，开展规范公共资源参与义务教育阶段民办学校的工作，包括规范国有资产租赁、组织新华社区地块办学意向方案评审。围绕学校党建、招生、财务等8个方面，对区内5所民办中小学办学情况进行调研和整改。

建立2018年课堂工程优质课资源库。年内，全区中小学共递交课堂教学实录3727个，比上年增长16%。在市第三届基础教育青年教师爱岗敬业教学竞赛中，13名教师获奖，其中2名教师获特等奖(全市共7名教师获特等奖)。在全国第二届中小学青年教师教学竞赛中，2名教师获一等奖(全市共3名教师获一等奖)。

开展复旦中学与复旦大学同上一节思政课活动，推进大中小学学科德育一体化。创新活动形式，以庆祝中华人民共和国成立70周年、五四运动100周年、上海解放70周年等重大纪念日为契机，组织开展主题征文、主题歌会、党团队三旗传递仪式等活动，落实理想信念、社会主义核心价值观教育。开展依法治校创建工作，组织64所中小学(幼儿园)申报创建市依法治校标准校、示范校的区级评审，在2018—2019年间，完成全区基础教育单位的依法治校创建工作。家校协同育人，4所学校(幼儿园)获评市家庭教育示范校。推进实践育人，启动初中学生综合素质评价社会实践管理工作。延长服务时间、缓解“看护难”。落实小学3点半放学课后服务，试行校内课后服务延时到下午6点。27所公民办小学(含一贯制学校)全部开展校内课后服务，参加爱心晚托班的学生人数为14655人，占在校学生总数的67.5%。开展心理健康达标校复评，华东师范大学附属天山学校参加市级心理健康示范校复验工作。开展心理健康活动月活动及以“滋养心灵、浸润人生”为主题的考前心理健康辅导进校园活动，西延安中学和适存小学获上海市学生心理健康活动月优秀组织奖。

以区学生科技节活动为载体，推进人工智能进校园、开展垃圾分类宣传教育。截至11月，学生在各类科技竞赛活动中获全国一等奖26个、二等奖32个、三等奖11个，获市一等奖123个。7月，在第三十四届全国青少年科技创新大赛上，新世纪中学获二等奖及专项奖。在国际奥林匹克机器人大赛上，延安初级中学、区少科站、实验小学分获初中组和小学组亚军。8月，在航海模型动力艇项目世界锦标赛上，仙霞高级中学学生分获F3-E青年组和F3-V青年组第一名，破世界纪录。在第十七届市百万青少年争创“明日科技之星”评选活动中，延安中学学生获评中学组明日科技之星、长宁实验小学获评小学组明日科技之星。深化文教结合、开展艺术普及和实践活动，区教育局获全国第六届中小学生艺术展演优秀组织奖。深化体育课程教学改革，促进小学体育兴趣化、初中体育多样化、高中体育专项化。区教育局在市体育艺术领域教师教学专业能力展评活动中获团队金奖1个。加强联盟学校队伍建设，设有足球、篮球、排球联盟和田径联盟。在田径高水平比赛中，2名学生获二级运动员申报资格。在市足球联盟杯和精英杯比赛中获第三名。23所中小学校参加市阳光体育大联赛的23项系列的各组别比赛，获一等奖26个。做好学生体质健康监测，数据上报率100%，完成上半年5%和下半年20%学生的抽测复核工作。

现代职业技术学校申报航空物流、新能源汽车专业并获市教委批准。高星级饭店运营与管理、汽车运用与维修、国际商务专业通过市教委示范品牌专业或品牌专业建设验收。推进校企合作，与上汽乘用车集团签订校企合作协定。在全国职业院校技能大赛中，现代职业技术学校在4项比赛中获4枚银牌、4枚铜牌。在市“星光计划”第八届职业院校技能大赛中，获一等奖5项。在“鼎盛诺蓝杯”第十一届全国旅游院校服务技能(饭店服务)大赛中，获一等奖1项、二等奖1项、三等奖2项。在虹古路第三幼儿园、童欣幼儿园、长宁路第三幼儿园设特教点，形成区域内中、西、东配置均衡的学前特教服务体系。年内，学前特殊儿童入学率达90%以上，义务教育阶段特殊儿童入学率达100%，高中阶段特殊儿童入学率达88%。开展义务教育阶段送康复上门服务，特教教研员编写特殊教育指导手册。开展特殊职业教育校企合作，长宁特殊职业技术学校与索迪斯公司建立校企合作关系。完善社区教育网络，新建市民学习中心。巩固社区教育示范教学点，建成125个睦邻学习点。优化数字化学习环境，“学在数字长宁”4.0版上线、“终身学习云视课堂”微信公众号开通、“智慧家庭教育云视课堂”启动，社区教育云视课堂向云南金平、新疆克拉玛依辐射。组织终身教育活动周、开展市民修身活动和区域特色人文行走项目。完成6个居村委示范学习点建设、5个市级社会学习点认定、新增4个养教结合学习点、培育五星级老年学习团队6个。推进老年教育信息化建设，完成30个班级共2000人次的老年慕课在线学习。规范培训市场秩序。对符合条件的民办培训机构分支机构开展“一口受理”工作。组织对涉外培训机构的督查。会同区市场监督管理局，对104家培训机构进行抽查。完成58家非营利性民办培训机构和28家营利性民办培训机构的年检。

制定实施《长宁区中小学教师专业(专项)能力提升计划》，用好“区教师教育研修网”，落实“十三五”教师全员培训。继续实施“三好两优”系统工程，开展校长(书记)和教师分层分类培训。118个学科带头人(第八轮)项目立项、“种子”基地建成、向市教委推荐10名正高级教师候选人。推动创新团队工作、加大专项资金投入、建设人才高峰。制定《长宁教育系统引进高层次人才奖励实施办法》，做好对教育高层次人才引进的政策扶持。共招聘257名教师，其中硕士学位69人、博士学位1人。开展编外人员聘用审批等工作、研究派遣聘用人员政策，制定《区教育局关于学区化、集团化办学储备编制统筹管理办法》，推动教师柔性流动。

年内，新建市三女中体育馆、复旦中学西部校区、延安中学体育中心及理化实验楼、姚连生中学总体改造4个项目投入使用。有序推进《区城乡义务教育一体化专项规划》实施，完成4个图书馆的重建更新；分别建设8个安全教室和创新实验室；完成10所初中学校英语听力实验室、9所初中学校物理和化学实验室的建设；完成7所高中学校新课改背景下实验室建设全市试点；基本实现校园网络全覆盖。（常　教）

【学习云“学在数字长宁”4.0版上线】 1月17日，学习云“学在数字长宁”4.0版上线仪式举行，市教委终身教育处、长宁区学习办和区教育党工委、社区学院领导、“学在数字长宁”在线学习总积分排名第一的市民代表、白领中心青年数字化学习积极分子代表共同启动4.0版平台。“学在数字长宁”是2008年创立、以“数字化、网络化、智能化”为特点的终身学习品牌项目。4.0版平台以云服务为主线，突出“以学习者为中心”的理念，通过“平台、资源、课堂、互动、体验、数据在云上”，为市民打造个性化的智能学习空间，推进学习型城区建设。（常　教）

【“三好两优”系统工程建设推进暨总结表彰大会召开】 3月14日，长宁区“三好两优”系统工程建设推进暨2018年聚焦教师专业成长总结表彰大会在区少年宫召开。市教委领导、长宁区及区教育系统各单位负责人出席会议。会议以“立德树人，强师优教——聚焦教师专业成长，推进‘三好两优’系统工程”为题，总结2018年工作，并为2018年推进“三好两优”系统工程建设先进单位和个人颁奖。（常　教）

【开通“长宁—金平对口帮扶共享课程云视课堂”】 4月23日，长宁区党政代表团赴云南省金平县第一小学考察教育对口支援工作，并开通“长宁—金平对口帮扶共享课程云视课堂”，实现了金平县第一小学、马鞍底乡中梁小学与长宁区玉屏南路小学的同步远程连线，有助于缓解偏远地区的师资缺乏和分布不均的状况，实现优质教育资源共建共享。（常　教）

4月23日，长宁—金平对口帮扶共享云视课堂开通

【开展依法履行教育责任综合督政】 4月24—26日，市政府教育督导室围绕“城乡义务教育一体化暨优质均衡发展”和“未成年人思想道德建设”两大主题，对长宁区政府依法履行教育责任开展综合督政工作。24日，区依法履行教育责任自评汇报会举行。区政府作“精品城区，活力教育”的自评汇报，全面介绍2016—2018年长宁教育发展的举措成效和改进思考。督政组就教育财政投入、资源配置等情况开展互动交流。26日，举行区依法履行教育责任督政反馈会。（常　教）

【聘请检察官担任法治副校长】 4月26日，“区人民检察院检察官进校园暨兼职法治副校长”聘任仪式在延安中学举行。区人民检察院检察长、区教育党工委领导，区人民检察院班子成员、检委会专委及各部主任、17所中小学校的校长参加。聘任工作旨在通过检察机关和教育系统的协作，落实“谁执法、谁普法”的普法责任制，发挥检察机关在法治宣传教育方面的优势，用法律守护未成年人的健康成长。年内，全区有17所中小学校聘请检察官担任法治副校长。（常　教）

【举办复旦大中小学德育一体化公开课】 5月6日，在“五四”运动100周年之际，复旦大学与复旦中学在复旦中学“五四”纪念钟前，举办“重温百年

五四第一钟声”班团活动暨复旦大中小学德育一体化公开课。复旦大学、长宁区政府及区教育局领导出席。复旦大学教授和复旦中学教师合作，以“五四上海第一钟”原件为教具，为学生讲授“五四”百年专题思政课。（常　教）

【“初中作业开放性研究”巡礼活动举行】 5月9日，长宁区“初中作业开放性研究”巡礼活动在泸定中学举行，市教委教研室专家、长宁区教育局和区教育学院领导、各学校校长、教师及家长代表参加活动。活动通过学校作业开放性研究成果展板展评、研讨课、专家点评、主题发言等形式，集中展示长宁区初中各校开展作业开放性研究的成果。（常　教）

【高中研究性学习成果推优活动举行】 11月，高中研究性学习成果推优活动在长宁区教育学院举行。该活动是区域推进高中综合改革项目“区域推进高中生自主学习平台构建的实践研究”系列活动之一。以培育学生的核心素养、提升自主学习和问题解决能力为目标，项目组向全区高中共征集123项研究性学习成果，分为工程技术、自然科学、人文社会科学和跨学科综合主题4类，并推选出优秀成果40篇。专家组从选题利益及研究价值性、论文结构、研究内容和方法三个方面对研究成果进行认定，并对论文做点评指导。（常　教）

【调研“全国义务教育优质均衡发展区”创建工作】 11月15日，由市教委总督学平辉带队，由市教委督导室、市教科院等单位组成的专家组对长宁区“全国义务教育优质均衡发展区”创建工作进行专题调研。区教育局、区教育督导室领导，开元学校、民办新世纪中学和适存小学校长等参会。长宁区教育局作题为“精准对标、聚力前行，推进区义务教育优质均衡发展区创建工作”的汇报。调研组在听取汇报、查看资料和个别访谈后，肯定了长宁区创建工作成效，并提出优化资源配置、形成区域合力、推进达标的建议。（常　教）

【长宁区教育安全管理工作委员会成立】 12月2日，区教育安全管理工作委员会（简称“区教育安委会”）第一次全体（扩大）会议在区少年宫召开，区教育局领导、局科室负责人、区教育系统各单位负责人和安全干部参加会议。成立区教育安委会旨在强化责任意识、担负校园安全管理责任；完善协作机制、健全安全管理责任体系；加强队伍建设、探索加强安保力量新路径，提高依法履职能力。（常　教）

附：区教育局驻地及负责人

（2019年1—12月）

地址：长宁路599号
邮编：200050
电话：22050725

区委分管领导：夏煜静
区政府分管领导：孟庆源

区教育工作党委书记：王小柳（12月离任）、姚　期（12月到任）
副书记：姚　期（12月离任）、邵春安

区教育局局长：姚　期（12月离任）
副局长：熊秋菊、宋晓岚、鱼东彪、张健华（4月离任）、沈　懿（12月到任）

静　安　区

【2019年概况】 静安区有各级各类教育机构172所，其中高中9所、完中8所、初中26所、九年一贯

制7所、小学43所、幼儿园58所、中等职业学校2所、区属高职校1所、业余大学1所、其他教育单位17所。基础教育在校学生94228人，其中高中学生10359人、初中学生25454人、小学生36094人、幼儿园幼儿22321人。在职教职员工11507人，其中专任教师8777人，在职市特级教师33人。

推进全国教育科学"十三五"规划教育部重点课题"深化教育个性化：发达城区提升学生核心素养的实践性循证研究"，建立循证研修班，形成阶段成果案例；举办课题中期报告会，总结立项三年的系列成果。开展以"思·悟·行——在教育变革中成长"为主题的"静安教育学术季·第四季"活动。开展教育反思专项行动，发掘学校先进经验。实施个性化教育评价，开展第二次个性化教育调查并形成专题调查报告，召开个性化教育评价咨询研讨会，进行纵向数据分析，为个性化教育的实施效果评估提供材料。推进学区化集团化办学，新建上海市静安区闸北实验小学明德校区、静安区风华初级中学西校。

完善区域中小幼德育一体化体系建设，组织高中学段区校两级德育工作局长、校长双向述职交流会，构建中小幼课程育人联席会议制度，召开区学科德育暨上海市地理学科德育协同研究中心主题展示活动。开展"庆祝中华人民共和国成立70周年"、弘扬中华优秀传统文化、传承红色基因等主题教育活动。开展"劳动小能手""劳模（工匠）精神进校园"等活动，协同推进生活垃圾分类教育，举办中小学劳动教育推进会。

开展学生阳光体育大联赛。开展区中小学防近系列活动，落实"明厨亮灶"工程，推进校园洗手工程。一师附小和闸北实验小学代表上海参加教育部主办的全国第六届中小学生艺术展演活动。开展区中小学《新学期第一课——"垃圾分类"是新时尚》系列主题活动。组织区青少年科创教育成果展，在第二十一届中国国际工业博览会现场举行学生作品孵化签约及实验室课程下沉签约仪式。

完成对口支援新疆40名教师工作，选派4名教师援滇（云南省文山州）支教。大宁国际小学校长徐晓唯获"全国优秀教育工作者"称号，区教育学院附属学校教师陈美获"全国模范教师"称号，第一中心小学教师朱莉敏获"全国优秀教师"称号，安庆幼儿园园长温剑青获"上海市'四有'好教师（教书育人楷模）"称号。试点开展教师"虚拟账户"培训。制定《静安区教师休学术假的若干规定》。

12月，静安区对口支援新疆教师合影

开展"悦读·静安——静安区纪念'4·23世界读书日'"活动。推进"静安阅读公共平台"项目，在全区配置10台电子借阅机，为市民提供简便、快捷、高质量的终身教育服务。开展13次"静安家长学校"系列讲座，全区线上线下约10000人次受益。举行"2019年静安区人文行走启动仪式"，在全市率先推出"人文行走应用程序"。全年开展"书画""舞蹈""摄影"等静安白领课程，约4000人次参与学习。举办10次"静安国学与文化精品讲座"、40次"双休日艺术讲座"等学习活动。（万翰杰）

【"静安教育学术季·第三季"闭幕】 1月18日，"静安教育学术季·第三季"闭幕。该学术季历时3个月，以"拥抱每一位学生的发展"为主题，以"学术精进，专业卓越"为指导思想，覆盖全区170多所中小学、幼儿园及其他教育单位，举行6场现场展示、3场区域教育主题论坛、13场区域专项活动、70余场学校申报及自主开展的活动，其中，获第二届"基础教育国家级教学成果奖"一等奖和"2017年上海市基础教育教学成果奖"特等奖，还征集论文217篇。（万翰杰）

【开展儿童青少年预防近视大型主题宣讲义诊】 3月9日，区教育局和区卫健委联合举办2019年静安区儿童青少年健康教育系列宣传活动启动仪式暨"'目'浴阳光、预防近视"大型主题宣讲义诊活动。市教委、市眼病防治中心，静安区教育局、区卫健委、区疾控中心、家教中心等部门领导和嘉宾以及150组家庭代表约300人参加活动。现场，中小学生及家长听取专家预防近视报告并咨询防控近视的方法。（万翰杰）

【举行兼职法治副校长聘任仪式】 3月20日，静安区兼职法治副校长聘任仪式举行。区教育局和区检察院共同制定《关于进一步开展落实静安区兼职法治副校长工作的实施意见》，为全区中小学校聘请由区检察院党组成员、检委会专职委员、各业务部门负责人及入额检察官担任的学校兼职法治副校长。法治副校长参与学校法治课程设计、法治宣讲等校园普法活动，指导学校开展校园安全工作和未成年人安全教育，并对校园突发事件提供帮助和建议，助力法治校园建设。（万翰杰）

【举办区学生阳光体育大联赛】 3月29日，2019年静安区学生阳光体育大联赛启动仪式暨区校园足球联盟联赛开赛仪式在火车头体育场举行。活动由区教育局、区体育局主办，上海大学市北附属中学承办。12月20日，闭幕式在新中高级中学体育馆举行，现场颁发了2019静安区学生阳光体育大联赛团体总分一等奖、优秀组织奖、年度十佳阳光少年奖、年度十佳活力园丁奖和年度十佳体育贡献校长奖等奖项。2019年区学生阳光体育大联赛历时9个月，共开展26个项目的竞赛，全区近12000人次学生参与。（万翰杰）

【入选全国第六届中小学生艺术展演】 4月15—20日，由教育部和苏州市政府主办的全国第六届中小学生艺术展演活动在苏州市举行。上海市第一师范学校附属小学的舞蹈《是星星，也是太阳》和静安区闸北实验小学的“玻璃装饰艺术工作坊”入选此次展演。舞蹈《是星星，也是太阳》讲述了一个喜爱跳舞的自闭症孩子，在集体给予的友爱、温暖、帮助下，最终找到自信和希望的故事。“玻璃装饰艺术工作坊”在“选择玻璃装饰载体”“打通教学实施空间”“开发创意实践活动”等方面分层推进，生动地诠释中小学生传承中华优秀传统工艺文化的过程。（万翰杰）

【举办上海市中小学生涯教育项目展示活动】 4月24日，主题为“生命成长　终身发展”的上海市中小学生涯教育项目展示活动举行。活动由上海学生心理健康教育发展中心、区教育局和区教育学院主办，市西初级中学、市西中学承办。来自全市的400余名教师参加活动。静安区以一体化发展的思路推进生涯教育的整合开展，推出《上海市静安区中小学生涯地图实用手册》。风华中学生涯教育平台获上海市基础教育成果特等奖，区域生涯教育研究成果获市二等奖。（万翰杰）

【中小学生茶艺交流展示活动】 5月11日，由市科技艺术教育中心、区教育局主办，区青少年活动中心、区青少年艺术活动中心承办的以“创意茗茶　匠人中华”为主题的“2019年上海国际茶文化旅游节——上海市中小学生茶艺交流展示活动”举行。静安区、黄浦区、徐汇区、虹口区、杨浦区、长宁区、闵行区、嘉定区、宝山区、青浦区、崇明区、浦东新区的48支茶艺队200多名学生参与活动。（万翰杰）

【在全国青年运动会男排项目夺冠】 8月17日，第二届全国青年运动会男子排球（社会俱乐部组）决赛在山西省太原体育博物馆举行。上海市市北中学男子排球队以3∶0的比分战胜山东队获得冠军，并被组委会授予“体育道德风尚奖”。全国青年运动会每4年举行一次。（万翰杰）

【“静安教育学术季·第四季”开幕】 10月31日，以“思·悟·行——在教育变革中成长”为主题的“静安教育学术季·第四季”在新中高级中学开幕。在为期2个月的学术季里，全区170多所中小学、幼儿园的1200余名教师展示交流静安教育成果。开幕式上，举行了由静安区承担的全国教育科学“十三五”规划教育部重点课题“深化教育个性化：发达城区提升学生核心素养的实践性循证研究”中期报告会。（万翰杰）

10月31日,"静安教育学术季·第四季"开幕

【召开高中学段德育工作校长、局长双向述职交流会议】 11月7日,2017—2019学年静安区高中学段德育工作校长、局长双向述职交流会议在区教育局召开。来自23所高中学校的校长汇报学校德育工作。各校围绕课程研发与整合、项目引领、制度创新、队伍培育、评价方式探索等方面,回顾、梳理三年来在德育特色创建上的探索历程、有效经验与成果。2017年起,静安区教育局建立了校长、局长德育工作双向述职制度。会后,专家组根据汇报,结合汇集23所学校德育工作总结的《静安区高中德育工作经验汇编(2017—2019学年)》等材料,并为每所学校提供一对一指导。（万翰杰）

附:区教育局驻地及负责人

(2019年1—12月)

地址:和田路195号
邮编:200070
电话:56630990

区委分管领导:黄　红
区政府分管领导:鲍英菁

区教育工作党委书记:胥燕红
副书记:朱娴华(3月离任)、顾　炜(8月到任)

区教育局局长:陈宇卿
副局长:刘新宇、徐剑宏、周晓春(3月离任)、孙　忠

普　陀　区

【2019年概况】 普陀区有各级各类教育机构183所,其中幼儿园84所(公办60所、民办24所)、小学24所(民办1所)、初中11所(民办1所)、九年一贯制学校21所(民办1所)、十二年一贯制学校2所(民办1所)、高中4所(民办1所)、完中8所(民办1所)、特殊教育学校2所、专门学校1所、中等职业学校1所、业余大学1所、业余中专1所、区教育学院1所、社区学校10所、其他教育单位12家。全区在校学生98881人。其中幼儿园幼儿27159人、小学学生41164人、初中学生22187人、高中学生7100人、中职学校学生1066人、特殊教育学校学生205人。在职教工11023人(在编9477人),其中专任教师8772人。年内,2人被评为全国优秀教师,51人获市园丁奖,8人被评为正高级教师;引进特级教师2人。在第三届上海市基础教育青年教师爱岗敬业教学竞赛中获一等奖1人、二等奖2人、三等奖3人,在市中小学中青年教师教学评选活动中获一等奖6人、二等奖6人、三等奖1人。

召开区教育大会,制定下发《2020年教育现代化和教育强区建设行动方案》《"三化一强"指标体系》,明确加快教育现代化和教育强区建设步伐、构建普陀教育发展新格局的目标任务。加快制定"十四五"规划。和华东师范大学马克思主义学院开展合作,推进大中小学思政一体化建设。主动对接长三角一体化,与江苏苏州、浙江嘉兴、安徽芜湖建立长三角一体化四地教育联盟,推进优质教育资源共

建共享。

围绕庆祝中华人民共和国成立70周年，开展唱响“最”中国系列活动。拓展“普陀大学堂”内涵与外延，研学旅行实现全覆盖。区未成年人心理健康辅导中心和区精神卫生中心签约，由教师和医生志愿者共同组建的“普陀区青少年心理健康讲师团”成立。“线上线下相结合、医教深度融合”的学生心理健康教育不断优化。完成年度国家义务教育质量监测工作和全覆盖的小学阶段绿色指标监测工作。推进统编教材全面使用。加强数字化教材的规范应用，建设小学语文学科资源，完善初中各学科资源体系，启动高中阶段基于学生个性化学习资源(数学)2.0建设。体育特色形成一校一品、一校多品格局，27所学校成为全国校园足球特色校、14所为篮球特色校、2所为网球特色校，2所被命名为“北京冬奥会奥林匹克教育示范学校”。承办2019年国际青少年校园足球邀请赛。深化艺术教育改革，持续开发和丰富艺术教育课程，举办美育节、学生艺术展演等，推进3所中华优秀传统文化传承校、6所市篆刻特色学校项目建设和篆刻、戏剧、油画等艺术课程进校园活动。成立普陀朗诵艺术联盟，开展诵读系列活动。多途径实施劳动教育，弘扬劳动精神，沙田学校、曹杨二中等劳动教育形成特色经验。制定《普陀区综合防控儿童青少年近视工作方案》，有序推进儿童青少年近视防控工作，做好学生健康体检、学校食品安全监管、学生健康教育、“明厨亮灶”工程、中小学陪餐工作等，促进青少年健康成长。

开展幼儿健康教育的联动研究，提升学前课程实施质量，11所幼儿园通过市一级园复验、1所民办园通过市一级园评审，公办园100%为市一级园，市一级以上优质园比例达75%。义务教育和高中教育优质均衡发展，深入推进紧密型学区化集团化办学，先后成立华东师范大学附小教育集团和新普陀小学教育集团，完成对7所新优质学校的成长认证；初中强校工程稳步推进，4所市实验校聚焦“一校一策”；同济大学第二附属中学被认定为市特色高中，上海音乐学院附属安师实验中学完成复评，全区特色高中3所、6所完中全部为市特色高中项目校，区域高中教育形成“多样化、有特色、高质量、可选择”的发展格局。特殊教育服务体系实现特殊教育数据共享；完成18所学校的随班就读指导和10所学校的随班就读资源教室建设。职业教育积极推进，曹杨职校会展策划与管理专业中高职贯通试点被评为市级优秀，学校汽车喷漆项目实训室被列为第四十六届世界技能大赛训练基地。持续丰富老年教育资源供给，新增2个市民终身学习体验基地，发布一条市级人文行走主题学习线路，开发社区教育系列微课程，加强老年教育慕课建设，开展市民读书节、诗歌节等丰富的终身学习活动，满足市民多样化学习需求。

按照“幼有善育”要求，提高3个“3”服务水平；扩大托育服务资源，5所社会力量取得《依法开展托育服务告知书》；全区1个中心、5个分中心、78个早教指导站面向0—3岁婴幼儿家庭开展8次公益早教服务，全年119696人次。招收8963名幼儿入园，全覆盖常住适龄儿童接受学前教育。47所小学阶段学校全部实现课后延时服务。协同团区委在10所学校安排26个“爱心暑托班”，服务小学生1346人次。全年支出帮困助学金618.09万元，受助学生4353人次(含残疾学生)。教育资源布局不断优化，完成托马斯实验学校和棉纺新村幼儿园建设，推进智富名品城一贯制学校新建工程、甘泉外国语中学改扩建项目。精细化落实高考改革要求，推进中考改革的实践研究，促进初中学校更有针对性调整优化课程教学评价改革。稳步实施义务教育民办学校公共资源规范管理工作。开展培训机构负责人依法办学专题培训，建立民办培训机构信息信用管理平台，编制《民办培训机构及托育机构综合治理工作使用手册》，查处无证无照办学机构20余家。

教育城域网互联网接入带宽升级，数据中心完成搬迁，实现区内教育单位无线网络全覆盖，完成有线、无线统一认证和一站式登录。“普陀教育云平台”上线运行，完成各类第三方应用平台的接入和SSO统一登录，实现教育对象的全周期一体化认证管理。普陀教育基础数据库架构基本成形，人财物管理App投入使用，教学质量监测平台、教育资源中心等在大数据基础上实现智能化学习分析与推送技术的广泛应用。区教育学院成为“上海市教育领域(基础教育)大数据联合创新实验室"共建单位,2所学校成为市教育信息化标杆校建设单位。继续开展中外学生人文交流。与爱尔兰驻沪领馆合作举办中学生英语演讲比赛,承办第十二届上海—新加坡基础教育圆桌会议,举办长三角中小学校长国际论坛,积极参与中英数学教师交流等。

出台《进一步激励区教育系统干部新时代新担当新作为实施意见》。以书记、校长为重点,分层分类培训干部,全年共举办20个班次、培训1870人次。加大优秀年轻干部培养选育,成立青年干部沙龙。从严管理干部,完成对46名干部的经济责任审计。完善干部任前谈话,54人接受任前谈话。加强师德师风建设,强化教师思想政治和师德师风考核。对接市双名工程"高峰""攻关"计划,加强高水平教师队伍培养。分文科、理科专场进行第二期拔尖教师培养工作坊展示。总结提炼见习教师规范化培训成果,开展见习教师评优展示。促进教师学历、职称提升,158名教师参加上海师范大学小学教育本科学历学习,在学前教育阶段开展一级职务评聘工作试点。深入探索骨干教师流动以及集团化办学人事共享、人员专项经费倾斜等改革。全年公开招聘教师564人,为69名青年教师申请公租房。

深化放管服改革,大力推进"一网通办"与行政审批事项在线办理。落实"双减半"要求,审批事项办结时限压减60%以上。启动新一轮政务公开标准化工作。发挥好法律顾问作用,提升行政应诉能力。完成第二批依法治校创建评审,推荐普陀区28所学校申报市示范校、88所学校申报标准校。推进全国义务教育优质均衡发展区创建,完成区内8个委办局与街镇的综合督政、34所学校的发展性督导和25所学校的督导回访,推动政府部门和学校依法履行教育职责。

完成12名贵州省遵义市"金种子"校长培训、9名贵州省遵义市影子校长挂职培训、5名浙江省嘉兴市骨干教师挂职。选派5名教师参加"组团式援藏项目"到西藏日喀则上海实验学校支教3年,1名干部到西藏日喀则亚东中学担任校长;2名教师分别到贵州省遵义市、云南省昆明市支教一年,6名教师支教3个月。区教育学院、结对学校组团送教上门。组织滇、黔、藏百名小学校长、骨干教师和36名中职校教学管理干部能力提升培训。联合华东理工大学、精锐教育等高校及培训机构,拓展帮扶覆盖面。

开展"法治进校园",为70所学校聘请兼职法治副校长。编写《普陀区学校安全管理指导手册》。区学校安全视频监管系统上线,实现基层单位重点部位实时监管。开展校园安全风险勘查,从源头上防范和化解风险。扎实推进区教育系统扫黑除恶专项斗争。开展学校违法犯罪人员核查以及防范校园欺凌和暴力专项整治。加强校车安全监管。联合公安、街道镇等对58所学校门卫保安、27处校园周边安全隐患进行专项整治。为全区幼儿园购买校方责任险。145所学校通过消防安全标准化管理达标验收,通过率97.3%。认真落实信访责任制,确保教育系统和谐稳定。

区教育系统3人获评市"金爱心十佳标兵"、8人获评"金爱心学生"、8所学校获评"金爱心集体",4人获评"普陀好人"、2人获评区首届道德模范。3所学校入选普教系统校园文化建设"一校一品"特色学校。"教育童行·i在彩虹湾"病房学校志愿服务项目获评全国"四个一百"优秀志愿项目。同济二附中获市五一劳动奖状、曹杨职校汽车工程部获评市工人先锋号,曹杨实验小学获市"三八"红旗集体,3人获市三八红旗手。联建小学教师金佳静获市"最美班主任"称号,11所学校获评市家庭教育示范校,曹杨二中获评市教育系统落细落小落实社会主义核心价值观优秀案例。中远实验学校学生隋翼远入选2018上海教育年度新闻人物、获评"全国向上向善好青年"。普陀区获评"全国青少年校园足球优秀试点区"。在第三十四届全国青少年科技创新大赛中,区内学生获全国一等奖3项、二等奖4项;1名学生获市"明日科技之星"称号;在全市DI大赛中,4所学校获第一名、2所学校获即兴挑战第一名。1名学生在全国职业技能大赛中获一等奖、1名学生被人社部命名为"全国技术能手",在市第八届"星光计划"大赛中获一等奖2人、二等奖3人、三等奖14人,团体第一名1个,团体第二名1个。

(包玉全、梅　飞)

【举行庆祝改革开放 40 周年主题活动】 1 月 24 日,“教育筑梦追求卓越”普陀区教育系统庆祝改革开放 40 周年主题活动在曹杨二中附属学校举行。活动发布《普陀教育改革发展大事记(1978—2018)》,播放反映普陀教育改革发展的口述历史短片,下发汇聚基层生动案例的《改革路上 教育筑梦——普陀区教育系统庆祝改革开放 40 年主题活动巡礼》,颁发普陀教育改革纪念证书。教育系统党政干部和优秀教师代表近 400 人参加活动。

(包玉全、梅 飞)

【获全国优秀校园足球试点区称号】 1 月 29 日,全国青少年校园足球年度总结活动在广东省梅州市举行。普陀区获“全国优秀校园足球试点区”称号。梅陇中学获评“全国优秀校园足球特色学校”、曹杨第二中学教师向曦获“全国优秀校园足球教师”称号。普陀区是全国校园足球改革试点县(区)之一,普陀区女足为国家队输送了不少人才。 (包玉全、梅 飞)

【聘任法治副校长】 3 月 13 日,区检察院和区教育局联合开展“普陀区学校兼职法治副校长聘任仪式暨检察长法治宣讲第一课”活动。区检察院与区教育局签订《普陀区人民检察院 普陀区教育局关于深化学校法治教育的共建协议》,区检察院 13 名检察官受聘担任普陀区 13 所中小学兼职法治副校长。年内,66 所中小学(中职校)、4 所幼儿园分 4 批聘请检察官、律师(6 所学校)担任兼职法治副校长,实现中小学法治副校长全覆盖。 (包玉全、梅 飞)

【华东师范大学附小教育集团成立】 3 月 27 日,华东师范大学附小教育集团成立仪式在华东师范大学附属小学举行。成立华东师范大学附小教育集团是华东师范大学、普陀区政府携手整体提升区域优质教育的新举措。成立仪式上,授总校和集团成员校铜牌,颁发集团总校长、成员校校长聘书。

(包玉全、梅 飞)

【第三批特色普通高中授牌命名大会举行】 4 月 24 日,上海市第三批特色普通高中授牌命名大会暨上海市推进特色普通高中建设项目培训会议在上海戏剧学院附属高级中学举行。市教委命名同济大学第二附属中学、上海理工大学附属中学、华东师范大学附属东昌中学、嘉定区第二中学、上海戏剧学院附属高级中学等 5 所学校为上海市特色高中。会上,同济二附中校长作“立体式校本研修 促进教师专业发展”发言,介绍同济二附中多年来的特色创建之路。 (包玉全、梅 飞)

【受邀参加纪念五四运动 100 周年大会】 4 月 30 日,中远实验学校初三年级学生隋翼远作为“00 后”初中生代表,受邀参加在北京人民大会堂举行的纪念五四运动 100 周年大会。隋翼远两次为患白血病母亲捐献骨髓,为当代少年树立了模范标杆,先后被评为 2016—2017 年度上海市中小学生十佳“道德实践风尚人物奖(美德少年)”“2018 年最美孝心少年”“2018 上海教育年度新闻人物”,2019 年被评为首届“普陀区道德模范”“全国向上向善好青年”。 (包玉全、梅 飞)

【上海尚阳外国语学校桐乡实验学校落成】 10 月 18 日,上海尚阳外国语学校桐乡实验学校落成典礼在桐乡举行。桐乡实验学校是浙江省桐乡市教育局和位于普陀区的上海外国语大学尚阳外国语学校合作共建的一所公办小学。该校落成是桐乡教育接轨上海教育的一项重大成果,借助长三角一体化教育联盟,形成两地办学上的实质性交流互动。

(包玉全、梅 飞)

10 月 18 日,上海尚阳外国语学校桐乡实验学校落成

【长三角一体化四地教育联盟成立】 10 月 31 日,上海市普陀区、江苏省苏州市、浙江省嘉兴市、安徽

省芜湖市长三角一体化四地教育联盟签约仪式在普陀区举行。四地教育部门负责人正式签署长三角一体化四地教育联盟协议，共商一体化教育大计，共谋四地教育高质量发展。（包玉全、梅　飞）

10月31日，长三角一体化四地教育联盟在普陀区签约成立

附：区教育局驻地及负责人

（2019年1—12月）

地址：大渡河路1668号2号楼
邮编：200333
电话：52564588

区委分管领导：姜冬冬
区政府分管领导：王　珏

区教育党工委书记：吴凌昱
副书记：范以纲、黄敏华（7月离任）、张　平（8月到任）

区教育局局长：范以纲
副局长：黄敏华（7月离任）、张　平、瞿志军、唐晓燕

虹　口　区

【2019年概况】 虹口区有各级各类教育机构146所，其中中学36所（民办6所）、小学33所（民办4所）、幼儿园53所（民办10所、部门办3所）、集体部门办托儿所4所、民办托育机构5所，中等职业学校4所，非学历教育学校2所，专门学校1所、特殊教育学校1所、其他学校7所。与上年相比，民办托育机构增加5所，初级中学减少1所。在校学生62054人（含上海外国语大学附属外国语学校、上海市体育运动学校、上海市高级技工学校学生），其中公办学校学生48863人。教职工8878人，其中专任教师6719人。

年内，召开区教育大会，学习贯彻习近平总书记关于教育的重要论述和全国教育大会、上海市教育大会精神，全面落实《上海教育现代化2035》和《上海市面向2020年加快推进教育现代化实施方案》，制定实施《虹口区面向2020年加快推进教育现代化建设教育强区行动计划》，提出加快推进教育现代化建设教育强区的指导思想、总体目标、重点任务和保障措施。开展"十四五"教育事业发展规划前期研究，形成《虹口区"十四五"教育事业改革与发展规划前期研究报告》。

9月5日，虹口区召开区教育大会暨庆祝第三十五届教师节会议

持续推进"高中教育质量提升"项目，实施"一校一策"，加快高中学校在课程设置、授课模式、育人方式等方面的变革，组织高中课程改革课题研究和学习培训，加强学科建设。4所高中接受市实验性示范性高中发展性督导评估。推动区政府与华东师范大学、上海立信会计金融学院签约，持续发挥高中与高校合作效益，促进与高校相关专业院系的对接。鼓励高中学校特色多样发展，指导澄衷高

级中学完成面向全市的特色高中展示活动，继续推进北虹高级中学和鲁迅中学特色课程群建设与办学环境改善。区、校协同探索初高中贯通式人才培养。围绕中考改革，制定初中学生综合素质评价管理办法。对部分初中学校开展专项调研，指导形成聚焦质量提升的“一校一策”。进一步探索中本、中高职贯通培养模式，南湖职校与上海思博职业技术学院开展国际商务专业中高贯通培养试点工作。与华东师范大学、上海外国语大学马克思主义学院合作开展大中小学思政课一体化探索。丰富和挖掘虹口革命教育基地文化内涵，着力打造“红色记忆定向走访”“红色戏剧进校园”“红色场馆课程”等特色项目，课内外协同传承和弘扬红色基因。

组织参加上海市中小学德育工作典型案例征集活动，征集劳动教育典型案例17篇，“六育人”典型案例和落实《中小学德育工作指南》一校一方案等190篇。向每位六年级新生家长发放“让爱有道，予教以方”中小学“家长学校”系列微课宣传小册子，加强家庭教育指导，家、校协同帮助学生“扣好人生第一粒扣子”。

根据左联五烈士事迹，组织编演高中生原创话剧《笔墨丹心》。在全市率先编制戏剧区本教程。参加上海市中小学生艺术展演戏剧类项目比赛，在3个类别（校园剧、朗诵、戏曲）比赛中均获一等奖。

做强优势科技竞赛项目，共获国际奖项42项（155人次）、全国奖项35项（105人次）、市级奖项838项（1339人次），1098名中小学生在市级以上科技竞赛中获奖。

推进体育课程改革试点工作，实现高中体育专项化、初中体育多样化、小学体育兴趣化。完善市、区、校三级阳光体育联赛体系，学生年度体育活动参与率100%，总计参与20000余人次。开展体育社团、体育文化节等活动，创建体育课堂教学、课外体育活动、学生体育社团、体育比赛等多位一体的推广体系，形成具有区域特色的校园体育文化。

优化学区化集团化办学模式。按照“紧密合作、优质共享、提质增效”的思路，推进紧密型学区集团创建工作，开展学区化集团化办学绩效评估，指导紧密型学区集团创建单位，完善教师柔性流动方案，提升学区集团在管理、师资、课程、文化等方面的共建共享水平。累计成立18个学区、集团。其中，小学学段集团6个、学区4个，中学学段集团5个、学区3个，覆盖区内所有的义务教育阶段学校，并向高中延伸。

新优质学校集群发展工作参与学校总数累计达22所，义务教育阶段公办学校覆盖率40%。制定新优质学校集群发展工作绩效评估核心指标。继续将新优质学校集群发展工作与绿色生态教育工作有机结合，加强新优质学校集群发展专家队伍建设，指导相关学校获市级新优质学校认证。

实施公办初中强校工作方案，指导实验校制定实施三年发展规划，在人、财、物方面对实验校给予倾斜。组建市级专家团队，开展“一校一策”专家调研指导，进一步配齐配强学校班子提升管理水平，抓好教师队伍提升师资水平，优化课程建设提升教学品质，打造紧密型教育集团促进优质资源共享，升级改造硬件营造良好环境，帮助5所实验学校突破发展瓶颈。

加强托育服务指导中心建设，联合各分中心定期开展科学育儿指导服务。加强托育机构申办指导和日常监管，区内7家托育机构成功申办，其中同心托育园曾多次接待市区相关部门的视察和指导。稳妥推进托幼一体化工作，10家幼儿园开设了15个托育班。接受市人民政府教育督导室对《上海市学前教育三年行动计划（2015—2017年）》落实情况的实地调研，编制实施新一轮学前教育三年行动计划，推进园际联盟共同体建设，鼓励并扶持幼儿园参与新一轮市示范园、一级园的创建，不断提升各级各类幼儿园办园水平，逐步扩大幼儿园学额供给数量，提升常住人口毛入园率。推动区政府与中福会签订战略合作协议，启动中福会幼儿园虹口分园的建设工作，增加优质学前教育资源供给。规范做好托幼机构招生入园工作，开发、建设区学前招生入园管理平台，做好人户分离幼儿的协调统筹，基本满足虹口区符合条件的适龄幼儿的入园需求。小学生课后服务方面，开展“快乐30分”拓展活动，所有公办、民办小学均提供校内课后延时服务至18时，做实政府托底保障。

以市第四期“双名”工程建设为契机，进一步推进“双名”工程建设，完成新一轮教育管理人才“五梯队”培养对象的选拔工作，逐步形成一支头雁领航、群体壮大、后备充足的干部梯队。完成第二轮教育专业人才“七层级”梯队评审工作，基本形成“面厚点亮”的区域教育专业人才梯队新格局。加大对高端人才、优秀人才和紧缺学科人才的政策扶持，进一步优化教师队伍结构。

加快教育基础设施建设推进步伐，改善办学条件。相继完成市五中学彩虹湾新址、实验幼儿园彩虹湾分园、曲阳五幼分园、侨红幼儿园分园、海南中学门面房、天水路特教中心等项目建设并投入使用。按计划有序实施中福会幼儿园虹口分园前期建设工作。完成学校体育场地开放收尾任务，确保所有符合条件的区内公办中小学校向社区居民开放体育场地。推进中小学校标准化建设，按计划完成城乡义务教育一体化建设任务，逐步改善各学段、各类学校办学条件。（何　杰）

【与中国福利会签订战略合作协议】 2月2日，虹口区政府与中国福利会举行战略合作签约仪式。虹口区领导、中国福利会领导以及相关部门负责人出席签约仪式。会上，双方签署了《上海市虹口区人民政府　中国福利会关于共同推进教育事业发展的战略合作协议书》，共同建设中国福利会幼儿园分园。根据协议，双方开展更高水平、更深层次的协作，共同推进教育事业发展，满足虹口区人民群众对优质教育资源不断增长的需要。（何　杰）

【教师受邀参加全国思想政治课教师座谈会】 3月18日，虹口区教师陈明青和王莉韵受邀参加习近平总书记主持召开的全国思想政治课教师座谈会。华东师范大学第一附属中学高级教师陈明青作为全国唯一的高中教师代表在座谈会上发言。（何　杰）

【与华东师范大学签署战略合作协议】 4月11日，虹口区政府与华东师范大学签署战略合作协议。根据协议双方进一步支持华东师范大学附属成员校办学质量提升，实施名校长、名教师培养工程，共建学科高地，推进区学习型社会建设与终身教育发展，促进学生成长和人才培养，开展医教结合、医养结合实验性研究，扩大产学研用合作，助力虹口实现“高质量发展、高品质生活”。（何　杰）

【与上海立信会计金融学院签署合作发展框架协议】 6月26日，虹口区政府与上海立信会计金融学院签署合作发展框架协议。根据协议，双方在加强区校党建联建工作、推进教育改革纵深发展、产学研与创新创业合作和人才培养合作等方面开拓合作领域，创新合作机制，建立互利共赢、长期稳定的合作关系，共同探索区校合作发展机制，建立人才贯通式培养新模式，加快教育强区建设，推动虹口“高质量发展、创造高品质生活”。（何　杰）

【获全国中小学生艺术展演多项奖项】 7月10日，第六届全国中小学生艺术展演上海市活动总结会举行。虹口区教育局获全国“地（市）、县（市）教育行政部门优秀组织奖”，虹口区第三中心小学群舞《龙抬头》获得艺术表演类一等奖和优秀创作奖，上海财经大学附属北郊高级中学群舞《芳华芬芳》获艺术表演类二等奖，虹口区青少年活动中心陈阳摄影《这里是上海》获艺术作品类一等奖，市民办新复兴初级中学周奕君绘画《窗外》获艺术作品类二等奖，虹口区第二中心小学“印迹”——篆刻工作坊获艺术实践工作坊一等奖，虹口区青少年活动中心《中华优秀传统文化的课程化实践探索——国家“指南针计划”区域实施》获中小学美育改革创新优秀案例一等奖。（何　杰）

【教师获全国模范教师、优秀教师称号】 8月8日，2019年全国教育系统先进集体和先进个人推荐名单公示，华东师范大学第一附属中学陈明青获评全国模范教师，虹口区第三中心小学胡节获评全国优秀教师。（何　杰）

【学生版原创话剧《笔墨丹心》首演】 9月2日，由17位来自虹口区各个中学的学生主演的学生版原创话剧《笔墨丹心》在虹口区工人文体中心剧场举行首场公演。作为虹口区高中生的“开学第一课”，虹口区委、区政府领导及师生代表观摩演出。该剧以1931年“左联五烈士”被捕后牺牲的历史事件为背景，讲述左联唯一的女性作家冯铿在生活的苦闷和事业的艰难中坚守信念、维护信仰，为实现伟大理想不畏生死、努力奋斗的故事。此次学生版原创话剧是继《青春之歌》之后，虹口区教育局和上海话剧艺术中心再度合作，由上海话剧艺术中心搭建专业的编排创作、舞台设计团队，用“专业团队搭台，学生演员唱戏”的方式，开展戏剧进校园活动。

（何　杰）

9月2日，学生版原创话剧《笔墨丹心》在虹口区工人文体中心剧场上演

【市民终身学习人文修身主题活动虹口段启动仪式举行】 10月18日，“礼赞新时代，人文滨江行”——上海市民终身学习人文修身主题活动虹口段启动仪式暨虹口区第六届全民终身学习活动周开幕式在白玉兰广场举行，引导和鼓励虹口区市民和外来游客体验“可漫步、可阅读、有温度”的魅力空间，共同参与虹口区打造宜居、宜业、宜游的高品质城区的工作。活动中，相关领导为虹口区“人文行走”队伍进行授旗，并为“区市民终身学习体验站”市民代表颁发聘书，现场还向8个社区学校的校长赠送“虹口区社区教育系列丛书”。（何　杰）

【举行思政课一体化建设宪法意识培育探索教学交流会】 12月3日，主题为“美好生活从宪法开始”的思政课一体化建设宪法意识培育探索教学交流会在上海市复兴高级中学举行。与会领导、专家、教师共同探讨大中小学思政课的一体化思路以及思政课一体化建设对学生宪法意识培育的作用。现场，来自虹口区外国语第一小学、民办新复兴初级中学、复兴高级中学的师生进行公开课展示，3位教师结合中小学生不同年龄的认知特点与实际案例，从不同切入点阐述宪法与每个人紧密相关的意义。会上，为华东师范大学马克思主义学院基地校、上海外国语大学马克思主义学院基地校等10所学校授牌。虹口区第二十二届“新沪杯”中小学生宪法法律知识竞赛获奖名单揭晓。（何　杰）

附：区教育局驻地及负责人

（2019年1—12月）

地址：天宝路1058号
邮编：200092
电话：65756666

区委分管领导：洪　流
区政府分管领导：张　雷

区教育工作党委书记：黄丽芳
副书记：蔡正茂（6月离任）、陈　薇

区教育局局长：蔡正茂
副局长：冯永林、孙　磊、吴余洁、李　琰、马振敏（8月到任）

杨　浦　区

【2019年概况】 杨浦区有各级各类教育机构199所，其中高中19所，含市属高中2所、公办高中12所、民办高中3所、中等职业学校2所；初中35所，含公办29所（包括与复旦大学共建共管学校1所、

特殊学校2所）、民办6所；小学43所，含公办41所、民办2所；幼儿园托儿所89所，含公办55所、民办23所、集办托儿所11所；其他教育单位13家。全区在校学生100534人，其中高中学生10677人、初中学生22156人、小学学生39909人、幼儿园幼儿26374人、特殊教育学生258人、中职学生1114人。在职教职工10791人，其中中小幼专任教师9075人。

启动紧密型集团化办学建设，新增上海市第二师范附属小学教育集团和复旦实验中学教育集团，义务教育集团数量达到15个，覆盖的学校数、学生数占义务教育阶段学校总数、学生总数的85%以上，覆盖的教师数占义务教育阶段教师总数的89%。全面实施“蓄水池”计划，探索实践集团教研转型和督导转型。推进新优质学校集群发展，开展37所项目学校六大集群建设，新成立的惠民中学集群进行区域展示。7所初中强校工程实验校围绕建设目标分类实施“一校一策”。制定新一轮学前教育三年行动计划。新增公办幼儿园1个、民办幼儿园2个，完成6个一级园复验、5个一级园争创，3所幼儿园争创家门口好幼儿园。制定启动《杨浦区推进区域3岁以下幼儿托育服务工作实施方案》，完成2项托育政府实事项目，新增13家社会办托育机构。推动高中高质量发展。深化高考综合改革，组织高考改革工作调研，优化走班教学管理，推进生涯辅导校本化研究，落实综合素质评价，加强课程教学管理，落实高中教育综合改革项目建设。推进高中特色多样发展，上海理工大学附属中学被市教委命名为市级特色普通高中，上海体育学院附属中学完成初评，上海财经大学附属中学和市东中学获市级特色展示和初评资格，复旦实验中学成为第三批市级特色创建项目学校。加大职业教育教学和职业人才培养改革力度，深化区校合作，完成与同济大学中德工程学院职业技术教育学院合作课题“上海市杨浦区职业教育集团发展规划（方案）”中期评审。深化校企合作、完善赛训平台建设。杨浦区职业技术学校学生徐澳门在第四十五届世界技能大赛车身修理项目中获金牌。提升社会教育影响辐射面，上海开放大学杨浦分校全年招生423人，比上年增长102.4%。区域内各单位举办各类项目培训28个班次，总计培训3948人次。深化基础教育与高校合作。与上海财经大学合作共建上海财经大学杨浦基础教育集团，与同济大学合作共建同济大学杨浦基础教育集团。

落实德智体美劳“五育并举”，完成第八届上海市中小学德育协会研究课题39项。推进生命教育一体化实践，生命教育课程向全区学校推广，拓展1家生命教育校外课程基地。深化家校协同育人，举行2019年上海市家庭教育主题宣传活动启动仪式，控江幼儿园等14所学校被评为上海市家庭教育示范校。强化心理健康教育，编写《杨浦区中学生心理健康状况评估与影响因素分析蓝皮书》。围绕生命教育、劳动教育深化班主任研训共同体。研究制定区域大中小一体化三全育人实施方案，征集中小学“六育人”（课程育人、文化育人、活动育人、实践育人、管理育人、协同育人）案例，开展高中生“向上的力量”课本剧表演活动、“新时代好少年”评选表彰活动。组织2018—2019年度区中小学生（中职生）“新时代好少年（美德少年）”评选表彰活动；持续推进“孝亲敬老”全国德育品牌项目建设。深化课程领导力、创智课堂、绿色评价一体化改革实践。完成课程领导力视域下初、高中学段课例征集、遴选和汇编，开展“创智课堂”实践指南与学科单元设计研究，开展中考改革背景下初中学科教学与评价研究。扩充“创智课堂”表现样例、资源包、著作成果集3项成果。加快创新实验室建设。完成2019年市、区两级实验室的申报立项，新增市级11个、区级34个创新实验室。编撰《区域创新实验室建设指南——评价篇》。召开“区域创新实验室联合运作体系建设”项目推进会。深化学校体育教学改革。高中体育专项化全覆盖实施，小学兴趣化市区试点校37所，初中多样化市区试点校22所。组织18个项目近500场阳光体育赛事，组织35000余名学生完成青少年运动技能等级测试。第四次承办中国（上海）青少年校园足球国际邀请赛（分站赛）。学生体质健康达标率97.9%。落实青少年科技创新行动。建设“童创空间”慕课平台，录制130项短课程。开展“节能小当家”等25类、36场科普主题品牌活动。深化“双进入”（杨浦区优秀高中生进入高校及院士团队进学校开展课题探究活动），创新社团联盟体建设。举办第十届“赛复创智杯”上海市青少年创意大赛，复旦大学第二附属学校、上海民办打一外国语小学获特等奖。在第四十届世界头脑奥林匹克选拔赛等科技比赛中获多个奖项。推进艺术与传统文化教育。承办第十五届长三角地区民族乐团展演活动，组织区第三十三届学生艺术节。研发“智慧中华　我是非遗传习人”系列教材及微课程（10 册），开设 40 余项非遗嘉年华活动。深化“双体验”（馆内体验＋实践体验），编制 4 册中小学生《杨浦三个百年》主题探究活动指南、50 个精品活动案例。

规范培训机构市场秩序。完善区教育培训市场综合治理联席会议制度，处理信访投诉 463 件，对 137 家无资质机构限期整改。强化事前审批和事中事后监管职能，开展“飞行检查”“双随机检查”。推进《杨浦区关于义务教育阶段民办学校公共资源规范管理工作方案》，完善区域教学常态调研和“基于课程标准的教学与评价”随机式调研机制，对民办学校招生实施全覆盖专项督查。探索立体化督导模式。对区域 10 余所中小学、幼儿园进行综合督导，开展“加强近视眼防控”等专项督导。接受市教委、市政府教育督导室对杨浦区城乡义务教育一体化发展暨优质均衡发展、现代职业教育发展两方面依法履职情况的综合督政。接受国家对义务教育学段四年级、八年级 20 所样本校语文、艺术的质量监测工作，完成上海市对小学四年级学生学业质量绿色指标监测工作。全覆盖实施小学生校内课后服务。推进公参民改革。

实施《杨浦区关于全面深化新时代教师队伍建设改革的实施办法》。推进教育高端人才队伍建设，完善新教师招录机制，深化集团教师流动机制、推进教师职称制度改革。加强对口地区合作交流，派出执教教师 5 批 29 人次、专家讲师团 3 批 23 人次，接待 14 批 206 人次对口帮扶地区教师干部到杨浦区培训。继续完善教师绩效工资制度。新增 12 位正高级教师。教师于漪当选“最美奋斗者”，被授予“人民教育家”国家荣誉称号、改革先锋称号。杨浦职业技术学校获评全国教育系统先进集体，2 名教师获评全国先进个人，1 名教师获评上海市“四有”好教师（教书育人楷模）提名奖，1 名校长获评上海市中小学“最美校长”，1 名教师获评上海市中小学“最美班主任”。

健全强化安全责任体系建设。建立 1 个法治教育体验基地，区域内学校均达到依法治校基本要求，56 所创建为示范校。重视考试安全，所有国家级考试实现“零事故、零差错”目标。推进城乡一体化建设。完成 3 个学生剧场、13 个室内体育馆、14 个图书馆、13 个安全体验教室、75 所公办学校“食品安全远程视频监控系统”、33 所学校信息化环境建设，信息应用系统通过信息安全等级 3 级测评，同济大学第一附属中学等 4 所学校被评为上海市标杆学校培育校。发布《杨浦区教育信息化 2.0 行动计划》。推进基本建设规划项目。国安路配套小学新建工程（上海财经大学附属小学）项目开工，杨浦德法学校、本溪实验幼儿园等 8 个项目完工，105 街坊幼儿园、水丰路小学、控二分校、D1-03 地块幼儿园等项目前期工作全力推进，杨浦教育“十三五”基本建设规划得到全面落实。

强化教育政风行风建设，持续推进“一员一网一评一报一诺”工作机制，全覆盖开展教育收费检查，加强师德师风教育，净化中小学生用书环境。

（杨　浦）

【在世界头脑奥林匹克选拔赛（中国上海赛区）中获奖】 3 月 16—17 日，第四十届世界头脑奥林匹克选拔赛暨 2019 年上海头脑奥林匹克创新大赛在上海交通大学举行。杨浦区 24 所中小幼学校、43 支队伍参赛，共获一等奖 3 项、二等奖 8 项、三等奖 12 项、富斯卡创造力奖 1 项、特别奖 1 项、头脑 OM 贡献奖 1 项。

（杨　浦）

【开展依法履行教育责任综合督政】 3 月 20—23 日，上海市对杨浦区人民政府开展依法履行教育责任综合督政，主要围绕城乡义务教育一体化发展和现代职业教育发展两方面工作展开。3 月 20 日，杨浦区政府依法履行教育责任自评汇报会召开。实地督导中，督导组与区人大、政协以及区政府相关职能部门、各级各类学校校长和教师代表进行访座谈交流，查阅各类资料887卷，实地走访10家单位。在责任督学对169所学校进行全覆盖普查基础上，对校长、教师、学生、家长等进行了近三万份问卷调查，比较全面深入地了解了杨浦区教育发展的整体情况后形成综合督政意见书。 （杨　浦）

3月20日，上海市对杨浦区政府开展依法履行教育责任综合督政自评汇报会召开

【在青少年科技创新大赛中获奖】 3月24日，第三十四届上海市青少年科技创新大赛闭幕式在上海科学会堂举行，杨浦区共获青少年创新成果一等奖45项、二等奖129项、三等奖116项；青少年科技创意项目一等奖19项、二等奖45项、三等奖36项；青少年实践活动一等奖2项、二等奖2项、三等奖1项；科技辅导员创新成果一等奖2项、三等奖2项。复旦大学第二附属学校学生李润东获科协主席奖。 （杨　浦）

【在上海市明日科技之星评选活动中获奖】 4月23日，第十七届上海市百万青少年争创明日科技之星评选活动落幕。杨浦区申报77个学生项目，获7个明日科技之星称号、15个明日科技之星提名奖和14个科技希望之星称号，以及若干单项奖。 （杨　浦）

【新建2个基础教育集团】 5月17日，杨浦区政府与上海财经大学合作共建上海财经大学基础教育集团签约仪式举行。该集团由上海财经大学附属中学、三门中学（上海财经大学附属初级中学）、上海财经大学附属小学3所学校组成。7月12日，杨浦区政府与同济大学举行合作共建同济大学杨浦基础教育集团签约仪式。该集团由同济大学第一附属中学、同济大学附属新江湾城实验学校、同济大学附属存志学校、十五中学（同济大学附属存志东校）、同济大学实验学校、同济小学、同济幼儿园等7所学校组成。 （杨　浦）

7月12日，杨浦区人民政府与同济大学合作共建同济大学杨浦基础教育集团

【庆祝第35个教师节】 9月10日，“庆祝中华人民共和国成立70周年　弘扬新时代尊师风尚”杨浦区庆祝第35个教师节大会在杨浦区少年宫召开。大会以“守初心担使命·铸师魂”“守初心担使命·传师道”“守初心担使命·明师志”3个篇章展开。区委、区政府、区人大、区政协领导出席大会。会上，表彰了杨浦区教育系统“2019最美教师·学于漪先进集体与个人”，并举行新教师宣誓仪式。 （杨　浦）

【职校教师获评2019“上海工匠”称号】 12月10日，2019年“上海工匠”命名大会在科学会堂召开，杨浦职业技术学校教师胡玉娟获评“上海工匠”称号。 （杨　浦）

【获上海市青少年科技创新市长奖】 12月19日，第八届“上海市青少年科技创新市长奖”颁奖仪式举行。杨浦区复旦大学第二附属学校学生洪悦茗和复旦大学附属中学学生卢舟扬获“上海市青少年科技创新市长奖”。 （杨　浦）

附：区教育局驻地及负责人

（2019 年 1—12 月）

地址：长岭路 91 号
邮编：200093
电话：65017733

区委分管领导：邓小冬

区政府分管领导：尼　冰（7 月离任）、王　浩（10 月到任）

区教育工作党委书记：顾登妹
副书记：吴　巍

区教育局局长：邵志勇
副局长：吴　巍、朱伟峰（3 月离任）、朱　萍、张　鹰（4 月到任）

闵　行　区

【2019 年概况】 闵行区有各级各类教育机构 361 所，其中公办中小学 111 所（含特殊教育学校 3 所）、民办中小学 36 所（含以招收进城务工人员随迁子女为主的民办小学 14 所）、公办幼儿园 78 所、民办幼儿园 109 所、中等职业学校 2 所、成人教育培训中心（社区学院）2 所、社区学校 14 所、直属单位 9 家。有民办非学历教育机构 203 所（其中民办营利性培训机构 106 所、民办非营利培训机构 97 所）。市实验性示范性高中 5 所，市示范性幼儿园 2 所。全区教师 18133 人，学生 232825 人。

年内，获评教育部“智慧教育示范区”创建区。获全国网络学习空间优秀区表彰，莘松中学、平南小学等 9 所学校被授予全国网络学习空间优秀校。上海中医药大学附属闵行蔷薇小学“AI＋校园”实践列入上海市首批十大人工智能应用场景试点，蔷薇小学、华理科高、华二初中、西南工程 4 所学校成为上海市“信息化标杆学校”。在全国信息化课例评比中，闵行区 25 位教师课例获奖，其中 9 项获一等奖，获奖人数列全市第一。

中小学生体质健康综合评价优秀率 18.9％，及格率 97.9％，居全市第一。组织参加第三十四届上海市青少年科技创新大赛，获一等奖 108 项、二等奖 276 项、三等奖 257 项，10 个项目被推送参加第三十四届全国青少年科技创新大赛，七宝中学获创新成果板块全市第一。校园足球覆盖全区中小学生，被推选为全国校园足球试点区。

实施区师德提升工程，124 人获上海市园丁奖。优化“四级五列”培养机制，成立第四届名师工作室 22 个、第五届骨干教师培养基地 22 个、第四届双名后备“种子计划”基地 17 个。七宝中学获评全国教育系统先进集体，吴泾实验小学教师陆敏获全国模范教师称号，曹行中学教师张莹获评全国优秀教师，闵行区田园外语实验小学教师高晟获评上海市教书育人楷模，平南小学校长张小娟获评上海市“最美校长”。5 名教师通过中小学正高级教师任职资格评审。闵行中学、明强小学 2 项课题被立项为教育部重点课题。

贯彻落实《闵行区推进学区化集团化办学三年行动计划（2017—2019 年）》，建成 13 个学区、6 个教育集团。截至年底，学区化集团化办学覆盖区内所有的公办义务教育学校和公办幼儿园。新开办 7 所中小学及幼儿园，完成 1 所学校搬迁。推进 21 个学校基本建设项目，5 个区重大项目学校的建设。4 个“一场一池一馆”项目全部开工，开工率 100％。建成创新实验室 36 个，覆盖区内所有公办义务教育阶段中小学。完成 23 所图书馆升级改造。

庆祝中华人民共和国成立 70 周年，组织 100 多所中小学的 1.7 万名学生参加“我爱祖国，同唱国歌”等系列活动。深入推进“阅中华　悦成长——区域开展中华优秀传统文化的创新实践”系列活动。“厚德闵行　文进万家——闵行区教育局关于优秀传统文化的创新实践”获 2019 年上海市教育系统落小落细落实社会主义核心价值观示范优秀案例。助力学生综合实践，授予上海地铁博物馆等10家单位“闵行区青少年研学实践教育基地”称号。深入实施“小学兴趣化、初中多样化、高中专项化”体育课程改革，获评上海市体育课程改革整体推进试点区。建立舞蹈、书法、版画、乐器等十二大类美育联盟，由15所盟主校牵头带领108所盟友校，开展艺术主题交流展示活动35场。推动劳动教育，承办全国德育·劳动教育高峰论坛，承办上海市劳动教育开学第一课。

建立家校和谐育人体系，组织192名教师参与第八届“家班共育”班主任基本功大赛，16名教师获奖，其中6名教师获一等奖。22所学校入选上海市家庭教育示范校。成立学生成长指导中心，开展中高考前2场大型心理咨询活动，接待400余名家长和学生。加强预防干预，完善学校心理危机干预机制。提供24小时热线咨询服务，加强对中学生高抑郁和高焦虑风险学生的评估、筛查和干预。

促进托幼一体化，全年81所幼儿园共开设托育班147个，提供2940个入托学额。完成17家托育机构审批开办，各街镇至少开办一家非营利性的托育机构。完善“互联网+托育”服务。推动优质幼儿园创建，1所幼儿园通过区示范幼儿园复验，6所幼儿园通过市一级幼儿园复验。推动课程建设，莘庄幼儿园等16所幼儿园被评为区第二轮幼儿园课程基地。

依托优质资源开办新学校，4所新开办中小学由上海师范大学、华东师范大学、七宝教育集团、星河湾学校托管。实施“初中强校工程”，完成11所实验校和9所初中“校园空间育人提升”项目。5所学校进入市特色高中创建实质性评审序列。着力打造闵行区教育学院附中的美育特色、上外高中的外语特色和金汇高中的金融教育特色。

完成学前1个特殊教育点、义务教育阶段2个特殊教育点的设点布局与设施设备配置，新增9个资源教室。报送32名教师参加上海市特殊教育教师岗位培训。完成上海市西南工程学校新校区迁建。参加“2019第十六届上海教育博览会”，闵行区展台被评为“十佳”展台之一。开展“匠心·传承·创新”—2019年中职校“德技双馨”教师有效教育教学实践总结表彰活动，269人次教师获表彰。2019年起，区内61所初中学校逾13000名学生在中职校完成综合素质评价16课时的职业体验活动。

持续推进百万在岗人员学力提升计划，建设第四批闵行区终身教育社会学习点（老年教育社会学习点）、未成年人校外教育基地。承办全国中华经典诵写讲“诵古今经典　抒爱国情怀”经典诵读。闵行区邻里中心“创课大赛”被评为上海市和全国终身学习活动品牌项目。获“上海市第十四届全民终身学习活动周组织工作贡献奖”“第五届上海市民诗歌节优秀组织奖”。 （闵　雯）

【区高中生辩论赛举办】 2018年12月17日—2019年5月30日，由闵行区教育局主办，主题为“辩以明理，论以求真”的闵行区第二届高中生辩论赛，完成总计16场比赛。辩论赛分为初赛、复赛、半决赛和总决赛。辩论赛的主题分别围绕“中学生近视防控”“共享单车现状”“国家安全教育”“垃圾分类”话题展开。七宝中学获辩论赛冠军。赛事评出最佳辩论员1人、优秀指导教师4人、优秀辩论员16人。 （张美琴）

5月30日，闵行区第二届高中生辩论赛决赛在田园高级中学举行

【在全国青少年科技创新大赛获好成绩】 3月23—24日，第三十四届上海市青少年科技创新大赛的终评展示和颁奖活动在上海科学会堂举行。闵行区师生共获一等奖108项、二等奖276项、三等奖257项，其中有10个项目被推送申报参加在澳门特区举行的全国比赛，获青少年科技创新项目二等奖1项、三等奖2项及其他专项奖2项；科幻画项目一等奖1项、二等奖1项。闵行区科技辅导员在科技辅导员科技创新项目中获一、二、三等奖各1项、十佳优秀科技辅导员1项及其他专项奖2项。闵行区还获得实践活动项目一等奖1项和十佳科技实践活动奖1项。 （史　虹）

【评选新时代“四有”好教师】 3—9月，面向全区教育工作者，深入发掘一批多年来扎根于闵行教育教学改革、潜心立德树人的先进典型，从中评选出7位校长为闵行区“守初心，为人师”新时代“四有”好教师(治校有方)、43位教师为闵行区“守初心，为人师”新时代“四有”好教师(育人有道)，在教师节庆祝大会上予以表彰。（闵　雯）

【对区政府依法履行教育责任综合督政】 5月22—24日，市政府教育督导室围绕城乡义务教育一体化暨优质均衡发展和未成年人思想道德建设两方面工作，对闵行区政府依法履行教育责任综合督政。在实地督导检查中，市综合督政组听取汇报、查看资料、随机抽查学校和教学点实地督导；召开人大代表、政协委员、相关委办局、校长、教师座谈会；以专用网络平台问卷调查等方式，对教育发展状况进行综合把脉；召开综合督政自评汇报会等。市督政组在现场督政的基础上，汇总各方面信息和专家组意见后形成《闵行区依法履行教育责任综合督政意见书》。（周旻琪）

【8所幼儿园入选“全国足球特色幼儿园”】 8月，教育部发布“2019年全国足球特色幼儿园”名单。闵行区景谷第二幼儿园、中福会浦江幼儿园、浦江镇第三幼儿园、吴泾第二幼儿园、诸翟中心幼儿园、龙茗路幼儿园、康城幼儿园和罗阳河畔幼儿园等8所幼儿园入选该名单。（袁　溪）

【11人获评上海市“明日科技之星”称号】 8月7日，上海市青少年“明日科技之星”评选结果名单公布。闵行区10个项目的11名学生获上海市“明日科技之星”荣誉称号，另有8名学生获上海市“明日科技之星”提名奖。35个项目的47名学生获上海市“明日科技希望之星”称号。（史　虹）

【对“幼儿园督导评估工作”进行飞行督查】 10月8日，市政府教育督导室会同市教委托幼处、市教育督导事务中心，对闵行区幼儿园办园行为督导评估实施情况进行飞行督查。督查组听取闵行区政府教育督导室幼教专职督学的自评汇报，查阅区层面相关资料，实地走访闵行区龙茗路幼儿园和民办万科幼儿园，并对民办东兰路幼儿园进行跟踪复查；座谈和访谈区责任督学和幼儿园相关人员39人次。（周旻琪）

【进行学区化集团化办学总结性督导评估】 11月，先对19个学区和集团组织同时举行两场集中自评报告会，接着对古美、马桥、吴泾、浦锦、浦江5个街镇的学区化办学进行现场评估。对相关学校的三分之一学生、家长和全体老师进行问卷调查，回收24880份家长问卷、6901份教师问卷和18215份学生问卷。召开学区和集团负责人、校园长、教师座谈会59人次，采集信息499960条。全面了解各街镇、集团开展学区化集团化办学以来的进展情况，然后汇总相对应学校的绩效考核情况，作为评估的参考依据。（周旻琪）

【开展“边走边学”终身学习活动】 12月19日，“礼赞新时代　美丽乡村行”上海市民终身学习“德厚闵行”人文行走主题活动在闵行区吴泾镇和平村举行。年内，闵行区开发2条市级人文行走线路、4条区级人文行走线路、60条街镇级人文行走线路、60多个人文行走学习点，组织参与人文行走活动市民达9643人次。（隋　明、李丽娟）

附：区教育局驻地及负责人

（2019年1—12月）

地址：七莘路400号
邮编：201199
电话：64881398

区委分管领导：王观宝(9月到任)
区政府分管领导：杨德妹

区教育工作党委书记：朱雪平
副书记：恽敏霞、李光华

区教育局局长：恽敏霞
副局长：李啸瑜(4月离任)、朱震宇、马秀明、乔慧芳、王维刚(7月到任)

宝　山　区

【2019年概况】 宝山区有各级各类教育机构334所，其中高中8所（含民办1所）、完中5所（含民办1所）、初中26所（含民办2所）、九年一贯制学校31所（含民办5所）、十二年一贯制民办学校1所、小学67所（含民办10所）、幼儿园172所（含民办园71所）、中等职业学校4所（含民办2所）、特殊教育和专门教育学校各1所、成人学校6所、其他教育机构12所。年内，初中招生数10565人、小学招生数16009人，学前教育阶段启用市幼儿园招生入园信息登记系统，小班入园幼儿16460人。全区在校学生17.6万人，教职员工1.8万人。

区教育局制定下发《宝山区加快推进教育现代化行动方案（征求意见稿）》。区特教指导中心获评"全国助残先进集体"称号，培智学校被评为"全国教育系统先进集体"，教师余文君获评"全国模范教师"称号。举办第五届上海创客新星大赛、2019VOT第二届中学生与学者、企业家论坛等11项市级赛事活动。区内师生获各类国际大赛奖37项、全国级奖351项、市级奖5000余项。

开办社会托育机构18家，开设托班69个（43个幼儿园开设托班），覆盖全区12个街镇。深入推进教育品牌建设，着力打造陶行知和陈伯吹教育品牌，组织"重走行知路"主题活动，新建陈伯吹教育集团、宝山世外教育集团。引进优质教育资源，高起点开办上海外国语大学附属宝山双语学校，托管世外附属宝山中环实验小学和世外附属宝山大华实验学校。平稳有序做好中高考工作，各项指标稳步上升，公办秋季高考本科达线率保持90%以上。切实落实市、区两级实事项目，完成5个公（集）办托育点和10所学校无障碍厕所项目建设。年内全区入托幼儿1996人，其中享受公益普惠服务641人，占35.7%。

制定小学课后延时服务实施方案，各校结合实际为学生提供作业、阅读、劳动、体育、艺术等多样化活动。全区所有中小学实施放学后服务工作，学生知晓率100%，服务学生总数65690人，放学后延时服务至下午6点，有需求的学生有2304人，占比3.5%。

建立联席会议制度，制定并实施区托育机构管理办法，规范社会托育机构管理，增加公办托育服务供给。城市实验幼儿园通过市一级园创建评估。在全国幼儿园优秀活动案例征集活动中，区内5家幼儿园的6个案例上榜。推进中小学校品质提升，完善10所"初中强校"实验校"一校一案"，做好农场学校教育集团筹备工作。开展学区化办学专题展示活动。在上海特殊教育领域率先开展教师评聘工作。区特殊教育工作融合教育、医教结合扎实推进，课程与教学改革创新。推进民办教育内涵发展，制定《宝山区关于义务教育阶段民办学校公共资源规范管理工作方案》《宝山区教育局关于进一步做好民办随迁子女小学教育工作计划（2019—2021）》，在全市率先完成民办学校分类管理改革工作，全区20所民办中小学转为非营利性组织。推进终身教育和职业教育发展，完成宝山职校实训大楼建设，扩大现代学徒制试点，拓展中高职贯通培养，提升"乐学宝山"品牌内涵，推动区业余大学转型方案的制定。推进教育合作交流，落实援疆、援滇教师支教及新疆、贵州教育单位干部、教师到沪培训各项任务，推进"1+11教育互助成长"项目。

开展主题阅读、"美德少年"评选、"十佳百优"宣传、"美丽宝山"研讨展示等系列活动。区内17所学校入围上海市"家庭教育示范校"评选。加强科技、体育、艺术教育，推进“宝山100”科技创新培训营、学生艺术节展演、艺术名家进校园、非遗传承、“小华雯沪剧团”等项目的开展，承办上海市中小学生跆拳道、跳绳锦标赛。在上海市“明日科技之星”评选、市青少年科技创新大赛、挪威跳绳世界杯赛、机械奥运国际赛、全国青少年桥牌、乒乓球、航海航空模型、无线电测向等赛事中获奖。

围绕城乡一体和教育现代化建设，推动7个学校新建、改扩建项目，加快推进15个一场一馆、36个学校专用教室建设。精准落实学生资助，依托信息技术手段，自创统计数据库建设，全年承担约240所学校学生资助申请、审核汇总和拨款清算等工作，基础教育资助学生数占全区在校学生人数约8%—9%，工作覆盖面100%。区学生资助管理中心作为上海市“优秀学生资助工作单位案例典型”，在全市推广经验。深化校园安全建设。召开宝山区学校安全专题工作会议。成立区教育系统安全工作领导小组，落实“党政同责；一岗双责，失责追责”的责任制。启动“检察官进校园”法治副校长聘任工作。完成240所学校安全检查。制定宝山区校园性侵事件的预防干预操作手册。被评为2018年度上海市平安示范单位、2016—2018年度上海市未成年人保护工作先进集体。

完善师德评价机制，健全“优化招录储备、建立愿景导向、完善多元激励、健全绩效评价”为主体的闭环式管理机制和政策制度，营造良好成才环境。稳步推进教师全员培训。分学段完成“信息技术能力提升工程”“心理素养专项培养”“360套餐培训”“三科统编教材培训”“高级教师培训”等；按需求完成公办幼儿园2000余名教师、民办幼儿园1000余名教师的学科素养全覆盖培训；完成教育系统“垃圾分类”专题培训。优化教育人才定制培养。有序推进“青陶工程”、学科基地建设，扎实做好教师招录、大学生“三支一扶”、见习教师“两选三评”等工作。完成598名见习教师培训任务。在上海市中小学(幼儿园)见习教师规范化培训基本功大赛中，宝山区参赛的见习教师获3个一等奖、3个二等奖。助力青年教师专业发展的“青陶工程”获市师资培训中心好评并在全市推广。 （岳　强）

【微电影《祖国在召唤》获奖】 1月23日，在“精彩对话新时代”第五届上海市民微电影节上，宝山区吴淞中学微电影《祖国在召唤》获剧情类综合类银奖。该微电影运用时空穿插的手法，讲述了多个不同时期上海市吴淞中学校友的故事。 （岳　强）

【陈伯吹教育集团成立】 3月14日，以宝山区北部罗店和南部庙行地区部分学校为主体，共同组建的“上海市宝山区陈伯吹教育集团”正式成立。集团成立仪式在庙行实验学校举行。 （岳　强）

3月14日，上海市宝山区陈伯吹教育集团成立

【特教指导中心获评“全国助残先进集体”】 5月16日，在北京人民大会堂召开的第六次全国自强模范暨助残先进表彰大会上，宝山区特教指导中心获“全国助残先进集体”称号。多年来，宝山区特教指导中心发挥其管理、指导、培训、研究、服务功能，推进宝山区特殊教育医教结合以及融合教育工作。 （岳　强）

【打破交互跳绳世界纪录】 7月4日，2019年跳绳世界杯赛在挪威奥斯陆举行。宝山区高境三中学生姜大礼、黄俊凯、金振宇作为中国跳绳队队员参加交互跳绳比赛，以平均1秒9.5次的双脚律动频率打破世界纪录。本次跳绳世界杯赛共有26个国家和地区的975名运动员参赛。 （岳　强）

【检察官兼职法治副校长】 7月18日，上海市检察院二分院检察官进宝山校园暨兼职法治副校长聘

7月4日,高境三中学生在跳绳世界杯赛上打破交互跳绳世界纪录

任仪式在区教育局举行。会上,市检二分院、区教育局、区综治委预青组三方签约,市检二分院副检察长等11位检察官受聘担任宝山中学、高境一中等11所学校法治副校长,帮助学生增强法律意识。(岳　强)

【获评“全国模范教师”】 9月5日,上海市灵石学校教师余文君被人力资源社会保障部、教育部授予“全国模范教师”称号。余文君从事特殊教育工作7年,全身心付出,开创特殊教育“快乐英语课堂”。(岳　强)

【行知中学建校80周年】 11月16日,行知中学举行“承育才薪火传真谛,悟行知初心拓新境”建校80周年活动。中共宝山区委、区政府领导,中国陶行知研究会和上海市陶行知研究协会负责人及教师、校友等参加活动。(岳　强)

【青少年智能机器人挑战赛举行】 12月2日,第二届上海市青少年人工智能挑战赛落幕。大赛以“走进AI新世界”为主题。宝山区青少年活动中心组织区内20余所中小学校组队参赛。行知中学两支参赛队在“智能驾驶”项目比赛中分别获冠亚军;菊泉学校参赛队在“智能驾驶”项目中获小学组冠军。(岳　强)

【徐雅芳思辨性历史教学劳模创新工作室命名】 12月13日,市总工会命名第九批“上海市劳模创新工作室”,“徐雅芳思辨性历史教学劳模创新工作室”入列。该工作室由设在行知中学的中学学科研究基地和由市劳模、特级教师徐雅芳领衔的区历史名师团队组成,主要职能是为培养区级及以上的历史学科的教学骨干提供教学案例经验,并为历史学科教改出谋划策。(岳　强)

【罗店中学管乐团获市级金奖】 12月21—22日,由上海市科技艺术教育中心和上海音乐家协会联合主办的“2019上海第十二届优秀管乐团队展演活动”在普陀区青少年活动中心举行。宝山区罗店中学管乐团获高中组金奖。(岳　强)

【青春艺华活动举行】 12月30日,“初心如磐 逐梦扬帆”宝山区中小学素质教育成果展示——暨2019青春艺华·宝山区教育系统迎新活动举行,展示了宝山区中小学素质教育取得的成果和宝山学子朝气蓬勃、健康向上的精神风貌。(岳　强)

附:区教育局驻地及负责人

(2019年1—12月)

地址:宝杨路158号
邮编:201999
电话:66592769

区委分管领导:周志军
区政府分管领导:陈筱洁

区教育工作党委书记:沈　杰
副书记:朱　英

区教育局局长:杨遇霖
副局长:刘　政、葛玉华、朱燕萍

嘉 定 区

【2019年概况】 嘉定区有各级各类教育机构214所，其中高中8所、初中22所（含民办2所）、九年一贯制学校13所（含民办4所）、十二年一贯制民办学校2所、小学43所（含民办8所）、幼儿园100所（含民办园17所、民办三级园20所）、中等职业学校1所、特殊教育和专门教育学校2所、成人学校13所，其他教育机构10所。年内，初中入学新生7827人，比上年增长4.0%；小学入学新生12652人，比上年增长4.5%；学前教育阶段首次启用市幼儿园招生入园信息登记系统，小班入学新生12756人。全区在校学生13.2万人，教职员工1.4万人。

印发《关于加快推进嘉定区教育现代化的实施意见》及5个配套文件，出台实质性政策59条。制定《嘉定区紧密型学区和集团建设方案》，完成年度发展性评估。制定加强初中建设三年实施规划，完成12所市实验校初态评估，开展智慧传递活动6场。启动新优质联盟第三轮重点项目，48所学校形成新优质联盟7个，义务教育阶段学校覆盖率达59%。完成十年一轮的市课程与教学大调研。学前教育六大联盟研究共同体有序运行，开展4轮区级调研，举办市学前教育年会特色园展示及项目成果展示。小学教育深化基于课程标准的教学与评价，以调研全覆盖助推项目实施。初中教育围绕中考改革，稳妥推进学生综合素质评价工作，深化基于中考新政的“学科融合”等四大重点项目研究，开展作业设计与命题能力培训。高中教育加强基于高考改革的学校变革策略研究，特色普通高中创建工作稳步推进。教师队伍建设全面深化。全年招录教师708人，加强研训教一体化培养，研发各级各类师训课程146门，第三轮暑期教师培训开设六类课程108门。完善优秀教师管理办法，市第四期双名工程、2个市攻关计划项目和29个种子计划项目推进有力，1人入选2019年乡村优秀青年教师培养奖励计划，7人获评正高级教师，7人在市第三届基础教育青年教师爱岗敬业教学竞赛中获奖，60人获评上海市园丁奖，上海师范大学附属嘉定小学校长吴宝英获评市“最美校长”，迎园中学教师陆信玉获全国优秀教师称号。

新增公办学校5所，其中小学2所、初中1所、幼儿园2所，新启用校舍5所。有序推进国家义务教育优质均衡发展区创建工作，79所中小学校“资源配置”七项综合评估达标率为100%。完成城乡义务教育一体化年度建设计划。完成“市城乡学校携手共进计划”中期评估、国家义务教育学习质量监测、市小学学业质量绿色指标施测等工作。现代学校治理能力逐步提高。“一校一章程”建设全面加强。143所学校开展第二轮依法治校创建，其中示范校54所、标准校89所。多维覆盖、多元参与、多级联动的教育督导体系持续健全，完成大众工业学校、成教学院等成职教办学综合督导，启动第六轮中小学教育综合督导，开展中小学生预防近视、减负增效、校园开放日等专项督导。跨区域教育互动紧密高效。成立沪苏浙鲁教育联盟，创新一体化发展体制机制。深化嘉昆太温教育合作，组建嘉温教育大数据研究院，确定“智慧教室”项目学校5所，召开智慧教育合作联盟研讨会，嘉昆太三地164名干部教师开展互助研修。加大与云南、青海对口支援和交流合作，24批次172人赴对口地区开展帮扶指导，安排11名教师前往支教。

承办2019年上海市教育系统落细落小落实社会主义核心价值观主题活动。启动大中小学校思政教育一体化建设项目和高校牵手基教合力育人工程。扩大德育品牌影响力，六大德育联盟实现区域全覆盖，推进“爱嘉学子行天下”研学课程标准化建设与实施，举办全国第三届积极教育国际研讨会，建成嘉昆太学科德育实训基地6个，举行学科德育研究活动3场。优化家庭教育指导，举办第二届嘉昆太温家校合作论坛，开展“幸福成长营”亲子团体心理辅导5场，成功创建市级家庭教育示范校12所。品质教育研究项目强力推进。举办第三届品质教育学术节。启动第二轮“品质课程”项目研究，成为市基础教育改革项目“基于区域特色的学校综合课程创造力研究和实践”重点试验区。推进区重大课题“聚焦学生学习，提高课堂品质的区域行动”实践研究，编制中小学提升课堂品质“学会学习”敏感指标评估框架。区级重点攻关课题“区域推进慧雅阅读项目的行动研究”覆盖全学段。社会实践课程读本《博物学记》出版发行。推进学前教育品牌课程建设、雁群发展、优质园建设、民办园规范化管理四大重点项目实施，举办市“教学新秀在课堂”“阅读开端计划”等展示活动10余场，完成市级课题“区域提升民办三级园规范实施课程的实践研究”结题工作，开展专题培训，累计培训1200人次。艺体科技育人载体更趋多元。优化青少年科创集散地运营管理，开展中外青少年科创教育国际交流活动，区青少年科创集散地接待区内学校28所、学生7561人，国内外参观团队近20家。推进科创课程课标建设和课程研发工作，启动科创素养评价评估体系建设工作，开发与推广线上科创课程，惠及全区师生。举办区第三届青少年运动会，参赛人数近8万人次，共产生金牌443枚。广泛开展校园足球运动，全国校园足球特色学校增至23所，并向幼儿园延伸。建成九大校园艺术联盟，评选艺术教育特色校24所。推进文教结合，评选第三批“非遗进校园”试点学校7所。劳动教育创新发展。确定4所学校为“劳动教育”中小幼一体化实践基地校，开展基于古镇文化、STEM课程的劳动教育实践研究。依托浏河营地和102个学生社会实践基地，形成校内外有机结合、家庭与社会广泛参与的课程培养体系。推出“爱赏嘉定”文化之旅、科技之旅、营地之旅等主题实践活动。结合在地特色，加快孵化校外劳动教育实践基地。学生身心健康保障有力。完善中小学生健康体检管理办法，提升健康体检管理平台运行效能。出台《嘉定区进一步加强儿童青少年近视综合防控工作方案》，实施区内儿童青少年近视防控自查，全国儿童青少年近视防控试点区建设稳步推进。区未成年人心理健康辅导中心提供24小时心理服务，接待电话咨询1226人次，面询70人次。开展“幸福圆梦号”中高考考前心理辅导，服务学生近3000人次。现代职业教育改革扎实推进。深化产教融合，稳妥推进大众工业学校专业布局调整工作，完成5所院校与企业合作专业组建设。落实中等职业教育实训室改建优化项目，总结模具专业国际水平人才培养和现代学徒制试点经验，探索推进新能源汽车“1＋X”证书试点，提升中高职贯通和中本贯通人才培养质量。制定嘉昆太职教联盟章程和职教一体化发展战略合作框架协议，建立联盟人才需求发布制度，启动三地校企合作技术技能人才共享活动。参加第十六届上海教育博览会，获评十佳展台、十佳互动体验和十佳微信公众号。

构建普惠安全、托幼一体的0—3岁托育服务体系，13所公民办幼儿园开设托班29个，入园482人，8所托育机构开设班级18个，入园241人。完成托育服务需求与规范发展调研专项报告。扩大3—6岁优质教育资源供给，推进幼儿园等级评定和复验工作，5家单位创建市一级幼儿园，6家单位完成一级园复验和3家单位完成二级园评审。优化公办小学课后延时服务，下午3点半后校内课后服务覆盖学生近2.5万人。落实市特教三年行动计划，推进学前特教设点布局，5个街镇新设特教学前点。实施专用教室改建、推进普通学校资源教室和无障碍建设。终身教育资源供给持续扩大。建成村居委老年人标准化学习点188个。开展老年教育“三类学习点”建设，申报各类学习点43个，提升老年教育创新活力。深化社区教育内涵建设，推进“文教学苑”项目，在第五届全国社区教育微课程评选中获评优秀组织奖。新建“人文行走”学习项目5个，举行第十五届全民终身学习季活动，推进全民学习、终身学习。校外培训市场整治多措并举。率先启动培训市场综合治理工作，全面落实民办培训机构黑白名单动态管理制度，年内，取得办学许可机构总数为246家、取缔无证机构110家、停业整顿120家，开展办学评估157家。开展打击整治违法违规教育培训机构专项行动，坚持“无证四清”“违规四整”“返潮四必”，建立健全长效工作机制，召开联席会议39次，组织联合执法132次。校园安全保障持续加强。联合出台校园安全风险防控体系建设的实施方案。结合重要时间点，开展防溺水、防网络沉迷、防治校园欺凌、防灾减灾、毒品预防等安全教育。实施学习类App使用情况、特殊需要学生、长期不在校学生、校园欺凌线索等专项排查，及时消除可能存在的不安全因素。举办市级公共安全教育展示与研讨活动，启动检察官任法治副校长全覆盖项目，筑牢学校安全防线。

（梁晓峰、唐伟东、李　荔）

【举行6场初中校长研修共同体现场会】 1—10月，以“智慧传递　强校先行”为主题的嘉定区初中强校工程校长研修共同体现场会先后在金鹤中学、南翔中学、上外嘉定外国语学校、迎园中学、同济大学附属实验中学、上海远东学校举行。现场会旨在进一步提升嘉定区义务教育优质均衡发展，持续优化教育生态，适应深化中考改革，为各校对标区域发展目标，挖掘整合资源，合力推动项目落地提供平台支持。

（陈　卫）

【开展老年大学表彰汇报展演活动】 1月22日，区老年大学“我的梦・我的家”主题活动表彰暨汇报展演活动举行。市、区领导以及区老年大学学员代表等500多人参加活动。区老年大学坚持“老有所教、老有所学、老有所乐、老有所为”的指导方针，截至2018年9月，已建成五大系、21个专业、43门课程，开设67个班级，学员达2400余人次，每年开设各类讲座40余次。活动中，区老年大学各教学班的400多位学员用文艺形式展示了学习成果。

（陈　卫）

【举行2018年度教学教研评选活动颁奖大会】 3月4日，2018年度区教学教研评选活动颁奖大会举行。大会发布《嘉定区中小学、幼儿园课堂教学评价表（修订稿）》，涵盖中青年教师教学评选、市教研员专业论文评选、市中小学优秀作业、试卷案例评选、“一师一优课、一课一名师”评选、区优秀教研组评选、区第十一届“教学新秀”青年教学评选等奖项颁发，为各级各类教师专业成长搭建广阔平台。

（陈　卫）

【小学生校内课后服务全面延时】 3月20日起，全区小学生校内课后服务延长至18时，做到全区41所公办小学（含一贯制学校）全部开展课后服务，看护到17时的有4000多名学生，看护到18时的有900多名学生；参加课后服务的学生可以根据自己的兴趣爱好，选择参加综合活动或作业练习；放学后的学生综合活动不列入课程计划，没有课时要求。严禁教师上学科类新课或组织全班性补课；由教师、家长和社会志愿者共同参与，整合校内外活动资源开设学生社团、组织兴趣活动，学生可跨班、跨年级选择性参加。

（陈　卫）

3月20日起，嘉定区将小学生校内课后服务延长至18时

【启动市篆刻进校园活动】 4月28日，上海市“篆刻进校园”活动启动仪式在位于嘉定区的韩天衡美术馆举行。教育部体育卫生与艺术教育司、市教卫工作党委领导，各区教育局领导，韩天衡等知名书法篆刻家、市艺术教育委员会篆刻专业组成员以及教师代表150余人出席。活动在启动仪式上，为嘉定区方泰小学颁授国务院原副总理李岚清篆刻的“点石成金，大美无言”校训章，为韩天衡颁发“特别顾问”聘书，为上海市109所篆刻试点校代表授牌。

（陈　卫）

4月28日，上海市“篆刻进校园”活动启动仪式在位于嘉定区的韩天衡美术馆举行

【市教育系统落细落小落实社会主义核心价值观主题活动】 5月26日，主题活动在嘉定区举行。市委副书记尹弘、副市长陈群出席活动并为主题活动典型案例获奖单位颁奖。市教卫工作党委、市教委，同济大学党委，嘉定区委、区政府领导，各高校、各区教育工作党委、教育局，嘉定区部分学校负责人等近500人参加活动。活动以文艺展演、访谈讲述、短片展示等形式，展示12个示范案例，为进一步做好社会主义核心价值观教育提供借鉴，加强引领。（陈　卫）

【举行庆祝中华人民共和国成立70周年暨第35个教师节主题活动】 9月10日，嘉定区教育系统庆祝中华人民共和国成立70周年暨嘉定区庆祝第35个教师节主题活动举行。区委、区政府、区人大、区政协领导参加活动。全区一万多名教师通过直播同步收看。活动以第一个教师节以来嘉定教育的砥砺奋进为背景，以纪录片、人物访谈、主题微课、情景朗诵、报告剧等形式展现优秀教育工作者的先进事迹，表彰了全国优秀教师、区教书育人模范集体和个人、区十佳师德标兵、市园丁奖、市青年教师爱岗敬业教学竞赛奖获奖者。（陈　卫）

【区品质教育学术节开幕】 10月11日，嘉定区第三届品质教育学术节开幕。学术节以“研究课堂改进，助推教师发展”为主题，涵盖学习素养、学科德育、幼小衔接、新秀成长、积极心理、课程创新、社会实践等七大领域，分设学前、小学、中学、综合、学术论坛等五大专场，汇聚16个学科主题研究、30个主题报告、11节展示研讨课、50多位专家学术报告、28个微报告。学术节历时3个月，全区中小幼近万名教师参与活动。（陈　卫）

【全国自我教育学术研讨会举行】 10月30—31日，由中国教育学会教育管理分会自我教育学术委员会和上海市嘉定区教育局主办的全国自我教育学术研讨会在上海远东学校举行。来自全国各地的100多名专家学者、教师代表参会。研讨会围绕“坚定信念　引导自主发展”，就自我教育和常规管理、自我教育和班级文化、自我教育和课堂教学等方面进行经验和成果交流。（陈　卫）

【基础教育助力新秀教师教学展示与教学论坛举行】 由上海市教育委员会指导，上海市教师学研究会、上海市中小幼教师奖励基金会、上海市嘉定区教育局主办。11—12月，在嘉定区举行。其间，高中语文专场在嘉定二中举行，立足语文教学价值，旨在共同探讨语文教育的改革与发展。学前教育专场在实验幼儿园举行，立足以幼儿为中心的课堂，旨在为教师搭建持续展示交流的平台。小学英语专场在普通小学白银路分校举行，立足课堂，关注讲台，旨在提高小学英语课堂教学质量。（陈　卫）

【沪苏浙鲁教育联盟在嘉定成立】 12月4日，上海市嘉定区与江苏省南京市鼓楼区、昆山市、太仓市，浙江省温州市、山东省济南市市中区签订教育合作框架协议，四省市六地结成沪苏浙鲁教育联盟，推动区域教育合作联动。沪苏浙鲁教育联盟将联合打造课程与教学联盟、教师专业发展联盟和教育信息化实践联盟，协同扩大优质教育供给，促进六地教育均衡发展，并辐射带动周边地区共同发展，加快推动区域教育现代化发展。（陈　卫）

附：区教育局驻地及负责人

（2019年1—12月）

地址：嘉行公路601号A楼
邮编：201808

电话:39902071

区委分管领导:周金林
区政府分管领导:王　浩

区教育工作党委书记:王晓燕

副书记:姚　伟、赵　良、许敏杰(9月到任)

区教育局局长:姚　伟
副局长:朱　芳、赵国兴、祝　郁、赵丽鸾、张扬辉(5月到任)

浦东新区

【2019年概况】 浦东新区有各级各类教育机构653所,其中普通中学166所、小学150所、幼儿园326所、特殊教育学校3所、专门学校1所、职业中学7所。按办学体制分,公办学校480所、民办学校172所、其他部门1所。在校学生49.44万人,其中中学生14.40万人、小学生20.48万人、幼儿园幼儿13.29万人、特殊教育学校学生905人、专门学校学生187人、中职学生1.17万人(含忠华初级职校)。教职工4.83万人,其中专任教师3.76万人。

年内,澧溪小学征地改扩建工程、铜山街幼儿园新建工程、杨思小学改建幼儿园工程、洪山路小学新建工程、高桥中学整新工程等项目开工建设,上科大附属配套学校、南汇三中改扩建工程、新场小学校安加固工程等项目竣工。进一步完善向一线教师、骨干教师倾斜的内部分配制度,完善、调整缺编补贴和校长职级工资制度,全区公办学校教职工年平均收入同比增长。

全年,有3人获评"全国优秀教师"、1所学校获评"全国教育系统先进集体";230人获评"上海市园丁奖"、603人获评"浦东新区园丁奖";1人获评"上海市优秀乡村名师"、7人获评"上海市优秀乡村教师"、12人获评"上海市优秀乡村教师评选活动"浦东新区提名奖;1人获评上海市"四有"好教师(教书育人楷模)称号、1人获评上海市"四有"好教师(教书育人楷模)提名。

开展名师基地主持人、学科工作坊主持人、学科带头人、骨干教师和青年新秀教师培养。2018—2020年,成立36个"以个人姓名命名的工作室和教师培训基地",28名教师担任"教育系统学科工作坊"主持人,授予405名教师"浦东新区学科带头人"称号,授予2393名教师"浦东新区骨干教师"称号,授予265名教师"浦东新区教育系统青年新秀教师"称号。

全区有特级校(园)长24人、高级校(园)长212人,正高级教师19人,高级教师2312人,特级教师40人。全年新招录公办学校教师1912人,区内教师流动312人,有效解决师资缺编或结构性缺编问题。完成见习教师规范化培训,培训见习教师1291人。新增27所区级见习教师规范化培训基地学校,基地学校总数达143所。实施中小学教师专业(专项)能力提升培训项目、英语教师专项培训、乡村教师专项培训等各类培训工作。组织810余名中小幼校(园)长、书记参加暑期校(园)长专题培训。开展主题教育书记专题培训460余人,基层党组织书记轮训147人。

制订《浦东新区推进紧密型学区和集团建设实施方案》和《浦东新区学区化集团化办学绩效考核奖励方案(试行)》,召开学区化集团化办学推进大会,新组建11个集团。全区共组建成立20个学区、26个集团(联盟),学区化集团化办学公办义务教育阶段学校覆盖率91.1%,集团化办学覆盖率80.7%。

在观澜小学、高行小学、新场实验小学、书院小学和宣桥学校开设7个特教班,有学生57人,涵盖小学、初中学段,以满足川沙、高行、惠南等片区的特殊教育需求。在致立学校和临港海音幼儿园增设2个学前特教班，在爱心、绣川和绿川等幼儿园设立10个学前特教服务点，每个服务点根据地域分别对应服务26个街镇，并开展定时定点服务。服务点面向全区36个街镇，实现学前特殊教育服务街镇覆盖率100%。

做好20所公办初中、19所小学和22所幼儿园的综合督导评估工作。精准实施经常性督导。101位责任督学完成对全区7所职校，52所高中、115所初中(含九年一贯制)、154所小学、325所幼儿园展开经常性督导。围绕重点，做好专项督导和评估工作。完成招生、校内食品安全风险防控督导、课后服务工作等专项督导。做好初中"强校工程"实验校的督导评估工作。

制订《关于进一步做好浦东新区小学生校内课后服务工作的实施方案》，将小学生校内课后服务延时至下午6点。全区所有公办小学(含一贯制)和11所民办学校开展校内课后服务，参加校内课后服务的学生共15.99万人，占全区小学生总数的77.7%。研制《小学生校内课后服务绩效考核奖励方案(试行)》，组织实施2019年小学生校内课后服务绩效考核工作。

做好出国团组和对外交流合作工作，办理出境团组110批1973人次，接待境外到访51批1384人次；加强与芬兰库奥皮奥姐妹城区教育合作；举办浦东新区教育对外开放工作专家咨询会。

完成特殊教育三年行动计划中期评估。通过积极推进特殊教育设点布局、深化医教结合、推动特殊教育课程建设、推进融合教育、优化保障机制等措施，构建满足学前教育、义务教育、职业教育的特殊教育资源与服务体系。制订《浦东新区教育局关于加强浦东新区普通学校特殊教育专职教师配备的方案》。

开展对口支教合作工作。71名干部、教师在新疆、西藏开展对口支教、协作工作。接受64名新疆莎车县、西藏日喀则市、云南大理州校长和骨干教师来浦东培训。组织16名教育专家、优秀教师赴新疆莎车县、西藏江孜县讲学。全年共招收对口支教新疆、青海地区学生261人，全区有976名新疆地区学生、74名青海地区学生。

持续推进"明厨亮灶"项目建设；切实抓好"上海市安全营养食品供应链平台"的监管工作；加强直饮水监管，出台《关于进一步加强学校直饮水日常管理工作的通知》；加强各类活动中的集中用餐管理，防止食品安全事故；有序开展幼儿园、中小学重点岗位人员参加红十字"救护员"急救技能培训，年内培训1000多人次。

年内新增初中生社会实践基地152个。全区共有初中生社会实践基地260家，分为社会实践、职业体验、劳动教育、安全实训四类。全年接待学生1.66万人次，累计学时3.69万课时。开展高中学生参加农村社会实践活动，全区44所高中学校、9072名学生参加五大类25个农村社会实践活动。

切实做好各类学生伤害事故的处置与权益保护。区初中教育指导中心、小学教育指导中心负责落实控辍保学工作，依法保障适龄儿童少年接受义务教育的权利，提高巩固义务教育成果。

完成153个信息化项目的备案、15个信息化项目的局内评审工作，配合区大数据中心完成9个项目的评审工作。7所智慧校园建设方案通过评审，洋泾菊园实验学校等4所学校被评为上海市信息化应用标杆校培育学校。全年新开办学校(校区)20所，其中中学3所、小学4所、幼儿园13所。

重视学生暑期安全。各中小学在放假前，通过主题班会、安全演练等形式，集中对学生进行防溺水、食品卫生、交通出行等安全警示教育。加强家庭暑期安全教育引导，发放《致家长的一封信》，督促家长认真履行好监护责任。组织学生观看由区青保办制作的安全警示片微电影，涉及预防溺水、预防性侵害等多个安全教育领域。加强防灾减灾知识教育，帮助学生提高安全防范意识、自我保护意识和自救能力。严格落实学校安全工作责任制，各学校加强暑假期间家访工作，确保校内外信息联络畅通。

扩大"中高贯通""中本贯通"深化人才培养模式。全区有"中本贯通"试点专业9个和"中高贯通"试点专业19个，4个专业为市首批"高水平中高中本"立项试点专业。形成从招生、规划、教学到就业一体化的中等—高等教育职教体系。优化中高职学校专业设置，实现相同专业在培养目标、教学管理、学籍管理、招生就业等方面对接。对专业设置进行布局调整，提高与区域经济发展、市场需求匹配度。深化校企合作，提供师生企业实践、实习就业的机会。参与校企合作的企业400余家。建立16个“中等职业学校优秀学生实习基地”，9个市开放实训中心及6个区开放实训中心。整合学校专业课程，使培养目标、课程设置符合企业发展需要。有12个市精品特色专业、5个示范性品牌专业。8个品牌专业成为市立项建设试点专业。开展物流服务、电子商务、数控技术及动漫游戏等高技能专业人才培养工作。500余名学生接受培训，90%以上学员取得高级（三级）职业资格证书。引进10余门国外先进课程资源，6所职业学校探索开展国际合作项目。每年举办学生创业设计、职业技能大赛，定期举行中职高质量发展论坛。参与职业技能培训共计1.45万人，涉及电工、安全生产、统计、绿化等20多个岗位，有1.32万人获资格证书和上岗证书。

深化初中“强校工程”。建立月报和例会制度，定期召开29所“强校工程”（市级19所、区级10所）领导小组工作会，统筹协调解决“强校工程”中的问题和困难，对品牌辐射带动、课程教学改革、激发办学活力等八大方面39项具体内容，明确各部门职责任务。组建由57名专家组成的课程、科研、学科、德育团队，为实验校进行个性化指导。建立蹲点制度，定期进行交流。重点对12所实验校配备新校长，2位特级校长流动到实验校。实验校校长均列为市级名校长培养对象，48名教师列为“双名工程和攻关计划”名师后备人选，58名教师列为“种子计划”后备人选。聚焦德育、科技、艺术、体育等领域，每校确立1—2个创建区级及以上的特色项目，力争3年达到区级以上水平。将实验校列入新区校舍整新工程，提高实验校硬件建设标准。对强校建设项目进行财务专项列支，重点保障功能室建设和设施设备更新，学校培训、研究、交流与评估等需求。全区18所实验校全部加入办学集团。完成对市、区28所“强校工程”实验校的初态评估以及第一次增值评估，初态评估总均分为68.46分，增值评估总均分74.6分，环比增长6.14分。

促进学前教育均衡发展。围绕课程、教研管理开展交流展示活动，对幼儿园进行质量监控，提出发展建议和优化策略。制订民办三级幼儿园规范管理要求，编印《民办三级幼儿园管理手册》。建立和完善一级园及示范园“回头看”专项调研制度，加强动态监控与有效指导。通过加强教研、科研促进内涵发展，杜绝幼儿园“小学化”“学科化”倾向。通过合作办园、示范带教、课程引领等途径，充分发挥优质园的示范辐射作用。34所幼儿园开展集团化办学，通过项目组引领、专题工作坊等形式，助推优质学前教育品牌的新一轮发展。开展学科带头人和骨干教师后备班、区名师基地、学科工作坊、乡村幼儿园优秀教师专项培训，建设梯度式教师队伍培优平台。成立学前教育兼职督学专家库，制订评价标准及检测体系，对规范办园情况进行综合督查。研究制订全市首个幼儿园阅读室建设标准，完成302个标准化幼儿阅读室的建设。开展早期阅读区本课程研究，完善项目建设和日常管理制度。

（浦　东）

【在上海教育博览会上获奖】 4月，以“职业成才匠心筑梦”为主题的第十六届上海教育博览会在上海展览中心举行。浦东新区教育局组队参会，获“迈向2035的‘城市·职业·教育’”展“风采展示奖”及“十佳微信公众号”荣誉。（浦　东）

【举办阳光体育大联赛】 4—12月，举办中小学生阳光体育大联赛。联赛安排58个项目，参赛队伍1200个，参赛学校近600个，参赛学生12万人次。联赛选拔参加上海市学生阳光体育大联赛16个大项目的比赛，获一等奖63个、二等奖64个、三等奖36个。

（浦　东）

【在全国职业院校技能大赛中获奖】 6月，在2019年全国职业院校技能大赛中，外事服务学校获模特赛项一等奖和三等奖；航空服务学校获模特赛项二等奖；振华外经获电子商务赛项三等奖；海大职校获现代物流综合作业二等奖、分布式光伏系统的装调与运维赛项三等奖；群星职校获虚拟现实（VR）制作与应用赛项三等奖。（浦　东）

【浦东新区与上海第二工业大学签约共建】 9月

12日，浦东新区教育局与上海第二工业大学举行合作共建上海市振华外经职业技术学校仪式，签订合作共建协议，探索构建“中高本研”人才培养体系，进一步优化和完善技术技能人才贯通培养机制，共同培养高水平应用型人才。（浦　东）

【举办学生戏曲专项比赛】 9月，举办第十五届学生艺术节艺术展演戏曲专场比赛。比赛分中学组和小学组，共有54所学校的60个节目参加，涵盖京、昆、沪、越、淮、黄梅戏、豫剧、锡剧以及曲艺的滑稽戏、锣鼓书、浦东说书11个剧种。评选出一等奖18个、二等奖23个、三等奖19个。（浦　东）

9月，浦东新区举办戏曲进校园优秀节目展演

【举办中小幼艺术单项比赛】 9—12月，由浦东新区教育局主办，28家中学、小学和幼儿园单位承办的包含声乐、器乐、动漫画、工艺、舞蹈、戏剧等15个项目专场的中小幼艺术单项比赛举行。共有264所中小学和65所幼儿园的3108个节目参赛。经评选，有1276个节目/作品获奖，其中金奖260个、银奖384个、铜奖632个。（浦　东）

9—12月，浦东新区中小幼艺术单项比赛舞蹈（小学组）专场

【举办浦东新区第十五届学生艺术节】 9—12月，浦东新区第十五届学生艺术节中小幼艺术作品比赛共收到1753件书画作品，选送180件参加市级评选，其中63件作品获市级奖项。艺术节期间，举行“阳光天使”杯绘画、书法、工艺、篆刻比赛，312所中小学和幼儿园参加，收到3032件参赛作品，选送162件作品参加市级评选。（浦　东）

【举办市民终身学习人文修身滨江行活动】 11月17日，举行“上海市民终身学习人文修身滨江行（浦东新区段）主题活动暨浦东新区2019年全民终身学习活动周开幕式”，主题是“不忘初心谱新篇，全民学习庆华诞”。活动周期间，举办学习成果展示、网上读书活动等各类活动2500多场次。全区近50万人次参与。（浦　东）

【实施医教结合康复训练】 年内，浦东新区教育局与区残联合作，为60名自闭症学生、250名随班就读的智力障碍学生、33名重症需送教上门的学生、43名在校脑瘫学生实施医教结合的康复训练。（浦　东）

附：区教育局驻地及负责人

（2019年1—12月）

地址：锦安东路475号3号楼
邮编：200204
电话：58876321

区委分管领导：王宏舟（1月离任）、冯　伟（5月到任）
区政府分管领导：李国华

区教育工作党委书记：诸惠华
副书记：毛力熊（12月到任）

区教育局局长：诸惠华
副局长：郁时炼（1月离任）、张春花、张　伟、王　浩（11月离任）、庄佳芳（2月离任）、江　敏（2月到任）、陈　强（10月到任）

金　山　区

【2019 年概况】 金山区有各级各类教育机构 134 所，其中中学 34 所、小学 23 所、幼儿园 45 所、特殊教育 1 所、中等职业 3 所、托儿所 4 所、成人教育学校 13 所、其他单位 11 所。在校学生 72356 人，其中中学生 24370 人、小学生 25513 人、幼儿园幼儿 18296 人、特殊教育学生 151 人、中职学生 3896 人、托儿所幼儿 130 人。在职教职工 9478 人，其中专任教师 6627 人。

开展“人人运动，学会游泳”工作，小学三年级开设游泳普修课程。开展学校“体育大课间”远程评估，实施小学学段“校外每天锻炼一小时”试点工作。参与各项体育比赛，获国际赛事前三奖项 3 个、全国赛事前三奖项 52 个、市级赛事前三奖项 342 个。成为全国中小学近视防控试点区，制定近视防控实施方案，将学校近视防控成效纳入体育考核范围内。开通未成年人心理健康 24 小时服务热线，开通近两月咨询 218 人次。定期开展主题安全教育，召开学校安全现场会。

与中国教育学会签约共建艺术教育实验区，在课题研究、课程建设、队伍建设、交流展示等方面开展合作。搭建戏曲交流展示平台，50 所校(园)参与戏曲进校园项目。第二十三届中国少儿戏曲“小梅花”荟萃活动中获个人金奖 4 个、集体金奖 1 个。开展青少年艺术实践系列活动 34 场，提高学生艺术综合素养。对 52 所学校的 1.9 万多名学生进行艺术测评，实现所测年级段学生全员覆盖。举办区第十二届青少年科技节，开展科技、科普系列活动 54 项。在市级以上比赛中，科技、艺术方面共获一等奖 332 个。

制定《金山区学前教育三年行动计划(2020—2022 年)》，明确发展目标、工作举措。深入研究“田野课程”课题，形成《田野童行》等 11 册研究成果，市教科院在金山区举办课题全市展示活动，扩大了金山学前教育影响力。在“上海市幼儿园优秀游戏活动案例”评选中，3 人获特等奖、2 人获一等奖、5 人获二等奖，3 份案例入选“全国幼儿园优秀游戏活动案例”名单；在上海市幼儿园优秀自制玩教具评选活动中，1 件作品获一等奖、12 件获二等奖、7 件获三等奖，区教育局获“优秀组织奖”。

启动紧密型学区化集团化建设，开展新一轮“新优质学校”集群发展项目，推进第一轮精准委托管理和城乡互助成长项目。加强初中强校工程实验校建设，开展“一校一方案”评估指导，指导实验校修改完善学校发展方案。全力推进“全国义务教育优质均衡发展区”创建工作，对未达标的 28 所学校登记备案，开展针对性的优化资源配置研究，形成创建达标“一校一案”。

推进市特色普通高中创建项目学校建设，枫泾中学进行第二次复评，亭林中学和上师大二附中举办创建展示活动。组织开展复旦—金山教育发展研讨会，探索高考新政背景下高中和高校一体化育人路径。金山中学被评为“全国民族团结进步模范集体”，华师大三附中被评为“上海市传统文化优秀示范学校”，枫泾中学被评为“上海市知识产权示范学校”。

开展“现代学徒制”与“双证融通”两个市级人才培养项目试点。食品专业成为市示范品牌专业，并开展中高贯通高水平专业建设。区职教集团通过国家示范性职教集团评审。优化专业布局，启动物联网、3D 打印等新兴专业筹备工作，完成“汽车电子技术应用”“中高贯通物流管理”两个专业首届招生。物流管理专业进入上海首批“1＋X”证书制度试点名单。深化职业教育国际化办学，开发 AHK 化工职业专项标准和化工工业大师证，机电一体化专业第一批 AHK 职业资格证书开展认证；开展英国汽车工业学会(IMI)标准认证工作，联合韩国艾丝碧西食品有限公司(巴黎贝甜)开展“现代学徒制”改革试点，有序推进“双证融通”市级人才培养项目。启动新建一所高等职业院校的筹备工作。

深化15分钟学习圈建设，建立876个多元学习点，完善全纳、开放、多元、融合的终身学习模式。建立区级市民终身学习体验基地，推出3条人文修身线路，建设100个市级星级老年学习团队和31个村居学堂。举行长三角学习型乡村建设研讨会，启动“长三角学习型乡村建设联盟”，为推动长三角地区乡村社区教育、学习型乡村建设高质量一体化发展形成合力。

教师培养平台分层搭建。落实区教育人才新政精神，覆盖骨干教师992人，教师受益面达14%。助推区“双特”联谊会“四名”工作平台、柔性引进人才名师工作室以及区专家工作站建设，开展“名师课堂”和“名师论坛”活动。启动第三期“领军校长”和“拔尖教师”高研班，遴选14名“领军校长”、23名“拔尖教师”，聘请市21名名校长、名师对学员进行个性化培养。协助推进第四期“双名”工程攻关计划，2名基地主持人开班，发挥示范指导作用。实施第四期“双名”工程种子计划，确认18个学科基地项目研究计划。推进第七届“明天的导师”工程，通过117个项目推进骨干教师培养。

教育资源布局更加优化。制定18个重点教育建设项目推进工作方案，继续推进基础教育设施布点专项规划(2017—2035年)。桃源幼儿园建成，前京小学启用，龙堰路初级中学、前京中学新建项目开工建设。完成张堰小学和兴塔中学加固项目、张堰二中食堂改扩建项目。完成2所学生剧场、2个图书馆、2个安全教育体验教室、10个创新实验室的建设，提前完成义务教育“一场一馆一池”建设任务。 (刘丽英)

【复旦—金山教育发展研讨会】 1月26日，“新时代高中—大学融合育人”复旦—金山教育发展研讨会在金山中学举行。应邀参会嘉宾围绕“高中教育创新和实践”“高中招生和高考改革”发言，分别阐述各自在高中教育、高中招生、高考改革等方面的思考、实践及体会。市知联会、复旦大学知联会、区知联会会员，区内各高中学校领导和骨干教师，学生及家长代表等300余人参加研讨会。 (金 龙)

【城市教育发展联盟大会召开】 5月15—16日，第三届城市教育发展联盟大会在金山区召开。与会者围绕“向着公平而有质量的教育再出发”的主题展开研讨。区教育局作“行以致远：教育综合改革区域行动的实践智慧”的主题发言。获全国基础教育界“改革先锋”称号和“人民教育家”国家荣誉称号的于漪，中国教育学会副会长、上海市教育学会会长尹后庆，市教委副主任倪闽景等作专题报告，金山区委、区政府领导和来自全国23个城市的教育代表团等500余人参会。 (金 龙)

5月15—16日，第三届城市教育发展联盟大会在金山区召开

【举行素质教育论坛】 5月16日，“融合育人之榜样育人——2019金山区素质教育论坛”在金山区朱泾小学举行。雷锋生前所在部队雷锋旅政治工作部主任张永利、全国德育专家王芳、雷锋辅导过的学生陈雅娟，出席第三届城市教育发展联盟大会的相关领导和嘉宾，金山区教育局及区相关委办局、各街镇工业区有关负责人，各中小学党政负责人等近400人参加论坛。论坛上，“朱小雷锋家园”揭牌，成为全国首个“雷锋学校示范基地”。 (沈兰蓉)

【举行学校推进生活垃圾分类管理工作现场会】 6月19日，上海市学校推进生活垃圾分类管理工作现场会在金山小学召开。与会者参观金山区各校“变废为宝”的学生创意作品，体验各类动态垃圾分类的

小游戏，了解学校在垃圾分类活动中的新举措。会上，对《上海市生活垃圾管理条例》和《上海市中小学(幼儿园)生活垃圾分类收集容器设置管理指南》进行解读；金山区、闵行区、建青实验学校分别作交流发言。 (沈兰蓉)

【签约共建艺术教育实验区】 6月27日，中国教育学会与金山区教育局签约共建艺术教育实验区。中国教育学会、金山区政府领导出席签约仪式。在为期3年的创建期间，双方在艺术教育课题研究、课程建设、队伍培养、交流展示等方面开展全面合作，努力把金山区打造成具有区域特色的艺术教育实验区。 (沈兰蓉)

【举行中国少儿戏曲“小梅花”荟萃活动】 7月12—16日，第二十三届中国少儿戏曲小梅花荟萃活动在上海市金山区举行。活动由中国戏剧家协会和金山区政府主办。39家单位选送的163个节目、174名小朋友进入现场展演终审环节，涵盖昆曲、京剧、越剧、豫剧等32个剧种。金山区获小梅花个人金奖4个、集体金奖1个。 (徐 君)

【首届全国中小学升旗手交流展示(上海)活动举行】 7月27日—8月1日，首届全国中小学升旗手交流展示暨全国十佳少年升旗手评选活动在金山区青少年实践活动中心举行。来自北京、上海、广东、江苏、海南5个省市约150名升旗手系统接受了国旗知识、国旗文化、升旗动作、升旗礼仪的培训，到一大会址、南湖革命纪念馆、陈云纪念馆接受革命传统教育。8月1日，举行学校国旗班升旗仪式交流展示和十佳少年升旗手现场(上海)评选。 (陈海涛)

【举行上海“金山杯”国际青少年足球邀请赛】 8月21—26日，2019上海“金山杯”国际青少年足球邀请赛在金山区举行。赛事设男子U15组和女子U14组两个组别。来自柬埔寨、捷克、法国等7个国家与地区的12支球队参赛。上海金山U14获本届女子组冠军。26日，邀请赛举行闭幕式并为获奖队颁奖。 (沈 军)

8月26日，2019上海“金山杯”国际青少年足球邀请赛闭幕

【举行庆祝第35个教师节暨表彰大会】 9月10日，以“师心筑梦、奠基未来”为主题的金山区庆祝第35个教师节暨表彰大会在金山区青少年活动中心举行。庆祝活动以“魂系杏坛·初心篇”“情暖学子·爱心篇”“梦逐金山·匠心篇”三个篇章，展现了师者不忘初心的教育坚守、爱生如子的育人情怀、追求卓越的匠心精神。 (杨 芳)

【召开长三角四地终身教育合作联盟工作研讨会】 11月15日，上海市金山区、浙江省嘉善市、江苏省吴江市、安徽省宣州区终身教育合作联盟工作研讨会在金山区枫泾镇新义村举行。会上，长三角四地签订终身教育合作联盟交流框架协议，整合四地终身教育资源，提升终身教育服务能力。 (薛 梅)

附：区教育局驻地及负责人

(2019年1—12月)

地址：金一东路2号
邮编：200540
电话：57944317

区委分管领导：程 鹏(5月离任)、刘 健(7月到任)
区政府分管领导：张娣芳

区教育工作党委书记：顾宏伟(3月到任)
副书记：黄强华(3月到任)

区教育局局长：郑瑛(3月到任)
副局长：黄 萍、盛明秀、吴 颖(3月到任)

松 江 区

【2019年概况】 松江区有各级各类教育机构254所，其中托幼园所145所(公办59所、民办86所)、中小学81所(公办57所、民办23所、特殊教育1所)、职业教育学校16所(公办职校2所、成校13所、教育学院1所)、其他公办教育机构12家。全区公办教职工14362人(在编教职工10441人)、民办教职工5272人。全区在校学生15.69万人，其中义务教育阶段学生9.45万人、学前教育幼儿4.97万人、高中学生8267人、中职学生3763人。

建立区中学生共产主义学校，11所高中阶段学校设立"青年马克思主义者培养工程"暨"校团学组织学生干部后备人才培训班"。

继续推进16个教育地块动迁工作，建成学校10所，开办7所。在泗泾地区合作开办上海师范大学附属松江实验学校，将"环大学城教育新高地"由中心城区逐步向农村区域辐射。谋划茸盛学校建设，努力打造体量最大、标准最高、配套最全的地标性学校。实施信息化项目124个，投入超1.2亿元。将随迁子女小学学业质量纳入区质量管理系统，进行全程管理，实施优质课程推送，助力随迁子女小学内涵发展。推进公办学校随班就读工作，完成特殊教育两头延伸工作。

加强课程育人，汇编《德润课堂》第二册。与东华大学等9所高校签署共建协议，推进区域大中小幼思政课一体化建设。推进体教融合，在全市体育"三化"课程改革获2个一等奖，全国青运会射箭和拳击比赛获2银、1铜，上海市田径锦标赛获11金、7银、9铜，团体第三，上海市"多威杯田径赛"获26金，团体第二。增强艺术素养，持续完善"宫校六大联盟""学生五大艺术团"区域布局，形成一批特色鲜明的学校少年宫系列品牌项目。中山小学"古琴雅韵"社团、民乐学校鹿鸣管乐团走出国门，登上世界舞台。加强劳动科技教育，形成小学"劳动认知课程＋劳动习惯养成"、初中"劳动技术课程＋职业规划素养"、高中"通用技术课程＋职业体验课程"为纵向逻辑的课程体系。市劳技竞赛获全市团体第一名。

荣乐学前教育集团由"一头两翼六驱动"的松散型模式，向"多头两翼多驱动"复合型转型拓展。符合条件的上海市常住3—6岁儿童毛入园率99.7%，接受普惠性学前教育服务幼儿占比89%。新组建民乐—李塔汇—古松等4个紧密型教育集团。有序推进11所公办初中"强校工程"，持续提升实验校办学水平。完成上海师范大学附属外国语中学培养国际理解素养的外语特色高中市级展示活动。继续优化教学联盟专题研修、高中英语口语听说项目，助推学校课程管理建设。高考本科(含艺体类)达线率再创新高。产教融合力度进一步加大，校企合作基地增至30家，服务G60科创走廊建设能力显著提升。全国职业技能大赛上，松江区获2金、10银、14铜，城市科技学校奖牌数全市第一。区职业教育展台获第十六届上海教育博览会"十佳展台"称号。新增15个修身立德社会学习点、5个区级社区教育体验基地。7个街镇入选上海市学习型乡村建设试点街镇。超额完成老年教育"三类学习点"工作任务。

深入推进教师"十项准则""八个严禁"举措。评选"松江教育年度教师"6人，树立优秀教师典型。选派新一轮6名教师援藏、3名退休教师援滇。组织西藏、云南教育干部、教师到松江区跟岗培训，共计3批55人次。规范下属事业单位中层干部职数配置、选拔任用及干部课时量。推进第二期骨干校园长个性化培养、中青年园长跟岗培训，99名校级后备干部进入教育系统人才库。优化招聘程序，共招聘教师830人，其中研究生以上学历占比38.7%。完善"六级四阶"培养体系，推进骨干教师专业发展，2019年新增7名正高级教师；3名教师入围区领军人才名单，7名教师入选区拔尖人才计划名单；评选乡村名师35人、乡村优秀教师46人；市中青年教师教学评选获奖教师达13人，其中5人获一等奖。扩大义务教育阶段教师全员竞聘实施范围，52家单位缓聘分流31人，教师结构进一步优化。

召开区培训市场综合治理工作推进会，增强工作合力，健全完善校外培训机构联合监管网络。建立外籍人员管理机制、防范校外教育培训机构从业人员性侵学生工作机制。深化细化监督检查，查处违法违规办学现象。妥善处置"巧恩儿童美语""韦博英语(开心豆)"非正常关门停业事件。推动区托育服务指导中心和区早教服务指导中心独立建址。落实市政府实事项目，新增5个托幼一体化试点园。完成6个托育园设立审批，公民办托幼机构托班学位增加305个，进一步缓解托育供需矛盾。43所公办小学课后服务延时至下午6点，服务学生37013人，占全区公办小学生的73.9%。参与教师4691人，开设拓展型课程近450门，形成"班级看护""年级看护""校级看护"的"三段式"看护模式，整体实现公办学校全覆盖、有需求学生全覆盖。

强化督导队伍建设，新增34人取得上海市督学资格，聘任67名兼职责任督学。完善责任督学挂牌督导工作，将随迁子女学校纳入挂牌督导，实现全区公民办中小幼挂牌督导全覆盖。开展"近视防控主题性督导"等专项督导。教育督导评估系统正式投入使用并发挥成效。教育投入持续增长，全年全口径决算数增长15.97%。落实各类助学补助，确保应助尽助，共资助各基础学段学生21475人次，金额达2106.58万元。178所学校食堂视频监控纳入区市场监督管理局的全球眼监控中心，食堂管理再上新台阶。为新教师提供过渡公寓，161位新教师入住。推动文明校园创建，12所学校获"上海市文明校园"称号，8家单位获"上海市文明单位"称号。加强政务公开，落实"一网通办"，推动4件行政审批事项入驻行政服务中心。巩固加强依法治校力量，聘任法治副校长96人、法律顾问62人。推进依法治校创建工作，新增依法治校示范校31所、标准校130所。完善安全生产监督体制机制，全面落实安全生产责任签约、消防安全责任签约，签约率100%。加快推进区安全中心二期、智能安防、电气火灾监控系统建设，大力提高校园技防水平。稳步增强人防安保力量，健全一校一警制度。持续加强校园欺凌和暴力事件防治工作，开展扫黑除恶专项斗争。105家校园通过上海市安全文明校园资格验收。（马　强）

【在世界头脑奥林匹克选拔赛获奖】 3月16—17日，第四十届世界头脑奥林匹克选拔赛暨2019年上海头脑奥林匹克创新大赛在上海交通大学举行。全区近40个中小学幼儿园的50支参赛队参赛，其中松江区青少年活动中心获杰出团队奖，松江一中蝉联结构工程类赛题高中组冠军，其他学校参赛队分获各自赛题类别相应组别的一、二、三等奖。

（沈美萍）

【在2019 RoboCup机器人世界杯中国赛获奖】 4月17—21日，2019 RoboCup机器人世界杯中国赛在浙江省绍兴市柯桥举行。松江区组建4支参赛队首次参赛。通过工程日志评比、笔试、现场挑战、技能测试和答辩等比赛环节，松江区泗泾第三小学代表队获Botcraft格斗挑战赛小学组冠军，新桥学校代表队获Botcraft格斗挑战赛中学组季军。（沈美萍）

【"上海松江教育"获上海市优秀网站称号】 4月19日，上海市第八届优秀网站评选表彰会在上海图书馆举行。"上海松江教育"微信公众号获评"上海市优秀网站"称号。此次评选是全市互联网领域有重大影响的评比表彰项目。（沈美萍）

【松江区读书节暨全民终身学习活动周开幕】 4月24日，松江区第十二届读书节暨全民终身学习活动周开幕式在上海视觉艺术学院举行。现场集中展示各街镇非遗项目和学习品牌在丰富市民文化生活中所取得的成果，同时启动"学习型乡村建设""人文行走""亲子阅读""市民修身立德社会学习点"等专项活动，形成多方参与、协同推进的局面。

（沈美萍）

4 月 24 日，松江区第十二届读书节暨全民终身学习活动周开幕式在上海视觉艺术学院举行

【松江区职业教育展台获上海教育博览会“十佳展台”称号】 4 月 26—28 日，第十六届上海教育博览会在上海展览中心举行。松江区参会，区职业教育展台充分展现职业教育在推进产教融合、服务 G60 科创走廊中所取得的成绩，获第十六届上海教育博览会“十佳展台”称号。（沈美萍）

【“经纬”行进管乐团获两项国家级奖项】 4 月 30 日—5 月 4 日，中华号角——2019 上海之春国际音乐节管乐艺术节暨“中华杯”中国第十三届优秀管乐团队展演在沪东工人文化宫举行。区内东华大学附属实验学校“经纬”行进管乐团获“示范乐团和中国管乐发展突出贡献奖”两项国家级奖项。（沈美萍）

【举办松江区教育系统女教工主题诗文朗诵会】 6 月 25—26 日，为庆祝中华人民共和国成立 70 周年，区教育工会、区教育局妇联联合举办“我和我的祖国”松江区教育系统女教工主题诗文朗诵会，区教育系统 80 多家单位 600 余名教工与会，诗朗诵《枸杞花开》等节目，用诗意点燃舞台，用深情歌颂祖国。（沈美萍）

6 月 25—26 日，松江区教育系统女教工主题诗文朗诵会

【云南教师跟岗学习启动】 9 月 2 日，由松江区教育局、云南省西双版纳州教育体育局共同主办的云南省西双版纳州学校教育管理人员和骨干教师赴松江区跟岗学习项目启动。松江区教育局领导、跟岗基地学校校(园)长以及 20 名来自云南省西双版纳的跟岗学员参加跟岗学习启动座谈会。（沈美萍）

【举办上海市科学育儿指导公益活动】 10 月 26 日，由区教育局、区卫生健康委员会和区妇女联合会主办的 2019 年上海市科学育儿指导公益活动“育儿加油站”松江区专场举行。活动以“酷爸萌娃，共同成长”为主题，传递“父亲在育儿过程中的重要性”的理念，促进父亲育儿过程中所需发挥的作用。（沈美萍）

【举行松江区大中小幼思政课一体化建设推进会】 12 月 13 日，“强基固本办思政　养正达人育新人”——总结表彰会暨松江区大中小幼思政课一体化建设推进会举行。现场大中小幼师生通过课堂教学和微论坛的方式探究一体化建设，市教委表彰第二届上海市时事课堂展示评优活动获奖教师，区教育局与东华大学、华东政法大学等 9 所高校签署松江区大中小幼思政课一体化共建协议书。（沈美萍）

附：区教育局驻地及负责人

（2019 年 1—12 月）

地址：中山中路 38 号
邮编：201600
电话：37736305

区委分管领导：肖文高
区政府分管领导：王玮华

区教育工作党委书记：姚　辉

区教育局局长：陈小华
　　副局长：冯　雷、干善军、付炳建

青 浦 区

【2019 年概况】 青浦区有公办教育单位 134 个，其中幼儿园 53 所、早教指导中心 1 个、小学 27 所、初中 16 所、九年一贯制学校 6 所、高中 6 所、特殊学校 2 所、中等职业学校 2 所、青少年体育学校 1 所、成人教育院校 13 所、校外教育单位 2 个、其他教育单位 5 个；有民办学校 43 所，其中义务教育学校 5 所、民办二级幼儿园 11 所、民办三级幼儿园 27 所。全区在校学生 86804 人，在编教职工 8337 人。

召开学校德育工作、思政课教师系列座谈会，研究制定《青浦区加强学校思政课程建设实施方案》，开发建设“上善”系列特色课程、“上善”研学文化图谱和精品线路。开设“上善”父母学堂，加快区家庭教育指导和研究中心立项，7 所学校被评为“上海市家庭教育示范校”。推进体育课改试点，实现高中学校体育专项化课程改革全覆盖，完成中小学“一条龙”课余训练体系建设和项目布局。承办“2019 年中国（上海）国际青少年校园足球邀请赛”，举办“2019 年青浦区学生阳光体育大联赛”。加强学生体质监测和近视防控。推进中华优秀传统文化教育与课程建设、校园文化、节日活动相结合，开展系列学习实践。推进学校科普教育工作，举办区第十届学生科技节。制定《青浦区初中学生社会实践管理工作实施方案和办法》，围绕服务进博会主题开展中小学生雏鹰假日小队活动。开展学校生活垃圾分类教育。

加大紧密型学区化建设推进力度，聚焦组织运作与治理、课程共建与共享、教师交流与发展等领域，密切与各镇党委、政府的联系，组团式发展生态格局初步形成。推进创新型园区化办学，引入中福会少年宫艺术教育资源，推动陈柏桦艺术教育工作室落户清河湾实验园区。聚焦中考改革，开展《上海市初中学业水平考试实施办法》和《上海市初中学生综合素质评价实施办法》全员培训，加强初中学生综合素质评价社会实践的改革探索。深化高考综合改革，完善高中走班制下的分层教学，针对高校招生对选科科目要求的变化，指导学生正确合理选科。制定《青浦区学校教育综合改革项目评审工作方案》，加强对学校自主项目的过程性管理。

按照“四有教师”“四个引路人”“四个相统一”的要求，引导广大干部教师遵守“新时代教师职业行为十项准则”，持续推进 2018—2019 学年青浦区基层单位师德师风项目创建，举办庆祝第 35 个教师节主题活动。开展 2019 年教师招聘工作，新入职教师 249 人完成见习教师暑期规范化培训。深化招培聘一体化试点，实施《新任校（园）长任期制的办法（试行）》，通过区域内骨干教师柔性流动、集团统筹、西教东输等方式开展师资调配。制定《关于加强青浦区教育系统人才队伍建设的若干意见》《青浦区教育系统第六届名优教师培养工程整体推进工作方案》，配套实施“领航计划”“拔尖计划”“种子计划”。

托幼一体化服务体系不断完善，在思源、崧润等公办园所开设托班 6 个，新增 1 所公办幼儿园和 2 所民办二级幼儿园，毓秀、凤溪等 4 所幼儿园争创上海市一级幼儿园。义务教育优质均衡发展水平持续提升，制定“区域义务教育优质均衡发展”工作路线图、时间表，全力推进不达标问题整改；义务教育学校“五项标准”建设完成年度目标；深入推进小学段基于课程标准的教学与评价工作，进入全学段推进阶段；公办初中“强校工程”深入实施，制定“一校一规划”，建立区级专家指导团，市级名校长、名师配备到位；全区 32 所小学全部开展课后服务，会同团区委开办小学生爱心暑托班。高中教育特色多样发展稳步推进，贯彻落实《关于新时代推进普通高中育人方式改革的指导意见》，推进市实验性示范性高中发展性督导意见建议整改；持续推进特色高中创建，青浦一中接受市特色高中创建评审，青浦二中准备市级展示活动。特殊教育持续健康发展，深入实施《青浦区特殊教育三年行动计划（2018—2020年）》，加强学前特教设点布局及管理的研究，做好中学新建资源教室的设施设备配置及无障碍设施建设。职业教育和成人教育迈入新阶段，完成首批9家校企合作基地建设终期总结验收评估，汇编《青浦区首批校企合作基地资料集》；制定《关于进一步促进青浦区中等职业学校校企合作基地建设的实施意见》，开展第二批校企合作基地建设申报工作；深入推进学习型社会建设，以"福泉山文化""青龙镇文化"为板块，开展青浦古文化系列微课建设，教育学分银行、"车厢课堂"项目、学习型乡村试点建设有序推进。民办教育规范管理不断强化，加强对民办三级园的动态监管，依法关停3所存在安全隐患的民办三级幼儿园；制定"一区一方案"，稳妥推进规范义务教育阶段民办学校管理工作；制定《青浦区营利性教育培训机构办事指南》《青浦区非营利性教育培训机构办事指南》《青浦区教育培训机构申办设置具体材料目录及说明》，健全教育培训市场综合监管机制。

教育项目建设有序实施，青浦平和双语学校新建校舍正式启用，青浦协和双语学校招生办学，兰生复旦青浦分校开工建设，新城四站小学和初中、绿地时代名邸幼儿园建设有序推进。落实学校装备标准化建设要求，完成11所学校创新实验室、11所学校安全教育体验教室、8所学校图书馆校具更新工作。实施《教育信息化工作三年行动计划（2018—2020年）》，初步建成以学生数据为主的区域教育数据中心，依托2019年入选教育部典型项目案例"轻学"应用和市标杆校项目《精准教与学信息化系统》的建设，大力促进学校教育信息化应用的深度与广度。

实施学校（幼儿园）综合办学水平督导评估，完成34所学校（幼儿园）督导评估，有序开展中小学责任督学挂牌督导工作。推动上海市"依法治校"创建工作实现全覆盖，深入开展各类"法律进校园"活动，加强规范教育收费宣传检查；加大"一网通办"等工作推进力度，简化涉教育行政审批各项业务办理，受理办结信访件143件和"12345"市民服务热线工单1030件；扎实推进"扫黑除恶"专项斗争工作，预防学生欺凌和暴力行为，开展"迎进博保平安"校园安全大排查、大整治行动；创全工作扎实有效，113家基层单位开展文明校园（单位）申报，参与率100%。 （曹佳凤）

【举行2019区学生艺术单项比赛】 5月7—21日，为期两周的2019青浦区学生艺术单项比赛和幼儿单项展示活动举行。比赛设声乐、舞蹈、民乐、西乐、钢琴、戏剧、口琴、茶艺、动漫画、工艺、陶艺、幼儿故事、幼儿钢琴、幼儿创意制作等项目，有幼儿园、小学、初中、高中组26个专场，参演节目990个、参赛学生1200多名。学生艺术单项比赛已经成为青浦区规模最大、比赛项目最多的艺术赛事，为学习艺术的孩子提供锻炼、交流、学习的平台。

（曹佳凤）

【召开创建"上海市依法治校"专项工作培训会】 5月8日，区教育局召开创建"上海市依法治校"专项工作培训会。区教育系统依法治校创建工作领导小组及创建办成员、152所正在创建的基层学校法治教育分管领导和联络员、全区中小学（幼儿园）责任督学、民办幼儿园专职管理员参加培训。会议强调做好依法治校创建工作的总体要求，针对"创建时间、创建目标、创建对象、创建体系、创建进度和创建分组"六个方面作具体部署和说明。

（曹佳凤）

【第十届青浦区学生科技节举行】 5月18日—12月20日，以"与科创同行，将梦想点亮"为主题的青浦区第十届学生科技节举行。其间，开展了形式多样的各类科技活动60多项；开展了区级八大科技赛事，吸引近5000名学生参与；开展了全区科技教师专项培训活动；全区各校也精心组织开展了丰富多彩的科技活动。闭幕仪式在区青少年活动中心举行，表彰一批区科技特色示范学校、区学生科技创新社团、优秀科技辅导员以及优秀小研究员，青浦高级中学的CAD与3D打印社师生表演情景剧《无涯学海社团路》，4位优秀科技辅导员围绕《坚守·传承·创新》进行微论坛，“市明日科技之星”称号获得者、区优秀小研究员代表、复旦附中青浦分校学生陆泽浩以《我的科创之路》为题，讲述了他在科技创新之路上的成长经历。自5月18日科技节开幕以来，组织各类区级科技活动60余项、开展区级科技赛事8项，吸引近5000名学生参加；各校也精心组织开展丰富多彩的科技活动，是一届“人人都参与，校校有活动，区域创特色”的科技节。

（曹佳凤）

5月18日，青浦区第十届学生科技节开幕

【召开学校德育综合改革三年行动推进会】 6月21日，青浦区学校德育综合改革三年行动推进会召开。全区公民办中小学、中职校、特殊学校德育分管领导、德育教导，区青少年活动中心、教学实践中心条线分管领导100余人参加会议。会议回顾三年来的改革成效，强调新形势下要加强德育的整体性与协同性、突出德育的时代性与亲和力、提高德育的针对性与实效性。现场对2019年“青浦区家庭教育示范校”进行表彰授牌，举行纪念中华人民共和国成立70周年暨2019年青浦区中小学生“上善”研学实践教育活动启动仪式。（曹佳凤）

【青浦区援滇支教】 8月17日，青浦区10名优秀的教育管理干部和骨干教师赴云南德宏支教。青浦区合作交流办领导，区教育局党政主要负责人、分管负责人以及派出学校领导、支教教师家属共40余人欢送支教的干部和教师前往云南省德宏傣族景颇族自治州支教。（曹佳凤）

【三地教育局战略合作签约】 9月30日，上海市青浦区、江苏省苏州市吴江区、浙江省嘉善县三地教育局“不忘初心、牢记使命”主题教育联合学习研讨暨建设长三角生态绿色一体化发展示范区教育战略合作签约仪式在青浦区委党校举行。青浦区、吴江区、嘉善县教育局分管领导及相关科室负责人，教师进修学院、教师发展中心、教师研训中心的领导及专家，三地首批结对学校代表参加签约仪式。三地教育局主要领导签署《长三角生态绿色一体化示范区教育发展战略合作框架协议》。根据协议，成立示范区教育联盟（含民办、成职教）、建立联合师训机制、开展教科研合作、建立发展推进机制等举措，共同搭建平台，在教育综合改革、教师专业发展、干部培养、课程建设、家校合作等方面全面深化三地教育合作。现场，三地中小幼职15所学校进行结对签约，并发布示范区首批教师发展指导者专家库专家名录。11月1日，长三角生态绿色一体化发展示范区教师专业发展建设暨与上海师范大学外国语学院合作共建“中学英语教师研修基地”签约授牌仪式举行。根据协议，三方围绕跨学段式人才培养、英语教师学科素养提升、英语教师浸润式培训、英语教学课题研究、英语教学专题论坛等方面开展合作。（曹佳凤）

9月30日，长三角生态绿色一体化发展示范区教育战略合作签约仪式举行

【召开青浦区教育系统文明创建工作推进大会】 10月10日，区教育系统文明创建工作推进大会召开。会议强调要提高认识、形成合力，聚焦工作短板和薄弱环节，确保各项工作任务落实到位，对下阶段做好教育系统文明创建工作提出了具体要求。会上，对青浦区教育系统文明校园（单位）进行表彰授牌。

（曹佳凤）

【推进大中小一体化育人体系暨大中小学思政课一体化建设研修】 12月10日，青浦区推进大中小一体化育人体系暨大中小学思政课一体化建设研修活动在复旦附中青浦分校举行。市师资培训中心、市学生德育发展研究院、上海政法学院、复旦大学法学院相关负责人及专家，"课程育人一体化建设"项目结对高校、青浦区教育局和区教师进修学院、各中心负责人及相关学科教研员，相关中小学教师参加活动。会上举行青浦区高校、高中"课程育人一体化建设"项目签约仪式，开展大中小学思政课一体化建设（法治教育）专题研修。

（曹佳凤）

附：区教育局驻地及负责人

（2019年1—12月）

地址：公园东路1155号
邮编：201799
电话：69713664

区委分管领导：杨小菁
区政府分管领导：王凌宇（11月离任）、孙　挺（11月到任）

区教育工作党委书记：孙　卫
副书记：程卫国、黄海忠（2月离任）、姚明明（2月到任）

区教育局局长：程卫国
副局长：王海青、姚金生（3月离任）、王　良（3月到任）、江雪元、高　燕

奉　贤　区

【2019年概况】 奉贤区有各级各类教育机构324所（含驻奉贤区高校7所），归口区教育局管理的教育机构159个，其中公办教育机构127所，包括幼儿园44所、小学22所、初中16所、九年一贯制学校20所、高中5所、中等职业教育学校2所、成人学校8所、特殊教育学校1所、少体校1所、教育学院1所、社区学院1所、早教中心1所、青少年活动中心1所、其他教育机构4所；民办学校30所，包括民办幼儿园8所、民办三级幼儿园19所、民办九年一贯制学校1所、民办高中1所、民办十二年一贯制学校1所；市教委直属高中1所；区委托管理高中1所；其他各级各类教育机构165所。全区在校学生87665人，其中学前教育幼儿25881人、小学学生34354人、初中学生18056人、中职学生2912人、高中学生6320人、特殊教育学生142人（含送教上门20人）。全区教职工8116人，其中本科及以上学历7147人，专任教师7166人，正高级教师（讲师）职称5人，高级教师职称804人，中级及以上职称专任教师占比达67%。有上海市特级校长4人、上海市特级教师14人。年内，全区录用新教师204人，其中博士研究生、硕士研究生16人，本科学历188人。

出台《奉贤区关于全面建设南上海品质教育区的若干意见》，明确提出全面建设南上海品质教育区的八大主要任务和十大重点项目。进一步优化教育治理机制，深入推进"星光""支点"计划，出台《关于促进学校自主、创新、特色发展的实施意见》，启动学校特色发展"品牌"计划。迎接国家义务教育优质均衡发展评估认定，构建义务教育阶段学校优质均衡发展综合督导新体系，规范实施幼儿园挂牌督导、办园行为督导评估。上半年，区政府教育督导室对全区76所幼儿园进行了两次以"幼儿园安全"为主题的挂牌督导。下半年对全区73所幼儿园（公办园44所，民办一级园和二级园8所、民办三级园21所）分8个责任区开展"规范用工""家庭教育工作""预防性侵害学生"及"加强近视防控"挂牌督导，并对8所民办园和42所公办园办园行为进行现场督导。其间，还开展"学校劳动教育""学生安全教育""课程计划执行"督导，促进学生身心健康发展。进一步完善对民办非学历教育培训

机构的指导监管机制，公布全区合法合规民办教育机构177家，关停无证培训机构55家。继续实施学生“七彩成长”、教师“乐业育人”等教育满意度调查，启动家长对学校教育满意度调查，引导学校改进办学品质。

贯彻落实中央、市、区“精准扶贫”精神，与贵州省遵义市务川自治县、余庆县、凤冈县签订教育合作交流协议，并推动全区62所中小学校与3县110所学校结对，实现结对对方义务教育学校全覆盖。全区15所学校21批次共344名教师赴贵州3县及青海省果洛州达日县开展校际交流和支教讲学活动；区教育系统共接待贵州3县及青海省果洛州达日县37批次共113名干部教师到奉培训；接待31批次共291名干部教师到奉贤区学习考察交流。由区教育工会、区教育局团工委向帮扶地区捐赠爱心大礼包和助学款共计170余万元，奉贤中学等15所学校向帮扶地区贫困学生捐款捐物共计16.48万元。智力扶贫促进中西部地区职教发展，职业教育精准对接贵州遵义、新疆喀什、湖南张家界、青海果洛等地区。进一步拓展教育合作开放力度，接待贵州3县及青海省果洛州达日县教育代表团、日本宫城县教育代表团、新加坡教育部到访。

建成待问幼儿园，完成古华小学翻建和四团小学综合楼、肖塘中学综合楼、邬桥学校（小学部）综合楼新建工程；基本建成恒贤幼儿园、海贝幼儿园，加快建设待问中学、新青少年活动中心、肖塘小学（迁建）和实验小学综合楼、阳光外国语学校综合楼、南桥小学教学楼（加固）、南桥书院（教院附中综合楼）7个项目，协调推进运河路小学、金光路小学、金光路中学和世界外国语学校、海湾地区初中等校建设。完成奉浦地区5所学校的整合，将工商技校整合进奉贤中专，实行“一套班子、两块牌子、资源共享”办学模式；在工商技校原址建成的教院附小陈桥路校区，吸纳原奉浦学校小学部学生，实行“一校两区”管理；原奉浦学校初中部转成奉浦中学建立“汇贤中学—奉浦中学”集团，实现一体化管理。全面关停办4所进城务工人员随迁子女小学，589名学生妥善分流到7所公办小学；平稳关停3所民办三级幼儿园，全面关停6个学前看护点，区域教育资源布局进一步优化，城乡教育实现更高水平均衡。

培育和弘扬社会主义核心价值观，构建区域中小幼一体化“贤文化”德育实践体系，深入开展重走“红色之路”与开启“世界之窗”研学实践活动，推进课程化、基地化、品质化；加强学生德育和心理健康教育，形成全员育人、全学科育人、全社会育人良好工作局面。出台《奉贤区综合防控儿童青少年近视、肥胖工作方案》，深化“四院一团一部”（青少年文学影视院、青少年书画院、青少年科学院、青少年棋院、学生艺术团和青少年体育俱乐部）建设，举办第五届“七彩成长”学生活动节，组织学生参与各级各类赛事，承办上海市青少年校园足球、篮球、排球等联赛和全国少儿围棋公开赛、青少年书画大赛等市级、国家赛事，进一步促进学生“七彩成长”；“写好中国字、做好中国人”中小学生书法教育创建成国家语言文字推广基地，明德外国语小学健美操队获“2019国际健美操公开赛”2项世界冠军，金汇学校学生获第二届全国青年运动会短道速滑与轮滑全能金牌，南桥小学打击乐队获第四届IPEA国际打击乐爱乐儿童重奏全国第一名，邬桥学校打击乐队获第十四届全国青少年打击乐大赛金奖，学生陈子希在“九棵树”未来艺术中心举办钢琴独奏音乐会。金汇学校轮滑队队员何海洋获2019上海市“年度最佳阳光体育达人奖”。组织参加上海市学生艺术单项比赛，区内学校学生获金奖12人、银奖20人、铜奖27人，金奖人数由2018年的6个上升至12个。

实施上海市《深化“绿色指标”评价改革，建立教育质量综合评价体系》，构建科学的课堂教学评价体系，完成对全区三、五、八年级教学进行诊断；实施国家统编语文、政治、历史三科教材义务教育学段全覆盖，进一步完善课程体系建设；聚焦“评价优化”，办好第二十四届教学节，深化课程教学改革，在上海市中青年教师教学评比中获得6个一等奖、4个二等奖和3个三等奖。以上海市哲社课题《基于学校评价的区县教育治理能力建设研究》为龙头稳步推进教育科研工作，在市教委举行的2018年度初中学业质量绿色指标媒体发布会上，青溪中学作为全市初中唯一代表作“坚持绿标引领，让新学校成就新优质”经验介绍。加强11个教育集团、10个紧密型办学资源联盟建设；完成11所精准委托管理学校和3个城乡学校互助成长项目中期评估；推进世外教育集团委托管理阳光外国语学校和育贤小学。深入实施《奉贤区公办初中“强校工程”实施方案》，完成初中“强校工程”中期督查。落实中考和高考综合改革配套举措，深入推进高中办学联盟建设，继续推进曙光、致远等高中特色化发展，积极创建上海市特色高中，助力高中学校特色品牌发展。促进学前教育普惠优质发展，开设托班机构19个，入托人数比上年增加5%，完成5个托育点建设，托育服务供给逐年提高；全区小班招生8165人，外省市户籍入园幼儿超过58%；出台《关于推进优质园创建工作的实施意见》，2所幼儿园完成一级园评估，3所幼儿园接受一级园复验；启动“医生进校园”医教结合儿童健康教育活动；出台《关于创建区域幼儿园“奉贤活教育”课程特色的实施意见》。整合区域职业教育资源，上海工商职业技术学校迁入奉贤中等专业学校，实施一体化管理；调整优化中职教育专业结构，启动社区教育“人文行走”新模式，深化“十万在岗人员学力提升行动”，积极推进老年教育团队建设；充分发挥奉贤中等专业学校全国职业教育示范校的引领辐射作用，加强对新疆喀什、贵州遵义等西部地区职教帮扶力度，职成教服务经济社会能力显著增强，在第六届上海市大学生创业决策仿真大赛中上海开放大学奉贤分校获特等奖1个、一等奖1个、二等奖4个。立足市、区特教“三年行动计划”，优化区域特殊教育设点布局，新建9个随班就读资源教室和9个学前特教点；深化特殊教育课程教学改革，建立学前特教教研和特教中职教育管理制度，接受上海市特殊教育“三年行动计划”中期督导，区域特殊教育质量全面提高。

创新教师队伍建设，加强师德师风和教师人文素养培育，完善师德师风建设长效机制。强化“卓越教师”培养工程，设立7个特级校长(名校长)工作室和48个特级教师(名师)工作室，构建起“卓越教师”全学科、全学段、全覆盖培养体系，初步实现“800人的卓越队伍带领全区8000名教师专业发展”战略目标；创新推出“乡镇教师支持计划”，为乡村振兴注入教育活力；实施全员岗位聘任，通过科学设岗、双向选择、柔性流动，全区123家公办基层单位暂聘187人，教职工流动91人，激活教师主动作为，“四有”好教师队伍不断壮大。明德外国语小学被评为全国教育系统先进集体，青溪中学包蓓妮被评为全国模范教师，奉贤中学张育青入选国家“万人计划”教学名师。教师队伍建设工作进入全市前列。

高度重视校园文化建设，再版《i奉贤·贤文化》读本，编辑出版《和润新语》第二辑，编写出版“教师新智慧丛书”，实施“一校一品”文化精品战略，深入开展“美育工程”活动；加强文明校园(单位)创建指导与管理力度，完成2017—2018年度市级、区级文明校园(单位)终期考核，召开教育系统精神文明建设推进大会，启动2019—2020年度各级文明校园(单位)申报，区教育学院附小校长何哲慧获“上海教育年度新闻人物”，实验小学原校长金哲民获“2019年度奉贤区感动奉贤人物”。不断加强教育宣传工作，7篇专题信息被市政府《每日动态》录用，《中国教育报》《解放日报》《文汇报》《上海教育》《新闻晨报》和上海教育新闻网、东方网(教育频道)等媒体宣传报道奉贤教育重大活动120多次，“奉贤教育”公众微信号影响力位居全区前列。年内，区教育工会完成换届选举工作。开展“两岸一家亲，共筑中国梦”主题活动，接待台湾省高雄市桃源区教育参访团参访，增强广大师生对祖国统一大业的认识。 (赖黎明、汪　悦)

【获全国地方教育制度创新奖优秀奖】 1月12—13日，全国地方教育制度创新论坛暨第六届地方教育制度创新奖颁奖典礼在北京举行。奉贤区《深化教育综改，推进品质发展，建设一流新城》创新案例被评为全国地方教育制度“创新奖·优秀奖”。本次评选共征集案例103个，评选出入围案例30个，最终16个案例获奖。 (赖黎明、汪　悦)

【公办小学和幼儿园实施校内课后延时服务】 3月20日起，奉贤区公办小学全面实施校内课后延时服务，在原来免费提供课后服务至下午5时基础上，为确有需求的学生继续提供下午6时的免费校内课后服务。全区 43 所小学（包括九年一贯制学校小学部）全部开展了课后服务工作，部分公办幼儿园也开展延时服务，通过规范管理，优化服务，满足家长看护需求。（赖黎明、汪　悦）

【第五届区学生活动节举行】 3—5 月，举行第五届奉贤区学生活动节，共设书画大赛、人工智能嘉年华、童谣传唱比赛、古诗词艺术展、戏曲大赛、少先队鼓号大赛等八大区级重点活动和 2 个学校自主创新活动，评选出 295 个奖项和 100 个二星级社团、72 个一星级社团，表彰了区“十大校园达人”。年内，全区中小幼学生 2000 多人次参加了国家级、市级学生体育比赛，承办了 26 项国家级、市级学生体育赛事。参加市学生艺术单项比赛，12 人获金奖，获金奖人数比 2018 年翻一番。（赖黎明、汪　悦）

3—5 月，第五届奉贤区学生活动节举行

【推进“智慧课堂”建设与应用】 4 月 16 日—5 月 24 日，区教育局与上海市教育技术协会在江海幼儿园、育贤小学、青溪中学等校举办主题为“让智慧激发智慧”的学前、小学、中学学段教育信息化“智慧课堂”现场研讨交流活动。奉贤智慧教育云平台一期工程全面完成，6 月 20 日起，全区 100 所学校 2393 名教师上传优质课例 3000 多节，从中评出区一等奖 25 节、二等奖 50 节、三等奖 82 节；选送 157 节课参加 2019 年全国“一师一优课”评比活动，其中 25 节课评为教育部优课、26 节课评为市优课。明德外国语小学、奉贤中等专业学校列为上海市第一批和第二批信息化应用标杆校培育校，聚贤幼儿园信息化案例入围全国 2019 年度基础教育信息化应用典型案例；完成新一轮中小幼信息化“合格校、优秀校、示范校”评估，全区有信息化示范校 16 所、优秀校 36 所、合格校 54 所。（赖黎明、汪　悦）

【出台《关于推进优质园创建工作的实施意见》】 4 月，区教育局出台《关于推进优质园创建工作的实施意见》，以“创级争示范”为抓手，多途径、全方位推进学前教育内涵发展。小蜻蜓幼儿园、东森毓美幼儿园（民办）创建上海市一级幼儿园。以公办幼儿园为主开办 19 个托育服务机构，其中托幼一体化机构 17 个，建成普惠性社会托育园 2 家，做到“幼有善育”“学有优教”。（赖黎明、汪　悦）

【上海市家庭教育研究指导服务中心成立】 9 月 4 日，以“家校协同，让孩子健康成长”为主题的上海市家庭教育主题宣传周暨上海市家庭教育研究指导服务中心成立仪式在古华教育会堂举行，上海市家庭教育指导网络课程同时启动。

（赖黎明、汪　悦）

【奉贤区教学节举行】 9 月 24 日—12 月 25 日，主题为“优化教学评价，提升课堂质效”的奉贤区第二十四届教学节举行。教学节以联盟体、教育集团为单位，聚焦“评价优化”，借助现代技术手段，结合课堂教学、课程建设、新课标落实、统编教材推进、学科教研等开展展示活动，举行教育集团优秀组织奖、学业评价创新校、中青年教师教学比武、基于“云课堂”项目的优秀课例、中小学优秀作业设计项目和三级教研组（示范、优秀、合格）等的评选。

（赖黎明、汪　悦）

9 月 24 日，奉贤区第二十四届教育学节
启动暨新学年工作会议举行

【在市中青年教师教学评比中获奖】 10月14—25日，在市教育委员会和市中小学幼儿教师奖励基金会联合举办、市教委教研室主办的“2019年度上海市中小学中青年教师教学评选活动”进行市级评选工作。奉贤区6位教师获一等奖，4位教师获二等奖，3位教师获三等奖。 （赖黎明、汪 悦）

【赴澳门特区担任教学指导】 11月5日，奉贤区实验中学语文教研组组长、区名教师陶晓丹受教育部和市教委委派，2019年任职澳门特区教育暨青年局，协助澳门特区培养青年教师及骨干教师，帮助澳门特区学校完善学科教研制度、开发特色校本课程、提升教研实效。 （赖黎明、汪 悦）

【全国家校社协作与教师发展论坛举行】 11月15—16日，主题为“家教指导与教师发展”的首届“全国家校社协作与教师发展论坛”在奉贤区教育学院举行。论坛由教育部普通高校人文社会科学重点研究基地北京师范大学教师教育研究中心、上海市教育科学研究院、北京师范大学教育学部儿童发展与家庭教育研究院和中国教育学会教师专业发展研究中心主办，北京市海淀区教师进修学校、福建省教育学院协办，上海市奉贤区教育学院、上海市家培教育科技中心承办。来自全国各地的领导专家、校长及教师等近400人参加论坛。上海市奉贤区教育学院院长蒋东标作《新时代·新智慧·新作为——教师家教指导能力专业建设中区域教育学院的使命与担当》的主旨报告。随后举行“家教指导教师‘心’的智慧”微论坛、教师进修学校分论坛、中小学校长分论坛等一系列活动。 （赖黎明、汪 悦）

【获评上海学习型乡村建设品牌项目】 12月9日，2019年长三角学习型乡村建设研讨会暨第八届社区教育上海论坛在金山区举行。奉贤区南桥镇社区学校“传承家训家风，建设美丽乡村”和四团镇社区学校“激活乡间文创，打造红色文化传承阵地”获2019年上海学习型乡村建设品牌项目。

（赖黎明、汪 悦）

【实地调研奉贤区特教工作】 12月10日，上海市特殊教育“三年行动计划”中期调研评估组专家对奉贤区进行实地调研。全年，奉贤区设点布局9个随班就读资源教室、9个学前特教点，同时做好普通学校无障碍环境建设；建立学前特教教研管理制度和特教中职教育管理制度；推进区域医教结合工作，与区卫生健康委做好特殊儿童医教结合上门服务，特殊儿童入学入园评估覆盖率100%。

（赖黎明、汪 悦）

附：区教育局驻地及负责人

（2019年1—12月）

地址：古华路758号
邮编：201499
电话：37597001

区委分管领导：王霄汉
区政府分管领导：袁 园

区教育工作党委书记：陆 琴
副书记：施文龙、高国弟

区教育局局长：施文龙
副局长：陆 琴（3月离任）、顾 军、周 英、张 弘、万国良

崇 明 区

【2019年概况】 崇明区有中小学、幼儿园、职校和特殊教育学校104所。其中高中7所（含1所公办

完中、1所民办完中)、初中28所(含4所公办九年一贯制学校、1所民办九年一贯制学校,1所特殊教育学校)、小学25所(含特殊教育学校1所)、幼儿园43所(含2所民办幼儿园)、中等职业学校1所。另有直属单位10个、成人学校16所。在校学生46947人,其中高中学生4350人、初中学生11166人、小学生15577人、在园幼儿9090人、中职学生2752人、特殊教育学生198人。全区在编在职教职工7139人,其中专任教师5076人。在编在职教师中,中级以上职称2645人,其中正高级职称教师2人、副高级职称教师492人、中级职称教师2151人。

编写《向着阳光奔跑——崇明区中小学生社会主义核心价值观教育读本》(小学版、中学版),开展"扣好人生第一粒扣子"等系列活动;推进中小学一体化德育体系建设;推进艺术学科德育协同研究中心建设;开展学习贯彻党的十九大精神中小学优秀教师"特色示范课堂"建设;开展劳动教育,打造"职业小达人""劳模(工匠)精神进校园"等品牌活动;推进区家庭教育指导中心建设,加强家校协同共育,建设小学、崇明中学等8所学校获评上海市家庭教育示范校称号;启动家长慕课学习平台。

规范招生录取程序,接受普惠性学前教育幼儿数占比100%;开办港沿幼儿园、北堡幼儿园和平安幼儿园3个托育点,累计有21所幼儿园开设托班29个;规范托育服务管理,排摸调研3岁以下幼儿托育服务市场,指导2家不合规机构整改;完成新一轮早教合格(优秀)指导站复验工作;制定《崇明区优质幼儿园创建指导方案》,完成北门、西门和莺莺幼儿园的一级复验工作和合兴幼儿园的一级创建工作。

优化学校布局,组建两所九年一贯制学校;推进城乡学校携手共进计划,完成市级中期评估;推进"主动·有效"课堂提升工程,印发《崇明区"主动·有效"课堂指导意见》;推进加强初中建设项目,安排8所强校工程的英语人机对话专用教室建设;加强义务教育阶段寄宿制学校建设,开发相关课程,完成寄宿生关爱平台建设;推进"快乐活动日"工作,落实市级课题《"创玩"项目课程化实施的区域行动研究》;推进第三轮《今天行动计划实施方案》,新增10所学校的创玩小站;开展"小学生阅读素养提升项目"试点研究,制订《崇明区"小学生阅读素养提升项目"指导意见(试行稿)》;推进对外教育合作项目,新增9所中小学校与美国威斯康辛州中小学结成友好学校。

推进等第制评价,构建学生综合素质评价系统;举行中考新政专题培训及系列活动;开展加强英语听说能力及跨学科案例分析的教学试点、初中综合素质评价种子校试点研究工作,启动初中综合素质评价录入平台试运行、初中理化实验考数据采样试点工作;保障高考改革顺利实施,组织学科专家编撰考前复习资料包;实施壹鼎生涯规划辅导电子数据平台项目;加强特色高中建设。

制订《崇明区教育信息化2.0行动计划(2019—2022)》;完成区青年教师信息化应用能力提升培训班3批220人次的培训;崇明中学被列为上海市信息化标杆学校创建单位;将学校、教职工、学生信息等管理系统整合融入"上海市崇明区教育综合服务平台",共有10个子系统在平台上运行。

建立青少年游泳馆、城桥中学、堡镇小学等区青少年学生业余训练基地。启动田径、篮球、足球等青少年运动技能等级达标测试。完善精英训练营队伍,加强校园足球队伍建设,裕安小学、马桥中学获评第五轮"全国校园足球特色校",全区累计21所学校被评为"全国校园足球特色校"。加强卫生管理及健康教育,开展学生常见病监测干预、上海市青少年近视干预、近视眼综合防控等工作,印发《崇明区传染病防控工作手册》第二版。推进"明厨亮灶"工程,中小幼食堂"明厨亮灶"安装率达100%。开展中小学生健康教育主题系列活动。推进全国农村学校艺术实验县、全国中小学生艺术素养实验区工作。开展"2019学生文化艺术节"系列活动,打造"高雅艺术进校园""人人会乐器""戏曲进校园"等文教结合项目。推进乡村学校少年宫建设。开展系列科普科技工作,全年举办25赛次区级科技竞赛活动,9000多名中小学生参赛,推荐优秀学生参加40余次市级科技竞赛活动。做好语言文字工作,实施普通话普及攻坚工程,开展推普周系列诵读活动、"啄木鸟行动",推进普通话、汉字培训测试。

开发校企合作项目,加大"订单培养"力度,加强职业学校"双师型"教师队伍建设,加大教育对口援疆、援遵、援滇和帮扶力度。构建终身教育体系，加强老年大学建设，培育建设各类学习点和学习团队。创建学习型社区，启动“人文行走”市民体验项目，推进“圆梦计划”——百万在岗人员学力提升计划，实施“燎原计划”项目。

做好师资配置，全年引进教师250人。制定2020年教师招聘指导意见，柔性引进市区名师名校长担任崇明教育改革和发展指导专家。开展各类专题培训，继续委托上海师范大学开展师范生定向培养工作。20多名教师参加区域内支教，8名教师赴云南临沧支教。

推进重点地区重点项目，完成22个30万元以上暑期维修项目，启用长兴圆沙小学、长兴圆沙社区幼儿园；推进城乡义务教育一体化建设，改造8所学校学生剧场建设，新建11所创新实验室，提升20所学校图书馆，新建29所学校安全教育场所，规范民办教育办学行为。做好内部审计工作。做好督导工作，完成16所学校办学水平综合督导，开展“初中强校工程”学校专项督导，形成6项教育督政工作机制。 （梅湘瀛）

【教育部考试中心领导到崇明考察】 3月27日，教育部考试中心主任姜钢到崇明区教育考试中心新址，先后考察考务指挥中心、试卷保密室、笔试标准化考场、外语听说测试标准化考场、试卷扫描室、考生档案室及考生服务接待大厅等。根据《上海市教育考试标准化考点场地及信息化建设规划指南》新要求，区教育局迁址改造成崇明区教育考试中心，完成标准化建设。 （梅湘瀛）

【赴临沧市开展教育合作交流】 4月7—11日，崇明区教育局代表团赴云南省临沧市开展教育合作交流。其间，举行教育扶贫工作座谈会，赴临翔区大文中学看望委托管理团队并举行捐赠仪式，捐赠资金，以及由上海真爱梦想公益发展中心捐赠一间价值20万元的“梦想中心教室”。代表团还赴临翔区一中、双江县一中、耿马县一中、沧源县民族中学等学校交流并看望慰问崇明区支教教师。（梅湘瀛）

【同济大学与崇明中学合作签约】 4月19日，同济大学与崇明中学举行“苗圃计划”签约仪式。“苗圃计划”落户崇明中学，将为学生与高校专家开展实践活动提供更多的机会和条件，搭建交流与合作的平台，为不同阶段的人才培养提供发展空间。（梅湘瀛）

【举行学生文化艺术节】 5月28日，举行“激扬少年情　放飞强国梦”——2019年崇明区学生文化艺术节开幕式暨“龙腾端午”传统节日主题教育活动。活动分外场社团展示和内场诵读展示两个部分。外场举行了舞龙、校园集体舞、功夫扇、啦啦操等社团表演。内场诵读展演以《将进酒》为序，分为“不屈的中国”“崛起的中国”“奋进的中国”三个篇章。学生文化艺术节以端午季为契机，涵盖文学、音乐、美术等门类十多个系列的艺术展演和竞赛活动。 （梅湘瀛）

【举行第三届青少年科技节】 5月30日，崇明区第三届青少年科技节开幕式在崇明区青少年活动中心举行，以“花开崇明　科技引领”为主题，开展创新论坛、主题讲座、创意体验、成果展示和互动游戏等活动，对获2019—2021年崇明区科技教育特色学校和项目特色学校进行授牌。各项目特色学校带来了成果展示和互动游戏。科技节期间，各校围绕活动主题，开展科普宣传、科普体验、科技竞赛、主题论坛等活动。 （梅湘瀛）

【两所幼儿园结对签约】 6月13日，举行黄浦区思南路幼儿园和崇明区东滩思南路幼儿园结对合作签约仪式。根据协议精神，两园将开展“党团联建”“结对研训”“骨干实岗”等结对带教活动，全面提升教师专业素养，实现合作共赢。 （梅湘瀛）

6月13日，崇明区东滩思南路幼儿园和黄浦区思南路幼儿园结对签约

【召开思政课专场研讨会】 6月14日，大中小一体化推进生态文明教育思政课专场研讨会召开。在结对共建环节，华东师范大学马克思主义学院与崇明区教育局就思想政治理论课结对共建进行签约，并为结对共建的崇明区合兴小学、上海市实验学校附属东滩学校、上海市崇明中学3所基地学校进行授牌，为聘任的崇明区思想政治课市级专家颁发导师聘书；华东师范大学马克思主义学院与崇明区竖新镇共同为党建实践基地——上海市竖新镇仙桥村进行揭牌。在教学研讨环节，围绕"环境让生活更美好"主题，崇明区3位教师聚焦《上海市生活垃圾管理条例》展示微课。 （梅湘瀛）

【两所新校(园)舍启用】 8月30日，圆沙小学和圆沙幼儿园两所新校(园)舍正式启用。圆沙小学是独立建制的公办学校，总建筑面积约为1.39万平方米，办学规模为30个班级。圆沙幼儿园是圆沙地区唯一的公办二级园，总建筑面积5800平方米，设计办学规模为15个班级。 （梅湘瀛）

【庆祝第35个教师节】 9月10日，崇明区委、区政府、区人大、区政协领导慰问优秀教师代表，并出席庆祝第35个教师节主题活动。会上，表彰2019年"全国教育系统先进集体"、全国优秀教师、上海市"四有"好教师提名奖获得者、崇明区第四届"十大师德标兵"以及上海市"园丁奖"教师代表、"30年教育战线不懈奋斗者"代表。会后举行了以"奋进之师"为主题的教师节主题活动，通过"办好每一所学校""教好每一个学生""成就每一位教师"3个篇章，展现崇明教育的奋进历程。 （梅湘瀛）

9月10日，崇明区举行第35个教师节主题活动

【"瀛通教育至爱专项基金"颁奖】 11月2日在崇明区明珠小学举行"瀛通教育至爱专项基金"颁奖活动。2019年，"瀛通教育至爱专项基金"惠及区内598人，总金额计705600元。其中423名学生获"瀛通帮困助学金"，36名学生获"瀛通优秀学生奖学金"，6人获评"区领军人才、区拔尖人才"，22人获评"名师工作室"导师，20人获市级课堂教学评比奖，20人获区师德标兵奖，71人获新蕾奖，139名教师获"瀛通'绿叶'奖"。 （梅湘瀛）

附：区教育局驻地及负责人

（2019年1—12月）

地址：崇明大道8188号商务中心3号楼4楼
邮编：202150
电话：59621724

区委分管领导：龚朝晖
区政府分管领导：王　菁

区教育局党工委书记：施　易(9月离任)、龚朝晖(9月到任)
副书记：姚李超(9月离任)、龚耀飞(9月到任)、陶　溶(3月到任，12月离任)、郭　琰(12月到任)

区教育局局长：姚李超(9月离任)、龚耀飞(9月到任)
副局长：陆　琴(3月到任)、黄乃华、黄宗逵(4月离任)、吴美华、陆　杰(4月到任)

高等学校
Higher Educational Institutions

复 旦 大 学

【2019年概况】 复旦大学有邯郸、枫林、张江、江湾4个校区，设有直属院（系）35个（不含继续教育学院），附属医院17所（其中4所筹建），设有本科专业76个，一级学科博士学位授权点37个，一级学科硕士学位授权点43个，博士专业学位授权点4个，硕士专业学位授权点32个。博士后科研流动站35个。在校普通本、专科生14104人，硕士研究生17371人，博士研究生8302人，留学生3625人（其中攻读学位的留学生2432人）。截至年底，学校共有在职在编专任教师2771人，专职科研人员376人。中国科学院、中国工程院院士49人（含双聘），文科杰出教授1人，文科资深教授13人，“长江学者”特聘教授101人。

年内，完成“双一流”中期自评，开展“集成电路科学与工程”一级学科试点。重组马克思主义研究院，建设脑科学转化研究院，成立现代语言学研究院、全球传播全媒体研究院。学校在QS世界大学排名中居全球第四十名，五大学科门类全部进入全球百强；经济学与商学首次入选ESI全球前1%学科，进入ESI前1%学科总数达到19个。

学校毕业本科生2731人，毕业研究生总计5236人（其中硕士3841人、博士1395人）。共授予硕士学位3847人（其中专业学位2444人），授予博士学位1322人（其中专业学位130人）。录取本科生3397人（含留学生321人），实际招录硕士研究生6531人（其中学术型1976人、专业型4555人），博士生2350人（其中学术型1990人、专业型360人）。医科继续施行分代码招生。全年共计开设各类本科课程6696门次（其中“二专”“二学位”课程230门次），30人以下（含）的小班课程共计3800门次。2019年新增博士生导师218人。出台《复旦大学“本科学程项目”实施总则》《复旦大学辅修学士学位项目暂行办法》。全校48个专业实施“2＋X”（“2”指的是通识教育和专业培养，“X”则指多元选择）培养方案，14个院系实施本科荣誉项目，首次开设新工科试验班。28个专业入选首批国家级和省级一流本科专业建设点。开设荣誉课程及加深型研讨课程约180门、创新创业课程96门。全面启动长学制博士生招生培养工作，接收2020级直接攻博生632人，比2019级增加125人。制订《复旦大学研究生一级学科课程体系框架》《复旦大学学术学位研究生培养工作规定（试行）》《复旦大学专业学位研究生培养工作规定（试行）》和《复旦大学推进长学制研究生培养工作实施办法》。制订《复旦大学研究生教育督导办法（试行）》，成立第一届研究生教育督导工作组。严格按照学校学位授予规定要求，强化学位论文质量内控机制。入选首批上海市一流研究生教育引领计划项目。新增经济史、细胞生物学2个二级学科博士点。课程思政示范课程覆盖所有院系专业，全校在建示范课程近300门；课程思政示范专业试点覆盖所有哲学社会科学院系，并向理工科专业逐步推进。获上海市高校课程思政改革“整体领航校”称号。医学教育形成“1＋2＋9＋50”（1门示范课、2门导论、9门核心课、50门人文医学课程）的人文医学课程体系。推动信息技术融入教育教学改革。立项支持院系建设在线课程43门，设立学科特色在线课程建设项目7门；推进通识核心在线课程建设10门；增设校级线上线下相结合的混合式精品课程项目并认定首批课程7门；培育4门课程入选上海高校优质混合式示范案例。立项建设17项校级虚拟仿真实验教学项目，其中11个项目被上海市教委认定为市级项目，数量居沪上高校首位。中国工程院院士、上海医学院教授闻玉梅获首届“杰出教学奖”，哲学系教授吴晓明获评2019年全国模范教师称号，高分子科学系教授彭慧胜获评2019年上海市“四有好老师”称号。提升学生思想政治教育精准性时效性。结合节日庆典时间点举办爱国主义教育活动8场，覆盖近5000人次。博士生讲师团开展宣讲391场，受众超过25800人次。开展书院传统文化月、传统文化体验季活动25场，参与师生3000余人次。上演4部原创校史大师剧《陈望道》《巍巍学府》《马相伯在1913》《谢希德》，师生约2800人次观摩。实施“基层就业引领计划”，与学校合作开展定向招录选调生的省(市、自治区)数量增加至28个，192名学生签约各地选调生及基层党政人才项目，比2018届增长47.7%。寒暑假组织近500名学生分赴26个省(市、自治区)党政机关、企事业单位开展实践锻炼。全年有50余名学生赴国际组织实习任职(含录取)。

获批国家集成电路产教融合创新平台、国家放射与治疗临床医学研究中心、新一代集成电路技术集成攻关平台3个国家级科研平台，新建9个省部级平台基地。注册成立“上海国际人类表型组研究院”。上海人工智能算法研究院揭牌。牵头国家重点研发计划项目17项;申报3264项国家自然科学基金项目，获批国家自然科学基金杰青项目11项、重点项目28项。新建校企联合实验室6家，新建地方研究机构5家，续签1家。申请国内专利811项，授权专利328项。签订成果转化合同26个。全年在《细胞》《自然》《科学》《新英格兰医学杂志》等国际顶尖期刊上发表论文36篇，其中以通讯作者/第一作者身份发表文章18篇，相关研究成果入选《自然》年度十大杰出论文和《新英格兰医学杂志》年度最佳论文。获得国家自然科学奖二等奖3项、国家科学技术进步奖二等奖1项。获得高等学校科学研究优秀成果奖(科学技术)青年科学奖1人。生命科学学院/人类表型组研究院金力获国际人类基因组组织颁发的“卓越科学成就奖”。中国科学院院士、数学科学学院教授洪家兴获第十四届“华罗庚数学奖”。

2019年复旦大学在顶级学术刊物上发表论文情况一览表

时　间	期刊名称	课题组/团队	论文名称
3月18日	《自然·材料》	物理学系　修发贤课题组	《外尔半金属砷化铌纳米带中的超高电导率》
4月25日	《自然》	生命科学学院/人类表型组研究院　金力团队	《语言谱系证据支持汉藏语系在新石器时代晚期起源于中国北方》
4月26日	《科学》	基础医学院　袁正宏课题组	《原代人肝脏细胞在体外的长期功能性维持》
5月28日	《自然·纳米技术》	微电子学院　周鹏、张卫团队	《小尺寸晶体管架构在可光控逻辑和原位存储器中的应用》
7月26日	《自然综述·心脏病学》	附属中山医院　葛均波、李华课题组	《心血管疾病治疗靶点:赖氨酸乙酰基转移酶和去乙酰化酶》
8月1日	《自然》	物理学系　吴施伟课题组	《反铁磁双层三碘化铬中巨大的非互易二次谐波产生》
8月22日	《新英格兰医学杂志》	公共卫生学院　阚海东团队	《652个城市的大气颗粒物污染与每日死亡率的关系》
10月8日	《细胞》	附属中山医院　樊嘉团队	乙肝相关肝细胞癌的整合蛋白质基因组学特征
10月31日	《自然》	物理学系　张远波课题组	《单层铋锶钙铜氧中的高温超导性》
10月31日	《自然》	生命科学学院　鲁伯埙、丁滪课题组和信息科学和工程学院光科学与工程系　费义艳课题组	《HTT-LC3连接化合物对变异HTT蛋白的等位基因选择性降低》
11月22日	《科学》	物理学系　高春雷、吴施伟团队	《范德华尔斯堆叠依赖的层间磁耦合的直接观测》

2019年，获批国家社科基金各类项目57项，其中重大项目11项(位列全国第二)、重大专项项目1项、专项项目5项。获批国家社科冷门“绝学”和国别史等研究专项6项(位列全国第一)。获批教育部人文社科研究各类课题48项，其中重大课题攻关项目2项、重大委托项目3项。获批上海市哲学社科规划各类课题61项。获批新建3个部委级以上研究基地、8个上海市研究平台。成立复旦大学文物保护创新研究院、网络空间国际治理研究基地。成立长三角高校智库联盟。16个项目获浦江人才项目资助，3个项目入选曙光计划，5个项目入选阳光计划，获上海市智库内涵建设项目14项。出版“两大工程”丛书专著8本。获国家考古发掘资质。中国历史地理研究所邹逸麟、张修桂教授的学术成果《中国历史自然地理》和出土文献与古文字研究中心裘锡圭教授的学术成果《长沙马王堆汉墓简帛集成》获“第五届郭沫若中国历史学奖”。

实施“卓越2025”人才培育计划，200余人获支持。年内引进各类人才206人，其中诺贝尔奖获得者1人、两院院士(含双聘)5人。举办第四届光华青年学者论坛暨上海市国际青年学者论坛，将青年人才引进与超级博士后招聘联动。遴选资助超级博士后近250人。

主动对接国家和上海新任务新部署，张江复旦国际创新中心正式揭牌。发起建设类脑芯片与片上智能系统研发与转化功能型平台，复旦张江国际脑影像中心揭牌。加强校地、校企合作。与浙江义乌、上海徐汇和青浦、江苏泰州、济南章丘等地市，以及华为技术有限公司、绿地控股集团有限公司、中国气象局、中国科学院长春光学精密机械与物理研究所、上海市高级人民法院、上海城投(集团)有限公司等企事业单位签订合作协议。与云南省德宏州人民政府共建“一带一路”南亚东南亚区域发展研究中心。与中科院苏州医工所共建复旦大学生物医学工程技术研究所。推进对口支援工作，对云南省大理州永平县全年直接投入、引进帮扶资金、帮助购买和销售农产品共计1500余万元；县域内患者就诊率上升至90.4%，转诊率下降至9.6%；中考学业水平测试平均分为全州第三名，助力永平县脱贫摘帽。继续开展与云南大学、西藏大学、内蒙古大学和南昌大学等部省合建高校对口合作，帮助合建高校建设优势特色学科群，对接地方主导特色产业；持续推进与河西学院、大理大学等对口支援高校合作。

全年派出交流学生3957人次，接收25个不同国家或地区的85所伙伴高校的校际交换生551人次，接收各类外国留学生6933人次。与剑桥大学、悉尼大学、维也纳大学等建立合作伙伴关系，新签校际协议15项。与匈牙利政府签署关于复旦大学在匈牙利布达佩斯办学的合作意向谅解备忘录。全年到访境外长期专家242人、短期专家6230人次。吸引93位海外学者参与“复旦学者”交流计划。执行高等学校学科创新引智基地5个，另有2个基地获“111计划2.0”支持，高端外国专家引进计划20个，校级聘请外国专家项目10个。拓宽海外合作网络。启动建设复旦大学—伦敦政治经济学院全球公共政策研究分中心，成立澜湄青年交流合作中心。举办中巴经济走廊大学联盟交流机制第三次会议暨“中巴高等教育展”。全年校级层面共接待40个国家和地区的206个团体，访客1043人次，各国政要59人。签署《孔子学院总部与复旦大学战略合作框架协议》；学校被孔子学院总部评为先进中方合作院校。

复旦大学教育发展基金会净资产规模比上年增长13.92%。全年共签订捐赠协议231份。基金会年度公益支出总额达2018年末净资产的25.41%。举办第十六届复旦大学世界校友联谊会(四川成都)、2019复旦大学校友返校日活动。完成校董会换届并举行复旦大学第七届董事会第一次会议。

12月16日，复旦大学与匈牙利创新技术部签署关于复旦大学在匈牙利布达佩斯办学的合作意向谅解备忘录

2019 年复旦大学学生获奖情况一览表

赛 事 名 称	获 奖 情 况
国际大学生数学建模竞赛	一等奖 4 项、二等奖 8 项
“高教社杯”全国大学生数学建模竞赛	一等奖 5 项、二等奖 6 项
第十届全国大学生数学竞赛决赛	一等奖 5 项、二等奖 2 项
第十届中国大学生物理学术竞赛	特等奖 5 人
第五届全国大学生物理实验竞赛	综合实验一等奖 2 人、基础实验二等奖 1 项
第四届全国大学生生命科学创新创业大赛	特等奖 1 项、一等奖 1 项、二等奖 2 项
第三届全国大学生生命科学竞赛	一等奖 1 项、二等奖 1 项
第二十四届中国日报社“21 世纪可口可乐杯”全国英语演讲比赛	一等奖 1 人
第六届全国医药院校药学中药学专业大学生实验技能大赛	特等奖 1 项、一等奖 1 项
“华为杯”第十六届中国研究生数学建模竞赛	团体一等奖 3 项、团体二等奖 27 项
	个人一等奖 8 人、个人二等奖 84 人
“兆易创新杯”第十四届中国研究生电子设计竞赛	全国总决赛三等奖 1 项、最佳论文奖 1 项
“飞鲨杯”第五届中国研究生未来飞行器创新大赛	一等奖 1 项
“案例中心杯”第三届中国研究生公共管理案例大赛	三等奖 1 项
“华为杯”第二届中国研究生创“芯”大赛	一等奖 1 项、二等奖 1 项
“英特尔杯”第一届中国研究生人工智能创新大赛	三等奖 1 项、优秀组织奖 1 项
第五届中国“互联网$^{+}$”大学生创新创业大赛	银奖 2 项
“挑战杯”全国大学生课外学术科技作品竞赛	特等奖 1 项，一等奖 1 项，二等奖 1 项
国际女排邀请赛	第八名
中国大学生排球联赛	南方赛区男子组第一名、南方赛区女子组第二名
中国大学生阳光体育游泳比赛	200 米个人混合泳第二名
中国大学生武术套路锦标赛	男子甲组华拳第一名、男子甲组吴式太极拳第一名、男子甲组剑术第一名、单器械第一名、女子甲组炮拳第一名

（童子益）

【获国家自然科学二等奖 1 项】 1 月 8 日，复旦大学化学系周鸣飞领衔项目“瞬态新奇分子的光谱、成键和反应研究”获国家自然科学二等奖。该项目专注于通常条件下不能稳定存在的瞬态分子物种。利用自行研制的具有世界先进水平的分子光谱探测仪器，结合量子化学理论计算，项目首次确定元素周期表中元素可以形成的最高氧化态为＋Ⅸ价；发现硼—硼三重键(B≡B)及主族元素 s-p 配键；并观察到一系列全新瞬态反应中间体。项目成果丰富了人们对化学键的认知，为相关分子物种宏观合成提供了新思路。（童子益）

【两项发明成果获日内瓦发明展览会金奖】 4 月 10—15 日，在瑞士日内瓦举行的第四十七届日内瓦发明展览会上，复旦大学“大视场低畸变高分辨率全景视觉系统”和“骨超声诊疗仪”两项发明成果获金奖。信息科学与工程学院、工程与应用技术研究院徐敏研究员团队的“大视场低畸变高分辨率全景视觉系统”发明成果在360°全景视觉系统的光学设计上提出了新型的物象关系，使其光学系统具有大视场、低畸变、高分辨率的成像特征；在制造工艺上解决了内折反自由面镜片的加工和镀膜难点。信息科学与工程学院他得安教授团队的“骨超声诊疗仪”发明项目，采用超声背散射法对骨质进行评价，基于低强度脉冲超声技术治疗骨质疏松症及骨折等骨质病变，独创性地研制出将骨质诊断与治疗融合于一体的骨超声诊疗仪。

（童子益）

【举办“上海论坛2019”年会】 5月25—27日，由复旦大学和韩国高等教育财团主办“上海论坛2019”年会召开。主题为“全球变局中的亚洲：挑战、发展和新范式”，分“新科技：创新与社会发展的新动力”“新秩序：全球变局与结构重塑”“新高度：迈向全球卓越城市的上海”“新时代：改革开放中的中国”4个板块，开展30场学术活动，就长三角发展、金融科技、人工智能、工业再造、大河流域治理、大国关系与区域政治等亚洲乃至全球共同关注的话题交流对话。来自全球45个国家和地区的智库、高校、政府、企业、媒体等机构的嘉宾和代表700余人与会。（童子益）

【2019复旦—拉美大学联盟理事会召开】 5月25日2019复旦—拉美大学联盟理事会在上海国际会议中心召开。复旦大学与秘鲁圣马尔科斯大学、哥伦比亚罗萨里奥大学、巴西坎皮纳斯州立大学等联盟成员大学代表，以及巴西、哥伦比亚、墨西哥、秘鲁、委内瑞拉等国驻沪领馆代表共30余人出席会议。会上，复旦大学设立并发布“种子基金”，专项支持“复旦—拉美大学联盟访问学者”项目和中拉多学科交叉研究平台建设，推动中拉学者合作。

（童子益）

【成立国际组织人才培养输送工作（上海）高校联盟】 6月5日，举行国际组织人才培养输送工作（上海）高校联盟成立仪式。该联盟由上海市高等院校自愿组织而成，接受教育部、上海市教育委员会双重指导，联盟秘书处设在复旦大学。来自复旦大学、上海交通大学、同济大学以及“荣昶学者”项目管理委员会等单位的6名从事全球治理研究的专家学者被聘为首批联盟专家委员会委员。来自复旦大学、上海交通大学、同济大学、华东理工大学、东华大学、华东师范大学、上海外国语大学、上海财经大学、上海大学、上海理工大学、上海对外经贸大学等11所高校的联盟理事会成员代表、专家委员会代表以及有志于投身全球治理的青年学生代表100余人参加成立仪式。

（童子益）

【举办“两大工程”丛书首批新书出版发布会】 8月17日，复旦大学和上海人民出版社在上海书展举办“习近平新时代中国特色社会主义思想研究工程”和“当代中国马克思主义研究工程”（简称“两大工程”）丛书首批新书出版发布会。“两大工程”由“党的十九大精神研究系列”“新时代中国特色社会主义体系研究系列”“新时代中国共产党研究系列”“话语体系研究系列”“创新理论研究系列”“国际比较研究系列”等六大系列、38个研究项目组成。这些新书包括《新时代的历史大视野》《中国共产党与中国理论》《中国共产党与中国文化》《中华文明的鼎新——新时代中国特色社会主义思想文化体系》和《新时代中国特色社会主义生态文明体系研究》。发布会上，复旦大学与上海世纪出版（集团）有限公司签署战略合作框架协议。

（童子益）

【3人被授予“最美奋斗者”称号】 9月25日，“最美奋斗者”表彰大会在北京举行，复旦大学教授钟扬，复旦大学校友于漪、梅汝璈被授予“最美奋斗者”称号。（童子益）

【举行复旦管理学奖励基金会颁奖典礼】 10月21日，2019年复旦管理学论坛暨复旦管理学奖励基金会颁奖典礼在上海举行。清华大学经济管理学院教授、中国管理现代化研究会名誉理事长赵纯均获“复旦管理学终身成就奖”；深圳高等金融研究院及香港中文大学（深圳）经管学院校长讲座教授贾建民，清华大学经济管理学院伟创力讲席教授杨百寅获“复旦管理学杰出贡献奖”；小米集团创始人、董事长及首席执行官雷军获“复旦企业管理杰出贡献奖”。

（童子益）

【举行复旦新闻传播教育90周年主题活动】 11月2日，举行复旦新闻传播教育90周年主题活动。活动中，为新闻学国家教材建设重点研究基地、学校全球传播全媒体研究院揭牌；举行王中铜像揭幕仪式、新闻学院文献展；召开2019年“转型与创新：媒体融合背景下的新闻传播教育共同体构建”国际高峰论坛。国内外知名高校新闻传播学院院长、各年代校友、在校学生等两千余人出席主题活动。

（童子益）

【复旦科技创新论坛暨复旦—中植科学奖颁奖典礼】 12月15日，在上海举行第五届“复旦科技创新论坛”暨第四届“复旦—中植科学奖”颁奖典礼。香港中文大学医学院化学病理学系教授、香港科学院创院院士卢煜明获奖，并作专题报告“从无创产前检测迈向癌症筛查及更远”。论坛为期3天，由主论坛和4个分论坛组成，主题涉及生物医学、创新创业、数据科学和人工智能，400余位嘉宾参加。

（童子益）

附：学校负责人及地址

（2019年1—12月）

校党委书记：焦　扬
副书记：许宁生、袁正宏、许　征、尹冬梅、金海燕（12月到任）、周亚明（7月到任）

校　　长：许宁生
常务副校长：桂永浩、金　力（12月到任）
副　校　长：张志勇、周亚明、陈志敏、张人禾、徐　雷

邯郸校区地址：邯郸路220号
邮编：200433
电话：65642222

枫林校区地址：医学院路138号
邮编：200032
电话：54237900

张江校区地址：张衡路825号
邮编：201203
电话：51355003

江湾校区地址：淞沪路2005号
邮编：200438
电话：51630011

复旦大学上海医学院

【2019年概况】 复旦大学上海医学院设直属院系所9个，附属医院（含筹建）17所，设有本科专业9个、高职专业1个，有博士学位授予权的一级学科9个，有博士后科研流动站8个。有中国科学院院士7人、中国工程院院士5人。有专任教师628人、专职科研人员124人，其中高级职称550人。有医务人员31936人，其中高级职称3930人。在校博士研究生2691人，硕士研究生2756人，普通本科生3997人，专科生113人。年内录取本科生752人，临床医学专业（六年制）全英文授课留学生35人；招收研究生1841人，其中硕士生975人、博士生866人；招收留学生21人。招收港澳台地区

学生15人。授予博士学位640人，硕士学位817人，学士学位583人。招录住培医师803人、市级专培医师270人、国家试点专培医师56人，住培合格出站754人。

年内，启动9项医科原创科研个性化支持/引导项目，确定2020年度拟立项支持的七项重点建设项目；承办全国第二届医学“双一流”建设论坛会议。加快推进实施上海市高水平地方高校试点建设，编制2019年和2020年项目经费预算方案，启动5个重点建设学科共计25个创新团队项目，完成9个一级建设项目审批和经费下达21批次，实现2019年度经费执行率100%。启动公共技术平台实体化建设的顶层规划与推进，成立覆盖医科全部25家实体单位、由58位专家组成的公共技术平台专家委员会。首次单独参加并组织完成上海市高校分类评价工作。药学与药理学、解剖生理学、生物科学、医学、护理学5个学科入选QS世界前100名，7个与医学相关的领域均进入ESI学科排名世界前1%，临床医学、药理学与毒理学进入前1‰。

牵头国家重点研发计划专项资助项目8项；牵头国家中长期科技重大专项（重大新药创制专项）1项；新增上海市科委创新行动计划基础研究领域重点项目9项，自然科学基金81项，上海市科委国际合作及学术交流项目3项，上海市教委科研创新计划重大项目立项3项，以及上海市卫健委项目、“优秀学术带头人计划”、浦江人才计划、“青年科技启明星”计划、扬帆计划、曙光计划、晨光计划等科研项目221项；国家自然科学基金项目462项。获国家科技进步二等奖1项，上海市科学技术奖13项（特等奖一项）等。新增国家放射与治疗临床医学研究中心、上海市医学表观遗传学重点实验室和上海市脑功能重塑及神经再生重点实验室；新成立脑科学转化研究院（筹）等4个研究所；获建上海工程技术研究中心7个，筹建上海市工程研究中心1个，4个上海市临床医学研究中心获资助。发表SCI论文3053篇，申请专利423件，获授权专利519件，共签订各类合同491项，其中药学院余科教授的“抗肿瘤生物新药TF-ADC的合作研发”项目合同金额6000万元。

年内，新增中国科学院院士1人，晋升高级职称12人、副高职称19人。引进高层次人才54人。举办“福庆师培”计划和“正谊导师学校”，提升师资学科交叉创新思维、科研指导能力和人文关怀能力。开展第一届复旦大学“明日之星”名医培育工程评选和第一届复旦大学上海医学院“名医工程”评选。

深化教育教学改革，创新医学人才培养模式，培养多学科背景的高层次医学拔尖创新人才，尤其是具有全球视野的公共卫生拔尖人才。开设本专科生课程1188门次、研究生课程482门，开展来华留学生MBBS项目教学。落实落细“三全”育人理念，创新医学思政育人模式，编写基础医学专业和护理学专业的课程思政教学指南。改革研究生招生，提升长学制生源比例，向重大平台、重点项目、优势学科、基础学科倾斜。启动一流研究生教育项目。推进人文医学课程思政体系建设，形成课程、基地、教材三位一体的人文医学教育体系建设。建立起面向全体学生、全部过程的大学生创新训练项目，打造“卿枫学者”创新创业平台，举办大学生创新创业论坛。闻玉梅院士获首届“杰出教学奖”。获虚拟仿真实验教学项目国家1项、上海市5项，以及上海市重点课程8门等。博士生医疗服务团本年度获得全国大中专学生志愿者暑期“三下乡”社会实践活动“优秀实践团队”、上海市青年五四奖章集体等荣誉。

推进与哈佛大学医学院的教育合作，举办首期复旦—哈佛临床师资培训项目和第二期复旦—哈佛全球临床科研技能培训项目。与日本京都大学医学院、墨尔本大学医学院、悉尼大学医学院完成合作协议续签，承办科技部国际交流司的年度“中澳青年科学家交流计划”等。率先在妇幼卫生领域总结中国实践经验，开展亚非低收入国家开展妇幼健康促进的干预实施研究，探索中国高校与中国医疗队和中国援建医院三方合作的援外模式。本科生出国出境交流7天以上的达到300余人次。53名研究生获国家建设高水平大学公派研究生项目支持，资助24名研究生进行海外短期访学，12名研究生参加高水平国际会议，遴选资助7门国际化课程建设。

落实部委市三方共建托管学校直属附属医院工作。附属医院（含筹）总门急诊量3267.5万人次，期内出院人数93.6万人，住院手术61.5万人次。徐汇区中心医院、上海市质子重离子医院启动纳入附属医院管理流程。妇产科医院青浦分院项目开工建设。肿瘤医院浦东院区开业运营。继续建设复旦大学附属中山医院厦门医院、上海市老年医学中心。推进与闵行区、杨浦区、青浦区以及重庆市、浙江省丽水市等校地合作项目。推进"医联体"向"康联体"的纵深发展,推进复旦大学儿科、妇产科医疗联合体建设,进一步推动附属眼耳鼻喉科医院近视防控康联体建设和发展。推进与闵行区深化医教研协同型健康服务体系建设;组织召开"交流·融合·创新"复旦大学医联体建设高峰论坛。举办"促进同质提升内涵——上海市住院医师规范化培训师资培训班暨复旦大学上海医学院第二届住院医师规范化培训师资提高班"等。援建江西、云南、西藏、新疆、青海、贵州等6省、自治区十余地州市26家高校、医疗机构;打造复旦上医特色的"全链条网格化健康精准扶贫模式",发挥附属医院医疗优势,全力支持云南省永平县人民医院建设。向巴基斯坦、老挝、摩洛哥派出援外医疗队员14人。（陈东滨）

【复旦大学上海医学院高水平地方高校试点建设启动】 6月14日,复旦大学上海医学院领导班子宣布并召开学院高水平地方高校试点建设启动会。复旦大学党委书记焦扬、校长许宁生出席会议并讲话,常务副校长、学院院长桂永浩介绍上海医学院高水平地方高校试点建设相关概况和进展情况,校党委副书记许征介绍上海市高水平地方高校建设相关财务政策及要求。校党委副书记、上海医学院党委书记袁正宏主持会议。学校有关党政领导,上海医学院党政领导,校相关职能部门负责人,上海医学院各学院、研究院所、附属医院及机关部门负责人出席会议。2018年12月21日,教育部、国家卫生健康委员会和上海市人民政府签署协议,决定共建托管复旦大学上海医学院及其直属附属医院。在上海市市委、市政府的支持下,复旦大学上海医学院被列入高水平地方高校试点建设序列。学校研究制定复旦大学上海医学院高水平地方高校建设方案。上海市对复旦大学上海医学院的建设做出定位和提出要求:支持复旦大学上海医学院重点建设基础医学、临床医学、公共卫生、中西医结合和药学等学科,加快国内顶尖、世界一流医学院建设,提升附属医院的服务能级。（曹西蓉）

6月14日,复旦大学上海医学院高水平地方高校试点建设启动全在明道楼一楼报告厅举行

【马兰当选中国科学院院士】 11月22日,中国科学院公布2019年新增选院士名单。复旦大学上海医学院马兰教授当选中国科学院院士。马兰教授任复旦大学脑科学研究院院长,长期从事药物成瘾和记忆机制研究。（陆　柳）

【获上海市科学技术奖11项】 5月15日,2018年度上海市科学技术奖励大会召开,附属肿瘤医院雷群英领衔的项目"肿瘤细胞代谢感受的调控机制及其病理效应"、基础医学院袁正宏领衔的项目"乙型肝炎慢性化的多重新机制及治疗策略研究"分别获自然科学一等奖;附属肿瘤医院缪长虹领衔的"麻醉策略影响围手术期肿瘤免疫综合技术的临床应用"项目、附属华山医院毛颖领衔的"IDH突变胶质瘤的发病机理及分型应用"项目分别获科技进步奖一等奖。另获科技进步奖二等奖2项、三等奖5项。（戴悦春）

【复旦大学附属医院服务进博会】 11月5—10日,第二届中国国际进口博览会在上海举行。根据医疗保障机构地域、综合医疗服务能力和国际医疗接诊需求,进博会选定33家定点医院提供医疗保障。中山医院、华山医院、妇产科医院、儿科医院、华东医院、公共卫生临床中心、中山医院青浦分院、闵行医院等8家复旦大学附属医院入选,为第二届进博会提供优质的医疗卫生服务。（毛　华）

【医学"双一流"建设论坛举行】 12月13日,第二

届医学“双一流”建设论坛在复旦大学上海医学院举行。会议由医学“双一流”建设联盟主办，复旦大学上海医学院承办，来自全国近百家医学教育单位的500余名代表参加论坛，围绕“医学‘双一流’建设与服务国家战略”“医学‘双一流’建设与学科特色发展”“一流学科建设与特色医学人才培养”等主题展开研讨，共商共议新时代中国医学教育改革发展与人才培养大计。会上，中国医药学研究生教育信息网发布，中国医药学研究生在线教育平台合作签约仪式举行。（陈兆君）

附：学校负责人及地址

（2019年6—12月）

校党委书记：袁正宏

副书记：杨伟国、张艳萍、徐　军

校　长：桂永浩

副校长：徐　军、吴　凡、汪志明、毛　颖

地址：医学院路138号

邮编：200032

电话：54237417

上海交通大学

【2019年概况】 上海交通大学有31个学院（直属系），47个研究院，13家附属医院，2个附属医学研究所，20个直属单位，5个直属企业。有一级学科博士学位授权点47个，一级学科硕士学位授权点55个；博士专业学位授权点7个，硕士专业学位授权点31个；博士后流动站37个；本科专业69个。有全日制本科生（国内）16351人，研究生22822人（其中全日制硕士、博士研究生分别为14326人、8496人）；学位留学生2837人，其中研究生学位留学生1683人；有专任教师3236人，其中教授1074人；中国科学院、中国工程院院士47人（含双聘）。学校科技创新和服务国家战略能力获高度肯定。7项成果获国家科技奖，其中“海上大型绞吸疏浚装备的自主研发与产业化”项目获国家科技进步特等奖，实现历史性突破。校友黄旭华院士先后获“共和国勋章”、国家最高科学技术奖，吴文俊院士获“人民科学家”国家荣誉称号。增选与引进中国科学院、中国工程院院士3人。临床医学专业通过教育部、世界医学教育联合会“双认证”。国家自然科学基金立项总数1264项，其中医学、工科（工材＋信息）项目数均列全国第一。

推进精神文明建设，挖掘校史资源、加强校史校情教育、弘扬学校优良传统。以庆祝中华人民共和国成立70周年为契机，举办“国之脊梁、交大之光——‘共和国勋章’‘人民科学家’国家荣誉称号获得者黄旭华、吴文俊校友事迹展”，率先开展“我和我的祖国”创意快闪、网络拉歌等活动，深化爱国主义教育和中国特色社会主义宣传教育。连续五届获评全国高校校园文化建设优秀项目特等奖，获得首届上海市文明校园荣誉称号。王振义院士获最美医生称号，周慧芳、王瑞兰获“中国最美女医师奖”，杨立获评“全国模范教师”，田新民、洪梅获评“全国民族团结进步模范个人”，汪雨申入选中宣部教育部首届高校最美辅导员，张红梅入选教育部高校辅导员年度人物。持续推进学校三大奖的评选，树立教书育人、立德树人典范。

3月31日，“青春为祖国歌唱”上海交通大学学生在仰思坪热情高歌

推进“以价值引领为核心、以就业引导为牵引、校院两级联动”的全员育人工作体系建设。深化课程思政改革，入选“上海高校课程思政整体改革领航高校”。召开就业引导工作大会，推动“高水平学术就业”和“重点行业领域就业”，毕业生核心就业引导率和博士生学术就业率加快提升，169 人入选各地选调生。分别赴中西部、东北地区的 13 个省市与校友交流互动、助力成长。学生创新创业硕果累累，全年 3087 人次在 320 项省部级(含)以上竞赛中获奖 968 项。持续推动“强化基础、跨界交叉、挤水铸金、质量控制”为核心的本科教育教学改革，全面落实基础课程分级教学，以化学专业为试点推动本科生培养计划修订。申报 22 个国家级一流本科专业建设点全部获批。自动化、材料科学与工程通过中国工程教育认证，临床医学通过国内国际“双认证”。在本科新生教育中首次推出“专项计划生筑力学习先修营”。推进博士生招生制度改革，强化博导动态调整，启动实施 TA/RA 制度，完善分流淘汰办法。优化博士生培养目标、过程与结构，直博生录取人数和比例明显提升。实施博士生“致远荣誉计划”。生源质量持续提升，国际生国别及专业结构不断优化，来自世界排名前 100 名高校的优秀国际研究生生源比例增加至 26%。

健全人才引育的顶层设计，突出“高精尖缺”导向，落实高层次人才“按需设岗、精准引进”和青年人才“公开招聘、竞争入职”，完善青年人才“同台竞技、脱颖而出”的选拔机制。完善长聘体系岗位设置与晋升规则，提高长聘体系岗位校拨资源标准，协议授权自主引进长聘教轨的学院累计达 18 家，长聘体系教师在聘 1108 人(超过全校师资队伍的三分之一)。完成首批“首席研究员”的评审，完成“教学、思政、实验”三大卓越岗位制度设计并分别完成首批评审，出台“人文社科实践应用系列”职称评聘制度并完成首次评审。设立“晨星博士后激励计划”，把博士后作为长聘教职蓄水池，在站博士后超过 1100 人。

开展“双一流”建设和上海市高峰高原学科建设，实施特色学科建设计划，完成教育部“双一流”中期绩效自评估。完善转化医学国家重大科技基础设施(上海)运行的体制机制，闵行基地正式开放，瑞金基地建设进展顺利，推进转化医学“交大之星”(“STAR”)计划。对接上海建设具有全球影响力的科创中心，有序推进张江科学园、李政道研究所建设。与市科委、闵行区共同建设“大零号湾全球创新创业集聚区”，打造具有标杆意义的产业集聚区和高端科技转化应用示范区。实质性推动新兴交叉学科建设，推进人工智能、氢科学等校级交叉平台建设。成立健康长三角研究院。城市治理研究院等智库建设成效显著。深入推进提升论文质量举措，高水平论文发表渐成常态，学校国际学术声誉不断提升，两大国际排名进入百强(QS 居全球第六十位，ARWU 居全球第八十二位)。

设立“重点前瞻布局基金”，聚焦基础前沿探索和颠覆性技术创新。在国家和地方各类科研项目上都取得良好成绩，上海各类科技项目资助数量持续保持首位。获批建设深海重载作业装备集成攻关大平台、变革性分子前沿科学中心，获得认定上海长三角人口密集区生态环境变化与综合治理、云南洱海湖泊生态系统两个教育部野外科学观测研究站。科研论文质量持续提高，SCI 收录第一作者论文、卓越论文数均居全国第一，学科影响因子前 10%期刊论文数提升，其中发表 CNS 论文 21 篇。文科科研能力持续提升，人文社科领域的高被引论文和入选中国高被引学者数量均位列全国前列。智库决策咨询批示采纳数破百，上海市决策咨询奖、市级高校智库及两类智库课题数量均居上海第一。

立足上海，与闵行区共同建设上海交通大学——闵行医疗机器人产业园，与徐汇区合作建设“分子与纳米医学创新转化中心”。与海南省、内蒙古自治区签署战略合作协议，共建三亚崖州湾深海科技研究院、内蒙古研究院。超额完成定点扶贫云南洱源工作，并与云南省持续深化省校合作。云南(大理)研究院获评“全国民族团结进步模范集体”。与国企或重点单位签署战略合作协议达到近 30 家。成立北美中心、新加坡研究生院、东南亚中心，加强保加利亚中心的建设，实质运行海外中心工作。新加入环太平洋大学联盟。纵深推进战略合作伙伴计划，新增与康奈尔大学、华威大学、大阪大学、法国四校等的种子基金签约，新增莫纳什大学联授博士学位项目。保加利亚总统、塞尔维亚总理分别到校访问并发表演讲。设立“本科生海外深度访学专项基金”，海外深度访学(3 个月以上)近

20%。设立优秀博士生海外访学项目，博士生深度访学比例提高37%。（章玲苓）

【上海交通大学获评全国重点文物保护单位】 10月7日，上海交通大学早期建筑入选第八批全国重点文物保护单位。10月16日，国务院正式印发《关于核定并公布第八批全国重点文物保护单位的通知》。12月8日，第八批全国重点文物保护单位——"上海交通大学早期建筑"揭牌仪式在上海交通大学徐汇校区举行。市文化和旅游局、上海交通大学、徐汇区文化和旅游局领导出席仪式。上海交通大学师生代表、上海市民代表等参加大会。学校早期建筑包含老图书馆、新中院、中院、新上院、工程馆、科学馆、北四楼、执信西斋、文治堂、总办公厅、体育馆、新建楼、盛宅、华山路校门、史穆烈士墓、五卅纪念柱共计16处文物本体，均位于徐汇校园内。（章玲苓）

【黄震当选中国工程院院士】 11月22日，中国工程院公布2019年院士增选名单，上海交通大学黄震教授当选能源与矿业工程学部院士。2006年以来，黄震教授担任教育部动力机械与工程重点实验室主任，创建燃料设计与燃烧控制新方法，发明发动机燃料多样化关键技术，获国家技术发明奖二等奖1项(排1)、国家自然科学奖二等奖1项(排1)、省部级科技奖一等奖3项(排1)、国家级教学成果奖二等奖1项(排1)；共发表论文200多篇，3篇为ESI高被引论文，获国家发明专利授权33项，出版专著3部，制定国家和行业标准各1项，2019年当选国际燃烧学会会士。（章玲苓）

【樊春海当选中国科学院院士】 11月22日，中国科学院公布2019年院士增选名单，上海交通大学樊春海教授当选化学部院士。樊春海教授入选美国科学促进会、国际电化学学会和英国皇家化学会会士，在SCI杂志发表论文400余篇，被引3万余次，H因子95，近六年连续入选"全球高被引科学家"，部分成果获2016年国家自然科学二等奖(第一完成人)，获得2019年何梁何利基金科学与技术创新奖、美国化学会"测量科学进展讲座奖"和第十二届"谈家桢生命科学创新奖"。（章玲苓）

【16位学者入选全球高被引科学家榜单】 11月，科睿唯安(Clarivate Analytics)发布2019年"全球高被引科学家榜单"，上海交通大学樊春海、颜徐州、耿涌、刘烽、陶有山、赵立平、钱冬、郑浩、张大兵、曹心德、韩礼元、贾金锋、杨旭东、张律文、赵一新、朱庆华入选。与2018年相比，入选人数增加了5人。入榜名单的学者均发表多篇高被引论文，被引频次位于同学科前1%。（章玲苓）

【上海交通大学新加坡研究生院成立】 11月28日，上海交通大学新加坡研究生院在新加坡举行揭牌仪式。该研究生院设行政办公室及安泰经济与管理学院亚太中心、CREATE项目管理中心、城市治理研究新加坡中心和上海交通大学东南亚中心，发展目标是成为着眼于未来世界的经济与社会发展，结合中外高等教育优势，融合中外教育特色，全方位开展人才培养、科学研究及全球文化交流的海外校区，逐步建立经济与管理、国际政治与公共关系、工程学科、生命医学等体系的师资队伍，培养适应未来人类发展的精英人才。（章玲苓）

【张江科学园揭牌】 12月6日，在上海推进科技创新中心建设办公室第十一次全体会议上，上海市市长应勇，国家发展改革委副主任林念修，上海市副市长吴清，校党委书记姜斯宪共同为上海交通大学张江科学园揭牌。作为上海建设具有全球影响力的科创中心的重点任务和上海张江综合性国家科学中心的重要组成部分，张江科学园首批主要建设超快科学中心、未来材料创制中心、同步辐射诊疗和医学影像科学中心以及合成科学平台、人工智能网络安全创新平台。（章玲苓）

附：学校负责人及地址

（2019年1—12月）

校党委书记：姜斯宪

副书记：林忠钦、范先群、朱　健(3月离任)、顾　锋、周　承

校　　长：林忠钦
常务副校长：丁奎岭
副　校　长：陈国强、黄　震、张安胜、徐学敏、奚立峰、毛军发、王伟明

闵行校区地址：东川路 800 号
邮编：200240
总机：54740000

徐汇校区地址：华山路 1954 号
邮编：200030

黄浦校区地址：重庆南路 227 号
邮编：200025

长宁校区地址：法华镇路 535 号
邮编：200052

七宝校区地址：七莘路 2678 号
邮编：201101

浦东校区地址：张衡路 429 号
邮编：201203

上海交通大学医学院

【2019 年概况】 上海交通大学医学院有教职医护员工 34963 人，具有高级职称在职人员 4163 人（包括中国科学院院士 4 人、中国工程院院士 13 人）。专任教师 748 人，其中具有高级职称的 153 人，具有博士学位的 557 人。全职引进外籍教授 1 人，录用 143 人。招收博士后 150 人，其中外籍博士后 9 人、海外博士后 11 人。录取本科生 660 人、研究生 1683 人，其中博士生 601 人（含"临一专"项目 41 人）、硕士研究生 1082 人（含专业学位 395 人）。招录住院医师规培生 1095 人、专科医师规培生 481 人。继续教育学院招生 5111 人。毕业全日制学生 1582 人，总体就业率为 95.83%。授予博士学位 473 人（含同等学力 44 人）、硕士学位 959 人（含同等学力 100 人）。住院医师 997 人、专科医师 335 人完成规范化培训。继续教育毕业 3019 人，其中本科生 2399 人、专科生 620 人，125 人获学位。

完成教育部临床医学专业认证，接受世界医学教育联合会（WFME）专家组全程观摩。在教育部"六卓越一拔尖"计划 2.0 启动大会上，作为医学院校代表交流发言；成为教育部基础学科拔尖学生培养计划 2.0 专家委员会主任之一和新医科建设工作组副组长所在单位。临床医学、口腔医学、生物医学科学成为首批国家级一流本科建设专业。对临床医学八年一贯制和"4＋4"培养方案（从重点综合性大学选拔招收部分优秀本科毕业生攻读临床医学博士）开展全方位调研，修订临床医学八年制分流制度、学位论文及学术论文发表要求等规定。修订《骨干教师教学激励计划实施方案》，完成教学团队评估并遴选新一轮首席教师；临床教学激励计划有序实施。聚焦器官系统整合课程，研制医学院"金课"标准，遴选示范性"金课"20 门；切实推进临床系统整合课程思政建设。招收儿科学"5＋3"专业学生；推动儿科器官系统整合式教学改革。在第二届上海市医学院校大学生临床技能竞赛中，获特等奖 1 项、二等奖 3 项。改革研究生招生计划分配办法。不断完善"致远荣誉计划"博士生培养计划，并继续加强相关课程建设。研制医工交叉博士生培养方案，探索"平台化"集中培养教学模式。以培养单位自主考核为主，开展研究生导师动态考核。发起成立"长三角医学教育联盟"，推动长三角医学教育的同质化、均质化。

细化实施方案，深入推进辅导员序贯制培养；继续推进"双师联动"。突出精准资助，实施学生成长"阳光发展计划"。提高学生事务管理水平，做好毕业生就业服务、心理健康和安全教育；获评上海

心理健康教育名师工作室2项。1100余人次参加社会实践活动，获评全国大中专学生志愿者暑期“三下乡”社会实践活动优秀单位，获上海市大学生社会实践项目大赛“优胜杯”，获评全国大学生百强实践团队1个，获“知行杯”上海市大学生社会实践项目大赛特等奖1项等；参与志愿服务活动7000余人次。获评卫生健康系统全国青年文明号集体4个，上海市青年文明号示范集体3个，上海市青年文明号集体14个，上海市五四红旗团委、青年突击队集体各2个。

成立上海交通大学医学院—耶鲁大学免疫代谢研究院、交大医学院单细胞组学与疾病研究中心2个国际联合实验室。持续推进脑疾病临床研究中心建设和市科委重大专项“感认知障碍相关脑疾病的机制研究”。组织召开东方科技论坛，就肿瘤研究重大科学问题进行思考布局；与世界卫生组织国际癌症研究机构签署合作备忘录，与法国奥罗阿里昂癌症研究中心共同举办“国际肿瘤研讨会”，建立肿瘤研究国际合作网络。聚焦中西医并重和医工交叉，推动地方高校协同发展，分别与上海中医药大学、上海理工大学签署合作备忘录，启动中西医协同创新研究院和医工交叉创新研究院建设。与国家热带病研究中心合作，建设全球健康学院。聚焦“G60科创走廊”，与松江区委区政府合作，谋划建设松江研究院和附属松江医院(筹)。针对口腔医学学科发展面临的瓶颈问题，形成《关于改革和深化上海交通大学口腔医学院组织架构及运行机制的决定》和《关于支持口腔医学院学科发展的若干意见》，将口腔医学院作为相对独立的二级学院、以附属第九人民医院为主体进行新一轮建设。继续推进基础医学“人才特区”、免疫所“学术特区”建设。

制定并实施《教学型教授、副教授聘任实施办法(试行)》。启动实施博士生导师破格晋升计划，给予40周岁以下承担国家级重大/重点项目或以第一作者/通讯作者发表高质量原创性论文者，申请破格博士生导师的资格。全年共有16人提出申请，11人通过评审。举办国际青年学者论坛，吸引世界前100名的高校或知名研究机构的88名学者参会，13人正式签约加盟。优化“博士后激励计划”，新遴选激励计划入选者72人，9人获全国博士后创新人才支持计划，33人获上海超级博士后计划资助，入选人数连续两年位列市属高校第一，获中国博士后科学基金特别资助5人、一等资助2人、二等资助57人。遴选新一批双“百人”60人，并对2016年入选者进行考核，对16名未达到考核优良要求的研究型医师停止资助。

做好国家医学中心和国家区域医疗中心申报工作，谋划国家临床医学研究中心申报方案。转化医学大设施项目进展顺利；国家儿童医学中心(上海)建设实现良好开局。中国医院发展研究院成为上海市唯一一个医疗卫生领域的“上海高校智库一类智库”。继续做好医疗对口援助和援建工作。全年，附属医院实际开放床位20194张，门急诊总量3755.59万人次、出院病人113.25万人次、住院手术79.86万人次，分别比上年增长6.34%、8.23%和19.29%。推进附属医院临床科研平台建设，国家代谢性疾病临床医学研究中心接受科技部、国家卫生健康委等组织的运行绩效评估，评估结果为优秀；国家眼部疾病临床医学研究中心正式揭牌；新布局“出生缺陷与罕见病临床研究院”。完成医学院临床研究中心体制机制改革；进一步完善医学院系统临床研究中心体系建设，新成立新华医院和仁济医院2个分中心。继续做好多中心临床研究项目过程管理，项目入组率明显提高，研究质量逐步提升。

获国家自然科学基金项目729项，其中创新研究群体项目1项、“杰青”1项、“优青”6项、重点项目19项、重点国际合作研究项目2项、重大研究计划支持项目1项、海(境)外学者合作研究基金延续资助1项，项目总数和经费总额连续十年位居全国医学院校首位，并首次在基金委全部8个学部都获立项。获国家重点研发计划重点专项项目6项、课题25项。获国家科技进步奖二等奖2项、省部级科技奖49项(含一等奖15项)。实现成果转化15项，累计合同标的额为2.29亿元。2018年发表SCIE论文3537篇，其中IF≥20的20篇、IF≥10的231篇。在CELL、NATURE、SCIENCE以及

NEJM、JAMA等国际顶尖期刊连续发表多篇高水平论文。在2018年"中国卓越国际论文"较多的医疗机构前30名中，附属仁济医院、第六人民医院、瑞金医院分别位列全国第二十、二十四、二十五位；在2018年国际论文被引用篇数较多的医疗机构前20名中，附属瑞金医院、第六人民医院和第九人民医院排名分别位居全国第十、十四和十七位。完成实验动物科学部二期和基础医学公共平台三期建设。理顺上海市肿瘤研究所管理体制，推进癌基因与相关基因国家重点实验室整改工作，完成实验室主任和学术委员会主任换届。17个临床医学领域的上海市重点实验室接受评估，其中上海市口腔医学重点实验室等4家为优秀，上海市耳鼻疾病转化医学重点实验室等9家为良好。

上海—渥太华联合医学院开展第三次北美医学教育模拟论证；进一步完善PSD(临床技能发展)及LINK(衔接式)课程建设；建立标准化OSCE(客观结构化临床考试)考试流程；开发新的在线教学管理和评估系统。推进中法联合医学院实体化建设，制定《中法医学院联合管理办法(试行)》；与法国驻华大使馆共同主办"第七届中法医学教育年会"。与日本大阪大学合作设立"中日双博士项目"；对接"一带一路"倡议，加强与"一带一路"沿线国家的医学教育合作交流，牵头发起"南亚东南亚医学教育与医疗卫生联盟"。启动全英语授课课程建设。2019年度，在校留学生336人，其中171人来自23个"一带一路"沿线国家。全年共招收留学生93人，其中本科生62人、硕士研究生10人、博士研究生2人、进修生19人；接受来自12个国家和地区24所合作院校的短期交流生77人。

深化文化内涵和精神文明建设。围绕庆祝中华人民共和国成立70周年主题，开展"我和我的祖国"系列校园文化活动，编辑出版《上海交大医学·医源丛书》和《医源珍档》图册，举办"1959届校友毕业60周年"等15场校友活动。获首届"上海市文明校园"称号。 (高　哲)

【免疫代谢研究院启动建设】 3月23日，"上海交通大学医学院—耶鲁大学免疫代谢研究院"启动建设。该研究院属高水平地方高校建设以及"双一流"学科建设项目，聚焦免疫细胞代谢调控机制与应用研究，联合双方科研团队和丰富的临床资源优势，在免疫代谢等关键技术领域开展联合攻关。 (高　哲)

【口腔医学学科发展调研座谈会】 3月26日在上海交通大学医学院召开口腔医学学科发展调研座谈会。学院党政领导班子及各职能部门负责人，附属第九人民医院党政领导班子，口腔各亚专科科主任、支部书记、研究生导师代表等与会，就如何建设好口腔医学学科提出建议。9月24日，学院党委常委会议原则同意口腔医学院作为医学院二级学院建制来建设，纳入医学院统一管理，以附属第九人民医院领导为主，医学院给予相应指导和支持。在此基础上，医学院正式启动并通过公开竞聘的方式遴选了口腔医学院新一届领导班子。 (高　哲)

【长三角高等医学教育发展学术交流会举办】 5月6日，长三角高等医学教育发展学术交流会暨区校合作启动仪式在上海市松江区举办。上海交通大学医学院附属松江医院(筹)揭牌，上海交通大学医学院松江研究院启动建设。会上，南京医科大学、温州医科大学、安徽医科大学分别作主旨报告。复旦大学上海医学院、浙江大学医学院、苏州大学、中国科技大学、上海交通大学医学院围绕卓越医学人才培养，分别作交流发言。 (高　哲)

【成立全球健康学院】 6月16日，上海交通大学医学院—国家热带病研究中心全球健康学院成立。全球健康学院重点聚焦热带病与突发传染病、全球卫生政策与标准、全球妇幼卫生、全球营养与食品安全、全球精神卫生5个发展方向，通过全球分布的国际合作网络，从"健康中国"到"健康丝绸之路"，促进中国方案、中国人才、中国产品更好为全球人类健康服务，也为中国参与全球健康治理提供有力支撑。中国科学院院士陈竺担任学术委员会主任，中科院院士、中国疾病预防控制中心主任高福担任首任院长。 (高　哲)

6月16日，全球健康学院揭牌仪式举行

【5项成果获国家科技进步二等奖】 1月8日，2018年度国家科学技术奖励大会在北京举行，学院获5项国家科技进步二等奖，分别是附属第九人民医院范先群团队的“眼睑和眼眶恶性肿瘤关键诊疗技术体系的建立和应用”、附属瑞金医院赵维莅团队的“淋巴瘤发病机制新发现与关键诊疗技术建立和应用”、附属仁济医院房静远团队的“胃肠癌预警、预防和发生中的新发现及其临床应用”、附属新华医院吴皓团队的“基于听觉保存与重建关键技术的听神经瘤治疗策略及应用”、附属仁济医院夏强团队的“儿童肝移植关键技术的建立及其临床推广应用”。 （高　哲）

【获国家级教学成果奖2项】 9月10日，庆祝2019年教师节暨全国教育系统先进集体和先进个人表彰大会在北京举行。大会表彰了教育系统先进集体(个人)，并颁发“国家级教学成果奖”。上海交通大学医学院院长陈国强院士领衔的“夯实医教协同，综合性大学‘有灵魂的卓越医学创新人才培养体系’构建与实践”获国家级教学成果一等奖，附属第九人民医院张志愿院士领衔的“创新能力导向的口腔医学生培养模式构建与实践”获二等奖。 （高　哲）

【获“挑战杯”特等奖】 5月25—26日，在第十六届“挑战杯”上海市大学生课外学术科技作品竞赛上，上海交通大学医学院2015级生物医学科学专业本科生倪端团队、2011级临床医学八年制专业博士研究生钱运团队获特等奖，2017级临床医学五年制专业本科生高子浚团队获一等奖，2014级临床医学八年制专业本科生张楚珺团队获二等奖，2016级外科学专业硕士研究生朱放团队、2016级中西医结合临床专业硕士研究生颜威团队、2016级预防医学专业本科生胡欣团队获三等奖。 （高　哲）

附：学校负责人及地址

（2019年1—12月）

校党委书记：范先群
　副书记：陈国强、赵文华、吴　韬、施建蓉

校　长：陈国强
副校长：胡翊群、吴　韬、江　帆、吴正一、方　勇(12月到任)

地址：重庆南路227号
邮编：200025
电话：64836590

同济大学

【2019年概况】 同济大学共有四平路、嘉定、沪西和沪北等4个主要校区；有29个专业学院、8家附属医院、6所附属中小学；有全日制本科生18115人、硕士研究生12105人、博士研究生5766人。另有国际学生3575人。拥有专任教师2803人，其中专业技术职务正高级1156人，中国科学院院士12

人(含双聘)、中国工程院院士15人(含双聘),第三世界科学院及美国、德国、瑞典等国科学院或工程院外籍院士19人。国家级教学名师5人,国家级教学团队6个、国家自然科学基金创新群体8个、教育部创新团队9个、科技部重点领域创新团队1个。入选科技部"国家创新人才培养示范基地"。学科设置涵盖工学、理学、医学、管理学、经济学、哲学、文学、法学、教育学、艺术学10个门类。有本科招生专业84个,硕士学位一级学科授权点47个,专业硕士学位授权点24个,博士学位一级学科授权点32个,专业博士学位授权点9个,博士后流动站30个。拥有3个国家重点实验室、1个国家工程实验室、1个国家重大科技基础设施、1个国家协同创新中心、1个国家大型科学仪器中心、5个国家工程(技术)研究中心、5个其他国家级研究平台以及63个省部级研究平台。

学校牵头上海市高校系统"红色的足迹　行进的伟业"庆祝中华人民共和国成立70周年主题巡展。"伟大开端"中国共产党创建历史图片展、"伟大转折"遵义会议纪念馆主题展两大展览在校首展,并以现场党课等形式延伸教育内容。举办"同济大学服务新中国建设70年"主题展、"同济人与港珠澳大桥建设"专题展、"同济人在南极"专题展、"歌唱祖国"全校师生合唱比赛及主题歌会、"手书中国"新媒体活动等主题宣传教育活动。

结合云南省云龙县脱贫需求和学校年度扶贫工作目标,依托学校学科、人才和资源优势,创新举措,推进精准扶贫。至年底,在校地双方的共同努力下,云龙县贫困发生率由2018年的7.67%降至1.35%。"对接产业促进就业——同济大学助力云南省培养高技能人才"项目入选2019上海市精准扶贫十大典型案例。

完善学科规划,优化学科布局。14个学科进入ESI世界前1%,其中工程学进入前1‰,新增物理学、数学和免疫学3个学科进入前1%,临床医学、材料科学、环境/生态学、化学和计算机科学进入世界前3‰。QS2019年全球学科排名前20位学科数量居国内第三位,艺术与设计学科由全球第十八名升至第十四名(亚洲第一名),建筑与建成环境连续两年保持全球第十八名。在软科排名中,共有12个学科进入前100名,其中土木工程学科连续三年排名世界第一,交通运输工程从第九位升至第六位。在U.S.NEWS2020排名中,机械工程、工程学、电子电气工程分别位列全球第二十四、二十五、二十七位。

完成"双一流"建设中期自评工作,评估组专家评价学校"双一流"建设"标志性成果突出,建设成效显著,目标达成度高"。推进"智能科学与技术"学科、上海国际知识产权学院"知识产权"等上海市高峰学科建设项目立项,获批经费9684万元,高峰学科建设总数达到11个。

"智能科学与技术"高峰学科利用跨校协同优势,深化学科内涵建设,通过共同承担重大科研项目、建立上海市的人工智能拔尖实验班、共享国际合作资源等形式,形成研究合力,实现人才的同城协同培养、课程的开放共享等。开展校内多学科协同,创新性地建立动态的交叉研究平台机制,以"人工智能+"理念赋能传统学科。新增人工智能本科专业,成为全国首批获人工智能新专业建设资格的35所高校之一。培养人工智能领域博士研究生,首批招生110人分布在10个学院中,为学科交叉提供重要支撑。

学校一级学科45个,自主审核增列基础医学一级学科博士点、2个专业学位硕士点(体育、应用统计),设立智能科学与技术交叉学科二级博士点,申请获批电子信息、机械、材料与化工、资源与环境、能源动力、土木水利、交通运输等7个工程类专业学位授权点。设立新生院并聘请8位名师担任八大学堂院长。打破专业壁垒,推动大类招生、大类培养和大类管理联动,构筑厚基础、宽口径、通专结合、多学科交叉复合的本研一体化人才培养模式。

创新育人模式,全面推进驻楼导师工作站建设,210名教授学者进驻学生社区。成立少数民族学生事务管理服务中心,开展少数民族学生"万里大家访"行动。提高资助育人工作实效,精准帮扶4915名助学成才服务对象。

全年开展各省市招生宣讲会640余场。校领导、院士进中学宣讲。27省区理科生源和7省区文科生源排名全国前十。获批科研经费博士招生试点工作,博士生规模有较大增长,达1708人(含学历博士留学生、学位型博士)。改革研究生名额分配方法,向重大科研、基础学科、交叉学科倾斜。

推进教育部“双万计划”,获批首批国家级一流本科专业建设点 23 个,省级建设点 2 个。构建交叉学科学生培养机制,立项建设交叉课程 82 门。同济高等讲堂年均授课 100 讲,授课 4.6 万人次。恢复校优秀博士硕士学位论文评选,2019 年评选校级优秀博士学位论文 78 篇;获评“管理科学与工程学会”优秀博士论文奖 1 篇。

在全国普通高校学科竞赛排行榜的排名从第十八跃升到第八。在 2019 年中国“互联网+”大学生创新创业大赛高教主赛道,获全国金银奖项目各 2 个,并列全国第五。第十六届中国研究生数学建模竞赛,获一等奖 3 项。优化“共生型创新创业教育生态系统”,基本形成贯穿通识课程、专业课程、实践课程的创新创业全过程课程体系。

全面启动同济特色质量保证体系 2.0 项目研究工作,打造基于“三全育人”本研一体的同济特色质量保证体系升级版,健全督导评价体制机制,试行智慧评价方法。牵头成立“全国高校质量保障机构联盟”,并承担联盟秘书处工作。全国有 365 所高校加入。

年内,学校毕业生总体就业率达 99.02%。152 名学生入选选调生,年度增幅 20.63%。8 名学生赴国际组织实习任职;705 名毕业生赴 QS 世界排名前 100 的高校继续深造,占升学总人数的 28.07%,本科生升学率 57.71%;到重点地区、重点行业和企业就业的比例近 70%;2019 届毕业博士生中超过 60%进入高校、科研、医疗卫生等教育研究机构。

2019 年,获批国家自然科学基金 514 项,获批总经费排全国高校第八,其中重点项目 13 项,排全国高校第九位;获批国家重点研发计划、科技创新 2030 重大专项 19 项,位列高校第四位。国家级和省部级项目占比 56%,其中作为乙方承担的专项任务比上年增长 30%。

新增国家干细胞转化资源库(全国 2 个干细胞国家库之一)、长三角城市群智能规划省部共建协同创新中心、上海市感染性疾病(结核病)临床医学研究中心 3 个科研基地平台。培育申报“无人系统多体协同大设施”“多重灾害全息实验系统”等国家重大科技基础设施,“智能计算与应用教育部数学中心”“上海市航天测绘遥感与空间探测重点实验室”省部级平台。

全年获批国家社科基金项目 36 项(比上年增长 56.5%),其中重大项目 4 项(比上年增长 100%)、中华学术外译项目 8 项(位列全国第二)。获批教育部人文社科研究项目 13 项(含重大 1 项)、上海市哲学社会科学规划课题 25 项、横向及其他文科类项目立项 449 项,创历年最高。文科科研合同和到款经费“双过亿”。获第十二届上海市决策咨询研究成果奖 7 项。7 人获上海市“十四五”规划前期招标课题立项。上海高校智库从 1 家增加至 4 家。程国强教授入选 2019 年文化名家暨“四个一批”人才、宣传思想文化青年英才;吴志强院士、娄永琪教授分别获得“第十五届(2019)光华龙腾奖·中国设计贡献奖”金质奖章。

获批牵头筹建教育部自主智能无人系统前沿科学中心。无人系统多体协同重大科技基础设施项目通过教育部组织的“十四五”培育项目评审,被列入上海市人工智能行动计划。中心抓紧开展用地申请工作,建设项目列入 2020 年上海市重大建设项目。

学校主持项目获国家技术发明奖二等奖、国家科学技术进步奖二等奖、国际科学技术合作奖 3 项国家奖;参与项目获 3 项国家科学技术进步奖二等奖;获教育部奖 4 项、上海市奖 23 项(其中一等奖 15 项);刘中民教授获何梁利基金科学与技术进步奖,程黎明教授当选“上海市科技精英”。以第一单位或通讯作者单位发表在 CNS、PNAS 及其子刊上论文 30 篇,ESI 高被引论文 507 篇,授权发明专利 725 项,38 人入选 2019 年中国高被引学者榜单。

继续为雄安新区、北京大兴机场、长三角一体化发展、嫦娥四号首次月球背面软着陆避障、乡村振兴等提供智力支持。落实与鹏城实验室、江西省南昌市、上海市浦东新区、松江区等地市、单位的合作并签署相关协议 6 份。推进与四川、福建、广西等地在战略决策咨询、产学研转化、人才交流、干部培训等方面的系列合作。持续推动“泛同济知识经济圈”建设,2019 年杨浦环同济知识经济圈年产值约 460 亿元。

以“同心筑梦”“同行致远”“育才济人”“奉献济世”工程为抓手，持续推进教职工思想政治教育和师德师风建设。进一步发挥典型示范作用，郑时龄院士获评“全国最美教师”，李睿老师获评全国“最美高校辅导员”，常青院士获评“全国优秀教师”，航天测绘遥感与深空探测研究团队获“全国教育系统先进集体”荣誉称号，周怀阳教授获评“感动上海”年度人物。吕西林、徐祖信两位教授当选中国工程院院士，斯潘诺斯教授当选中国科学院外籍院士。全年新增高层次人才 69 人次，增幅 22%，学校高层次人才总数 378 人次，占全校专任教师比例比上年提升约 2%，达到 10.13%。

学校获批新设 5 个博士后科研流动站，获批总数居全国第三位；全年招收博士后 236 人，在站博士后数达到 528 人，其中外籍博士后 30 人。博士后队伍建设成效显著，13 人获得博士后创新人才支持计划资助，位居全国高校第七位；获批国家自然科学基金 49 项；41 人获 66 批博士后面上基金资助，38 人获 2019 年上海超级博士后激励计划资助。

学校拓展同中亚、欧亚以及东南亚等国家的合作与交流，加强同欧美等国的科技合作与交流，形成“一体两翼加引擎”全球一体化国际合作新态势。学校在 2019 年大学国际化水平排名中位列第六(2018 年排名第八)，创造历史最好纪录。法国、德国、意大利等国及联合国政要相继来访，学校的国际影响力日益增强。

中德学院成功转型，以“小核心、大外围、高层次”的理念开创平台学院改革新局面。先后成立中德经济与管理研究院、中德智能科学与技术研究中心、中德汽车联合研发中心、中德机械工程中心等一批对标高水平学科融合和产教融合的中德合作新平台。

4036 名学生出境学习交流。进一步提高国际学生数量，国际学生录取总人数达 4891 人，学历结构进一步优化，其中博士生录取 76 人、硕士生录取 430 人、本科生录取 355 人。国际学生 Jacob Thomas 创作的“China Through My Eyes”获“我眼中的中国”在华留学生短视频大赛唯一的特等奖。

学校在原有 6 个“111 引智基地”1.0 基础上，新增干细胞与重大疾病学科创新引智基地 1.0、海洋地质科学创新引智基地 2.0。聘任弗雷德里希、矶崎新等有全球影响力的著名学者担任同济大学名誉教授。娄永琪教授当选瑞典皇家工程科学院院士，李荣兴教授、赵生捷教授当选国际欧亚科学院院士，尤建新教授当选国际质量科学研究院院士，陈杰院士当选国际自动控制联合会会士。学校举办高质量国际会议 57 场，师生参加国际会议 2443 人次，8 名学生赴国际组织实习。与联合国环境署联合发起成立的“全球环境与可持续发展大学合作联盟(GUPES)”，学校担任秘书处单位，至年底，成员覆盖全球 105 个国家的 820 所大学。 (同　济)

【7 项成果获颁国家科学技术奖】 1 月 8 日，在北京召开的国家科学技术奖励大会上，同济大学 7 个项目获 2018 年度国家科学技术奖。其中，以同济大学为第一完成单位、以同济大学教授为第一完成人的 3 个项目分获 1 项国家技术发明二等奖、2 项国家科学技术进步二等奖，以同济大学教授为主要参与者合作完成的 4 个项目分获 1 项专用项目特等奖、1 项国家技术发明二等奖、2 项国家科学技术进步二等奖。 (同　济)

【《中国脑科学技术与神经伦理的责任性和可持续性》发表】 2 月 6 日，《神经元》杂志在线发表同济大学课题组《中国脑科学技术与神经伦理的责任性和可持续性》的研究论文。该论文分析中国脑科学技术发展中存在的社会伦理问题，并从中国传统文化及民族特色角度出发提出了应对策略。该论文通讯作者是同济大学医学院郑加麟教授和同济大学原校长、中国科学院院士裴钢。 (同　济)

【获多项市科学技术奖】 5 月 15 日，在召开的 2018 年度上海市科学技术奖励大会上，同济大学牵头成果共获 18 项奖励。其中李风亭的“功能化三位聚合物类水处理药剂的创新设计与工程应用”、吴俊的“多域融合的边缘计算接入网关键技术及应用”获得技术发明一等奖，葛耀君的“双主跨缆索承重桥梁的动力特性优化和风致振动控制”、袁勇的“软土隧道强震非一致作用安全控制技术”、王培军的“阿尔茨海默病分子生物学分子功能影像学精准评价及干细胞治疗研究”、周彩存的“肺癌精准化诊疗策略建立与推广应用”、黄宏伟的“长大地下工程安全风险精细化感控的关键技术及应用”获得科技进步一等奖。另有自然科学奖二等奖1项、技术发明二等奖1项、科技进步二等奖5项，技术发明三等奖1项、科技进步三等奖3项。由同济大学建筑设计研究院(集团)有限公司作为第二完成单位完成的“上海中心大厦工程关键技术”项目荣获上海市科技进步特等奖；同济大学作为重要完成单位合作完成的另2项目分获自然科学一等奖。（同　济）

【2019本科招生方案发布】 6月10日，同济大学对外发布2019年本科招生方案，面向全国招收本科生4450人；面向全国首推十大特色试验班，“人工智能”专业自2019年起招收第一批本科生。十大特色试验班分别是：5个工科试验班，涵盖“建筑城规景观与设计类”“土木与环境类”“智能交通与车辆类”“智能化制造类”“信息类”，以及医学试验班、理科试验班、经济管理试验班、人文科学试验班、社会科学试验班各1个，由新生院统一进行教学管理和培养，实施学堂式管理。（同　济）

【与杨浦区签署基础教育集团协议】 7月12日，杨浦区政府与同济大学共同签署《合作共建同济大学杨浦基础教育集团协议》，区校联手共同推动同济大学优质教育资源向杨浦区基础教育(含幼儿教育)辐射、延伸，助力打造优质教育集聚区，既为服务上海科创中心人才培养提供优质的教育资源，也服务同济大学世界一流大学建设。（同　济）

【与鹏城实验室签署战略合作协议】 7月27日，同济大学与鹏城实验室在深圳举行战略合作签约仪式。根据协议，双方借助同济大学的科研实力、人才优势和鹏城实验室创新的科学研究机制，协同共建世界领先的科研基地并联合进行高端人才培养。（同　济）

【服务中华人民共和国建设70年主题展揭幕】 9月26日，“‘与祖国同行，以科教济世’同济大学服务中华人民共和国建设70年主题展”在同济大学衷和楼大厅揭幕。主题展按时间段划分为4个部分：第一部分由新中国成立为起点，以“响应号召　心系民生”为主题；第二部分由党的十一届三中全会召开为起点，以“改革开放　跨越发展”为主题；第三部分由邓小平发表“南巡讲话”为起点，以“深化改革　追求卓越”为主题；第四部分由党的十八大开启新时代为起点，以“勇担使命　强国济梦”为主题。展览系统梳理和展示70年来同济大学服务祖国建设的重要代表性成果和突出贡献。共有90余幅展板，展出了不同时期的照片350余幅。全面回顾、集中展现同济大学为国家重大战略、国家重大工程建设、国家经济社会发展作出的巨大贡献。（同　济）

【大学生创新创业大赛获好成绩】 10月12—15日，第五届中国“互联网+”大学生创新创业大赛全国总决赛在浙江大学举行。同济大学获全国总决赛2块金牌、2块银牌，获得的金奖总数并列全国第五、上海市第一，为历届最好成绩。国务院副总理孙春兰在创客秀展示环节视察了同济大学《工业废水达标处理颠覆者》和《钛石科技》项目团队。（同　济）

【区校签署战略合作框架协议】 10月25日，浦东新区政府与同济大学签署战略合作框架协议。根据协议，区校双方将在人工智能、医疗卫生、决策咨询、干部交流与人才配套等方面深化合作，携手抢占人工智能制高点，助力浦东新区打造具有全球影响力的科技创新中心核心功能区。12月17日，松江区政府与同济大学签署战略合作框架协议。根据协议，双方将建立紧密型、全方位的合作机制，共同推动长三角G60科创走廊人工智能和产业深度融合发展。（同　济）

【首届校友产业博览会开幕】 11月1日，以“人工智能+”为主题的首届同济大学校友产业博览会在同济大学衷和楼开幕。70家以人工智能为特色的校友企业齐聚母校，其中有上市公司4家、独角兽企业4家、成长型企业25家、教授项目3个、学生项目3个，参展企业总估值逾1000亿，其中包括一嗨租车、达达—京东到家、UCloud、爱回收、全筑、风

语筑、天际、爱驰等企业。（同　济）

11月1日，第一届同济大学校友产业博览会开幕式在同济大学举行

附：学校负责人及地址

（2019年1—12月）

校党委书记：方守恩

副书记：陈　杰、徐建平、吴广明、方　平、冯身洪

校　　长：陈　杰

常务副校长：伍　江

副 校 长：江　波（11月离任）、蒋昌俊（6月到任）、吴志强、吕培明、顾祥林、雷星晖、陈义汉

四平路校区地址：四平路1239号
邮编：200092
电话：65982200

嘉定校区地址：曹安公路4800号
邮编：201804
电话：69589255

沪西校区地址：真南路500号
邮编：200331
电话：51030050

沪北校区地址：共和新路1238号
邮编：200072
电话：66052500

华东理工大学

【2019年概况】 华东理工大学有徐汇、奉贤2个校区和金山科技园区，设有20个学院，学科设置涵盖11个学科门类。本科专业72个；一级学科硕士学位授权点29个，二级学科硕士学位授权点129个；硕士专业学位授权点16个；一级学科博士学位授权点13个，二级学科博士学位授权点83个；博士后科研流动站14个。拥有8个国家重点学科、10个上海市重点学科、7个上海高校一流学科。化学、材料科学、工程学、生物学与生物化学、药理学和毒理学、农业科学6个学科进入ESI全球前1%，化学学科进入全球前1‰。教职员工3100人，其中中国科学院、中国工程院院士8人、双聘院士4人，欧洲科学院院士1人。在校全日制学生26729人，其中本科生16698人、硕士研究生7766人、博士研究生1832人，学历留学生433人。

年内，录取本科生4198人、硕士研究生3405人、博士研究生461人。2019届毕业生总体就业率为96.74%，其中本科生就业率为96.23%、研究生就业率为97.43%。15个专业入选国家级一流本科专业建设点名单。“精细化工”和“智能科学与技术”两个新工科专业获教育部批准设立。新增国家精品在线开放课程2门、市重点课程30门。“无机化学”课程成为全国首个西行慕课。获国家级教学成果一等奖和二等奖各1项、市高校本科重点教改项目4项。4位教师获评第二届“张江树教学名师奖”。2个实践基地入选中国高等教育学会“校企合作　双百计划”典型案例。获批教育部产学合作协同育人项目16项。入选国家虚拟仿真实验教学项目2个、市虚拟仿真实验教学项目6个。生物工程、复合材料与工程、自动化、计算科学与技术4个专业通过国内工程教育专业认证，化学工程与工艺、轻化工程、能源与动力工程3个专业开展

ABET国际认证自评工作。一流研究生建设平稳起步，新增博士研究生导师27人、硕士研究生导师65人。实现硕士研究生学位论文全面网络盲审。制定《专业学位研究生实践教学联合培养基地管理办法》，加强专业学位研究生实践能力培养。建设创新创业专门课程、专创结合课程、思创融合课程共计32门。科技园梅陇基地正式投入运营，建成约2万平方米的加速器项目，形成创新创业实践和科技企业孵化的完整产业链。完善奉贤校区大学生创新创业实践基地"G空间"，接待学生2000人次。近4000名学生参与百余项科创竞赛活动，1000余名学生获市级以上奖励620余项。110余名学生先后在"挑战杯"、美国大学生数学建模竞赛、国际遗传工程机器大赛等高级别科创竞赛中获得全国一等奖以上及国际级大奖。

新入职教职工85人。1人当选中国工程院院士，1人当选中国科学院外籍院士，1人入选欧洲科学院外籍院士。另新增国家级各类人才24人次，上海市各类人才61人次。4位教师获宝钢优秀教师奖，11位教师获"上海市育才奖"。27位教师到企业参加产学研践习，6位中青年教师赴海外高水平大学和研究机构访学进修。37人获市各类科技人才项目资助。获批"生物工程""数学"博士后科研流动站，5人入选国家博士后创新人才支持计划，10人入选国家博士后基金特别资助，19人入选上海市"超级博士后"激励计划。

"物质转化制造过程智能优化调控机制"基础科学中心项目获国家自然科学基金委员会批准立项。"材料生物学与动态化学"前沿科学中心通过教育部正式论证。石油化工行业智能优化制造国际合作联合实验室获教育部批准立项。上海市流程工业智能制造工程研究中心获市发展改革委批准立项。全国酵素研究中心落户学校。建设数理交叉、环境装备交叉、人工智能交叉等3个交叉学科平台。成立生物基材料研究院、智能特种装备与安全研究院。与上海医药集团共建"绿色制药创新转化中心"、与索尔维共建国际联合研究中心等7个校企联合研究机构。超细材料制备与应用教育部重点实验室、化工过程先进控制和优化技术教育部重点实验室、教育部医用生物材料工程研究中心评估"优秀"。学校牵头获2019年度国家科技奖励二等奖2项，教育部科技奖励一等奖1项、二等奖3项。国家技术转移中心在上海市2019年度科技成果转移转化服务体系建设绩效评估中获评"优秀"，入选"2019胡润上海技术转移机构新锐Top10"。在第二十一届中国国际工业博览会上，获高校展区优秀展品奖2项、优秀创新创业展品奖1项，连续第十四次获"工博会优秀组织奖"。新增上海高校智库"新时代国家安全研究院"1个省部级研究基地。人文社科获第十二届上海市决策咨询研究成果奖一等奖及上海市科技进步奖二等奖各1项。

与英国哈德斯菲尔德大学签约共建全球首个"科技创新孔子学院"。与法国化学工程师学院联盟(FGL)合作，成立国际卓越工程师学院，首届招生本科生80人。中外合作办学项目6个，中外合作科研项目18个。教师出国(境)研修552人，聘任长期工作专家33人。公派留学研究生49人，派出各类项目本科生423人。与新加坡国立大学等世界一流高校签署合作备忘录4份。牵头举办中美、中西学术双边研讨会，与南美、拉美地区高校开展合作交流。新招收学历留学生184人。举办主题性校园开放日，设立国际学生本科生院长奖学金，获批华东理工大学国家汉语水平考试(HSK)考点。建设全英文本科专业9个，6个专业开始招生。

江西建材集团与学校签订连续5年、每年50万元的奖助学金协议。构建"一院一品"的校友品牌活动体系。捐赠定点扶贫云南省寻甸县，援建虚拟现实(VR)科普工作站，组织"寻甸扶贫水"、寻甸家具、农产品进校园，与寻甸县共建电商创业孵化基地，引进校友企业到寻甸县投资兴业，举办寻甸县干部专题培训班5期，新选派研究生支教团7人。做好5所西部地区高校的对口支援工作，遴选6人次教师支教，接收56名联合培养学生，新录取10名教师到校攻读博士学位，接收2名教师到校进修。助力新疆石河子大学取得化工学科一级博士点。部省合建高校盐湖化工大型系列研究设施落户青海大学，煤化工大型系列研究设施落户石河子大学和宁夏大学。

（王　阳）

【生物基材料研究院揭牌】 1月18日，华东理工大学与上海凯赛生物技术研发中心有限公司合作成立华东理工大学生物基材料研究院。研究院聚焦生物基材料研究，在成果产出和人才培养模式上开展新探索。（王　阳）

【获上海市科技奖励大会奖项】 5月15日，上海市委、市政府在上海展览中心友谊会堂召开上海市科学技术奖励大会，表彰2018年度为上海科技创新事业和经济社会发展作出突出贡献的科技工作者。华东理工大学作为牵头单位的轩福贞领衔的项目“基于拘束理论的重大承压设备断裂评价与调控技术”，许建和领衔的项目“生物催化剂的快速定制改造及高效合成手性化学品的关键技术”项目获一等奖2项、二等奖9项、三等奖2项；学校教师参与的项目获二等奖1项、三等奖2项，学校教师张显程和白志山获青年科技杰出贡献奖。（王　阳）

【与英国哈德斯菲尔德大学签约共建科技创新孔子学院】 7月7—11日，应英国哈德斯菲尔德大学校长邀请，华东理工大学校长曲景平率团访问英国。7月8日，在哈德斯菲尔德大学奥斯特勒大楼举行双方举行签约仪式，共建哈德斯菲尔德大学科技创新孔子学院。大使馆教育公使衔参赞王永利代表国家汉办与英国哈德斯菲尔德大学校长鲍勃·克莱恩签署框架合作协议，曲景平校长与鲍勃·克莱恩校长分别代表华东理工大学与哈德斯菲尔德大学签署孔子学院执行协议。英国约克公爵安德鲁王子、中国驻英国大使刘晓明、中国驻曼彻斯特领馆总领事郑曦原、哈德斯菲尔德大学副校长大卫·泰勒等50余人共同出席签约仪式。（王　阳）

7月8日，华东理工大学与哈德斯菲尔德大学签约共建科技创新孔子学院

【基础科学中心项目获资助】 10月，国家自然科学基金委员会正式批准资助“物质转化制造过程智能优化调控机制”基础科学中心项目。该项目由钱锋院士牵头，以华东理工大学为依托单位，联合中南大学、东北大学共同申请，获批直接经费8000万元，资助周期5年。这是国家自然科学基金委员会自2016年试点资助基础科学中心项目以来，上海高校牵头的首个基础科学中心项目。这一项目通过新一代人工智能与流程制造的深度融合，研究物质转化制造过程智能优化调控机制，从物质转化过程机理表征与认知、制造过程多目标自主协同调控、制造系统跨层人机物融合智能决策三个方面开展联合攻关，系统地解决基础研究和应用基础研究中的重大科学问题。（王　阳）

【新增1名中国工程院院士】 11月22日，中国工程院公布2019年增选院士名单，华东理工大学机械与动力工程学院涂善东教授当选化工、冶金与材料工程学部中国工程院院士。涂善东长期致力于化工设备安全工程技术的研究与开发，创新发展高温高压化工设备安全维修、安全评价以及本质安全调控等工程技术。（王　阳）

附：学校负责人及地址

（2019年1—12月）

校党委书记：杜慧芳
　　副书记：宋　来、陈　麒、沈志超

校　长：曲景平
副校长：钱　锋、吴柏钧、刘昌胜（5月离任）、辛　忠、胡宝国、轩福贞（1月离任）、李　涛、王慧锋（7月到任）

徐汇校区地址：梅陇路130号
邮编：200237
电话：64252500

奉贤校区地址：海思路999号
邮编：201424
电话：64252500

东 华 大 学

【2019年概况】 东华大学设教学院(部)17个,拥有6个博士后流动站、10个一级学科博士授权点、2个专业学位博士授权类别、28个一级学科硕士学位授权点、2个独立设置的二级学科硕士学位授权点、17个专业学位硕士授权类别、55个本科专业。全校各类学生24536人,其中本科生14339人、研究生7187人(博士研究生1151人)、学历留学生878人、成人教育学历生981人。

年内,新增机械、能源动力2个博士专业学位授权点,对应调整电子信息、机械、材料与化工、资源与环境、能源动力、土木水利、生物医药7个硕士专业学位授权点,自主增列系统科学一级学科硕士学位授权点。统筹推进3个层次、18个学科重点建设。计算机科学、工程学、化学、材料科学领域入围ESI世界前1%。

推进以思政课为核心、科学素养课为支撑、专业课为辐射三位一体的思想政治教育课程体系建设,纺织学院入选上海市课程思政领航学院。实施一流本科教育建设方案,11个本科专业入选国家级一流本科专业,4个本科专业入选上海市一流本科专业;环境工程、纺织工程、机械工程通过工程教育认证;获批大数据科学与大数据技术、智能制造工程2个新专业;“时装文化与流行鉴赏”课程成为国家精品在线开放课程;本科生获省部级以上奖励共计700余项。一流研究生教育项目获评立项。硕士、博士学位论文抽检100%全部通过。研究生以第一作者发表SCI/SSCI源刊学术科研论文771篇,一区论文179篇。“先进纤维与低维材料创新人才培养项目”等4个项目获批国家创新型人才国际合作培养项目。截至8月,学校毕业生总体就业率为97.13%,深造率36.43%,毕业生平均薪资居“中国大学毕业生薪酬排行榜”第二十一位。开设创新创业拔尖人才实验班;获批国家、上海市创新创业训练项目350项;获评上海市高校毕业生就业创业工作孵化基地、上海市首批“大学生文创实践基地”。在各类体育与美育竞赛中,获亚洲亚军1个、全国冠军6个、上海市冠军27个;校合唱团获第十七届圣彼得堡“歌唱世界”国际合唱节三项大奖。

获国家科技进步二等奖2项、省部级科技奖30项,其中一等奖13项(牵头5项)。获国家自然科学基金84项、国家自然科学基金重大项目课题1项、国家自然科学基金中德合作重点项目1项、国家自然科学基金重大项目重点课题1项、省部级以上人文社科类项目34项。申请专利1291项,其中发明专利1256项;专利授权526项,其中发明专利501项,有效发明专利位列上海市第六位(高校第三位)。纤维材料改性国家重点实验室获评“优秀类国家重点实验室”;产业用纺织品教育部工程研究中心获评“优秀”。共建的国家先进功能纤维创新中心获批组建;上海市高性能纤维复合材料协同创新中心获批省部共建协同创新中心;共建上海碳纤维复合材料创新研究院有限公司,培育碳纤维复合材料研发与转化功能型平台。

以白玉兰为元素设计海派旗袍助力“奋进上海”彩车参与庆祝中华人民共和国成立70周年群众游行活动,“东华印象”亮相上海设计之都活动周,东华志愿者助力进博会,262支团队、2900余名师生赴各地开展社会实践活动。成立首个由第三方机构全程参与并负责运行的科技成果转化平台项目——浙江省绍兴市柯桥区东纺纺织产业创新研究院。聚酯绿色型的催化剂成功实现转让。11项科技成果参展第二十一届中国工博会,学校获评2019年中国国际工业博览会中国高校展区特等奖和优秀组织奖。开展教育、科技、智力、消费、就业等全方位扶贫，帮扶云南省盐津县达到云南省内脱贫摘帽标准；继续对口支援新疆大学、塔里木大学。

制定《东华大学关于进一步加强校园文化建设的意见》，设立校园文化发展基金，培育校园文化品牌项目，推出学校形象片，录制新版校歌，完善视觉形象识别系统建设，开展口述校史采集工程，培育文化传承系列微视频，弘扬高尚师德师风，展演校园原创大师剧《钱宝钧》。以时尚和科技为特色的旗袍文化彰显东华文化影响力。以“锦绣东华”为特色的东华讲坛成为东华大思政特色品牌。

与加拿大多伦多大学等知名高校以及“一带一路”沿线国家的学校签署23份校际合作协议。获国家创新型人才国际合作培养项目4项，派出713名学生前往世界一流名校交流学习。继续推进“中非高校20+20合作”教育援非项目，办好与肯尼亚莫伊大学共建的特色孔子学院。举办“‘一带一路’纺织行业产能国际合作高级研修班”等活动。参与荷兰、巴西、斐济、伦敦、波兰、俄罗斯等国艺术节活动。举办国际纺织生物医用材料大会等13个国际重要会议。入选“2019年科技部高端外国专家引进计划”12项。获批上海市“一带一路”智库建设项目1项。

推进师德师风建设常态化、制度化和规范化建设。1人当选中国科学院院士，1人获评全国优秀教师。专任教师中有博士学位的占比76.9%，有半年以上海外经历教师占比55.6%。制定实施《东华大学博士后管理办法》，1人获中国博士后基金特别资助，10人获中国博士后基金面上资助，5人入选上海市“超级博士后”激励计划。（平　婧）

【获国家科技进步二等奖】 1月8日，在北京召开的国家科学技术奖励大会上，东华大学教授孙以泽团队领衔的“高性能特种编织物编织技术与装备及其产业化”项目、研究员王华平团队领衔的“废旧聚酯高效再生及纤维制备产业化集成技术”项目获国家科技进步二等奖。“高性能特种编织物编织技术与装备及其产业化”项目建立了编织物性能与材料、结构参数、成型工艺参数的数学模型，提出了捻度和张力高精度调控方法，提出了无接头扣环绳缆和多层绳缆自动化复合编织技术，提出了特种管类编织物自动编织方法，发明了高精度传动系统、张力自适应双补锭子等关键机构，研制了四大类特种编织机成套装备。“废旧聚酯高效再生及纤维制备产业化集成技术”项目创建了废旧聚酯再生的中国特色方案，实现废旧聚酯纺织品高效回收与高值利用，大幅提升聚酯再生纤维技术水平，同时为纤维资源再生行业发展提供新思路，促进再生聚酯纤维产业向高端纤维产业发展。（平　婧）

【2019国际纺织生物医用材料大会】 5月17日在东华大学松江校区召开国际纺织生物医用材料大会。大会以“生物医用与健康纺织品——从实验室到临床应用的挑战和机遇”为主题，聚焦新一代植介入医用材料、功能修复用组织工程材料等研究热点。来自海内外20多个国家和地区的200余名专家学者代表参加。（平　婧）

【参展上海设计之都活动周】 8月30日—9月1日，2019上海设计之都活动周在上海展览中心开幕。东华大学携智能衣、聪明巾、未来形、太空鞋、时尚箱、潮家具、游戏板等七大展品参展，传达共生设计、环保理念、人工智能的未来潮流，展现东华“设计+”的时代元素。（平　婧）

【参展中国国际工业博览会】 9月17日，第二十一届中国国际工业博览会在国家会展中心（上海）举行，东华大学携高性能特种编织物编织技术与装备等11项科技成果参展，成果覆盖先进制造与新材

9月17日，东华大学11项科技成果亮相第二十一届中国工博会

料、环保与新能源、生物医药、电子信息等多个领域。学校获工博会中国高校展区特等奖和优秀组织奖。　　（平　婧）

【获“欧洲时装联盟”时尚设计师奖】　9月20—21日，东华大学教授陈彬率团队赴米兰参加欧洲时装联盟设计师大赛并担任评委。东华大学学生刘辰元、李阳阳、蒋超伟获大赛时尚设计师奖。　　（平　婧）

【国际工业工程与系统管理会议召开】　9月25—27日，东华大学与法国巴黎东区大学、法国洛林大学联合主办，法国埃夫里—瓦尔德艾松大学、上海交通大学、同济大学等协办的2019国际工业工程与系统管理会议在上海召开。会议以智能城市聚集对社会发展的益处、趋势、策略和挑战为主题，涵盖智慧城市、共享经济、物联网、大数据、运营管理、绿色能源、智能制造、智能物流、智能选址、质量管理、风险管理等方面。来自30多个国家和地区的150多名学者参会。　　（平　婧）

【获“世界可穿着艺术大赛”冠军】　9月27日，第三十一届世界可穿着艺术大赛决赛颁奖仪式在新西兰首都惠灵顿举行。东华大学副教授周洪雷团队领衔的设计作品“华夏图腾”获大赛White组别和WETA工作室组别的2个冠军。作品以中国文化元素和当下全球环境和气候问题为灵感，运用3D打印设计理念和参数化建模技术，将中国文化基因融入其中。　　（平　婧）

【2019澜湄纺织服装产业发展高级研修班】　10月9日，2019澜湄纺织服装产业发展高级研修班在东华大学举行开班仪式。研修班由中国国际贸易促进委员会纺织行业分会主办，东华大学承办，通过分享中国纺织服装产业在政策制定、创新发展、国际布局、智能制造、产业集群和社会责任等方面的发展经验，促进澜湄流域各国纺织服装产业共同发展。来自柬埔寨、越南、缅甸、泰国和老挝的近30位政府官员、协会领导、工业园及大型纺织服装企业和研究机构代表参加研修。　　（平　婧）

10月9日，2019澜湄纺织服装产业发展高级研修班开班

【1人当选中国科学院院士】　11月22日，2019年中国科学院院士增选名单公布，东华大学教授朱美芳当选中国科学院院士。朱美芳提出并建立热塑性聚合物纤维功能化设计思路和全流程功能化技术体系，解决了合成纤维兼具功能性和舒适性的难题，创建了介观诱导制备智能纤维的新方法，推动了国家纤维质量“由低到高”、产业“由大到强”的重大进步。　　（平　婧）

附：学校负责人及地址

（2019年1—12月）

校党委书记：刘承功（7月到任）
　　副书记：刘淑慧、崔运花、金海燕（12月离任）

校　长：俞建勇（8月到任）
副校长：刘春红（5月离任）、邱　高、卿凤翎、陈　革、陈南梁、舒慧生

松江校区地址：人民北路2999号
邮编：201620
电话：67792022

延安路校区地址：延安西路1882号
邮编：200051
电话：67792000

华东师范大学

【2019年概况】 华东师范大学有中山北路、闵行2个校区,设4个学部、30个全日制学院、4个书院、8个实体研究院、2个国家重点实验室、2个管理型学院,含84个本科专业。有一级学科博士学位授权点29个、一级学科硕士学位授权点36个,可授予21种硕士专业学位以及教育博士专业学位,有26个博士后科研流动站。拥有教育学、地理学2个一级学科国家重点学科,5个二级学科国家重点学科、5个国家重点培育学科,12个教育部第四轮学科评估A类学科,6个上海市高峰学科(Ⅰ类2个,Ⅱ类2个,Ⅳ类2个),12个上海市重点学科和17个上海市一流学科(A类4个,B类13个)。

学校理工科拥有2个国家重点实验室、1个国家工程技术研究中心、1个国家野外科学观测研究站、1个国家级国际联合研究中心、7个教育部重点实验室和工程研究中心、1个教育部国际合作联合实验室、1个教育部战略研究基地和高等学校软科学研究基地、1个教育部野外科学观测研究站、1个民政部研究中心、1个国家新闻出版总署重点实验室、1个自然资源部工程技术创新中心、10个上海市重点实验室和工程技术研究中心、1个上海市工程研究中心、1个上海市野外科学观测研究站、1个上海市软科学研究基地、1个上海市协同创新中心。学校文科拥有6个教育部人文社会科学重点研究基地、11个上海市哲学社会科学创新研究基地和上海市人民政府决策咨询研究基地工作室、4个上海市高校智库、9个上海高校"立德树人"人文社会科学重点研究基地,7个国别和区域研究中心获教育部备案。有国家文理科基础学科人才培养和科学研究基地6个、国家级实验教学示范中心2个、国家级虚拟仿真实验教学中心1个、上海市实验教学示范中心8个。

学校在校全日制本科生15454人、硕士研究生15940人、博士研究生3272人,在校留学生(学历生)1341人。教职工4394人,其中专任教师2352人;教授及其他高级职称教师1969人,其中中国科学院和中国工程院院士(含双聘院士)14人。

年内,对纳入学校一流大学建设方案的"2+5"重点建设学科及6个高峰学科加大倾斜支持力度。组织统计学、心理学、生态学、化学、计算机科学5个种子学科制定卓越学科攻坚计划,推进工作实施落地。新增ESI前1%学科1个,总数达到12个。3个学科在世界主要大学及学科排行榜中进入百强,比上年增加2个。12个学科进入世界主要大学及学科排行榜100—200名区间,比上年增加4个。

学校入选上海市首批课程思政整体改革领航高校。打造通识教育课程体系2.0,建设首批通识教育经典阅读课程和核心课程74门。启动专业动态调整,全面评估68个本科专业,暂停7个本科专业2020年招生。对接教育部一流专业建设"双万计划",实施《华东师范大学一流本科专业建设提升计划》,19个专业入选首批国家级一流本科专业建设点,2个专业入选省级一流本科专业建设点。启动打造"金课"计划,大力推进混合式教学方式改革,3门课程入选上海高校优质混合式在线课程示范案例。开展课程评估,建立院系自评和学校监控的二级制度,提升课程教学质量。30门课程入选2019年上海市教委重点课程,8个项目入选市级虚拟仿真实验教学示范项目。本科生累计获省部级奖项1266人次,其中国家级奖项260项。正式实施博士研究生培养质量提升三年行动计划,在经管学部、信息学部、精密光谱国家重点实验室、河口海岸科学研究院开展首批试点工作。建设9个全英文专业。完成课程建设立项36门、研究生科研能力提升计划项目65项、“未来科学家和优秀学者培育计划”10项、“上海一流研究生引领计划”14项。研究生以第一作者发表189篇一区论文，发表A&HCI、SSCI来源期刊论文70篇，发文量增长近3倍。学校入选2019年增列的可开展学位授权自主审核的单位名单。

理科方面，获国家科技进步二等奖1项、教育部自然科学二等奖3项，7项上海市科技奖励通过终评，获奖数量和质量创历史新高。申请国家重点研发计划牵头项目12项。投入上海科创中心建设。获批建设长江三角洲河口湿地生态系统教育部（上海市）野外科学观测研究站、上海市大数据管理系统工程研究中心和自然资源部大都市区国土空间生态修复工程技术创新中心，年度新增重点研究基地数量创历史新高。文科方面，各类纵向科研项目立项总数227项，比上年度增长25%。国家社科基金重大项目、教育部重大攻关项目等共计立项15项。国家社科基金项目立项58项。教育部人文社科项目立项40项。2019年获上海市决策咨询奖7项，其中一等奖3项。职教基地入选国家首批教材重点基地，新申报的3家上海高校智库全部获批。新增CSSCI来源刊1本，入选国家社科基金优秀期刊1本、“全国高校社科名刊”1本，10家刊物获上海市高水平期刊建设项目支持。2018年度人大复印报刊资料转载指数排名发布，在高等院校转载综合指数排名中，华东师范大学位列第四。2018年全国高校南大核心（CSSCI）论文发表数量排行榜发布，华东师范大学以1470篇的发文量居榜单第六位。在最新发布的《中文社会科学引文索引来源期刊目录（2019—2020）》中，华东师范大学主办的《俄罗斯研究》《外语教学理论与实践》《全球教育展望》《华东师范大学学报（教科版）》《华东师范大学学报（哲社版）》等5家期刊继续入选CSSCI来源期刊，《历史教学问题》继续入选扩展版来源期刊，数量位列全国高校第九。华东师范大学承办的《心理科学》《文艺理论研究》和《世界地理研究》分别继续入选CSSCI来源期刊和扩展版来源期刊。《现代中文学刊》在2017年首次入选扩展版来源期刊后，于2019年进入CSSCI来源期刊。

3名教授当选学校首批人文社科资深教授。大力引进优秀青年人才，海内外公开招聘高级职称人员43人。壮大专职科研人员队伍，新增专职科研人员94人、全职博士后研究员123人。曹珍富教授团队获2018年度教育部自然科学一等奖。熊斌获上海市五一劳动奖章。杨国荣获2018年度“张世英美学哲学学术奖励基金”学术成就奖。包起帆教授当选“最美奋斗者”。冯绍雷教授获颁“瓦尔代贡献奖”。何鸣元院士获颁“中国分子筛终身成就奖”。

中法项目第四轮合作协议在法国签署。深化与达累斯萨拉姆大学、阿尔伯塔大学、海法大学合作，推进上海纽约大学、亚欧商学院等中外合作办学项目。纽约和墨尔本中国研究中心完成签约。拓展与贵州、重庆、海南、深圳、厦门、大连等地的战略合作，加强与华为、光明集团、绿地集团、中国浦东干部学院等单位的校企、校际合作。成立学校对口帮扶工作领导小组，推进对云南省寻甸县的定点帮扶工作。主动加强与中西部地区政府、高校的合作。“爱飞翔”项目入选国务院扶贫办2019年志愿者扶贫50佳案例。（黄　欣）

【全国大学生篆刻现场创作大会召开】 1月1日在华东师范大学体育馆召开全国大学生篆刻现场创作大会。由中国书法家协会教育委员会、上海市书法家协会、华东师范大学和《书法》杂志社主办，以“不忘初心，铭刻校训，弘扬大学人文精神”为主题。来自全国80所高校的120余位入展作者代表以母校校训为内容进行现场创作。来自全国多所高校的书法篆刻专家进行现场指导。大会设置直播环节，主持人随机采访创作中的学生，了解不同选手的创作风格和母校校训含义。（黄　欣）

【签约共建华东师范大学重庆研究院】 4月2日，华东师范大学与重庆市两江新区正式签约，共建华东师范大学重庆研究院。这是华东师范大学首次在上海之外地区建立的研究院。研究院重点围绕大数据、人工智能、生物医药、生态环境、信息通讯、新材料等领域开展合作。根据协议，前期建设华东师范大学(重庆)量子精密计量中心，重点开展技术研发、科技成果转化和产业孵化等工作；后期逐步合作打造创新、开放的产业技术研发平台，推动一批重点项目在重庆落地，实现双方在科学研究、人才培养、创新发展等多方面合作，互惠互利共谋发展。(黄　欣)

4月2日，华东师范大学重庆研究院落户重庆市两江新区签约

【与上海中医药大学合作项目签约】 5月16日，华东师范大学与上海中医药大学签约，合作共建现代中医药联合高等研究院、上海现代康复医学研究院，建立联合发展基金，组建联合教学团队，在学科建设、人才培养、科技创新、国际合作等领域开展全面战略合作，实现优势互补、医教融合，共同致力于培育更多创新型、复合型、国际化的卓越医学人才。双方学校领导及相关院系、职能部门负责人、教师代表和学生代表70余人参加签约仪式。(黄　欣)

【华东师范大学成立信息学部】 7月6日，华东师范大学信息学部成立大会在华东师范大学中山北路校区举行。信息学部下设实体建制的计算机科学与技术学院、软件工程学院、数据科学与工程学院、通信与电子工程学院。还成立协同全校信息科学研究力量、促进学科交叉融合的“智能⁺”研究院，挂靠信息学部。(黄　欣)

【在大学生创新创业大赛上获奖】 10月12—15日，“建行杯”第五届中国“互联网⁺”大学生创新创业大赛总决赛在浙江大学举行。华东师范大学获2金2银4铜，金奖数、获奖总数列上海高校第一，创造历史最好成绩。国务院副总理孙春兰会见华东师范大学赵文祥博士等金奖项目负责人，对获奖项目给予高度评价并寄予殷切希望。华东师范大学被授予高等教育主赛道先进集体奖和“青年红色筑梦之旅”赛道先进集体奖。(黄　欣)

【国际校长联盟大会举行】 10月23—25日，以“共创未来的学校领导者”为主题的第十四届国际校长联盟大会在华东师范大学举行，来自世界各地50个国家的1500名中小学校长参会。大会分论坛在华东师大田家炳教育书院举行。分论坛采用12个平行会场方式进行，近百位中外校长在分论坛上作主题报告，充分展示和交流各国中小学教育的实践经验。国际校长联盟成立于1990年，以促进世界教育进步为宗旨，是全球性的校长专业组织，成员包含五大洲的20万名中小学校长和教育管理人员。国际校长联盟于1993年在瑞士日内瓦举办第一次联盟大会，此后每2年举办一次。此次国际校长联盟大会是国际校长联盟成立以来第一次在中国举办。(黄　欣)

10月23—25日，第十四届国际校长联盟大会在华东师范大学举行

【召开长三角区域基础教育合作信息发布会】 10月25日，“华东师范大学面向长三角区域基础教育合作信息发布会”召开。长三角区域26个城市的教育行政部门负责人出席。上海市闵行区、宝山区领导，中旭天下教育集团总裁代表战略合作方发言，分享合作心得。(黄　欣)

【获准开展学位授权自主审核】 经国务院学位委员会第三十五次会议审议批准，学校入选2019年增列的可开展学位授权自主审核的单位名单。这

次获批学位授权自主审核单位，是继1986年成为设立研究生院的高校后，华东师范大学学位与研究生教育发展史上的大事。（黄　欣）

附：学校负责人及地址

（2019年1—12月）

校党委书记：童世骏（12月离任）、梅　兵（12月到任）

副书记：钱旭红、朱　民（7月到任）、王宏舟、杨昌利、曹友谊

校　长：钱旭红

副校长：孙真荣、梅　兵（12月离任）、李志斌、汪荣明（8月离任）、周傲英、戴立益

闵行校区地址：东川路500号

邮编：200241

电话：54344633

中山北路校区地址：中山北路3663号

邮编：200062

电话：62233333

上海外国语大学

【2019年概况】 上海外国语大学有教学院（系）18个，直属教学部3个。设有本科专业47个，其中语言类专业33个、非语言类专业14个。一级学科硕士学位授权点7个（下设二级学科硕士学位授权点41个）、专业硕士学位授权点7个、一级学科博士学位授权点3个（下设二级学科博士学位授权点20个）、博士后科研流动站3个。全校在职教职工1375人，其中专任教师838人（正高职称149人、副高职称278人；具有博士学位教师591人、硕士学位教师234人）。各类学生总数16256人，其中本科生6028人、硕士研究生3134人、博士研究生490人、留学生3768人（学历生1154人）、成人教育学生2369人、网络教育学生467人。年内招收本科生1514人、研究生1303人，其中硕士研究生1174人、博士研究生129人；本科生毕业1423人，就业率约为97.38%；研究生毕业1050人，其中硕士生949人、博士生101人，硕士毕业生就业率为98%、博士毕业生就业率为99.01%。招收来自121个国家和地区的各类留学生4981人次。

年内，完成"双一流"建设攻坚专项方案推进情况报告。将学校在上海高校分类评价中的办学类型由"应用研究型"更改为"学术研究型"。完善本科招生工作体系和人才选拔机制，新增77所优秀生源基地，累计涵盖203所顶尖中学，覆盖30个省、市、自治区。通过15个招生类型共录取本科生1536人，并完成第一批工商管理类、新闻传播学类大类招生。完善外语院校特色思政教育体系，建立2个思政课校外教学基地，连续三年入选上海市课程思政教育教学改革"整体试点校"，入选2019年度"上海高校课程思政整体改革领航高校"。举办新文科背景下的"多语种＋"卓越国际化人才培养国际会议。新增塞尔维亚语和语言学2个本科专业。12个专业入选国家级一流本科专业。12门课程入选上海市教委本科重点课程，10门课程通过上海市教委本科重点课程结项验收，3门课程在英国慕课平台上线，27门课程在中国大学慕课平台上线。本科生参与国内外省部级及以上学科竞赛80余项，超过110人次获奖，其中外语类竞赛52项，获奖数量比上年增长19%，获得一等奖的数量占所有获奖数量的62%。推动研究生教育体制机制改革，制定或修订11项管理条例，内容涉及招生、培养、学位、导师等多方面。5个项目获上海市教委2019年研究生教育项目立项。搭建7个区域国别研究高层次人才培养平台。推出面向全校研

究生开放的“研究伦理与学术规范”课程。首次实施学位论文校内盲审。首次实施在任博导招生资格审核，对博导招生资格进行动态管理。新增博士生导师24人、硕士生导师138人。年内共选派20多人赴国际组织实习任职。组织上海高校新闻发言人大赛等21场外事外交主题类活动。

打造高端智库和学术平台，继续“中阿改革发展研究中心”建设，举办第二届中国—阿拉伯国家改革发展论坛，完成第六到第十期阿拉伯国家官员研修班，开设第一期中阿政党共建“一带一路”专题研修班。推进“上海全球治理与区域国别研究院”建设，举办第二届“联通世界与未来”国际研讨会。提高各级各类区域国别研究中心的科研水平和资政能力，完善中心协同机制，构建区域国别研究网络，针对性报送决策咨询信息。中国国际舆情研究中心获批上海高校一类智库。中国外语战略研究中心发布《世界语言生活状况报告(2019)》。举办首届全国高校国别和区域研究学术年会，成立全球教育研究中心，推进“外国文化政策研究基地”建设，完成“世界主要城市提升城市品质的政策和举措”专项课题。成立语料库研究院、人工智能数据工程中心、磁共振成像研究中心，启用上外脑与认知科学应用重点实验室，举办“人工智能驱动高质量发展——构建人工智能生态链”世界人工智能大会(WAIC 2019)特色论坛、首届语言智能研究学术研讨会。获批国家社科项目30项(其中国家社科重大项目1项、重点项目3项、一般项目5项、青年项目1项、后期资助9项、中华学术外译项目9项、冷门绝学和国别史研究专项1项、全国教育科学研究一般项目1项)，项目数较上年翻番；获批国家自科基金项目2项，首次获批国家自科基金重点项目1项；获批教育部人文社科项目7项(其中人文社科基金一般项目1项、青年项目5项、后期资助项目1项)；获批上海市级各类项目36项(其中上海市哲社规划一般项目10项、青年项目9项、上海高校智库内涵建设计划项目7项)。发表学术论文781篇，其中CSSCI期刊论文235篇，SSCI、A&HCI、SCI、EI论文49篇，其他境外期刊论文53篇；出版著作149部，其中专著41部、译著42部、教材34部、论文集11部、工具书20部、古籍整理1部。

年内，引进来自国内外知名大学的高层次人才16名。创新引才模式，举办两届西索国际青年学者论坛。新增工商管理一级学科博士后科研流动站。构建多元化教师培育体系，打造“思索学堂”在线学习平台，举办主题讲座29场，培训教师333人次，组织16个海外研修项目，录取70人，派出6人。年内，郑体武教授当选世界俄语学会副主席；皮细庚教授获“中国日语教育终身成就奖”；诸同英、冯玉律教授分获“中国俄语教育终身成就奖”“中国俄语教育杰出贡献奖”；李春虎教授获国内韩国学最高荣誉卧龙学术奖；鞠舒文获首届“外指委杯”全国阿拉伯语金课大赛总决赛一等奖。

年内，接待到访团组约300批次、2000多人次，包括葡萄牙总统、法国总统夫人等外国政要22人次、部级团组11批次、驻华使领馆团组50批次。设立上海外国语大学—拜罗伊特大学联合学院和德语/经济学双学士项目，授予西班牙皇家学院前院长比利亚努艾瓦名誉博士学位，举办上外——怀卡托大学联合研究中心研讨会、中外大学校长学科建设研讨会等30场高端国际会议，聘请400余名长短期外国专家。在学生海外交流基金中增设“一流本科人才培养国际交流项目”专项，123个项目立项，资助423人。派出近800名本科生赴境外学习，其中长期交流人数占比近六成。2019届本科毕业生在学期间赴海外交流学习641人，占毕业生总数的44.1%。招收留学生4981人次，比上年增长6.87%，其中本科生增长11.78%、硕士生增长2.69%、博士生增长13.1%。培养孔子学院奖学金生307人、中国政府奖学金生442人、上海市政府奖学金生204人。留学生参加竞赛类活动14项，获国家级比赛一等奖3项、校级比赛二等奖2项。推动孔子学院发展，建设汉语教师志愿者岗前培训管理平台。打造“解码中国”上外学者海外系列讲座，举办首届“文明交流互鉴”孔子新汉学计划博士生高端论坛。加强“孔子学院海外高端翻译人才培训基地”建设，推进《孔子学院汉语学习词典》编写。推广落实“新汉学计划”项目，推进上海孔子学院(课堂)工作联盟工作。合作共建的10所孔子学院，培训注册学员9000余人。选派2位中方院长、12位孔子学院公派教师、37名汉语教师志愿者赴

13个国家任教。组织海外各孔子学院教育访华团、学生来华夏令营团和本土汉语教师特色夏令营团共10批次188人。日本大阪产业大学孔子学院获得2019年度“先进孔子学院”称号。

推进基础教育合作办学，与深圳市龙岗区、山东省泰安市建立全面战略合作关系。开展各类志愿服务活动，派出志愿者超1500人次，其中512名师生志愿者参与进博会。围绕“中国青年工作室”等对外宣传平台，鼓励学生运用外语特长对中国事务进行外译和传播。

举办建校70周年庆祝活动。举办高雅艺术进校园演出和“‘一带一路’艺术教育与青年年会”。编排《寻找〈姜椿芳〉》《一生心译》等校本话剧、音乐剧。开展校园歌曲原创活动，拍摄《我和我的祖国》《歌唱祖国》等校园MV。完善大学生社会实践体系，全校208支团队1085名学生赴28个省份、120多个社会服务地点和20个海外国家开展社会实践，获上海市“知行杯”社会实践大赛奖项3个。学校获2019年上海市文明校园称号。　（杨雅静）

【增设塞尔维亚语和语言学本科专业】 3月，教育部发布通知公布2018年度普通高等学校本科专业备案和审批结果。上海外国语大学申请增设的塞尔维亚语和语言学专业获准设立。上海外国语大学成为国内首批设立“语言学”本科专业的学校。增设的塞尔维亚语专业属于“一带一路”沿线非通用语种专业，从2019年开始招生，四年一招。该语言通行于塞尔维亚、波黑、黑山、克罗地亚等国家。

（杨雅静）

【彭丽媛邀法国总统夫人布丽吉特共同参观上海外国语大学附属外国语学校】 国家主席习近平夫人彭丽媛11月5日邀请法国总统夫人布丽吉特共同参观上海外国语大学附属外国语学校。彭丽媛和布丽吉特听取校长关于学校办学、开展国际交流情况介绍，并与师生进行交流互动。上海外国语大学附属外国语学校学生们为两国元首夫人表演了自编自导的中法歌舞、传统戏剧等节目。上海外国语大学附属外国语学校是“中法百校交流计划”成员。

（杨雅静）

【语料库研究院揭牌】 11月16日，国内首家语料库研究院在上海外国语大学揭牌成立。语料库广泛应用于人文科学、社会科学和自然科学之中，具体包括语言学、文学、翻译学、舆情研究、国别与区域研究、医学和人工智能等领域。同日，上外语料库研究院召开以“语料库与跨学科研究”为主题的学术研讨会，吸引130余名专家学者参会。会议设有6个分论坛，与会代表围绕语料库与跨学科研究这一中心议题展开讨论，具体议题涉及语料库与语言研究、语料库与文学研究、语料库与翻译研究、语料库与社会科学研究、语料库与人工智能等。期间，上外语料库研究院分别与和鲸科技有限公司和上海外语教育出版社签署联合建设语言智能实验室协议、合作出版《语料库与语言文化》辑刊协议，并举行上外语料库研究院网站和上外语料库研究院语料库检索与应用平台启用仪式。　（杨雅静）

【入选教育部融媒体建设试点高校】 11月，上海外国语大学入选教育部首批教育融媒体建设试点单位。学校通过融媒体中心建设，融合各种媒体形态，将校园融媒体作为学校立德树人的重要手段和载体，促进了第一课堂与第二课堂（课外活动）、第三课堂（网络）、第四课堂（社会实践）的有机结合。

（杨雅静）

【国内首个以世界语言多样性为主题的博物馆开馆】 12月7日，中国首个以世界语言多样性为主题的博物馆——上海外国语大学语言博物馆开馆。语言博物馆设有“沟通世界”“书写世界”“诠释世界”三大展区，分为“语言的诞生”“语言的家族”“语言的要素”“语言与文字”“语言与文化”“语言与社

12月7日，国内首个以世界语言多样性为主题的博物馆在上海外国语大学开馆

会”“语言与教育”“语言与未来”8个篇章，通过多模态的展陈方式向公众呈现世界语言文化多样性，并以此为基础透视中外文明交流史，展望人类命运共同体的未来。（杨雅静）

【日本大阪产业大学孔子学院获“先进孔子学院”称号】 12月9—10日，2019年国际中文教育大会在湖南长沙举行。会上，日本大阪产业大学孔子学院获孔子学院总部颁发的“先进孔子学院”称号。大阪产业大学孔子学院成立于2007年8月，由上海外国语大学与日本大阪产业大学合作创办，设4个教学点，开设从入门到高级别的各类汉语和中国文化课程30多门，累计学生数达4000余人。（杨雅静）

附：学校负责人及地址

（2019年1—12月）

校党委书记：姜　锋
　副书记：李岩松、王　静、钱　玲

校　长：李岩松
副校长：冯庆华（5月离任）、张　峰（11月离任）、杨　力、林学雷（5月到任）、张　静（5月到任）、查明建（5月到任）

虹口校区地址：大连西路550号
邮编：200083
电话：35372000

松江校区地址：文翔路1550号
邮编：201620
电话：67701068

上海财经大学

【2019年概况】 上海财经大学有杨浦、虹口2个校区，设会计学、财政学、经济思想史、金融学（培育）4个国家级重点学科，以及财政部重点学科4个、上海市重点学科6个和上海市一流学科A类2个、B类4个，上海高校Ⅱ类高峰学科1个（理论经济学）、上海高校Ⅳ类高峰学科1个（应用经济学），博士后科研流动站7个、一级学科博士学位授权点9个、一级学科硕士学位授权点15个、本科专业35个。有国家级研究基地4个、教育部重点实验室1个。各类在校生19579人，其中本科生8027人、学术型硕士1234人、专业学位型硕士4870人、博士研究生1294人，留学生625人。截至10月，有专任教师1038人，其中教授、副教授602人。

年内，推进落实《上海财经大学一流学科建设高校建设方案》，组织开展“双一流”建设中期自评，学科建设目标和学校整体建设目标基本完成。上海市高峰学科建设持续推进，部、市共建项目持续获2019—2020年资金支持。优化学科布局，获批增列社会学一级学科硕士学位授权点。学科国际影响力稳步提升，经济学与商学位列《美国新闻与世界报道》学科排行全球第145名；经济与计量保持在QS学科排行全球前150；会计与金融位列全球150—200；统计学位列软科学科排行全球76—100。据5月9日ESI公布的最新数据，经济学与商学、社会科学双双进入ESI全球前1%。

推进一流本科人才培养十大行动计划各项工作。强化通识课程建设，积极引进校外通识课程资源，年内，来学校开设通识课程的校外教师增加到40人，开设通识课程71门次，授课学生数4443人次。开展国家一流专业建设点与基础拔尖人才培养基地申报、上海市一流本科建设引领计划项目建设、中央教育教学改革项目建设等工作。提高专业学位研究生培养质量，打造实务课程，推进案例建设。打造研究生暑期国际课程品牌，深化研究生课程体系国际化建设。落实《上海财经大学课程思政教育教学体系改革建设方案》。经济学院入选上海市高校课程思政领航计划。

实施“人才强校”战略，推进一流教师队伍建设。推进双轨师资融合发展打造“1351人才工程”,深化教师分类评价改革,加大对基础学科的扶持力度。出台“代表作制”评审操作细则,优化专业技术职务评审程序。分类制定引进政策,为体育学科设置教学为主岗进人计划。完善对口支援教师管理办法,认可教师多种贡献。

获国家级项目53项,其中国家自然科学36项、国家社会科学17项。首次获中华学术外译项目1项。报送专家建议226篇,其中82篇获省部级及以上领导批示或被内参收录。稳步推进“服务财税行动计划”和“服务上海行动计划”。

与杨浦区政府深化合作,共建上海财经大学基础教育集团。开展多场“高雅艺术进校园”活动,承办上海市大学生歌会、上海国际标准舞国际公开赛暨长三角高校国际标准舞锦标赛、全国跳绳锦标赛和世界空手道联合会系列赛等高水平赛事。

(财　大)

【长三角与长江经济带发展研究院成立】 4月13日,2019长三角一体化发展高端论坛暨“长三角与长江经济带发展研究院”成立仪式在上海财经大学举行。该研究院围绕经济新常态与高质量发展背景下长三角区域一体化发展和长江经济带国家战略的重大和前瞻性问题,组织开展高水平的理论研究、决策咨询、社会服务与政策储备,发展成为有影响力的“城市群与区域发展”领域的思想库、学科高地和重要的新型智库平台。成立仪式上,长三角与长江经济带发展研究院与安徽省宣城市、江苏省启东市、浙江省平湖市、浙江省嘉善县等地方政府及多家企业签署战略合作框架协议。

(冯　晨、吴怀莉)

【获颁世界华人数学家大会数学奖银奖】 6月9日,在第八届世界华人数学家大会(ICCM)上,上海财经大学教授陆品燕获颁ICCM数学奖银奖。以表彰他在♯P问题中对一大类问题的分类定理和算法博弈论中所做的工作。10月30日,陆品燕入选国际计算机学会2019年度ACM杰出科学家名单。　(冯　晨、吴怀莉)

【千村调查2.0版】 2019年起,上海财经大学实施千村调查2.0版,传承“走千村、访万户、读中国”的理念,进一步加强国情教育、社会实践、劳动教育、科学研究、学科建设五位一体人才培养模式的内涵建设。2019年的千村调查暑期社会实践活动聚焦乡村教育。千村调查2.0版更加注重“三农”主题设计,更加注重实践活动对人才培养的支撑与反哺,同时规范高质量的千村数据库建设,提升调查成果服务国家战略的能级和学术价值。其间,1512名学生走访全国247个地级市的1022个村庄和15987家农户,完成调研报告891篇,完成“我心目中的千村调查”征文1209篇。　(冯　晨、吴怀莉)

【成立基础教育集团】 10月15日,与杨浦区政府深化合作成立上海财经大学基础教育集团。集团以服务学校人才发展战略为目标,推动区域优质教育资源共享与投入,开展教育合作,全面提升集团附属学校办学水平。　(冯　晨、吴怀莉)

【中国教育法治与教育发展高峰论坛举办】 11月30日,在上海财经大学举行由中国教育发展战略学会发起指导,上海市教育委员会、上海财经大学联合主办,华东政法大学协办的中国教育法治与教育发展高峰论坛。该论坛聚焦“构建更高公平更有质量教育的法治保障机制”“新中国七十年教育法治发展的回顾与展望”总主题,围绕“教育治理体系和治理能力现代化”“教育法学理论体系与学科建设”“教师惩戒权与依法治教”等三个专题展开研讨。来自全国各地法学、教育学等领域的70余名专家参加。　(冯　晨、吴怀莉)

【主办首届长三角国际论坛】 12月6日,上海财经大学主办的首届“长三角国际论坛”在上海开幕。论坛主题为“区域一体化:合作与发展”,设“区域一体化与可持续发展”“长三角一体化背景下的政府公共服务供给”“公司金融和金融市场”“数据赋能与长三角一体化”“世界级城市群建设与长三角一体化发展”五大板块。来自全球各地政府机构、知名企业、高校、智库和媒体等单位的300余人参加论坛。　(冯　晨、吴怀莉)

12 月 6 日，上海财经大学主办的首届长三角国际论坛在上海开幕

附：学校负责人及地址

（2019 年 1—12 月）

校党委书记：许　涛

副书记：陈　宏、朱鸣雄

校　长：蒋传海

副校长：徐　飞（6 月到任），刘兰娟、方　华、陈信元、姚玲珍

地址：国定路 777 号

邮编：200433

电话：65114028

上海海关学院

【2019 年概况】 上海海关学院全日制在校生 2542 人，其中本科生 2416 人、硕士研究生 126 人。本科毕业生 559 人，就业率 96.58%；硕士研究生毕业生 39 人，就业率 97.44%。在编教职工 277 人，专任教师 145 人，其中教授 16 人、副教授 50 人，具有硕士研究生以上学历教师占教师总数的 91.03%。

年内，新增行政管理和经济统计学 2 个本科专业，调整 9 个本科专业的院系（部）归属。海关管理专业获批国家级一流本科专业，税收学专业获批上海市一流本科专业。获上海市级重点教改项目 3 项、上海市级重点课程项目 5 项。大学生创新创业训练计划立项 30 个国家级项目、25 项上海市级项目。1 项创新项目入选教育部第十二届全国大学生创新创业年会。新建实验室 4 个。获批上海市级虚拟仿真实验教学项目 1 项。组织研究生教学研究骨干团队赴兰州、哈尔滨、南宁、乌鲁木齐、深圳大铲湾等海关，开展边关送教上门和研究生人才培养调研工作。选派 1 名研究生赴世界海关组织亚太能力建设办公室，完成为期近两个月的海外实习工作。

学校获省部级以上课题立项 13 项、省部级课题 11 项、地厅级课题 10 项、横向课题经费 15 项。共计发表论文 89 篇，其中 CSSCI 8 篇、SSCI 和 SCI 5 篇、世界海关杂志 3 篇、CSSCI 扩展版 4 篇、北京大学中文核心期刊 5 篇。发表著作类成果 16 部，其中专著 2 部、教材 7 部、译著 1 部、编著 6 部；被省部级成果要报录用的研究报告 10 篇，其中 2 篇获省部级以上领导肯定性批示。成立海关大数据、海关智能审图、中美贸易领域研究三大科研创新团队，完成 3 期关院智库论坛和 1 期关院智库沙龙活动。《海关与经贸研究》全年出版正刊 6 期。学报获全国高校优秀社科期刊，其中“海关管理栏目”获特色栏目称号。

全年举办各类培训班 82 期，培训学员 5092 人次，其中主体班次 5 期、培训学员 272 人次。举办全员培训 14 期，培训全国海关司局级干部 550 人、处级干部 274 人、科级干部 274 人。举办党的十九届四中全会精神学习培训，培训全国海关司局级干部 90 人。

全年有 26 名留学生和 30 名在校本科生参加交换生项目。启动与韩国建国大学、德国联邦公共管理大学财政学院、乌克兰海关与财政大学的国际交换生项目。与韩国建国大学签署合作备忘录。承办涉外培训项目 20 期，参训学员 494 人次，涉及

77个国家和地区。服务国家“一带一路”倡议，搭建“一带一路”沿线国家交流与共享平台，为俄罗斯等35个国家和地区的海关及政府官员举办8个高层次培训项目，共培训221人次。选派优秀学生代表参加海外实习、暑期交流等项目，共计15人次。组织8批22名教职员工赴6个国家和地区交流。邀请25名外国文教专家来校为本科生、硕士生授课。

加强校园文化建设，举办“崇德精艺、艺绘关情”校园文化艺术节，组织排演《关魂》《两个人的海关》等校园原创话剧。年内，8个项目入围上海市“知行杯”大赛，3支团队获上海市三等奖，获第十六届“挑战杯”全国大学生课外学术科技作品竞赛活动上海市一等奖2项、二等奖1项、三等奖6项。在各类学科、文体、科创竞赛中获奖，其中国家级115人次、省部级157人次。（金舒莺）

【与韩国建国大学签订交流合作框架协议】 4月11日，上海海关学院与韩国建国大学代表团在上海海关学院举行会谈暨交流合作框架协议签约仪式。双方就本科交换生、设立国际贸易研究中心、人员交流互访等内容确立合作意向。（郭向楠）

4月11日，上海海关学院与韩国建国大学代表团在上海海关学院签署交流合作框架协议书

【海关总署与上海市政府签约共建上海海关学院】 4月16日，海关总署和上海市政府在上海签署《海关总署、上海市人民政府合作备忘录》。根据合作备忘录，双方建立紧密合作机制，搭建多层次、宽领域、经常性的沟通平台，全面提升合作水平。海关总署与上海市政府共建上海海关学院，更好地丰富上海市的高校办学模式和提升服务上海经济社会发展中的作用。（贾亮亭）

【探索海关人才培养新模式】 7月，《光明日报》《中国教育报》《新闻晨报》等媒体分别以“上海海关学院力推‘关校融合’”“上海海关学院引入海关专家推动海关人才培养”“上海海关学院关校融合战略举措海关专家进课堂”为题，报道上海海关学院“关校融合”人才培养新模式。近年来，在海关总署的领导下，学校大力实施“关校融合”战略，推动海关专家“进校”开展专题讲座向“进课堂”延伸，对学校内部管理制度和教学安排等做出了突破性调整，实现由“合作”向“融合”转变。（郁梦娇）

【开展研究生项目送教上门工作】 8月11—30日，上海海关学院组织研究生教学骨干团队赴兰州、哈尔滨、南宁、乌鲁木齐、深圳大铲湾等海关送教上门。围绕海关治理体系和能力现代化、国际海关现代化与能力建设、中美贸易、自贸区建设、两步申报背景下供应链安全与风险防控、中国税制改革、海关估计、海关缉私、执行力建设与团队管理、新海关公共危机处置、海关关员心理建设等问题，为边关5000余名海关警员授课。（薛　菲）

附：学校负责人及地址

（2019年1—12月）

校党委书记：唐庆涛
　　副书记：丛玉豪、陈　晖

校　长：丛玉豪
副校长：陈　晖、李纳新、邓浩铭（1月到任）

地址：华夏西路5677号
邮编：201204
电话：28992899

上海民航职业技术学院

【2019 年概况】 上海民航职业技术学院开展“师德标兵”表彰活动。组织 16 名专业教师参加美国莱托诺大学师资研习、香港特区怡中机场地面服务师资培训等培训项目和第十四期中美合作项目民航高级管理培训、第三期民航发展中策班等参团项目。委托华东师范大学开展学院第一期信息化教学能力提升培训。

年内，学院计划招生 3200 人，实际录取 3180 人，录取率 99.4%，比上年提升两个百分点。稳步提高就业质量，2019 届毕业生就业率 95.99%。举办专业技能比赛、校园文化艺术节、第六届读书节、高雅艺术进校园等活动，进一步丰富校园文化生活。学院学生分别获第二届“上海杯”大学生国旗班升国旗展示活动一等奖、两岸职业院校飞机维修基本技能邀请赛团体一等奖、第五届“互联网+”大学生创新创业大赛市级银奖 2 项等多个奖项。

实现“局市共建”完成“章程核准”。7 月 11 日，民航局与上海市签署《关于推进新时代上海民航高质量发展战略合作协议》，为学院参与建设高水平高职院校、争取各项政策支持夯实基础、提供平台。8 月 14 日，正式颁布实施学院章程，围绕自身治理体系进行优化，开展各类规章制度的“立、改、废”工作，推动全面依法治校向纵深发展。承办第四十六届世界技能大赛上海选拔赛“飞机维修”赛项，牵头制定空乘专业教学教育部相关标准，成立学院适航审定人员考试分考点，飞机机电设备维修专业申报上海市一流专业，空中乘务专业申报上海市一流培育专业。积极申报航空器机坪管制技术、通用飞机制造技术专业，学院专业建设迈上新台阶。双校区教学管理工作运行有序，英语四、六级首次浦东校区考试组织完成。组织开展第六届教师说课竞赛。申报纵向教科研项目，2019 年度共计申报 7 个项目、1 个团队。参展第十六届上海教育博览会并获风采展示奖。举办“春秋航空杯”第二届客舱服务职业技能大赛暨第六届空保职业技能大赛。与东航、南航、国航、春秋、吉祥 5 家航空公司开展订单培养，与上海飞机制造有限公司组建第四批“大飞机”订单班，与张家界航空职业技术学院开展校际合作，推进行业院校协同互助。（白前永）

【参加第十六届上海教育博览会】 4 月 26—28 日，上海民航职业技术学院参加第十六届上海教育博览会，通过“学院概况”和“飞机数字化虚拟维护训练互动体验项目”、“水平对置活塞发动机实体展示”等板块，展示民航特色专业建设及一流高职应用型人才培养成果。现场重点推介空乘空保、飞机维修等专业学生培养情况，并在主舞台通过“飞机安全客舱演示”节目，呈现航校学生的职业素养和精神风貌，学院在教博会展台评选中获“风采展示奖”。（白前永）

【举办春季校园招聘会】 5 月 31 日，上海民航职业技术学院在徐汇校区行政楼举办“2019 年春季校园招聘会”，吸引 130 家单位报名、106 家单位参展，共有 230 多位企事业单位的招聘专员、人事经理和部门领导在招聘会现场接待，近 300 位来自学院 2019 届、2020 届的各系学生前来应聘。（白前永）

【民航局与上海市政府签署共建协议】 7 月 11 日，民航局与上海市政府签署《关于推进新时代上海民航高质量发展战略合作协议》。民航局将推进上海空域容量扩容和结构优化，提升上海两大机场航线功能定位，提升上海航空枢纽国际竞争力，持续提升国际客货中转便利度。上海将加强民航华东空管能力建设,与民航部门共建上海民航职业技术学院,支持民航上海航空器适航审定中心能力建设、民航华东地区管理局在沪项目建设。（白前永）

【《上海民航职业技术学院章程》核准实施】 8月14日,按照教育部要求,《上海民航职业技术学院章程》经民航局人事科教司审核、上海市教委核准通过实施。该章程作为学院依法自主办学、实施管理和履行公共职能的基本准则和依据,学院章程共8个部分,主要内容有学院历史沿革、办学方向、定位及发展目标,学院性质、地址名称、办学内容、权利及义务,教职员工构成与管理、权利及义务,学生的权利及义务,管理体制、组织机构及其相关职责,对外交流及信息公开情况,经费来源、财务收支、内部控制、资产管理及后勤管理工作,学院院训、院标、院徽内涵等。（白前永）

【空中乘务专业实训教学条件建设标准项目启动】 9月11日,"职业学校空中乘务专业实训教学条件建设标准"项目在上海民航职业技术学院启动。该项目是教育部第五批20个职业学校专业标准制定的唯一民航专业。中国航空运输协会理事长、航食分会、民航华东地区管理局飞行标准处以及原中国民航大学乘务学院负责人等出席启动会。中国航空运输协会、东航、南航、春秋航、山航等的行业专家以及中国民航大学、中国民航管理干部学院、中国民航飞行学院、广州民航职院、三亚航空旅游职院、长沙航空职院、南昌航空大学、上海建桥学院、上海东海职院等院校的专家参加会议。（白前永）

【民航华东老年大学开班暨开学典礼举行】 10月23日,民航华东老年大学开班式暨2019年秋季学期开学典礼在学院举行。民航华东老年大学是经民航局批准,由民航华东地区管理局和上海民航职业技术学院合办的非赢利性、非学历教育的老年教育机构。2019年秋季学期是民航华东老年大学招生的第一期,针对老年人的实际需求,结合社会热点,开设手机班和养生班。（白前永）

【世界技能大赛上海市选拔赛"飞机维修"项目开赛】 11月6日,2019年中国技能大赛——第四十六届世界技能大赛上海市选拔赛"飞机维修"项目在上海民航职业技术学院开赛。大赛以"新青年、新技能、新梦想"为主题。由上海市人力资源和社会保障局等7家单位共同主办,上海民航职业技术学院承办。来自学院、东方航空和上海工程技术大学的9名选手参加"飞机维修"赛项的选拔。比赛成绩优秀的选手将进入上海市集训队参加集训选拔,并有机会代表上海市参加全国选拔赛,为2021年在上海举办的第四十六届世界技能大赛做准备。（白前永）

11月6日,世界技能大赛上海市选拔赛（飞机维修项目）在上海民航职业技术学院开赛

附:学校负责人及地址

（2019年1—12月）

校党委书记:戴志刚
副书记:胡亚明、孙　群

校　长:胡亚明
副校长:章恒龙、杨　征、孙　暄

徐汇校区地址:龙华西路1号
邮编:200232
电话:34693226

浦东校区地址:学海路100号
邮编:201300
电话:34693226

上海大学

【2019 年概况】 上海大学有宝山、延长、嘉定 3 个校区，设 29 个学院、1 个学部（筹）和 2 个校管系，有本科专业 86 个，一级学科硕士学位授权点 42 个、二级学科硕士学位授权点（一级学科未覆盖）1 个、硕士专业学位类别 21 种，一级学科博士学位授权点 24 个、二级学科博士学位授权点（一级学科未覆盖）2 个、交叉学科博士点 9 个，博士后科研流动站 19 个。有国家重点学科 4 个、上海市Ⅲ类高峰学科 4 个、牵头建设上海市Ⅳ类高峰学科 1 个、上海市Ⅰ类高原学科 10 个、上海市Ⅱ类高原学科 6 个。在校研究生 16464 人，全日制本科生 20406 人，预科生 55 人，成人教育学生 16215 人。在职在编专任教师 3155 人，其中教授 722 人、副教授 1102 人。全职中国科学院院士、中国工程院院士 6 人，外籍院士 10 人。

年内，新建人工智能研究院、微电子学院和量子人工智能科学技术中心。推进医学、生命科学一体化融合建设，医学院牵手合作医院共建教学医院、临床医学院，获批新药物与新材料、智能医学诊疗 2 个交叉学科博士点。在 ESI 基本科学指标数据库中，学校 9 个学科进入全球前 1%，工程学科进入前 1.4‰，材料学科进入前 1.7‰。位列软科榜单的 17 个学科中，6 个学科比上年度有所提升，冶金工程跻身全球前 50 强。马克思主义学院入选上海市习近平新时代中国特色社会主义思想研究基地。

坚持“以本为本”，试点“三全育人”综合改革，深化“思政课程＋课程思政”教学改革，实行本科生全程导师制，做到“人人都有学生，人人都有导师”；入选教育部“一站式”学生社区综合管理模式建设试点高校，入围“上海高校课程思政整体改革领航高校”；落实“六卓越一拔尖”计划 2.0，15 个专业入选国家级一流本科专业建设点，1 个专业通过工程教育专业认证；打造高阶性、先进性、挑战性“金课”，新增“国家级精品在线开放课”1 门；与中国科学院长三角地区研究院所、中国社会科学院、宝山区政府等单位开展包括人才培养在内的全面合作。学校以智慧校园建设为基础，逐步推进 AI＋教育人工智能应用场景建设，分步实施共享学科智能计算服务平台，为教育教学提供了较完善的一流信息化服务体系。建成了一批先进的教学实验中心和多媒体教室。本科生深造率达 45.85％。连续五届捧得“挑战杯”上海大学生课外学术科技作品竞赛优胜杯。研究生在国际顶级期刊上发表数篇高水平论文。在全国大学生数学建模竞赛、全国大学生电子设计竞赛中获多项一等奖。2019 年全球 QS 毕业生“就业竞争力”中国内地高校排行榜中，上海大学位居第十六位。

“石墨烯微结构调控及其表界面效应研究”项目、“海气界面环境弱目标特性高灵敏度微波探测关键技术及装备”项目、“基于 M3 组织调控的钢铁材料基础理论研究与高性能钢技术”项目，获 2018 年度国家科学技术奖。在《自然》《科学》及其子刊发表论文 23 篇。吴明红、张久俊、李常品 3 位教授上榜 2019“高被引科学家”。国家社科重大项目立项 8 项，位居全国第九名。获批国家自然基金委人工智能代码首个重大项目。学校土耳其研究中心和拉美研究中心入选《中国智库索引目录》，全球问题研究院获批上海市高校智库。新结构经济学研究院成立。学校主动对接国家战略，成立长三角一体化研究院、临港研究院、绍兴研究院等机构；深化产教融合，与华为技术有限公司、云南锡业有限公司、宝武集团、中国能源、中国中车等 500 强企业合作；加速国防科技成果有效转化，获评中国航天科工集团第六研究院“年度优秀供方”；无人艇研究院推出水面智能平台，保障第二届中国国际进口博览会的水上安全；石墨烯研究成果应用于河道生态修复治理，在沪、苏、湘、闽等地推广；上海电影学院制作的电影《妖猫传》，获第三十二届中国电影金鸡奖最佳美术奖。

截至11月30日，学校新增各类高层次人才113人，其中国家级人才24人、上海市级人才89人，61人入选上海高校青年教师培养资助计划，29人入选国家公派高级研究学者项目等公派留学项目。出台并实施《上海大学"伟长学者计划"实施办法》。新增上海市教委创新团队4个，累计创新团队41个、865人。有"全国模范教师"陈立群、"上海市三八红旗手标兵"彭艳、"上海四有好教师"顾晓英等先进教师代表。

学校与51个国家和地区的208所大学或机构签署校际合作协议，建有4个中外合作办学学院，与北美洲、欧洲、亚洲等地区的大学合作建立了5所孔子学院。2019年，按照学校国际化战略部署，继续搭建全球合作网络，与英国爱丁堡大学、澳大利亚昆士兰大学和日本东北大学等世界一流大学开展双学位人才联合培养；第一个境外办学项目东京学院正式开班上课，悉尼工商学院进行AACSB国际认证，"面向智慧能源系统的智能自动化与网络化控制联合实验室"获批上海市"一带一路"国际联合实验室。通过校级海外引智计划，共立项资助133名外国专家来校进行学术合作；6个项目获批国家"高端外国专家引进计划"；2个项目、11名外国专家入选上海市"高端外国专家引进计划"；连续三年入选"111"引智基地。全年共派出赴国(境)外交流学生2177人，比上年增长11%。在校就读的外国留学生4600人，其中学历生1894人，比上年增长27.6%，跃居上海市高校第三名，被教育部评为来华留学示范基地。 (凌长臣)

【翔英奖励基金捐赠注资签约】 4月6日，上海大学"翔英学院翔英奖励基金"捐赠注资签约暨唐翔千铜像揭幕仪式在上海大学宝山校区东区翔英大楼举行。唐翔千夫人唐尤淑圻，唐翔千之子、全国政协常委、上海唐君远教育基金会理事长唐英年和夫人唐郭妤浅，唐翔千之子、上海唐君远教育基金会副理事长唐庆年和夫人欧婉蕙，上海大学领导和师生代表出席仪式。 (凌长臣)

【钱伟长纪念展开幕】 5月27日，钱伟长纪念展开幕仪式在上海大学宝山校区东区钱伟长图书馆举行。上海市教委、市文化旅游局、市文物局领导，上海大学领导班子成员，学校相关部处(学院)负责人以及钱伟长纪念展专家代表，教师和学生代表近200人出席开幕仪式。纪念展介绍钱伟长生平事迹，展出了相关实物、图片、资料等珍贵馆藏。 (凌长臣)

【与天津大学签署全面战略合作协议】 8月28日，天津大学和上海大学全面战略合作框架协议签约仪式在天津大学卫津路校区举行。天津大学、上海大学的领导出席并签署全面战略合作协议。根据协议，两校将在学科建设、人才培养、科技创新、国际交流与合作等方面展开合作。 (凌长臣)

【力学与工程科学学院揭牌】 9月8日，上海大学力学与工程科学学院揭牌仪式暨力学学科前沿研讨会在学校图书馆报告厅举行，全国力学领域的多位著名中国科学院院士、专家出席仪式。杨卫院士、刘昌胜校长、方岱宁院士、郭兴明教授共同为上海大学力学与工程科学学院揭牌。在学科前沿研讨会上，7位院士结合学科前沿和国家战略、创造性发展作主题报告。 (凌长臣)

9月8日，上海大学力学与工程科学学院揭牌

【十大最新科创成果在工博会展示】 9月17日，以"智能、互联——赋能产业新发展"为主题的第二十一届中国国际工业博览会在国家会展中心(上海)开幕。获国家自然科学奖的"工业废气治理关键技

术与工程运用”项目、水面无人智能测量平台“精海无人艇”、累计使用寿命可达10万模次的“高性能工模具钢”、能降低约一半能耗的“新型纳米气泡设备”等来自上海大学的环境与化学工程学院、机电工程与自动化学院、材料科学与工程学院、悉尼工商学院、纳米科学与技术研究中心的一批科创成果在中国工博会展示。 （凌长臣）

【第四届“世界考古论坛·上海”开幕】 12月14日，由中国社会科学院、上海市人民政府主办，中国社会科学院考古研究所、上海市文物局、中国社会科学院—上海市人民政府上海研究院、上海大学承办的第四届“世界考古论坛·上海”在上海大学图书馆报告厅开幕。 （凌长臣）

附：学校负责人及地址

（2019年1—12月）

校党委书记：金东寒（5月离任）、成旦红（5月到任）

副书记：刘昌胜（5月到任）、徐　旭（7月离任）、段　勇、龚思怡、欧阳华（8月到任）

校　长：金东寒（6月离任）、刘昌胜（6月到任）

副校长：龚思怡、吴明红、聂　清、欧阳华（8月离任）、汪小帆

宝山校区地址：上大路99号
邮编：200444
电话：96928188

延长校区地址：延长路149号
邮编：200072

嘉定校区地址：塔城路453号
邮编：201800

上海理工大学

【2019年概况】 上海理工大学有杨浦和复兴路两个校区，设17个学院（部），有60个本科专业，8个一级学科博士学位授权点，6个博士后科研工作流动站，27个一级学科硕士学位授权点，18个硕士专业学位类别。专任教师1693人，其中高级职称教师764人，博士生导师225人，中国科学院、工程院院士9人（含双聘）。全日制在校生25500余人，其中本科生17000余人、研究生8500余人。

年内，学校获批“上海市课程思政整体改革领航高校”。光电信息与计算机工程学院入选教育部“三全育人”综合改革试点院系。李凡获评“全国优秀教育工作者”。创新思政课教学模式，着力打造思政“金专”“金课”。承担国家级科研项目294项，ESI高被引论文171篇，获省部级科技奖项9项。举办“新时代·中国说”长三角高校邀请赛和校内社团专场比赛。实行新型班主任制度，选任133名教师和机关管理干部担任新型班主任。本科生获得各类赛事全国一等奖78项、二等奖162项，上海一等奖224项，省部级以上竞赛获奖合计1104项。在第十六届中国研究生数学建模竞赛中获奖总数列全国第二；学生在省部级以上学科竞赛中获奖突破1000项。获“知行杯”上海市大学生社会实践项目大赛一等奖1项、二等奖2项、三等奖4项。再捧“挑战杯”全国大学生课外学术科技作品竞赛“优胜杯”。加强长三角一体化就业联盟建设。学生就业率96.48%，超出上海同类高校平均水平。学生资助育人工作、心理健康工作稳步推进。

制定《一流本科教育行动计划》，推进大类招生培养机制、荣誉学位、产业学院、科研项目课程、“四课程一体系”等教育教学改革，探索卓越医工复合型人才培养新模式。学校13个专业入选教育部一流本科专业“双万计划”，新增机器人工程、数据科学与大数据技术2个新工科专业。3个本科专业通过中国工程教育认证，完成2个专业国际认证，完

成6门上海市国家级一流课程申报。全面实施第二课堂成绩单制度。成立"人工智能纳米光子学中心"。化学学科首进ESI全球排名前1%。魏国亮教授首次入选"全球高被引科学家"。顾敏院士获国际光学工程学会(SPIE)最高奖项丹尼斯·加博尔奖。获批国家自然科学基金项目71项,面上项目立项数33个,省部级以上人文社科项目45项,均创历史新高。2名教师入选国家"万人计划"科技创新领军人才,1名教师获批优秀青年基金项目1项。高质量论文发表量质齐升,SSCI一区论文达到3篇,高水平期刊水平论文达到14篇。获省部级科技奖项5项,其中杨俊和教授团队获上海市自然科学奖一等奖,实现历史突破。省部级科研平台数量稳步增长,获批太赫兹科学技术前沿基础科学中心、市工程研究中心、机械工业联合会重点实验室各1个。"光子芯片平台"获批上海张江国家自主创新示范区专项。新增军工科研项目45项,其中国家级纵向项目8项。新增车辆工程等3个专业通过中国工程教育认证(CEEAA)。计算机科学与技术等3个专业通过德国ASIIN国际认证。新增的能源与动力工程等8个专业入选国家级一流本科专业建设点。材料成型及控制工程等5个专业入选上海市级一流本科专业建设点。新增5个产业学院,实现产业学院工科专业全覆盖。与上海交通大学医学院共建"医工交叉创新研究院"和"医工交叉研究生院",与新华医院、上海市第九人民医院等开展医工交叉科研合作,启动项目43项。与海军军医大学合作筹建军民融合创新研究院。与杨浦区合作共建上海理工大学附属市东医院。与商飞、华为、光明食品等大型企业合作,开展智慧校园、大飞机材料无损探伤、食品安全检测、冷链物流等核心技术攻关。入选教育部"首批高等学校科技成果转化和技术转移基地"。合作推进杨浦科技园区联合成长投资基金"星火燎原"计划。在克拉玛依市建立"技术转移分中心"。发起成立长三角高校技术转移联盟,提升长三角28个技术转移工作站能级。与美国明尼苏达大学主办第三届世界医疗器械设计(中国)大会。发起成立"一带一路"医疗器械创新与应用联盟。成功召开学校2019年科技大会。

制定《高水平地方高校创新团队建设管理办法》。充分发挥各类人力资源优势,完善人才分类评价机制。全职引进顾敏院士团队、李梅教授团队和杨其国教授,引进其他省部级人才7人、海内外优秀青年教师128人。30名教师获省部级以上人才项目,其中4人获国家级人才项目。成功举办首届沪江国际青年学者论坛。

获批"上海市依法治校示范校"。与35个国家或地区的175所高校或研究机构建立合作关系。与蒙古、古巴、爱沙尼亚等"一带一路"沿线国家联合开展人才培养。（曹桂馥）

【首获"挑战杯"全国大赛一等奖】 11月14日,第十六届"挑战杯"全国大学生课外学术科技作品竞赛经过现场展示、公开答辩等环节的角逐,上海理工大学获一等奖1项、二等奖2项和三等奖2项,首次获"挑战杯"一等奖。由彭滟、朱亦鸣教授共同指导,范鑫怡团队共同完成的"便携式太赫兹危险液体检测仪"获一等奖。（曹桂馥）

【参加中国"互联网+"大赛获奖】 10月12—15日,在浙江大学举行的中国"互联网+"大赛中,上海理工大学获金、银、铜奖各一项,学校首次获该项赛事金奖,也是上海市属高校首次获高教主赛道金奖。其中,上海理工大学李涵团队"微翌创新—全球最优效果运动场景影像5G实时传输系统开创者"项目获高教主赛道全国总决赛三强争夺赛资格,在三强争夺赛中总分位列全国第十六名、上海市高校第一名。（曹桂馥）

【举办长三角高校大学生讲师邀请赛】 6月3日,由市教卫工作党委、市教委主办,上海理工大学承办的长三角地区高校"新时代·中国说"大学生讲师邀请赛决赛在学校大礼堂举行。来自长三角的东华大学、南京工业大学、上海对外经贸大学等7所高校的大学生讲师团队参赛。经角逐,上海理工大学、上海工程技术大学和南京工业大学的大学生讲师团队获一等奖,安徽工业大学、东华大学、浙江

工业大学和上海对外经贸大学的大学生讲师团队获二等奖;同时,东华大学学生讲师团队通过网络投票获最佳人气团队奖。（曹桂馥）

6月3日,长三角地区高校“新时代　中国说”
大学生讲师邀请赛决赛在上海理工大学举行

【多项成果获上海市科学技术奖】 5月15日,上海市委、市政府在上海展览中心友谊会堂召开上海科学技术奖励大会。上海理工大学共有8项成果获2018年度上海市科学技术奖。其中,杨俊和教授领衔科研团队完成的“富碳纳米材料的结构调控及其化学储能行为研究”获得上海市自然科学奖一等奖。（曹桂馥）

【能源与动力工程学院工程热物理研究所获荣誉称号】 4月28日,上海市总工会下发《关于表彰2019年上海市五一劳动奖状(章)、工人先锋号的决定》。上海理工大学能源与动力工程学院的工程热物理研究所获2019年上海市工人先锋号称号。上海理工大学能源与动力工程学院的前身为动力工程系,始建于1960年,培养了中国第一个制冷与低温工程专业博士,经过数十年发展,成为中国从事能源、动力、低温医学等学科和领域的人才培养和科学研究的重要单位之一。（曹桂馥）

【第三届世界医疗器械设计(中国)大会召开】 12月7日,世界医疗器械设计(中国)大会在上海举办,由上海理工大学、美国明尼苏达大学联合主办。1000余名全球医疗器械行业医生、学者、制造商、医疗机构、公共管理部门、地方政府以及产业园区等机构代表参会。大会期间,上海理工大学牵头,联合俄罗斯、新加坡、巴基斯坦、巴西、以色列、西班牙、塞尔维亚、南非等9个国家、12家医疗器械的教育和研发组织共同发起成立“一带一路”医学器械创新和应用联盟。（曹桂馥）

【新增8个专业学位类别】 年内,国务院学位委员会发布《关于下达工程硕士、博士专业学位授权点对应调整名单的通知》(学位〔2019〕5号),正式公布工程硕士专业学位类别对应调整结果。上海理工大学获批电子信息、机械、材料与化工、资源与环境、能源动力、土木水利、生物与医药、交通运输8个硕士专业学位授权点,覆盖了原工程硕士专业学位对应调整的所有类别。

附:学校负责人及地址

(2019年1—12月)

校党委书记:吴　松(3月离任)、吴坚勇(5月到任)
　　副书记:丁晓东、刘道平、顾春华、孙跃东、盛　春

校　长:丁晓东
副校长:盛　春、陈　斌、蔡永莲、刘　平、吴　忠、张　华

军工路校区:军工路516号
邮编:200093
电话:55270291

复兴路校区:复兴中路1195号
邮编:200031
电话:64725420

上海海事大学

【2019年概况】 上海海事大学有临港、港湾、东明路3个校区，有二级学院12个、研究机构4个，有博士后科研流动站3个、一级学科博士点4个、二级学科博士点17个、一级学科硕士学位授权点16个、二级学科硕士学位授权点63个、专业学位授权类别13个、本科专业48个。有12个省部级重点研究基地。有1个国家重点（培育）学科、1个上海市高峰学科、2个上海市高原学科、9个部市级重点学科。工程学科进入ESI全球前1%，港航物流学科保持全球领先。有5个国家级特色专业、1个国家级综合改革试点专业、7个国家级一流本科专业建设点、6个教育部卓越工程师教育培养计划专业、17个上海市本科教育高地，以及2个国家级实验教学示范中心、2个国家级虚拟仿真实验教学示范中心、5个国家级实践教学示范中心、1个全国示范性工程专业学位研究生联合培养基地。拥有2艘万吨级教学实习船。在校学生24000余人，其中本科生16500余人、各类在校研究生近6000人，留学生近700人。学校专任教师1200余人，教授160余人，具有博士学位的教师比例约63%。首次进入US News世界大学排行榜，US News工程学科排名上升36位至第431位。2019软科中国最好大学排名上升23位至第130位。

年内，开展现代大学制度建设二期试点工作，获评上海市首批依法治校示范校。深化教育综合改革，广泛开展调研，做好学校分类评价分析。网上行政办事中心改版上线一年，取得阶段性成果，全年13个部门62项流程共办理业务32000余条。航海技术、轮机工程、交通运输、物流管理、法学、物流工程、工业工程7个专业获评国家级一流本科专业建设点。机械设计制造及其自动化专业通过工程教育认证。完成第二轮专业评估。修订本科专业培养方案。“供应链管理”本科新专业通过教育部备案，申报“人工智能”新专业。启动“大学数学课程无纸化作业系统”项目，推出“数学实验”课程，建设英语学习App平台和大学数学在线平台。改造7间智慧型教室，开设混合教学试点课程22门，打造“三位一体”智慧教学环境。4门一流本科课程申报国家级一流课程。立项建设8门数学类基础课程和2门特色大学英语课程。15门课程获年度市重点课程立项。新增双创通识选修课程2门、中华人文艺术系列通识课程2门、网络通识选修课8门。开展校企合作课程建设81门。出版规划教材5本，另有5本签署出版合同。新立项一流本科特色教材10本。完成特色英语课程“物流英语”教材编写。组织思政课教学竞赛，推进大国航路、走向深蓝两门通识课程有机融入大学生形势与政策课，“易班”活跃指数列上海高校前三、全国前二十。大学生创新创业训练计划项目入选国家级56项，市教委立项资助160项。本科生参与各级各类学科竞赛70项，获省市级奖项511项，1270人次获奖。获全国大学生智能汽车竞赛全国一等奖1项、全国电子设计大赛一等奖2项、全国大学生物流设计大赛全国一等奖1项等。近900名研究生参加各类全国研究生创新实践大赛比赛，获得全国三等以上奖项94项，创历史新高。中国研究生数学建模竞赛获奖总数全国排名第六。首次组队参加中国研究生人工智能大赛和中国研究生能源装备大赛，获二等奖1项。

工程学科排行榜上升13位至第119位。开设研究生课程847门。专业学位类别新增电子信息、机械、能源动力、土木水利和交通运输5个。应用统计专业学位授权点通过专项评估。建立学位点负责人制度。构建以交通运输工程、管理科学与工程为引领的“航运+”学科群。扩大创新基地数量，学生进入基地实习率达100%。新建全英文授课课程6门；引入国际学科知名教授为研究生及留学生讲授前沿课程。成立研究生教学质量督导组。更新改造22个实验室，更新设备442台件数。打造本科实验教学金课。2018—2019学年实验课程357门，实验项目1674项。完成“上海海事大学—西门子工业自动化技术实验中心”的论证和首期建设、“学生工程实践创新平台”后期建设、“船舶节能减排实验室”等项目库项目的后期验收工作。

科技项目合同总经费比上年增长34%。纵向与横向科技项目分别立项138项和418项。国家级项目保持增长势头，自科基金立项35项，社科基金立项4项。首次获艺术学专项1项。获各类科技奖35项，其中省部级10项。首次获教育部高等学校科学研究优秀成果奖（科学技术）技术发明奖二等奖（第二完成单位）。科技论文总量1403篇，六大检索论文492篇，其中SCI/SSCI论文317篇，比上年增长22%；发表ESI高被引论文、热点论文10篇。出版专著教材71部。申请专利437项，其中发明专利368项，比上年增长43%。授权专利150项，其中发明专利92项，比上年增长8%。2项科技成果以作价入股形式成功转化为科技型企业。《上海海事大学学报》入选上海高校科技期刊影响力提升计划。上海浦江教育出版社出版图书72种（新书50种、重印22种）。

录取本科新生4034人，招收硕士研究生2289人、博士生85人，招生研本比超50%。加大硕博、本硕博连读比例。本科生就业率96.41%，签约率85.98%；研究生就业率98.20%，签约率91.59%。与537家企业签订实习基地协议，就业岗位需求量达44000人。大学生创业指导站获市高校校外实践基地等三大资质。

与墨西哥、美国、法国、瑞典等近10所国（境）外高校签署校际合作协议。与50余所国（境）外院校或机构开展学生交换项目。开展81个学生海外学习实习项目。派出727名学生，比上年增长14%。新增波兰华沙大学等4个短期海外学习项目。扩大与英国普利茅斯大学的合作，3+1或2+2联合培养类项目合作专业数增至18个。全职引进外籍教授2人。4名海外专家获国家外专局引进计划资助，5名获上海市外专局引进资助。获批国家留学基金委优秀本科生项目2个，8名学生获资助。拓展与“一带一路”沿线国家开展海事合作，主办“‘一带一路’海事国家航海院校师资高级培训”“2019年亚洲区域船舶能效技术研讨会”，举办“一带一路”沿线国家联合研究中心建设研讨会、2019全球绿色航运高峰论坛第二届全球绿色航运论坛、第十九届国际人—机—环境系统工程大会。承办第二届顶尖科学家论坛。

上海国际航运研究中心列入“CTTI高校智库百强榜”A类智库，是全国唯一入选的航运专业智库。面向全球发布《全球港口发展报告》。第三次发布《全球港航信息化发展报告》。出版《中国港航业的创新发展：从自由贸易试验区到自由贸易港》《基于AIS大数据的港航运营管理问题研究》等专著。为国家发改委、交通运输部等政府部门和天津港（集团）有限公司等大型企事业单位提供决策咨询服务40多项，开展培训1000余人次。学校牵头撰写的《适用于联合国国际海事组织示范课程的动词术语表》提案在联合国国际海事组织（IMO）人为因素、培训和值班分委会第六次会议上顺利通过。与法国诺曼底管理学院共同向欧盟和法国政府提出组建“中欧高级智能航运与精益供应链研究院”。148名志愿者参与第二届进博会服务。

连续20年获评2017—2018年度上海市精神文明单位。出版上海市地方专志《上海海事大学志1995—2015》。制作校庆宣传片《奋楫》。展演校庆大师剧《陈嘉震》。开设“上海海事大学校庆网”。增设“上海海事大学捐赠平台”，设捐赠项目23个，线上捐赠人次达2500余人。获第十五届世界武术锦标赛冠军。获“临港杯”中国无人船公开赛双冠军。获全国啦啦操锦标赛冠军2项。获全国模拟法庭竞赛亚军。获上海市大学生篮球联赛和学生阳光体育大联赛·三对三篮球赛男女双冠军。

（许梅英）

【主办国际船舶能效技术大会】 4月22—26日，在国际海事组织指导下，由上海海事大学主办、虹口区航运办协办的国际船舶能效技术大会在虹口区航运中心大厦举行。大会主题为“温室气体减排技术应用与航运业的主要挑战”。来自中国、孟加拉国、柬埔寨、印度、印度尼西亚等国家和地区的海事主管机关、学术界、航运业界的近40名代表与会,展示、交流船舶能效方面的最新技术、管理与实践成果。（许梅英）

【10项科技创新成果参展工博会】 9月17日,第二十一届中国国际工业博览会在上海国家会展中心开幕。上海海事大学地下物流三维仿真与优化、旋转错流式超滤—反渗透双膜法净水设备等10个科创项目参展。（许梅英）

【庆祝建校110周年】 10月20日,中国高等航海教育暨上海海事大学建校110周年庆祝大会在校举行。上海市委副书记尹弘等领导到会并致辞。大会全面回顾上海海事大学办学历程,认真总结办学经验,集中展示办学成就,传承海大精神和文化。会上,举行了上海海事大学“世界高水平海事大学”建设战略合作联盟单位签约仪式。同日,还举行徐悲鸿真迹特展、“校友樱花大道”揭幕、师生交响音乐会、上海海事大学—上港集团足球俱乐部足球梯队友谊赛、文艺晚会等庆祝活动。（许梅英）

10月20日,中国高等航海教育暨上海海事大学建校110周年庆祝大会举行

【主办首届世界海事大会】 10月20日,在上海海事大学召开首届世界海事大会,由上海海事大学、中国航海学会联合主办。以“新时代、新科技、新海事”为主题,共包含13场论坛、100余个主题演讲,内容涵盖世界海事经济论坛、航运与管理、智能船舶、海事管理、海事法律、海事能源管理等领域的热门话题和重大进展。来自英国、澳大利亚、德国等近30个国家和地区的海事界专家、学者、企事业单位代表等约400人出席会议。会上,发布了《2018南海航行状况研究报告》。（许梅英）

10月20日,首届世界海事大会在上海海事大学召开

【世界海事(海洋)大学校长论坛召开】 10月21日,世界海事(海洋)大学校长论坛在上海海事大学召开,以“面向未来的海事教育”“交流·合作·共赢”为主题。来自美国、日本、丹麦、瑞典、德国、法国、波兰、希腊、罗马尼亚等20多个国家的30余所海事院校校长、院长和专家70余人出席会议。（许梅英）

【学生获市青少年科技创新市长奖】 12月19日,第八届“上海市青少年科技创新市长奖”颁奖仪式举行,上海海事大学自动化2016级本科生李志斌凭借丰硕的科技成果和严谨的答辩表现,获“上海市青少年科技创新市长奖”,成为学校历史上第一位获此项荣誉的学生。（许梅英）

附:学校负责人及地址

(2019年1—12月)

校党委书记:金永兴(4月离任)、宋学儒(3月到任)
副书记:黄有方、门妍萍、贺　莉(9月到任)

校　长:黄有方
副校长:杨万枫、施　欣、严　伟

临港校区地址:海港大道 1550 号
邮编:201306
电话:38282000

港湾校区地址:浦东大道 2600 号
邮编:200129
电话:58711692

东明路校区地址:东明路 1336 号
邮编:200126
电话:68702503

上海海洋大学

【2019 年概况】 上海海洋大学设有 14 个二级院系,有 3 个博士后科研流动站、4 个一级学科博士学位授权点、11 个一级学科硕士学位授权点、2 个二级学科硕士学位授权点、7 个专业硕士学位授权点、42 个本科专业(含方向)、10 个高职专业。有 1 个国家“双一流”建设学科、1 个国家重点学科、3 个上海高校高峰高原学科、3 个上海高校一流学科、9 个省部级重点学科,5 个国家特色专业、4 个国家级卓越农林试点项目,6 个国家级、2 个上海市一流本科专业建设点,以及 5 个上海应用型试点本科专业、2 个全英语规划专业、3 门国家精品课程、32 门上海市精品课程、14 门上海市示范性全英语教学建设课程(其中 7 门已获相应称号)、3 门上海高校优质在线建设课程(其中 2 门已获相应称号)、2 门上海市“高校优质混合式在线课程示范案例”、2 个国家级和 8 个上海市虚拟仿真实验教学项目、1 个国家级和 4 个市级教学团队、2 个国家级实验教学示范中心、1 个上海市实验教学示范中心建设项目。在校全日制本科生 12200 余人、研究生 3700 余人。其中,新招收普通本科生 3073 人;新招收全日制研究生 1434 人,其中硕士研究生 1353 人、博士研究生 81 人。拥有国家级人才 28 人次、省部级人才 171 人次。

年内,成立极地研究中心、海洋牧场工程技术研究中心,优化近海、深海、极地学科平台布局。“全国高校黄大年式教师团队”远洋渔业国际履约团队派出 79 人次代表国家参加渔业履约 30 次,提交决策咨询报告近 40 份。与长江流域渔政监督管理办公室共建长江水域生态保护战略研究中心,开展“千里长江渔村行”,调研沿江 10 个省区市的退捕机制,提交 7 份高质量报告。共同发起成立长江水生生物保护基金会。教授博士服务团连续 15 年在西藏、贵州、云南、青海等地开展对口支援,推广绿色生态养殖。西藏亚东鱼人工繁育项目入选教育部第二届省属高校精准扶贫典型项目。连续举办三届“一带一路”渔业高级培训项目,在加纳举办首期罗非鱼养殖技术国际培训班。新增海洋工程装备检测试验技术国家工程实验室。作为全国唯一具备国际互认资质的船舶压载水检测试验室,成果转化交易额达 1600 万元。开展崇明水生生物资源大调查,建立数据库和基因库。投身临港新片区建设,承办顶尖科学家论坛,参与上海市高端海洋工程装备功能型转化平台建设。101 名学生志愿者参与为期 10 天的进博会服务保障。

制定“三全育人”综合改革实施方案,将思政工作融入办学治校全过程。推进市课程思政教育教学改革“整体试点校”、高校思政课主题社会实践试点校建设,深化“阶梯课堂”思政理论课教学改革,构建“课程思政”教学改革三级管理体系,思政要素全面融入培养方案。水产与生命学院入选上海高校课程思政重点改革领航学院。构建“实践教学、社会实践、志愿服务、创新创业教育”有机结合的实践育人体系。拓展“淞航”号远洋渔业调查船育人平台功能,完成“亚洲校园”校际间首航。获第十六届“挑战杯”全国大学生课外学术科技作品竞赛一等奖。完成大师剧《朱元鼎》《黄炎培》巡演。形成具有海洋特色的体育教育教学体系。成立校艺术教育委员会，开展课外艺术教育普及活动30余场，获全国大学生艺术展演金奖。建成约6.7万平方米的“海绵公园”，作为“华东自然海绵标杆”，为师生提供生态文明实践教学、勤工助学平台。

制定深化教育综合改革意见，完善学科运行机制，推进世界一流学科、地方高水平大学建设。海洋、食品高原学科运行不断优化，植物与动物科学ESI前1%排名比同期提升58位，以食品高原学科成果为主要支撑的农业科学进入ESI前1%。英文期刊《渔业学报》被美国两大数据库收录。获国家自然科学基金重大专项重点项目、国家社科基金、“蓝色粮仓”等项目30余项，同期增长28%。获团头鲂、草鱼新品系2个。授权专利198项。科技成果转化1648.5万元。获农业农村部科技进步一、二等奖等省部级奖5项、学会行业及局级奖13项。加强新农科建设意见及实施方案、一流本科课程建设实施方案、42个专业工程教育认证方案，6专业获批“双万计划”一流本科专业。全面修订2019版研究生培养方案，增列3个一级学科硕士点，制定海洋科学博士点建设与发展规划，系统推进海洋学科快速发展。获批教育部“中外合作办学项目备案制”试行高校、中美学分来华留学专项、中非友谊“国际渔民”培训专项，通过高等学校来华留学质量认证，国际学生总量突破800人；制定学生赴国际组织实习管理办法，加快培养国际组织人才；与澳大利亚塔斯马尼亚大学联合培养博士生。修订学校章程，启动校务委员会建设。推进“依法治校示范校”建设。

引育并举强化人才队伍建设。入选各类人才计划236人次，引进柔性人才24人次。制定创新团队管理办法，加大中青年教师培养支持力度。实施青年英才揽蓄工程，举办水产学科青年学者暨上海高校国际青年学者论坛，引进4名国际学者入职。（邓叶芬）

【船舶压载水检测实验室通过国际认证】 1月22日，上海海洋大学船舶压载水检测实验室获挪威船级社(DNV GL)实验室认证资质。6月12日，船舶压载水检测实验室获美国海岸警卫队(USCG)实验室认可资质，标志着上海海洋大学船舶压载水检测实验室迈入国际一流的压载水实验室行列。此前压载水检测领域未有实验室获USCG认可资质。

（邓叶芬）

6月12日，上海海洋大学船舶压载水检测实验室获美国海岸警卫队(USCG)实验室认可资质

【入选国家基金重大专项重点项目】 1月22日，科技部重点研发计划“蓝色粮仓科技创新”和“绿色宜居村镇技术创新”重点专项启动会在北京中国科技会堂召开。“蓝色粮仓科技创新”重点专项启动的17个项目中，上海海洋大学教授陈良标主持的“重要养殖生物对典型环境胁迫的响应机制和生理生态效应研究”项目入选。全年，学校获国家自然科学基金、国家社科基金、“蓝色粮仓科技创新”等重大专项重点项目30余项。（邓叶芬）

【亚东鲑鱼人工繁育入选扶贫项目】 10月8日，上海海洋大学西藏亚东鲑鱼人工繁育项目入选教育部第二届省属高校精准扶贫典型项目。针对西藏亚东县亚东鲑鱼人工繁育技术缺乏和人才匮乏制约产业发展的问题，学校以学科平台为依托，技术成果为支撑，组建科技服务团，开展亚东鲑鱼人工规模化繁育科技攻关与技术培训，探索形成“攻克一批难题、传授一批技术、培养一批人才、支撑一项产业、脱贫一方民众”的精准扶贫可持续发展之路。4年间，建成1个繁育基地、3个鱼种培育基地、1个成鱼养殖产业园，培养亚东县技术队。

（邓叶芬）

10 月 8 日，上海海洋大学西藏亚东鲑鱼人工繁育项目入选教育部第二届省属高校精准扶贫典型项目

【海绵化提升工程完成验收】 11 月 8 日，上海海洋大学海绵化提升工程完成验收。该工程在市教委、临港新片区管委会的支持下，充分应用水生生物学、水产养殖等科研成果，从水生态系统完整性角度出发，结合校园内部分积水问题及景观提升需求，从源头对雨水进行削减和净化，减少雨水径流入河污染。学科专业团队在海绵化工程的建设实践中提升专业能力，开启全新的学用结合、技术应用的教育模式。 （邓叶芬）

【原创剧《朱元鼎》演出】 12 月 26 日，上海海洋大学首部原创大师剧《朱元鼎》在上海海洋大学临港校区连演三场。该剧由学校携手上海戏剧学院历时半年打造而成，演绎中国著名鱼类学家、中国鱼类学奠基人之一、水产教育家、上海水产学院（今上海海洋大学）院长朱元鼎的一生，展现他爱国如家、献身科研、培育后学的感人品格。 （邓叶芬）

附：学校负责人及地址

（2019 年 1—12 月）

校党委书记：吴嘉敏

副书记：何　雅、汪歙萍（3 月离任）、闵　辉（9 月到任）、吴建农

校　长：程裕东

副校长：汪歙萍（4 月离任）、闵　辉（9 月到任）、李家乐、万　荣（4 月到任）

临港新城校区地址：沪城环路 999 号

邮编：201306

军工路校区地址：军工路 318 号

邮编：200090

电话：61900296

上海中医药大学

【2019 年概况】 上海中医药大学设有 21 个二级学院、部；有 15 个本、专科专业，8 所附属医院。有国家重点学科 4 个、国家重点学科（培育）2 个。有中医学、中西医结合、中药学 3 个一级学科博士学位授权点，中医 1 个专业学位类别博士学位授权点，博士学位授权专业已覆盖全部中医药学科。有中医学、中西医结合、中药学、科学技术史、医学技术 5 个一级学科硕士学位授权点，中医、中药学、护理、翻译、公共卫生 5 个专业学位类别硕士学位授权点，药学 3 个二级学科硕士学位授权点。3 个博士后流动站。在校生 10928 人，其中博士生 690 人、硕士生 2569 人、本科生 3704 人、专科生 204 人、成人教育学生 3761 人。

年内，实施“杏林传承型人才培养计划”，选拔 28 名具有中医、中药学术专长与特色技术的中青年中医传承型人才，以 3 年为期，拜师强化中医经典研究。组织英语能力提升培训，遴选 31 位中青年教师参加国内外访学。2 人获国家中医药系统表彰奖励，1 人获上海市“四有”好教师（教书育人楷模）提名奖，7 人获“上海市育才奖”。脱贫攻坚

专项奖励工作中分别获集体记大功一次，个人记大功1人，1人获嘉奖。学校中医药标准化中心获上海市五一劳动奖状。基础医学院解剖教研室获“上海市工人先锋号”称号。针灸推拿学院中医工程学团队、体育部体育教学创新团队获“上海市教育先锋号”称号。针推学院经络腧穴教研室获“上海市巾帼文明岗”称号。刘慧获全国五一巾帼标兵荣誉称号。许家佗获评上海市五一劳动奖章。岳阳中西医结合医院医师龚利入选市教委“为人为师为学”宣传典型。“名师大家，岐黄铸魂——师德传承系列工程”项目获2019年上海教育系统社会主义核心价值观示范案例。房敏教授获评“2018上海教育年度十大新闻人物”。

中医学专业入选上海市“一流本科教育引领项目”。中医学、中药学、中西医临床、康复治疗学成功申报国家“一流专业”。临床医学院开展“中医内科学”和“中医外科学”个性化学习课程教学改革试点工作。完成“智能医学专业”的新专业申报和中医人工智能实验室建设工作。完成上海市“课程思政教学改革整体示范校”建设，完成综合评价录取招生改革工作。新一轮国家级教学成果、国家精品在线开放课程、国家级虚拟仿真项目、行业规划教材、国际学生数量和层次均位列全国中医院校首位。完成中医学、中药学、中西医结合3个一级学科及中医专业学位点自评估，接受国务院学科评议组对中医学一级学科博士学位授权点实地评估，接受上海市学位委员会对中医硕士专业学学位和药理学学位授权点抽评。护理学中英合作办学项目通过上海教育评估协会评估。新增马克思主义理论一级学科硕士学位授权点。研究生发表学术论文709篇，其中SCI期刊193篇，影响因子5分以上23篇，1篇13.7分(ACS NANO)。举办第三届“一带一路”沿线国家医学高端人士中医药研习班。五禽戏项目入选2020年上海市高校中华优秀传统文化基地建设计划。“挑战杯”全国大学生课外学术科技作品竞赛项目获国家二等奖、上海市特等奖，微视频《星火》获国家二等奖。大学生武术队获中国大学生武术套路锦标赛5枚金牌2枚银牌7枚铜牌、上海市大学生武术套路锦标赛10枚金牌3枚银牌3枚铜牌。

中医学、中药学两个“双一流”建设学科通过教育部中期现场考核。完成20个顶尖优势团队中期考核，7位专家入选岐黄学者。通过国家中医药管理局十一五、十二五重点学科验收，其中中医骨伤科学、中医肝胆病学、药用植物学、中西医结合基础等14个重点学科获得优秀。申请国家自然科学基金资助项目140项。发表SCI收录论文472篇，其中大于5分69篇；CSSCI收录论文26篇；授权专利100项；获各级各类科技奖项28项。新增国家社科基金资助项目3项、国家社科冷门绝学项目1项、国家社科后期资助项目1项、教育部人文社会科学研究项目资助3项。学校《中医药文化》杂志(中文版)进入中医药T2国际有影响力的权威期刊，《中医药文化》杂志(英文版)进入国家科技期刊卓越计划高起点新刊。推动“科研特区”建设工作。试点的交叉科学研究院、创新中药研究院承担国家重大科技任务4项，实现成果转化3项。成立《黄帝内经》国际研究院、中西医结合研究院。组建上海市中医药循证医学研究中心，推动中医药优势病种指南和专家共识制定等工作。与浦东新区科经信委、上海张江(集团)搭建协同创新平台，筹划建立中医药创新工程院。学校中医智能康复中心获教育部工程研究中心立项。“针刺手法3DVR虚拟仿真综合实训”获中医类国家虚拟仿真实验教学项目。“中药新药研究虚拟综合性实验”获药学类国家虚拟仿真实验教学项目。疾病证候分类新方法及其应用获教育部科技进步一等奖。

上海中医药大学附属岳阳中西医结合医院负责建设的毛里求斯中医药中心正式开张。由上海中医药大学承办的“中国—捷克中医中心”等4家医学中心被列为国家中医药管理局国际合作中医中心项目。在希腊、巴拿马举办中医药养生文化展。在联合国日内瓦万国宫举办“互联网+中医药”展览。在希腊雅典、西班牙巴塞罗那开展功法培训项目。举办第四届中法医院健康管理论坛、第二届世界传统医学上海论坛等高层次国际会议。国际标准化组织正式发布学校中药标准化研究团队主导制定《中医药—当归药材》国际标准。由学校主导发布的中医药国际标准有5项。提高学生海外访学比例，赴境外访学游学学生来自7个二级学院，全面覆盖中医学、中药学等12个专业。建立中泰天然药物联合研究院、哈佛医学院创新办公室。

成立沪港澳青少年交流实习基地。

参与上海推进长三角一体化建设任务，以分院托管、集团医院、对口支援、合作共建形式，与20家医院建立专科、专病联盟。启动创建5年以上附属医院再评价工作。发挥附属医院优势学科作用，组建内分泌、针灸、肝病等22家专科联盟。组建附属医院临床数据中心，开展优质服务创新品牌评比，督查规培中医内涵质量。市第二、第三康复医院正式列入学校附属医院创建行列，闵行区3所社区卫生服务中心成为学校附属社区卫生服务中心。学校承接西部省份“健康乡村中医行”公益培训，开办“海上名医传承高级研修班”。（刘红菊）

【《黄帝内经》国际研究院成立】 4月1日，国内首家《黄帝内经》国际研究院成立大会在上海中医药大学举行。《黄帝内经》国际研究院院长为学校终身教授王庆其。《黄帝内经》国际研究院以上海中医药大学基础医学院为主平台，整合科技人文研究院、文化传播中心、博物馆等全校资源，吸纳海内外、跨学科研究《黄帝内经》的专家学者，充分利用互联网与信息通信技术，有效整合各类资源，建设开放共享的研究开发平台、协同高效的成果转化平台、产学研联动的人才培养平台、支撑中医药健康服务产业创新发展的公共服务平台。研究院开展《黄帝内经》文献研究、理论研究、临床研究、多学科研究、实验研究与《黄帝内经》文化研究。（刘红菊）

【入选市高考综合评价录取改革试点院校】 4月21日，教育部批准上海中医药大学2019年启动实施“上海市综合评价录取改革试点”招生工作。综合评价招生中将设置中医学（5+3一体化）专业、中医学（5+3一体化针灸推拿英语方向）专业、中医学五年制专业和针灸推拿学五年制专业。（刘红菊）

【成立中西医结合研究院】 6月19日，中西医结合研究院成立，它是上海中医药大学继创新中药研究院、交叉科学研究院、科技人文研究院之后建立的第4个创新研究院，是学校学科建设、人才培养、科技创新的重要基地及创新平台。研究院聘任欧洲科学院院士、瑞典卡罗林斯卡医学院教授曹义海担任学术院长，香港浸会大学中医学院院长吕爱平教授担任院长，上海中医药大学附属曙光医院教授李琦担任执行院长。（刘红菊）

【中国—毛里求斯中医药中心落成运行】 12月9日，国家中医药管理局国际合作“一带一路”项目，由岳阳医院负责建设的“中国—毛里求斯中医药中心”历经三年筹备，在毛里求斯城市医疗集团落成运行。上海岳阳医院和蔡同德药业派遣有丰富经验的2名中医专家和1名中药师在“中国—毛里求斯中医药中心”开展医疗活动，提供针灸、推拿和中草药处方，还为当地民众提供现场煎煮的中草药汤剂。（刘红菊）

12月9日，中国—毛里求斯中医药中心
在毛里求斯城市医疗集团落成运行

【获国家社科基金重大项目立项】 12月10日，上海中医药大学首次获国家社科基金重大项目立项，分别是严世芸教授牵头申报的“中医药基本名词术语挖掘、整理及翻译标准化研究”和张如青教授牵头申报的“出土先秦两汉医药文献文物综合研究”项目。这两个项目也是2019年国家社科基金重大项目中仅有的中医类项目。（刘红菊）

【两个项目获教育部高等学校科学研究优秀成果奖一等奖】 12月18日，教育部发布《关于2019年度高等学校科学研究优秀成果奖（科学技术）奖励的决定》。上海中医药大学脾胃病研究所季光领衔的项目“疾病证候分类新方法及其应用”，针灸经络研究所吴焕淦领衔的项目“针灸特色技术应用及分子生物学机制研究”获教育部2019年度高等学校科学研究优秀成果奖——科学技术进步奖一等奖。

（刘红菊）

附：学校负责人及地址

（2019年1—12月）

校党委书记：曹锡康

副书记：徐建光、朱惠蓉、季　光、许铁峰（7月到任）

校　长：徐建光

副校长：陈红专、胡鸿毅、朱惠蓉、杨永清、王拥军

地址：蔡伦路1200号

邮编：201203

电话：51322001

上海师范大学

【2019年概况】 上海师范大学有徐汇、奉贤2个校区，设19个学院，有88个本科专业，一级学科博士学位授权点9个、一级学科硕士学位授权点32个、专业学位硕士点16个，9个博士后科研流动站；有1个国家重点学科、11个上海市重点学科、4个教育部高等学校特色专业建设点、1个教育部和上海市本科专业综合改革试点专业、3个教育部卓越教师培养计划改革项目、1个国家级新工科研究与实践项目、8个上海市属高校应用型本科试点专业建设项目、18个上海市本科教育高地建设项目。11个学科进入上海市高峰高原学科，5个学科进入ESI前1%学科。有1个国家文科基础学科人才培养和科学研究基地、1个国家重点培养人才基地、1个教育部人文社会科学重点研究基地、1个教育部国际教育研究培育基地、1个教育部区域与国别研究培育基地、1个教育部第一批中华优秀传统文化传承基地，以及1个教育部重点实验室、1个教育部国际合作联合实验室；有1个教育部创新团队、1个教育部国际合作与交流司备案的国别和区域研究中心。有1个上海市重点智库、1个上海高校智库，3个上海市重点实验室、1个上海市国际联合实验室、2个上海高校重点实验室，以及2个上海市工程技术研究中心、1个上海市协同创新中心，1个上海市野外科学观测研究站，12个上海市人文社科研究和决策咨询基地，4个上海市高校E—研究院，1个上海市卓越新闻传播人才培养基地。学校主办或承办25种学术期刊，其中《高等学校文科学术文摘》是全国三大社会科学文摘期刊之一。

学校在读全日制本科学生20000多人、研究生8000多人、留学生总数2700多人、夜大学学生5500人左右。有教职员工2917人，具有副高及以上专业技术职务人员1124人，其中获评国家级人才50人次、省部级人才289人次。还组建了一支500余人的兼职教师队伍。实施教师专业发展等四大工程、中青年教师队伍质量提升“六个一”工程等项目，精准对接人才服务保障需求。石书臣获评“全国优秀教师”。张志丹获首届全国高校思想政治理论课教学展示特等奖。3月19日，教育部网站报道《上海师范大学扎实推进教师政治思想工作》。

年内，发布《上海师范大学课程思政建设指南》，构建思想政治理论课程、综合素养课程、专业课程三位一体的“课程思政”教育教学体系，构建分层分级的课程思政创新模式。全面深化师风师德建设。傅欣等多位教师获“全国教育系统先进工作者”等荣誉，学校获评“全国教育系统先进集体”“全国优秀师德建设实践基地”。构建“三全育人”培养体系。深化“思政教育与品德培养”等三大平台建设。177名学生参与进博会志愿服务，学校获评上海市志愿服务先进集体、上海市教育系统落细落小落实社会主义核心价值观典型案例等。多位师生获“中国大学生自强之星”“上海高校辅导员年度人物”等荣誉称号。加强专业内涵发展，新增35门市教委重点课程，居上海高校第二。首次获批国家级虚拟仿真实验教学项目。学生在国内外重大赛事

获佳绩，在“挑战杯”全国大学生课外学术科技作品竞赛中获特等奖，并首次捧得“优胜杯”，创历史最佳成绩。实施一流研究生教育提升计划。全面完成已有学位点的合格评估工作。健全研究生教育管理体制，研究生在重要赛事和论文发表上取得历史性突破。研究生报考人数与招生人数再创新高。

围绕高水平建设，加强学术引领、深化综合改革，在市教委分类考核中，学校位列应用研究型高校第一。“动植物学科”ESI排名首次进入全球前1%，进入全球ESI前1%学科增至5个。数学、化学进入2019软科世界一流学科。20个学科上榜2019软科中国最好学科排名，3个学科进入前10%，上榜学科总数居中国内地高校第八十四位。2019年，学校接受教育部开展的师范类专业考察，小学教育和物理学(师范)两个专业通过认证。学校成为上海市高水平地方高校(学科)建设试点单位。先后出台高峰高原学科、高水平学科、创新团队等管理办法，加强学科管理建设。年科研经费比上年增长20%。理工科在项目申报、科研成果上实现突破，国家自科基金获批44项，经费增长73.7%，位列市属高校第二；获批重点项目数创历史新高。技术合同金额增长近一倍，为历史新高。教师多次在Nature子刊等发表学术成果。“助推计划”立项数居上海各高校之首。人文社科高位运行，获批国家社科基金各类项目50项，新增国家社科重大5项，首次获国家社科艺术学重大1项，立项数均居上海前列。国家社科艺术学、国家社科后期资助等均创历史新高。《上海师范大学学报》首次获评“全国高校社科名刊”。

学校被列入来华留学生中国政府奖学金院校以及上海市外国留学生预科基地。与40多个国家和地区的近400个高校和组织建立交流合作关系。与美国、英国、德国、荷兰、俄罗斯、法国6个国家的7所高校合作举办10个中外合作办学项目。在日本广岛福山大学、非洲博茨瓦纳大学和美国密苏里大学建有3所孔子学院。密苏里大学孔子学院获国家汉办孔子学院奖章。全年，教师访学620人次，学生访学1693人次，增幅22%。主办“现代大学国际联盟”高峰会议，探索地方大学国际化发展新范式。

强化学术服务成效，围绕进博会、教育改革等热点报送高质量咨询报告50余篇。国际教师教育中心获批“中国教育核心智库”。推进上海全球城市研究院工作，发布《全球城市发展报告》《全球城市案例研究》。与清华大学共建上海师范大学人工智能教育研究院。学校“中智亚毫米天文国际联合实验室”获批上海市“一带一路”国际合作实验室。承担“一带一路”沿线国家教育行政官员研修项目、中英数学教师交流项目等。成立上海首批市级野外科学观测研究站，为长三角示范区提供生态科技支撑。以区域化合作推动对口帮扶，先后与云南昆明、新疆喀什等地签署合作框架协议。与上海援疆前线指挥部等合作共建喀什第六中学。开展挂职锻炼、顶岗实习、支教实践等，推进对口地区帮扶工作。 (宋莉莉)

6月18日，在上海市学生公寓六T创建工作评审中，
上海师范大学宿舍楼被评为五星示范楼

【上海师大喀什教师培养培训基地揭牌】 4月13日，上海师范大学喀什教师培养培训基地签约暨揭牌仪式在新疆喀什举行。学校与新疆维吾尔自治区喀什地区行政公署、上海援疆前方指挥部共同签署《联合建设喀什地区教师培训中心(上海师范大学喀什教师培养培训基地)的协议》。来自喀什地区各县市的200多位中小学教师代表参加。自2015年上海师大教育学院与喀什师范学校共建“喀什地区双语教学研究中心”以来，已有693人次的喀什中小学教师参加培训；上海师大教育学院先后派出9批70多人次的教师赴喀什送教。4月14日，上海师范大学附属喀什中学签约暨揭牌仪式在

新疆喀什举行。学校与新疆维吾尔自治区喀什地区行政公署、上海援疆前方指挥部共同签署《联合建设上海师范大学附属喀什中学三方协议》。

（宋莉莉）

【启用高校无障碍学习空间】 5月16日，上海师范大学专为视力障碍的学生提供的无障碍学习空间正式揭牌启用。新建设的无障碍学习空间位于上海师大奉贤校区计算中心，配备盲文教材、盲文点显器、盲文打印机、扫描仪以及安装专业盲文软件的多台电脑等视障图书资料和电子设备，为在校的视力障碍学生提供信息搜索、资料借阅、文件打印、学习交流等服务。无障碍学习空间在出入口设有盲道，电梯设有盲文按键，房间门口设有盲文标牌。

（宋莉莉）

【中华优秀传统文化传承基地(顾绣)揭牌】 5月23日，教育部中华优秀传统文化传承基地(顾绣)揭牌仪式在上海师范大学举行。现场，展示包括顾绣、海派剪纸艺术、叶榭竹编工艺、泗泾面塑制作技艺等多种形式的非遗。松江区政协、市教委、上海师范大学领导与多位顾绣非遗传承人出席挂牌仪式。

（宋莉莉）

【共建上海师范大学附属宁波实验学校】 5月30日，上海师范大学与宁波市奉化区人民政府合作办学协议签约仪式在奉化区政府举行。根据协议，上海师范大学与宁波市奉化区政府在位于奉化区方桥街道的宁波生命科学城片区内新建一所九年一贯制公办学校，暂定名“上海师范大学附属宁波实验学校”。该校占地面积约6万平方米，按照60个教学班规划建设，其中小学42个班、中学18个班。依照协议，2021年9月1日正式招生运营。

（宋莉莉）

【全国教师教育发展论坛举行】 6月15日，中国教育三十人论坛、上海师范大学和联合国教科文组织教师教育中心联合在上海师范大学举办“全国教师教育发展论坛”。中国民主促进会中央副主席朱永新、中国民主同盟中央副主席徐辉，教育部教师工作司、上海市教育委员会、上海师范大学、联合国教科文组织教师教育中心等单位负责人以及来自全国各地的教师教育学者、上海中小学特级校长和特级教师代表共500余人出席论坛，探讨大变革时代的教师教育发展热点议题。论坛还围绕人工智能与教师专业发展、核心素养与教师专业发展、学习科学与教师专业发展举办三场学术沙龙。

（宋莉莉）

【长三角教育督导协作框架签约仪式暨上海教育督导论坛举行】 6月26—27日，长三角教育督导协作框架签约仪式暨第二届上海教育督导论坛在上海师范大学举行。论坛开幕式上，江苏省、浙江省、安徽省和上海市“三省一市”政府教育督导室领导在与会人员的共同见证下，签署《长三角教育督导协作框架协议书》。论坛由上海市教育委员会、上海市人民政府教育督导室联合主办，上海师范大学、上海市教育督导研究中心和上海市教育督导事务中心承办。长三角各省、上海市对口支援地区政府教育督导室负责人和高中学校代表，上海市实验性示范性高中首轮发展性督导评估专家代表，市教委相关处室和直属单位负责人，各区教育局分管高中教育的局长、区政府教育督导室常务副主任，上海市实验性示范性高中及市特色普通高中学校校长等180余人参加论坛。

（宋莉莉）

【举办师德师风展览会】 9月10日—10月16日，上海师范大学首次举办“桃李不言　下自成蹊”上海师范大学师德师风展览会。展览采用图文展板、原著手稿陈列、多媒体演示等方式，全方位、立体化展现学校65年办校历程中涌现出的、扎根讲台的65名教师典型，营造尊师重教的校园氛围，弘扬“师道永恒”的上海师大精神。学校领导、校内外专家及师生参观展览。

（宋莉莉）

【获“挑战杯”全国大学生课外学术科技作品竞赛优胜杯】 11月7—13日，第十六届“挑战杯”全国大学生课外学术科技作品竞赛决赛在北京航空航天大学举行。本届“挑战杯”以“挑战筑梦、科创报国”为主题。全国2000多所高校的200多万名大学生参赛。经过省级比赛、全国初评和复审，共有213

所高校的449件作品进入终审决赛。上海师范大学以特等奖1项、二等奖3项、三等奖1项的成绩首次获“优胜杯”。（宋莉莉）

【中英数学教师交流项目启动】 11月11日，2019—2020中英数学教师交流项目启动仪式在上海师范大学举行。来自英国的107名中小学数学教师参加开幕式，是历年到沪交流的英国教师和专家数量最多的一次。作为中英高级别人文交流机制的重要成果之一，中英数学教师交流项目是中国与发达国家之间最大规模的教师交流项目。中英双方的项目合作领域，已从小学拓展到中学。（宋莉莉）

附：学校负责人及地址

（2019年1—12月）

校党委书记：滕建勇（7月离任）、林在勇（7月到任）
副书记：葛卫华、裴小倩、刘晓敏、张叶江

校　长：朱自强
副校长：葛卫华、康　年、张峥嵘、蒋明军、陈　恒、李　晔

徐汇校区地址：桂林路100号
邮编：200234
电话：64322881

奉贤校区地址：海思路100号
邮编：201418
电话：57122472

上海对外经贸大学

【2019年概况】 上海对外经贸大学设有12个学院、1个教学部、2个研究所、5个研究院、5个教育部备案的区域国别研究中心、3个上海高校智库，有33个本科专业，7个一级学科硕士点、36个二级学科硕士点和9个专业学位硕士点。在校生12001人，其中全日制本科生9033人、预科生51人、硕士生2917人。在校国际生1500余人，其中学历生402人。专任教师795人，其中国家级、省部级专家83人次。

年内，学校国际经济与贸易、应用统计学等5个专业入选首批国家级一流本科专业建设点；打造具有外贸特色的育人“金课”，扎实推动课程思政建设；扎实开展“三全育人”工作，搭建“初心讲堂”“红色课堂”“互学课堂”“旗帜课堂”学习平台，形成全员全方位全过程学习和育人环境。“三圈三全十育人”体系成效不断显现，学生在国际国内竞赛中获好成绩。2019年度学生获国家级和国际奖项302项、市级奖项90项。其中，学生许捷飞在ACCA全球统考中取得F9财务管理课程单科成绩全球第一的成绩，学生陈强瑜在ACCA全球统考中取得高阶财务管理课程单科成绩全球第一的成绩，是学校学生首次获得这一佳绩。在2019年美国大学生数学建模竞赛中，学校获得国际一等奖3项、国际二等奖13项。学校入选2019年度全国创新创业典型经验高校。

整合平台资源，重点打造“数字货币与数字贸易研究院”和“全球贸易与国家发展战略研究院”，提升科研承载能力；与海关总署共建全球贸易监测分析中心（上海），双方共同发布第二届进博会主宾国进口贸易指数；与松江区政府共建长三角G60科创走廊全球贸易监测分析中心。获国家级项目立项21项，其中国家社会科学基金项目立项15项、国家自然科学基金项目立项6项。国家社会科学基金项目立项数在上海高校中位居第九名。

发挥学科优势，融入和服务第二届中国国际进口博览会：承办以“中小企业跨境贸易投资和法治保障”为主题的第二届中国国际进口博览会法律论坛，与中国国际贸易促进会法律事务部共建涉外法治研究与服务基地；181名学生参与进博会志愿者服务工作，并承担南非商会展台布展工作。服务国家“一带一路”倡议，承办亚太经合组织（APEC）优

化亚太地区投资措施研讨会，举办“2019年中东欧、非洲国家友城官员研修班”，出版“一带一路”沿线国别概览丛书；编制《落实教育部“一带一路”倡议行动计划进展情况报告(2018)》《2019年服务“一带一路”智库项目推进情况》。入选WTO亚太培训中心。国际经贸治理与中国改革开放联合研究中心入选CTTI高校智库百强榜单，成为全国“A区高校智库”。62项决策咨询研究成果被采纳，被采纳数量和质量创新高。

深入推进综合改革，推进治理体系和治理能力现代化。完成新一届学位评定委员会、学术委员会以及学科建设与科学研究委员会、教学指导委员会、师资队伍建设委员会、学术道德委员会等专门委员会的整体换届。推进教师分类管理、分类评价，进一步激发改革创新活力。全面开展依法治校示范校创建工作，着力推进治理体系和治理能力现代化。 (姜传松)

【APEC优化亚太地区投资措施研讨会】 4月11—12日，亚太经合组织(APEC)优化亚太地区投资措施研讨会在上海对外经贸大学举行。会议由商务部国际经贸关系司主办，上海对外经贸大学承办。来自APEC多个成员经济体的官方代表，中国商务部、贸促会、国内相关自贸试验区办公室、智库机构等近100名代表参会。联合国贸易和发展会议、世贸组织、经济合作与发展组织、国际可持续发展研究所、APEC秘书处的投资领域专家与会演讲。本次研讨会系落实《APEC亚太自贸区利马宣言》和中方牵头制订的《亚太自贸区投资领域工作规划》的一次重要活动。 (姜传松)

【入选“一带一路”国际智库合作委员会成员单位】 4月24日，由新华社研究院联合15家中外智库共同发起的“一带一路”国际智库合作委员会在北京成立。合作委员会是一个开放型学术交流合作机制，其宗旨是服务国际智库、国际和地区组织以及各国专家学者，推动“一带一路”相关课题研究和思想交流，促进理论创新、成果共享、知识传播和人员往来。上海对外经贸大学国际发展合作研究院作为唯一的地方高校智库和国内唯一专门从事国际发展合作领域的研究机构入选成员单位。 (姜传松)

【与海关总署共建全球贸易监测分析中心】 9月6日，上海对外经贸大学与海关总署共建的全球贸易监测分析中心(上海)在学校揭牌。根据合作框架协议，双方将合作开展全球货物贸易相关指数和外贸政策研究、加强交流合作与人才培养，提升进出口监测预警和外贸政策研究水平，更好地服务国家宏观经济决策。11月8日，双方共同发布第二届进博会主宾国进口贸易指数。 (姜传松)

11月8日，上海对外经贸大学与海关总署全球贸易监测分析中心共同发布第二届进博会主宾国进口贸易指数

【举办中东欧、非洲国家友城官员研修班】 9月16—22日，由上海市政府外事办和上海对外经贸大学共同举办的“2019中东欧、非洲国家友城官员研修班”开班仪式在学校举行。上海市外办负责人、上海对外经贸大学领导以及来自波兰、斯洛伐克、希腊等国驻沪领馆的8位使领馆代表和中东欧、非洲国家友好城市的14位官员代表出席开班仪式。 (姜传松)

【签约共建长三角G60科创走廊全球贸易监测分析中心】 10月28日，上海对外经贸大学与松江区政府签署合作共建长三角G60科创走廊全球贸易监测分析中心协议。双方将联合开展相关贸易指数研制、重点专题研究、人才培训与定向培养等工作。 (姜传松)

【中华射艺项目入选教育部文化传承基地】 11月，教育部发布全国高校中华优秀传统文化传承基地评选结果，上海对外经贸大学中华射艺项目被认定为全国高校中华优秀传统文化传承基地。全国共

有25个基地，学校是唯一位于上海的基地。此前，中华射艺项目已被市教委认定为上海高校中华优秀传统文化传承基地。 （姜传松）

【获亚太培训中心资格】 12月，上海对外经贸大学获WTO亚太培训中心资格，成为世界贸易组织全球7个培训伙伴中在中国设立的唯一区域培训合作伙伴，同时也是国内高校首次获该项目的全球培训资格。 （姜传松）

附：学校负责人及地址

（2019年1—12月）

校党委书记：殷 耀

副书记：汪荣明、许 玫、祁 明、吴 毅

校 长：汪荣明

副校长：祁 明、陈 洁、徐永林、张道方

地址：文翔路1900号

邮编：201620

电话：67703612

华东政法大学

【2019年概况】 华东政法大学有长宁、松江2个校区，设22个学院（部）、180余个科研机构；拥有法学、公共管理一级学科博士学位和硕士学位授予权，以及应用经济学、政治学、马克思主义理论、社会学、外国语言文学、新闻传播学一级学科硕士学位授予权，建有16个博士学位二级授权学科、46个硕士学位二级授权学科、24个本科专业，以及法学博士后流动站；有1个国家级重点学科、5个省（部）级重点学科、2个上海市一流学科、1个上海市高峰高原学科。在校生18000余人，其中全日制本科生11516人、硕士研究生5008人、博士研究生380人、留学生850人，比上年度增长21%。年内，招收全日制本科生2894人、各类研究生1952人。毕业生总体就业率为93.59%，其中本科毕业生就业率92.81%、硕士就业率95.11%、博士就业率100%。教职工1319人，其中专任教师779余人；具有高级专业技术职务教师399人，其中教授120人、副教授279人。5人获上海市育才奖。1人获上海市人才发展资金资助。1人获评上海“最美教师”。出版《法学》《华东政法大学学报》等法学类核心期刊。图书馆藏书251万册，中外文报刊近1300种，各类数据库98个，电子图书163万册，是华东地区最大的法律文献中心。中外文法学数据库在全国法律院校中排名第一。

年内，学校获批地方高水平大学建设单位、首批上海市习近平新时代中国特色社会主义思想研究基地、“上海高校课程思政整体改革领航高校”。刑法案例研习、社会学概论等8门课程获上海市教委本科重点课程立项。学校开设课程3355门，36门为引进优质网络课程，436门为跨校选修课程。研究生教育创新计划专项资金项目立项245项，其中优秀博士学位论文培育项目15项、博士研究生学术研究项目18项、研究生学术研究及社会调研项目195项、专业学位群体竞赛3项、研究生群体学术活动14项。连续九年举办“Moot Shanghai”国际模拟商事仲裁庭，是中国唯一有众多境外高校代表团参赛的模拟商事仲裁庭比赛。社会实践活动取得优异成绩，2支队伍获“知行杯”上海市大学生社会实践大赛一等奖，3支队伍获二等奖，4支队伍获三等奖；2支队伍入选“知行杯”长三角生态绿色一体化发展示范区大学生社会实践项目专项赛十大示范项目。与上海市二中院、上海市消保委等11个校外单位设立“志愿服务窗口”，提供线下接待咨询2000余次。举办包括宪法宣传日在内的大型普法宣传活动40余次。优化“百所法律学校”项目，为45所中小学学生普法宣讲。选拔138名志愿者参与第二届中国国际进口博览会志愿服务工作。1名本科生、2名研究生获“最高人民法院优秀法律实习生”称号。获国家级大学生创新创业训练计划项目17项，市级大学生创新创业训练计划项目52项。

推出“1+5+X”人才队伍建设政策体系，71人聘任为高级专业技术职务。实施“经天学者”人才支持计划，首批入选40人，均为各学科科研骨干。招录各类人才88人。以柔性引进方式聘请11名海内外高水平、有较大影响力的专家学者到校工作。法学、政治学8个团队入选上海地方高水平大学建设“创新团队”，其中法学、政治学各一支团队被确定为战略团队；获批公共管理博士后科研流动站。法律学院教授王迁入选2019年文化名家暨“四个一批”人才，政治学与公共管理学院教授任勇、新媒体数据研究院副教授孙祥飞入选2019年宣传思想文化青年英才。9人次获省部级以上人才项目支持，9人获省部级以上荣誉。学校获评上海市巾帼文明岗。1名辅导员获上海高校辅导员年度人物提名奖。

全校有238项各类课题获立项，其中省部级以上课题80项，包括国家社科基金项目24项（含3项重大项目、1项重点项目、13项一般及青年项目，3项后期资助项目、4项专项项目）、国家自然科学基金项目2项、教育部人文社科课题16项（其中重大攻关项目1项，一般及青年项目15项）、司法部项目5项，上海市哲学社科规划课题26项、上海市决策咨询项目6项、曙光计划项目1项。此外，市教委科研创新计划项目1项、上海市学校艺术科研项目2项、华东政法大学科研项目40项、其他各类横向课题115项。国家社科重大项目立项3项，立项数与中国政法大学并列第一。各类省部级以上科研项目结项总数为72项，结项数量创历史新高。在CSSCI收录的各类核心期刊上，发表论文389篇，在全国高校中位列第四十六名。有2项成果分别获第十二届上海市决策咨询研究成果奖二等奖。5项成果获教育部“第八届高等学校科学研究优秀成果奖（人文社会科学）”奖项，其中二等奖4人、三等奖1人。

推进多层次、多领域的对内对外合作与交流。国内在合作单位新设立“华东政法大学法学研究与实践基地”5个，与杭州市政府共建“互联网法治研究院”，与上海高院共建“司法研究院”，与上海市教委共建“长三角教育发展政策与法治研究中心”，与司法部行政复议与应诉局共建“行政复议研究中心”等项目，并签署各类合作协议20项。非学历培训数量160个，培训学员超过1.6万人，辐射24个省、直辖市、自治区。培训单位由公、检、法、司，拓展到人大常委会、政法委、纪委、监察委、质检、民政等多个部门，以及金融行业、律师协会、公证员协会及银行法规条线等。进一步覆盖与法律职业培训及政府法律专业培训相关的行业。新签、续签校际交流协议、谅解备忘录29份，院级报备协议12份。对外，与45个国家和地区的174所院校、机构和6个区域性、国际性组织开展合作。接待来自美国、英国、新加坡、加拿大、日本、克罗地亚、波兰、匈牙利等国家和地区政要、大学官员等92批次、计255人次。组织150个因公出国（境）团组、367人次出国（境）交流访问；555名学生赴国（境）外交流，其中本科生380人、研究生175人。获国家留学生基金委优秀本科生项目资助的有53人。新增海外学习项目1个。有学生交流项目63个，其中得到国家留学生基金委员会资助的项目23个。获中国政府奖学金留学生71人，接受教育部“来华留学卓越奖学金硕士项目”留学生30人（2018级22人，2019级8人）。2019年度留学生中学位生在长期生总体规模中所占的百分比近46%，在上海市高校中名列前茅。继续积极参加“沪港大学联盟”理事会各项活动，落实教育部“港澳与内地师生交流计划项目”等项目。（胡　珺）

【承办全国海关专业技术人才高级研修项目】 10月22日，全国海关专业技术人才知识更新工程高级研修项目在华东政法大学开班。该研修班由中国海关总署和学校共同举办，70名来自全国41个直属海关的与知识产权保护相关的高级管理和执法人员参加研修。（胡　珺）

【2019 年进博会中澳法律服务论坛举行】 10 月 31 日，进博会中澳法律服务论坛在学校举行。来自中国、澳大利亚的政府代表、高校学者、知名律师、法务高管和商界代表汇聚华东政法大学，共议进博会契机下中澳两国法律服务的合作和发展前景。

（胡　珺）

【第七届中德学术高层论坛】 11 月 12 日，中德学术高层论坛在长宁校区举行。由华东政法大学与中国社会科学杂志社、德国波恩应用政策研究院联合主办，主题为“促进中德合作、共筑美好世界”。来自中共中央党校、复旦大学、华东政法大学、武汉大学及德国波恩大学、迈克・荣科尔研究所、拜罗伊特大学、波恩应用政治研究院等高校、研究机构约 30 位中德专家学者与会，就打造合作与共赢共同体、构筑世界安全、文明互鉴下的和谐共生、开放型世界中的“一带一路”倡议、面向未来推动经济高质量发展、法治与国家治理现代化、智能时代的法律变革与社会发展、清洁能源与可持续发展等议题作专题发言。

（胡　珺）

11 月 12 日，第七届中德学术高层论坛在华东政法大学举行

【“亚洲成年监护法”国际会议暨中国成年监护法研讨会】 研讨会于 11 月 29—30 日在上海举行，由华东政法大学与中国法学会婚姻法学研究会主办，主题为“从成年监护到协助决定的亚洲残障融合”。来自国内外高等院校、科研院所、公证处和律师事务所的近百位专家学者和实务工作者出席开幕式。

（胡　珺）

【《中国法治战略研究年度报告》出版】 11 月，由华东政法大学中国法治战略研究中心组织校内外专家编撰的《中国法治战略研究年度报告》公开出版。该书共 36 万字，分为 15 章，是国内第一部专门研究“法治战略及其实施”状况的年度报告，以全面依法治国基本方略为指引，以部门法治战略和国家重大战略法治保障为核心议题，建言法治改革。

（胡　珺）

【“长三角教育发展政策与法治研究中心”揭牌】 11 月 21—22 日，在教育部政策法规司指导下，由上海市教育委员会和华东政法大学联合主办的“长三角教育发展政策与法治研究中心”揭牌仪式暨“区域教育协作亟待突破的教育政策与法治问题研讨会”在华东政法大学举行。揭牌仪式上，为来自苏、浙、皖、沪三省一市的特聘专家代表颁发聘书。苏、浙、皖、沪三省一市教育行政部门与部分高校、研究机构的教育管理和教育法治专家出席研讨会。

（胡　珺）

11 月 21 日，由上海市教育委员会和华东政法大学联合主办的“长三角教育发展政策与法治研究中心”揭牌

【司法学研究院入选国家智库】 12 月 19 日，2019 年新型智库治理暨思想理论传播高峰论坛在京开幕。中央部委有关领导、各省市主管理论工作和智库工作领导、光明智库学术委员会委员、国家 CTTI 来源智库负责人、智库研究与评价领域专家学者等 400 余人参会。中国首家研究司法学实体机构——华东政法大学司法学研究院被列入新增补的国家 CTTI 来源智库名单，该研究院申报的“涉侨纠纷多元化解机制研究案例”入选“2019 年度 CTTI 智库最佳实践案例”。

（胡　珺）

附:学校负责人及地址

(2019年1—12月)

校党委书记:郭为禄

副书记:叶　青、应培礼、闵　辉(9月离任)、唐　波

校　长:叶　青

副校长:闵　辉(9月离任)、陈晶莹、张明军、周立志

长宁校区地址:万航渡路1575号

邮编:200042

电话:62071666

松江校区地址:龙源路555号

邮编:201620

电话:57090256

上海工程技术大学

【2019年概况】 上海工程技术大学有松江、长宁、虹口3个校区,设有16个院、部教学机构,1个国家级实验教学示范中心,1个国家级虚拟仿真实验教学中心;有1个上海市Ⅲ类高峰学科、1个上海市Ⅳ类高峰学科,以及13个省级学科科研平台(包括2个协同创新中心、2个研发公共服务平台、1个工程技术研究中心、1个工程研究中心、1个市级高校智库)。有11个一级学科硕士点、3个专业学位硕士点、62个本科专业(含专业方向)。全日制在校生逾22684人,其中研究生近3814人。教职工1888人,专任教师1475人,其中高级专业技术职务教师570人。

年内,新建产学合作教育基地单位51家。组织近200名师生开展18个国际产学合作教育项目。发起组建"长三角高水平特色地方高校创新联盟"。打造G60科创走廊九城市校企合作高技能人才实训基地。成立国内首个"药物智能制剂与智能制造研究中心"。

打造"交通中国"精品思政选修课,申报2019年国家精品在线开放课程。航空运输学院入选上海高校课程思政领航学院。开展"企程讲堂"企业导师讲思政活动,构思"培育工匠精神、立足奉献社会"等主题,坚持把"立德树人"作为中心环节,把思想政治工作贯穿教育教学全过程。

获批国家级项目33项,其中国家自然科学基金项目24项(面上项目8项,首次获得2项医学科学部面上项目)、国家哲学社会科学基金项目6项、合作1项、国家艺术基金2项,教育部人文社科项目9项。高水平论文发表数量以及上海市科技奖项都有新的突破。学校哲学社会科学类科研成果首次获省部级一等奖。

完成制药工程、机械工程、计算机科学与技术、自动化4个专业进校考查。能源与动力工程、车辆工程(城市轨道交通车辆)等2个专业完成德国ASIIN认证申请受理。交通管理、飞行器制造工程2个专业完成美国AABI认证申请。编辑出版学、机械设计制造及其自动化、测控技术与仪器等8个专业推荐申报国家一流专业建设"双万计划"。新增数据计算及应用、飞行器制造工程2个本科专业。学生创新能力不断提升。获大学生创新训练国家级项目38项、市级115项。学科竞赛获国家级奖20余项、省市级500余项,其中工程训练综合能力竞赛获2项全国一等奖。大学生数学建模竞

5月20—22日,化工学院制药工程专业完成第二次工程教育专业认证现场考查

赛获奖数和获奖层次居市属高校首位。在中国研究生数学建模竞赛、中国研究生电子设计竞赛等高水平竞赛中获国家一等奖 5 项、二等奖 41 项、三等奖 89 项，优秀组织奖 5 项。

实施“人才强校”战略，全职引进国家级和省部级高层次人才 20 余人，其中全职引进院士 1 人、兼职院士 2 人；全职引进国家特聘专家 5 人、柔性引进 3 人；教授、副教授占专任教师的 38.6%。

成立国际教育学院，完善国际化发展领导体系和国际化发展组织架构。加强高水平国际合作伙伴及国际合作项目的开拓，新增 QS 世界排名 200 以内高校等国际合作伙伴 5 个，新增国际合作项目 9 项。首次选派学生赴美国加州大学圣地亚哥分校、华盛顿大学和芬兰奥卢大学等国外高校学习交流。

提升学校文化内涵。以“第二届进博会”“上海创意产业博览会”“世界电工大会”“世界科学家论坛”等大活动志愿服务为契机，培养青年综合实践能力。获市文明办、团市委领导对志愿者无私奉献精神的点赞。“色彩中国”主题画展校内外展示 30 余次，参观人数 7000 余人次。开展高雅艺术进校园——“国粹芳华”音乐会，让青年们在传统文化的魅力中，进一步坚定文化自信。年内，学校获上海市知行杯社会实践大赛二等奖 1 项、三等奖 4 项，长三角生态绿色一体化发展示范区大学生社会实践项目专项赛十大优秀项目 1 项，以及第四十届世界头脑奥林匹克决赛大学组亚军。（宋　娟）

【入选上海高水平地方应用型高校建设首批试点单位】 3 月，经上海市教育综合改革领导小组专题会议审议，《上海工程技术大学高水平地方应用型高校建设方案》作为首批试点单位获批通过。入选首批试点单位，可充分发挥上海工程技术大学在交通运输工程类学科专业群建设方面的特色和优势，更好地起到示范和引领作用；有助于学校交通运输工程类学科专业群建设以交通运输行业发展新特征和要求为导向，服务上海“五个中心”和“四大品牌”建设。（宋　娟）

【成为国内首家 5G 网络深度覆盖的高校】 3 月 19 日，由上海联通、上海工程技术大学携手共建的“5G＋人工智能应用创新实验室”正式投入使用。实验室围绕超高清 18K 视频编解码、数字版权保护、人工智能机大数据等方面的技术应用需求，开展基于 5G 网络特性的行业应用研究合作。这标志着学校 5G 校园网全部建成，成为全国首个实现 5G 网络深度覆盖的高校，有利于学校和企业在 5G＋新业务的推广中实现双赢。（宋　娟）

【上海工程技术大学国家大学科技园天长园区揭牌】 5 月 13 日，该科技园区在安徽省天长市揭牌，成为上海工程技术大学科技成果转移转化新的创新载体。天长科技园区依靠上海工程技术大学的科技和人才优势，整合校友资源和产学合作教育的优势，与天长市已有的产业和企业密切联系，孵化高新技术企业，提升天长市产业的科技含量和城市的文化品位。（宋　娟）

【中瑞创新科学学院揭牌】 6 月 10 日，瑞典哈姆斯塔德大学校长访问上海工程技术大学，并举行中瑞创新科学学院揭牌仪式。中瑞创新科学学院将开展创新科学、信息技术等领域的高层次人才培养与国际合作研究。两校将以中瑞创新科学学院为新平台，将瑞典哈姆斯塔德大学发展成为上海工程技术大学与国外院校联合培养博士生的试点单位。（宋　娟）

【机械工程及智能制造国际会议召开】 11 月 22—24 日，机械工程及智能制造国际会议在上海工程技术大学召开，由上海工程技术大学主办，爱尔兰沃特理工大学和中国腾讯公司、太原理工大学、中国机械工业联合会、宁波大学等单位协办。来自美国、日本、乌兹别克斯坦、尼日利亚等 6 个国家和地区的 200 余名代表参加。会议为参会各方搭建学术交流与沟通的平台，促进信息技术在机械工程与智能制造领域的学术研究与创新实践，促进学校与国内外高等院校、研究机构在智能制造领域的交流与合作，共享智能制造相关技术的研究成果。（宋　娟）

【举行第二十三届东方管理论坛】 11月30日—12月1日，第二十三届世界管理论坛暨东方管理论坛在学校长宁校区召开。论坛邀请100多位经济管理学家、政府决策者、企业家、高校学者与会，以“东方管理智慧与新时代企业家精神”为主题进行探讨，分享东方管理学智慧带来共享机遇及实践经验。（宋 娟）

【主办第四届全国城市轨道交通运营管理关键技术高峰论坛】 12月6—7日，由上海申通轨道交通研究咨询有限公司、上海申凯公共交通运营管理有限公司和上海工程技术大学城市轨道交通学院共同主办的第四届全国城市轨道交通运营管理关键技术高峰论坛暨城市轨道交通学院“十四五”规划咨询会在学校召开。全国20余家地铁集团和运营单位的负责人参会。会上所作的报告围绕当前热点、难点，就专业人才培养、学科发展方向、校企合作机制、服务行业发展等提出意见和建议。（宋 娟）

附：学校负责人及地址

（2019年1—12月）

校党委书记：李 江
副书记：史健勇、鲁嘉华、朱晓青

副校长：姚秀平、王岩松、朱晓青、夏春明(7月到任)

松江校区地址：龙腾路333号
邮编：201620
电话：67791000

长宁校区地址：仙霞路350号
邮编：200336

上海电力大学

【2019年概况】 1月22日，上海电力学院更名为上海电力大学。上海电力大学有杨浦、浦东2个校区，设能源与机械工程学院、环境与化学工程学院、电气工程学院、自动化工程学院、计算机科学与技术学院、电子与信息工程学院、经济与管理学院、数理学院、外国语学院、国际交流学院、高等职业技术学院、继续教育学院（含上海新能源人才技术教育交流中心）、马克思主义学院、体育部14个院部。

年内，建设成为“上海市依法治校标准校”。获全国能源电力行业“中国新能源国际先锋单位”奖。主办“能源电力科技创新上海论坛”。举办首届“一带一路”国际能源电力高校联盟暑期学校，与“一带一路”沿线国家开展能源类培训洽谈等。完成“高原学科建设与学科培育”“技术创新平台建设”等规划布局，编制《学科规划指南》，构建“上电能源电力学科龙”。服务保障第二届进博会，上海电力大学“小叶子”志愿服务中外来宾。学校与国网甘肃省电力公司、国网上海市电力公司签署战略合作协议，合作申报上海市科技进步奖2项，联合申报国家电网有限公司2020年总部科技项目。获国家级项目23项，其中国家自然基金18项（含4项合作）、国家社科基金2项，以合作单位获国家重点研发计划2项、国防科技创新特区163计划1项，资助经费比上年增长19.47%；获省部级项目31项、上海市哲社项目2项。学校作为第一完成单位的项目获上海市科学技术奖8项，作为参与单位的项目获上海市科学技术奖2项；作为第一完成单位的项目获中国机械工业科学技术奖二等奖1项、中国电力科学技术奖三等奖1项、中国产学研合作创新成果奖1项；作为参与单位的项目获高等学校科学研究优秀成果奖1项、2018年度江西省科学技术进步奖二等奖1项。获上海市曙光计划1项、上海市启明星计划2项，上海市扬帆计划2项。获授权发明专利90项、授权实用新型专利63项、软件著作权4项。技术转移中心完成17项成果转化。学校聚焦能源电力共性、关键科学问题，建设校级高水平跨学科综合研发平台——综合智慧能源科学研究实验平台。获省部级“机械工业清洁发电环保技术重点实验室”。新增机械工程等8个特色专业硕士方向。

开展首届“课程思政示范课”评选活动，立项建设25门“课程思政”试点课程项目。学校能源与动力工程、材料化学、电气工程及其自动化、自动化、计算机科学与技术、电子科学与技术6个专业入选上海市级一流本科专业。申报“能源互联网技术工程”“智能科学与技术”“数据科学与大数据技术”3个新专业。完成校级课程建设与教改立项94项，3个教改项目成功获批“上海高校本科重点教学改革项目”。推进虚拟仿真实验教学实验中心（平台）建设，已有“火电厂典型故障虚拟仿真综合实验”“电力企业上网电价竞价策略虚拟仿真实验”“分布式光伏认知选型及设计运行虚拟仿真实验”“直流电场中空气间隙放电虚拟仿真实验”入选“上海市级虚拟仿真实验教学项目”。“青春SUEP”微信公众号上榜。学校获批上海市首批“青春上海”新媒体工作室。获“挑战杯”全国大学生课外学术科技作品竞赛上海市赛一等奖2项，入围“挑战杯”国赛；组建团队在“全国大学生数学建模竞赛”“全国大学生电子设计竞赛”等竞赛中获多项一等奖。承办“第二十一届中国上海国际艺术节临港专场”，探索美育与思政教育创新融合的课程形式，打造“一路奋进、一路歌”美育系列大讲堂。

推出《骨干教师海外短期研修计划》。新增国网安徽省电力公司培训中心、国网山东省电力公司培训中心两个培训基地。制定《上海电力大学产业联盟工作办法》《上海电力大学产业联盟会员自律公约》。设立“上电产业扶持大学生创业专项基金”，开展创业培训基础班，助力全方位育人。完成对接应用型人才培养的能力开发清单：1000小时行业新技术新政策视频，100位核心行业兼职教师队伍，10个学历与培训双功能的校外基地；50门微课、5个微专业。建设面向全体本科生的“新能源与技术”“能源电力新政策、新技术”系列网络微课。开设“上电继教大讲堂”，举办行业前沿技术报告会等。学校挂牌成立“上海电力大学印度尼西亚国际能源电力人才培训基地”。与“一带一路”沿线的国家开展能源类培训洽谈，包括“约旦全球首台循环流化床电站”“埃及汗那维百万机组”“沙特光热发电机组”等项目。举办“一带一路”高校能源电力商业决策模拟大赛、“一带一路”能源电力国际高级人才研修班，在菲律宾挂牌首个“一带一路”产学研联盟海外实习基地。参与边远省区培训“千名技术扶贫村官”工程，为云南丽江、贵州正安、贵州遵义等扶贫干部定制课程，实施光伏农业扶贫和科技教育扶贫培训；承担浙能援建的阿克苏电厂、国网湖州对口的西藏电力管理人员到校培训。在喀什大学建立新疆函授教学辅导站和MEM教学点。在广西电力职业技术学院、上海静安能企（服务于电力安装行业）设立函授站及教学站点。承担百名上海军转官兵“退役后转岗前”培训，入围上海退役军人事务局的“培训采购单位”候选单位，并筹划建设“上海电力大学长期服务部队紧缺人才培训基地”。

制定《上海电力大学学生赴国（境）外学习、实习管理办法（试行）》。新增英国西英格兰大学项目、英国斯特拉斯克莱德大学项目、澳大利亚科廷大学项目和日本爱媛大学项目，参与“临港大学堂”建设，举办“临港大学堂科创小英才2019年上海电力大学创客未来”夏令营活动。依托智能微网项目，建设VR教育科普教室，倾力打造学校智能微网科普教育基地。

（曹婷婷）

【获国家科学技术进步奖二等奖】 1月8日，2018年度国家科学技术奖励大会在人民大会堂举行。教授符杨领衔完成的“我国首座大型海上风场关键技术及示范应用”项目获国家科技进步二等奖。该项目属新能源发电领域，成果应用至十多个海上风电场，综合技术国内首创，打破了国外垄断，经济社会效益显著。

（曹婷婷）

【上海电力大学正式揭牌】 1月22日，学校举行更名揭牌仪式。根据国家教育部、上海市人民政府文件，上海电力学院更名为上海电力大学，同时撤销上海电力学院建制。上海电力大学系多科性本科学校，以本科教育为主，同时承担研究生培养教育任务，由上海市领导和管理。（曹婷婷）

1月22日，上海电力学院更名为上海电力大学

【举行全球能源互联网发展合作组织培训及技术交流会】 3月19日，全球能源互联网发展合作组织2019年第一期会员培训及技术交流会在校举行，合作组织将围绕清洁能源发电技术、先进输电技术和装备、电动汽车、综合能源系统等热点研究方向，组织多次技术交流会及考察活动。（曹婷婷）

【成立全国电力高校首个人工智能学院】 4月23日，上海电力大学与上海临港集团签署战略合作签约，联合成立"上电—临港人工智能学院"。该学院是全国电力行业首个在人工智能技术领域全面开展教学和科研工作新型学院。（曹婷婷）

【与国网上海市电力公司签署合作协议】 5月16日，与国网上海市电力公司全面战略合作协议签署。双方全面战略合作聚焦"科研方面的融合、应用方面的融合、培养方面的融合、智库方面的融合"，"同创党建联建新的局面、同育科研新的成果、同建联合创新的模式、同促能源新的业态"。国网上海市电力公司和上海电力大学的领导出席签约仪式。（曹婷婷）

【与国网节能公司签订合作协议】 5月31日，上海电力大学与国网节能公司签订战略合作协议。根据协议，双方在探索校园能源托管模式、构建产学研一体化发展机制、推进绿色智慧校园建设等方面加强合作。（曹婷婷）

【发起设立"丝路能源金融研究院"】 6月1日，中国新能源海外发展联盟与上海电力大学正式对外发布：共同发起设立"丝路能源金融研究院"。该研究院致力于"一带一路"国际能源金融创新及能源金融国际化研究。（曹婷婷）

【国家三部委检查"海绵城市"项目】 12月19日，住建部、财政部、水利部三部委现场验收"第二批国家海绵城市试点项目"。学校"海绵城市"项目兼具实用性和美观性，达到了海绵城市的建设要求。（曹婷婷）

附：学校负责人及地址

（2019年1—12月）

校党委书记：李明福
副书记：李和兴、李艳玲、翁培奋、徐 凯

校 长：李和兴
副校长：封金章、徐 凯、符 杨、黄冬梅

杨浦校区地址：长阳路2588号
邮编：200090
电话：35303047

浦东校区地址：沪城环路1851号
邮编：201300
电话：61655008

上海应用技术大学

【2019年概况】 上海应用技术大学设二级学院(部)19个,有本科专业51个(包括28个二级学科和方向)、一级学术型硕士点8个、专业硕士学位授权点6个。全日制在校生18164人,其中本科生15791人、研究生1715人、高职生541人。全校教职工1633人,其中专任教师1156人(其中教授138人、副教授430人;具有博士学位621人、硕士学位435人)。

加强体制机制建设,形成应用型高校课程思政建设有效模式,学校获批上海市课程思政教育教学改革"整体改革领航高校"。成立课程思政研究中心。出台学校"三全育人"整体改革方案。通过组织纪念五四运动100周年、庆祝中华人民共和国成立70周年,开展"青春心向党,建功新时代"校园歌会等系列活动。组织开展"校长奖"评选表彰,发挥校园榜样示范引领作用。学生首次获"上海市大学生年度人物"称号。

安排208名志愿者参加第二届中国国际进口博览会服务工作。多维度为"一带一路"沿线国家培养人才,"中老铁路互联互通人才培训项目"获批上海市教委2020年"一带一路"项目。成立化妆品品牌战略研究中心、国际化妆品学院、中欧香料香精及化妆品技术创新中心,建设上海市化妆品行业产教融合示范基地等,主动支撑"东方美谷"和"中国化妆品之都"建设。与国家知识产权局知识产权运用促进司、上海市知识产权局和徐汇区政府合作,成立中欧知识产权学院。主动融入长三角一体化发展战略,江苏南通、浙江温州等地政府建立合作关系,成立人工智能研究院、技术成果转移工作站。出台《上海应用技术大学高层次平台建设与管理办法》等制度,增强服务上海城市发展和服务行业企业创新发展的能力。

学校连续2年在应用技术型高校分类评价中排名第一。持续推进"工程教育认证""一流本科建设""金课建设"等高阶性改革,强化本科教学激励计划落地落实。食品科学与工程专业通过IFT认证。9个专业成功推荐申报国家级一流专业。申报3个新专业,校企合作共同设立产业学院。6门课程在中国大学MOOC平台正式开课,建成VR虚拟交互教育创新中心,同步建设6门VR虚拟仿真实验和7门VR虚拟仿真教学改革课程。录取本科新生4147人。2019届毕业生总体就业率99.45%,全校整体签约率92.21%,较上海平均签约率高出近10个百分点。持续推进高峰高原学科建设、工程中心建设、协同创新平台建设、文科发展工程建设,协同创新中心建设。化学学科首次进入全球ESI前1%。"上海市绿色氟代制药工程研究中心"以第一单位获批上海市工程技术研究中心,"上海路域生态工程技术研究中心"以第二单位获批上海市工程技术研究中心。新增轻工技术与工程、电子信息2个硕士学位点。研究生招生数量增加到690人。化工学位点通过国家合格评估。设置并推动"研究生应用创新能力培养工程"等4个工程,资助研究生高水平应用型科研成果和优秀学位论文培育项目62项,设置研究生培养特色项目14个。研究生培养质量明显提升,发表高水平论文数量提升24.24%。学校研究生首次获得"华为杯"研究生数学建模竞赛全国一等奖。

科研经费同比增长20%。全校共获批国家级、省部级等纵向科研项目160项,国家级面上项目12项。获批上海市教委智库"美丽中国与生态文明研究院",实现零的突破。学校横向经费持续增长,与各企业签订横向合同近500项。学校共获各类省部级科技成果奖21项。举办首届长三角产学研深度融合创新论坛暨长三角高校技术转移联盟成立大会。启动推进香料香精化妆品相关方向的4个协同创新平台、3个实体化中心建设。推进学校与政府、行业企业、兄弟高校、科研院所的深度融合与协同合作，持续提升技术创新和成果转化能力。获批联盟计划60项，连续9年位居上海高校首位。专利申请量超过750件。

引进专任教师115人。开展海外引智计划，新增6名海外名师和3个高端海外人才引智项目。首次实施教师海外研修项目，建成8家“双师型”教师培养基地。获“全国优秀教师”称号1人，上海市教书育人楷模（提名）1人，上海市育才奖7人。

举办65周年校庆系列活动。举行院士报告会、学科高峰论坛，召开中外校长创新发展论坛，举办中国国际香料香精科技创新高层论坛、氟技术国际研讨会、稀土化学国际论坛、上海亚洲平面设计双年展。积极拓展新的合作领域和更高层次合作院校，新增合作协议22份。接待12个国家和地区78批次341人次到访。执行学生海外学习实习项目35个，其中长期交流生（3个月及以上）210人次（增长约15%）。外国留学生总数达到293人次（增长13.5%）。新开拓海外交流项目5个。获招收香港特区、澳门特区、台湾地区本科生资质。机械工程及其自动化、电气工程及其自动化专业本科教育项目通过教育部2019年中外合作办学合格性评估。（秦　凤）

【获批上海高水平地方应用型高校试点建设项目】 3月，经上海市教育综合改革领导小组第五十五次专题会议审议，“上海应用技术大学高水平地方应用型高校建设方案”获批通过，支持学校聚焦香料香精技术与工程类学科专业，以学科专业为重点开展高水平地方应用型高校试点建设。（秦　凤）

【庆祝建校65周年系列活动】 4月20日，上海应用技术大学召开建校65周年庆祝大会。会上，举行上海应用技术大学产业学院成立仪式、校企合作签约仪式以及为学校基金会捐赠仪式。校庆活动期间，举办了以“创新　融合　发展”为主题的中外高校创新发展校长论坛，开展庆祝建校65周年主题宣传活动，举办庆祝建校65周年主题成就展、学校教工书画摄影作品展等。（秦　凤）

【国际化妆品学院成立】 9月17日，上海应用技术大学国际化妆品学院成立。学院以两个“一体两翼”为办学思路，即化妆品专业学科为体，艺术设计和营销管理为两翼；化妆品学科平台为体，国际化和产业化为两翼。通过引进世界一流教育资源，搭建产教融合人才培养及科学研究平台，打造全国一流的化妆品学科，培养化妆品领域集技术、艺术和话术于一体的高级复合型人才。（秦　凤）

9月17日，上海应用技术大学国际化妆品学院成立

附：学校负责人及地址

（2019年1—12月）

校党委书记：刘宇陆
　　副书记：柯勤飞、宋敏娟、何星海、王　瑛

校　长：柯勤飞
副校长：王　瑛、张锁怀、毛祥东

奉贤校区地址：海泉路100号
邮编：201418
电话：60873530

徐汇校区地址：漕宝路120号
邮编：200235
电话：60873530

上海科技大学

【2019年概况】 上海科技大学设有物质科学与技术学院、生命科学与技术学院、信息科学与技术学院、创业与管理学院、创意与艺术学院和人文科学研究院，以及免疫化学研究所、iHuman研究所、数学科学研究所等。在校学生3727人，其中本科生1545人、硕士研究生1447人、博士研究生735人。教职员工总数1232人，其中全职教学科研人员774人（常任教授240人、专职科研与教辅人员534人）、中科院特聘教授241人、非中科院特聘教授46人、行政管理人员171人。

参与上海科创中心和张江综合性国家科学中心建设。作为法人单位承担硬X射线自由电子激光和活细胞成像平台建设，参与上海光源二期、软X射线自由电子激光和超强超短激光建设。其中，活细胞成像平台进入最后调试阶段，硬X射线自由电子激光装置样机研制取得进展。推进“多空间多时间尺度生物成像平台”“机器学习与虚拟现实平台”等科创中心建设重点工作。牵头的“非平庸拓扑电子结构探索及在量子计算中的应用”任务（项目）通过中期评估。

学校实施“上海高等学校一流本科建设引领计划”“上海一流研究生教育引领计划”。增列“计算机科学与技术”一级学科硕士学位授权点。“生物学”“物理学”一级学科硕士学位授权点通过上海市教委审核，进入教育部审批阶段。新增“数学与应用数学”本科招生专业。“管理科学”本科专业通过上海市评审，进入国家备案阶段。“物理学”专业参与2019年度教育部一流本科专业建设“双万计划”申报和基础学科拔尖学生培养基地建设申报。成立人文科学研究院，优化通识教育课程结构。

面向17个省（市）共选拔招录402名本科生。连续第六年举办“校园开放日”活动，1万多名考生报名，比上年增加50%。数学科学研究所首次招收10名本科生。书院独立建制，学院、书院分工协作培养人才机制中，学院侧重于专业能力培养，书院侧重于综合素质培养和人格养成。面向2019级本科生，书院建立58个导师组，每组由1名常任教授导师、2名中科院特聘教授导师以及5—8名学生组成。导师参与学生各项创新实践活动。暑假期间，书院和学院协同组织师生，前往11个省（自治区）16个地区开展社会实践，主题涉及精准扶贫、科技创新、文化传统和教育发展等多个方面。鼓励学生从大一开始进入导师实验室，接受系统的科研训练。本科生在校期间取得科研成果，有10人以第一作者身份在Physical Review Letters等顶级学术刊物上发表论文，8人以第一作者身份发表会议论文，另有27人以共同作者身份发表期刊论文32篇，5人以共同作者身份发表会议论文8篇。研究生以第一作者或共同作者身份，以及以上海科技大学为第一完成单位，在国际高水平期刊上发表学术论文193篇，其中影响因子10以上的34篇。2019届硕士毕业生人均发表期刊/会议论文或申请专利1.3篇（项）、博士毕业生人均4.1篇（项）。学校第二届本科生、第四届联合培养硕士生和第二届联合培养博士生毕业。270名本科毕业生中，有104名前往国（境）外读研，约占全体毕业生的39%。出国（境）就读的本科毕业生中，33人获全额奖学金直接攻读博士，占出国（境）就读总人数的31.7%。境外留学的毕业生中，21人进入全球Top10的高校就读，占境外留学总人数的20%，比上年提高12个百分点；74人进入全球Top50的高校就读，占境外留学总人数的71%，比上年提高28个百分点。学生参加各类高水准学科竞赛获好成绩。物质学院学生首次参赛，获第十届中国大学生物理学术竞赛全国总决赛二等奖；物质学院和信息学院学生在第十六届“挑战杯”上海市大学生课外学术科技作品竞赛中获特等奖、一等奖等多个奖项；生命学院学生首次参赛，获第三届全国大学生生命科学竞赛上海市一等奖和全国三等奖；信息学院和物质学院学生在2019年美国大学生数学建模竞赛中获1个特等奖、4个一等奖；物质学院学生获壳牌能源研究与创新卓越奖一等奖及优秀奖；学校大一学生团队在“日立金融科技 & 区块链黑客马拉松”竞赛中获一等奖；学校本科生组队首次参赛，获2019“花旗杯”金融创新应用大赛全国总决赛冠军。学校本科生暑期社会实践“中国天眼与移动互联网影响下的平塘”“精准支教——乡镇留守儿童心理定位与引导”“雅砻江边金芒香——龙头产业助力下的盐边发展情况的调研”等项目分获“知行杯”上海市大学生实践大赛二等奖、三等奖。

学校特聘教授和常任教授中，包括诺贝尔奖获得者5人、中国科学院院士33人、中国工程院院士3人、美国国家科学院院士11人、美国人文和科学院院士8人、英国皇家学会院士3人。常任教授平均年龄39岁。常任教授中外籍41人，占常任教授总人数的18%。超过80%的常任教授具有五年以上的海外学习或工作经历。年内，学校完成9位教授的常任资格评审。

全校教师发表学术论文1463篇，比上年增长27.7%。其中第一作者及通讯作者论文980篇，影响因子超过10的论文150篇，占比超15%。在定制量子材料、碱基编辑、智能细菌、人工智能等领域取得多项世界领先成果。新增科技部及基金委国家级项目60项，新增上海市项目43项。学校研究团队在特聘教授饶子和院士带领下，历时六年，率先在国际上解析了关键药靶 MmpL3 和“药靶—药物”复合物的高分辨率晶体结构。该重大研究成果被评选为2019年度“中国高等学校十大科技进展”。

学校从氛围营造、模式探索和制度保障等多方面打造双创生态系统。在“2019 创响中国——上海科技大学站”活动中，上海科技大学双创基地组织“专利工作坊”“第二届上海科技大学创新创业大会”等多种形式的活动。创艺学院成立智造系统工程中心，用创意融合各院所交叉学科资源，加强与产业界合作，为制造业升级提供优质技术与服务。学校与多家国内外知名高科技企业合作，致力于产学研融合多赢发展。增设学校技术转移办公室，组建高水平的专业化转化团队，服务全校师生的成果转化与创新创业实践。学校全年专利申请累计141件，比上年增长50%，其中包括PCT国际专利31件；基于自主知识产权孵化企业两家，融资总金额超2亿元。

针对不同层次、不同年级的学生开放国际交流项目，包括“3+1”国际交流项目、暑期课程项目、暑期科研项目、国际会议及访学项目等。与美国哈佛大学、加州大学伯克利分校、麻省理工学院、耶鲁大学和英国牛津大学等14所海外高校在学生培养方面开展合作，与杜克大学、约翰·霍普金斯大学等签署了研究生教育合作协议。本科生年内累计出国达543人次，出国比例达50%以上。与哈佛大学、牛津大学、宾夕法尼亚大学等建立师资培训合作项目。2名助理教授赴宾夕法尼亚大学参与培训项目，6名员工赴加州大学圣塔芭芭拉分校、多伦多大学等进行培训和交流，6名员工参加欧林工学院和哈佛商学院的教学培训项目。上海科技大学与英国牛津大学、德国马普所合作在新型拓扑量子材料研究中首次实验发现时间反演对称性破缺的Weyl半金属(2019年9月《Science》)。与牛津大学签订合作备忘录，未来5年内将在拓扑量子物质和下一代粒子加速器新型光束线的开放领域开展科研合作。学校与国际知名的大学和研究机构共举办6个高水平前沿国际学术会议。以上海科技大学为建设主体的硬X射线自由电子激光装置项目，通过与欧洲、韩、日等国家和地区的相关科研机构和学者的合作，启动了与欧洲散裂中子源、意大利 INFEN—LALS 合作，并与日本 KEK、韩国 RISP 建立了战略合作关系。（科　大）

【中国化学会第十一届全国有机化学学术会议举行】 8月31日—9月3日，第十一届全国有机化学学术会议在上海科技大学举行。由中国化学会主办，中国化学会有机化学学科委员会、上海科技大学和中国科学院上海有机化学研究所联合承办。

以“合成创造美丽世界”为主题。会议正式注册代表 2300 人,实际参会近 2700 人。（科　大）

8 月 31 日—9 月 3 日,第十一届全国有机化学学术会议在上海科技大学举行

【与上海爱乐乐团联合举办“祖国颂歌”音乐会】 9 月 28 日,为庆祝中华人民共和国成立 70 周年,上海科技大学携手上海爱乐乐团在上海科技大学会议中心举办“祖国颂歌”专场音乐会,用音乐纪念中国可歌可泣的奋斗与发展史,用歌声表达对祖国的热爱与祝福。上海科技大学近千名师生出席音乐会。（科　大）

【智造系统工程中心启动仪式暨先进制造技术研讨会举行】 10 月 14 日,上海科技大学创意与艺术学院智造系统工程中心举行启动仪式。校领导,张江综合性国家科学中心、上海联和投资有限公司领导以及来自中外工业界、学术界的多位专家出席。智造系统工程中心(CASE)是创意与艺术学院新成立的研究与开发中心,专注于使用专业软件、增材制造、自适应材料、精准制造以及机器人对复杂结构和产品进行数字化设计、智能制造和自动化装配。此中心的研究目标是在智能制造领域研发先进技术、培养高端人才、促进系统融合,为下一代制造业及供应链提供系统的一站式解决方案。启动仪式后,举行先进制造技术研讨会。（科　大）

附:学校负责人及地址

(2019 年 1—12 月)

校党委书记:李儒新
副书记:鲁雄刚

校　长:江绵恒
副校长:李儒新、印　杰、朱志远、鲁雄刚、丁　浩

地址:华夏中路 393 号
邮编:201210
电话:20685160

地址:岳阳路 319 号 3 号楼
邮编:200031

上海纽约大学

【2019 年概况】 上海纽约大学开设 12 个专业(含 19 个方向),辅修专业涵盖商学、计算机与工程、自然科学、人文社科等领域。在校本科生 1455 人,其中中国籍学生 766 人、国际学生 689 人。来自美国纽约大学和纽约大学阿布扎比校区进行交流学习的学生 536 人。教师 239 人,其中常任教授 164 人、上海纽约大学与美国纽约大学双聘教授 25 人、客座教授 23 人、兼职教师 27 人。员工及教学辅助人员 390 人。

2019 年秋季,434 名新生入学,其中中国学生 220 人、国际学生 214 人。招收中国学生方面,学校延续综合评价招生模式,采取高中学业成绩、通用申请(个性化写作)、校园日综合面试、高考“四位一体”的招生模式。来自国内 34 个省、市、自治区的

申请人数为2900人，较往年增长了近45%。收到全球范围内13807名国际学生的入学申请。经严格挑选后，共向95个国家的966名国际申请人发放录取通知书，录取率7%，最终实际录取并报到的国际学生有214人，其中美国籍学生126人，占新入学国际学生的59%。

上海纽约大学的研究生学位教育依托纽约大学优势学科，所有项目均与纽约大学相关院系联合培养。2019年学校在读研究生141人，其中全职博士研究生23人、硕士研究生118人，学生来自中国、美国、加拿大、新加坡、秘鲁、波兰、澳大利亚、新西兰、俄罗斯等国家。

在已有4个硕士项目和6个博士项目的基础上，2月，上海纽约大学新设交通运输规划与工程博士项目，并于8月迎来首届学生。该项目与纽约大学坦登工程学院及土木与城市工程系合作。8月，开启互动媒体艺术硕士项目，该项目是与纽约大学帝势艺术学院的交互通讯项目联合创办，开展线上线下相结合的教学模式。9月，创立数据科学博士项目，该项目与纽约大学文理研究生院和数据科学中心联合培养。6月，与纽约大学斯特恩商学院联合开设的数据分析与商业计算硕士项目、计量金融硕士项目迎来首届48名新生。

毕业生获得社会各界认可。2019届本科毕业生就业质量报告显示，263名本科毕业生中有65%的毕业生在非原籍国就业及深造。其中145名中国籍毕业生的就业率为94.5%。5.5%的中国籍毕业生申请2020年研究生项目或参加志愿及游历活动。63名中国籍毕业生前往USNEWS世界大学排名前50大学深造，占出国(境)深造人数的65%；8人获博士项目直接录取，占出国(境)深造人数的8.2%。28%的中国籍毕业生选择毕业后直接工作，主要就业于管理咨询(26%)、教育/科研(26%)、金融服务/会计/银行(20.5%)、互联网/软件/信息技术/硬件(15%)、房地产(5%)五大行业。毕业生中有16名国际毕业生留在中国直接就业或求学深造，占国际毕业生人数的14%。5名毕业生获全球知名奖学金，包括1名北京大学燕京学者、1名普林斯顿在亚洲奖学金获得者、2名富布赖特学者以及1名斯坦福大学奈特—汉尼斯学者。学校学生的研究能力和学术竞争力突出。博士生李星频在11月举办的“第二届国际量子前沿会议”中获“最佳研究成果展示奖”。

引进国际知名教授。9月，上海纽约大学引进国际知名认知神经科学家吕忠林教授，出任上海纽约大学首席科学家、副教务长以及华东师范大学—纽约大学脑与认知科学联合研究中心(上海纽约大学)主任。2019年诺贝尔奖获得者、著名经济学家罗伯特·恩格尔(Robert Engle)教授正式成为上海纽约大学金融波动研究所联合主任。年内，学校获国家自然科学基金优青项目1项、上海市曙光学者项目资助1项。在这两个项目上实现零的突破。

全年，学校学术活动部举办178场活动，包括讲座、研讨会、工作坊、电影放映、演出等，涉及经济金融、社会工作、人工智能、体育、医药、神经科学、历史、诗歌、环保、心理学、政治科学、音乐艺术、物理数学等。9月，在由上海市民政局(市社会组织管理局)举办的第九届“上海公益伙伴日”活动中，首次发布“上海市品牌社会组织”，学校名列其中。上海纽约大学院长基金公益服务团的178名学生2019年秋季学期提供1816小时服务，并将募集钱款全部捐献给上海市动物救助会，该活动在“公益之申——2019年度上海公益榜”评比中获“十佳校园公益”的荣誉。（吕　颜）

【上海纽约大学新校区动工】 5月30日，上海纽约大学前滩校区开工仪式举行。上海纽约大学前滩新校区整体建筑面积约为11.4万平方米，其中包括面积约5000平方米的图书馆、7000平方米的实验室、研究空间及运动场地等。（吕　颜）

【3名教授分别获白玉兰荣誉奖、纪念奖】 9月29日，上海纽约大学教务长衞周安(Joanna Waley-Cohen)在上海市政府举行的2019年上海市“白玉兰荣誉奖”颁奖仪式上获“白玉兰荣誉奖”。9月12日，上海纽约大学工程与计算机科学部主任罗开朗(Keith Ross)以及数学联聘教授、华东师范大学—纽约大学数学联合研究中心(上海纽约大学)主任查尔斯·纽曼(Charles Newman)获由上海市政府外事办颁发的2019年上海市“白玉兰纪念奖”。

（吕　颜）

【举办中美贸易磋商机制学者研讨会】 10 月 27 日，上海纽约大学举办中美贸易磋商机制学者研讨会，并公布来自中美等国的 37 位知名经济学家和法学家联合签署的“美经贸政策工作小组联合倡议书”，其中包括 5 位诺贝尔奖获得者。该倡议旨在为当前中美贸易的争端提供一个新思路。上海纽约大学师生、校友以及媒体 400 多人参加。

（吕　颜）

10 月 27 日，上海纽约大学举办中美贸易磋商机制学者研讨会

【举办英语教育硕士项目论坛】 11 月 1 日，英语教育硕士项目论坛在上海纽约大学举行。由美国纽约大学斯坦哈特学院与上海纽约大学联合举办。来自上海及周边多所国际学校和公立学校国际部的 70 多位校长、教师、员工与会。论坛设校长座谈会和教师座谈会，重点讨论国际学校教师的职业发展。

（吕　颜）

附：学校负责人及地址

（2019 年 1—12 月）

校　　长：俞立中
常务副校长：杰夫·雷蒙(Jeffrey S.Lehman)
副 校 长：丁树哲

浦东校区地址：世纪大道 1555 号
邮编：200122
电话：20595500

上海第二工业大学

【2019 年概况】 上海第二工业大学实行校部(院)二级管理体制，设有工学部(下设智能制造与控制工程学院、计算机与信息工程学院、环境与材料工程学院)、文理学部(下设理学院、外国语学院、公共关系学系、通识教育中心)、经济与管理学院、应用艺术设计学院、高等职业技术(国际)学院、国际交流学院、马克思主义学院、体育部、工程训练中心、艺术教育中心、继续教育学院和电子废弃物研究中心等 12 个二级教学、科研单位。

在校全日制学生 13124 人，其中普通本科生 10412 人、专科生 2294 人，预科生 43 人，硕士生 293 人，留学生 82 人，夜大(业余)学生 7416 人。教职工 1119 人，其中专任教师 818 人，副高级及以上专业技术职务的教师 366 人，具有博士学位教师 304 人。有国家级特色专业 3 个、国家级一流本科专业建设点 1 个、教育部卓越工程师培养计划专业 2 个、教育部“本科教学工程”地方高校第一批本科专业综合改革试点 1 个、上海市属高校应用型本科试点专业 10 个、全英语建设专业 2 个；中本贯通专业 4 个、中高贯通专业 6 个、高本贯通专业 1 个。上海高校优质在线课程 3 门，上海高校青年教师教学竞赛获奖者 13 人，上海高校优秀教材奖获奖者 12 人，上海高校市级教学团队 16 个，上海高校教学名师获奖者 6 人。有国家级精品课程 3 门、上海市精品课程 28 门、上海市示范性全英文课程建设项目 9 项、上海市教委重点课程 91 门、上海高校本科重点教学改革项目23项。1个学科参与上海市Ⅳ类高峰学科建设,1个学科承担上海市Ⅱ类高原学科建设,"十三五"期间建设校级重点学科5个、培育学科11个。学科建设对硕士培育点的支撑覆盖率100%,对本科专业类别的支撑覆盖率100%。承担国家"863"项目2项、国家重点研发计划项目3项、国家自然科学基金重点项目1项、国家自然科学基金项目73项、国家哲学社会科学基金项目3项。以第一单位获上海市科学技术奖二等奖6项、三等奖10项;广东省科学技术奖特等奖1项。拥有上海市协同创新中心1个。联合共建工信部重点实验室1个,联合共建上海市重点实验室1个。学校与36个国家和地区的150所高校和机构建立稳定的合作关系。合计实施学生海外项目66项,参与学生404人。

录取研究生120人(含与研究所联合培养20人)。本专科录取新生3709人(其中留学生52人)。"十三五"期间内涵建设重大项目"智能制造工厂",入选教育部学校规划建设发展中心"产教融合实训基地"优秀案例。第一批上海市属高校应用型本科试点专业通过验收。与浦东新区教育局签署合作共建协议,探索中高职一体化人才模式创新。数据科学与大数据技术、经济统计学、汉语国际教育3个本科专业,高职类电子竞技运动与管理新专业、机械制造与自动化专业(航空维修方向)获批。立项高职上海市精品课程2门、上海市全英语授课课程3门、上海市重点教改项目3项、上海市虚拟仿真实验教学项目1项。立项课程思政项目94项、校级在线课程16门、校重点课程60门、校精品课程18门、校全英语授课课程15门,引进在线课程29门。64门课程实施"教考分离",56门课程启动题(卷)库建设,42门课程采用信息化云阅卷。10余门课程开展"过程考核"试点。全校面向留学生开设的全英语授课课程达70门,市级留学生英语示范课程达5门。获批上海市一流研究生教育引领计划项目。2个项目入选上海市研究生创新创业能力培养计划。获全国大学生英语竞赛A类(研究生)一等奖1项、全国研究生数学建模竞赛二等奖2项和三等奖2项、"西门子杯"中国智能制造挑战赛全国总决赛二等奖1项和上海赛区特等奖1项、中国研究生电子设计竞赛(上海赛区)三等奖1项、全国大学生互联网+创新创业大赛(上海赛区)三等奖1项。本专科学生在42个校外学科竞赛、38个校内学科竞赛中获奖214项,其中全国性奖项97个,获奖学生491人次。获第五届中国"互联网+"大学生创新创业大赛银奖1项、铜奖6项。获市级社会实践大赛二等奖1项、三等奖3项。153名志愿者服务第二届中国国际进口博览会,志愿者正式上岗人数继续位列上海高校前列。学校蝉联进博志愿服务先进集体称号。30名学生获德国手工业协会数控技师、德国焊接协会手工电弧焊、德国手工业协会Train The Student等多项证书。应届毕业生3493人,其中研究生56人、本科生2509人、专科(高职)生928人。至12月1日,全校总体就业率95.4%,其中研究生就业率100%、本科生就业率94.74%、专科(高职)生就业率96.88%。

获省部级及以上纵向科研立项项目29项,包括国家重点研发计划3项、国家自然科学基金面上项目1项、青年基金项目4项、国家社科基金项目1项、参与国家自然科学基金重点项目1项;横向科研项目立项143项。发表论文363篇,其中收录论文134篇,包括SCI收录70篇、SCI(会议)2篇、EI收录13篇、EI(会议)36篇、CSSCI收录10篇。3个项目分别入选上海市科技进步二等奖、上海市技术发明奖二等奖、上海市自然科学三等奖。获专利授权96项,其中发明专利43项、实用新型42项、外观设计11项。计算机软件著作权授权登记27项。专利申请155项,其中发明专利112项、实用新型31项、外观设计12项。出版专著49本,创作艺术作品4个。学校与上海材料研究所联合共建"上海市工程材料应用与评价重点实验室"在市科委备案。10月,学校与国家无线电监测中心检测中心签署战略合作协议,承办"电动车关键资源国际研讨会""第三届全国介电高分子复合材料与应用学术会议""全国物流标准化委员会逆向物流工作组会议";与中国家用电器研究院联合承办"第十二届电器电子产品生产者责任延伸制度及回收处理技术国际会议"。学校"创业孵化基地"建设项目获上海市科委批准立项。学校入选上海市大学科技园培育工程。服务长三角一体化国家战略,为中小企业提供智力支持与技术服务。技术经纪人队伍增加至39人。

26名教师获上海市“高校青年教师培养”计划资助，16名教师获上海市教委“教师专业发展工程”计划资助。1人获2019年宝钢优秀教师奖。1人获“2019年上海市辅导员年度人物”称号。6人获上海市育才奖。400余人次参加校外各类进修及学术、教学会议。59人次获海外职业行业资格证书26项，51人次获海外机构资质认证。有14名教师及合作研究所的科研人员获研究生导师资格。学校聘任研究生导师131人。

与11个国家和地区的18所高校和机构缔结协议28个。昆士兰学院四期延长办学获批。举办“2019年全球合作伙伴周”，来自15个国家和地区的27所高校和企业的47名代表参会。与全球合作伙伴共建实验室/研究中心10个，涉及工学部、高等职业技术（国际）学院、电子废弃物研究中心、工程训练中心等。2项 Erasmus^{+}项目获批。2项2019年度中国—中东欧国家高校联合教育项目立项。新开拓学生海外项目13项。（宋偲蕾）

【工信部重点实验室学校分实验室揭牌】 10月23日，工信部重点实验室上海第二工业大学分实验室揭牌仪式在学校举行。根据《国家无线电监测中心检测中心与上海第二工业大学战略合作协议》，该实验室秉持“优势互补、协同创新、共同发展”的原则，在实验室资源共享、人才联合培养、产学研合作、专业及课程共建等方面开展深度合作。

（宋偲蕾）

10月23日，工信部重点实验室上海第二工业大学分实验室在上海第二工业大学举行揭牌仪式

【开展劳模与师生结对活动】 6月22日，上海第二工业大学应届毕业生代表、教师代表与劳模结对签约仪式在学校19号楼301会议室举行。12名2019届毕业生代表与包起帆等6位全国及上海市劳模现场结对签约，成为劳模们的带教学徒。每位劳模带教2名徒弟，作为职业导师和人生导师对徒弟的岗位素养、职业技能等进行全方位指导。（宋偲蕾）

【与浦东新区教育局签署共建协议】 9月12日，上海第二工业大学与浦东新区教育局合作共建上海市振华外经职业技术学校协议签约仪式在振华职校举行。区、校合作共建中职校，旨在打破职业教育学历天花板、打通职业教育立交桥、打造一流职业教育。合作共建后的振华职校将进一步优化和完善技术技能人才贯通培养机制，建立和融合更为科学的符合高端技术技能人才培养要求的长效育人机制，深化职业教育综合改革，共同培养高技术高技能应用型人才。（宋偲蕾）

附：学校负责人及地址

（2019年1—12月）

校党委书记：宋宝儒（3月离任）、吴　松（3月到任）
副书记：俞　涛、邹龙飞、吴沛东、莫亮金

校　长：俞　涛
副校长：莫亮金、徐余法、谢华清、徐玉芳

地址：金海路2360号
邮编：201209
电话：50214090

上海健康医学院

【2019年概况】 上海健康医学院地处浦东新区张江科学城国际医学园区，有北苑、南苑和新南苑3个校区。设临床医学院、护理与健康管理学院、康复学院、医疗器械学院、医学技术学院、医学影像学院、药学院、基础医学院、文理教学部、外语教学部、体育教学部、马克思主义学院、继续教育学院13个学院(部)。在校专科生4913人、本科生6383人，成人专科154人、成人本科1113人，外国留学生233人。毕业生就业率97.82%，总签约率82.78%。全校教职员工829人，其中专任教师581人，高级职称教师143人，具博士学位的教师197人。

引进专业前沿与行业一线高水平人才13人，招聘优秀教师89人，精准引进跨学科、跨领域的高素质人才16人，引进高水平团队2个。启动“攀登计划”，遴选10名优秀青年教师。入选市教委教师专业发展工程26人，申报师资人才百人库项目130人，学历学位进修71人。获教育部产学研合作项目2项。获各级教学竞赛奖项100项，其中国家级奖项15项、省部级及以上40项。制定《专业布局优化调整指导意见》，新增口腔医学技术本科专业，申报食品卫生与营养学、应急管理2个本科专业。停招康复治疗学专业。护理学专业通过上海市教委“双万计划”评审，获批教育部首批“1+X”证书试点。以“1+1+X”(1个坊主+1个校外专家+X个教学骨干或“种子计划”教师)模式探索“金课”相关课程建设。虚拟仿真实验教学项目立项国家级1项、市级4项，位列应用技术型高校第一位。《通识教育教学体系建设方案》落地，打造六大通识课程群，重点培育《医学人文导论》等15门通识教育核心课程，新增93门拓展课程(含在线课程30门)，通识课程达259门。发表医学教育论文63篇，位居176所本科西医高校中的第二十六位。完成学士学位授权单位及专业审核，首批本科专业通过达标评估。“全覆盖”督查推进基地同质化建设，从学校、学院、基地3个层面对171家(337个点)实践教学基地进行全面督查，其中医教协同型基地122家(282个科室)、产教融合型基地49家(55个基地点)。实现基地自查率100%、学院互查率20%。制订《综合性、设计性实验管理办法(试行)》，合作开展内窥镜下良恶性溃疡的鉴别(VR)等6个实践教学系统与课程的研发。建设嘉定镇街道、马陆镇、大团3家社区卫生服务中心为学校附属社区卫生服务中心。申报中国“互联网+”大学生创新创业大赛申报项目1419项，获2019年iCAN国际创新创业大赛国际总决赛二等奖及iCAN原创中国精英赛特等奖，并获第四十届世界头脑奥林匹克总决赛亚军。全年，获各类竞赛奖项343项，其中国家级及以上奖项179项、一等奖(含特等奖、金奖)82项。校外教学点增至4家，与嘉定、金山、杨浦区开展“健康管理”“公卫人才”“养老人才”特色定制式社会培训试点，全年开展各类非学历培训507班次，逾12万人次。社会培训人数达到16.75万人。

立项国家级项目16项、科技部重大专项1项、厅局级及以上项目48项，国家自然科学基金项目首次突破个位数，达11项。授权专利150项，同比增长328%。立项7个学科建设项目，“老年性疾病预防与康复技术研究中心”获批上海高校工程研究中心项目。“上海市分子影像学重点实验室”获批首个省部级科研平台。立项建设1个省部级、1个校企共建科研平台。推进硕士学位申报，2016级首届生物医学工程专业的硕士研究生全部取得学位证书。

实施“双名助推”(名师助教、名编助研)，建立

"马克思主义与健康伦理研究中心"和"中国共产党卫生健康政策与社会治理研究中心"两大研究平台。立项国家哲社项目、上海哲社项目、上海市"阳光计划"资助项目各1项。核心期刊发表论文16篇。学校《人民健康》获市教委"中国系列"课程教材出版资助。临床医学院入选"上海高校课程思政重点改革领航学院"。树优秀典型,1人获"上海市育才奖",1人获校长奖提名奖,3人成功立项辅导员海外高级研修项目,1人获上海市高校辅导员技能大赛三等奖。实施健康学子360培养体系建设,举办"健康讲坛"30讲。建成国内首个现代医学教育博物馆。成立奥斯勒健康人文与医学中心。成立心理健康教育与咨询中心,心理咨询热线覆盖率达100%。获2019年"沪江医教杯"上海高校教师心理知识大赛一等奖、优秀组织奖。2019级临床医学和医疗器械维护专业试点实行半军事化管理,探索健康卫生事业高素质应用型人才培养的优质路径。首次与上海市卫生人才中心合作,推进学校实习点加入上海市就业见习基地进程。新增肿瘤医院、浦东新区人民医院、国际医学中心等30个医疗类志愿者实践基地。开展10个志愿者品牌项目创建工作,打造"音乐与医疗""音乐与健康""当医学遇到3DMAX"3门艺术核心课程,新增"世界音乐之旅""艺术设计鉴赏""绘画基础"等8门选修课。成立至善合唱团、云和民乐团等7个艺术团,创作《不忘初心》《盛世国乐》等系列作品,获第四届"汇创青春"上海大学生文化创意作品展示活动音乐类一、二等奖。打造健康文化品牌,"悦读润道"读书活动立项为上海市读书节示范项目,"家书文化"品牌栏目被列为市教委"一校一品"特色项目,获第二届"上海医改十大创新举措"提名奖。学校获批首届上海市高校文明校园。

在附属嘉定区中心医院和周浦医院分别创建"智慧影像"和"老年退行性疾病预防及康复"2所市级医学重点实验室。制定《上海健康医学院附属医院教学与科研水平投入绩效评价办法(2019年版)》。完成附属医院三年行动计划、与非公机构合作路径2项专项咨询。在嘉会医院、微创医疗器械有限公司、上海透景生命科技有限公司分别建立教学基地,与马鞍山普梅森健康医学科技有限公司共建"上海健康医学院普梅森细胞工程中心",与上海市浦东新区市场监管局共建"药品医疗器械监管人才培训基地"。拓展产学研合作基地,签署合作协议15项,涉及企业8家、医疗机构1家、政府部门或事业单位6家,其中外地合作单位6家。以上海市医疗器械检测所为依托单位,联合申报并获批国家药品监督管理局重点实验室项目"呼吸麻醉设备重点实验室"。推进校地合作,与崇明区政府、嘉定区政府、昆明市晋宁区政府签署协议。探索双加技术研究院与上海市消防局、新疆消防总队、山西省消防总队、河南省消防总队的共建机制,其中新疆消防总队南疆指挥部应急救援基地年内挂牌。与法国巴黎大学、英国伦敦大学医学院、日本藤田医科大学等9个国外合作单位签署新一轮合作协议。与比利时列日大学、法国巴黎大学、法国蒙彼利埃大学、法国斯特拉斯堡大学分别建立医学科学、医院管理、药学、公共卫生等本硕连读升学通道,29名学生获硕士准入学资格。完成与日本藤田医科大学护理、康复治疗技术、医学影像技术本硕联合培养学分认证、与英国赫特福德大学大数据专业交流合作等4个学分互认项目人才培养方案,11名学生赴海外学习。招收学历留学生17人,年度在校学历生达到54人;短期来华留学生17批次,143人次。作为中国代表参加俄罗斯第四十五届世界技能大赛健康和社会照护项目竞赛。举办第十三届亚洲大洋洲核医学和生物学联盟大会、首届中欧健康国际论坛、第九届上海国际护理技能大赛。与日本大阪滋庆学园联合举办第三届临床工程论坛。

(张毅婷)

【与嘉会国际医院共建教学基地】 3月4日,上海健康医学院和上海嘉会国际医院举行签约仪式,"上海健康医学院影像学院教学基地""上海健康医学院医学技术学院教学基地"揭牌。同时,启动嘉会国际医院与上海健康医学院护理和健康管理学院、医疗器械学院和药学院的见习基地共建工作。双方将围绕"为上海医学教育打造一个国际标准的、开放式的公共教学平台"目标,全面对接各类医学教育和科研资源,实现产教融合,推动医学教育发展。

(张毅婷)

【设立“200事务大厅”】 3月19日，上海健康医学院集中受理、并联审批、协同办理及智慧运行，为全校师生提供一站式服务的综合性服务平台——“200事务大厅”正式启用。该服务大厅设置综合服务区、休息等待区、自助服务区、部门会商区等，辟出10个服务窗口，入驻党校办、人事处、财务处、教务处、科技处、国际交流处(港澳台办公室)等8个职能部门，提供从印鉴使用、采购申报、资产报废、专项财务报销、因公出国(境)签证办理到收入证明开具等38项服务，减少了25个办事环节。截至2020年1月9日，大厅共服务师生办理事项23000余次，月平均达到2500余次。 (张毅婷)

3月19日，上海健康医学院“200事务大厅”正式启用

【举办首届中欧健康国际会议】 5月25日，由上海健康医学院举办，上海市全科医学教育与研究中心承办的中欧健康国际会议在上海健康医学院召开。主题为“全科医学，智慧医疗，健康促进”。中外学者700多人参会，共议卫生健康及医学服务政策领域的议题，研讨健康事业的国际合作及科研产出，鼓励卫生政策领域的国际交流和合作，共同解决卫生健康领域的学术难点。 (张毅婷)

5月25日，首届中欧健康国际会议在上海健康医学院召开

【现代医学教育博物馆开馆】 9月26日，现代医学教育博物馆在上海健康医学院开馆。该博物馆是中国第一所全面记录和展示现代医学教育历史的专题博物馆，展出面积500平方米，分为临床医学馆、护理馆、药学馆和医工、医技馆，展出16个门类、1500余件展品，涉及临床医学教育、护理教育、药学教育以及医工、医技教育。 (张毅婷)

【首届东方国际健康与康复高峰论坛召开】 10月25—27日，由上海市康复医学会与上海健康医学院主办，上海富吉医疗器械有限公司承办的东方国际健康与康复论坛召开。论坛以“健康中国2030，从我做起”为主题，开展主题展览、高峰论坛、培训班课程学习、创新竞赛等一系列活动。来自政府机构、国内外康复领域组织、高校、科研机构、康复领域相关企业的领导和专家参加。 (张毅婷)

附：学校负责人及地址

(2019年1—12月)

校党委书记：郑沈芳

副书记：黄　钢、李明磊、于　莹

校　长：黄　钢

副校长：陈小冰、唐红梅、沈国芳(7月到任)、孔宪明、许铁峰(7月离任)

地址：周祝公路279号

邮编：201318

电话：65881000

上海体育学院

【2019 年概况】 上海体育学院有杨浦和徐汇 2 个校区，设中国乒乓球学院和 9 个二级学院、附属体育职业技术学院和竞技体育学校。有社会学科、人文学科、管理学、理学 4 个主要学科门类，以及 22 个本科专业、3 个一级学科硕士学位授权点和 11 个二级学科硕士学位授权点、1 个一级学科博士学位授权点和 6 个二级学科博士点、1 个博士后流动站。有专任教师 494 人，其中正高级职称 98 人、副高级职称 172 人。在校生 7164 人，其中普通本科生 4074 人、硕士研究生 1667 人、博士研究生 494 人、普通专科生 358 人、成人专科生 184 人、成人本科生 387 人。有外国留学生 211 人。

推出“冠军思政课”，成立“以体育德”大中小学思政课研修基地，形成“五星・五环・五情”思政教育品牌。出台《上海体育学院三全育人质量提升工程实施意见》，打造由课程育人体系、仪式教育体系和责任教育体系构成的三全育人工作同心圆。学校多人获中华人民共和国成立 70 周年纪念奖章。

本科 4 个专业入选“双万计划”国家级一流本科专业。推进“课程思政”建设，运动科学学院入选“上海高校课程思政重点改革领航学院”。获批 1 项国家级虚拟仿真实验教学项目、6 项市级项目，在国内推出首个体育产业类在线开放课程。不断提高教学能力，1 个项目入选全国“桃李杯”舞蹈教育教学成果展示活动，1 名教师获首届长三角师范院校教师智慧教学大赛二等奖。

推动体育学和医学两大领域交叉融合，医学技术学术硕士一级学位点通过国务院学位委员会评估。构建支撑学科交叉融合创新的学科专业体系，申报运动和公共健康、运动表现新专业，获批体育旅游管理专业硕士点。推出国内首个数字化诊疗系统——“高速双平面荧光透视系统”，应用于冬季奥运科研攻关服务。国家兴奋剂检测上海实验室建设稳步推进。功能核磁成像运动认知科学实验室建设到位。

在软科 2019 年全国体育学一级学科评价中，学科实力继续位居首位。全年获批国家自然科学基金项目 10 项，其中重点项目 1 项。获批国家哲学社会科学基金 9 项，其中重大项目 2 项。获批科技部重点研发计划 2 项。获上海市科技进步二等奖 1 项、三等奖 2 项。发表的论文获 CSSCI/CSCD 收录 150 篇、SCI/SSCI/EI 收录 120 篇。完成知识产权 16 项，包括实用新型专利权授予 5 项、出版软件著作权 11 项。全年承接科研项目 167 项。英文版期刊《运动与健康科学》进入 SCI/SSCI“双学科库”前十，入选中国科技期刊卓越行动计划“重点期刊”建设项目。

在第五届中国“互联网+”大学生创新创业大赛中，学校项目获全国金奖、全国唯一的乡村振兴奖和全国优秀指导教师奖。推进就业实习基地建设“300 计划”，完成就业指导目标。完善优质生源选拔培养机制，获体育“冠军班”招生培养资质。在第十一届全国体育科学大会上，6 名师生获青年优秀论文奖。与上海健康医学院签约联合培养研究生。与澳门理工学院联合培养博士研究生项目，招收首批新生。

全年学校学生获世界杯、世锦赛等国际级赛事奖牌 36 枚，全国锦标赛、冠军赛等国家级赛事奖牌 57 枚，多位学生取得东京奥运会参赛资格。在第二届全国青年运动会上，学校学生获奖牌 56 枚，其中金牌 13 枚。学校与上海绿地申花足球俱乐部共建绿地申花上体女子足球队，并冲入甲级联赛。高水准服务保障三人制篮球、钢架雪车国家队驻训备战。在第十一届少数民族传统体育运动会上，获技巧类一等奖1项，获综合类二等奖1项。深化“体教融合”人才培养改革，分别与中国羽毛球协会、中国体操协会签约共建中国羽毛球学院和中国体操学院。

提升智库建设水平，完成决策咨询成果15项。主动服务长三角地区高质量一体化发展国家战略，举办首届长三角一体化未来体育教师暑期夏令营，成立长三角地区体育一体化研究中心并成功立项“上海高校智库”。积极建立高端平台，成立中国体育历史研究院（中国体育非物质文化遗产研究院）。

服务国家外交战略，加强巴布亚新几内亚训练中心建设，开展体育人文交流。接待所罗门群岛总理及夫人、牙买加总理及夫人、澳大利亚维多利亚州总督、乌兹别克斯坦体育部长、卢森堡体育部长、日本冲绳市长等外国政府官员来访。承办2019年上海市长咨询会会外活动。举办首届“乒乓文化节”。获批3项国家留基委创新型国际创新人才培养项目。与怀俄明大学签署协议，在美国共建上海体育学院海外中心。推进与越南北宁体育大学合作项目的开展。（刘　建）

【获“互联网+”大学生创新创业大赛全国总决赛金奖】 10月13日，由教育部、中央统战部、中央网信办、国家发改委、团中央和浙江省人民政府等共同主办的第五届中国“互联网+”大学生创新创业大赛总决赛在浙江大学举行，“红色筑梦三项赛”项目获青年红色筑梦之旅赛道金奖。同时，项目还获全国唯一的乡村振兴单项奖。“红色筑梦三项赛”立足体育专业特色，首选红色革命老区，充分挖掘乡村的人文、自然优势资源，以越野、攀岩、山地车3个项目为主打，将红色、体育和互联网技术相结合，设计沉浸式体验的红色体育赛事，为乡村引流，在创新红色教育形式的同时联动乡村产业升级。（刘　建）

【思政课一体化研修基地成立】 10月23日，“以体育德”大中小学思政课一体化研修基地在上海体育学院举行成立仪式。上海市教卫工作党委领导，市委第八巡回指导组成员，黄浦、杨浦、徐汇三区宣传和教育部门负责人、上海体育学院领导班子成员等出席活动。该基地由上海体育学院联合黄浦区教育局、杨浦区教育局和徐汇区教育局发起成立，旨在推动优质德育资源向社会服务转化，传播体育正能量，融入上海大中小幼德育一体化体系建设。（刘　建）

【完成中国国际进口博览会志愿服务工作】 10月25日—11月10日，100余名上海体育学院志愿者分赴国家会展中心、媒体酒店、浦东机场、虹桥机场和虹桥火车站等岗位参与第二届中国国际进口博览会保障服务工作。在成立的临时党、团支部的领导下，学校志愿者争做“五星五环”小火炬。《中国青年报》《新闻晨报》《青年报》以及“青春上海”等多家媒体先后报道。（刘　建）

【长三角体育一体化研究中心揭牌】 11月22日，长三角体育一体化研究中心在上海体育学院揭牌。该中心作为学校“一流学科”建设的重要组成部分，获“上海高校智库”立项，旨在促进区域体育产业的联动发展，推动长三角体育产业成为领先的产业集群。（刘　建）

【中国体育非物质文化遗产研究院成立】 12月22日，中国体育历史与文化发展研讨会在上海体育学院举行。会上，上海体育学院中国体育历史研究院（中国体育非物质文化遗产研究院）揭牌。研究院的成立旨在拓宽中国体育历史的全球视域，挖掘中国体育历史的内在深度，丰富中国体育历史的文化内涵。研究院“着眼长远、优势互补、共同发展”，在理论研究、人才培养、保护传承、创新发展、传播交流等方面为专家学者和研究生提供学术交流的空间。（刘　建）

12月22日，上海体育学院中国体育历史研究院（中国体育非物质文化遗产研究院）揭牌

附:学校负责人及地址

(2019 年 1—12 月)

校党委书记:李　鉴

副书记:陈佩杰、陈晓峰、詹　萌、潘　勤、杨　玲

校　长:陈佩杰

副校长:陈晓峰、施之皓、王兴放、王　陈(4 月到任)

地址:长海路 399 号

邮编:200438

电话:51253000

上海音乐学院

【2019 年概况】 上海音乐学院有汾阳路和零陵路 2 个校区,设音乐学系、作曲系等 16 个教学单位(含附中、附小)。全日制在校本科生 1851 人、硕士生 874 人、博士生 148 人。毕业生就业率 99.83%,52 名毕业生进入高校任教,77 名毕业生出国(境)深造。全校教职工 583 人,其中专任教师 315 人。

年内,通过教育部专家组对学校“双一流”中期建设评审。获“应用研究型”高校 40%—60%排位区间(获评第六至十名排位),“音乐与舞蹈学”获软科中国最好学科排名第二位。以《“音乐与舞蹈学”国际同行评价指标体系》科研项目为依托,对接欧洲 MUSIQUE 与英国 QS 排行评估指标,融入“中国方案”。召开首届国际艺术家咨询会议,对学校办学内涵提出专家论证与意见。

开展学校“课程思政”教学改革扩大试点工作,形成“1+2+23”的“课程思政”工作格局,即承担“1”项市教委重点任务,在“音乐与舞蹈学”一级学科层面启动编制高校“课程思政”《教学指南》;声乐歌剧系、民族音乐系获市教委立项支持,开展课程思政整体试点,民族音乐系入选上海高校课程思政重点改革领航学院;在全校遴选出 23 门校级“课程思政”试点课程,实现对所有系部、所有课程种类的全覆盖。明晰音乐与思政交融的“音乐思政”创新育人模式。举办中国红色音乐文化论坛暨全国音乐学院思政课教学改革与协作论坛,创设中国红色音乐文化育人联盟。歌剧《贺绿汀》《春上海 1949》探索并建立四位一体作用的艺术思政教育新平台,被新华社称为“新时代的‘精神长征’”。歌曲《一路走来》获中宣部“五个一”工程奖,《上音我的爱》获第四届全国最美校歌 MV 最佳作品奖;思政课作品《砥砺奋进七十年,奋斗成就中国梦》获上海高校学生讲思政课一等奖。根据教育部“双万计划”相关通知,学校遴选“音乐表演”“音乐学”等 4 个强势、优势、特色专业申报国家级一流本科专业建设点通过上海市审批。获上海高校本科重点教改项目立项 2 项。进一步优化博、硕研究生招生结构性调整,推进招生题库与考官库建设,推广海外招生平台。推进学科新方向培育,推出音乐治疗、钢琴修造、钢琴合作艺术、音乐戏剧导演、电影音乐制作、音乐影像志学等研究方向;继续探索艺术专业博士学位点建设,新增 6 个表演专业博士方向。

学校完成第三、四批高层次人才、紧缺人才、储备人才引进工作,专任教师占到教职工总人数的 62%,其中 40 周岁以下青年教师占比达到 51%,博士学位的占比提升至 24.6%。创设并评选产生第一届“周小燕教书育人奖”,与贺绿汀基金奖、萧友梅校长奖构成学校三大奖项,推出实施《师德师风长效机制实施方案》《教学质量督导工作办法》。俞丽拿教授获全国三八红旗手标兵,李继武教授获“全国优秀教师”称号,盛利教授获上海市五一劳动奖章,于丽红教授获“四有”好教师称号,形成“德艺双馨”的教师示范群体;音乐学系获全国巾帼文明岗称号。

获批上海高校智库建设项目3项;17个项目获2019年度国家艺术基金资助,比上年增长54.5%,获资助项目数量连续两年居全国榜首,其中大型舞台剧和作品创作资助项目2项、传播交流推广资助项目2项、艺术人才培养资助项目2项、小型剧(节)目和作品创作资助项目5项、青年艺术创作人才资助项目6个。完成2020年度国家艺术基金项目申报工作。获2019年度国家社科基金艺术学重点项目1项、青年项目1项;获2019年度教育部人文社会科学研究青年基金项目1项。完成国家社科基金艺术学项目2项、教育部人文社会科学规划项目上海市教育科学研究重点项目各1项,获2019年度文化旅游部国家文化创新工程立项,“听园——声音景观空间”项目入选文化旅游部科技教育司2019年文化和旅游装备技术提升优秀案例。获批“2018年度晨光计划(A类)”1项。

接待来自30个国家和地区的586人次到访;77批226人次赴各个国家和地区进行各类文化交流。接受来自38个国家的外国留学生216人。聘用外籍专任教师28人。选派学生284人次赴境外学习交流。学校与德国“大熊”音乐出版社签署合作协议,率先在世界顶级音乐出版平台面向全球发行“系列中国当代音乐作品”。与新加坡南洋艺术学院共建第一个在海外成立的“中国音乐文化中心”。“中国古典诗词与书画”中国艺术歌曲独唱音乐会在联合国日内瓦总部、奥地利和德国上演4场。原创歌剧《汤显祖》登上世界顶级音乐殿堂——悉尼歌剧院和墨尔本艺术中心,音乐剧版《梦临汤显祖》参演爱丁堡艺穗节“聚焦中国”,并赴伦敦、汉堡展演。完成外国留学生“上海暑期学校中国民乐项目”“‘一带一路’艺术文化人才培优”2个留学生培养项目。

参与国庆大型音乐舞蹈史诗《奋斗吧,中华儿女》和国庆花车巡演等重大文艺演出,亮相第二届进博会唱响志愿者之歌《年轻的力量》,参与2019世界人工智能大会创办“AI+艺术欣赏体验会”。结对贵州盲童学校参与新华社“声在中国”音乐扶贫主题活动。推动文化“四润”(润疆、润蒙、润藏、润滇)深度合作与交流。开展国家艺术基金项目长三角巡演计划与剧院合作项目,助力“良渚”申遗成功。承办第三十六届“上海之春”国际音乐节,推出11台13场演出。持续打造新年音乐会、“上音众乐”星期音乐会等品牌项目,向市民提供近距离接触经典艺术的平台。

9月15日,上音歌剧院正式启用。第二十一届中国上海国际艺术节有13台23场演出在上音歌剧院呈现,意大利斯卡拉歌剧院在上音歌剧院同时完成了两部世界经典歌剧,上音歌剧院率先在国内实现“一台两剧”高难度运作模式,被誉为“国际顶级”。学校获“上海市文明校园”称号。

(王金晶)

【与德国布莱特克普夫与黑特尔出版社签约合作】 3月15日,上海音乐学院与德国布莱特克普夫与黑特尔出版社签订《合作协议书》,形成“上音—大熊国际合作交流机制”。学校已故老院长杨立青的作品《荒漠暮色》和大熊首位中国签约作曲家、上音作曲系沈叶副作品《小提琴协奏曲》在国际上出版。廖昌永主编的《中国古典诗词艺术歌曲16首》德文版于2020年在全球出版发行。建立上音—大熊音乐档案人才培养机制,11月22日,“上音—大熊国际合作交流机制”2019年度活动在上海举办。

(王金晶)

3月15日,上海音乐学院
与德国布莱特克普夫与黑特尔出版社签约

【上音歌剧院正式启用】 上音歌剧院9月15日正式启用。启用仪式暨开幕演出在上音歌剧院歌剧厅内举行,上海音乐学院原创歌剧《贺绿汀》作为开幕演出上演。上音歌剧院是由上海市建设财力全额投资,上海音乐学院负责建设,法国包赞巴克建筑事务所、同济大学建筑设计研究院(集团)有限公司、法国徐氏声学、英国剧院设计咨询公司等中外团队联合设计的国内首个采用整体隔振技术建造的全浮结构歌剧院。（王金晶）

【原创音乐剧《春上海1949》国庆上演】 10月1日，上海音乐学院献礼中华人民共和国成立70周年原创作品、上海文化发展基金2019年度第一期资助项目、2019年上海市舞台艺术作品评选展演剧目，原创音乐剧《春上海1949》在新落成的上音歌剧院上演。该剧以1949年中国命运转折点为背景，以虹口继光高级中学(原麦伦中学)的真人真事为原型，讲述了在黎明前黑暗的时刻，虹口高中学生怀揣着爱国的初心、强国的憧憬，不畏白色恐怖，为迎向光明的新时代，做出令人惊叹的英雄之举的故事。（王金晶）

10月1日，原创音乐剧《春上海1949》
在上音歌剧院上演

附：学校负责人及地址

（2019年1—12月）

校党委书记：林在勇(7月离任)、徐　旭(7月到任)
　　副书记：刘　艳、王　瑞(9月离任)、曹荣瑞

校　长：廖昌永
副校长：王　瑞(10月离任)、刘　英、侯立玉、冯　磊(9月到任)

汾阳路校区地址：汾阳路20号
邮编：200031
电话：64316412

零陵路校区地址：零陵路520号
邮编：200032
电话：64188050

上海戏剧学院

【2019年概况】 上海戏剧学院有华山路校区、莲花路校区、虹桥路校区、昌林路校区；设有表演系、舞台美术系、戏剧文学系、导演系、电影电视学院、戏曲学院、舞蹈学院、创意学院、继续教育学院、马克思主义学院(人文社会科学部)10个二级教学单位和附属戏曲学校、附属舞蹈学校2所附属中专。全日制在校本科生1839人、硕士生436人、博士生127人，留学生184人，成人本、专科学生1260人。招收本科生464人、硕士生162人、博士生29人，留学生153人，成人本、专科学生366人。有38名学生赴海外交流学习。2019届毕业本科生437人、硕士生72人、博士生15人，成人本、专科教育214人，留学生158人。全校教职工528人，其中专任教师308人、外聘教师192人。

年内，制定《上海戏剧学院服务国家文化和上海文化品牌三年行动计划》，从人才培养、区域联动、文艺创作、智库等方面加强支撑，为提升城市文化软实力贡献力量。聚焦立德树人根本任务，制定《上海戏剧学院构建大思政格局　深入推进立德树人若干意见》，将立德树人工作融入各部门各院系中心工作中。围绕构建一流戏剧理论研究体系和卓越表演人才培养体系“两大战略体系”，以及依托学校综合性优势，抓好艺术科技引领下的现代舞台美术发展、戏剧普及教育、编剧学学科体系构建、全产业链影视人才培养、"四个重点支撑"建设工作。进行"戏剧＋思政"学生思想政治工作模式创新探索，成立"戏剧＋思政"辅导员工作室。推进孵化上海高校"校园大师剧"艺术思政品牌项目，开展啄壳计划、"四品"素养教育等学生"第二课堂"品牌活动。

表演、戏剧影视文学、戏剧影视美术设计专业获批2019年度国家级一流本科专业建设点。广播电视编导、戏剧影视导演获批上海市一流本科专业建设点。完成上海戏剧学院教学成果奖(教学奖、新秀奖)的评选工作。申报6门国家级、市级一流本科课程，申报2门国家精品在线课程和1门市级混合式课程。开设通识选修课49门，进一步优化通识选修课的六大模块。成功申报市级教学实验示范中心，基本满足各二级院系新增的实验室设备要求。完成产教直通的学生艺术实践项目，其中大学生创新创业项目《一陆花开》对外公演。2019年大学生创新创业计划获上海市级项目44个、国家级项目15个。在学校打造金课的基础上，开展课程思政建设。"红色文创·致敬岁月——课程思政成果展"亮相第二届长三角国际文化产业博览会。

获省部级及以上科研项目17项，其中国家社会科学基金艺术学重大项目2项、教育部哲学社会科学研究重大课题攻关项目1项、国家社会科学基金项目(青年项目)1项、国家社会科学基金艺术学项目(一般项目)3项、国家社会科学基金后期资助项目(艺术学项目)1项、教育部人文社会科学研究项目(青年基金项目)2项、文化旅游部政策法规司委托项目3项、上海市哲学社会科学规划课题(一般课题)2项、上海市哲学社会科学规划课题(青年课题)1项、上海市哲学社会科学规划课题(冷门"绝学"和国别史等研究专项)1项。出版《迈克尔·契诃夫方法训练教程》《迈斯纳方法训练教程》(上下)、《纸舟：戏剧人类学指南》《京剧花旦表演训练》《中国古代艺术理论》《乐理与视唱练耳》《融合·创新·发展——新时代朗诵教学的创新与发展》等15部编著或教材，出版《"郭、老、曹"与北京人艺——戏剧文学与剧场的关系研究》《中国改革开放40年来的影视戏剧创作与理论批评》等21部专著，出版4部译著；发表126篇论文、2篇研究或咨询报告。上演实习剧目4台、毕业剧目4台。学校重大创作剧目演出和重大演出活动。完成京剧《穆桂英挂帅》、舞蹈诗《黄河》、朗诵剧《黄炎培》、京剧《徐光启与利玛窦》、话剧《威尼斯商人》、大师剧《熊佛西》6台重大创作演出剧目。办好学院两大演出活动——上海戏剧学院艺术季与上海国际艺术节青年创想周，其中上海戏剧学院艺术季，历时近3个月，由15个剧目集中展演、7个展览以及3个展映组成，涵盖了学院所有二级院系的各专业；2019年度上海国际艺术节青年创想周的6部委约作品涵盖了戏剧、音乐、舞蹈、多媒体、皮影等。端钧剧场全年演出剧目60个。新实验空间剧场全年演出剧目使用217天。

聚焦学校人才工作重点，制订《上海戏剧学院高层次人才引进管理办法(试行)》。年内全职引进4名国内专家、2名外籍专家、1名表演艺术人才，其中1人获批国家海外高层次人才计划。引进20名国内外知名行业专家到校参与教学实践等活动。完成2名名誉教授的学术评议和聘用，以及近20名客座教授、兼职教授、外聘专家的新聘、续聘及管理考核工作。全面推进高水平创新团队建设工作，获批战略创新团队1支、重点创新团队4支。4个工作室获批上海市教委文教结合工作室。制定《上海戏剧学院专业技术职务聘任实施办法(试行)》，21名教师晋升高级职称，16名教师晋升中级职称。

全年开展"唱响上戏"校园歌手大赛、"花开的日子"毕业晚会、"五四传薪火　奋进新时代"学生纪念五四运动100周年主题活动、"我与祖国共奋进——上海戏剧学院学生庆祝中华人民共和国成立70周年"系列活动、"青春心向党　建功新时代"主题宣传教育实践活动、体育季、学生辩论赛、社团嘉年华等校园文化品牌活动。组织学生参与上海青少年纪念五四运动100周年主题歌会。以"青春上戏心向党　至善至美为爱跑"为主题，组织学生参加上海高校学子"5·20"校园表白跑活动。组织学生参与上海市政协"青春政好，携手追梦"舞台秀活动。组织师生参与“永怀初心使命　坚定文化自信”戏剧党课。组织13名同学参与“挑战杯”大学生课外学术科技作品竞赛，1人获上海市三等奖。暑期，组织8支队伍围绕团队社会调查、文化艺术服务、长三角一体化发展等课题开展社会实践活动，形成2篇社会实践调研报告组织师生团队参与首届长三角大学生上海地标设计大赛并获得银奖。

至8月31日，毕业生就业率为99.43%，其中博士生就业率为100%、硕士生就业率为95.83%、本科生就业率为100%(含2%边兼职边准备考研或者出国的毕业生)。成立“就业创业工作领导小组”，加大就业服务的广度和精度，通过“线上＋线下”渠道双管齐下的形式，建立系统的就业服务网络。

年内，共计56批团组、466人次出访，出访地涉及美国、英国等20多个国家和地区。各院系邀请40多名外国专家到校参加学术授课、举行讲座、工作坊、指导排戏等；举办7次国际研讨会，与会国(境)外代表475名。学校承办了世界戏剧研究者联盟大会的组织活动，这是该联盟第一次与中国的艺术院校合作举办会议；与美国布朗大学、纽约大学等合作举办第八届冬季学院；与国际剧协一起推动首届“ITI/UNESCO世界表演艺术之都”评选的各项筹备工作。　(李　莉)

【上海创作基地揭牌】　5月21日，上海戏剧学院与中国国家话剧院合作框架协议签订暨上海创作基地揭牌仪式在学校举行。上海戏剧学院院长黄昌勇和国家话剧院院长周予援签署合作框架协议。文化旅游部副部长李群为上海创作基地揭牌。

(李　莉)

【昌林路校区启用】　9月1日，上海戏剧学院昌林路校区启用暨新生入驻仪式在新校区举行。该校区占地面积99791平方米，规划总建筑面积139689平方米；功能定位为电影电视和新媒体中心，先期入驻的是电影电视学院和创意学院。　(李　莉)

【艺术家作品文献展开幕】　12月1日，“首届上戏艺术家作品文献展”在上海戏剧学院昌林路校区开

9月1日，上海戏剧学院昌林路校区启用，图为校区全景

幕。文献展展出学校优秀教师和校友的代表性艺术文献80余件。这些跨越时光的藏品不仅是上海戏剧学院的精神文化财富，也是上海美术史研究的重要资料。　(李　莉)

【话剧《军歌》获奖】　12月12日，上海戏剧学院原创的大型话剧《军歌》(2018年度国家艺术基金项目)获“2019年上海市舞台艺术作品评选展演”的“优秀作品奖”(戏剧类榜首)。该剧描绘抗战时期全国一大批热血青年、文艺志士怀揣民族独立与自强的理想信念，从祖国的四面八方不畏艰险奔赴延安的豪情与壮志，青春与梦想。编剧为剧作家、教授孙祖平，总导演为上海戏剧学院导演系主任、教授、“新世纪杰出导演”卢昂，舞美总设计为上海戏剧学院舞台美术系副主任胡佐。主演、导演系2016级研究生徐伟获表演“新人奖”。　(李　莉)

【2019上海艺术专业学位研究生教育工作年会举行】　12月27日在上海戏剧学院举行2019上海艺术专业学位研究生教育工作年会。年会由上海艺术专业学位研究生教育指导委员会主办，上海戏剧学院承办，上海12所培养院校(复旦大学、上海交通大学、同济大学、华东理工大学、东华大学、上海大学、上海理工大学、上海师范大学、上海音乐学院、华东师范大学、上海工程技术大学、上海应用技术大学)共同协办。来自全国艺术专业学位研究生教育指导委员会、上海市学位办以及上海13所培养院校的100余位代表与会，共议艺术专业学位研究生教育的培养标准，助推艺术专业学位研究生教育的发展。　(李　莉)

附：学校负责人及地址

（2019年1—12月）

校党委书记：楼　巍（3月离任）、谢　巍（3月到任）
　　副书记：黄昌勇、胡　敏、周银娥、张伟令

校　长：黄昌勇
副校长：张伟令、唐立兔、杨　扬、刘　庆

院本部地址：华山路630号
邮编：200040
电话：62482920

莲花路校区地址：莲花路211号
邮编：201102
电话：64800099

虹桥路校区地址：虹桥路1674号
邮编：200336
电话：62757585

昌林路校区地址：昌林路800号
邮编：201112
电话：51768290

上海立信会计金融学院

【2019年概况】 上海立信会计金融学院有浦东、松江和徐汇3个校区，设15个二级学院、37个本科专业，具有审计硕士专业学位研究生培养资格。录取全日制新生4650人，其中研究生120人、本科生4287人、专升本学生120人、专科生40人，少数民族预科学生83人。有全日制研究生221人、本科生17966人、专科生254人。毕业生5099人，其中研究生102人，就业率为100%；本科生4682人，就业率为93.66%；专科生315人，就业率为95.56%。

年内，"六环节、六目标"诚信教育体系获市"落细落小落实社会主义核心价值观"典型示范案例，文化育人入选上海高校"三全育人"综合改革典型案例，资助育人入选教育部首批高校思想政治工作精品项目，网络育人获上海高校易班示范中心建设立项。"高水平地方应用型大学建设"项目持续推进。构建以大数据分析和大数据科学为代表的微专业体系，4个专业获批国家一流专业建设点，1个专业获批教育部"1＋X"证书试点专业，新增数据科学与大数据技术、投资学2个本科专业，新增应用型本科试点专业1个；对标国家"金课"建设标准，立项校级以上课程216门，其中全英文授课课程36门，获2019年市教委本科重点课程立项12门，《统计学》《国际商务谈判》入选市高校优质混合式在线课程示范案例。稳步推进"课程思政"教学改革。《信用中国》等"中国系列"课程彰显特色；与上海澄衷高级中学、上海立信会计金融学院附属学校开展大中小幼思政课一体化共建；金融学院入选市高校课程思政重点改革领航学院。现代金融实验教学中心入选"市级实验教学示范中心建设单位"，"立信智能财务虚拟仿真实验"获批市级虚拟仿真实验教学项目。学校获教育部产学合作协同育人项目8项、市级教学改革类项目9项。学生获第十六届"挑战杯"全国大学生课外学术科技作品竞赛等奖项200余项。

"高原学科"影响力不断提升。根据美国杨百翰大学的会计学排名，学校会计学研究居国内第二名。《中国（上海）新金融发展研究报告》等研究成果获肯定。与宁波财经学院、浙江金融职业学院联合开展长三角区域一体化协同发展战略研究专项12个。"浦东（智库）研究院"列入上海一类高校智库，"上海金融科技研究中心"列入上海二类高校智库；报送专报近百份，入选重要内参50余份，10余份获领导批示；获省部级研究成果奖2项、国家级科研项目11项、省部级科研项目41项；《会计与经济研究》入选新版CSSCI来源刊，获评"全国高校社科精品期刊"；发布2018年《上海国际金融中心建设蓝皮书》、联合发布《2019中国"一带一路"投资与安全研究报告》蓝皮书；联合举办“一带一路”倡议与国际商事仲裁发展论坛、第三届中国立信金融论坛、第二届中波财税前沿论坛、承办第十届“中国金融教育论坛”等。

做好人才引进和聘任工作。审批引进 92 人，其中特聘教授 1 人、常任轨教师 10 人。完成评议权下放后的首次专业技术职务聘任工作，新聘任 170 人。开展首批“序伦学者”中期考核、第二届校长奖、潘序伦奖评选表彰，新入选“教师专业发展工程”50 余人；1 人入选国家人才计划；获市脱贫攻坚专项个人嘉奖 2 人，学校获市脱贫攻坚专项奖励记功集体；获宝钢优秀教师奖 1 人、市育才奖 6 人。

与丹麦国际商学院共建的商务孔子学院正式揭牌，与美国新泽西理工学院合办的金融工程专业本科教育项目获批；通过工商管理学院 AACSB 认证年度更新报告，会计学院获“ACCA 黄金级认可教育机构”资质认证，保险学院成功申请并加入北美精算师协会的 UCAP 高校计划。发起成立“长三角高校金融教育联盟”“中国高校金融教育金课联盟”“中国金融科技教育与应用创新联盟”，参加“长江经济带财经高校教育联盟”。“产学研金协同创新，培养金融跨界人才”入选“2018 年度中国产学研合作十大好案例”。

推进依法治教，完成“依法治校标准校”创建评估答辩。深化两级管理，二级学院办学活力持续激发。继续教育学院获 2019 年上海市“优秀成人继续教育院校”称号。校出版社在 2018 年上海图书出版单位评估综合效益中排名第三。开展上海学校艺术教育发展和学校体育评估工作。学校获评 2017—2018 年度“上海市文明校园”称号。　　（张　林）

【《2018 年上海国际金融中心建设蓝皮书》发布】 3 月 28 日，由上海立信会计金融学院和中国金融信息中心联合发布《2018 年上海国际金融中心建设蓝皮书》。发布会在中国金融信息中心举行。蓝皮书第一编是对 2017 年的上海国际金融中心建设的概览与分析。第二编是金融区域发展和开放创新的专项研究。第三编是决策咨询专报的篇幅。　（张　林）

【中国金融科技教育与应用创新联盟成立】 6 月 13 日，由中国产学研合作促进会指导，上海立信会计金融学院和慧科集团主办的“金融科技发展论坛暨中国金融科技教育与应用创新联盟成立大会”在中国金融信息中心举行。中央财经大学、同济大学、北京航空航天大学、上海立信会计金融学院、北京财贸职业学院、新泽西理工学院、中国建设银行上海分行、中新金科股份有限公司、慧科教育科技集团、上海银行卡产业园有限公司等部分联盟成员代表出席成立仪式。该联盟由开设金融科技专业的多家高校和金融科技领军企业共同发起，旨在推动“政、产、学、研”跨界合作、协同创新，搭建培养金融科技人才、服务金融科技行业发展的开放式平台。（张　林）

【上海立信会计金融学院附属学校揭牌】 9 月 9 日，上海立信会计金融学院附属学校揭牌仪式在附属学校证大校区举行。根据学校 3 月与浦东新区教育局签订的共建附属学校合作协议，附属学校的设立旨在借助高校资源，打造金融特色，提升综合课程创造力。　　（张　林）

【高校诚信文化育人联盟 2019 年年会召开】 12 月 27 日在上海立信会计金融学院松江校区召开。年会由市教委、中国高等教育学会高等财经教育分会主办，高校诚信文化育人联盟理事会、上海市学生德育发展中心和上海立信会计金融学院共同承办。年会以“新时代高校诚信文化建设：初心、使命、担当”为主题，以开放包容、传承创新、合作攻关为宗旨，围绕大学生诚信教育的热点、难点问题开展交流研讨。中国高等教育学会、上海市教育委员会有关领导，高校诚信文化育人联盟理事单位代表、全国高校的领导专家和上海立信会计金融学院师生代表近 200 人出席会议。　　（张　林）

12 月 27 日，高校诚信文化育人联盟 2019 年年会在上海立信会计金融学院召开

附：学校负责人及地址

（2019 年 1—12 月）

校党委书记：李世平

副书记：唐海燕（7 月离任）、文选才、温景春、王军华

校　长：唐海燕（7 月离任）

副校长：王军华、万　峰（1 月离任）、顾晓敏、赵荣善、朱亚兵

浦东校区地址：上川路 995 号

邮编：201209

电话：50218571

松江校区地址：文翔路 2800 号

邮编：201620

徐汇校区地址：中山西路 2230 号

邮编：200235

上海电机学院

【2019 年概况】　上海电机学院有临港、闵行 2 个校区，设 13 个学院、1 个教学部，有 38 个本科专业、7 个专科专业，其中全国高校特色专业建设点 2 个、教育部"卓越工程师教育培养计划"专业 3 个、国家级一流本科专业建设点 1 个、上海市一流本科专业建设点 3 个、上海市应用型本科试点专业 11 个、上海市示范性全英语授课专业 1 个、国家级工程实践教育中心 2 个。学校有全日制硕、本、专科在校生近 12800 人；教职工 1085 人，其中专任教师 818 人。2019 届毕业生 3433 人，就业率 98.95%，签约率 92.22%。获批省部级及以上项目 30 项，其中国家级项目 7 项。在长三角地区建有 7 个技术转移分中心。拥有教学科研仪器设备总值 3.2 亿元，图书馆馆藏图书 133.9 万册。学校与美国、日本等 16 个国家（地区）的 30 余所高校建立合作关系，与美国北爱荷华大学等 20 余所高校合作开展学分互认。

年内，"电气工程及其自动化"专业通过专业认证；获批"光电信息科学与工程""智能制造工程"2 个新专业，"机械设计制造及其自动化"专业获国家级一流本科专业建设点，"电气工程及其自动化""自动化""软件工程"专业获上海市一流本科专业建设点；"机电一体化技术"专业获批上海市一流专科高职建设专业；获批市级虚拟仿真实验教学课程 1 门、市教委重点课程 12 门。1 门课程入选上海高校优质混合式在线课程示范案例。获批上海市高校本科重点教学改革项目 2 项、上海高校大学计算机课程教学改革项目 1 项。新增 3 个研究生海外访学交流项目。录取一本线上生源 900 人。学校学生获"全国百名国家奖学金获奖者优秀代表""中国大学生自强之星奖"等荣誉。学生团队自主研发智能环保回收项目获千万级融资，团队负责人入选"2019 福布斯 30 岁以下精英榜"。

全年评聘各类专业技术职务 141 人，完成教职工岗位定级中期调整、三级教授专家评审。举办各类教师教学发展活动 69 场次，举办教师教学培训与研讨活动 35 场次，16 名骨干教师参加海外短期研修活动。4 人获上海市育才奖。

推进硕士学位授予单位建设，与上海内燃机研究所签订联合培养研究生协议、联合建设协同创新中心备忘录和硕士学位授予单位资质转移合作备忘录。设立设计与艺术学院"科研特区"。首次参与国家标准的制定，以第一单位完成"锻件"国家标准。获批省部级及以上项目 30 项，其中国家级项目 7 项。教师论文被国内高水平期刊收录 80 篇。获行业科研奖项三等奖 4 项。授权发明专利 90 项。编写出版国家首部《环卫与环保机械》分册，获批中央军委装备发展部装备预研领域基金 1 项。遴选机电一体化技术专业教学团队等创新团队 16 个。获批江苏省工程技术研究中心 2 个（合作项目）。学校大学科技园入选市级科技园培育工程，上海电机学院工业设计中心正式运营。江苏启东

技术转移分中心被评为“启东技术转移优秀机构”。全年科技成果转移转化7项,签约技术开发、转让、咨询、服务合同24项。

全年选拔244名学生赴海外学习实习。新招收留学生88人。接待4批、59人次海外学生访问团。聘请43名国(境)外名师来校开设国际化课程46门。外派24名教师海外留学、研修、培训,建立海外师资培训基地2个。密切国内合作交流,与上海三菱电梯有限公司签订战略合作框架协议,担任临港区域高校联盟首届轮值单位,接任南汇新城教育发展联盟主席单位,承办世界顶尖科学家论坛峰会,举办临港新片区产教城融合新发展论坛、第三届智能制造应用型人才培养中德论坛,与上海开放大学联合打造临港开放市民大学。加强社会服务,完成上海电气650人新员工入司培训,承接闵行区高级技工职业技能竞赛项目6个,获批上海市专业技术人才知识更新工程2项,完成各类技工鉴定1164人,上海电气李斌技师学院全年培训各类学员1.3万人。全校注册志愿者人数近4000人。

推进依法依规治理学校。成立学校依法治校工作领导小组,颁布《上海电机学院深入推进依法治校实施意见》。加强安全文明校园建设,获批上海市安全文明校园。加强校园体育文化建设,举办10余项品牌校园文化活动,丰富师生精神文化生活。（张丽娟）

【上海电机学院工业设计中心(南通)启动】 2月16日,上海电机学院工业设计中心(南通)在江苏如东县新店镇举行启动仪式。该中心涵盖六大功能中心,辐射面推向南通乃至整个长三角地区。新店镇的4家企业与上海电机学院工业设计中心进行了合作签约。（张丽娟）

【举办智能制造应用型人才培养中德论坛】 3月8—9日,“人工智能:第三届智能制造应用型人才培养中德论坛”在上海电机学院临港校区举行。论坛由上海电机学院、上海工业自动化仪表研究院有限公司、上海智能制造产业技术创新战略联盟、临港区域高校联盟主办,上海电机学院中德智能制造学院、上海智能制造系统创新中心有限公司、临港创新管理学院承办。与会的百余名中德高校、企业、研究机构代表围绕人工智能与智能制造融合的主题,探讨应用型人才培养的新思路和新方法。（张丽娟）

【主办“一带一路”倡议研讨会】 3月28日,由上海电机学院斯德哥尔摩海外中心与临港集团海创中心、瑞典哈姆斯塔德大学、瑞典“一带一路”研究所、瑞典中小企业促进会联合举办的“一带一路”倡议研讨会在瑞典哈姆斯塔德大学举行。研讨会上,50余位与会人员交流“一带一路”倡议的内容和意义,探讨瑞典企业如何积极参加“一带一路”建设与合作等议题。（张丽娟）

【与上海内燃机研究所联合培养研究生签约】 6月11日,上海电机学院与上海内燃机研究所在上海电机学院举行联合培养研究生签约仪式。根据协议,双方将充分发挥学科、科研优势,实现高校与科研院所之间的优势资源共享,开展硕士研究生双向联合培养工作。（张丽娟）

【世界顶尖科学家人工智能算力算法峰会举行】 10月30日在上海电机学院报告厅举行世界顶尖科学家人工智能算力算法峰会。峰会由上海市人民政府主办,中国电子协会、上海市科学技术协会、上海电机学院等承办。迈克尔·莱维特、蒂莫西·高尔斯、莱斯利·瓦利安特等诺贝尔奖获得者、菲尔兹奖得主、图灵奖得主在峰会上发表主题演讲,并围绕人工智能领域的前沿技术等开展对话。中国科学院院士、中国工程院院士、青年科学家等340余人与会。（张丽娟）

10月30日,上海电机学院承办的
世界顶尖科学家人工智能算力算法峰会举行

附:学校负责人及地址

(2019 年 1—12 月)

校党委书记:孙培雷

副书记:胡　晟、陈　信、杨若凡、李晓军

校　长:胡　晟

副校长:李晓军、陈东辉、王志恒、杨俊杰

临港校区地址:水华路 300 号

邮编:201306

电话:38223822

闵行校区地址:江川路 690 号

邮编:200240

电话:64300980

上海政法学院

【2019 年概况】 上海政法学院设 25 个本科专业,其中法学类专业 8 个、管理类专业 5 个、文学类专业 5 个、经济学类专业 4 个、教育学类专业 2 个、艺术学类专业 1 个。本科在校生 9477 人、硕士研究生在校生 897 人,留学生 298 人。招收全日制硕士研究生 350 人,其中马克思主义理论专业、新闻传播学专业、国际商务专业、社会工作专业、新闻与传播专业硕士为首次招生。有专业技术岗位人员 566 人,其中教授 55 人、副教授 153 人,具博士学位的有 266 人、具硕士研究生学位的有 241 人。

落实本科教学评估整改,完成《审核评估整改工作报告》,完善专业评估管理制度。本科专业对标《普通高等学校本科专业类教学质量国家标准》和应用型大学建设标准,修订人才培养方案。汉语国际教育专业被教育部和上海市教委批准同意备案,申报了翻译、社区矫正两个本科新专业,设立法学(人工智能法)、法学(法庭科学)专业方向并于 9 月开始招生。试行《大学英语课程教学改革方案(2019)》,开展大学英语分级教学改革。

大学生各类竞赛成果显著。在第十六届"挑战杯"上海市大学生课外学术科技作品大赛中首次获市级特等奖,在第五届"互联网+"大学生创新创业大赛中获上海赛区优胜奖。在国际模拟竞赛全球竞赛中取得总积分第六的成绩。学校 713 名志愿者服务进博会,是上海志愿者参与人数最多的高校,志愿服务先后获 5 次外媒报道。

学校纵向课题获国家级重大研究专项项目 2 项、国家级一般项目 11 项、省部级科研项目 26 项(转入 1 项,子课题 1 项)、厅局级科研项目 8 项;横向科研合作课题 26 项。多名教师科研成果获国家级和市级科研奖励。遴选 35 部学术价值高、具有创新性和先进性的学术专著进行资助。全年引进和招录各类优秀人才 64 人。多位教师获上海市各类教师发展项目资助和奖励。

承办 20 期研修班,学员人数 411 人,涉及 27 个国家。其中,"上合组织成员国法官研修班"是中华人民共和国成立以来级别最高、学员所属国别最多的法官研修班。参与"中国—上海合作组织法律服务委员会"成立,成为首批委员会交流合作基地。与联合国贸易法委员会、海牙国际私法会议、国际商会、斯德哥尔摩商会仲裁员等国际组织建立联系,推动构建上合组织和"一带一路"倡议多元化纠纷解决机制,助力上海建设"一带一路"倡议国际仲裁中心。与青浦区开展战略合作,成为"青浦区政府对口支援培训基地",开展 50 余次社会培训。探索与甘肃省兰州市地校合作项目。在云南省文山州建立"上政文山州政法干警教育培训基地"。承办中亚和上合组织国际论坛、上合组织法治论坛、中国海外投资论坛、"一带一路"倡议经贸新空间暨跨境电商发展高端论坛国际商事模拟仲裁庭邀请赛、第二届"一带一路"倡议法律服务高端论坛、中国国际仲裁高端论坛、2019 世界人工智能大会法治青年论坛、上海合作组织国家法律服务国际论坛、司法部首届上海合作组织国家法律服务国际论坛以及教育部高校法学类专业教学指导委员会、中国法学会法学教育研究会2019年年会暨“法治人才培养与法学教育”论坛等多项国际国内学术活动。新增合作院校和机构19家。年内接待到访158人次,海外专家学者到校举办讲座28场;因公出国(境)交流、访学207人次。14名学生获市教委“上海市高校学生赴国际组织实习项目”资助。

（方乐莺）

【与浙江省人民检察院签订合作协议】 7月2日,上海政法学院与浙江省人民检察院在浙江省杭州市签订合作协议,正式建立战略合作关系,共同构建高层次教育培训平台、常态化互聘互派平台、全覆盖实践教学平台和开放式理论研究平台。

（方乐莺）

【2019世界人工智能大会“法治青年论坛”专场】 8月30日,由上海市法学会和上海政法学院主办,上海政法学院人工智能法学院和中国—上海合作组织国际司法交流合作培训基地承办的法治青年论坛专场在上海政法学院举行。主题为“人工智能时代的青年责任”,旨在为规避人工智能发展的风险,适应人工智能时代的制度、规则、标准、程序需要,为发展负责任、可信赖的人工智能提供法治化路径。北京师范大学、东华大学、安徽大学、浙江工业大学、大连海事大学、河北经贸大学等高校、人工智能研究机构和科大讯飞、滴滴出行等知名企业的专家、学者出席论坛。

（方乐莺）

8月30日,2019世界人工智能大会“法治青年论坛”在上海政法学院举行

【上海合作组织国家法律服务国际论坛】 9月25—26日由司法部主办的上海合作组织国家法律服务国际论坛在上海政法学院举行,主题为“法律服务与区域经贸合作”。司法部部长傅政华、副部长刘志强,上海市市长应勇等出席并参加有关活动。来自中外政府部门、法律服务业、学术界和企业界的约300名代表围绕“区域经贸发展与法律服务体系建设;上海合作组织国家法律服务合作面临的机遇、挑战与应对;区域经贸合作风险防范与法律服务;上海合作组织国家投资、商事争端解决机制构建”四个分议题进行了交流研讨。

（方乐莺）

【承办“卓越法治人才培养与法学教育”论坛】 11月1—3日,教育部高等学校法学专业教学指导委员会、中国法学会法学教育研究会2019年年会暨“卓越法治人才培养与法学教育”论坛在上海政法学院召开。论坛由教育部高等学校法学专业教学指导委员会、中国法学会法学教育研究会主办,上海政法学院承办。来自全国法学界的近500位专家学者与会,围绕法治人才培养、法学研究领军人才队伍建设等议题进行研讨。 （方乐莺）

附:学校负责人及地址

（2019年1—12月）

校党委书记:夏小和

副书记:刘晓红、潘牧天、刘　刚

校　长:刘晓红

副校长:刘　刚(9月离任)、关保英、胡继灵、姚建龙(11月离任)

地址:外青松公路7989号

邮编:201701

电话:39225129

上海商学院

【2019 年概况】 上海商学院有徐汇、奉贤 2 个校区,设管理学、经济学、农学、工学、艺术学、文学、法学 7 个学科门类,30 个本科专业和 13 个高职专业。在编教职工 574 人,其中专技人员 477 人,具有副高以上职称的 184 人,具有博士学位的 194 人。全日制在校学生 8294 人,其中本科生 7391 人。招录新生 2165 人。毕业生 2615 人,就业率 98.28%,签约率 89.98%。毕业生升学 139 人,出国(境)留学 112 人,自主创业项目 8 项。

制定并落实《上海商学院"三全育人"综合改革实施方案》。文法学院成功入选上海高校课程思政领航计划重点改革领航学院。获中华经典诵写讲大赛优秀组织奖。获上海高校后勤服务中心"服务育人示范岗"。选派优秀学生为第二届中国国际进口博览会、上海教育博览会提供志愿服务,共有 1281 人次参与,服务时长 12492 小时。

学校酒店管理、电子商务、工商管理、金融学通过上海市教委"双万计划"审核,工商管理、市场营销、酒店管理和电子商务通过美国 ACBSP 国际认证,财务管理等 10 个专业通过达标评估。在一流本科专业和卓越商科试点专业中打造 4 门新商科平台课程,获批教育部第二批产学合作协同育人项目 23 个,新增市级教学建设项目 19 项,新增实习基地 24 家。完善《上海商学院科创竞赛奖励办法》。共有 309 人次获国家级奖项,315 人次获市级奖项。iOS 开发者社团的 9 位学生获苹果全球开发者大会 WWDC2019 奖学金;酒店管理学院学生陈值代表中国国家队出征世界技能大赛,另有 3 名学生入选国家集训队。

新增国家自然科学基金项目、教育部人文社科项目、上海哲学社会科学项目等省部级以上科研项目 12 项,新增横向课题 41 项。在 SSCI/SCI 二区以上发表高水平论文 17 篇。制定《上海商学院科研项目经费管理办法》等系列制度,组织开展各类学术讲座 40 余次。聚焦国家治理体系和治理能力现代化、特大型城市治理等关键问题,向上报送"商务智库"专题研究报告 107 篇,其中《大虹桥城市"锚中心"建设刻不容缓》等 11 篇获省部级领导批示。获批上海高校智库,获上海市决策咨询研究成果奖一等奖 1 项、三等奖 1 项。发布 2 项长三角旅游标准。

选派 331 名学生赴国(境)外学习、实习,组织 12 名教师赴其他国家或地区短期学习交流。完成与哥伦比亚国立大学、哥伦比亚高级行政管理学院、哥伦比亚教育科技大学等 16 所其他国家或地区的院校、机构签署谅解备忘录,接收 87 名留学生到校进行专业学习、短期交流和中文学习。举办"一带一路"倡议商务官员培训项目 29 期,培训来自 82 个国家和国际组织的国际商务官员 824 人。

制订《师德师风负面清单和失范行为处理实施办法》。组织 83 名教师参加师德师风专题网络培训。2 名教师获上海市育才奖,1 名教师获宝钢优秀教师奖。全年引进各类人才 125 人,完成新进教师职工培训 92 人。开展教学名师工作坊 2 期,举办第九届青年教师教学基本功大赛,在第三届上海高校青年教师教学竞赛中获三等奖 1 人、优秀奖 4 人。

成立依法治校工作领导小组,制定《上海商学院规章制度制定管理办法(试行)》。成立第一届校务委员会,成立海外校区办学委员会。被评为"2017—2018 年度上海市安全文明校园"。入选第一批上海市教育信息化应用标杆培育校。

(张仲礼)

10月18日，上海商学院举办发展中国家金融战略部长论坛

【1个项目获国家发明专利授权】 2月，以上海商学院为申报单位之一，学校信息与计算机学院教师刘攀为第一发明人的“一种计算机多进程公平调度的方法”，获国家发明专利授权。该发明专利涉及的方法已在上海市信息网络有限公司和上海市计算机软件评测重点实验室中得到验证，由此填补我国在操作系统和虚拟机中实现多进程公平调度方法的空白。该成果有效推进了上海商学院产教融合。（张仲礼）

【学生获全国大学生英语竞赛特等奖】 5月12日，在上海交通大学闵行校区举行的“2019年全国大学生英语竞赛（上海赛区决赛）”中，上海商学院财金学院ACCA161本科班学生周晨获C类（本科非英语专业组）特等奖，上海市排名第十一位。全国大学生英语竞赛，是经教育部高教司、教育部考试管理中心批准的全国唯一的大学生英语综合能力竞赛，也是全国高校教学基本状态数据库采集的数据之一。上海商学院共有1257人报名参加该大赛B、C、D类的初赛，有108人获奖，其中B类二等奖3人、三等奖4人，C类特等奖1人、一等奖6人、二等奖33人、三等奖55人，D类二等奖2人、三等奖4人。（张仲礼）

【学生获市食品创新创意大赛一等奖】 10月，上海市食品创新创意大赛落幕，学校酒店管理学院食品系学生与来自上海交通大学、华东理工大学等各大高校学生同场竞技，最后在百余份参赛作品中胜出，获唯一的一等奖（大赛最高奖）。这是继2018年食品系学生代表上海入选第四十五届世界技能大赛“糖艺西点制作”项目中国集训队后获得的又一好成绩。（张仲礼）

【长三角金融社会工作论坛举办】 11月17日，由上海商学院主办的、以“融合与赋能——新时代金融社会工作的建设与发展”为主题的首届长三角金融社会工作论坛在上海商学院开幕。论坛得到了长三角地区包括政府机构、高校、智库、金融和社工机构在内的30多家部门和单位的支持。论坛聚焦上海和长三角城市社会服务能级的发展和提升，呼应国家和社会发展普惠金融、精准扶贫等政策关切，就推进金融服务与社会发展等议题开展讨论。（张仲礼）

【4个专业通过国际ACBSP认证】 12月，接美国商学院认证委员会通知，上海商学院的工商管理、市场营销、酒店管理、电子商务4个专业通过美国ACBSP认证。ACBSP是关于商学教育的专业认证机构，是涵盖大学所有商学课程层次的国际性的专业认证机构。（张仲礼）

附：学校负责人及地址

（2019年1—12月）

校党委书记：沈大明
副书记：楼文高、翁德玮、劳晓芸（9月到任）

校　长：唐海燕（7月到任）
副校长：翁德玮、贺　瑛、钟幼伟、陈剑峰

徐汇校区地址：中山西路2271号
邮编：200235
电话：64870020（总机）

奉浦校区地址：奉浦大道123号
邮编：201400
电话：67105343

上海公安学院

【2019年概况】 上海公安学院有浦东、莘庄、宝山路3个校区,设治安学、侦查学、警务指挥与战术、刑事科学技术、网络安全与执法5个全日制本科专业,以及治安管理、交通管理、警察指挥与战术等10个全日制第二专科专业(方向)。年内,招收本科生400人、第二专科生962人。招录高学历新警21名和市公安局专职教官24人。有教职员工460余人。上海公安学院侦查系获评“上海高校课程思政重点改革领航学院”。21门课程被列为领航课程。组织学生3940余人次参加实战见习、专业实习、顶岗综合实习等实践教学。会同市公安局相关部门首批选建17个智慧公安现场教学点。组织教师教官开展首届课堂教学大赛,启动实施“智慧教学专项练兵活动”,举办10期师资能力培训和3期“智慧教室应用”专项培训,选派121人次教师教官赴智慧公安现场教学点参加实战践习。

加快筹建“上海公安智库”,确定首批专家名单和12项研究课题。获公安部科学技术奖三等奖1项、公安部公安理论及软科学研究计划和上海市哲社规划课题各1项。举办18期“上海公安论坛”系列讲座。聘任5名特聘教授。

分别与司法鉴定科学研究院、上海财经大学、市公安局刑侦总队、刑事科学技术研究院、浦东公安分局签约共建。为安徽省、青海省公安机关等单位培训业务骨干190余人,并对安徽省公安厅开展送教上门服务。为沙特、巴基斯坦、匈牙利等国举办7期外警培训班。培训境外高级警官128人,服务保障中意联合巡逻工作。

建成集“智慧教学落地、教学场景丰富、公安应用汇聚、实战情景互动”于一体的5G智慧教室。上线运行“PC+政务微信轻应用”的“e起学”系统,实现PC端在线备课、资源存储、数据管理。开发智慧教务管理系统和智慧阅卷系统。推进智慧公安联合创新中心和模拟派出所智慧大厅、办案功能区建设,加快改建模拟智慧监所、智慧刑侦实训中心、智能警务驾驶实训室、智慧训练馆、数字图书馆等一批实训设施建设,研发武力使用智能训练系统、智能考试智能教务智能学管系统、智慧政工智慧安防系统等智能集成应用系统。

组织600余名民警分6期参加“数据能手”培训,累计培养“数据能手”927人。率先在全国公安院校出版7本“数据警察”系列教材。8名教师获“大数据方向”网络工程师认证。启动实施数据警察“万名熟手”培训。会同市公安局相关业务总队及徐汇、金山等公安分局加快研发情境式教材、实训教程、微课程、教学包、案例库等,编制12本交通管理类教材和22套全警专项培训题库,开发24门新课程及相应的考核评价体系。会同市公安局指挥中心成功研发“公安指挥岗位能级标准”。全年举办各类培训班930期,培训社会学员3.2万余人次,服务市民群众8.2万余人次。

组织师生10640余人次增援黄浦公安分局参加庆祝中华人民共和国成立70周年外滩地区安保任务。组织师生3000余人分批分阶段承担进博会期间会场警卫、核心区防爆安检、治安巡逻、交通管理、制高点控制等任务。 (单 君)

11月5—10日,上海公安学院师生在中国国际进口博览会会场治安巡逻

【长三角区域警务一体化签约仪式举行】 9月3日，长三角区域警务一体化公安院校合作签约仪式暨院校教育资源共建共享合作第一次联席会议在上海公安学院举办。上海公安学院、江苏警官学院、浙江警察学院、安徽公安职业学院共同签署《长三角区域公安院校教育资源共建共享合作框架协议》。根据协议，四省市公安院校加强合作交流，共同制定"培育联合教学团队，打造优势教研项目，举办特色警务论坛"等8项特色项目。会上，四省市公安院校分管领导围绕"警务实战指挥专业联合教学团队""网络课程资源库""区域特色警务论坛""实战科研智库""公安专业联合题库"等议题进行交流发言。 （单 君）

【上海国际警察教育学术研讨会召开】 11月18—20日，上海公安学院组织召开以"智能时代的社会治理创新"为主题的2019年上海国际警察教育学术研讨会。来自海内外25所警察院校、综合性大学和教育训练机构的200余名专家、学者与会。研讨会设置主题演讲、专题报告、互动交流、实地考察等环节。14名代表围绕"智能时代的社会治理创新"主题，从国家治理能力、社会信用体系构建、互联网+公安政务服务、智慧公安、警察教育的实战化、专业化、智能化等角度，交流探讨智能时代公安实战和教育工作所面临的新形势和新挑战。 （单 君）

附：学校负责人及地址

（2019年1—12月）

校党委书记、常务副校长：韩　勇
副书记、纪委书记、副校长：杨维根
副校长：赵杰英、许　敏、季　平、李功勋

地址：崇景路100号
邮编：200137
电话：28957114

上海杉达学院

【2019年概况】 上海杉达学院有上海浦东、浙江嘉善两个校区，设经济学、法学、文学、工学、管理学、艺术学、医学、教育学等8个学科门类，40个本科专业、6个专科专业。全年招生4232人，其中本科生3591人、专科生355人，成人本科生270人、成人专科生16人。在校生15881人，其中本科生14363人、专科生1076人，留学生3人。成人本科生424人、成人专科生15人。毕业生3381人，就业率为96.13%，签约率为81.99%。有专任教师700余人，其中具有副高级以上职称的教师占44.5%，硕士研究生以上学历的教师占84.5%。

以现代大学制度建设为目标，将两级管理作为学校综合改革的关键任务，试点单位扩大为4个。提升办学条件和专业水平，大数据技术实验教学中心（二期）、商务智能BI实验中心（二期）、建筑电气与智能化实验中心（二期）等22个项目获批民办高校政府专项扶持资金立项建设。民办高校党建与思政工作创新专项计划获批13项。提升学校依法治校水平，获评第二批上海市依法治校示范校（2016—2020年）。

新增设"学前教育"本科新专业。"翻译""朝鲜语"2个专业获本科学士学位授予权。"西班牙语（商务）""市场营销（新零售）"获批中本贯通培养试点专业，"工程管理"获批高本贯通培养试点专业。设立"产教融合培养一流工程技术人才"、会计学专业跨学科交叉人才培养的"会计学专业建设""智慧学习系统”3个上海高等学校一流本科建设引领计划培育项目子项目。组织开展一流本科专业建设“双万计划”申报工作，“护理学”“计算机科学与技术”“金融学”“酒店管理”4个专业列入推荐范围。“护理学”“计算机科学与技术”入选市教委应用型本科试点专业建设成果典型案例。“名师工作室模式下康复治疗专业教学改革探索”项目获批上海高校本科重点教学改革项目。“商务流程综合实训”等8门课程获批上海市重点课程。“器械健身”入选上海高校优质混合式在线课程示范案例。课程中心建立710个课程网站，开展“形势与政策”“军事训练与理论”网络课程学习；开设公共选修课89门次，选课10500人次。跨校参加东北片高校辅修130人次。建立产学合作育人体系，建立和完善企业兼职教授(副教授)信息库。出台《上海杉达学院实践教学工作指南》《上海杉达学院校企合作工作评价指标体系》《上海杉达学院双创教育工作先进集体和先进个人评比办法》《上海杉达学院关于开展社会服务实施意见》等文件，促进专业的产教融合与社会服务的广度和深度发展，形成部分特色专业和品牌。新增签订校企合作、校校合作协议137份，推进各专业产学合作教育基地、实训实践基地建设。进行创新创业基础课程改革，立项双创训练计划项目224项，其中国家级20项、市级75项、校级149项。规范完善创业指导站工作，开展创业集市活动2场。组织学生参加第五届中国“互联网+”大学生创新创业大赛、“挑战杯”全国大学生课外科技作品竞赛、上海市“汇创青春”文创大赛等各类创新创业赛事。

引进和招聘新教师97人，其中副高级及以上职称7人。继续实施青年骨干教师学历提升计划，申报硕士项目5人、博士项目8人。组织参与市民办高校“强师工程”等各类教师专业培训，骨干教师培训3人、新教师培训60余人、海外课程研修4人、英语教师海外强化培训3人；派遣两批次28人组团赴德国学习考察；40余名辅导员参与10余场市级各类短期培训。1名辅导员获2019年上海高校辅导员年度人物。

接待国(境)外到访团组63个、122人次。教师赴国(境)外访问、考察、培训、讲学、参加国际会议等77人。与日本尚絅大学等23所其他国家或地区的高校新签和续签合作协议28个。与德国法兰克福应用科技大学、荷兰应用科技大学等近50所学校开展校际交流项目。有外籍教师50人，长期(半年及以上)来华留学生49人，来华留学生短期团组8个、93人。学生赴国(境)外学习和交流212人。

科研项目立项114项，其中市教育科研项目1项、市哲社项目1项、市教委“晨光计划”2项、市德育实践研究课题3项、市体育科研委托项目2项、市艺术科研项目1项。发表学术论文196篇，其中中文核心、科技核心期刊28篇，南大核心、CSCD14篇，国际三大检索6篇。公开出版专著、译著13本。发明专利申请3项、授权1项，实用新型专利申请6项、授权6项；外观专利申请35项；软件著作权申请9项、登记7项。以专业硕士点建设为抓手，推进重点学科建设，翻译学获批国家社科基金项目立项。

落实各项资助政策，开展校级各项资助评审工作，为困难学生提供校内勤工助学809人次。开展心理健康教育课程常规教学工作，举办16场大型心理健康专题讲座、33场次团体心理辅导活动，受益学生6200多人次。接待个体心理咨询335人次、转介学生27人次，危机干预15人次。开展6次全校性学生心理健康排查工作，特殊关照学生356人次。开展“我的国·我的家·我的心‘晴’故事”主题系列活动，其中2篇征文获市级征文二等奖。举办第十届校园心理情景剧大赛。

建立课程思政体系，24门课程成为课程思政精品改革领航课程，上海杉达学院胜祥商学院获批上海高校课程思政重点改革领航学院。183名学生参加第二届中国国际进口博览会志愿者服务。为第十二届中国艺术节、上海浦东国际机场、上海南站、上海科技馆、上海自然博物馆提供特色志愿者服务，获评上海机场青年志愿服务“最佳合作伙伴”。学校获评“2017—2018年度(第一届)上海市文明校园”“中国社会组织5A级单位”“上海市先进基层党组织”“2019年上海市品牌社会组织”“2018年度上海市平安示范单位”“2017、2018学年度上海市安全文明校园”等。(梅　达)

【毕业生作品亮相上海时装周】 3月31日,2019届服装与服饰设计专业优秀毕业作品秀登上上海时装周舞台,70余套时尚学院学生的作品通过T台走秀展示。 (李　杨)

【与上海迪士尼度假区共建校企合作实训基地】 5月20日,上海杉达学院与上海迪士尼度假区在学校旅游与酒店管理学院酒店实训中心举行"校企合作实训基地"揭牌仪式,双方将在实习基地建设、人才培养、实习实训等方面展开合作与交流。(李　杨)

3月31日,2019届服装与服饰设计专业优秀毕业作品秀登上上海时装周舞台

【获国家社科基金一般项目立项】 7月17日,上海杉达学院外语学院日语系教授胡志昂主持的"《李峤百咏》及《百咏和歌》研究"项目获2019年度国家社科基金一般项目立项。这是学校在实施硕士授予单位建设暨重点学科建设过程中取得的成果。该项目力求克服中日文学研究领域细分过程中汉诗与和歌分属不同专攻分野的局限,开拓《李峤百咏》及《百咏和歌》在作品释义方面的空间。 (李　杨)

附:学校负责人及地址

(2019年1—12月)

校党委书记:朱绍中
　　副书记:陈暐

校　长:陈以一
副校长:娄斌超、潘慧斌、徐晋忠

地址:金海路2727号
邮编:201209
电话:50210894

上海建桥学院

【2019年概况】 上海建桥学院设10个二级学院、1个学部、1个学前教育系;有本科专业32个,涵盖7个学科门类,以及中外合作办学专业1个,国家级特色专业、教育部本科专业综合改革试点专业各1个,上海市一流本科专业2个,上海市一流本科培育项目1个,上海市应用型本科试点专业5个,上海市特色专业3个;有国家级精品课程1门、市级精品课程12门、市级优质在线课程3门、市级示范性全英语课程2门、市级重点课程59门、市重点教改项目11个。全日制在校生19857人,其中本科生17197人。2019届毕业生就业率、签约率分别为98.96%、93.58%。教职工1166人。专任教师867人,其中教授60人、副教授141人、讲师280人。招聘教师108人,其中具有博士学位30人,占27.8%;具有高级职称29人,占26.9%。聘请外教近20人、国内知名业师6人。18位教师获硕士学位研究生导师资格。

学校教师发表论文237篇,其中SCI、EI、ISTP收录29篇;CSSCI、CSCD、中文核心期刊等刊出31篇。出版专著10部。获授权的发明专利3项、实用新型专利71项、外观设计专利221项、计算机软件著作权专利12项。纵向课题43项,其中

国家社科基金后期资助项目1项、横向课题13项。《上海建桥学院学报》所刊论文被维普网《中文科技期刊数据库》全文收录。首届中日“3＋2”项目学生全部获硕士学位，首届EIML硕士联合培养1名俄罗斯籍留学生毕业。

新增2门上海高校优质混合式在线课程示范案例、6门上海市重点课程、2个上海市一流本科专业；新增“学前教育”“护理学”两个本科专业并招生。承办2019年上海市大学生“创造杯”大赛、第四届滴水湖大学生创新创业论坛。2019届优秀毕业设计作品展在上海宝龙美术馆开幕，是学校首度集结校内艺术设计学院、珠宝学院、国际设计学院3个艺术相关学院，在专业艺术场馆实现校外联展。

加强国际课程资源引进，54名国(境)外高校教师来校授课。外教维持在10人左右。接收国(境)外学生124人。派出学生550人。派出教师短期国(境)外出访、带队50人次。各类国(境)外到访交流72人次。

与临港集团签订全面校企合作战略框架协议和共建临港新片区产业大学、人才培养基地、实践基地合作3项二级合作协议。设立上海临港新片区首个学前教育系，与海音幼儿园等5家幼儿园合作，形成“临港幼儿园教师发展共同体实践园”。与位于临港的上海中国航海博物馆共建社会实践基地。与临港海昌海洋公园达成合作协议。年内新增产学合作人才培养基地46家。 (韩松儒)

【获“全国高校后勤事业发展先进单位”称号】 3月31日，中国教育后勤协会第二次会员代表大会、新时代高校后勤改革发展论坛暨后勤工作表彰大会在北京召开。上海建桥学院作为上海市学校后勤协会信息化专业委员会的理事单位，在会上获“全国高校后勤事业发展先进单位”称号。 (韩松儒)

【被授予“上海市五一劳动奖状”】 5月31日，以“立德树人·砥砺前行”为主题的上海市教育系统先进表彰会在上海科技大学报告厅举行。上海建桥学院先进集体和个人受到表彰。上海建桥学院被授予“上海市五一劳动奖状”。 (韩松儒)

【滴水湖大学生创新创业论坛举行】 6月2日，第四届滴水湖大学生创新创业论坛在上海建桥学院举行。该论坛由临港五校(上海海洋大学、上海海事大学、上海电机学院、上海电力大学和上海建桥学院)共同主办。参评项目分为项目成果展示、论文交流两个部分。五校共遴选成果展示项目100项、论文50篇。经现场交流与评委评审，上海建桥学院的“自行车智能存取立体式停车库”“3D打印抛光机”获该类别一等奖。滴水湖大学生创新创业论坛自2013年起举办，每两年举办一次，为大学生创新创业活动搭建成果展示及学术交流平台。

(韩松儒)

【成立学前教育系】 5月，上海建桥学院设立学前教育系。该系为上海临港新片区首个学前教育系，确立“实践浸润、问题导向、案例反思”的人才培养理念和路径，培养“反思性幼儿教育实践者”。全系有教师12人。首批134名本科生9月入学。

(韩松儒)

【世界顶尖科学家论坛生命科学峰会举行】 10月30日，第二届世界顶尖科学家论坛生命科学峰会在上海建桥学院大礼堂举行。5位诺贝尔奖获得者、2位拉斯克奖获得者与会，就蛋白质、核糖体等结构测定，冷冻电镜技术基于核糖体测定的技术应用，人工酶合成等超分子化学新兴技术及自适应化学的发展，神经递质释放的分子机器和调节机制开展讨论和对话。 (韩松儒)

【在中国大学生击剑锦标赛上获好成绩】 11月22—26日，第二十五届中国大学生击剑锦标赛在福建厦门举行。上海建桥学院击剑队获4枚金牌3枚银牌2枚铜牌，女子项目获佩剑个人冠军和季军、佩剑团体冠军、花剑个人亚军、花剑团体亚军。男子项目获佩剑个人冠军和亚军、佩剑团体冠军。本次比赛共有52所高校近600名运动员参加。

(韩松儒)

11月22—26日，上海建桥学院击剑队在第二十五届中国大学生击剑锦标赛上获得4枚金牌3枚银牌2枚铜牌

【国政馆落成开馆】 12月8日，上海建桥学院国政馆开馆，中共上海市委常委、统战部部长郑钢淼出席开馆仪式并揭幕。国政馆展馆面积425平方米，设国家政治制度、经济制度、文化强国、国家安全、蓝图绘就、激励奋斗、国家战略等11个展区，运用文字框表、历史图片、影像播放等方式，展示中华人民共和国成立以来的政治经济发展脉络，宣传中国特色社会主义制度优势，是具有爱国主义特色的展览馆。市教卫工作党委、市教委、中国民办教育协会有关领导及上海建桥学院领导出席活动。（韩松儒）

附：学校负责人及地址

（2019年1—12月）

董 事 长：周星增

副董事长：黄清云（12月离任）、郑祥展、蒋威宜（12月离任）

校党委书记：江彦桥

副书记：朱瑞庭、夏 雨

校　长：朱瑞庭

副校长：周健儿（12月离任）、郑祥展、夏 雨（12月离任）、俞晓光、陈 伟（12月到任）

地址：沪城环路1111号

邮编：201306

电话：58137788

上海兴伟学院

【2019年概况】 上海兴伟学院普通本科在册学生126人，其中外国留学生14人。录取普通本科新生49人、外国留学生13人。毕业学生19人，全部取得学位证书，就业率100%。在编教职工38人，其中专任教师14人（外籍教师3人）。已形成一支由中方教授、外方教授以及来自社会和其他高校的常聘教授、短聘教授等组成的高水平教师队伍。

通过小班化研讨式教学、学生选课制、学生参与教师聘任考核、学生评教、学生选择导师等制度和机制的实施，使教学质量保持在较高水平。其中国际商务专业学生在教师团队带领下，以国际化教育为载体，以项目制教学为主要培养方式，将知识学习与实践相结合，并通过开展微型创业实践，体验创业基本活动要素，掌握基本理论知识。学生参与社会实践活动、参与学校管理工作、参加集体活动和生活劳动、结合课程内容游学、参观考察企业、参加国际教育合作。

两位青年教师申报科研项目获立项，并获经费资助。整理汇编教练、教师教育教学研究论文16篇，组织教练工作分享会10场，集体参观学习2次，推动导师、教练工作机制的落实。（郑 辉）

【国际学生参加“走进人大”活动】 9月20日，市人大外事委员会联合上海欧美同学会哈佛大学校友会共同举办“外国学生走进人大”活动。这是2006年“走进人大”活动开展以来的首场“全英文秀”活

动。上海兴伟学院国际学生与来自美国、西班牙、芬兰、韩国等10个国家在沪学习的留学生一同走进市人大，与市人大工作人员交流，了解中国人大制度以及上海民主法治建设等方面情况。 （郑 辉）

9月20日，上海兴伟学院国际学生参加"走进人大活动"

【第二届工会会员大会暨教职工大会召开】 11月20日，上海兴伟学院第二届工会会员大会暨第二届教职工大会在学校举行。大会审议和通过学院第一届工会委员会工作报告、第一届工会委员会财务工作报告、第一届经费审查委员会工作报告、第一届教职工大会校长工作报告，选举产生上海兴伟学院第二届工会委员会委员。 （郑 辉）

附：学校负责人及地址

（2019年1—12月）

董事长：陈公白

校党总支书记：王玉林

校 长：俞光虹

地址：城南路1635号
邮编：201399
电话：68020483

上海视觉艺术学院

【2019年概况】 上海视觉艺术学院设视觉德稻设计学院、新媒体艺术学院、时尚设计学院、美术学院、表演艺术学院、文化创意产业管理学院、文物保护与修复学院、流行音乐舞蹈学院和基础教育学院等9个二级学院，以及实训管理中心、图文信息中心、国际艺术交流中心3个业务中心。在校学生4440余人，年内入学新生1074人。毕业生975人，至8月25日，毕业生就业率为98.67%。在编教职工457人，其中专任教师340人，另聘请兼职教师140人，客座、外籍教授14人。视觉德稻设计学院陈嵘获2019年"上海市育才奖"。

"工艺美术"和"文物保护与修复"两个专业入选上海市一流本科专业建设"双万计划"。"流行音乐"与"流行舞蹈"专业列入教育部新增审批本科专业名单。学校流行音乐与舞蹈学院成为全国第一所设置流行音乐与流行舞蹈专业的计划内、全日制本科院校。学校工艺美术专业和美术专业获批市教委2019年上海高校高层次文化艺术人才工作室，包装设计专业获批市教委2019年紧缺艺术人才创新工作室。学校与北京大学、敦煌研究院、复旦大学等8家单位共同列入国家文物局第二批文博人才培训基地名单。"网络界面及综合设计""动画雕塑"等7门课程立项申报上海市重点课程；视觉德稻设计学院获2019年"TIA十佳设计教育机构奖"。编印《上海视觉艺术学院2019级本科修读手册》，新增课程132门。由市教委专项经费支持的"中国审美"线上课程建设完成录制工作，供上海市所有民办高校学生选修。另设中国建筑之美、中国戏曲之美、中国古代书画之美、中国古代诗词之美4个系列选修课程，供校内学生选修。

全年学校有11个纵向科研项目获立项，其中省部级项目3项。横向项目56个，包括太原市博物馆文物修复项目、临海市博物馆书画修复项目、昂游新媒体视频基地建设项目等。教师在各类期刊上共发表研究论文134篇，其中核心期刊(含南大、北大搜索)刊出论文22篇，1篇英文论文进入SCOPUS数据库检索、1篇英文论文进入A&HCI检索。出版学术专著、编著、译著、画册等13部。申请发明专利1项、实用新型专利2项。油画《解放上海》、雕塑《英烈长风》获上海市文化基金会项目立项资助。在第十三届全国美展中，教师雕塑作品《凝心聚力——海上钢铁长城》和教师设计作品《青山绿水呈吉祥》获全国入选，还有7位教师作品获上海(或其他省)入选。在中国上海国际艺术节中心、上海市美术家协会与上海青年文学艺术联合会共同主办的第十五届上海青年美术大展中，教师综合材料作品《窗外》获刘海粟美术奖。学校还主办“当代水墨艺术研究高峰班”和“中国文物鉴定与修复高级研修班”等非学历教育培训项目；承办上海市第三轮“万人培训”项目、文化旅游部“中国非遗传承人研修研培计划”项目、国家广电总局“广播电视节目制作国际研讨班”项目、文化旅游部“全国青少年美术考级”项目、中国作家协会“全国文学业务骨干培训班”项目。

学校与上海市孙中山宋庆龄文物管理委员会签署文创产品研发战略合作协议。与复旦大学附属华山医院共建文化传承与创新项目，与复旦大学附属儿科医院开展“艺术植入医疗，设计抚慰心灵”的研究和实践，与上海作协共同打造网络文学人才基地。此外，与国外院校签订国际交流合作协议12个，涉及美国、德国等8个国家10个城市，其中交流意向协议9个、新增实质性项目合作协议1个、具体项目合作协议续约2个。海外教师来访授课或讲座31人次。学生出国短期交流42人次。召开“第十四届国际艺术与设计教育高峰论坛”“法国当代戏剧与科尔泰斯戏剧研究”研讨会。邀请美国罗德岛设计学院、美国斯坦福大学、英国伦敦艺术大学、墨西哥自治大学、德国柏林SRH应用技术大学、加拿大谢尔丹学院、英国德蒙福特大学、日本武藏野大学等近20个海外院校教育一线资深教授及行业精英到校，交流活动涉及时尚、美术、表演、设计、新媒体5大学院、12个专业。

学生在国内外各级各类比赛中有332人次获奖，其中国际奖项24个、全国奖项68个、省部级奖项59个、市区级奖项127个、行业级奖项6个；其中团体奖项27个，个人奖项248个。德稻设计学院学生获第七届全国高校数字艺术设计大赛一等奖。视觉德稻设计学院学生获2019年视宴奖未来视觉文化设计大赛银奖。新媒体艺术学院学生宋海麒获UST全球设计大奖赛金奖和法国创意设计大奖“平面类”创意设计大奖。新媒体艺术学院学生夏天获第十三届亚洲国际青少年电影节组委会特别奖。新媒体艺术学院学生获第二届迪奥色彩艺术国际赛全球大奖。时尚设计学院学生获第十二届中国毛织服装网上设计大赛金奖和第五届中国国际时尚产业创新创业大赛金奖。时尚设计学院学生获龙腾精英中国职业模特大赛总决赛冠军。时尚设计学院学生方钰茹获IMC上海国际模特大赛总决赛亚军。时尚设计学院学生获第四届中国大学生服装模特大赛银奖等。 (黄　华)

【萧海春山水画研究工作室揭牌】 3月6日，上海视觉艺术学院与书画家萧海春携手，成立“萧海春山水画工作室”。同日，由萧海春主讲的“董其昌借鉴之路的实践意义”学术讲座以及“烟云化手·萧海春山水画教研展”分别在校举行。“萧海春山水画研究工作室”设在学校基础教育学院，开展教研创作活动，并以师徒传承方式培养学生。(梁　艳)

【举办“高雅艺术进校园”研讨会】 6月12日，上海视觉艺术学院举办“高雅艺术进校园”研讨会。上海歌剧院、上海芭蕾舞团等12家市内知名艺术院团和松江大学城其他6所高校及松江区文化旅游局的领导参会，共同研究和探讨如何进一步推进和深化“高雅艺术进校园”活动，切实有效地加强高校的美育工作，为松江大学城的学生和松江区社区居民打造亲近和感受艺术魅力、提升艺术素养和审美水平的平台。 (梁　艳)

【文物保护与修复国际学术会议举行】 6月13—14日，上海视觉艺术学院联合中国文物保护技术协会、中国文物学会修复专业委员会在学校举办2019文物保护与修复国际学术会议。会议主题为"国际视野下的文物保护与修复"。故宫博物院、中国国家博物馆、首都博物馆、上海博物馆、上海交通大学、复旦大学、罗马第三大学、意大利文物保护修复高等研究院等国内外90多家高校、文博单位200多人参会。会议收到论文100余篇。会议期间，上海视觉艺术学院与安徽省博物院、上海中国航海博物馆、上海市文物保护研究中心、长沙市博物馆、长沙文物总店和金华市博物馆6家单位签署馆校战略合作协议并举行教学实践基地揭牌仪式。

（梁　艳）

【学生获"色彩艺术"全球摄影大赛奖】 7月5日，在法国阿尔勒第二届迪奥"色彩艺术"全球摄影大赛上，上海视觉艺术学院新媒体艺术学院摄影专业2016级学生郎港澳进入决赛圈，最终获大奖。2019年适逢世界摄影术发明180周年、世界上最具影响力的阿尔勒国际摄影节创办50周年，参赛国家扩大到11个国家。（梁　艳）

【上海艺术教育发展研究中心揭牌】 7月9日，"上海视觉艺术学院上海艺术教育发展研究中心"揭牌仪式在学校举行。市教育发展基金会理事长、上海视觉艺术学院原校长王荣华和上海市委宣传部副部长、市电影局局长胡劲军为"中心"揭牌。中心推动"专业艺术教育智库"建设，在艺术学科建设、艺术人才培养、艺术趣味引导等领域发挥效能，旨在探索艺术教育的规律和发展趋势，为艺术教育发展、国民艺术素质提升发挥作用。（梁　艳）

7月9日，上海艺术教育发展研究中心揭牌仪式在上海视觉艺术学院举行

【学生获法国国际创新设计大奖】 11月14日，新媒体艺术学院艺术与科技专业数字媒体技术方向学生宋海麒获2019年度法国国际创新设计大奖，并成为法国创新设计委员会成员，受邀前往法国梅斯参加颁奖典礼。本届活动得到了法国梅斯市政厅、法国创意与设计专业委员会及中国驻斯特拉斯堡总领馆的大力支持。在坚持多元与融合的评审标准下，法国INNODESIGN PRIZE国际创新设计大奖专业评审团共收到各国参赛设计作品1607套，其中中方设计师报名作品718套，入围作品306套，提名作品162套，获奖作品36套。

（梁　艳）

附：学校负责人及地址

（2019年1—12月）

校党委书记：陈立民
　副书记：周　斌、俞振伟

校　长：周　斌
副校长：张　同、俞振伟、毛　方（7月离任）

地址：文翔路2200号
邮编：201620
电话：67822500

上海立达学院

【2019 年概况】 上海立达学院设经管学院、传媒学院、艺术学院、护理学院、信息学院和基础与外语学院 6 个二级学院和社会科学部。有国际商务，财务管理，产品设计、视觉传达设计，摄影、播音与主持艺术，会计学 7 个本科专业和护理、艺术设计等 20 个专科专业，其中表演、环境设计、数据科学与大数据技术 3 个本科专业通过上海市和教育部专家评审。至年底，全日制在校生 7700 余人。专任教师 376 人，其中硕士、博士研究生学历教师 205 人。学校被评为首届上海市文明校园。

代表上海市参加第一届长三角民办高校教师教学技能大赛，获一等奖。入围教育部首批“1+X”证书试点院校。组建跨境电商、长三角区域文化创意、健康事业和健康产业服务、大数据应用技术、跨文化教育、新媒体 6 个校管研究所，全校立项 63 项，结题 26 项、中期检查 22 项。教师发表科研论文 38 篇，出版教材 5 本，获各类科研奖项 46 项。学校组织师生参加 2019 年星光计划 11 个项目的比赛，获团体一等奖 1 项、三等奖 1 项，个人二等奖 2 个、三等奖 4 个。两名学生获第四十五届世界技能大赛上海选拔赛二等奖，三名学生获优胜奖；一名教师获优秀教练奖；学校获优秀组织奖。

根据教育部要求，完成全国高校教学基本状态数据上报工作；完成高等职业院校人才培养工作状态数据采集与管理系统填报工作，发布《2018 年高等职业教育质量年度报告》。通过上海市社团局、上海市教委年度检查。

在 30 个省、市、自治区招生，计划招收本科生 500 人(后增加 5 人)、专科生 2895 人。一次投档完成率和各省投档线均高于上年，录取报到率本科达 94.65%；专科生录取 2833 人，录取报到率 92.02%。毕业生就业情况良好。至 8 月 25 日，2019 届毕业生初次签约率和就业率分别为 88.96%和 98.16%。

引进 65 名教职员工，其中硕士 33 人。引进 22 名专职教师中，具中级职称 6 人、副高职称 1 人。引进一批具企业背景的技术人员充实教师队伍，提高“双师型”教师的比例。选派 2 名教师参加市教委 2019 年海外研修项目，选派 2 名骨干管理干部参加北方投资集团干部学院培训。2 名教师申报高级专业技术职务，19 名教师申报中级专业技术职务，21 名教师申报初级专业技术职务。18 名教师取得教师资格证。

举办 2019 国际化项目迎新活动暨国际教育巡回展，来自欧美和澳大利亚的 13 所高校到校推广本硕、专硕项目并进行面试和录取。有 10 位本、专科学生获海外高校录取资格。学校海外升硕项目共招生 76 人，微留学四大项目有 15 人参加短期团、2 人参加长期团。学校接待日本、意大利、英国、美国等国家的高校和行业企业 12 次、40 余人到访。

累计组织参加志愿服务 1965 人次。5 月，校志愿者服务总队获“上海科技馆志愿服务先进集体”称号；学生梁静益、管一凡、刘烁、王婷婷获“上海科技馆志愿者积极分子”称号，教师施修涵获“优秀组织者”称号。

(郑贺春)

【参加软件和信息技术人才大赛获奖】 3 月 24 日，第十届全国蓝桥杯软件和信息技术人才大赛上海赛区比赛在上海理工大学进行。上海立达学院信息学院学生参赛，2 名学生获一等奖、3 名学生获二等奖、3 名学生获三等奖。获一等奖的学生晋级全国赛。

(郑贺春)

【在全国创意西点竞赛中获奖】 5 月 7—8 日，“王森杯”第九届全国职业技术院校在校生创意西点技术大赛在上海新国际博览中心举行。上海立达学院经管学院酒店管理专业(烘焙与饮品方向)学生朱海涛、蔡兆卿的作品《花期》和《采风》从全国200多件作品中胜出,分别获金奖和铜奖。

(郑贺春)

5月8日,上海立达学院学生在全国创意西点竞赛中获金奖和铜奖

【参加职业院校技能大赛网站设计大赛获奖】 4月20日,上海立达学院信息学院代表队参加上海市“星光计划”第八届职业院校技能大赛网站设计与开发项目的竞赛,获该赛事团体第一名;2017级计算机应用专业学生马泳顺、任杨寅获个人二等奖,万麒、徐欣妍获个人三等奖,程渊敏获优秀指导教师奖。

(郑贺春)

附:学校负责人及地址

(2019年1—12月)

校党委书记:张天启

副书记:刘鹤霞

校　长:孙德彪

副校长:张天启、王淑华(9月离任)、李　斌(7月离任)、杨昆呈(12月离任)、蔡中奇(10月到任)、吴　敏(8月到任)

地址:车亭公路1788号

邮编:201609

电话:57805678

上海外国语大学贤达经济人文学院

【2019年概况】 上海外国语大学贤达经济人文学院有虹口、崇明2个校区,设文学、法学、经济学、管理学、教育学和艺术学6个大类23个本科专业。全日制本科在校生7750人。年内录取新生2266人,实际报到1866人,其中春季招生251人、秋季招生1536人。有1473名2019届毕业生,其中国内读研15人、赴海外深造391人,比上年增长3.58%;毕业生就业率95.59%、签约率76.65%,比上年增长21.49%。学校专任教师372人、兼职教师122人。

推进应用型本科建设。组织日语等5个本科进行专业达标评估。开展校级内涵建设项目(教学类)申报,共确定高校法语专业基础阶段精读课教学改革探索、酒店管理专业课程教赛融合模式研究等9个项目。启动2019级“英才培养实验计划”。继续推进实施“英语$^{+}$”战略,完善全英语班、双语班、英语商科复合班的教学,扩大学生的海外游学交流面,全面提高学生的跨文化交流能力。

申报各类科研项目78项,中标市级及以上科研项目14项,其中市哲学社会科学规划一般课题、教育部学校规划建设发展中心未来学校创新发展课题、中国民办教育协会高等教育专业委员会民办高等教育课题、上海市语言文字水平测试中心科研项目均为学校首次获得。教师公开发表论文74篇,其中在全国中文核心期刊以上级别刊物发表18篇(含CSSCI 6篇、CSCD 2篇、SSCI 4篇、CPCI 1篇);出版译著8部、教材6部、教辅14部。

引进高层次人才 25 人。为 10 名高层次人才提供科研资助。培养国内博士研究生 6 人、国外博士研究生 5 人。实施点面结合、层级兼顾的校内外培训(养)策略,组织 60 余人次参加市级项目培训。开展创优争先活动,倡导志愿服务,组织 2000 余人次的学生参加 2019F1 中国大奖赛、崇明摇滚马拉松比赛等多项赛事的志愿者服务工作。 (贤 达)

【入选“晨光计划”】 3 月,2018 年度上海市教委“晨光计划”立项名单公布,上海外国语大学贤达经济人文学院商学院会计专业赵熙的“基于价值链的我国上市中医药企业成本控制研究”(人文社会科学类)获立项。此次“晨光计划”课题申报得到学校教师积极响应,20 余名教师提交了项目申请书。

(吴志芳)

【举办纪念五四运动 100 周年诵读会】 5 月 16 日,学校在崇明校区报告厅开展“以思想之光 抵时代彼岸——纪念五四运动 100 周年诵读会”主题活动。此次活动还邀请崇明区裕安小学、崇东中学、上海实验学校附属东滩学校、裕安中学的师生和陈家镇团员青年参加。此次活动激励和引领广大青年学生大力弘扬以爱国主义为核心的伟大民族精神,坚定“四个自信”,矢志投身新时代夺取中国特色社会主义伟大胜利的新征程。 (吴志芳)

【男子棒球队获大学生棒球锦标赛冠军】 5 月 10—19 日,上海市第二十届大学生棒球锦标赛在上海外国语大学举行,共有 16 所来自上海的高校组队参加本次比赛。上海外国语大学贤达经济人文学院男子棒球队获棒球锦标赛冠军。 (吴志芳)

5 月 19 日,上外贤达经济人文学院男子棒球队获得第二十届大学生棒球锦标赛冠军

【获“教学之星”大赛全国一等奖】 12 月 11 日,在教育部高等学校大学外语教学指导委员会、教育部高等学校英语专业教学指导委员会、北京外国语大学中国外语与教育研究中心、外语教学与研究出版社主办的全国“教学之星”能力大赛中,上海外国语大学贤达经济人文学院外语学院英语教师团队获上海赛区特等奖,并在全国决赛中获一等奖。

(吴志芳)

附:学校负责人及地址

(2019 年 1—12 月)

董事长:鲍贤嗣

校党委书记:夏骄雄
副书记:郑 虹

校 长:张定铨
副校长:徐 征、马艳红、罗玲芳

虹口校区地址:东体育会路 390 号
邮编:200083
电话:51278000

崇明校区地址:东滩大道 999 号
邮编:202162
电话:39665000

上海师范大学天华学院

【2019年概况】 上海师范大学天华学院设工学、管理学、文学、教育学、理学、艺术学、经济学等7个学科，有机械设计制造及自动化、汽车服务工程、交通运输等29个专业。在校学生总人数9412人。新生实际报到人数2188名，报到率88.51%。应届毕业生总体就业率93.45%，签约率84.50%。毕业生国(境)内外升学总人数101人，占毕业生总人数4.8%。全校专职教师500余人，专职辅导员49人、兼职辅导员30人。

学前教育专业扩大数量规模，计划招生400人，另有专升本招生22人、高本贯通招生40人、中本贯通招生120人。重点打造学前教育“三双型”专职教师队伍，推进师范专业认证工作，构建具新时代特点的课程体系和教学方法，提升社会服务能力，完成100名上海市各区幼儿园园长培训任务。

成立马克思主义学院。开展课程思政教学改革，先后试点综合素养课程2门、中国系列课程“道德中国”1门、思政课3门、专业课15门。获批“上海高校马克思主义学院内涵提升建设”1项、课程思政教学改革试点1项。录用教师14人。有55名教师参加各类培训，40名“三双”教师参加暑期培训、新东方托福培训、教育研究方法培训。12人赴美攻读硕士学位，7人出国读博，7人赴海外研修。

增设与美国北亚利桑那大学合作的应用心理学专业，与美国伊利诺伊州立大学的金融数学专业、美国田纳西大学的国际商务专业、英国赫特福德大学的电子信息工程、通信工程、网络工程专业等开展国际课程合作。

申报市级以上项目40项，立项市级以上项目45项。公开发表论文87篇，其中SCI、EI、CPCI检索文章18篇，中文核心7篇。出版著作与教材8本。学校党委获评市教卫工作党委系统“先进基层党组织”。

（天　华）

【新增国际课程合作专业】 2019年，上海师范大学天华学院新增设与美国北亚利桑那大学合作的应用心理学专业、与伊利诺伊州立大学合作的金融数学专业、与田纳西大学合作的国际商务专业，与英国赫特福德大学合作的电子信息工程、通信工程、网络工程专业。至年底，上海师范大学天华学院中外合作办学和国际课程的专业数达到14个，占全校专业的50%。这些专业就读的学生近3300人。

（天　华）

【承办幼儿园园长培训项目】 6—10月，受市教委委托，上海师范大学天华学院承办“上海市幼儿园园长研修班培训”项目。组织2期园长研修班，学员100人，来自上海16个区的幼儿园。培训分“集中授课”“线上研习”“园所考察和参加学术论坛”3个阶段，共200小时。10月24—25日，在学校举行“2019上海市幼儿园园长研修班·成果交流与结业仪式暨2019天华·学前教育国际学术论坛”。

（天　华）

10月24—25日，“2019上海市幼儿园园长研修班·成果交流与结业仪式暨2019天华·学前教育国际学术论坛”在上海师范大学天华学院举行

附:学校负责人及地址

(2019 年 1—12 月)

校党委书记:陆建非

副书记:叶才福、曹云林、许　岳

校　长:叶才福

副校长:龚春蕾、陈新斌、朱国权、王友根、吴国兴

地址:胜辛北路 1661 号

邮编:201815

电话:39966266

上海旅游高等专科学校

【2019 年概况】 上海旅游高等专科学校设企业管理、旅游管理 2 个硕士学位点;旅游管理 1 个专业硕士学位点;旅游管理、会展经济与管理、酒店管理 3 个本科专业;酒店管理、旅游管理、休闲服务与管理等 19 个专科专业。全日制学生 5433 人,其中专科生 3559 人、本科生 1071 人、硕士研究生 53 人,外国留学生 24 人。在编教职工 332 人,其中博士学历 56 人、硕士学历 194 人,占比 75%;专任教师 211 人,其中有正高职称 13 人、副高职称 50 人,占比 30%。硕士生导师 17 人,另有 3 名外聘硕士生导师。有国家级教学名师 1 人、上海市教学名师 4 人、上海市育才奖获得者 7 人、上海市教学能手 1 人。

葡萄酒营销与服务专业进入教育部高职专业目录,旅游管理本科专业获批国家级一流本科专业建设点,旅游管理、酒店管理、会展策划与管理、烹调工艺与营养、西餐工艺、旅游英语 6 个专科专业获批上海市一流专业立项。智慧酒店生产性实践基地等 4 个项目被认定为教育部生产性实训基地项目。获市级精品课程 1 项、市级教学团队 1 个、市教委重点课程 2 项。本科生获国家级大创项目 2 项、上海市级大创项目 6 项;入选 2019 大学生团队实践扶持本科培养项目 3 项、高职培养项目 2 项;获第十六届"挑战杯"全国大学生课外学术科技作品竞赛上海赛区比赛一等奖 2 个、三等奖 2 个。

学校获国家自然科学基金项目 1 项、市哲社课题 6 项、市决策咨询项目 1 项、市科委基金项目 2 项、市体育社会科学研究项目 3 项、教育部思政辅导员项目 1 项。获第十四届哲学社会科学优秀成果奖 1 项。获委办局级以上纵向项目 13 项、横向项目 13 项。教师发表学术论文 96 篇,其中 SCI 论文 2 篇、SSCI 论文 5 篇、CSSCI/CSCD 论文 19 篇,出版专著 3 部。学报《旅游科学》入选中国社会科学引文索引(CSSCI)来源期刊(2019—2020)、《中文核心期刊要目总览》来源期刊(第八版),获评"全国高校社科精品期刊""上海市最佳学报"和在中国知网的网络首发权。牵头成立长三角职业教育联盟,成立上海师大休闲与旅游研究中心,举办"第四届中国休闲与旅游发展论坛暨 2019 长三角城市休闲化指数发布会"、第七届浦江论坛、承办"中国旅游协会旅游教育分会第三届三次理事会暨中国旅游教育论坛"。

全年引进高层次人才 3 人,聘用兼职(客座)教授 9 人。完成各类人才项目申报工作,入选 2019 年度国家文化旅游部"万名旅游英才计划"4 项、教师发展工程产学研项目 4 项、上海师大青年教师教研基金项目 1 项。2 名专任教师取得博士学位,3 名专任教师取得硕士学位。1 名教师参加教师发展工程项目赴国(境)外进修学习,6 名教师赴加拿大乔治布朗学院短期进修,6 名教师赴国(境)外参加学术会议。

办好"礼仪文化月"等思政教育品牌项目,推出"青年说""文化・游"等红色文化活动;搭建师长分享新平台,开设"师者讲堂"9 场、"人生导师"专题

沙龙活动6场、博士堂2场，参与学生1000余人次。完成学生各类评优评先工作，1名学生获“中国大学生自强之星”称号。倡导志愿服务，本、专科学生累计1100余人次参与申报47项场馆类志愿服务项目，69项社会调研项目以及14所爱心学校、3所爱心暑托班志愿活动，社会实践时间逾千小时。147名专科生和42名研究生、本科生成为第二届进博会志愿者。

11月5—10日，上海旅游高等专科学校“小叶子”出征进博会

新增6所学分互认海外高校，与学校学分互认的海外高校达29所。新增澳大利亚格里菲斯大学的3+2本硕连读合作项目1项。新增4所国际合作院校，与加拿大乔治布朗学院联合举办酒店管理中外合作办学项目持续招生。全年接待来自17个国家和地区的33个国(境)外到访团组。选派161名学生参加海外游学及实习项目，比上年增长30%，其中参加长期项目127人，占留学总人数的78%。1名学生获世界旅游组织颁发的奖学金。年内共招收非学历留学生47人、学历留学生5人。

(武　婕)

【成为首批全国研学旅行指导师培训基地】 6月30日，首批全国研学旅行基地认定员培训考试在文化和旅游部北戴河培训中心举行，上海旅游高等专科学校正式被授牌成为首批全国研学旅行指导师培训基地，学校朱立新教授、吴云副教授受聘为首批全国研学旅行基地认定员。(武　婕)

【牵头成立长三角旅游职业教育联盟】 11月16日，长三角旅游职业教育联盟启动仪式在上海旅游高等专科学校举行。该联盟由上海旅游高等专科学校、南京旅游职业学院、浙江旅游职业学院、黄山旅游管理学校共同发起，首批共有沪苏浙皖40家中高职院校、旅游行业协会及旅游企业加盟。在随后举行的2019长三角旅游职业教育高质量发展研讨会暨中国旅游院校五星联盟书记校长论坛上，各联盟单位审议了联盟章程，并签署合作协议。

(武　婕)

附：学校负责人及地址

(2019年1—12月)

校党委书记：刘晓敏
　副书记：康　年(1月到任)、徐继耀、郑旭华

校　长：康　年
副校长：王建昌、卓德保

地址：海思路500号
邮编：201418
电话：57126268

上海出版印刷高等专科学校

【2019年概况】 上海出版印刷高等专科学校设印刷包装工程系、出版与传播系、印刷设备工程系、艺术设计系、文化管理系、影视艺术系、基础教学部、中外合作教育部和继续教育部等教学部门。计划

招生2067人(自主招生300人、“三校生”招生10人、中高职贯通招生142人、秋季招生1615人),实际录取2055人,统招新生报到1880人,报到率91.5%。应届毕业生1761人,截至8月25日,就业率99.03%,签约率92.84%。

年内,完成校内印刷媒体技术、图文信息处理等38个专业备案工作。推进“启盈创新班”工作。完成状态数据平台填报,推动教学资源库课程项目建设。加大对语言文字工作的推进力度,推进中高职贯通工作。开展“四化(课程教学思政化、课程内容创新化、教学方法快乐化、教学手段信息化)”教学,举行现场教学“课展结合”推进会。举办“文化自信背景下海派文化品牌建设与传播研讨会”。

挂牌成立学校驻海外第一家“毕昇工坊”,举办“毕昇工坊”建设校企合作国际论坛。召开南亚职业教育合作研讨会。举办“传媒技术与中华文化培训班”。印刷媒体技术专业顺利通过ACCGC认证,与奥特本合作办学成功续约。资助派出264名优秀学生、15名教师赴海外开展游学。新增加拿大CNC学院学期项目。

举办产教融合校企“双元”高技能人才培养专题研讨会。完成中共中央宣传部“丝路书香工程”出版印刷人才培养教材项目。建立文化素养教育教学基地。为11家单位开展11000余人次培训。完成884人次、2项高级培训,1239人次、4项中级职业技能培训。

学校教师发表各类学术性论文(含报刊)275篇,出版教材和著作34部,获批专利29项,承接科技项目133项,签订横向合同100项,获教育部人文社科项目等一批有影响的项目。师生作品首获德国红点设计概念奖1项、“品牌与传达设计”类红点设计奖2项。获第四十五届世赛“印刷媒体技术项目”优胜奖。获2019美国印刷大赛1枚金牌5枚银牌3枚铜牌。获第十届“蓝桥杯”国赛二等奖。获中国技能大赛上海四大品牌一类大赛3D数字游戏艺术项目第一名。在第五届中国“互联网+”大学生创新创业大赛中获得国赛1枚铜牌、市赛2枚金牌2枚银牌12枚铜牌,以及优胜奖和优秀组织奖。在2018—2019年度上海市高校创业指导站服务成效评估中获A级。获评2019年上海市科协“助力科协”系列活动优秀组织单位。 (聂韶晶)

【国家新闻出版署重点实验室暨富林特集团亚太技术中心揭牌】 3月28日,国家新闻出版署重点实验室暨富林特集团亚太技术中心揭牌仪式在上海出版印刷高等专科学校水丰路校区举行。国家新闻出版署印刷发行局、上海市教委科技处、中共上海市委宣传部印刷发行处、中国印刷技术协会、富林特集团、中国印刷技术协会柔印分会、上海印刷技术研究所、上海市数字印刷协会有关领导以及上海出版印刷高等专科学校领导等150余人出席。该实验室汇集了上海版专印刷包装工程系30余位教师以及中国印协柔印分会、同济大学和华中科技大学等单位的10余位校外特聘专家,并配置了一批代表世界先进水平的柔性版制版设备与检测仪器,旨在聚焦行业关键共性技术和产业发展前沿问题,并在课题研究、标准制定、行业调研、论文发表、专利申请等方面发挥引领作用。 (聂韶晶)

【“丝路书香工程”出版印刷人才培养项目总结会暨教材新书发布会召开】 4月26日,由中国印刷技术协会主办、上海出版印刷高等专科学校承办的“丝路书香工程”出版印刷人才培养项目总结会暨教材新书发布会在上海出版印刷高等专科学校召开。中宣部进出口管理局、中宣部印刷发行局,市委宣传部印刷发行处、中国印刷技术协会、高斯图文印刷系统(中国)有限公司、北京华联印刷有限公司、江苏凤凰文艺出版社、江苏凤凰新华印务有限公司等相关负责人以及教材编写小组全体成员参会。会上,项目组成员单位代表分别就各自负责领域的具体实施情况进行了汇报;有关领导向成员单位代表颁发《出版印刷人才培养教材》,并为“丝路书香工程出版印刷人才实训基地”揭牌。(聂韶晶)

【《2019中国柔性版印刷发展报告》发布】 7月25—26日,上海出版印刷高等专科学校、国家新闻出版署“柔版印刷绿色制版与标准化”重点实验室牵头编撰的《2019中国柔性版印刷发展报告》蓝皮书正式发布。全书总计26万余字,分为行业产业报告、相关政策与标准、行业技术发展论述和行业典型案例4个部分。蓝皮书的编写和出版是印刷行业和印刷教育界对“青山绿水”发展战略的一项重要实践。（聂韶晶）

7月25—26日，《2019中国柔性版印刷发展报告》蓝皮书在北京亦创国际会展中心正式发布

【举行上海市学生国防教育论坛】 11月21日，由市教委主办，上海出版印刷高等专科学校与上海城建职业学院、上海市学校国防教育协会共同承办的“2019年上海市学生国防教育论坛”在学校举行。会上依照“理论探索”“教学研究”“实践交流”“学生军训”“师资建设”“征兵工作”6个类别，对2019年度学校国防教育工作的优秀科研论文进行表彰。市教委、市警备区有关领导以及上海各高校武装部长和专干、区人武部代表、区教育局国防教育分管领导、校长代表、论坛征文获奖者等与会。（聂韶晶）

附：学校负责人及地址

（2019年1—12月）

校党委书记：顾春华
副书记：陈　斌、顾　凯、黎　卫

校　长：陈　斌
副校长：滕跃民、黎　卫、周国明、曾　忠

地址：水丰路100号
邮编：200093
电话：55530024

上海行健职业学院

【2019年概况】 上海行健职业学院设信息技术与机电工程系、学前教育系、应用艺术系、经济管理系、商务外语系、思想政治理论课教研部、体育卫生部等7个系（部）。有招生专业20个，专业方向22个。其中，经市教委批准，学前教育专业成为上海市高职“一流专业”，飞行器制造技术、电子商务专业成为上海市高职“一流专业（培育项目）”。有高职学生3922人。计划招生1560人，实际报到1432人。应届毕业生就业率99.16%，有18个专业就业率100%。在编教职工205人，其中179人为专技职务。专技职务中正高级职称2人、副高级职称39人；专任教师中博士6人、硕士134人。

重点完成6个方面建设。一是高质量的培养方案，对标、对需，按社会需求，按学生需求，有针对性修订和不断调整人才培养方案，适应新时代要求；二是高质量的教育资源，既要建设一批课程资源，又充分利用社会资源，“师资共育，资质共建，课程共融，场地共用，平台共享，信息共通”，凝聚一切力量，推动学院发展；三是高质量的师资队伍，要努力促进教师专业知识、专业技能、专业素质的不断提高；四是高质量的组织实施，推动教学模式、教学方法、教学活动策划的不断革新，强化教学实训相融合的教学方式，普及项目教学、情景

教学、模块化教学等方式；五是高质量的运行机制，以科学、规范的机制为保障，明确部门职责、岗位职责、工作标准，提升学院管理水平；六是高质量的人才培养，以就业质量为抓手，通过技能竞赛、创新意识、创业实践等多种手段提高学生综合素质。

接受市教委对“创新发展三年行动计划”、优质校建设等项目的验收，继续推进中高职贯通专业建设，积极稳妥推进“1＋X”证书制度试点，启动“上海一流专科高等职业教育建设”项目建设，申报幼儿发展与健康管理新专业。响应“四大品牌”建设，基于学校资源和经济发展，持续优化专业布局，提升专业建设质量，努力打造品牌专业。

重点推进上海市依法治校标准校创建工作、校园 OA、智慧楼宇、学生实习实训管理系统、网络舆情安全监控等一系列教育信息化建设，借助信息技术手段规范操作流程，不断提升行政效能。

（行　健）

【举行中高职贯通学前教育专业工作任务与职业能力分析会】 9 月 12 日，举行“中高职贯通学前教育专业工作任务与职业能力分析会”。通过行业优秀幼儿教师和实践专家共同研讨，项目组成员分析并找出幼儿园教师专业成长的典型工作任务，为确立中高职贯通学前教育专业课程及其相关教学内容奠定基础。　（行　健）

【获上海高校思想政治理论课教学大比武高职高专组特等奖】 9 月 18 日，2019 年度上海高校思想政治理论课教学大比武在上海对外经贸大学举行。上海行健职业学院思政理论课教师曹娜获高职高专组特等奖，并代表高职高专组在“讲台上的新思想——2019 年度上海高校思想政治理论课教学大比武暨教学展示观摩会”上进行展示。思政课大比武决赛由市教卫工作党委、市教委主办，全市所有高校参与，覆盖全部思政课程，全市专职教师队伍中近 1/3 教师直接参加比赛。　（行　健）

9 月 18 日，上海行健职业学院教师
获上海高校思政理论课教学大比武高职高专组特等奖

【举行受阅士兵优秀事迹报告会】 10 月 29 日，学院举办庆祝中华人民共和国成立 70 周年受阅士兵叶雨豪优秀事迹报告会。身着阅兵服，佩戴 70 周年阅兵纪念章的叶雨豪讲述他退役后再度热血应征，最终梦圆天安门的国庆大阅兵故事。（行　健）

【校“创意·创新·创业”文化节开幕】 11 月 20 日，上海行健职业学院第三届“创意·创新·创业”文化节开幕。近年来，学院坚持“培育学生创造力，发掘创业潜质”理念，以创新创业教育为切入点，为学生们构建多元化的实践锻炼平台，努力营造敢为人先、勇于创新和竞争的创新创业氛围，助力学生实现自己的创新创业梦想。　（行　健）

附：学校负责人及地址

（2019 年 1—12 月）

校党委书记：李国庆

副书记：黄　群、李　越

校　长：黄　群

副校长：章卫芳

地址：原平路 55 号

邮编：200072

电话：56075555

上海城建职业学院

【**2019年概况**】 上海城建职业学院有奉贤、杨浦、宝山3个校区，设国家骨干专业14个、上海市一流专科高职专业8个、高本贯通专业2个、中高贯通专业14个。有教育部认定的生产性实训基地5个、协同创新中心3个、大师工作室1个、双师型基地1个。建有中央财政支持的实训基地5个、世界技能大赛上海培养基地2个。联合主持国家级教学资源库1个、参与6个。上海市级精品课程36门。全年纵向项目85项，签订横向科研合同110项。全日制在校学生10169人。开设非学历培训班57个，培训9000余人次。做好学历继续教育，在校生2014人。毕业2914人，就业率98.8%，签约率92.52%。进入世界500强、全国500强和建筑类百强企业就业的毕业生占8.1%，比上年增长0.5%。教职工749人，其中有正高职称15人、副高职称153人，有博士学历53人，双师型教师350人；有企业兼职教师350人。

年内，入学新生3713人，11个专业报考率超200%，最高达534%。秋季高考招生中，19个省市录取线超过省控线100分，5个省超过200分。大数据、养老和物业3个专业招收学生57人。

招聘教师113人，其中有正高职称6人、副高职称21人，有博士学历26人；柔性聘用高层次人才10人，其中海外著名大学教授1人、思政特聘教授2人；引进人才中有企业工作经历的45人。100名教师晋升职称，其中晋升正高职称1人、副高职称20人、中级职称32人。选派37名教师赴国内外访学研修、去企业产学研践习。遴选252名“双师型”教师培养对象，开展青年教师与“老教师”师徒结对，帮助青年教师成长。加强辅导员队伍建设。实施“星级辅导员”制度，首次聘任40余名“星级辅导员”。

停招建设工程监理、建筑设备工程技术专业。增设大数据技术与应用专业，组织申报智能控制技术专业。酒店管理、食品质量与安全专业通过教育部现代学徒制试点（第二批）验收。推进建筑工程技术、食品营养与检测专业高本贯通试点。完成教育部高职院校物业管理专业教学标准的编制。全年校企共建优质专业核心课程43门、在线开放课程16门、校级网络课程52门。

学校成为国家自然科学基金项目依托单位和上海市政府采购供应商单位，组建“检测中心”等产教研机构。服务重大活动和社会公益事业。141名学生参加第二届进博会志愿者服务，受到团市委表彰。在2019年世界人工智能大会、全国互联网企业团建大会、亚太邮轮峰会、中国第十三届菊花展、上海“两会”等重大场合，都有学校学生志愿者参与。

（城　建）

【**参展第十六届上海教育博览会**】 4月26—28日，第十六届上海教育博览会在上海展览中心举行。上海城建职业学院展区以“建设一流城市，培育一流工匠”为主题，对接上海“四大品牌”建设，运用新媒体技术，融合声、视、听、触、嗅五大感官，展出陶瓷彩绘、斗拱和鲁班锁、调酒、插花等，吸引近3000人次到场参观，1500余人次参与现场体验项目。

（城　建）

【**在大学生创新创业大赛中获金奖**】 10月13日，由教育部、中共中央统战部、中央网络安全和信息化委员会办公室、国家发展和改革委等13个部委主办的第五届中国“互联网+”大学生创新创业大赛全国总决赛在浙江大学举行。上海城建职业学院的“蒲蒂——让中国的插花艺术绽放于世界舞台”项目在该大赛职教赛道获金奖，并作为职教赛道金奖项目代表在大学生创客秀现场作项目讲解汇报。

（城　建）

10月13日，上海城建职业学院在第五届全国“互联网+”大学生创新创业大赛中获职教赛道金奖

【获选“2019亚太职业院校50强”】 11月23—24日，由中国高等教育学会、成都市人民政府主办的2019亚洲教育论坛年会在中国成都世纪城新国际会展中心举行。论坛组委会举办“亚太职业院校影响力50强”评选活动。上海城建职业学院因建设优质校、服务“一带一路”倡议、深化国际教育合作、设立海外分校输出课程标准等领域的积极探索获选“2019亚太职业院校影响力50强”院校。（城　建）

附：学校负责人及地址

（2019年1—12月）

校党委书记：褚　敏

副书记：杨光辉、何　光

校　长：叶忠银

副校长：范文毅、郭洪涛、淦爱品、李　进、杨秀方

地址：南亭公路2080号

邮编：201415

电话：57460188

上海交通职业技术学院

【2019年概况】 上海交通职业学院由宝山校院、浦东校院、轨道学院组成，设8个教学系部，27个专业，其中汽车运用技术、集装箱运输管理2个专业为国家级教改示范专业。全日制在校生4381人，其中外省市生源占55.03%，比上年增长2.07%。22个专业毕业生1643人，就业率95.19%。专任教师250人，其中有正高级职称4人、副高级职称46人。

主持上海市中高职贯通“汽车运用与维修技术”专业教学标准开发工作。调整汽车营销与服务、汽车运用与维修技术、汽车车身维修技术、航海技术、物流管理5个中高职贯通专业人才培养方案。汽车专业与华晨宝马汽车有限公司签订校企合作协议，与特斯拉公司进入合作洽谈阶段。新建“运输组织技术”等6门课程为年度院级精品课程建设项目。“纯电动汽车结构与控制技术”列入上海高职高专院校市级精品在线开放课程立项名单。

加大师资培训力度，全年有165人次参加各级各类培训。完成2017—2019骨干教师、教学名师、专业带头人结项考核工作，以及2019—2021年骨干教师、教学名师、专业双带头人、校级优质教学团队申报。完成20名教职员工引进工作。学校教师完成23项课题立项工作。上海晨光计划项目、市思政联盟、高职高专研究会专指委、教育规划项目等7项课题以及20余项院级课题通过结题。完成

“人才培养质量管理系统”信息技术平台建设。完成“中国系列”思政课选修课优秀案例申报。开展“技能中国”课程教学，举办大国工匠系列活动，组织800多名学生参加。

完成依法自主招生、“三校生”招生及统一高考招生工作。计划招生1850人，录取1729人，录取率93.46%；实际报到1585人，报到率91.67%。招收录取汽车、物流管理等2个专业2批次共43名学生。提前启动2020年毕业班就业工作。举办“上海交通物流职教集团2019年人才供需招聘会”，参与企业近300家，提供岗位3000余个。

拓展职教集团服务地区发展及辐射功能。4月，上海市工程技术管理学校、上海市奉贤中等专业学校加盟职教集团，成员单位增至68家。参与教育部第二批高职高专教学标准（修订）编制工作，担任“集装箱运输管理专业”编制专家组组长。完成《上海市职教集团（2007—2017）十年发展报告》发布暨区域经验交流主题活动，主办集团成员单位相关专业培训，约160人次。组织参与年度京津冀沪宁晋川交通职教集团联盟相关工作，以及各专指委专业品牌内涵建设活动。做好继续教育服务工作，成人学历教育报到注册150人，其中成人大专70人、北京交大远程教育80人（专科59人、本科21人）。上海财大专升本自考11月底完成招生报名，组织142名在校学生参加上海财大专升本自学考试共计954门次。职业技能培训鉴定1224人次，其中各类培训196人次、各类鉴定526人次（在校生383人次、社会生143人次）、申报各类考试502人次，涉及汽车类（汽车维修初、中、高级，车身涂装中级，车身整形中级）、数控类（铣工、车工）等专业。组织承办竞赛赛事和社会服务3688人次，其中承办宝山区财政局注册会计师全国统一考试2352人次，承办农业银行、招商银行等校园招聘全国统一考试1109人次，完成宝山区会计继续教育227人。承办上海市中华职教社、宝山区人力资源与社会保障局“2019中国技能大赛——第七届上海市‘中华杯’教师职业技能汽修专项职业能力竞赛”，21名选手参赛；承办宝山区人力资源与社会保障局3场汽车专业职业技能竞赛。举办2019年上海市首批省级汽车运用技术专业1＋X“双师型”师资团队培训班，来自13所1＋X职业技能等级证书试点院校20名学员参训，11月中旬举办第二期。完成“2016—2018年宝山区社会组织规范化建设评估”工作，获2A等级。（王晓红、胡萌萌）

【在职业院校技能大赛上获好成绩】 5月11—12日，在上海科技馆举行的上海市“星光计划”第八届职业院校技能大赛（高职组）中，上海交通职业技术学院获团体奖项4个、个人奖项18个。其中，“智慧物流储配作业优化设计和实施”项目获团体一等奖（国赛团体三等奖），“国际货代”项目获团体一等奖，“平面设计”项目获团体第一名，“数控车和数控铣”项目团体二等奖；“汽车检测与维修”项目获一、二、三等奖（并获国赛资格），“新能源汽车技术与服务”项目获一、二等奖，“汽车营销”项目获一、二等奖，“平面设计”项目（5名学生全部获奖）一等奖2人、三等奖3人，“报关技能”与“会计技能”项目分获三等奖，“数控车”“数控铣”项目各获2个三等奖。

（王晓红、胡萌萌）

【教育对口支援新疆喀什地区】 6月和11月，上海交通职业技术学院会同中国汽车维修行业协会、上海市技师协会汽车修理专业委员会、上汽通用汽车有限公司以及PPG漆油贸易（上海）有限公司等合作企业赴新疆喀什地区对口支援学校对接援建项目，带去电子图书、教学软件等援助物资，帮助巴楚县职业技能培训学校和莎车县第二中等职业技术学校（莎车县技工学校）2所学校实现中专和高技等第升级。上汽通用汽车青年教育课程（AYEC）项目起到很好的示范、复制和推广作用。

（王晓红、胡萌萌）

【“1＋X”汽车类专业省级办公室揭牌】 9月，学校成为上海高职首批“1＋X”证书制度试点牵头院校，包括汽车运用与维修、物流管理、智能新能源汽车专业。10月，学校经过遴选，成为“1＋X”汽车类专业上海市的省级培训考核办公室。2019年底，完成汽车类及物流类首批试点证书考核工作。

（王晓红、胡萌萌）

10月30日，上海市“1＋X”汽车类专业省级培训考核办公室揭牌

附：学校负责人及地址

（2019年1—12月）

校党委书记：董晓峰

副书记：徐　辉、顾剑锋、张巳冬

校　长：徐　辉

副校长：顾剑锋、刘　伟、钱啸寅、朱建柳

校　址：呼兰路883号

邮　编：200431

电　话：56993234

上海海事职业技术学院

【2019年概况】 上海海事职业技术学院设航海技术系、机电工程系、航运管理系、公共教学部、管理系5个二级教学系部，1个职业教育培训中心。开设专业16个。全日制高职在校生797人。毕业生就业率93.57%。教职工115人，专任教师中，具有研究生学历占59.7%；具有高中级专业技术职务占85.1%；“双师型”教师占50.7%。

完成高职创新发展行动计划（2016—2018）三年总绩效报告以及6个项目24项任务的建设，通过市教委结项复核。完成教育部《高等职业教育创新发展行动计划（2015—2018年）》项目认定申报，航海技术、轮机工程技术、港口与航运管理三个专业获教育部骨干专业认定；航海技术专业、轮机工程技术专业入围上海市“一流专业”建设现场答辩，航海技术专业进入“一流专业”建设培育名单。报关与国际货运专业“双证融通”项目完成4门融通课程考试。建成“中国航运文化”“航运中国”两门“中国系列”课程、“中国文学经典选讲”“中国典籍漫议”两门综合素养课程。

建立健全人才队伍培养与考核评价体系。完成7名培训师年度考核和2020年度聘任工作。组织航海技术专业、机电专业11名教师参加交通运输部海事局集体备课，安排航海5名骨干教师船员适任证书师资知识更新培训。组织8人焊工热切割安全生产教师资格复训；确定航海技术专业2名教师上船和1人上船实践。安排2名教师参加高职高专创新创业指导会议交流和上海市高等职业院校教学诊断与改进工作要点培训。组织会计从业资格继续教育10人次、人力资源劳动法律法规培训30人次；同步开展年度高职专业技术、集团高级职称申报以及高校教师资格证认定、高职企业实践等。

举办各类行业企业（船岸人员）培训290期8126人次，船长、轮机长培训累计考证合格率分别为100%、97.44%，大副、大管轮培训累计考证合格率分别为91.89%、92%，培训满意度测评97.6%。为国远洋海运集团有限公司、上海海事局等单位开办湖南船员扶贫班入司培训、长江航行安全培训。

推进爱国主义与中华优秀传统文化教育、校风学风建设与创新创业发展“三项计划”的贯彻落实，组织学生参加市教卫工作党委、共青团上海第二届“梦想杯”上海市大学生辩论赛、上海市第二届大学生安全知识竞赛、2019年上海市红十字应急救护大赛、上海青少年纪念五四运动100周年主题歌会等;举办"爱心义卖"学雷锋在行动主题活动、第九届校园体育节系列活动。庆祝中华人民共和国成立70周年,组织升国旗仪式、收看大阅兵、各少数民族学生用民族方言祝福祖国及"我和我的祖国共奋进"主题演讲比赛活动。（李惠君）

3月,上海海事职业技术学院举办"爱心义卖"学雷锋在行动主题活动

【通过船员教育和培训质量管理体系换证审核】 6月18—20日,交通运输部海事局审核组对上海海事职业技术学院船员教育和培训质量管理体系进行换证审核。经审核,专家组认为学院最高管理层重视质量管理体系的建立与实施,致力于运用质量管理体系控制船员教育、培训教学及其管理活动;质量管理体系文件符合《中华人民共和国船员教育和培训质量管理规则》及国家有关船员教育和培训的法律、法规、规章及其他规范性文件的要求,体系运行持续有效、可操作性强,能够实现保证船员教育培训质量的既定目标,换证审核予以通过。（李惠君）

【完成全国第一期船长综合评估试点工作】 8月5—17日,学院完成全国第一期船长综合评估试点工作。船长综合评估是交通运输部海事局2019年重点工作,在上海辖区试点。上海海事职业技术学院在上海海事局的监督指导下,确保船长综合评估试点工作的顺利完成。评估专家组认为,学院承担的船长综合评估试点工作安排合理、井然有序,为船长综合评估改革积累了宝贵经验。（李惠君）

附:学校负责人及地址

（2019年1—12月）

校党委书记:孙欣欣

校　长:孙　琦
副校长:张卫亮

地址:源深路158号
邮编:200120
电话:58311677

上海电子信息职业技术学院

【2019年概况】 上海电子信息职业技术学院有奉贤、闵行、徐汇、普陀4个校区,设10个二级学院、33个专业,其中国家级重点专业4个、上海市重点专业6个。招收全日制新生4044人。全日制在校生10281人。毕业生就业率达97.34%。专兼职教师近600人。

完成依法治校示范校实地检查,学校及中专校（上海电子工业学校）双双入选上海市依法治校示范校。培育校级"示范课程思政"15门,获教育部和上海市思政课题立项各一个。推进二级心理育人工作站建设,完善心理工作四级网络。选送高校易班建设及网络文化建设优秀研究成果2篇、上海高校易班建设工作优秀案例4篇。学校创新创业教

育中心获批奉贤区、上海市大学生创业指导站。完成18个社会实践项目,全国立项项目1个。中专部一名学生获评上海市十佳"新时代好少年"。

引进高层次人才9人。职称晋级教师137人。入选全国职业院校"双师型"教师队伍建设典型案例。1名教师获"全国优秀教育工作者"称号,1名教师获上海市"四有"好老师教书育人楷模提名奖,1名教师获上海市园丁奖。获上海市2019年教师教学能力比赛团体一等奖。1名教师获上海市教育系统三八红旗手称号。2个二级学院教学团队获上海市"教育先锋号"。首次设立"辅导员岗位十年荣誉奖"。学校获第八届上海高校辅导员团队拓展活动一等奖。

推进对云南、新疆、西藏等地的教育扶贫,举办5期200多人参加的云南师资培训班。安排5名楚雄州职教管理干部来沪挂职培训;组织专家赴楚雄州指导楚雄技师学院电子商务专业建设、楚雄市职中汽车运用与维修专业建设、禄丰县职中物流服务与管理专业建设。副校长张涛获脱贫攻坚专项奖励,记大功奖励。开展企业培训,完成工种鉴定1519人次,培训1892人次。完成高职院校校(院)长、教务处长和专业负责人学习会、高职院校第九期专业负责人、第四期教务处长培训班组织工作,完成教改资助项目立项21项,开题22项,结题39项。组织上海市高职高专院校专业建设教学比武大赛和上海市高职院校教师说课大赛。完成上海市15名职教教师参加的中德合作中高职院校骨干教师能力提升项目。参与长三角一体化发展,牵头组建长三角电子信息职教集团,打造长三角"职教人才成长带"。举办"2019长三角职业院校质量保证体系内涵建设研讨会",长三角地区40多所高职院校100多位校领导出席会议。协办世界青年科学家(温州)峰会——一带一路青年人才培养论坛,200余人参加论坛。上海电子信息职教集团被评为上海市和国家示范性职业教育集团。

开展与泰国、摩洛哥等"一带一路"沿线国家在设立海外分院、招收留学生等方面的合作。5月,中泰申谷学院揭牌;10月,申谷学院23名留学生来校专业学习。举办泰国学生工业机器人夏令营和教师培训班。与摩洛哥穆罕默德五世大学签署合作备忘录,12名摩洛哥学生到校学习。与马来西亚教育部职教司开展职教交流。再获"2019亚太职业院校影响力50强"荣誉称号。深化与德国、英国、加拿大等多所院校合作。接待德国26名学生到校交流访学,学校58名学生获德国政府技术员资格认定。全年外事接待各类到访人员277人次。因公出国(境)参加专业研修、培训和交流的教师及管理干部64人次。"德国高等职业教育在中国的融合与贯通"案例获"职业教育国际合作与产教融合优秀案例"成果奖。（张双双）

【参加长三角电子信息职业教育集团一届一次理事大会】 4月26日,长三角电子信息职业教育集团一届一次理事大会在上海展览中心友谊会堂召开。上海电子信息职业技术学院领导以及来自上海、江苏、浙江、安徽的各理事单位负责人出席大会。会议讨论通过《长三角电子信息职业教育集团章程》,为集团规范管理体制和运行机制提供保障。同时举行了长三角电子信息职业教育集团启动和授牌仪式。集团共有成员单位170家,其中高职院校32所、中职学校55所、企业及行业协会83家。（张双双）

4月26日,长三角电子信息职业教育集团授牌仪式在上海展览中心友谊会堂举行

【获评国家优质专科高等职业院校】 7月10日,根据《教育部办公厅关于开展〈高等职业教育创新发展行动计划(2015—2018年)〉项目认定的通知》,上海电子信息职业技术学院获评国家优质专科高等职业院校;学校机电一体化技术等5个专业入选"骨干专业"。经国家教育部认定,学校信息安全与管理专业校企共建的4个生产实训基地入选"生产性实训基地";中德合作职教师资培训中心入选"双师基地";智能制造技术虚拟仿真实训中心入选"虚拟仿

真实训中心”；智能制造技术协同创新中心入选“协同创新中心”。（马宏亮）

附：学校负责人及地址

（2019 年 1—12 月）

校党委书记：田　钦

副书记：杨秀英、毛玉婷、张　涛

校　长：杨秀英
副校长：张　涛、窦争妍、徐德明、方林中

校本部地址：奉贤区瓦洪公路 3098 号
邮编：201411
电话：57131333

徐汇校区地址：中山南二路 620 号
邮编：200032
电话：64172394

上海工艺美术职业学院

【2019 年概况】 上海工艺美术职业学院设手工艺术学院、WPP 视觉艺术学院、环境艺术学院、数码艺术学院、产品设计学院 5 个二级学院及工艺美术研究中心等科研机构。有专任教师 236 人，其中教授（研究员）12 人、副教授 75 人，具有“双师”资质的占 70%。在校学生 3648 人。

学校成为上海市唯一入选“中国特色高水平高职学校和专业建设计划”的高职院校；学校工艺美术品设计专业群和产品艺术设计专业群入选高水平专业群建设名单。环境艺术设计、广告设计与制作、工艺美术品设计、产品艺术设计、数字媒体艺术设计 5 个专业入选上海一流专科高等职业教育专业建设立项名单。申报上海一流专科高等职业教育建设项目，成为上海立项建设的三所高职之一，通过教育部高职创新发展行动计划验收，成为“优质专科高等职业院校”，6 个专业被认定为骨干专业。

修订完成 28 个专业（含方向）的专业人才培养方案。完成“第三批现代学徒制试点单位”中期检查，立项建设 27 项校级课程与教学改革项目，启动建设校企合作系列教材 23 本，出版校企合作系列教材 7 本。立项 4 个校级创新教学团队建设项目。立项建设 26 门云平台课程、7 门精品在线开放课程。完善云平台系统，截至年底，建设云平台课程 96 门。

完善选修课体系和校园网选修课模块，成功开设选修课 148 门，其中工艺美术类 19 门、人文素养类 53 门（含线上课 41 门）、现代设计类 30 门、工艺美术实验班类 46 门，6694 人次选课成功。

教师申报并立项委办局以上科研项目 22 项，其中省部级项目 2 项、国家艺术基金项目 2 项。签订横向项目合同 23 份。受理专利申请 67 件，完成授权 9 件。

吸引高层次人才短期或长期到校从事兼职、咨询、讲学、项目合作，其中企业高管 1 人，国内行业专家 11 人、传统工艺大师 11 人，外籍专家和高级设计师 5 名。引进有影响的专业带头人和专业骨干，录用 16 人。推进校内教职工的培育提升，支持 11 名教职工开展学历学位进修、2 名教师国内访学、3 名教师国（境）外访学、21 名教师开展产学研践习，完成对 32 名后备领军人才第二批培育对象三年培育期的考核，7 名教师接受专任教师导师制培养工作。学校教师获 2019 年上海市高等职业院校教师说课（教学能力）大赛各比赛大类一等奖 4 个、二等奖 2 个、三等奖 1 个，获上海市教师教学能力比赛优胜奖。

完成 15 批次 102 人次的出访交流。接待 6 批次 30 人次到访交流。签订 3 份国际交流合作协议或备忘录。与乌兹别克斯坦国家艺术与设计学院开展国际交流。

持续开展"非遗传承与社会创业"慕课课程建设,创业指导站获批成为中国(上海)创业者公共实训基地嘉定分基地首轮创新创业载体,学校众创空间共有 8 个创业项目入驻,5 个已注册公司,1 个成功对接上海国际艺术节公共艺术绘画项目。组织学生参加第五届中国"互联网+"大学生创新创业大赛,获全国总决赛铜奖 1 人,获上海赛区金奖 1 人、银奖 3 人。 (俞晓菁)

【举办上海非物质文化遗产精品展】 10 月,上海非物质文化遗产精品展在土耳其伊斯坦布尔举办。展会由上海市文化和旅游局、上海市人民政府外事办公室和中华人民共和国驻伊斯坦布尔总领事馆联合主办,上海艺术品博物馆、上海工艺美术职业学院、上海市文化艺术档案馆、土耳其和伊斯兰艺术博物馆承办。上海工艺美术职业学院选送包括陶瓷、玻璃、漆艺、首饰、玉雕、石雕、木雕及金、银、铜制作技艺等传统手工艺作品 59 件,涉及多项中国非物质文化遗产和上海市非物质文化遗产项目。

(俞晓菁)

10 月 18 日,"一带一路"上海非物质文化遗产精品展在土耳其伊斯坦布尔举行

【工艺美术设计专门委员会成立大会暨工艺美术专业(群)建设研讨会召开】 11 月底,由教育部职业院校艺术设计类专业教学指导委员会主办,上海工艺美术职业学院承办的工艺美术设计专门委员会成立大会暨工艺美术专业(群)建设研讨会在上海工艺美术职业学院嘉定校区举行。全国 122 所拥有工艺美术类专业的本科、高职院校代表和行业企业代表等 300 余人参会,就工艺美术人才培养、专业标准制定、产教融合、学术交流等问题交流研讨。

(俞晓菁)

附:学校负责人及地址

(2019 年 1—12 月)

校党委书记:许　涛
　副书记:郭光武、王　波

校　长:仓　平
副校长:王　波、杨　勃、唐廷强、李　波

地址:嘉定区嘉行公路 851 号
邮编:201808
电话:69977888

上海科学技术职业学院

【2019 年概况】 上海科学技术学院设商贸管理学院、通信与电子信息系、机电工程系、人文与社会科学系、思想政治教学研究部和基础教学部,下设安全防范技术(集成技术和产品制造)、应用电子技

术、通信技术、机电一体化技术、信息安全与管理、应用英语、社会工作、电子商务等22个专业。在职教师252人，其中具有高级职称的80余人，讲师、工程师110余人。全日制高职在校生4748人。全年实际录取1760人，最终报到1638人，录取报到率93%。毕业生1605人，就业率98.19%，签约率95.02%。专业对口率和职业稳定性良好。

重点围绕贯彻职业教育国家标准、“1+X”证书制度试点、在线精品课程建设、教师教学创新团队等主要内容，结合学院实际，一是通过召开系列研讨活动，推动对专业教学标准、课程标准、顶岗实习标准、实训条件建设标准(仪器设备配备规范)等职业教育国家标准的研究和落实，发挥标准在教育教学质量提升中的基础性作用；二是注重顶层设计，通过制定学校“1+X”证书制度试点工作计划和工作实施计划，修订人才培养方案，把标准及培训内容融入教学，组织教师及学生参加培训，切实推动“1+X”证书制度试点工作的有序开展，首批试点“汽车运用与维修技术专业”等级证书考核工作于12月29日完成；三是对接上海“五个中心”“四大品牌”建设的现实需求，重点支持在课程思政改革、创新创业教育、面向战略新兴产业和现代服务业等领域具有创新示范意义的在线开放课程，“创业管理”“VBSE综合实训”两门课程经评议申报上海市级精品在线开放课程；四是积极加快“双师型”教师队伍建设，“大商贸跨专业综合实训教师教学创新团队”和“社会工作专业教师教学创新团队”经学院评议参加申报上海市级教师教学创新团队。

根据《上海市高等职业教育创新发展行动计划(2015—2018年)》项目验收工作要求，督促各项目和任务承担部门认真准备网络验收和成果展示工作，完成《创新发展行动计划自查报告》，“创新发展行动计划”成果展示室正式启用。10—12月，根据市教委相关通知要求，梳理完成“2016—2018年上海高等职业教育创新发展三年行动计划(现代职业教育质量提升计划)”项目立项结项工作。11月26日，市教委专家组到校开展《上海市高等职业教育创新发展行动计划(2015—2018年)》结项复核和一流专业建设项目推进工作。会上，专家组听取学校“创新发展行动计划(2015—2018年)”实施情况的汇报和现场考察成果展示室，对“创新发展行动计划”的建设情况给予高度评价。

坚持“立德树人”之根本，协同推进思政课程与课程思政建设。“商务英语精读”“数控机床控制系统装调”“信息安全技术”的课程思政教学改革继续推进。组织教师参加“上海市大中小学思政课一体化教学观摩活动”。组织教师报名参加思政理论课2019年度教案设计比赛。思政理论课教学改革进一步深入，“智慧树”“超星”两个在线平台的使用率进一步提高，覆盖11门课程；继续开展活力课堂的“慧眼行动”，受到师生好评。

进一步健全一流专业建设的组织领导和工作推进机制，通过顶层设计，统筹协调市级(社会工作)、校级(现代商贸流通专业群、“大安防技术”专业群、汽车运用与维修技术、机电一体化技术)一流专业建设项目。完善建设的具体目标、路线图、时间表，整体规划、分年实施。突出专业群建设在学校专业建设规划中的地位，明确专业群的定位、结构、建设机制、培养方案、课程体系、教学模式、教学团队建设与实训基地建设，以一流专业建设为重心，带动专业群建设。协同做好师资培训与教师教学比赛等工作，包括专业负责人培训、新教师规范化培训、教师企业实践、专项技术与创新培训、教师教学能力比赛等。

学生获2019年上海市大学生“创造杯”大赛团体一等奖1项、三等奖2项；第五届中国“互联网+”大学生创新创业大赛(上海赛区)团体二等奖2项、三等奖3项；获上海市“星光计划”第八届职业院校技能大赛机电一体化项目个人三等奖一项、汽车营销项目个人三等奖2项、汽车检测与维修项目个人三等奖2项、电子商务项目个人三等奖2项；获“一带一路”跨境电商创新创业大赛团体一等奖1项。年内，组织学生参加第四十六届世界技能大赛上海市选拔赛“机电一体化”“平面设计技术”“工业控制”“网络安全”等四个项目的比赛。在上海市高职高专院校专业建设教学比武(教师教学能力)大赛中，教师刘克敏团队获优胜奖，并代表上海参加2019年全国职业院校技能大赛教学能力比赛初赛；在上海市高等职业院校教师说课(教学能力)大赛中，教师徐湃进入决赛。

联系450多家用人单位，举办推荐会和小型招聘会80余次，通过各种渠道及时向毕业生提供各类招聘、就业相关信息，网上公布就业信息400多条；举办2020届毕业生校园招聘会，有160多家单位参加，提供岗位2000余个；主动关心家庭经济困难毕业生，帮助129位困难毕业生获求职补助；积极组织及指导学生参加上海市大学生模拟求职大赛，提升学生职业素养。 （庞 媛）

【产教融合教学改革论坛举行】 11月16日，上海科学技术职业学院举行产教融合教学改革论坛。市教委、嘉定区相关领导，遵义职业技术学院以及9所兄弟院校、30余家合作单位代表等应邀出席。

11月16日，上海科学技术职业学院产教融合教学改革论坛举行

论坛组织开展计算机融入职业教学的改革与思考等14场高水平学术讲座。 （庞 媛）

【完成高校创业指导站年度服务成效评估】 11月18日，由上海市人力资源和社会保障局就业促进中心组织的专家组到学校开展高校创业指导站年度服务成效评估。评估专家组成员和学校相关人员就学校创业指导站未来努力方向进行交流互动，查看相关支撑材料，实地走访创业苗圃，观摩专创融合"双创"项目展示。 （庞 媛）

附：学校负责人及地址

（2019年1—12月）

董事长：朱建新（7月离任）、杜洪斌（7月到任）

校党委书记：王云飞
副书记：周财宝（8月离任）

校 长：董大奎
副校长：韩 芳、程 军（8月到任）、卓丽环、高 康

地址：金沙路280号
邮编：201800
电话：69990010

上海农林职业技术学院

【2019年概况】 上海农林职业技术学院有松江主校区、浦东临港校区和松江泖港实训基地、奉贤海湾实训基地，以及实验动物实训中心、农产品检测实训中心、工厂化种苗生产实训园等72个实验实训室和实训基地，设植物科学技术系、风景园林技术系、动物科学技术系、农业生物与生态技术系、农业经济管理系、农业信息工程系、基础部和思想政治理论教学研究部六系二部；有19个专业，其中园艺技术、园林技术、动物医学、生物技术及应用、农业经济管理、设施农业与装备为六大重点特色专业。全日制在校生3975人，其中中职生511人。录取新生1371人，其中中职生177人。有教职工288人，其中副高以上职称56人。

与光明食品集团等农业龙头企业以及上海市农科院、崇明区农委等单位建立稳定的校企、校研、校政合作关系。与涉农企业的现代学徒制班和校

企双主体合作班20余个。与丹麦、以色列、法国、匈牙利等国相关农业高校和培训机构保持良好的合作关系。与印度拉夫里科技大学签署合作框架协议，涉及学分互认、合作办学等。师生出国学习交流7批次75人次；接待国（境）外学习交流团组8批次35人次。

学校获“全国文明单位”“全国绿化模范单位”“教育部首批现代学徒制试点学校”“上海市文明单位”“上海市平安示范单位”“上海市花园单位”“上海市安全文明校园”“上海市高校毕业生‘三支一扶’计划先进集体”等称号，是全国青少年科普示范基地、全国农业物联网示范基地。6个专业通过教育部《高等职业教育创新发展行动计划（2015—2018年）》项目认定。完成生物产品检验检疫、园林工程2个新专业材料申报。学院入选教育部首批“1+X”证书制度试点院校名单。

出台《教师职务和其他专业技术职务聘任办法》，完成152名教职工职务职称聘任工作以及16名中高级职称评审前期资格审查和评议工作。完成130多名教师“双师素质”认定工作，“双师素质”比达到75%。新引进30多名教师和管理人员。

校外课题立项17项。校内课题立项27项，完成20项校内外教科研课题结题。完成2项横向技术服务合同签订。组建现代农业职业教育及技术专家团并申报国家级项目。完成社会职业技能培训755人次、技能鉴定403人及松江辅警400余人岗前培训。开展文化科技卫生“三下乡”活动。服务农村基层干部、农业一线科技人员的综合素质提升400余人次。开展青海果洛地区玛沁县农业技术干部培训。新增“园林技术专业建设”援疆工作项目。承担上海市中小学职业体验开放日、松江7所学校初中生综合素质评价、松江青少年实践中心学农素质教育等3200余人次。

应用现代学徒制试点成果新组建昊海生科班、华维班、顽皮宠物班、动物园班。与上海青浦现代农业园区发展有限公司等23家企业新建校外实训基地；与上海临港奉贤经济发展有限公司等8家企业新建校企合作关系。实施区级职业教育校企合作基地建设项目，新增休闲农业专业校企合作基地。职教集团7个专项获市教委批准。

创业指导站列入B级。在第五届“互联网+”大学生创新创业大赛职教赛道和青年红色筑梦之旅赛道上获28个奖项，学院获优秀组织奖。承办长三角地区职业院校大学生创新创业训练营。完成年度学农与创新创业实践教育任务。开展就业服务月活动，完成2020届毕业生校园招聘会4场，350余家企业参加。毕业生就业率98.64%，签约率93.64%，困难生就业率达99.2%。（赵英媛）

【57名学生完成兽医助理国际课程】 5月15—25日，美国执业兽医教育委员会Benita Altier专家团队一行4人到校，开展“美国兽医助理国际化课程”培训。培训内容包括犬猫临床检查技术、牙科护理、练习超声波洗牙技术、牙科影像拍摄使用技术。2017级中高贯通动物医学专业57名学生参加并完成培训。（赵英媛）

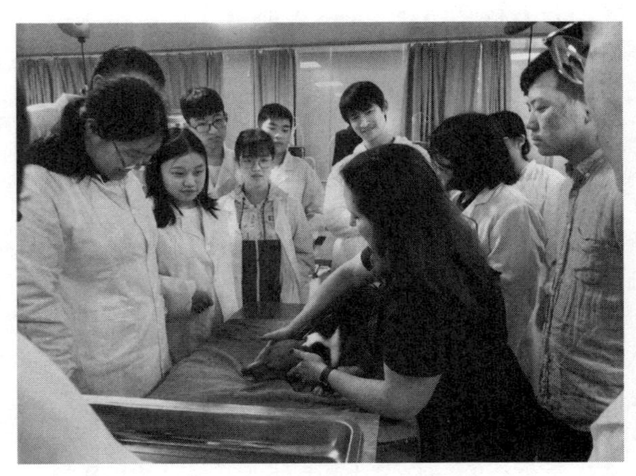

5月15—25日，美国专家团队在上海农林职业技术学院对学生进行“美国兽医助理国际化课程”培训

【入选上海市一流高职建设培育单位】 10月30日，依据《上海市教育委员会关于公布上海一流专科高等职业教育建设立项和培育名单的通知》，上海农林职业技术学院入选上海一流专科高等职业教育建设培育单位，上海农林职业技术学院动物医学、园艺技术、药品生物技术、设施农业与装备4个专业获批上海一流专科高等职业教育专业建设立项专业。（赵英媛）

附:学校负责人及地址

(2019 年 1—12 月)

校党委书记:蔡　红

副书记:魏　华、俞锦禄、陈　谊

校　长:魏　华

副校长:陈　谊、张佳敏、谢锦平、王军亮

松江校区地址:中山二路 658 号

邮编:201699

电话:57822666

上海东海职业技术学院

【2019 年概况】 上海东海职业学院设经管学院、艺术学院、机电学院、护理学院、商学院、传媒学院、航空学院 7 个二级学院,基础教学部、社会科学部 2 个教学部和继续教育学院。有 20 个专业。

建成"市级精品课程"8 门、"校级精品课程"38 门、"优质课程"65 门。先后有 7 门课程被评为上海高职高专精品课程。5 个专业被评为市级优秀教学团队,1 个专业被选为上海一流专业。初步建成开放性的共享型教育资源库。完成实训室建设项目 20 个,包括幼儿健康教育实训室、声乐教室、独立琴房等。

引入德国手工业协会的先进职教理念和职教模式;与美国、德国、澳大利亚和日本等国高校建立合作交流机制,引进内容丰富的国际交流项目。全年招收 84 名新疆维吾尔族内职班学生。受闵行区合作交流办和闵行区农委的委托,与云南保山和云南香格里拉合作,办班 8 期,培训干部共 278 人次。派讲师团赴云南保山培训当地干部 350 人次。

(东　海)

【校企合作项目获国家级职业教育教学成果一等奖】 1 月 2 日,教育部发布《关于批准 2018 年国家级教学成果奖获奖项目的决定》,上海东海职业技术学院与校企合作单位——上海诚丰财务服务有限公司共同完成的项目"面向小微企业,聚焦'三会'能力,探索与实践高职会计专业新型育人模式"名列其中,获上海民办高职院校国家级教育成果一等奖。

(东　海)

【沪喀职教帮扶签约】 11 月 8 日,2019 年沪喀职教联盟工作推进会暨"一校为主,多校对一"对口帮扶喀什职业技术学院签约仪式在新疆喀什举行。上海市教委、沪喀职业教育联盟有关领导,以及上海和新疆喀什多所院校代表与会并见证上海 7 所高校与喀什职业技术学院签订对口帮扶工作协议。上海东海职业技术学院是唯一的民办高职院校。

(东　海)

11 月 8 日,2019 年沪喀职教联盟工作推进会在新疆喀什举行

【与华东师大闵行永德实验幼儿园签订合作协议】 12 月 5 日,学校教育学院与华东师大闵行永德实验幼儿园签订合作协议,共建学前教育人才培养实践基地,开展特色健康教育专业建设。(东　海)

附:学校负责人及地址

(2019年1—12月)

董事长:曹助我

校党委书记:赵佩琪
副书记:王　玉、项家祥

校　长:项家祥
副校长:王　刚(11月到任)、郁　萍、严玉康、赵佩琪

地址:虹梅南路6001号
邮编:200241
电话:64505555

上海工商职业技术学院

【2019年概况】 上海工商职业技术学院有嘉定、青浦2个校区。设2个二级学院、6个系、1个部,30余个招生专业。有94个稳定的校外实训基地,85个校内实验、实习、实训基地。普通高职专科在校生5959人,普专入学报到率87.33%。毕业生1884人,就业率100%。教职工455人(含外聘教师)。专任教师301人,其中具有硕士研究生及以上学位的196人;讲师105人;教授7人、副教授61人;行业类各种高级技师、工程师23人。在第五届中国"互联网+"大学生创新创业大赛中获上海赛区金奖2个、铜奖4个、优胜奖8个。

有上海市"精品课程"12门、市级教学团队5个。全校教职工发表学术论文230多篇(含核心期刊40余篇),主编或参编教材25种。获市级教育教学成果二等奖4项。市级以上科研立项70余项。获市级以上组织奖、团体奖等各类奖项60余项;市级以上各等级奖项216人次。学校获评"2017—2018年度上海市教卫工作党委系统文明校园"。计算机系"物联网技术应用""计算机网络应用"参赛队代表上海市参加2019年全国职业院校技能决赛,分别获全国二等奖、三等奖。在上海市"星光计划"第八届职业院校技能大赛17个竞赛项目中获一等奖7人次、二等奖6人次、三等奖25人次,以及5个团体一等奖和1个团体二等奖;在2019年中国技能大赛——"四大品牌"上海市职业技能大赛"机器人操作与示教"项目中获一等奖;在全国大学生数学建模比赛上海选拔赛中获一、二、三等奖;在第二十一届FHC国际烹饪烘焙艺术比赛中获5枚银牌1枚铜牌;在上海市第八届"星光计划"教师教学能力比赛中,获1个一等奖、2个二等奖、4个三等奖。在第四十五届世界技能大赛中,珠宝系学生参加"珠宝加工"赛项,进入中国集训队。　(刘晓燕)

【举办校企联盟合作会议暨嘉定职教集团专业组建设活动】 1月17日,上海工商职业技术学院举办2018年度校企联盟合作会议暨嘉定职教集团专业组建设活动,与22家企业代表就如何建立完善学生就业指导服务的渠道、机制进行研讨。(刘晓燕)

1月17日,上海工商职业技术学院举办校企联盟合作会议暨嘉定职教集团专业组建设活动

【获批招收和培养国际学生资格】 5月31日,市教委下发文件,宣布上海工商职业技术学院获批招收和培养国际学生资格。学校按照《学校招收和培养国际学生管理办法》《来华留学高等教育质量规范

(试行)》等相关政策,开展国际学生的招生、培养和管理等事宜。 (刘晓燕)

附:学校负责人及地址

(2019 年 1—12 月)

校党委书记:金伟国

副书记:陈英南、张中美

校　长:陈英南

副校长:胡家秀、王中强、叶　松

嘉定校区:外冈镇冈峰公路 68 号

邮编:201806

电话:60675958

青浦校区:华新镇新凤北路 565 号

邮编:201708

电话:60258299

上海震旦职业学院

【2019 年概况】 上海震旦职业学院设公共卫生与护理、机电工程、传媒艺术、经济管理、教育、东方电影等 6 个二级学院以及 25 个专业,有国际交流学院、继续教育学院和马克思主义学院、基础教学部、体育教学中心、音乐舞蹈中心。录取新生 2539 人,实际报到 2249 人,报到率 89%。应届毕业生 1506 人,就业率 98.34%,签约率 97.61%。教职员工 464 人,其中专任教师 286 人,具副高及以上职称 83 人,具硕士及以上学历 206 人,"双师型"专任教师 80 人。

学校是上海"五年一贯制"首次试点职业院校,护理、会计 2 个专业面向应届初中毕业生招生。物联网应用技术、药学、学前教育 3 个专业被教育部认定为骨干专业。新增空中乘务、健身指导与管理 2 个专业。举办职业体验日活动,开设西点烘焙等 8 个实训项目,接待 200 人次。组织师生参加上海市"星光计划"职业院校技能大赛、全国职业院校技能大赛上海选拔赛、第四十六届世界技能大赛上海选拔赛以及各类行业组织的职业技能大赛等,获各类奖项计 32 项。在全国职业院校技能大赛高职组市场营销技能比赛中,获团体一等奖。在第二届全国职业院校跨境电商技能大赛中,获特等奖。与新户家集团签订产教融合合作协议,共同编写教材。与上海交通大学医学院继续教育学院合作建立上海震旦职业学院学习中心,被全国高校现代远程教育协作组和《中国远程教育》杂志社授予 2018—2019 年度"全国高校现代远程教育优秀校外学习中心"称号。获"2017—2018 年度上海市安全文明校园"称号。

1 人申报副教授,22 人申报讲师。引进 4 位具有副高以上职称的教师。选派 7 人参加上海市教委组织的民办高校"强师工程"研修班。获上海市"中华杯"教师职业技能竞赛健康照护一等奖。

开展志愿服务,累计 3500 人次参与各类志愿服务。开展品牌文化活动,跆拳道队在中国大学生跆拳道锦标赛中获 4 块金牌,取得男子团体总分第二名;在上海市大学生跆拳道锦标赛中,获 10 块金牌、12 块银牌、10 块铜牌。

与美国锡耶纳赫兹大学合作举办的"艺术设计"专业高等专科教育项目、与韩国东西大学合作举办的"戏剧影视表演"专业高等专科教育项目开班;接待美国匹兹堡州立大学代表团到访,探讨两校的合作;举办美国纽约理工大学留学项目校园宣讲会;与德国国际技术转移联合会及德国德冠教育集团就双方的合作达成多项共识。 (廖文文)

【获全国职业院校技能大赛"团体一等奖"】 5 月

25—26日，由教育部与国务院相关部门、行业组织和地方共同举办的全国职业院校技能大赛在青岛酒店管理职业技术学院举行。由上海震旦职业学院2017级机电一体化专业王青昊、2018级工商企业管理专业王禛、2017级工商企业管理专业杨涛、2017级工商企业管理专业周志恒4名学生组成的代表队，在大赛的高职组市场营销技能比赛中获团体一等奖。（廖文文）

【校企合作定向班开班】 11月14日，上海震旦职业学院与上药控股有限公司合作定向班在上药控股有限公司举行开班仪式。该定向班旨在"笃学砺德，共育人才"，由校企双方按照"优势互补、资源共享"的原则选派教师，对首批遴选的29名学生进行理论教学和实践教学。（廖文文）

11月14日，上药控股震旦校企合作定向班在上药控股有限公司开班

【承办长三角高校心理协会联盟年会】 12月28日，由上海市教委长三角教育协作办公室、上海市民办高校党工委、上海高校心理咨询协会、上海市民办高校心理健康教育基地主办，上海震旦职业学院承办的"育人育心 师生发展"长三角高校心理协会联盟年会暨高校教师继续教育专家论坛在美兰湖国际会议中心举行。年会上，高校教师代表就心理健康教育的机遇、挑战与使命等议题展开交流。（廖文文）

附：学校负责人及地址

（2019年1—12月）

理事长：张惠莉
董事长：张　沈

校党委书记：黄晞建
副书记：陈力华、夏　臻

校　长：陈力华（8月离任）、冯伟国（9月到任）
副校长：张惠莉、张　沈、王纯玉、乔　刚

地址：罗店镇市一路88号
邮编：201908
电话：66866920

上海民远职业技术学院

【2019年概况】 上海民远职业技术学院设国际航运物流学院、经济管理学院、智能工程与技术学院、外国语学院、艺术学院、思政教学部6个二级院（部）。获批4个专业的招生并恢复市场营销专业招生，招生专业（包括专业方向）18个。全日制在校生895人。应届毕业生就业率99.07%。专任教师42人，其中副高级及以上职称的占30%、中级职称的占33.3%，硕士及博士研究生学历的占50%以上。

调整课程设置，修订2019级人才培养方案。物流管理专业开展"1＋X"证书制度试点改革。汽车运用与维修技术专业、机电一体化技术专业、电子商务专业继续探索双证融通改革。1项上海市民办高校教育科研项目一般项目结题，2项上海市

高等教育学会课题结题。1 名教师申报上海高职高专教学研究会教师教改项目，立项并结题。学校专职教师发表学术论文 9 篇，其中 4 篇在国家级核心刊物发表、3 篇在国家级一般刊物发表、3 篇在省级刊物发表。

引进 6 名教授担任相关院系负责人。确保每个专业带头人都具有副高以上职称。开展师资队伍培训活动，引导教师根据市场和社会需要不断更新教学内容，改进教学方法，推进职业教育教学改革。

（吴永丽）

【召开《国家职业教育改革实施方案》学习研讨会】 4 月 10 日，上海民远职业技术学院举行“职教改革 20 条学习研讨会”。上海市电子商务行业协会领导、教育部全国电子商务职业教育教学指导委员会有关专家，上海、浙江、广东及湖北电子商务企业家和职业教育专家，上海民远职业技术学院董事长、全体学校领导、部分中层干部及教师代表 30 余人与会，共同探讨如何结合学校实际落实“职教改革 20 条”，推动学校改革，实施校企“双元”育人。

（吴永丽）

【上海民远职业技术学院召开于漪先进事迹学习会】 10 月 16 日，上海民远职业技术学院举行于漪先进事迹学习会。学校中层以上干部、全体党员及部分学生入党积极分子与会，观看“改革先锋”于漪的相关纪录片，并表彰“学习强国”学习标兵。

（吴永丽）

4 月 10 日，上海民远职业技术学院召开
“职教改革 20 条学习研讨会”

附：学校负责人及地址

（2019 年 1—12 月）

董事长：王　勋
校党总支书记：周志进

校　长：陈敬良
副校长：刘江宁

地址：唐陆路 3892—3928 号
邮编：201210
电话：68791220

上海思博职业技术学院

【2019 年概况】 上海思博职业技术学院设卫生技术与护理学院、国际商务与管理学院、建筑工程与管理学院、工程技术学院、艺术设计学院、人文与教育学院 6 个二级学院、1 个基础教学部和 2 个直属系，有护理、国际商务、建设工程管理、学前教育等八大类 34 个专业（含方向），基本形成与现代服务业、先进制造业等对接的工、商、管、医、艺多科性协调发展的专业布局。全日制高职在校生 7000 余人、计划内成人教育大专生 678 人。应届毕业生 2375 人，就业 2365 人，就业率 99.58%。师资总人数 396 人，专任教师 304 人，具有高级职称的占 30.92%，硕士研究生以上学历占 59.21%，双师素

质教师占63.13%。有上海市级精品课程15门、上海市优秀教学团队10个、上海市教学名师5人。

年内,学校获评上海市教育信息化应用标杆培育校。数字化校园建设实现万兆核心全光纤网络、千兆到桌面的接入能力,出口带宽1200M,无线网络教学校园全覆盖。拥有校内实践教学基地26个,其中3个中央财政重点资助建设项目、8个上海市财政重点资助建设项目。建有7个实验室。校外实训基地165个。与176家企业共建校企合作项目,其中校企深度合作的实训基地和战略联盟24个、学校和企业为顶岗实习与在校学习建立双向渗透的驻企(驻校)工作站12个。与上海腾科签署华为ICT国际认证培训合作协议,在大数据技术与应用等3个专业开展深入合作。

全年上报46个科研项目,发表论文36篇。获批5项优青项目、6项民创计划B类、1个市教委艺术科研重点课题、1个上海市高职高专文化素养教育研究重点课题。教师《高职专业适应发展需求的响应机制研究》获全国职业教育科研规划课题优秀成果奖一等奖。教师发明的"一种中心支撑毂检测设备"获国家发明专利。

接待美国威斯康星协和大学、英国巴斯学院、日本别府大学、荷兰鹿特丹应用科技大学、日本沟部学园、英国赫特福德大学、荷兰屯特学院、爱尔兰阿斯隆理工学院到访,就合作交流项目进行深入讨论。引入英国与爱尔兰等国先进教育资源。先后组团出访考察朴茨茅斯大学、北安普顿大学、胡弗汉顿大学、培生教育集团、阿斯隆理工学院、都柏林大学、圣三一学院等英国和爱尔兰高校和教育机构。与英国北安普顿大学签署合作协议。与英国朴茨茅斯大学等3所高校讨论合作交流项目。

获"上海市文明单位""上海市安全文明校园"称号。在2019年全国职业院校技能大赛上,获"护理技能"赛项个人二等奖2项、"关务技能"赛项团体二等奖,获"互联网+国际贸易综合技能""建筑装饰技术应用""建筑工程识图"和"虚拟现实(VR)设计与制作"4个赛项团体三等奖。学校升级为2018—2019年度上海市"B级高校创业指导站"。是全国少儿足球师资培训示范基地,"皇马未来之星"中国专训营上海基地。 (徐春霞)

【开展特色育人项目"目标马拉松"】 2019年,上海思博职业技术学院先后开展目标马拉松启动仪式、"我和我的祖国"目标马拉松活动、"5.20为爱奔跑活动"、二级学院活动推进工作汇报会、目标马拉松专家讲座、"不忘初心,勇攀高峰"目标马拉松活动、目标马拉松立项交流会等特色活动,并将目标马拉松纳入体育类课程,倡导全校师生参与。 (徐春霞)

【举行"中国传统文化教育开放日"系列活动】 6月5日,举行"中国传统文化教育开放日"系列活动,包括"引绳敷墨——丝绸之路陕西段建筑艺术展"思博站开展仪式,复旦大学资深教授、博士生导师葛剑雄主题讲座"从历史地理解读上海",西安建筑科技大学博士生导师林源教授专题讲座"西安明钟鼓楼营修史"以及"中国优秀传统文化传承"专题研讨会四项内容。10月11日,"制书·知书"中国最美图书展暨张晓栋千页艺术展活动开幕,展出龙鳞装非遗传承人、经龙装发明人、千页艺术创始人张晓栋的龙鳞装、经龙装、千页系列代表佳作。 (徐春霞)

6月5日,"引绳敷墨——丝绸之路陕西段建筑艺术展"思博站开展仪式举行

【成立人文与教育学院】 10月16日,上海思博职业技术学院举行人文与教育学院成立暨综合实训基地落成典礼。市教委领导,浦东新区惠南镇、浦东新区教育局、兄弟院校、浦东新区幼儿园等单位领导、代表500多人出席典礼并参观人文与教育学院综合实训基地。同时,学校与浦东新区学前教育中心成立"中心—高校学前联盟",与上海市浦东新区东方幼儿园、蒲公英幼儿园、东港幼儿园、云台幼儿园、听潮艺术幼儿园、靖海之星幼儿园6家幼儿园签署"园校合作协议书"。 (徐春霞)

附:学校负责人及地址

(2019 年 1—12 月)

校党委书记:万　峰(9 月到任)　常　焕(1 月离任)

副书记:皋玉蒂、姚大伟

校　长:皋玉蒂

副校长:张学龙、姚大伟、沈小平、崔智涛(9 月到任)

校址:城南路 1408 号

邮编:201300

电话:68029005

上海济光职业技术学院

【2019 年概况】 上海济光职业技术学院设 1 个二级学院、5 个系、2 个教学部、1 个研究所、1 个继续教育学院,有 27 个专业。全年招生计划 2965 人,录取 2548 人,到校报到 2355 人。应届毕业生 1729 人,毕业就业率 99.25%。有专任教师 211 人,其中拥有高级职称的教师 53 人,占 25.1%;具有硕士研究生及以上学历的教师 129 人,占 61%。

通过项目验收评估,被教育部认定为国家优质专科高等职业院校。建筑设计专业群"行企校"应用技术协同创新中心等 9 个项目分别获评国家级骨干专业 3 个、生产性实训基地 2 个、"双师基地"1 个、协同创新中心 2 个、"技能大师工作室"1 个。建筑设计专业被评为上海市一流专业,助产专业为上海市一流培育专业。建设工程管理专业(高本贯通 5 年制)开办。形成城市建设专业群(建筑、建工)和现代服务业专业群(经管、艺术、护理、学前教育)。建设新能源汽车专业群。开设"大学美育""花艺与生活""中外名画赏析"等美育类公选课程。借助智慧树平台实现线上线下教学。完成高职扩招考试工作。建筑信息模型(BIM)、智能新能源汽车、母婴护理、智能财税和网店运营推广 5 个试点职业技能等级证书项目(其中母婴护理证书试点为上海市牵头院校)进展顺利。建筑设计、建筑工程技术等专业将证书内容融入课程,形成新的人才培养方案。2018—2019 学年,参加市级及以上各级各类职业技能竞赛 44 项,获奖赛项 29 项,获奖项 76 个。在全国职业院校技能大赛中,"建筑工程识图"赛项获团体二等奖。在第八届"星光计划"上海市职业院校技能大赛中,参加 21 个赛项,获奖项 30 个。

学校二级院系集聚专业优势,推进与各行业核心企业的合作,与 53 家单位签订校企合作培养人才协议书,与 114 家企业签订校外实习基地协议书并举行挂牌仪式。拥有 2 个中央财政支持建设项目,建有一批由政府资助的校内实训基地,共有实训室 89 个,实训项目数量 656 个,实训工位数 3386 个,校内使用频率 766354 人时。其中,新增实训室 7 个,新增实训项目 36 个,校内使用频率新增 85843.34 人时,可供 3500 多名学生同时开展校内实训或开展专业社团活动,并向社会开放,开展技术技能培训、提供社会服务。

与宝山区财政局签订合作协议,成为财会职业资格考试初、中、高级职业职称考试的固定考点。与宝山区人力资源和社会保障局、上海市卫生考试中心等政府部门建立业务联系,成为市卫生健康委和经济类国家考试的固定考点。与尚才教育科技发展有限公司、北京全美教育科技有限公司等建立更紧密的技术服务合作关系。

支持教职工参加校内外专业会议、教育教学技能培训和竞赛、"1+X"证书培训等共计 60 余人次,国内外访学 3 人,入选高校青年教师培养资助计划 4 人,参加校内外产学研 7 人。推选优秀教师参加校外教学竞赛,获上海高校思想政治理论课教学大比武高职组一等奖,第四届上海市民办高校教师教学技能大赛二等奖、优胜奖,首届长三角民办高校教师教学技能大赛三等奖,上海市高等职业院校教师说课大赛土建类第一名并进入决赛。

成立中捷建筑创新班及中英护理国际班；与韩国东西大学、韩国大庆大学签署合作备忘录，达成短期互访、交换学习等合作意向。寒暑假分别选派13名专业教师、38名学生前往英国、捷克、意大利、俄罗斯、韩国等高校与专业机构进行师资培训和学生文化交流。全年接待国(境)外到访5个团组、32人次。首批韩国大庆大学邮轮专业学生团17人于11月到校，完成一周时间的专业研修。（杜　宇）

【入选国家优质专科高等职业院校】 6月，教育部办公厅发布《关于〈高等职业教育创新发展行动计划(2015—2018年)〉项目认定名单的公示》。经推荐审核，上海济光职业技术学院入选"国家优质专科高等职业院校(国家优质校)"。在教育部"骨干专业"等五类项目认定中，学校建筑设计、工程造价、助产3个专业入选"骨干专业"，装配式建筑实训基地、护理生产性实训基地入选"生产性实训基地"，护理类"双师型"教师培养培训基地入选"双师基地"，建筑设计专业群"行企校"应用技术协同创新中心、建筑信息化应用技术协同创新中心入选"协同创新中心"，蜡染艺术大师工作室入选"技能大师工作室"。（杜　宇）

【获"2019年度上海市育才奖"】 10月11日，上海市教育委员会和市教育发展基金会在市教育发展基金会举行"2019年度上海市育才奖"颁奖大会。会上，上海济光职业技术学院建筑系教师王芳获2019年上海市育才奖，其主讲的三门课程"景观设计""园林工程材料"和"景观扩初与施工图设计"获市级精品课程。（杜　宇）

【获评"2018感动宝山提名人物"】 2月28日，"致敬追梦人—2018感动宝山人物颁奖典礼"举行。历时六个多月，经过基层推荐、评委初评、网络点赞、社会公示和组委会审定等程序评选产生的10个"2018感动宝山人物"和10个"2018感动宝山提名人物"揭晓，"上海工匠"、建工系教授顾惠明获评"2018感动宝山提名人物"。（杜　宇）

附：学校负责人及地址

（2019年1—12月）

校党委书记：姜富明
副书记：李永盛、刘　丽

校　长：李永盛
副校长：姜富明、胡展飞

地址：水产路2859号
邮编：201901
电话：66761065

上海工商外国语职业学院

【2019年概况】 上海工商外国语职业学院设英语语言文化学院、欧洲语言文化学院、东方语言文化学院、商学院、创意设计学院、新媒体与文法学院、智能制造与信息工程学院等7个二级学院，有英语、德语、日语等28个专业(含方向)。在校专科生9025人、成教在校生1297人、自考助学1011人。上海地区录取报到学生1510人，外省(自治区、直辖市)录取报到学生1888人。高职扩招专项考试录取报到67人。应届毕业生2566人。截至8月25日，就业率99.49%。

计算机信息管理专业成为web前端开发试点。完成市级"教学团队""精品课程"申报培育工作。完成汉字应用水平测试工作。学校获批上海民办高校党建与思想政治工作创新专项计划1个A类和5个B类实施项目。师生参加各类竞赛逾20项,包括"星光计划"职业技能大赛、全国职业院校技能大赛,以及英语、日语、韩语等外语专业的业内高规格比赛。在"星光计划"职业技能大赛中,学生获英语口语一等奖、二等奖,数控铣加工比赛中获三等奖。在国际商务技能比赛中获三等奖。在第五届"工商外杯"长三角高职高专韩国语技能大赛演讲比赛中获一等奖。参加第四十六届世界技能大赛上海赛区选拔赛中,1名学生入选上海集训队。教师郑筱筠、窦春霞参加"星光计划"教学技能比赛,分获二等奖和三等奖;教师郑筱筠(吕旻、刘婧)团队参加上海市高等职业院校教师说课大赛获公共基础课组优胜奖,成为上海高职十二强。教师高美华获2019年上海市高等职业院校教师说课(教学能力)大赛公共基础课组二等奖等。教师邹满升获颁2019年度"上海市育才奖"。

全年接待美国、日本、加拿大等9个国家32批次的海外大学与机构的到访,与8所学校签订合作协议书。190名学生出国专升本(硕)留学、国(境)外短期学习、国外实习及游学,其中出国(境)专升本(硕)留学116人、短期学习49人、赴美暑期实习25人。与国外合作院校达成引进外籍教师意向。在上海工商外国语职业学院设立研究生教学实习基地,每学期接受2—4名合作院校研究生到校从事其母语(英语、法语、德语、西语)教学实践,弥补校内英语外教的短缺。经教育部批准,获招收香港特区、澳门特区、台湾地区学生资格。留学生教育继续稳步发展,招收来自美国、日本等9个国家的82名留学生。 (葛春晖)

【设立海外考试考点并承办托福网考】 3月1日起,上海工商外国语职业学院经教育部考试中心批准,设立海外考试考点并承担托福网考实施工作,为在校学生留学和周边地区优秀人才走出国门、寻求国际化发展搭建平台。 (葛春晖)

【非遗金山农民画传习所暨大师工作站揭牌】 6月24日,大师工作室系列活动之非物质文化遗产——金山农民画传习所暨大师工作站在学校创意设计学院举行揭牌仪式。金山农民画传习所暨大师工作站主要研究领域是金山农民画、现代艺术、文创产业等。 (葛春晖)

附:学校负责人及地址

(2019年1—12月)

校党委书记:朱南勤(4月离任)、李月松(1月到任)
副书记:段仁启

校　长:毛忠明
副校长:段仁启、林财兴(9月离任)

地址:惠南镇观海路505号
邮编:201399
电话:68020621

上海邦德职业技术学院

【2019年概况】 上海邦德职业技术学院设经济与管理、艺术设计、国际交流与外国语、应用技术、酒店烹饪、继续教育6个二级学院,有22个专业。建有校内实训中心18个、校外实训场所25个。在籍学生3562人。全年计划招生2020人,录取1522人,报到1344人,招生计划完成率67%。应届毕业生1298人,其中物流中高职贯通63人,就业率100%。教职员工233人。

年内,12名专兼职教师进入教育部全国思政课教师信息库。评选出文明单位2个、文明处室2个。推进中高职贯通、高本贯通项目申报的前期准备工作。先后与上海市第二轻工业学校、上海城市科技学校、上海科技管理学校、上海逸夫职业学校、上海市北职业高级中学、中华职业学校交流沟通,促成计算机专业、烹调工艺与营养专业、应用英语专业、会计专业、人物形象设计专业等中高职教育贯通培养试点项目。组织申报跨境电子商务专业、会计(管理会计)专业、应用英语(跨境商务营销)专业、应用西班牙语(跨境商务营销)专业、学前教育专业(国控)。会计专业获批开展智能财税职业技能登记证书的试点工作。完成教育部第二批现代学徒制试点项目(烹饪和酒店专业)的结项、验收工作。

组织参加2019年中国技能大赛——"四大品牌"上海市职业能力技能大赛,获物流师高级、XR产品开发技术一等奖。13名教师参加上海市"星光计划"第八届职业院校教师教学能力大赛,获6个奖项。在上海市高等职业院校教师说课大赛中获一等奖,进入决赛。16名教师的校级产学研项目和2018—2019学年中2名教师的市级产学研项目通过专家组中期检查与指导。中澳物流与中日舞台艺术设计两个中外合作办学项目顺利通过市教委的办学质量专项年检。中澳物流许可证到期评估通过,中外合作办学资质得以延期至2024年。

(郑　楷)

【中国数字经济与跨境电商培训认证(长三角)管理中心揭牌】 12月28日,在上海邦德职业技术学院举行的第二届全国职业院校跨境电商技能大赛暨颁奖典礼闭幕式上,上海邦德职业技术学院和中国出入境检验检疫协会、中国社科教育培训中心跨境电商发展研究中心等为中国数字经济与跨境电商培训认证(长三角)管理中心揭牌。该中心由中国社科教育培训中心数字经济与跨境电商发展研究中心授权成立,位于上海邦德职业技术学院,开展跨境电子商务师、跨境电商金融服务师、跨境电商物流师等培训项目。深圳虾皮信息科技有限公司授权成立的高校人才孵化基地同时揭牌。中国出入境检验检疫协会、中国社科教育培训中心跨境电商发展研究中心、上海市电子商务促进中心、上海邦德职业技术学院领导以及部分参赛师生参加活动。

(郑　楷)

【全国职业院校跨境电商技能大赛暨颁奖典礼举行】 12月28日,由长三角教育一体化发展研究院、上海市电子商务促进中心、中国社科教育培训中心数字经济与跨境电商发展研究中心为指导单位、上海邦德职业技术学院主办,上海宝山区职业教育集团、上海跨境电子商务生态链联盟、上海聚文信息技术有限公司协办的第二届全国职业院校跨境电商技能大赛暨长三角高职高专跨境电商技能大赛颁奖典礼在上海邦德职业技术学院举行,共有42所来自全国各地职业院校,166支代表队,483名参赛选手参加。江苏盐城技师学院等7所学校获三等奖,上海市工程技术管理学校等13所学校获二等奖,浙江经贸职业技术学院等7所学校获得一等奖,上海交通职业技术学院等4所学校获特等奖。

(郑　楷)

12月28日,第二届全国职业院校跨境电商技能大赛暨颁奖典礼举行

附:学校负责人及地址

(2019年1—12月)

校党委书记:杨卫武

校　长:葛　朗
副校长:姚永敬

校址:锦秋路299号
邮编:200444
电话:56680657

上海中侨职业技术学院

【2019年概况】 上海中侨职业技术学院设经济与管理学院、信息与机电学院、护理与健康学院、建筑工程学院、艺术学院、食品学院与外国语学院，有国际商务、工商管理等33个专业面向全国招生。有全日制专科生6021人，成人专本科在校生510人。在编教职工465人，专任教师343人。

学校"基层党务实操能力规范化、实战化提升""民办高校少数民族辅导员工作室建设项目"等9个项目获立项。艺术学院直属党支部红梅工作室入选上海高校"双带头人"教师党支部书记工作室。吴西芝获上海市育才奖。引领学生服务国家战略，完成第二届中国国际进口博览会、首届长三角青年志愿服务交流大会、2019花样滑冰上海超级杯、青少年国际足球邀请赛的志愿服务工作。引领学生服务城市发展，承担"青少年海防夏令营""小学生爱心暑托班""生活垃圾分类""防艾宣传"等志愿者服务项目，打造符合职业教育特点"专业+"品牌志愿者队伍和常态化志愿服务项目，组建美丽乡村志愿者服务队，食品安全志愿者服务队，为老志愿服务队，设立"阳光家园艺术教育体验""金山区辅读学校向阳计划"等。2名优秀毕业生参与"西部计划"赴云南开展脱贫攻坚志愿服务。定期举办创新创业训练营，组织第五届"中侨合伙人"创新创业大赛等。

申报"1+X"证书制度试点，"老年照护(中级)"进入全国首批"1+X"证书制度试点院校，"失智老年人照护""工业机器人操作与运维""传感网应用开发"成为第二批"1+X"证书制度试点院校。完成教育部首批现代学徒制试点结题工作。完成"生物医药"和"无人机"两个新专业的申报工作。实施教材改革与建设项目，加强专业建设、实训中心和实训基地建设。全年申报获批27个科研项目。

先后组织赴国(境)外留学、访学、实习的师生105人。与美国加州州立理工大学波莫纳校区搭建师生交流平台。与英国公立南威尔士大学开展"2+1"本科合作。与上汽通用、上海通成、库茂机器人等11家单位建立校企合作关系。与普陀养老集团、上海市现代服务业联合会、浙江商会、中欧校友会等建立合作关系。与永达集团继续合作，推动职业教育和企业行业在人才培养上"捆绑发展"。与上海通成企业发展有限公司建立具有真实生产订单的专业实训室，实现学校、企业、学生三赢的共同体。在金山区科委、上海市公共卫生临床中心以及工业区内各家生物医药企业的支持下，学校申报生物医药专业，通过合作，加强产、学、研、医协同创新发展。 (单驹超)

【召开职教改革研讨会】 5月18日，致达集团、科教公司、迈创学校、上海中侨职业技术学院、上海科技职业技术学院在学校召开深化职业教育发展研讨专题会。上海市人力资源社会保障局政策研究室主任，致达集团及下属高职院校负责人参会。

(单驹超)

【成立中侨平安驿站】 12月10日，上海中侨职业技术学院成立"中侨平安驿站"。金山区张堰镇党委、张堰派出所、张堰镇司法所、张堰镇综治办相关领导以及上海中侨职业技术学院部分师生出席成立会。该平安驿站旨在健全党委领导，全员参与，多方配合，创建法治、自治、德治相结合的校园治理体系，打造平安校园升级版。 (单驹超)

12月10日，上海中侨职业技术学院中侨平安驿站成立

附：学校负责人及地址

（2019年1—12月）

董事长：严健军

校党委书记：平 杰
副书记：陈晓斌、管琰琰

校 长：陈晓斌
副校长：寇新建、平 杰、张 瑜、管琰琰、罗 宁

地址：漕廊公路3888号
邮编：201514
电话：31616009

上海电影艺术职业学院

【2019年概况】 上海电影艺术职业学院设影视艺术学院、动画游戏学院、数字艺术学院、舞蹈表演学院、音乐表演学院等5个二级学院，有19个专业与方向，全日制在校生1863人。年内招生681人。毕业生就业率96.06%。学院专兼职教师175人，其中专任教师129人，其中中高级职称教师54人，占专任教师42%；研究生学历教师76人，占专任教师59%。

坚持"以突出上海红色文化主题开展优秀剧目创作"。开展"时代之强音—我和我的祖国"校园艺术节。服务浦东、嘉定等区庆祝中华人民共和国成立70周年大型演出，创排原创舞台剧《海上兵站》。参与制作院线电影《银河补习班》《我和我的祖国》，热播影视剧《陈情令》《九州缥缈录》《大秦帝国之天下》《青龙》等，话剧《日出东方》《尘光》，儿童剧《小邋遢奇遇记》《愤怒的小鸟》等。学生参加国际级、国家级、省市级比赛20余场，获国际级奖项8项、国家级奖项5项、省部级奖项20余项。

特效制作中心拓展组建炫影动画、壹点视效、Wings数媒、蓝极光数字娱乐4个工作室；视觉艺术中心组建视觉艺术、平面创意、吾妆十色、特效化妆、舞美5个工作室；表演艺术中心组建师优平台、舞台剧表演、音乐剧3个工作室；影视制作中心组建编创、制片、拍摄、剪辑4个工作室。与上海现代人剧社联合出品三部音乐剧《小城之春》《私人教练》《鬼恋》，引进一线导演、编剧、表演训练老师等和校内专业教师联合，共同指导，协同创作，奠定教学、实践的师资和课程平台，在实践中提升学生职业技能和专业素养。

与上海中华职业学校、上海体育学院、上海市振华外经职业技术学校、上海市群星职业技术学校、上海市商贸旅游学校、上海市贸易学校等院校深入合作，开设影视动画、广播电视技术(影视制作)、游戏设计、广告设计与制作、影视多媒体技术等中高职贯通专业，影视动画专业入选首批上海市中高职贯通高水平专业建设项目。聚焦现代化、国际化进程，与美国纽约电影学院、韩国中部大学、韩国清州大学、韩国东西大学深入合作，提升对外开放水平。

(朱云飞)

【话剧《尘光》创新"翻转课堂"话剧实践】 话剧《尘光》由上海电影艺术职业学院和上海现代人剧社联合制作，作为上海文化发展基金会舞台艺术资助项

目，以“翻转课堂”形式创新话剧艺术实践，于7月3日、4日及10月18日，在上海黄浦剧场和浦东新舞台上演。（朱云飞）

【获2019 Elite世界精英模特大赛中国区总决赛总冠军】 10月8日，学校服装表演专业2019级学生丁新迪在世界精英模特大赛中国区总决赛中获“第36届Elite世界精英模特大赛中国赛区总决赛”总冠军，是近35年来首位进入全球5强的中国男模。（朱云飞）

【音乐剧《小城之春》助力长三角文化发展】 音乐剧《小城之春》由学院与上海现代人剧社联合制作，作为“上海优秀民营院团展演”的获奖剧目，服务长三角文化，11月8日在安徽合肥瑶海大剧院首演。（朱云飞）

11月8日，音乐剧《小城之春》在安徽合肥瑶海大剧院首演

【获中国高校公益服装设计大赛金奖】 11月16日，学院2017级人物形象设计专业学生张燕凭借《脸谱》摘得第二届赢家时尚中国高校公益服装设计大赛金奖，其作品将中国传统文化京剧脸谱元素，注入新时代服装设计。（朱云飞）

附：学校负责人及地址

（2019年1—12月）

校党总支书记：顾成明
副书记：是科圣、吕　旻

校　长：江　泊

地址：达尔文路188号
邮编：201203
电话：50271101

上海开放大学

【2019年概况】 上海开放大学在校生82962人。高教招生32388人。毕业学生18370人。举办非学历教育培训班347个，服务培训学员10.1万人，服务考生9.5万人次。打造“幼有善育”培训品牌，全年完成16个区4244名从业者培训任务。成立上海家庭教育指导服务中心，设立5家系统分中心。完成13期1026人的高校辅导员、信息员及区纪检系统宣传干部网络素养培训，覆盖上海60所高校和16个区。引进剑桥通用英语五级证书考试品牌。完成6800人初级工商管理EBA培训。完成2744人会计继续教育培训、9236人会计职称考试。推进托育从业人员职业培训，完成托育职业道德系列教材开发，建成100人规模的托育职业道德培训师资库，在全市范围内开展职业道德培训4200人。搭建养老行业人才培养共享平台。与上海电机学院合作成立临港开放市民大学。

持续推进“上海百万在岗人员学力提升行动计划”，全年开展管理、人文、职业素养专题职工培训1.1万人次，累计培训19.5万余人次。开展各类从业人员继续教育，累计培训学员6000余人。上海电视中等专业学校在校生13616人。招生8729人。推进“电中在线”学习试点项目试运行。组织3.6万余人次的上海市成人高中统一考试。全年完成3.1万人次的成人中专考试。

研究制定《上海开放大学关于落实〈上海教育现代化2020〉大力发展成人高等学历教育的行动方案》，增设汽车运用与维修技术等2个新专业，关闭7个专业，优化27个专业，形成覆盖6个学科、24个大类的专业布局。推进课程教学一体化改革，立项40门课程开展改革试点，建立“课程设计—资源建设—教学实施—考核评价”一体化教学新模式。行政管理和汉语言文学专业获得学士学位授予权，并获得学士学位英语考试试点权。试点开展对分校办学水平评估。推出阿基米德上海开放大学学习电台《开大有课》，打造上海开放大学学习品牌。与衡山(集团)合作成立上海开放大学文化旅游学院。推进开放智慧学习中心建设，完成在线学习平台个性化升级，支撑919门在线课程。毕业学生综合能力受到用人单位肯定，第三方调查满意率达94.4%。

全年组织系统专兼职教师开展培训3000余人次。首次组织系统教师赴德国开展人才培养模式主题培训。通过开展优秀青年教师选拔与培育、教学名师评选与名师工作室建设等项目推进教学团队建设，提升教师队伍整体水平。

与联合国教科文组织终身学习研究所联合开展培训和研究项目，设立SOU—UIL项目合作办公室。连续两年举办“联合国教科文组织成员国面向终身学习的教育系统开发能力建设研修班”，为越南、印度尼西亚等8个国家69名学员开展培训。与德国哈根远程大学签署合作备忘录，推进两校在科研、学术交流、中德数字化开放学习平台建设等方面的工作。设立上海开放大学巴基斯坦海外汉语教学中心和澳大利亚悉尼汉语教学中心。

初步完成智慧学习中心子项目建设工作，实现线上线下实时融合的教与学以及教学数据线上线下实时采集、分析和即时反馈。优化开放教育在线平台，完善在线学历学习平台功能升级，具有学习预警、学习评价、学习协作、学习数据可视化等功能。在线学习平台累计开设3000余门课程，容量超过7T，为1979名学校教师、81870名学习者提供在线教学个性化教学服务支持。学校申报成为第一批上海市教育信息化应用标杆培育校。

完善“上海开放大学数字资源汇聚、供给、运营、评价”工作，完成8个专业33门在线课程资源建设工作。组织全系统参加第二十三届全国教育教学信息化大奖赛，其中2个作品获一等奖。继续建好“上海学习网”，点击量突破2.4亿次，注册人数超500万，在线课程资源逾30000个，形成网上学习团队7000多个。

获2019年(第十二届)中国大学生计算机设计大赛二等奖一个、三等奖2个。在第二十三届全国教学信息化大赛中获一等奖2个、二等奖1个、三等奖5个。2项课题获批上海市决策咨询研究教育政策专项课题。17个项目获批教育部高校产学研创新基金项目、上海市哲学社会科学规划项目。工程技术中心获教育部高校产学研创新基金项目。信息安全与社会管理创新实验室成功申报“上海高校智库”，获上海市决策咨询研究成果奖一等奖。《开放教育研究》杂志入选2019年度上海市高水平高校学术期刊支持计划，获2019年中国国际影响力优秀学术期刊。　(王会姣、杨　东)

【“长三角地区开放教育学分银行”建设会议召开】 1月22日在上海开放大学国顺路校区召开“长三角地区开放教育学分银行”建设会议。上海开放大学领导和沪苏浙皖一市三省学分银行管理中心负责人与会，就长三角地区开放教育学分银行的定位、功能、组织架构、运行方式等内容进行研讨，并达成初步共识。　(王会姣、杨　东)

【文化旅游学院揭牌】 5月19日，上海开放大学与上海市衡山(集团)有限公司战略合作签约仪式暨上海开放大学文化旅游学院揭牌仪式在上海春申旅游进修学院举行。双方代表签署“上海开放大学与上海市衡山(集团)有限公司战略合作框架协议”。市教委、市文化旅游局、杨浦区以及市旅游行业协会有关领导出席并见证“上海开放大学文旅学院”和“上海开放大学文旅学院杨浦校区”揭牌。

（王会姣、杨　东）

5月19日，上海开放大学文化旅游学院在上海春申旅游进修学院揭牌

【举行首届长三角养老行业人才培养与发展论坛暨长三角养老行业人才培养共享平台成立仪式】 论坛由长三角区域合作办公室、市教委、市民政局、市卫健委指导，上海开放大学和杨浦区政府主办，9月21—22日在上海开放大学举行。长三角区域37所高等院校及中职院校、24家各级养老行业协会、28家大中型养老服务企业、4家养老培训中心的400多人与会，围绕新时期长三角区域养老服务一体化发展，养老专业人才培养、养老护理员队伍发展等议题展开深度对话。“长三角养老行业人才培养共享平台”同时成立。作为该平台第一项成果——《养老行业人才培养·长三角共识》签署并正式发布。

（王会姣、杨　东）

【UIL—SOU项目合作办公室揭牌】 10月28日，上海开放大学与联合国教科文组织终身学习研究所（UIL）就联合开展项目合作在上海举行签约仪式。UIL所长和上海开放大学校长共同为UIL-SOU项目合作办公室揭牌。该办公室设在上海开放大学，是UIL在全球首次与一家高校设立项目合作办公室并开展联合研究与培训项目。合作项目包括联合实施“全球大学在推动终身学习方面的作用”的研究、联合建设全球终身学习和学习型城市建设案例电子资源库，以及联合开展能力建设培训。

（王会姣、杨　东）

10月28日，上海开放大学与联合国教科文组织终身学习研究所（UIL）就联合开展项目合作签约

【与上海电机学院合作成立临港开放市民大学】 11月20日，“上海开放大学　上海电机学院——临港开放市民大学成立仪式”在上海开放大学举行。市教委、浦东新区的领导，临港区域高校联盟各单位相关负责人及相关分校、上海电机学院相关部门负责人等60多人参加活动。成立仪式上，上海开放大学与上海电机学院签署“上海开放大学　上海电机学院战略合作协议”及“关于共同举办‘临港开放市民大学’的框架协议”。

（王会姣、杨　东）

【上海家庭教育指导服务中心成立】 12月2日，上海家庭教育指导服务中心成立仪式暨“上海智慧父母成长课堂”主题活动在上海开放大学举行。上海家庭教育指导服务中心围绕建设和美家庭、培育智慧父母、助力科学育儿、关注心理健康、打造特色品牌、塑造人才队伍六大工作职责，重点培育美好家庭，普及专业的家庭教育知识，开展家庭教育理论研究，构建家、校、社协同推进的家庭教育指导服务体系。中心在浦东、长宁、杨浦、静安、奉贤等区设立分中心，联动上海开放大学分校一起推进家庭教育的发展，形成联动联建联通的机制。

（王会姣、杨　东）

【举办AI+终身教育应用学术论坛】 12月10日，AI+终身教育应用学术论坛在上海开放大学举办。论坛由上海教育委员会终身教育处指导，上海开放大学上海开放远程教育工程技术研究中心主办，邀请多位专家作 AI＋终身学习的专题报告。现场发布《人工智能时代的终身学习——上海在线学习者AI画像白皮书》。白皮书基于大数据画像方法，对上海终身学习进行精准化的调查，对上海在线学习者人工智能＋教育需求与态度情况进行细致研究和深入剖析，揭示上海学习者对AI的态度和需求，为未来教学资源与学习者的精准匹配带来新的启示。 （王会姣、杨　东）

附：学校负责人及地址

（2019年1—12月）

校党委书记：楼军江
　副书记：褚劲风、高建华、孙向彤

校　长：袁　雯
副校长：王　宏、张　瑾、王伯军

地址：国顺路288号
邮编：200433
电话：25653100

教育科研与考试、评估机构

Institutions of Scientific Research, Examination and Evaluation on Education

上海市教育科学研究院

【2019年概况】 年内，上海市教育科学研究院完成在研各级各类课题312项，发表论文130余篇，出版专著31部。《教育决策参考》《民办教育决策参考》向市政府、教育部提供专报百余篇。申报并获立项的规划项目11项，其中国家重大课题1项、国家一般课题3项、上海市哲社一般课题1项、上海市哲社青年课题1项、市级项目5项。申报并获立项上海市政府决策咨询研究教育政策专项3项。

继续参与全国教育现代化监测评价体系研制，围绕省级政府履行教育职责、县域义务教育均衡发展、中高职教育质量等持续开展监测评价工作，其中，国务院教育督导委员会办公室委托的《2018年全国中等职业学校办学能力评估报告》和《2018年全国高等职业院校适应社会需求能力评估报告》，首次以上海市教育科学研究院名义向全社会公开发布。此外，受教育部委托，跨所组建团队，承接“双一流建设动态监测平台”建设任务。聚焦教育脱贫攻坚、高校设置与布局、中小学校外培训机构监管、在线教育管理、营利性民办学校审批服务、语言文字政策等热点领域，推进相关研究。首创“中国系列”思政选修课，入选中共中央组织部“不忘初心、牢记使命”主题教育指定学习材料。

系统推进大中小学德育一体化改革，全程参与《上海高校马克思主义学院建设规范(2019年本)》等文件起草工作；研制《上海教育现代化监测评估体系》《长三角区域教育现代化监测评估体系》等，推进区域教育现代化发展；持续推进PISA研究、学习基础素养研究、幼儿健康水平检测与分析、学区化集团化办学、义务教育优质均衡发展等项目，形成基础教育研究品牌特色；开展九大产业领域人才需求调研，深入职业教育体系建设研究、开展终身教育立法修订、社区教育实验项目管理等，助力上海高质量产业体系建设；聚焦民办中小学招生制度、民办中小学发展、民办高职院校内涵提升计划、民办中小学幼儿园规范管理，推动民办教育健康发展。

以国家教育宏观政策研究院、长三角一体化教育研究院、上海市教育科学研究院海南教育决策研究中心建设为纽带，拓宽决策咨询服务范围，发挥上海教育智库服务全国的作用。除承接上海高校、各区教育部门等单位和长三角地区教育行政部门、基层学校、行业龙头企业等不同单位委托项目以外，还将援疆援藏项目及老少边地区教育发展作为发挥上海教育智库服务全国的重要载体，助力不同地区教育现代化发展。

设置国际交流奖，重点支持各研究所(院)开展高质量、高水平的学术活动，培育院学术活动品牌。全年举办近百场高水平学术论坛、讲座、研讨会、分享会，吸引全国全市科研人员、校长、教师、学生、家长、社会人士参与，提升行业学术影响力。

利用专业手段及时掌握和分析教育舆情，借助院门户网站、微信矩阵等网络媒介向外发布重要智库建设成果。在重要报刊发表文章100多篇，多名学术带头人和科研骨干接受上海教育电视台“教视约见”、解放日报“上观新闻”专访。

编辑出版《教育发展研究》《思想理论教育》《上海教育科研》《中国高等教育评估》。在中国人民大学人文社会科学学术成果评价研究中心联合人大书报资料中心研制发布“2019年度‘复印报刊资料’转载学术论文指数排名”和“教育学”学科期刊转载学术论文转载量(率)排名中，《教育发展研究》以36篇的转载篇数排名转载量第三，以13.69%的转载率排名转载率第十七(发文181篇)，综合指数排名第六。在“马克思主义理论”学科期刊转载学术论文指数转载量(率)排名中，《思想理论教育》以

39篇的转载篇数排名转载量第一，以17.26%的转载率排名全文转载率第一（发文226篇），综合指数排名第一。（孙崇文、刘金娟、印成君）

【与英国乔德贝斯幼儿教育集团签署合作备忘录】 3月7日，上海市教育科学研究院院长桑标与英国乔德贝斯幼儿教育集团联合董事长签署合作框架备忘录，双方将在儿童与家庭教育事业，在教师培训计划、访学交流项目、教学教材研究、评估标准研究等方面开展合作。（印成君）

【撰写紧密型学区集团建设决策咨询专报】 4月，上海教育科学研究院项目组综合北京、杭州、广州、深圳、成都等地的探索调研，撰写决策咨询专报《如何推进紧密型学区集团建设——来自兄弟省市的探索及启示》。4—12月，围绕市示范性学区集团创建方案开展系列研究。11月14—16日，项目组团参加在成都市举行的“2020年基础教育学区化集团化办学城市论坛”。论坛上，上海从全市推进、区域探索、学区集团实践等方面发表了城市报告1个和行动报告7个。（杨金芳）

【“三区三州”深度贫困县教育脱贫攻坚“一县一策”系列研究】 4—8月，受教育部民族教育发展中心委托，上海市教育科学研究院对幼儿园、特殊教育学校和中小学专任教师、保育员、校舍等资源缺口和相应经费需求做出科学测算，撰写完成“三区三州”135个深度贫困县教育脱贫攻坚资源缺口测算报告。研究成果被全部采纳。项目组在实地调研基础上，撰写凉山州、甘孜州、阿坝地区、和田地区、阿克苏地区、克孜勒苏柯尔克孜自治州、喀什地区七地州（市）调研报告，撰写提供新疆和四川64个深度贫困县教育脱贫攻坚“一县一策”工作指导方案，内容涵盖基本情况、存在问题、工作要求、政策措施等。在此基础上形成的《“三区三州”135个深度贫困县“一县一策”精准扶贫工作指导方案》获教育部民族教育发展中心高度肯定。（付　炜）

【“职业教育体系结构及毕业生升学途径与机制研究”完成】 4月，上海市教育科学研究院承担的教育部发展规划司2016年教育规划与战略研究项目“职业教育体系结构及毕业生升学途径与机制研究”完成。该项目研究成果包括总报告1个、分报告17个和专报6个，总字数约20万字，其中公开发表的阶段性成果（论文）10篇。主要研究内容包括：中国职业教育体系结构及升学路径与机制研究、国外职业教育体系结构及升学路径与机制研究、完善中国职业教育体系及升学路径与机制的建议3个部分。（张　鸣）

【与华东师范大学签署全面合作框架协议】 4月19日，上海市教育科学研究院院长桑标与华东师范大学校长钱旭红代表双方签署全面合作框架协议。根据协议，双方在依托国家教育宏观政策研究院开展合作的基础上，深入开展重大教育项目研究，全面推进教育决策系统建设，继续强化基于大数据的教育决策咨询，持续推动国内外学术交流与国际合作，共同培养教育决策专业人才和干部队伍，实施全面战略合作。市教委领导及市教科院、华东师范大学的负责人出席签约仪式。（教　科）

4月19日，上海市教育科学研究院
与华东师范大学签署全面合作框架协议

【市区两级依法治校创建检查评估】 5—11月，上海教育立法咨询与服务研究高教所基地开展5区教育局依法治校创建初审工作和市级评估复核工作，走访并实地检查区教育局及所属幼儿园、中小学和中职校。经过市区两级依法治校创建检查评估，截至年底，全市3003所幼儿园、中小学、区教育局属中等职业学校完成依法治校创建工作，创建率达93.3%；100%的行业类中等职业学校完成依法治校创建工作。（陈颖慧）

【高等职业教育质量年度报告发布】 6月在北京发布《高等职业教育质量年度报告》。该报告进一步完善了由学生成长成才、学校办学实力、发展环境、国际影响力和服务贡献力构成的“五维质量观”，首次发布高等职业院校育人成效50强榜单，增加学生反馈表，重视学生在校期间获得感，引导高职院校注重全面落实立德树人的根本任务。该报告的优化教学资源50强指标，体现职业教育类型特征，从硬件资源、教师资源、课程资源、校企合作资源4个维度、11个指标项目对院校的办学资源进行评价。该报告的国际影响力50强评价指标更加强调专业课程标准水平、国(境)外服务与影响。 （教 科）

【与海南省教育厅签订战略合作框架协议】 7月22日，海南省教育厅与上海市教育科学研究院战略合作框架协议暨“海南省高等教育布局规划(2018—2035)”项目报告会在沪举行。海南省教育厅厅长曹献坤与上海市教科院院长桑标代表双方签订战略合作框架协议。根据协议，双方进一步推动和深化教育智库交流，全面开展政策和决策支持研究、共同提升学校科研、适时开展教育培训、合作推进人才培养、广泛开展人员交流。9月17日，上海市教育科学研究院海南教育决策研究中心在海南省成立。海南省教育厅副厅长黎岳南，上海市教育科学研究院院长桑标、副院长张珏，海南省教育研究培训院院长陈力共同为海南教育决策研究中心揭牌。该教育决策研究中心是省教育厅与上海市教育科学研究院合作共建的非独立法人的研究机构，旨在充分发挥上海市教育科学研究院在教育决策研究方面的优势，围绕海南国际教育创新岛建设的体制机制、规划布局、协同发展、治理能力、内涵发展等方面重点工作进行攻关，打造以研究高起点、体制高度开放、人员高度灵活为主要特征，具有国际视野的教育决策研究中心。 （教 科）

【项目化学习的中国探索高峰论坛举行】 9月22日，上海市教育科学研究院和徐汇区教育局共同举办的项目化学习的中国探索高峰论坛在徐汇区西位实验小学召开。来自市教委、市教科院、市教研室、市师资培训中心、区教育局及国内外高校相关领导与专家、全国教育界人士近500人与会。专家围绕“项目化学习的中国探索”“学习基础素养的三级课堂变革”“真实情境的深度学习”“在项目化学习中进行科学、阅读的表现性评价”等主题作主旨演讲。论坛现场，宣布成立上海学习素养课程研究所，由上海市教育科学研究院普教所和徐汇区教育局共同主办。论坛同时启动学习基础素养项目第二轮研究，成立“学习素养·项目化学习全国联盟”。 （杨金芳）

9月22日，上海市教育科学研究院和徐汇区教育局共同举办的项目化学习的中国探索高峰论坛在徐汇区西位实验小学召开

【形成《上海高校师生思想政治状况滚动调查报告》】 2019年，上海市教育科学研究院围绕“课程思政教育教学改革”“大中小思政课一体化建设”“劳动教育”开展系列重大项目研究，形成系列决策咨询报告供相关决策部门参考；起草9份重要文件，部分已获市教卫工作党委、市教委采用；开展实施安全教育专题调研，全年报送安全教育舆情专报100余期，其中数十篇被相关部门录用，数篇受到国家领导人批示。 （申国勇）

附：院负责人及地址

（2019年1—12月）

院党委书记：汪歙萍(3月到任)
副书记：陆 勤

院 长：桑 标
副院长：王 刚(2月离任)、张 珏、陆 璟、沙 军

地址：茶陵北路21号
邮编：200032
电话：64167677

上海市教育考试院

【2019年概况】 年内，上海市教育考试院承担各项考试41次，覆盖考生178万余人；录取26万余人，其中，上海市普通高校招生录取考生61782人（不含高职扩招专项考试招生），研究生招生考试录取硕士生58142人、博士生10109人，成人高校招生考试录取53359人，中等学校高中阶段招生录取70369人（含三线单位高中）。普通高校招生报名人数76364人，硕士研究生报名人数181995人、博士研究生报名人数25138人，成人高校招生考试报名人数62575人，初中毕业统一学业考试报名人数（含三线单位）72724人，高中学业水平考试报名人数222689人次，报考总科次为714175科次；高等教育自学考试报考人数183313人，理论考试科次531517科次，专科毕业人数1341人，本科毕业人数5723人。承办各类社会考试项目9项，考生总规模1013683人。

加强听课调研，开展考试研究、培训和试测工作。完善各类考试说明，规范评卷质量管理，提高评分管理效率。全面贯彻党的教育方针，落实立德树人根本任务，坚持命题工作的正确政治方向。命题试卷结构稳定，注重核心素养和关键能力的考查，推动中学课程改革，各科目考试结果保持稳定。

高考改革不分文理、“院校专业组”的志愿填报和投档录取模式日趋成熟。高中学生综合素质评价应用稳步推进。完成艺体类平行志愿改革调研，形成2020年上海市普通高校招生艺体类平行志愿招生实施办法。落实国务院关于高职扩招的整体部署。启动初中毕业统一学业考试中招改革配套信息系统建设和考试方案研究，推动考试科目开发和改革。进一步优化高中阶段各类学校招生计划结构，满足学生不同层次的升学需求。

细化落实“一考点一方案”。采取硬件和环境检查软件相配合的技术支持，保障外语听说测试平稳实施。加强研究生考试招生工作的督察，制定复试工作指导意见，加强监督管理力度。试点无纸化命题、试行电子签到和人脸识别入场，打造智慧化考务流程。持续探索集约化考场管理系统，提高考场编排效率。积极开展高中学业水平纸笔和计算机考试等值性研究和试测。

全面整合高考招生考试各类业务需求，构建全闭环高招录取配套系统。启动高考综合考务管理平台开发，实现考生、试卷两大数据流的动态管理和各类考试管理指挥的整合。开发初中毕业统一学业考试改革配套综合管理系统，为初中毕业统一学业考试改革的开展提供全闭环招考信息化技术支撑。继续完善自学考试、成人高考报名管理系统，全面实现在线报名缴费。构建全闭环的上海市计算机等级考管理系统，实现在线发卷和收卷。

建设英语命题组卷系统，提升命题人员的工作效能。建设命题资料库平台，为命题工作提供来源丰富、标定准确、使用便捷的数字化资源支撑。全面升级院门户网站“上海招考热线”的版面和后台管理系统。

完成“一网通办”、无纸化命题管理、RFID试卷管理、考生电子签到试点、人工智能阅卷研究、高中学业考机考试点、标准化考场新技术应用，以及智能化考务平台规划设计等各项任务。实现五类8种成绩（上海市普通高校春季考试、上海市普通高等学校秋季统一考试、上海市普通高校面向应届中等职业学校毕业生招生统一文化考试、上海市普通高中学业水平考试、上海市中等职业学校学生学业水平评价公共基础课程考试、全国成人高等学校招生统一考试、上海市高等学校计算机等级考试、上海市初中毕业统一学业考试）证明的电子亮证，实现“一网通办”中高考成绩查询功能,实现3个信息系统(高考综合改革全国网上录取平台、高中学业水平考试管理系统、招考数据管理平台)的上云及数据编目工作。

完成《上海市教育考试院院务制度汇编》。批准立项2项上海市教育科学研究项目和1项国家教育考试科研规划2019年度课题,1人入选2020年度“上海市教育法学人才培养计划”项目。

全年组织7个团组32人次的出访交流,接待到访5批次21人次,组织2019考试评价国际研讨会。与新加坡考试评鉴局、澳大利亚维多利亚州高等教育招生中心等国际知名考试评价机构建立交流机制。与英国剑桥大学考评院签订合作备忘录。邀请剑桥大学考评院、ETS专家就命题技术、数据处理、在线机考、语言测评等进行专项培训。持续开展K-12科学测评研究项目,有效提升考试评价的研究能力。 (黄 琦)

【普通高校招生】 全年报考普通高校生源数76364人,分为1月份春季招生、3月份专科层次依法自主招生、5月份招收应届中等职业学校毕业生、6月份秋季统一高考招生4个阶段开展招生录取工作。

统一高考招生。①考生报考:春季高考报名45643人,专科层次依法自主招生报名18384人,“三校生”考试招生报名6091人,秋季统一高考招生报名46173人。②招生计划:普通高校各类招生计划共62230个(不含高职扩招专项考试招生)。其中,春季高考本科招生计划2267人,专科层次依法自主招生计划11781人,“三校生”高考招生计划5395人,秋季统一高考招生计划42787人。③录取情况:普通高校招生录取61782人(不含高职扩招专项考试招生),完成招生计划99.3%。本科录取42467人,占68.7%,高职(专科)录取19315人,占31.3%。其中,春季招生录取2128人,专科层次依法自主招生实际录取考生11714人,“三校生”考试招生录取4997人,其中中本贯通专业录取500余人。秋季统一高考招生录取42943人(本科录取39099人,占91.05%,高职(专科)录取3844人,占8.95%)。

2019年上海市普通高校招录情况一览表

招生类型	报名数(人)	计划数(人)	录取数(人)	完成率(%)	其中	
					本科(人)	专科(人)
春季招生	45643	2267	2128	93.87%	2128	—
专科层次依法自主招生	18384	11781	11714	99.43%	—	11714
“三校生”高考	6091	5395	4997	92.62%	1240	3757
秋季统一高考	46173	42787	42943	100.4%	39099	3844
高职扩招	1998	—	1398	70%	—	1398

春季招生录取。延续“统一文化考试+院校自主测试”模式,采用“一档两投”至专业的投档方式,首次实行若考生未参加填报志愿和投档院校的自主测试,其自主测试成绩按零分计入总分并参与综合排序的规定。春季招生为23所市属本科院校62个专业,招生计划2267人,均为特色专业或应用型本科试点专业。报名45643人,相比上年增加24人;实际录取2128人,完成计划93.87%。

专科层次依法自主招生录取。30所院校参加498个专业,11781个招生计划。报名18384人,相比上年增加580人。实际录取11714人,完成计划99.43%。

应届“三校生”高考招生录取。33所院校414个专业参与招生,招生计划5395个。本科计划313个,专科计划4103个。实际录取4049人,完成计划91.69%。中本贯通录取948人,合计4997人。

秋季统一高考招生录取。①考生报考情况。报名46173人(含内地新疆班、西藏班考生1458人),比上年增加201人。②招生计划情况。计划42787人(不含未编制分省招生计划的高校艺术类招生计划),其中本科37503人,专科5284人。③招生录取情况。实际录取42943人,计划完成率100.36%。其中本科录取39099人，专科录取3844人。

2019年上海市普通高校各批次录取情况一览表

招生批次		公布计划数(人)	实际录取数(人)	计划完成率(%)
本科批次	综评批	2247	2215	98.58%
	零志愿批	48	180	375%
	本科提前批	2930	2881	98.33%
	本科艺体批	4581	5382	117.49%
	地方农村批	246	258	104.88%
	本科普通批	27451	28183	102.67%
	小　计	37503	39099	104.26%
专科批次	专科提前批	217	267	123.04%
	专科艺术批	660	589	89.24%
	专科普通批	4407	2988	67.80%
	小　计	5284	3844	72.75%
合　　计		42787	42943	100.36%

注：零志愿批次录取考生包括北大和清华裸招、自主招生等特殊类型、英才班、北大上海博雅及清华上海领军录取人数。普通本科批次包括盲童6人，边防子女预科班4人。

集中录取期间，考试院协助香港特区高校在沪招生44人，协助台湾地区高校在沪招生12人。另有非集中录取考生340人。其中，保送生16所院校录取141人；运动训练、武术与民族传统体育专业19所院校录取108人；六部委体育保送生9所院校录取62人；高水平运动队中体育单招17所院校录取29人。　(刘学岚)

【研究生招生】 2019年，硕士生报考226320人(含推免生)，比上年增加33117人，增长17.14%。按考试方式统计：参加全国统考166337人，推荐免试生12814人，参加单独考试234人，参加管理类联考31268人，参加法律硕士联考15644人。按考生选择统计：学术型研究方向96917人，占42.82%；应用型专业研究方向129403人，占57.18%。博士生报考25138人，比上年增加4569人，增长22.21%。按考生来源统计：应届硕士毕业生8953人，占35.62%；直博考生1833人，占7.29%；硕博连读考生2194人，占8.73%；科研人员948人，占3.77%；高校教师2890人，占11.49%，行政办公人员675人，占2.69%；其他人员7645人，占30.41%。从录取情况看，50所硕士招生单位录取58142人(含推免生)，比上年增加2811人，增长5.21%；报名人数和录取人数之比约为3.89∶1。25所博士生单位录取10109人，比上年增加1102人，增长12.23%。

(曾斌宏)

【成人高等院校招生】 在沪招生成人高校59所，其中上海市成人高校56所，外省市成人高校3所。统一考试报名人数62964人，较上年增加6407人。高中起点升本科(简称“高起本”)报考人数4093人，比上年减少662人；高中起点升专科(简称“高起专”)报考人数17702人，比上年增加2489人。专科起点升本科(简称“专升本”)报考人数62964人，比上年增加6407人；录取考生56012人，最终录取53359人，实际录取率95.26%。其中普通高职(专科)毕业生服义务兵役退役和下基层服务期满免试接受成人本科教育招生录取180人。

2019年上海市成人高等院校招生具体计划及录取情况一览表

招生类型	教育部下拨计划数(人)	比2018年增减(人)	录取人数(人)	比2018年增减(人)
高中起点升专科	15046	+2118	15384	+2133
高中起点升本科	3461	−517	3413	−538
专科起点升本科	34525	+3863	34562	+3661
合计	53032	+5464	53359	+5256

(曾斌宏)

【中等学校高中阶段招生】 2019年，中等学校高中阶段招生报名人数73321人(含三线单位934人及直升)；报名初中毕业统一学业考试72724人(含三线单位934人)；录取人数70584人，其中70369人升入高中阶段各类学校(含658人升入三线单位3所高中学校)，总招生录取率99.70%。

全市71292人参加考试，其中应届毕业生69300人，往届生1006人，返沪生65人，三线单位考生921

人。另有6221名进城务工人员随迁子女借用语文、数学、英语试卷，参加部分中等职业学校招生入学考试。全市共设考点147个、考场3262个。

上海市高中阶段各类学校招生计划80818人(不含部分学校直升计划791人)。其中，高中学校246所招生计划53586人；中职校65所招生计划27232人(含中本贯通1655人、新增五年一贯制319人、中高职贯通6161人)。

上海市高中阶段学校实行提前招生录取和统一招生录取两个批次。全年高中阶段各类学校录取新生69711人(不含三线单位)，其中52164人(含直升)升入上海市普通高中，17547人升入中职校。其中，普通高中提前录取9275人，计划完成率88.25%；中职校提前录取11258人，计划完成率80.84%；普通高中统一录取42889人，中职校统一录取6289人。

2019年上海市中等学校高中阶段招录情况一览表

招生批次	招生学校分类	招生类别	计划(人)	录取(人)	计划完成率(%)
提前招生录取	普通高中	推荐生	4277	3642	85.15%
		自荐生	4760	4638	97.44%
		国际课程班	1473	995	67.55%
		小　计	10510	9275	88.25%
	中职校	中本贯通	1655	1658	100.18%
		五年一贯制	319	321	100.63%
		中高职贯通	6161	6096	98.94%
		自主招生	5791	3183	54.96%
		小　计	13926	11258	80.84%
统一招生录取	普通高中	零志愿	2234	2057	92.08%
		名额分配	2309	2251	97.49%
		1至15志愿(不含三线单位高中)	38533	37885	98.32%
		直　升	791	696	87.99%
		小　计	43867	42889	97.77%
	中职校	1至15志愿	13306	6289	47.26%

19所学校参与特殊教育高中阶段学校(含中职特教班)招生，招生计划354人。参加考生287人，录取251人，录取率87.46%，计划完成率70.90%。录取视力残疾11人，听力残疾9人，智力残疾231人。

63所中职校自主招收随迁子女计划8815人，报名6474人，参加考试6221人，填报志愿确认6109人，录取5998人，录取率98.18%。其中，2所高职院校(6个专业)参加随迁五年一贯制招生，录取99人，计划完成率98.02%；51所学校(182个专业)参加随迁中高职贯通招生，录取1769人(含同分录取人数)，计划完成率100.63%；59所中职校参加随迁中职招生，录取4130人，计划完成率59.37%。

中职校外招计划8236人(含滇西2000人计划)，与上年基本保持不变，录取6332人(含滇西1818人)；成人中专实行注册入学制度，录取6772人，其中春季招生录取1523人，秋季招生录取5249人。中职校各类招生录取共36900人。　(戴芳芳)

【普通高中及中等职业学校学业水平考试】 2019年，高中学业水平考试开考语文、数学、外语、思想政治、历史、地理、物理、化学、生命科学、信息科技10门科目，组织考试4次，报考222689人次，报考714175科次。其中，1月份合格考，语文、数学、外语3门科目报名6984人，计16534科次；1月份合格考补考，开考思想政治、历史、地理、物理、化学、生命科学6门科目报名6880人，计11054科次；5月份等级考，开考思想政治、历史、地理、物理、化学、生命科学6门科目报名100257人，计155866科次；6月份合格考开考思想政治、历史、地理、物理（含物理技能）、化学（含化学技能）、生命科学（含生命科学技能）、信息科技7门科目报名108568人，计530721科次。中等职业学校学生学业水平评价公共基础课程考试开考科目为语文、数学、英语3门，分设合格性考试和等级性考试。19888人报名参加考试，其中仅参加合格性考试的7790人，同时参加合格性考试和等级性考试的12098人（含英语口语考试），计71762科次。　（戴芳芳）

【高等教育自学考试】 组织开展两次高等教育自学考试（以下简称高教自考）。涉及主考学校19所，开考本专科专业90个。其中，4月实际开考课程344门，报考人数90576人（其中新生人数28654人），理论考试263284科次，共有92049人次考试通过，毕业人数3435人；10月实际开考课程349门，报考人数92737人（其中新生人数27509人），理论考试268233科次，共有99500人次考试通过，毕业核定工作定于2020年1月初完成。全年总计报考人次数达183313人次，理论考试531517科次。相比上一年度，报考人数上升10.5%，理论考试科次数上升3.1%。审核、发放2019年专科毕业证书1341张，本科毕业证书5723张。　（肖　广）

【"京津沪渝"高考改革研讨会】 6月14日在上海市考试院举行"京津沪渝"高考改革研讨会。会议以"考试机构的机遇与挑战"为主题。京、津、沪、渝教育考试招生机构共同研讨高考改革实践中的重点、难点和热点问题，共商优化改革实施方案的策略与提升考试机构专业化能力的路径。上海市教育考试院院长郑方贤在会上发言，回顾高考综合改革5年来多方面的实践与探索。　（黄　琦）

6月14日，"京津沪渝"高考改革研讨会在上海市教育考试院举行

【美国ETS工作组到访】 7月8—11日，美国ETS工作组到上海市教育考试院进行K-12科学测评研究项目专题研讨。其间，中美双方工作组成员、中方专家组举行联合工作会议，就项目试测情况，聚焦学习进阶、能力模型、试题编制与修改、考试蓝图、分数报告等议题进行技术培训与分组研讨；举行学术报告会，分享未来教育测量发展趋势、以教和学为目的开展测评的启示、试题分析、项目研究进展与相关成果、项目面临的挑战等内容。双方工作组对形成的成果及共识进行总结归纳，并形成下一步工作计划。　（黄　琦）

【2019考试评价国际研讨会】 11月28—29日，由上海市教育考试院主办的2019考试评价国际研讨会举行。主题为"测评也是学习"。来自美国教育考试服务中心、美国大学入学考试中心、英国剑桥大学考评院、英国文化教育协会、爱尔兰都柏林圣三一学院、澳大利亚维多利亚高等教育招生中心等国际专业教育考试评价机构的专家学者以及国内各省市考试机构、高校和中学、科研部门的200余位专业人士参会。研讨会组织了1场主旨报告、5场专题报告，40位嘉宾进行报告交流，内容涵盖中西教育，既有成熟理论和方案介绍，也有技术方法在不同地区、领域应用的分析研究。　（汤　军）

2019年上海市教育考试院承办的主要考试招录情况一览表

项目名称	报考人数（人）	录取人数（人）
普通高等学校招生全国统一考试	46173	42943
上海市普通高校春季考试、统一高考外语科目考试（1月）	51846	2128
上海市普通高校招生艺术类、体育类专业统一考试	10186	

续表

项目名称	报考人数（人）	录取人数（人）
上海市普通高等学校面向应届中等职业学校毕业生招生统一文化考试	6091	4997
上海市部分普通高校专科层次依法自主招生考试	18384	11714
普通高校联合招收华侨港澳台学生入学考试	458	
普通高校运动训练、武术与民族传统体育专业招生文化考试	108	
上海市公安系统人民警察学员、法院系统司法警察学员招录考试	5031	
高职扩招专项考试招生	1998	1398
全国硕士学位研究生招生考试	181995	58142
博士研究生招生	25138	10109
成人高等学校招生全国统一考试	62575	53359
同等学力全国统考	9170	
上海市普通高中学业水平合格性考试(含补考)	122432	
上海市普通高中学业水平等级性考试	100257	
上海市初中毕业统一学业考试	72724	70369
上海市特殊教育初中毕业统一学业考试	309	251
上海市中职校自主招收进城务工人员随迁子女	6474	5998
上海市中等职业学校学业水平考试(含英语口试)	19888	

续表

项目名称	报考人数（人）	录取人数（人）
上海市高等教育自学考试(4 月、10 月)	183313	
上海市高等学校计算机等级考试	78277	
全国大学英语四、六级考试(CET)	553948	
全国大学英语四、六级口语考试(CET-SET)	53095	
全国英语等级考试(PETS)	29629	
全国计算机等级考试(NCRE)	71470	
全国中小学教师资格考试(笔试)	77817	
合　计	1788786	261408

附:院负责人及地址

(2019 年 1—12 月)

院　长:郑方贤
副院长:刘玉祥、周　勇、章　波、常生龙

院党委书记:刘玉祥
院党委副书记:汪成辉

地址:民星路 465 号
邮编:200433
电话:35367070

上海市教育评估院

【2019 年概况】 年内,上海市教育评估院对接服务市教卫工作党委、市教委的 19 个处室,完成评估项目 81 项,其中新增项目 20 项。项目内容涵盖基础教育、高等教育、职业教育、终身教育、民办教育、中外合作办学等各领域。

不断提升服务能级,完成 35 家单位的 67 个学位授权点合格评估抽评、四类 62 所高校的分类评价、14 个区 37 所一级幼儿园评估、58 所学校 143 个中职校示范性品牌专业和品牌专业建设验收评估、1 所普通高校 2 个师范类专业认证、51 所高校依法治校创建评估等。积极拓展经营项目,其中有中国国际工业博览会组委会委托的对 9 个省份 46

所高校80项中国高校展区优秀展品奖的评选，以及4所高校本科专业达标评估、21所高校623位教师高级专业技术职务学术能力评议等。

全院全年发表学术论文22篇(其中EI收录1篇、核心期刊16篇)。承担上海市高中教育教学质量综合评价指标研制、上海市普教系统教师职务结构比例和岗位合理设置研究等重大课题。期刊《上海教育评估研究》获国家哲学社会科学文献中心学术期刊数据库“最受欢迎期刊”称号。

对外交流方面，竞聘担任新一届亚太地区质量保障组织(APQN)秘书处工作；组团随团出访10人，学习国外先进教育评估理论与经验。(胡恺真)

【上海高校分类评价与督导】 2019年，组织开展上海高校分类评价与督导工作，完成对上海四类62所高校2018年度办学水平和绩效的整体评价，并赴部分高校实地督导。围绕完善评价指标内涵、优化评价工作流程、构建数据采集平台、加大数据核查力度等环节展开。进一步完善指标体系结构、细化指标观测内涵、优化数据测算模型，坚持综合性、整体性、全面性的评价导向。通过建设“上海高校分类评价系统”平台，实现数据采集全程无纸化运行，提升工作效率。通过加大评价结果的反馈力度和精细度、提升数据可视化呈现效果，帮助高校进一步明确分类发展的定位和方向。(吴新林)

【高水平地方高校建设中期评估】 6月，受市教委委托，对上海大学和上海中医药大学开展地方高水平地方高校建设中期评估。评估综合运用三种模式：审核式评估，即以两所高校自设目标为基准，强化建设任务过程管理，重点关注中期目标实现情况与总目标达成趋势；协商式评估，即尊重两所高校的办学自主权与自身特色，强调政府部门、专家和学校共同协商讨论有关个性化的评估内容；发展性评估，即强调以评促建，通过发现与改进问题、总结与推广经验，更好地推动两校乃至上海其他试点高校的后期发展。评估报告显示两所学校中期建设成效显著，整体实力明显提升，发展态势良好。

(方　乐)

6月20—21日，市教委对上海大学高水平地方高校试点建设进行中期评估

【市级暨国家级一流本科专业建设点遴选推荐评审】 受市教委委托，组织专家组开展上海市级暨国家级一流本科专业建设点遴选推荐评审。评审的原则是，看齐国家要求、坚持公平公正、体现分类指导。经过学校推荐、材料审核，专家组结合国家评选标准，从专业定位与特色、教学团队、专业教学改革、教学质量保障等方面对各专业进行综合评议，从市属高校推荐的专业中遴选市级一流本科专业建设点并推荐申报国家级一流本科专业，对部属高校推荐的国家级一流本科专业认定为市级一流本科专业建设点。(孟　洁)

【硕士学位论文抽检】 受市学位办委托，组织实施2018年度硕士学位论文抽检工作。抽检范围为上海各学位授予单位(学位工作由其上级部门管理的单位除外)在2017年9月1日—2018年8月31日期间获硕士学位者的学位论文，涉及培养单位38家，共参评论文2295篇，其中学术学位论文951篇，涵盖82个一级学科；专业学位论文1344篇，涵盖37个专业类别。(陈佳妮)

【家庭教育示范校评估】 受市教委委托，组织实施第三轮上海市家庭教育示范校评估。在学校自愿申报、区教育行政部门推荐的基础上，经专家材料评审(包括初评和复评)、家长网络问卷调查、集中评议、现场评估等程序，共有上海市浦东新区锦绣小学、上海市高行中学等208所学校被授予“上海市家庭教育示范校”称号。(朱　丽)

【中等职业学校示范性品牌专业和品牌专业建设验收评估】 受市教委委托，在2018年8个专业点试点评估基础上，完成对2016年立项建设的151个专业点的建设验收评估工作。经学校自评申报、专

家网上材料评审、现场集中汇报答辩评审、实地抽查和综合评议等环节，坚持质量优先、专业导向和结构优化的原则，最终评估认定42个专业为上海市中等职业学校示范性品牌专业，68个专业为上海市中等职业学校品牌专业。（胡　兰）

【区级老年大学内涵建设情况调研】 受市教委委托，组织开展第三批4所区级老年大学内涵建设情况调研。通过学校汇报、随堂听课、实地查看、访谈座谈、核实数据等多个环节，进一步推动老年教育机构，不断完善管理体制，健全运行机制，提升师资队伍水平，深化课程和学习资源建设，提高办学实效。至此，上海16所区级老年大学内涵建设调研工作全面完成。市教委委托上海市教育评估院实施的“关于推进区级老年大学内涵建设的实验”项目被认定为“2019年度上海市社区教育实验优秀项目”。（黄　蓉）

【职业教育开放实训中心运行绩效评估】 受市教委委托，组织开展上海市职业教育开放实训中心运行绩效评估工作。在前期修订指标体系基础上，通过召开学校培训会、学校自评申报、专家材料评审、专家实地抽查评估等环节，对20个开放实训中心进行运行绩效评估和等级认定。（邹　旻）

【中等职业学校、技工学校正高级讲师任职资格评审】 受市教委委托，组织开展上海市中等职业学校、技工学校正高级讲师专技职务任职资格评审。这是在统一的中等职业学校教师职称制度建立后，首次在普通中等专业学校、职业高中、成人中等专业学校、技工学校中进行正高级讲师（含正高级实习指导教师）职称评审。评审工作主要通过教科研成果鉴定、观看课堂教学实录和面试答辩等环节，重点围绕申报教师的师德修养和工作业绩、教育教学能力、教育教学研究水平等方面展开。经学科组综合评议及高评委审定，申报教师中有19人取得中等职业学校、技工学校正高级讲师任职资格。（黄丹凤）

【上海市普通高等学校师范类专业认证】 受市教委委托，在上海师范大学小学教育、物理学（师范）2个本科专业中率先开展师范类专业二级认证试点工作。在前期学校自评、专家审阅自评报告和办学状态监测数据的基础上，组织专家组进行现场考查认证。（田芳园）

附：院负责人及地址

（2019年1—12月）

院党总支书记：冯　晖
副院长：冯　晖、刘苹苹、陈滔宏

地址：陕西南路202号
邮编：200031
电话：54041392

教育电视与报刊

Educational TV and Press

上海教育电视台

【2019年概况】 上海教育电视台获评国家广电总局“TV地标(2019)”年度创新影响力省级地面频道。教育台全天时段、黄金时段收视排名位列14个上海地面频道中第7位,较上年排名提升1位;在上海所有频道组(101个频道)晚间黄金时段中排名第十一位,较上年排名提升3位。在硬件设备层面,继续加强技术流程管理,完善高清非编节目生产主干网、蓝光媒资存储平台文件化送播和存储生产流程。在制作与传播领域升级焕新,搭建短视频制作平台。

《教视新闻》打造新闻访谈板块“教视约见”,先后推出“四有好教师”系列报道、全国“两会”独家专访、“垃圾分类”进校园、“‘不忘初心、牢记使命’主题教育进行时”“关注心理健康教育,与孩子共同成长”“高校书记党建系列访谈”“进博会特别报道”等新闻专题,立体化呈现加快推进教育现代化、办好人民满意教育的上海实践蓝图。9月10日教师节,《教视新闻》策划“上海教育这一年”主题报道,结合中华人民共和国成立70周年,阐述上海教育人如何将“立德树人”植根于心、外化于行。

推出两季融媒体思政课《周末开大课》,节目播出后入选上海市教卫工作党委系统“伟大工程”示范党课。《公共安全教育开学第一课》(第三季、第四季)继续做精做强,引入实景模拟、互动体验、情景演绎等全新授课模式传播安全知识,节目获评国家广电总局“TV地标(2019)”省级地面频道年度优秀节目荣誉称号。借助《健康大不同》节目资源和影响力,推出《健康一点点》原创微视频,为健康生活提供更实用的选择。打造原创科普节目《小研究员讲科普》(第一季)。孵化并储备《金牌体育课》《我想采访你》《YOUNG·视界》《童声咏经典》等一批教育类新节目。11月,召开“教育无界·开创未来”品牌推介会。12月,与浦东干部学院联合制作中组部项目——20集党的十九届四中全会精神学习视频;与湖南教育电视台酝酿制作“纪念建党100周年”百集电视宣传片。

加强官网、官微等新媒体终端的管理,实现高清节目实时直播和三天回看功能,并通过互联网数字化处理,增加官微直播回看和精彩点播功能,提升用户体验度。教育台全年官微发布信息984条,点击量54.26万次,直播回看总点击量约41202次,H5页面风格更趋年轻化,受众量较上年同比增长12124人次。6月23日,教育台连续推出6天10小时全媒体升级版《2019高考咨询大直播》。暑期,与市卫健委合作的《谢谢侬》家庭医生技能风采秀,举办32场线下大型活动,活动累计投票110万以上,网络浏览量突破1亿。《周末开大课》(第二季)除在教育台电视频道、官微、官网推出外,同步登陆“学习强国”平台、易班网PC端与移动客户端,联合优酷、阿基米德App,推出(第二季)音视频“网络课堂”。

《帮女郎》栏目打造“2019爱·上海的温度”,关注深处困境的人物和家庭;推出全媒体公益项目“身边好人”,讲述暖心故事,致敬凡人善举;《寻找》子栏目进一步拓展题材,整合公安人口资源,助力团圆梦。2019年,“帮女郎·小橘灯爱心义诊行动”获评上海市卫生健康系统第二批“创新医疗服务品牌”,《帮女郎》栏目组被评为上海市“巾帼文明岗”。《银龄课堂》栏目完成“幸福养老这些事”五大微课系列。《银龄宝典》栏目贴合上海老年人实际需求,策划“家门口的康复科”“关爱老年认知症”,在社区和养老产业展设立流动演播室。台庆

25周年时，与上海市民政局签署战略合作框架协议。

年内，成立教育台经济管理委员会，配强绿荧公司班子，全面激活公司经营。完善推进六方面制度建设，着力以制度管人、以制度管事，涉及重大事项决策、节目管理、财务资产管理、采购与招投标、广告管理、人事薪酬等相关制度。

（张 菲）

【举行上海教育电视台开播25周年纪念大会】 2月27日，“绿叶对根的情意”上海教育电视台开播25周年纪念大会在教视大厦第一演播厅举行。纪念大会共分为“上海之根、教育之根、生长之根、繁茂之根”4个篇章。全国教书育人楷模于漪、曾受教育台《家长》栏目组帮助的观众代表、见证教育台开播的老领导用亲身经历，分享与教育台的故事，表达对教育台未来发展的期盼与祝福。纪念大会现场，上海教育电视台分别与上海市卫健委、上海市民政局、上海市教育考试院、东方网、上海创图（文化上海云）启动战略合作。上海教育电视台新视觉识别系统正式发布。（张 菲）

2月27日，上海教育电视台开播25周年纪念大会举行

【推出全媒体公益项目“身边好人”】 “身边好人”是由上海教育电视台《帮女郎》栏目、《解放日报》、上海人民广播电台《直通990》栏目联合创办的公益节目，3月开播。节目记录并采访发生在上海百姓身边的好人好事，发掘新时代的平民英雄，树立群众中的道德模范，汇聚平凡生活中的点滴温暖，弘扬社会主义核心价值观，向观众传递向善、向上、向美的城市正能量。至年底，《身边好人》共播出42期，讲述了40多位“身边好人”的故事。

（张 菲）

【播出《公共安全教育开学第一课》（第三季、第四季）】 《公共安全教育开学第一课》（第三季、第四季）由上海市公安局治安、交通、消防等部门警官和嘉宾作为主讲人，传递公共安全知识。节目多渠道传播，电视端在上海广播电视台艺术人文频道、法治天地频道播出，网络端由看看新闻网、东方网、腾讯大申网、哔哩哔哩视频网同步转播，移动端、PC端点击量大幅上升，仅上海教育电视台官微“手机直播”浏览量就突破了百万人次。《公共安全教育开学第一课》已经成为沪上安全教育的品牌节目，获评国家广电总局“TV地标（2019）”省级地面频道年度优秀节目荣誉称号。（张 菲）

【推出全媒体升级版《我们一起填志愿——2019高考咨询大直播》】 《2019高考咨询大直播》创新节目形式，在成功举办13年的基础上，首次扩容至6天7场。899都市广播、阿基米德App、上海教育电视台官微官网、新浪上海、新浪教育、人民网上海频道均可收看或收听《2019高考咨询大直播》特别节目，同时参与互动问答。节目邀请上海市教育考试院相关负责人，高考咨询专家，并首次邀请到20所沪上知名高校的招生负责人或招办负责人走进演播室，为考生和家长带来共计10小时的直播咨询。

（张 菲）

【录制完成“谢谢侬”家庭医生技能风采秀】 为展现家庭医生职业风采，宣传家庭医生服务理念，弘扬家庭医生奉献精神，“谢谢侬——2019上海市家庭医生技能风采秀”大型活动6月正式开启，活动以“公益，暖心，科普”为基调，通过趣味比赛、技能展示，让更多老百姓了解家庭医生、接受家庭医生，让健康“守门人”走进千家万户。据索福瑞收视数据观测，“谢谢侬”节目在8月3日至9月28日电视荧屏播出期间，收视平均到达率0.74%，观众集中度最高达502.2%。在优酷网络视频平台同步投放时，节目整体热度指数1500/评分8.8。

（张 菲）

附：台负责人及地址

（2019年1—12月）

台　长：孙向彤
台党总支书记：顾大文
副台长：顾大文、姚赟勤

地址：大连路1541号
邮编：200086
电话：021-65834001

上海教育报刊总社

【2019年概况】 上海教育报刊总社全年完成重点选题12大类53项，策划实施主题宣传10余项；举办新闻发布会、新闻通气会和媒体座谈会40余场；主动向媒体提供统发稿、问答稿和解读稿200多篇。重点选题被中央媒体重点报道10余次。“上海教育”政务微信影响力长期位居全市政务微信前十强。截至11月15日，公开发布信息109条，阅读量达174万，用户数达55万。在市第八届优秀网站评选活动中，“上海教育”（微信、微博）获“优秀网站”称号。

年内，聚焦中华人民共和国成立70周年，《东方教育时报》策划《礼赞新中国 · 奋进新时代》专栏，《少年日报》推出“与共和国同龄”系列，《上海中学生报》出版《壮丽70年　奋斗新时代》特刊，《当代学生》杂志策划《70年，青春中国奔涌向前》《70周年，大国重器》专题，《上海教育》杂志推出“回首来时路，了解那些与共和国同行的上海中小学的前世今生”系列报道。聚焦“不忘初心、牢记使命”主题教育，《东方教育时报》推出《在服务发展大局中创造新辉煌——市教卫工作党委、市教委部署启动“不忘初心、牢记使命”主题教育》等报道。聚焦“人民群众关切”热点问题，上海教育新闻网推出“延时后的晚托班”专题报道，《上海托幼》杂志推出“学前教育2+1文件的政策解读及宣传”“家门口的好幼儿园”等系列报道。《少年日报》的《别让直播软件把你“抖”进灰色地带》获上海新闻奖三等奖；《上海两会现场：李强伯伯勉励本报小记者人小能做大事，少年日报能办得更好》获上海教育新闻奖一等奖。《上海教育》杂志《上好“拔节孕穗”的这一课——中小学思政课改革创新的上海探索》成为市级德育实训基地学习资料。《上海托幼》杂志“纪念改革开放40周年”合刊与新媒体联动报道，被市报协评为“四力评优十佳创新报道案例”。上海市民诗歌节和人文行走活动获教育部“特别受百姓喜爱的终身学习品牌项目”。

升级数字采编系统，完成技术更新。报刊、网络、公众号、客户端、小程序统一网上编辑流程，统一技术制式。“第一教育”App形成跨部门内容生产队伍，建立供稿激励机制。热点、政策、报道、评论、活动、专区等栏目和区域内容集纳搜索功能逐步完善。（许　诺）

【承办“上海市民健康生活大讲堂”系列活动】 3—12月，由市教委指导、上海教育报刊总社《康复》杂志社承办的“上海市民健康生活大讲堂”系列主题活动，在黄浦、静安、松江、杨浦、嘉定等区举办。本次活动形式多样，其中健康巡展活动20场、专家讲座31场、健康课程培训16场、医师义诊4场。参与市民数万人。（王　璐）

【开展学生健康知识宣教活动】 3—12月，在市教委指导下、《康复》杂志社编写的《学生健康知识手册》正式出版。手册共5册，分为小学低年级、小学高年级、初中低年级、初中高年级、高中等分册，涉及生理健康、心理健康、疾病防控等内容。手册根据“上海市中小学健康教育指导纲要”编写，邀请沪

上知名医学专家、教育专家审定，供学生自行阅读或在家长指导下阅读。（王　璐）

【“2018上海教育年度新闻人物”揭晓】　4月，“2018上海教育年度新闻人物”揭晓，分别是：东华大学教师陈孩未、上海中医药大学针灸推拿学院院长房敏、上海交通大学马克思主义学院教授施索华、港珠澳大桥同济大学科研团队、上海市金山区松隐小学教师丁向阳、崇明区上海市实验学校附属东滩学校校长陈兴治、奉贤区教育学院附属实验小学(集团)校长(理事长)何哲慧、上海市信息管理学校烹饪专业负责人陈珺、两度捐献骨髓救母亲的“最美孝心少年”上海市中远实验学校学生隋翼远、“瑜乐京剧课”开讲人上海京剧院国家一级演员王佩瑜。此外，上海理工大学教授王勇等10人获“2018上海教育年度新闻人物提名奖”，并授予“改革先锋”、上海“教育事业杰出贡献奖”获得者于漪“年度特别致敬人物”。活动由上海教育报刊总社、上海教育电视台和上海市中小学幼儿教师奖励基金会主办，人民日报、新华社、光明日报、中国青年报、中国教育报、解放日报、文汇报、新民晚报、上海广播电视台、东方网、青年报、新闻晨报、劳动报、易班网、上海学习网、澎湃新闻等为媒体支持单位，至今已举办11届。（赵　锋）

【第十六届上海教育博览会举行】　由市教卫工作党委、市教委指导，上海教育报刊总社主办的2019第十六届上海教育博览会于4月26—28日在上海展览中心举行。本届教博会聚焦“职业成才　匠心筑梦”主题，围绕“职业与城市”“职业与教育”“职业与生活”和“职业与文化”等方面。这是近年来的首个聚焦职业教育、首次设立长三角展区的大型主题展会。上海70%以上的中高职院校、应用型本科高校，以及上海16个区教育局、长三角职业教育联盟校、相关企业等近百家单位合力打造了六大主题展区。32个中职示范品牌专业、43个高职骨干专业、180余个职业体验互动项目进行了集中展示。现场还举行了三场主题论坛和20多堂特色专业精品课程、20多场精彩校园文化节目的展演。教博会举办的三天内，有超过10万人次观众观展，发放职业体验券20余万张。（邹子凌）

【举办2019上海市学生艺术设计大赛】　5—11月，由上海市教委主办、上海教育报刊总社学生媒体发展中心《少年日报》承办的2019上海市学生艺术设计大赛举行。本届学生艺术设计大赛主题为“梦想·美丽中国 Dream·Amazing China”，覆盖了全市16个区的中小学、职业高中、中专院校及30余所高校、大专院校。共有1500件作品参与评审，评选出金银铜奖作品100件。（郭　莹）

5—11月，上海市学生艺术设计大赛作品展出

【举办第十六届上海市中学生时政大赛】　6月7日，第十六届上海市中学生时政大赛高中组团体现场决赛暨颁奖仪式在上海图书馆举行。大赛以“立德树人厚植爱国情怀、激扬青春融入伟大复兴”为主题，于2019年1月至6月开展，分预初初一、初二初三、高中、中职四个组别，进行了初赛、复赛、决赛、团体赛。经过16年的培育和发展，时政大赛已成为上海的一项品牌思政教育活动。（方林建）

【中国长三角校长高峰论坛举行】　9月19日，由沪、苏、浙三地教育报刊总社和安徽省教育宣传中心共同举办的中国长三角校长高峰论坛在安徽省铜陵市第一中学举行，主题为“立德树人，新时代的学校实践”。论坛现场，来自沪苏浙皖四地的八所学校校长、教师，分享了各自的教育实践。来自长三角地区和上海的专家、学者、中小学校校长近400人参加了本届论坛。（姜新杰）

【组织“我爱祖国家乡美”中小学生书画作品交流评比活动】 10月，由上海市政府合作交流办公室、市教委、共青团市委共同主办的“我爱祖国家乡美”中小学生书画作品交流评比活动部分获奖作品在上海虹桥艺术中心举办了为期半个月的展览，12月初又赴新疆喀什举行了交流展览活动。本次评比活动，组委会共收到来自新疆、青海、西藏、重庆、湖北、云南及上海的中小学生书法、绘画作品7500余幅，经过上海市书法家协会、上海市美术家协会、上海市艺术教育协会相关专家共同评审，共评选出中小学组绘画书法一二三等奖520件。（郭　莹）

【举办第八届上海学前教育年会】 10月31日—11月3日，由上海教育报刊总社、上海市教育学会幼教专业委员会主办，上海教育报刊总社学前教育分社、华东师范大学教育学部、上海市教委信息中心学前教育信息部承办，上海市托幼协会协办的第八届上海学前教育年会举行。年会以“面向未来　创新实践”为主题，为期4天的年会以32所幼儿园办园特色展示、10场专家专题报告、47场专题研讨、11场工作坊、6场研讨沙龙、400位发言者分享经验等形式，为所有幼教工作者搭建展示研究成果、分享实践经验、开展互动研讨的平台。参会人次达1.2万。（吴　丙）

【举办上海市民终身学习人文行走活动】 由市教委、市文明办主办，上海教育报刊总社承办的2019年上海市民终身学习人文行走活动在全市16区全面开展。期间，举行了全市推进会和11场形式不同的主题活动，新增人文行走主题线路20余条，人文修身学习点200多个，并打破区域壁垒形成跨区域的行走线路——“礼赞新时代　人文滨江行”，以黄浦江为脉络，在杨浦、虹口、黄浦、徐汇、浦东五个区开展滨江人文行走接力活动。与上年相比，新增参与人次约60万。（臧国海）

附：总社负责人及地址

（2019年1—12月）

社党委书记：周　烨
副书记：仲立新、唐洪平

社　长：仲立新
副社长：周　烨、金志明（6月离任）、徐　勇

地址：中山南二路151号
邮编：200032
电话：33395005

教育人物

Educational Personage

纪念人物

【沈同一(1889—1966,诞生130周年)】 男,上海市人。祖上清贫,少年时因学习成绩优异得免交学费的优待。小学毕业后曾在中药店当学徒。1907年,靠亲友帮助入读上海龙门师范学堂。初进手工专修科,后转入师范科。1911年2月,龙门师范毕业后进入南洋公学(后改交通大学)附属小学任体操和手工课教员。1927年6月,学校改为私立南洋模范中小学,任校长。1951年,参加中国民主促进会,为中央候补委员。1953年年底,当选为上海市人民代表大会第一至第四届代表、徐汇区人民委员会委员。1966年10月病逝。

(资料来源:《上海普通教育志》)

【谈家桢(1909—2008,诞生110周年)】 男,浙江省宁波市人。1930年获东吴大学理学学士,1932年获燕京大学理学硕士。1934年从事果蝇进化遗传学研究,促进了“现代综合进化论”的形成。1936年获美国加州理工学院哲学博士。1937年回国后,应竺可桢校长之邀任浙江大学生物系教授、理学院院长。1946年,在亚洲异色瓢中发现色斑嵌镶显性遗传现象,受到国际遗传学界的重视。

1952年任复旦大学生物系教授兼系主任,建立了全国第一个遗传学专业,历任生物系主任、遗传研究所主任、副校长、生命科学学院院长等职。1978年以来先后担任中国遗传学会副会长、会长和名誉会长,《遗传学报》主编,中国环境诱变剂学会理事长和中国生物工程学会会长。1980年当选为中国科学院生物学部委员、院士。1983年任复旦大学顾问。身兼多种职务,主要有中国遗传学会理事长,上海市自然博物馆馆长,上海市人大常务委员会副主任,全国政协第六届常务委员会委员,中国民主同盟第五届中央委员会副主席,上海市民盟八届主任委员。1993年9月28日,由国家自然科学基金委员会生命科学部组织的以谈家桢教授为组长的专家组,在上海论证并通过了强伯勤教授、陈竺研究员申请的《中华民族基因组中若干位点基因结构的研究》重大项目之后,宣布中国人类基因组研究正式启动。

在果蝇种群间的遗传结构的演变和异色瓢虫色斑遗传变异研究领域有开拓性成就,为奠定现代进化综合理论提供重要论据。从事遗传学教学和研究70年,先后教授普通生物学、脊椎动物比较解剖学、胚胎学、遗传学、细胞学、实验进化学、细胞遗传学、达尔文主义、辐射遗传学、原生动物学等课程。发表的百余篇研究论文和学术论述方面文章,主要汇集在《谈家桢论文选》和《谈家桢文选》中。研究工作主要涉及有关瓢虫、果蝇、猕猴、人体、植物等的细胞遗传、群体遗传、辐射遗传、毒理遗传、分子遗传以及遗传工程等。建立了中国第一一个遗传学专业,创建了第一个遗传学研究所,组建了第一个生命科学院。

曾任第八届(1948年在瑞典)国际遗传学大会常务理事,第十五届(1983年在印度)、十六届(1988年在加拿大)、第十七届(1993年在英国)国际遗传学大会副会长,1996年又当选为于1998年在北京召开的第十八届国际遗传学大会会长,并任联合国科学技术发展中心非政府性组织指导委员会委员,国际未利用植物开发委员会委员。先后当选为日本和英国遗传学会名誉会员,被美国罗斯福夫人肿瘤研究所聘为高级研究员,获美国加州理工学院杰出校友奖、德国康斯登茨大学功勋奖,被联合国工业发展组织国际遗传工程和生物技术中心聘为科学顾问,被国际遗传学报、国际生物学与哲学杂志和美国《科学家报》等聘为顾问编辑。1984年、1985

年分别被加拿大约克大学、美国马里兰大学授予荣誉科学博士。1995 年获求是科学基金会杰出科学家奖。1985 年当选为美国国家科学院外籍院士和第三世界科学院院士。1987 年当选为意大利国家科学院外籍院士。1999 年当选为纽约科学院名誉终身院士。2003 年被评为上海市首届教育功臣。

（资料来源:《上海高等教育志》）

【陈古虞(1919—1990,诞生 100 周年)】 男,河北省安新县人,上海戏剧学院教授。1942 年在北京大学文学院外文系毕业后入该院读研究生。1949 年 3 月参加革命,入华北大学政治研究所学习。1950 年起任山东文联组运部部委、华东大学艺术系讲师、山东大学艺术系讲师。1952 年来沪任中央戏剧学院华东分院讲师,1956 年起任上海戏剧学院讲师、教授,长期担任戏剧文学系戏曲史论教研组主任。是上海戏剧学院最早期的戏曲理论教师,承担了中国戏曲史、戏曲编剧、古典戏曲作家与作品、戏曲表演学等诸多方面的课程教学工作,能唱曲、制谱、表演、擫笛,擅长曲律的研究和教学。能演出《夜奔》《武松打虎》《痴梦》《刺虎》《牡丹亭》《水斗》《思凡》《刀会》等数十出昆曲武生、正旦、闺门旦、六旦、净等数个行当的不同剧目。是当代中国最有成就的昆曲订谱大家之一,先后订有关汉卿《窦娥冤》全谱、孔尚任《桃花扇》全谱、缩编李玉《清忠谱》及订谱。历经 40 来年而成的《元明杂剧大乐章集》曲谱(即元、明著名杂剧的工尺全谱)是共有 14 集近百个杂剧剧目(累计曲牌近四千支)的全谱,是我国目前唯一的一部元、明杂剧全谱。另有《韩世昌的表演艺术》(佚)、《韩世昌昆曲剧目身段谱》(存)著作问世。2020 年 1 月,《陈古虞文存》出版。

（俞永杰）

【吴乐懿(1919—2006,诞生 100 周年)】 女,浙江省鄞县人。钢琴演奏家、教育家。上海音乐学院教授。曾任第三届全国人大代表,全国政协第五、六、七届委员;全国文联理事、中国音乐家协会理事。1941 年毕业于国立音乐专科学校后留校任教。1949 年赴法留学毕业于巴黎音乐院。1954 年回国,历任中央音乐学院华东分院(上海音乐学院前身)教授、上海音乐学院钢琴系主任。1955 年先后赴芬兰、瑞典、保加利亚、南斯拉夫等国家访问演出。1957 年第一届全国音乐周,与中央乐团合作演出。1959 年国庆 10 周年,与上海交响乐团合作演奏贝多芬《第五钢琴协奏曲》。1960 年,为纪念李斯特逝世 150 周年,在北京民族宫演奏李斯特《降 E 大调第一钢琴协奏曲》。2001 年获首届中国音乐金钟奖终身荣誉奖。演奏并录制唱片的钢琴曲有《李斯特第一钢琴协奏曲》《柴可夫斯基第一钢琴协奏曲》等。

（上　音）

逝世人物

【阮雪榆(1933.1—2019.2.3)】 男,广东省中山市人。压力加工专家,中国工程院院士,上海交通大学教授、博士生导师。九三学社第十届中央委员会委员、第五届全国政协委员,多次担任上海市政协常务委员会委员。1953 年毕业于交通大学并留校任教。1959 年始从事黑色金属冷挤压技术研究,成功研制国内首个黑色金属冷挤压件,在国内外首先提出冷挤压许用变形程度理论,为中国建立完整的冷挤压工艺和理论体系做出重要贡献,是中国冷挤压技术的主要开拓者。1963 年至 1976 年间完成《冷挤压技术》等 4 部著作,对中国冷挤压技术的理论研究和生产实践具有重要的指导意义。1994 年当选为中国工程院首批院士,1995 年获原国家计划委员会批准,组建模具 CAD 国家工程研究中心并任中心主任，使上海交通大学成为首批国家工程研究中心的建设单位。

国内外知名的数字化制造技术与塑性成形技术（冷挤压技术）专家，先后主持完成多项国家重点攻关项目、上海市科委重点科技攻关项目和国家自然科学基金项目，先后与国际知名企业建立30多个联合研究室，涉及汽车等多个领域。获多项国家级、省级和国际奖励。发表论文100多篇、出版专著4本。

（交　大）

【陈聆群（1933—2019.2.6）】 男，江苏省吴江市人。中国音乐史学家、音乐教育家、中国音乐史学会副会长，上海音乐学院教授、博士研究生导师。1945年9月随父母到华中解放区。解放战争中，先后在动员支前民工的宣慰团和三野文工团、新安旅行团工作。中华人民共和国成立后，在新旅、华东戏曲研究院和上海越剧院担任乐队指挥、从事戏曲音乐研究和作曲编曲。1956年考入上海音乐学院理论作曲系，1958年起从事中国近现代音乐史的研究与教学，1962年毕业留校任教，先后在民族音乐研究室、作曲理论系、音乐学系任教和从事研究。1982年后为音乐学系教师，1995年聘为教授，1996年聘为博士研究生导师。历任《中国大百科全书·音乐舞蹈卷》“中国近现代音乐”学科分支副主编，《聂耳全集》《冼星海全集》编辑委员会委员。

出版教材《中国民主革命时期音乐简史》《中国音乐简史》（陈应时、陈聆群主编）等，著有《中国近现代音乐史研究在20世纪——陈聆群音乐文集》《八十回望：我的音乐历程》《岁月悠悠——我的上音园散记》；合编《萧友梅音乐文集》（陈聆群、齐毓怡、戴鹏海编），《回首百年——20世纪华人音乐经典论文集》（汪毓和、陈聆群主编），《萧友梅全集》（文论专著卷·音乐作品卷）（陈聆群、洛秦主编）等。

（上　音）

【倪瑞霖（1933—2019.3.4）】 男，江苏省苏州市人。上海音乐学院教授。1957年毕业于上海音乐学院声乐系并留校任教。1959年参加《辞海》音乐学科释文编辑工作。1976年主持完成《辞海》（1979年版）全部音乐释文的修订及定稿。后又参与《中国大百科全书·音乐舞蹈卷》《外国人名辞典》《中外文艺家及名作辞典》《音乐欣赏手册》（正、续编）等大、中型工具书的编纂。1979年参与创办上海音乐学院学报《音乐艺术》并任常务主编。1989年应邀赴日本作“中国艺术歌曲”的学术报告。1995年获国家教委高校文科学报优秀编辑奖。著有《中国近代作曲家传略》（与朱建合著）、《声乐基础》（与周小燕合著）等书；发表《天地存肝胆，江山阅鬓华——贺绿汀的生平与创作》《丁善德的艺术歌曲创作》《斯义桂的声乐教学》《美学唱法，它的发展轨迹及嗓音科学对其发声机理的若干重要阐释》等论文及诸多乐论、乐评。

（上　音）

【沈自尹（1928.3.22—2019.3.7）】 男，浙江省宁波市镇海区人，中国共产党党员，中国科学院院士，教授。1952年7月毕业于上海第一医学院（现复旦大学上海医学院）医疗系。1955年师从名老中医姜春华教授学习中医。1956年6月加入中国共产党。1966年任华山医院中医脏象研究室主任，1984年任中医科主任，1985年任华山医院中医教研室主任，同年任复旦大学中西医结合研究所所长，1998年任名誉所长。1997年10月当选中国科学院院士。曾任上海市中西医结合学会会长及名誉会长，上海市中医学会副会长，上海市科协委员，上海市中药审评委员会主任委员，上海市中医药专业委员会副主任委员，中国中西医结合会副会长，全国中西医结合虚症与老年病专业委员会主任委员，卫生部中药审评委员会主任委员，国务院学位委员会医学评议委员，国家自然科学基金评审委员等。

主要从事中西医结合思路和方法的开拓、肾本质的研究和传统老年医学研究，是中西医结合学科的开拓者之一，中西医结合思路和方法、脏象学说和病证关系研究的开拓者之一。1979年起，首次用现代科学方法证实肾阳虚症有特定病理基础。采用分子生物学方法，对肾阳虚症的发生原理以及调节枢纽提出更有利的证据。在实践中总结出“辨病与辨证相结合”“宏观辨证与微观辨证相结合”等中西医结合的原则，将传统辨证方法和现代实验手段有机结合。沈自尹及其团队将肾本质理论研究的成果成功应用于临床实践，指导与发育、生殖、衰老相关的疾病治疗。以第一作者发表论文100余篇,主编《肾的研究》等六部学术专著。1959年获卫生部颁发的"发扬祖国医学遗产"金质奖,1979年获全国医学卫生科学大会重大科技成果奖,1981年、1983年、1985年和1987年分别获卫生部乙级科技成果奖,1980年、1982年、1984年、1986年、1988年、1990年和1991年分别获上海市或局科技进步奖,1992年和1997年分别获国家教委科技进步奖,2005年获中国中西医结合学会科学技术一等奖,2010年获国家科学技术进步二等奖,2013年获中国中西医结合学会科技进步一等奖、上海市科技进步二等奖,2016年获中国中西医结合学会科技进步二等奖,获求是科技成就奖、立夫中医药学术奖等。2017年,获评全国名中医。为中国培养出第一个中西医结合博士。（复　旦）

【林栋樑(1930.5—2019.4.12)】 男,福建省莆田市人。1953年毕业于交通大学,同年加入中国共产党,1978年7月至1986年4月任上海交通大学副校长。1986年起任上海交通大学教授。创立材料科学及工程研究所并担任所长、金属材料及热处理学科首席责任教授。从事高校工作50余年,长期主讲材料学科核心课程。学术著作丰富,学术贡献显著,在有序金属间化合物、高温合金、晶界结构及性质、金属范性形变、断裂及蠕变机理等科技领域中取得了重大研究成果。引领中国金属间化合物的研究进入国际先进水平,在国际上首先发现金属间化合物的大晶粒超塑性,并对其机理进行深入研究,研究成果获国家级、部委级科技进步及重大科技成果奖11项。发表论文300余篇和专著6部(篇)。

曾任国务院学位委员会第二届和第三届学科评议组成员、国家自然科学基金委员会第一、第二届学科评议组成员,上海市科协第三和第四届委员、上海市金属学会第三至五届副理事长。（交　大）

【钱　苑(1938—2019.5.14)】 男,江苏省南通市人。音乐学理论研究者、音乐创作评论家,上海音乐学院图书馆原馆长。1956年考入中央音乐学院华东分院附中高中部学习,1959年7月直升上海音乐学院本科,师从谭冰若攻习西方音乐史,同时随钱仁康学习音乐作品分析。

自20世纪50年代末至21世纪初在历届"上海之春"和各类艺术节及重要歌唱赛事中担任评委,发表大量评介作品、演唱演奏评论和作曲家专论,是具有广泛社会影响的音乐评论家。长期从事专业音乐理论教学研究,曾任《中国大百科全书·音乐舞蹈卷》编写组成员,参与完成《辞海》1997年修订版全部辞目修订编写。撰有《西方现代音乐评述》《西方音乐史·20世纪部分》(与谭冰若合撰)、《音乐作品分析》(教材)、《西方音乐史教学提纲》《中国声乐发展轨迹》等,音像作品有《走近交响乐》《歌剧、近出低谷》、上海市《中学音乐教材作品选辑》等。（上　音）

【苏惠渔(1934—2019.6.19)】 男,江苏省苏州市人。中国资深法学家,上海市刑法学会名誉会长。中国共产党党员。1959年北京大学法律学系本科毕业后留校任教,1963年任江苏省高级人民法院研究室研究员,1965年到华东政法学院司法业务教研室任教。1972年调至复旦大学,曾任新闻系党总支副书记。1979年重返华东政法学院任教。历任刑法教研室主任、科研处处长、校学位评定委员会委员、校务委员会委员。1988年和日本著名刑法学家西原春夫教授共同发起和推动当代中日两国刑法学者的学术交流,定期由中日双方轮流进行召集,出版专辑,形成了最早的一批中日刑事法比较的学术成果。2009年入选中国首届当代法学名家名录。2017年入选中国百名大法学家名录。发表合著、参著、主编学术著作和教材几十部,论文100余篇。2018年获全国杰出资深法学家称号。（华　政）

【徐中玉(1915—2019.6.25)】 男,江苏省江阴市人。文艺理论家、教育家。1934年入青岛国立山东大学中文系学习,1941年硕士毕业于中山大学,历任中山大学中文系讲师、副教授,山东大学中文系副教授、沪江大学中文系教授。1952年8月起,长期执教于华东师范大学中文系,先后任中文系系主任、文学研究所所长、校务委员会副主任、民盟华东师范大学主委等职。曾任教育部学科评议会中文组成员、国家教委全国高教自学考试指导委员兼中文专业委员会主任、全国大学语文研究会会长、中国文艺理论学会会长、中国古代文学理论学会会长、上海作家协会主席、《大学语文》主编、《语文教学》主编、《文艺理论研究》主编、《古代文学理论研究》主编等。

在抗战前后有大量的文论著述，对文学批评、民族文学、文学语言等理论问题进行了富有开创性的探讨。针对当代文化发展的现状，以中国传统文论为立足点，考察民族文艺学的理论与实践，对一系列重大理论问题进行了全面而深刻的阐述，形成了既兼容并蓄、开放多元，又凸显中国作风和中国气派的研究格局。获上海市第九届哲学社会科学优秀成果学术贡献奖、上海市级教学成果奖特等奖、国家级教学成果奖二等奖、第三届中国国家图书奖荣誉奖、第四届全国图书金钥匙奖一等奖等。2014年，获第六届“上海文学艺术奖”终身成就奖。

公开发表的代表作有《论苏轼的创作经验》《鲁迅遗产探索》《古代文艺创作论集》《文艺学习论》《写作与语言》《现代意识与文化传统》《激流中的探索》《徐中玉自选集》等，主编《大学语文》《中国古代文艺理论专题资料丛刊》《中国古代文学作品选》《中国近代文学大系·文学理论集》《传世藏书·文艺论评》《古文鉴赏大辞典》等。（华　师）

【陈钧德（1936.2—2019.9.24）】 男，浙江镇海人。中国当代著名艺术家、美术教育家。上海戏剧学院舞台美术系和艺术研究所教授，兼任中国国家画院油画院研究员、中国美术家协会油画艺术委员会委员、中国油画学会常务理事、上海美术家协会理事、上海文史研究馆馆员，享受国务院政府特殊津贴。作品曾先后获“第十一届全国美展”银奖、“第八届全国美展”优秀奖等奖项，被中国美术馆、中华艺术宫、刘海粟美术馆等国内外美术馆永久收藏。出版有《陈钧德画选》《陈钧德油画集》《继往开来——中国油画领军人物作品集:陈钧德卷》《陈钧德》（画册）等。（上　戏）

【姚世真（1938—2019.10.16）】 女，上海市人。钢琴教育家，上海音乐学院教授。1961年9月在上海音乐学院附中担任钢琴教师。1963年9月在上海音乐学院声乐系担任艺术辅导。1970年3月在浙江省歌舞团担任演奏员。1976年11月任中国人民解放军海政歌舞团演奏员。1983年3月回上海音乐学院附中任教师。1985年9月赴苏联列宁格勒音乐学院进修钢琴教学与演奏。1987年5月任上海音乐学院附中讲师。1988年6月任上海音乐学院钢琴系教师。1989年12月任钢琴系副教授、1993年12月任教授。1981年3月获中国人民解放军海军政治部歌舞团嘉奖。2000年9月获文化部教科司第二届“区永熙优秀音乐教育奖”。笔译《门德尔松的庄严变奏曲》《柴可夫斯基第一钢琴协奏曲》等。（上　音）

【李　乙（1932—2019.12.13）】 男，上海市人。三弦演奏家、音乐教育家，上海音乐学院副教授。12岁跟随姐姐和父亲加入新四军——新安旅行团。先后参加抗日战争、解放战争、抗美援朝。1956—1963年在上海歌剧院任演奏员，1963年进入上海音乐学院任三弦专业教师，1965—1966年任民族音乐系代理系主任，1973—1976年主持民族音乐系教学工作，1976—1978年任上海音乐学院艺术实践科科长，1978年起任民族音乐系副主任。创作的《十八板》使三弦这一古老民族乐器登上独奏艺术舞台。演奏《黄河之水天上来》，为当代三弦艺术的发展奠定了坚实基础。1957年出席在奥地利维也纳举行的世界青年联欢节，把中国三弦音乐带到欧洲。20世纪60年代初，受聘于上海音乐学院，成为新中国第一代三弦演奏艺术的专业教师，被誉为“当代三弦艺术宗师”。（上　音）

大 事 记

Chronicles of Events

2019年1—12月上海教育大事记

1月

5日　上海市2019年应届高校毕业生首场招聘会在上海世贸商城举行。546个企事业单位推出招聘岗位13275个。

5—7日　2019年上海市普通高校春季考试、2019年上海市普通高中学业水平高三合格性考试和高考外语一年两考中的第一次考试举行。

同日　上海高校外国留学生英语授课课程建设推进会暨学术交流会举行。

12日　《上海市职教集团(2007—2017)十年发展报告》发布暨区域经验交流主题活动举行。

18日　中共中央政治局委员、上海市委书记李强先后调研复旦大学科技园和同济大学科技园建设。

21日　市教委发布《关于推进本市紧密型学区和集团建设的实施意见》。

22日　上海电力学院更名为上海电力大学。

同日　上海市中小学图书馆建设与应用年度工作推进会召开。

24日　"青春放歌——2019年上海学生新年音乐会"在上海交响乐团音乐厅举行。

2月

1日　市教委公布《2019年本市义务教育阶段学校招生入学工作的实施意见》。

12日　上海理工大学、上海交通大学入选教育部首批高等学校科技成果转化和技术转移基地。

15日　上海区块链工程技术研究中心在复旦大学揭牌。

18日　复旦大学教授钟扬当选"感动中国"2018年度人物。

20日　市政府办公厅公布《关于本市加强中小学幼儿园安全风险防控体系建设的实施意见》。

27日　上海高校党的建设工作会议暨2019年春季上海高校党政负责干部会议举行。

同日　市委宣传部与上海外国语大学签署共建新闻传播学院协议。

3月

1日　正式施行新版《上海市职业教育条例》,新增"校企合作"专章。

同日　市教委、市财政局、市人力资源社会保障局联合印发《关于进一步做好本市小学生校内课后服务工作的通知》。

9—10日　上海市23所参加2019春季考试招生试点的高校举行自主测试。

15日　市教委印发《关于2019年本市中等学校高中阶段考试招生工作的若干意见》,中招政策整体保持不变。

同日　2019年市教育卫生系统全面从严治党工作会议举行。

16—17日　第四十届世界头脑奥林匹克选拔赛暨2019年上海头脑奥林匹克创新大赛举行。

21日　教育部、上海市政府召开深化上海市教育综合改革2019年度工作会商会议。

22日　上海市教育大会举行。

23日　春季长三角联合师资招聘专场在上海第二工业大学举行。

24日　上海交通大学医学院—耶鲁大学免疫代谢研究院成立。

27日　上海市2019届高校毕业生春季校园招聘会暨少数民族毕业生专场招聘会举行。

28日　市教委公布《2019年本市学前教育阶段适龄幼儿入园工作的通知》,启用统一的全市适龄幼儿入园信息登记系统，提供信息登记和政策查询的“一站式”服务。

29日　2019年上海市学生资助工作会议暨优秀典型表彰会举行。

同日　“2019特级教师开课啦”系列公益讲座首讲在上海图书馆举行。

30日　2018上海教育年度新闻人物颁奖主题活动举行，10位上海教育年度新闻人物获奖。

4月

1日　国内首家《黄帝内经》国际研究院在上海中医药大学成立。

2日　市教委发布《上海市初中学业水平考试实施办法》和《上海市初中学生综合素质评价实施办法》。

3日　学习贯彻习近平总书记在学校思政课教师座谈会上重要讲话精神座谈会暨上海“三全育人”综合改革推进会议举行。

8日　中共中央政治局委员、上海市委书记李强就高校加强基础学科建设、服务重点产业发展到复旦大学调研。

9日　全国人大常委会副委员长、农工党中央主席陈竺，全国政协副主席、农工党中央常务副主席何维率调研组到上海中医药大学视察中医药科技创新中心、创新中药研究院。

11日　中共中央政治局委员、上海市委书记李强就深入贯彻全国教育大会精神、加强上海市医科类高校建设，到上海交通大学医学院、上海中医药大学进行专题调研。

12日　教育部副部长翁铁慧到上海市教育科学研究院视察。

13日　2019上海市普通高等学校面向中等职业学校应届毕业生招生网上咨询活动举行。

13—18日　市教卫工作党委书记虞丽娟带领上海教育卫生代表团赴新疆喀什以及叶城县、泽普县、克拉玛依市调研考察教育卫生援疆工作。

18日　“2019年度亚太地区法学院院长论坛”在上海交通大学举行。

21日　“红色的足迹　行进的伟业——上海市教育系统庆祝中华人民共和国成立70周年主题巡展”开幕。该巡展持续至10月底，在全市不同片区的9所高校进行。

23—27日　上海教育代表团先后在巴拿马和哥斯达黎加举办“2019年中国上海教育展”。

24日　上海市第三批特色普通高中命名大会暨上海市推进特色普通高中建设项目培训会举行。

同日　第五届中国“互联网+”大学生创新创业大赛上海赛区比赛启动。

26—28日　第十六届上海教育博览会“迈向2035的‘教育·职业·城市’”展在上海展览中心举行。

5月

4—5日　2019年上海市普通高中学业水平等级性考试举行。

9—10日　“推进区域老年教育协调发展研讨会”举行。上海市、江苏省、浙江省、安徽省教育行政部门签署《长三角地区终身教育更高质量一体化发展战略协作意向》。

11日　第六届上海教师书法·板书·钢笔字·中国画大赛在上海第二工业大学举行。

11—12日　上海市“星光计划”第八届职业院校技能大赛在上海科技馆举办。

12日　上海市校园电子竞技运动协会揭牌仪式在复旦大学举行。

16日　副市长陈群到上海工程技术大学调研。

19日　全国政协副主席、中国科学技术协会主席万钢到同济大学调研环同济知识经济圈。

同日　上海市第十四届青少年科技节开幕。

20日　中共中央政治局委员、中宣部部长黄坤明到上海复旦大学马克思主义学院、中国研究院和华东师范大学马克思主义学院调研。

22日　复旦大学、上海交通大学等高校共同发起的长三角研究型大学联盟签约成立。

23日　教育部首批中华优秀传统文化传承基地之一“顾绣师范教育传承基地”揭牌仪式在上海师范大学举行。

24—26日　第三届上海基础教育青年教师爱岗敬业教学竞赛举办。

26日　上海教育系统落细落小落实核心价值

观主题活动在嘉定区文化馆举行。

28日 以时代楷模、复旦大学教授钟扬事迹为原型的广播连续剧《种子方舟》作品发布会在北京举行。

29日 第四届“汇创青春”——上海大学生文化创意作品展示活动“优秀作品汇展”在上海国际时尚中心开幕，“汇创青春”长三角高校文创联盟同时宣告成立。

同日 市教委主任陆靖到复旦大学附属中学就大中小学思政课一体化建设以及杨浦区薄弱初中校建设进行专题调研。

30日 上海发布国内首本青少年近视防治漫画读本。

31日 以“政策执行与绩效评估”为主题的上海教育综合改革发展论坛在上海财经大学举行。

6月

1日 中国少年先锋队上海市第八次代表大会在国家会展中心(上海)举行。中共中央政治局委员、上海市委书记李强，上海市委副书记、市长应勇，市人大常委会主任殷一璀，市政协主席董云虎，市委副书记尹弘出席大会。

同日 第十二届上海高校外国留学生龙舟赛在华东理工大学举行。

2—12日 以“绽放青春，追梦新时代”为主题的2019年第十二届上海大学生电视节举办。

3日 首届长三角地区高校“新时代·中国说”大学生讲师邀请赛举行。

4日 上海市60所高校2000余名毕业生在同济大学同上一堂“毕业大课”。

5日 市教委、市绿化市容局、市机管局主办的高校生活垃圾分类工作推进会暨校园垃圾分类工作专题培训举行。

同日 市教卫工作党委、市教委召开“不忘初心、牢记使命”主题教育动员大会。

7—8日 上海2019年普通高校秋季统一考试举行。

12日 市教卫工作党委系统“伟大工程”示范党课在上海音乐学院启动，首堂音乐党课“不忘初心、培根铸魂”开讲。

14日 副市长陈群视察2019年统一高考评卷工作。

15日 长三角学生资助一体化发展联盟在上海成立。上海市、江苏省、浙江省、安徽省学生资助管理中心共同签署《长三角学生资助一体化发展联盟框架协议》。

同日 由中国教育三十人论坛、上海师范大学和联合国教科文组织教师教育中心联合举办的首届“全国教师教育发展论坛”举办。

16日 2019年上海市“学生生态环保节开幕式暨生态文明教育校园行启动仪式”举行。

17—18日 中共中央政治局委员、国务院副总理孙春兰到复旦大学、上海交通大学、上海科技大学实地调研集成电路、脑科学、深海装备、新型光通信、人工智能等科研攻关，及高校吸引和培养人才情况。

18日 2019年上海市未成年人暑期工作会议在徐汇区青少年活动中心举行。

26日 市教卫工作党委系统纪念中国共产党建党98周年主题活动在上海大学举行。

26—27日 长三角教育督导协作框架签约仪式暨第二届上海教育督导论坛在上海师范大学举办。

7月

1日 上海市百万学生巡访爱国主义教育基地活动启动。近万名中小学生参加“同升国旗，同唱国歌”主题升旗仪式。

2日 国内首个药物智能制剂与智能制造研究中心在上海工程技术大学成立。

同日 上海市第九批24名援疆教师完成援疆任务返沪。

3日 副市长陈群到上海市教育科学研究院调研。

8—14日 2019中国(上海)国际青少年足球邀请赛举行，来自7个国家的16支青少年男子足球队参赛。

9日 近千名上海、香港特区的青少年在复旦大学参加庆祝中华人民共和国成立70周年联谊活动。

9—10日　上海市加快基础教育现代化工作推进会暨全市教育大会精神培训班举行，市委副书记尹弘出席。

12日　市教卫工作党委书记虞丽娟围绕“守初心、担使命、找差距、抓落实，加快率先总体实现教育现代化步伐”主讲首场主题教育专题党课。

17—30日　市教委举办2019上海国际友好城市青少年夏令营。

20日　市政协主席董云虎到市教育考试院视察2019年上海市普通高校招生录取工作。

20—28日　首届长三角一体化未来体育教师暑期夏令营在上海体育学院举行。

23日　中共中央政治局常委、国务院总理李克强到上海张江人工智能岛，调研人工智能创新成果，视察同济大学牵头建设的上海自主智能无人系统科学中心。

25日　原创融媒体思政公开课——《周末开大课》节目研讨会在上海开放大学会议中心举行。

29日　上海市政府与清华大学在北京签署加强科技人才合作共建国际创新中心协议。

同日　市政府办公厅印发《关于加强本市中小学体育艺术工作的指导意见》的通知。

8月

8—10日　第十八届中药全球化联盟会议在上海举行。

22日　中国体操学院共建签约暨揭牌仪式在上海体育学院举行。

25—26日　2019年秋季上海高校党政负责干部会议举行。

27日　第四十五届世界技能大赛闭幕式暨颁奖仪式在俄罗斯喀山竞技体育场举行，上海选手获2枚金牌、1枚银牌、3个优胜奖。

28日　市教委、市文明办、团市委发布《上海市初中学生社会实践管理工作实施办法》。

30日　市教委、市委编办等12部门联合印发《上海市学前教育三年行动计划(2019—2021年)》。

9月

2日　市教委牵头出台《本市落实义务教育阶段学生减负增效工作实施意见》。

3日　市教委与浦东新区政府达成战略合作协议，浦东新区成为首个上海区域教育综合改革创新示范区。

5日　上海大学生“青春告白祖国”启动仪式暨首场宣讲会举行。

9日　中共中央政治局委员、上海市委书记李强，上海市委副书记、市长应勇会见上海市优秀教师代表，向全市广大教师和教育工作者致以节日的诚挚问候。

同日　上海教育系统庆祝中华人民共和国成立70周年暨上海市庆祝教师节主题活动在复旦大学举行。

12日　“礼赞新时代，人文滨江行”上海市民终身学习人文修身主题活动启动。

16日　第二十二届全国推广普通话宣传周开幕式暨庆祝中华人民共和国成立70周年经典诵读展示活动在华东师范大学举办。

16—20日　“我和我的祖国”第三届全国中小学生电影周在上海举行。

17日　长三角大学生上海地标设计大赛优秀作品展示暨颁奖典礼在上海财经大学举行。

18日　上海市专门教育研究和评估中心成立。

19日　上海市教育系统庆祝中华人民共和国成立70周年主题活动“给2000后讲讲共和国”特别节目举行。

同日　市委、市政府举行托幼工作现场推进会，就做好3岁以下幼儿托育服务、3至6岁学前教育、小学生下午3点半后校内课后看护服务工作进行全面部署。

21日　2019年上海市学生中华优秀传统文化主题月系列活动展示暨未成年人暑期工作总结表彰会举行。

22日　长三角高校智库联盟在复旦大学成立。

23日　以“不忘初心　追逐梦想　再创辉煌”为主题的上海特殊教育座谈会召开。

25日　上海市学校安全专题工作会议举行。市委副书记、市委政法委书记尹弘主持会议并讲话。

同日　上海市中等职业学校学生庆祝中华人民共和国成立70周年展演活动举行。

同日　上海市学位委员会第二十四次全体会议举行，副市长、市学位委员会主任委员陈群出席会议并讲话。

26日　全国首个现代医学教育博物馆在上海健康医学院揭幕。

28日　第二届上海市高校学生理论宣讲微课程比赛决赛举行。

29日　中华人民共和国国家勋章和国家荣誉称号颁授仪式在人民大会堂举行。于漪被授予“人民教育家”国家荣誉称号。

10月

2日　中共中央政治局委员、上海市委书记李强走访看望“人民教育家”于漪。

8日　第四届上海九九重阳节“长者风范　天伦之乐”暨庆祝中华人民共和国成立70周年大型展演活动举行。

同日　以“青春告白祖国　唱响时代强音”为主题的“上海学生庆祝中华人民共和国成立70主题歌会”举行。

11日　《上海教育数据管理办法(试行)》发布施行。

12日　“人民教育家”于漪先进事迹首场报告会举行。

13日　“幼有善育，我们在行动——上海托育从业人员职业道德和素养培训”启动。

15日　全国政协副主席、交通运输部党组书记杨传堂视察上海海事大学上海国际航运研究中心。

同日　建平中学、光明中学、民办立达中学、徐汇中学、松江一中5所学校被授予2019年首批“周恩来班”称号。

同日　市教委主任陆靖在新疆喀什第六中学为师生们上一堂课，题为“挑战课本——化学教学中的学科前沿”。

16日　市教委、市体育局等五部门联合出台《关于进一步加强本市学校体育场馆向社会开放工作的实施意见》。

同日　上海援疆教育集团成立大会在新疆喀什举行。

17日　上海中医药大学成立全国首个矿物药国际研究院。

18日　第四十五届世界技能大赛上海参赛总结表彰会举行。会前，中共中央政治局委员、上海市委书记李强，市委副书记、市长应勇会见第四十五届世界技能大赛上海参赛选手、专家教练团队以及在沪国家集训基地负责人代表。

同日　上海成立语言文字志愿服务总队，首批20所“啄木鸟”志愿服务定点校被授牌。

同日　“‘不忘初心、庆新中国70华诞，牢记使命、建后勤保卫新功’上海学校后勤育人、安全育人”风采展示活动举行。

19—20日　第七届终身教育上海论坛在华东师范大学举行。

20日　主题为“原创颂祖国，礼赞新时代”的第八届上海市大学生原创音乐大赛启动。

同日　中国高等航海教育暨上海海事大学建校110周年庆祝大会举行。市委副书记尹弘出席会议并讲话。

23日　市委全面深化改革委员会审议通过《关于推进大学科技园高质量发展的指导意见》。

同日　第二十一届中国上海国际艺术节论坛之“一带一路”艺术教育联席会议在上海外国语大学举行。

23—25日　以“共创未来的学校领导者”为主题的第十四届国际校长联盟大会举行。教育部副部长翁铁慧出席开幕式并讲话。

25日　“中澳合作0—3岁婴幼儿早期养育交流论坛”在上海开放大学举行。

27日　2019年上海市第十五届全民终身学习活动周开幕。

11月

5日　国家主席习近平夫人彭丽媛邀请法国总统夫人布丽吉特参观上海外国语大学附属外国语学校。

8日　2019年沪喀职教联盟工作推进会暨“一

校为主，多校对一”对口帮扶喀什职业技术学院签约仪式在新疆喀什举行。上海7所高职院校与喀什职业技术学院签订对口帮扶工作协议。

同日　在郑州举行的2019年全民终身学习活动周全国总开幕式上，“上海市民诗歌节”获“特别受百姓喜爱的终身学习品牌项目”。

10日　“隽永诗文，友谊之歌”——上海市2019年留学生中国诗文诵读大会展演活动在复旦大学举行。

11日　2019—2020中英数学教师交流项目启动仪式在上海师范大学召开。英国107名中小学数学教师参加开幕式。

12日　复旦大学文物保护创新研究院成立大会暨文物保护创新高峰论坛举行。

14—15日　由上海市教委、江苏省教育厅、浙江省教育厅和安徽省教育厅联合主办的第一届长三角民办高校教师教学技能大赛在上海举行。

16日　上海高校第一本电影类学术期刊《电影理论研究(中英文)》在上海大学创刊。

18日　第四届全国智力运动会在浙江衢州落幕，上海代表团获12枚金牌、9枚银牌和6枚铜牌共27枚奖牌，并获智运会体育道德风尚奖。

21日　“2019年上海市学生国防教育论坛”举行。这是上海市首次举行学生国防教育论坛。

同日　长三角教育发展政策与法治研究中心在上海揭牌。

23日　2019年上海市大学生“创造杯”大赛闭幕。

28日　2019上海市最佳阳光体育活力园丁系列奖项主题活动举行。

30日　2019中国(上海)国际青少年校园足球邀请赛总结会暨2020年青足赛启动会举行。

12月

1日　“2019上海市学校新兴体育项目——马术运动进校园展示活动”举行。

同日　上海市第四届大学生安全知识竞赛总决赛举行，上海交通大学获总冠军。

2日　中共中央政治局委员、上海市委书记李强到上海交通大学调研高校服务国家战略和城市发展、加快推进“双一流”建设。

3日　首届上海市中小学生戏剧节开幕。

4日　全市120名中小学生代表到市人大常委会会议厅，举行“走进人大”学宪法活动，纪念第六个国家宪法日暨上海市第三十一届宪法宣传周。

5—6日　2019教育融媒体建设试点工作推进会在复旦大学举行。

6日　上海市大学生书法篆刻展在上海图书馆开幕。

同日　复旦大学张江复旦国际创新中心揭牌。会上，微纳电子与量子国际创新中心核心科研平台之一的“国家集成电路产教融合创新平台”同时揭牌。

7日　市政府印发《上海职业教育高质量发展行动计划(2019—2022年)》。

同日　2019年上海市“新沪杯”中学生宪法知识竞赛决赛暨闭幕式在上海图书馆举行。

同日　以“我和我的祖国”为主题的上海学生舞蹈联盟成立3周年精品展演活动在上海国际舞蹈中心举行。

8日　上海学生纪念“一二·九”运动84周年主题歌会在上海健康医学院举行。

同日　上海外国语大学举行建校70周年校庆活动。

同日　2020年上海市普通高校招生美术与设计学类专业统一考试举行，5900余名考生参加考试。

9日　市政府印发《关于加强本市培训机构管理促进培训市场健康发展的意见》和《上海市培训机构监督管理办法》。

9—10日　作为市教委校园大师剧创编巡演项目，由同济大学教师自编自导、同济大学学生及校友出演的大型原创大师剧《国之英豪》首演。

10日　上海签发全国首张教室健康照明环境认证证书，填补了我国现场照明领域的认证空白。

15日　第二届上海大学生美食节在华东理工大学开幕。

同日　“2019年度上海市学生军事技能展示”在上海海关学院举行。这是上海首次举行学生军事技能项目展示。

18 日　上海市“奋斗的我　最美的国”新时代先进人物进校园启动仪式暨首场报告会在上海交通大学举行。

19 日　第八届“上海市青少年科技创新市长奖”颁奖仪式举行。市委副书记、市长应勇为获奖者颁奖。

22 日　2019 上海高校国防教育大学生剧演活动举行。

26 日　上海高校党建工作座谈会召开。市委常委、组织部部长于绍良出席会议并讲话。

27 日　市政府办公厅下发《关于建立上海市培训市场综合治理工作联席会议制度的通知》。

28 日　“长三角一体化背景下中小学党建高质量发展论坛”在上海举行。

30 日　中共中央政治局委员、上海市委书记李强结合学习贯彻党的十九届四中全会精神和习近平总书记考察上海重要讲话精神，为上海大学师生代表作形势报告，并就上海大学改革发展开展调研。

法律　法规
规章　文件

Laws，Regulations and Documents

上海市教育委员会关于发布《上海市教育委员会现行有效行政规范性文件目录》的通知

（沪教委规〔2019〕1号）

各高等学校，各区教育局：

根据《上海市行政规范性文件制定和备案规定》（市政府令2016年第46号）要求，经清理，截至2018年12月31日，市教委共有继续有效的市教委行政规范性文件58件，现将有关目录予以发布，请遵照执行。

上海市教育委员会

2019年3月18日

上海市教育委员会现行有效行政规范性文件目录

序	文件名称	文件号
1	上海市教育委员会关于印发《上海市民办中小学人事管理若干规定》的通知	沪教委人〔1996〕53号
2	上海市教育委员会、上海市人事局、上海市财政局关于印发《上海市特级教师评选管理暂行办法》的通知	沪教委人〔1997〕71号
3	上海市教育委员会关于印发《上海市〈教师资格条例〉实施细则》的通知	沪教委人〔2001〕40号
4	上海市教育委员会、上海市人事局关于印发《关于"上海市教育功臣"评选工作的暂行规定（试行）》的通知	沪教委人〔2002〕24号
5	上海市教育委员会、上海市物价局、上海市财政局关于上海市中等职业学校实行学分制收费的通知	沪教委财〔2005〕15号
6	上海市教育委员会关于印发《上海市特级教师标准（试行）》的通知	沪教委人〔2005〕28号
7	上海市教育委员会、上海市物价局、上海市财政局关于上海市高等学校试行学分制收费办法的通知	沪教委财〔2005〕49号
8	上海市教育委员会、上海市财政局关于印发《上海市外国留学生政府奖学金管理办法》的通知	沪教委财〔2006〕77号
9	上海市教育委员会关于继续做好中学高级教师职务评聘工作的通知	沪教委人〔2006〕79号
10	上海市教育委员会关于继续做好中等专业学校高级讲师职务评聘工作的通知	沪教委人〔2006〕85号
11	上海市教育委员会、上海市物价局、上海市财政局关于进一步规范本市高校教育收费管理有关问题的通知	沪教委财〔2007〕38号
12	上海市教育委员会关于中小学、幼儿园卫生保健人员的专业职务系列有关规定的通知	沪教委人〔2008〕56号
13	上海市教育委员会关于上海市技工学校教师高级职务评聘工作的实施意见	沪教委人〔2008〕69号

续表

序	文 件 名 称	文 件 号
14	上海市教育委员会关于特殊学校、工读学校、早期教育中心教师评聘中学高级教师职务工作补充规定的通知	沪教委人〔2009〕13 号
15	上海市教育委员会、上海市人力资源和社会保障局关于印发《上海市高等学校岗位设置管理实施办法》的通知	沪教委人〔2010〕68 号
16	上海市教育委员会、上海市人力资源和社会保障局关于印发《上海市幼儿园、义务教育学校、普通高中、中等职业学校、教师进修院校岗位设置管理的实施办法》的通知	沪教委人〔2010〕72 号
17	上海市教育委员会、上海市财政局关于印发《上海市中小学校学生伤害事故专项资金管理办法》的通知	沪教委财〔2011〕72 号
18	上海市教育委员会关于印发《上海市高校学生海外学习、实习项目管理办法》的通知	沪教委外〔2011〕130 号
19	上海市教育委员会关于进一步加强本市外籍人员子女学校管理工作的通知	沪教委外〔2014〕3 号
20	上海市教育委员会关于印发《上海市教育系统内部审计工作规定实施办法》的通知	沪教委审〔2015〕1 号
21	上海市教育委员会关于进一步做好本市高校港澳台学生在沪就读就业工作的通知	沪教委港澳台〔2015〕5 号
22	上海市教育委员会等 9 部门印发《上海市教育培训机构学杂费收缴和使用管理规定》的通知	沪教委终〔2015〕7 号
23	中共上海市教育卫生工作委员会、上海市教育委员会关于上海高校辅导员培训工作的实施意见	沪教委德〔2015〕13 号
24	上海市教育委员会关于明确本市各专门学校收生区域的指导意见	沪教委青〔2015〕14 号
25	上海市教育委员会关于完善本市民办学校年金制度的通知	沪教委民〔2015〕14 号
26	上海市教育委员会、上海市公安局交通警察总队、上海市城市交通运输管理处关于做好校车使用许可等工作的通知	沪教委青〔2015〕17 号
27	上海市教育委员会关于印发《上海市学校艺术教育工作规程实施意见》的通知	沪教委体〔2015〕27 号
28	上海市教育委员会关于非师范毕业生和本市师范毕业生到中小学任教有关待遇处理意见的通知	沪教委人〔2015〕32 号
29	上海市教育委员会、上海市卫生和计划生育委员会关于开展特殊教育医教结合工作的通知	沪教委基〔2015〕34 号
30	上海市教育委员会关于印发《上海市中等职业学校学生学业水平评价实施办法》的通知	沪教委职〔2015〕34 号
31	上海市教育委员会关于印发《上海市中等职业学校学生综合素质评价实施办法》的通知	沪教委职〔2015〕35 号
32	上海市教育委员会关于本市义务教育阶段实行五四学制的通知	沪教委基〔2015〕35 号
33	上海市教育委员会、上海市卫生和计划生育委员会关于部分听力残疾初中毕业生参加本市高中阶段学校入学考试免予外语听力考试的通知	沪教委基〔2015〕36 号
34	上海市教育委员会、上海市财政局关于印发《上海市高等学校家庭经济困难学生认定工作指导意见》的通知	沪教委学〔2015〕41 号
35	上海市教育委员会关于进一步加强以招收进城务工人员随迁子女为主的民办小学管理的意见	沪教委基〔2015〕61 号
36	上海市教育委员会关于印发《上海市外国留学生政府奖学金申请办法》的通知	沪教委外〔2015〕77 号
37	上海市教育委员会关于印发《关于贯彻落实教育部〈严禁中小学校和在职中小学教师有偿补课的规定〉的实施办法》的通知	沪教委人〔2015〕85 号

续表

序	文 件 名 称	文 件 号
38	上海市教育委员会关于印发《上海市以招收进城务工人员随迁子女为主的民办小学财务与资产管理若干问题的意见》的通知	沪教委财〔2015〕88号
39	上海市教育委员会、上海市工商行政管理局、上海市质量技术监督局关于贯彻落实《教育部工商总局、质检总局、国家标准委关于进一步加强中小学生校服管理工作的意见》的通知	沪教委基〔2015〕88号
40	上海市教育委员会印发《关于进一步规范本市中小学校接受捐赠的规定》的通知	沪教委财〔2015〕92号
41	上海市教育委员会、上海市财政局、上海市民政局关于对本市学前教育阶段家庭经济困难适龄幼儿实施资助的通知	沪教委财〔2015〕98号
42	上海市教育委员会、上海市财政局、上海市民政局关于对本市义务教育阶段家庭经济困难学生实施资助的通知	沪教委财〔2015〕101号
43	上海市教育委员会、上海市财政局、上海市民政局关于对本市普通高中家庭经济困难学生实施资助的通知	沪教委财〔2015〕102号
44	上海市教育委员会、上海市财政局、上海市残疾人联合会关于对本市基础教育阶段残疾学生实施免费教育的通知	沪教委财〔2015〕103号
45	上海市教育委员会、上海市财政局、上海市民政局关于对本市全日制普通中等职业学校学生实施资助的通知	沪教委财〔2015〕115号
46	上海市教育委员会、上海市人民政府侨务办公室关于华侨子女回国接受义务教育有关事项的通知	沪教委港澳台〔2016〕2号
47	上海市教育委员会、上海市公安局关于印发《上海市工读教育规程》的通知	沪教委青〔2016〕8号
48	上海市教育委员会关于切实规范中小学课程教学工作深入实施素质教育的若干意见	沪教委基〔2016〕30号
49	上海市教育委员会关于印发《上海市中等职业学校专业设置管理实施细则》的通知	沪教委职〔2016〕40号
50	上海市教育委员会关于印发《上海市普通高等学校本科专业设置管理实施细则》的通知	沪教委规〔2017〕1号
51	上海市教育委员会、上海市财政局关于实行本市义务教育阶段教科书免费提供工作的通知	沪教委规〔2017〕2号
52	上海市教育委员会关于印发《上海市中小学学生学籍管理办法》的通知	沪教委规〔2017〕3号
53	上海市教育委员会关于印发《上海市中等职业学校学生学籍管理实施办法》的通知	沪教委规〔2018〕2号
54	上海市教育委员会关于印发《上海市进一步推进高中阶段学校考试招生制度改革实施意见》的通知	沪教委规〔2018〕3号
55	上海市教育委员会、上海市人力资源和社会保障局关于印发《上海市中小学高级教师评审条件》的通知	沪教委规〔2018〕4号
56	上海市教育委员会、上海市住房和城乡建设管理委员会、上海市环境保护局、上海市质量和技术监督局关于加强本市基础教育学校塑胶场地建设管理工作的通知	沪教委规〔2018〕5号
57	上海市教育委员会关于印发《上海市普通高中学业水平考试实施办法》的通知	沪教委规〔2018〕6号
58	上海市教育委员会关于印发《上海市普通高中学生综合素质评价实施办法》的通知	沪教委规〔2018〕7号

上海市教育委员会关于印发《上海市初中学业水平考试实施办法》的通知

（沪教委规〔2019〕2 号）

各区教育局，各有关直属事业单位：

为深入学习贯彻党的十九大精神，深化考试招生综合改革，根据《国务院关于深化考试招生制度改革的实施意见》（国发〔2014〕35 号）、教育部《关于进一步推进高中阶段学校考试招生制度改革的指导意见》（教基二〔2016〕4 号）、上海市教育综合改革的相关要求和精神，在出台《上海市进一步推进高中阶段学校考试招生制度改革实施意见》（沪教委规〔2018〕3 号）的基础上，我委制定了《上海市初中学业水平考试实施办法》，现印发给你们，请认真贯彻执行。

上海市教育委员会

2019 年 4 月 2 日

上海市初中学业水平考试实施办法

为适应本市深化初中课程改革和进一步推进高中阶段学校考试招生改革的需要，根据《国务院关于深化考试招生制度改革的实施意见》（国发〔2014〕35 号）、《教育部关于进一步推进高中阶段学校考试招生制度改革的指导意见》（教基二〔2016〕4 号）、上海市教育综合改革的相关要求和精神，在出台《上海市进一步推进高中阶段学校考试招生制度改革实施意见》（沪教委规〔2018〕3 号）的基础上，特制定本办法。

一、总体要求

（一）指导思想

全面贯彻党的教育方针，落实立德树人根本任务，从培养德智体美劳全面发展的社会主义建设者和接班人的高度，积极推进本市初中学业水平考试改革；进一步发挥考试评价改革对初中教育教学工作的正面导向作用，积极推进本市初中课程教学改革，促进素质教育的全面实施，促进中小学生的全面发展和健康成长，促进义务教育优质均衡发展。

（二）基本原则

坚持育人为本，遵循教育规律和学生成长规律，促进初中学生全面发展。坚持科学评价，深化初中课程教学改革，提高教育质量，为学生终身发展奠定基础。坚持统筹兼顾，与高中阶段学校招生、初中学生综合素质评价等改革整体设计，促进初高中进一步提高人才培养水平。

（三）性质与功能

初中学业水平考试主要衡量初中学生达到国家规定学习要求的程度，考试成绩是学生毕业和升学的基本依据。初中学业水平考试既是初中阶段教育教学质量监测的一项重要工作，也是各级教育行政部门管理和引导中小学执行国家课程方案和课程标准，进一步规范学校教育教学行为，科学评价学校教育教学质量的重要手段,对中小学教育教学工作具有科学引领的作用。

二、考试安排

(一)考试科目与内容

初中学业水平考试科目涵盖语文、数学、外语、道德与法治(思想品德)、历史、地理、物理、化学、生命科学、信息科技、体育与健身、科学、社会、艺术(包括音乐和美术,下同)和劳动技术15门学科。

考试内容限定在普通中小学各学科课程标准规定的范围内。

(二)考试方式和时长

语文和数学2门科目考试采用闭卷笔试方式,时间均为100分钟。

外语科目考试采用闭卷笔试和听说测试相结合的方式。其中,笔试时间为90分钟(含听力),听说测试时间为10分钟(采用人机对话方式)。

道德与法治(思想品德)和历史2门科目采用日常考核和统一考试相结合的方式。其中,统一考试采用开卷笔试方式,时间均为40分钟;日常考核办法另行发布。

综合测试考试采用闭卷笔试和实验操作考试相结合的方式。其中,闭卷笔试时间为120分钟,试题包括物理试题、化学试题以及跨学科案例分析题。另设物理和化学实验操作考试,分科分场进行,时间均为15分钟。

地理、生命科学、科学和社会4门科目考试采用开卷笔试方式,时间均为60分钟。信息科技科目考试采用开卷上机方式,时间为40分钟。

体育与健身科目采用日常考核和统一测试相结合的方式,具体要求另行发布。

劳动技术和艺术科目不统一组织考试,由学校依据相关学科课程标准要求,以学生平时表现为依据,综合评定考试成绩。

(三)考试分值

语文和数学科目考试满分各150分。外语科目考试满分150分,其中,笔试满分140分(含听力25分),听说测试满分10分。

道德与法治(思想品德)和历史科目考试满分各60分,其中统一考试满分30分,日常考核满分30分。体育与健身满分30分,其中统一测试满分15分,日常考核满分15分。

综合测试满分150分,其中物理试题满分70分,化学试题满分50分,跨学科案例分析题满分15分,物理和化学实验操作考试满分15分(其中物理实验操作考试满分10分,化学实验操作考试满分5分)。

地理、生命科学、科学、信息科技和社会5门科目考试满分均为100分。

(四)考试组织与实施

1. 考试对象

本市初中在籍学生均需参加各科目初中学业水平考试。

参加本市高中阶段学校招生的初中往届毕业生、结业生以及外省市应届毕业生(以下简称“其他考生”)也须参加语文、数学、外语、道德与法治(思想品德)、历史、综合测试、体育与健身的初中学业水平考试。

2. 报名方式

参加初中学业水平考试的初中在籍学生基本信息由本市基础教育学生信息系统提供,学生通过其学籍所在初中学校集体报名。

参加有关科目初中学业水平考试的其他考生按要求自行网上报名。网上报名的考生须在规定时间到招生考试机构指定的现场进行确认。

3. 考试费用

考生参加初中学业水平考试的费用由教育经费安排。

4. 考试组织

语文、数学、外语、道德与法治(思想品德)、历史5门科目统一考试和综合测试由市教育考试院统一命题、统一组织考试、统一评卷。其中,学生可参加2次物理和化学实验操作考试,选择其中较好的成绩计分。

地理、信息科技、生命科学、科学和社会5门科目考试由市教委教研室统一命题、统一制定评分标准,由各区在统一时间组织考试和评卷。

各科目初中学业水平考试,学生只能参加一次(物理和化学实验操作考试除外)。

5. 考试时间安排

各科目初中学业水平考试分散在初中四年中,在相应基础型课程结束后进行,随教随考随清。各科目考试时间安排如下:

科　目	评价年级和时间	科　目	评价年级和时间
信息科技	开设年级第二学期期末	物理化学实验操作	九年级第二学期　5月
科　学	七年级第二学期期末	社　会	九年级第二学期期末
地　理	七年级第二学期期末	道德与法治(思想品德)	九年级第二学期　6月中下旬
历　史	八年级第二学期　6月中下旬	语　文	九年级第二学期　6月中下旬
生命科学	九年级第一学期期末	数　学	九年级第二学期　6月中下旬
体育与健身	九年级第二学期　4—5月	外　语	九年级第二学期　6月中下旬
外语听说测试	九年级第二学期　5月	综合测试(不含物理化学实验操作)	九年级第二学期　6月中下旬

劳动技术和艺术2门科目由学校根据初中课程计划要求,在相应课程结束后综合评定考试成绩。

6. 考试管理要求

初中学业水平考试计分科目考试全部安排在标准化考场内进行。按照国家教育考试的标准和要求,规范考场设置和实施程序。加强安全保密,建立健全诚信机制,严肃考风考纪,对考试作弊等违规行为,严格按照《国家教育考试违规处理办法》(2012年教育部令第33号)等有关规定进行处理。

三、考试成绩与应用

(一) 成绩呈现方式

初中学业水平考试成绩根据应用情况分别以等第和分数呈现。其中,语文、数学、外语、道德与法治(思想品德)、历史、体育与健身、综合测试(含物理、化学、跨学科案例分析、物理和化学实验操作)为计分科目,其成绩在以原始分数呈现的同时,还分为“合格、不合格”两个等第;其他科目为非计分科目,其考试成绩仅以等第呈现,分为“优秀、良好、合格、不合格”四个等第。各科目初中学业水平考试合格分数线按相应学科课程标准的要求划定。

各科目初中学业水平考试成绩不合格的学生由所在初中学校组织补考,补考成绩仅用于初中毕业。

由外省市转学进入本市初中就读的学生,若已参加过外省市省级或地市级教育考试机构统一组织的初中学业水平考试,须经外省市相关教育部门认定具体等第后,持有关证明材料申请本市初中学业水平考试相应非计分科目考试成绩认定,计分科目考试成绩不予认定。其中,信息科技、科学、地理、生命科学和社会5门科目考试成绩,由各区教育局指导本区相关业务部门组织认定;劳动技术和艺术2门科目考试成绩由转入学校组织认定。

(二) 考试成绩应用

1. 初中毕业。初中学业水平考试各科目成绩合格,是初中学生毕业的必要条件。初中学校根据有关学籍管理相关规定,分别准予学生毕业、结业或肄业。

2. 初中课程管理与质量评价。初中学业水平考试成绩将作为初中学校课程管理和初中教学质量监测的重要参考依据。市和区教育行政部门应加强对初中学业水平考试结果的研究与分析、教学反馈与指导，不断提高教育教学质量。

3. 高中阶段学校招生录取。2021年起，本市高中阶段学校招生以语文、数学、外语、道德与法治（思想品德）、历史、体育与健身6门科目初中学业水平考试成绩和综合测试成绩计分，总分750分，作为录取的基本依据。

四、有关说明

（一）本办法自2017学年的六年级起实行。

（二）初中学业水平考试的具体组织实施以市教委转发当年度文件为准。

本办法自2019年4月8日起施行，有效期10年。

上海市教育委员会关于印发《上海市初中学生综合素质评价实施办法》的通知

（沪教委规〔2019〕3号）

各区教育局，各有关直属事业单位：

为深入学习贯彻党的十九大精神，深化考试招生综合改革，根据《国务院关于深化考试招生制度改革的实施意见》（国发〔2014〕35号）、《教育部关于进一步推进高中阶段学校考试招生制度改革的指导意见》（教基二〔2016〕4号）、上海市教育综合改革的相关要求和精神，在《上海市进一步推进高中阶段学校考试招生制度改革实施意见》（沪教委规〔2018〕3号）的基础上，我委制定了《上海市初中学生综合素质评价实施办法》，现印发给你们，请认真贯彻执行。

上海市教育委员会

2019年4月2日

上海市初中学生综合素质评价实施办法

为适应本市深化初中课程改革和进一步推进高中阶段学校考试招生改革的需要，根据《国务院关于深化考试招生制度改革的实施意见》（国发〔2014〕35号）、《教育部关于进一步推进高中阶段学校考试招生制度改革的指导意见》（教基二〔2016〕4号）、上海市教育综合改革的相关要求和精神，在《上海市进一步推进高中阶段学校考试招生制度改革实施意见》（沪教委规〔2018〕3号）的基础上，特制定本办法。

一、指导思想

全面贯彻党的教育方针，大力弘扬中华优秀传统文化、革命文化和社会主义先进文化，遵循学生身心发展规律和教育规律，适应上海教育综合改革的新任务新要求，整体反映学生德智体美劳全面发展情况和个性特长，引导学生践行社会主义核心价值观，增强社会责任感，培养创新精神和实践能力。

二、基本原则

1. 客观记录，重在过程。以事实为依据，对学生成长过程中的主要经历和典型事例做客观记录和写实性描述，尤其关注学生社会考察、探究学习、职业体验等综合实践活动的情况，关注学生成长经历。

2. 公平公正，强化监督。严格规范评价程序，强化有效监督，建立综合素质评价的信息确认制度、信誉等级制度、公示和举报投诉制度，确保评价公开、公平、公正。

3. 科学评价，有效激励。运用科学规范的记录与评价方法，系统采集学生成长信息，引导每个学生积极、主动地参与评价活动，激发学生发展的主动性。

4. 尊重差异，促进成长。尊重学生个性差异，注重发展性评价，关注学生在不同学段、不同年级的发展状况和优势特长，增强自信心，提高自我认识和自我发展的能力。

三、记录和评价内容

初中学生综合素质评价内容主要有四个板块：品德发展与公民素养、修习课程与学业成绩、身心健康与艺术素养、创新精神与实践能力。具体说明如下：

1. 品德发展与公民素养。主要反映学生践行社会主义核心价值观、弘扬中华优秀传统文化等方面的表现，包括爱党爱国、理想信念、社会责任、集体意识、诚实守信、仁爱友善、遵纪守法、安全素养、文明礼仪等。重点记录学生遵守日常行为规范方面的表现，参加社会考察、公益劳动、职业体验、安全实训、共青团和少先队等德育活动、国防民防教育活动的情况。

2. 修习课程与学业成绩。主要反映学生初中阶段各门课程知识和技能掌握情况以及运用知识解决问题的能力等。重点记录基础型课程成绩、拓展型课程和探究型课程的学习经历。

3. 身心健康与艺术素养。主要反映学生的健康生活方式、卫生保健、体育锻炼习惯、身体机能、运动技能和心理素质，对艺术的审美感受、理解、鉴赏和表现的能力。重点记录《国家学生体质健康标准》测试结果，参加体育运动、健康教育、艺术活动经历及表现水平等情况。

4. 创新精神与实践能力。主要反映学生的创新思维、调查研究能力、动手操作能力和实践体验经历等。重点记录学生参加探究学习、科技活动等方面的过程和成果。

四、记录方法与程序

建立上海市初中学生综合素质评价信息管理系统（以下简称“信息管理系统”）和上海市初中学生社会实践信息电子记录平台（以下简称“电子记录平台”），以初中学校（含完全中学和一贯制学校，下同）为记录主体，主要采用客观数据导入、学校统一录入、学生提交实证材料相结合的方式，客观记录学生的学习成长经历。

1. 写实记录。教师要指导学生收集相关事实材料，及时填写《上海市学生成长记录册》。初中学校组织在信息管理系统内统一录入学生的基础型课程成绩、拓展型和探究型课程学习经历、参加校级体育艺术科技等活动的经历与水平。学生的自我介绍、共青团和少先队等德育活动、探究学习（科学实验或社会考察）报告或创新作品说明等内容由学生填写，经学校审阅后录入信息管理系统。学生基本信息、社会实践活动参与情况、初中学业水平考试成绩、《国家学生体质健康标准》测试综合得分、参加区级及以上体育艺术科技等活动情况采用客观数据导入的方式记录，其中社会实践活动参与情况由学校在电子记录平台上录入社会考察、公益劳动、职业体验、安全实训等内容。

2. 整理遴选。每学期末，教师指导学生整理、遴选具有代表性的重要活动记录和典型事实材料，以及有关证明材料；毕业前，学生要在整理遴选材料的基础上撰写自我介绍，遴选一项最具代表性的探究学习（科学实验或社会考察）报告或创新作品说明。

3. 信息公示。由初中学校统一录入的内容(除涉及个人隐私的信息外)及相关实证材料在录入信息管理系统之前必须在教室、公示栏或校园网等显著位置公示。

4. 导入系统。学校公示后的信息及基础型课程成绩由初中学校统一录入信息管理系统,其他客观数据经相关部门确认后统一导入信息管理系统,每学期学生对信息管理系统中的信息进行网上确认,每学年由家长或其他法定监护人确认。如有异议,可以向学校提出更正申请。

5. 形成报告。学生初中毕业前,信息管理系统自动生成《上海市初中学生综合素质纪实报告》,经学生确认后在本校公示。公示无异议后,由学生本人、家长或其他法定监护人签字,再经班主任和校长签字以及初中学校盖章后存档,并供有关学校招生使用。

由外省(自治区、直辖市)转学进入本市初中就读的学生,其综合素质评价信息经相关部门认定后导入信息管理系统。初中学习期间转出本市的学生,由原就读学校提供已导入信息管理系统的信息,签字、盖章后放入学生学籍档案一并转出。

五、评价结果应用

1. 加强综合素质评价在毕业和招生录取中的运用。将综合素质评价结果作为初中学生毕业的必要条件。在高中阶段学校自主招生、高中名额分配综合评价录取等过程中,将综合素质评价和高中阶段学校综合考查结果相结合。参与自主招生和名额分配综合评价录取的高中阶段学校应在招生简章中明确综合素质评价的具体使用办法并提前公布,规范、公开使用情况。

2. 为学生生涯发展提供参考。将综合素质评价与学生生涯发展指导相结合,开展学生成长过程指导和生涯辅导,帮助学生确定个人发展目标,引导学生自我评价、自我管理,促进学生全面而有个性的发展。

六、组织管理

1. 加强组织领导。实行市、区、校三级管理制度,共同负责、协调、落实综合素质评价的组织、实施和管理。成立上海市、区初中学生综合素质评价工作领导小组,统筹协调全市和各区综合素质评价管理工作。委托市、区校外联办协调相关部门共同为学生社会考察、校外探究学习等活动提供支持。市教委和各区教育局要定期公布经确认的各类活动项目,建立市、区两级综合素质评价数据库。

2. 明确责任主体。各区教育局要加强综合素质评价工作的统筹协调,统筹规划初中学生社会实践、体育艺术科技教育等活动,加强对综合素质评价信息的综合管理和服务。各初中学校组织实施本校的学生综合素质评价工作,成立综合素质评价工作领导小组,安排专人负责综合素质评价的具体工作,明确本校综合素质评价的具体要求,建立健全学生成长记录规章制度和校内公示制度。

3. 坚持常态化实施。各初中学校要把综合素质评价作为学校重要的常规工作认真贯彻实施,注重在日常教育教学活动中,指导学生及时收集整理有关材料,按照主管部门规定的时间节点录入信息数据,避免集中突击。

七、保障制度

1. 建立信息确认制度。初中学校、区和市相关部门负责对各自录入或导入信息管理系统的信息与数据进行确认。

2. 建立信誉等级制度。综合素质评价工作实施情况,由主管部门评定信誉等级。信誉等级评定采用等级下调的方式,一年评定一次。对连续两年被下调信誉等级的学校校长依纪依规处理。

3. 建立公示与举报投诉制度。初中学校需要在全校公示本校综合素质评价的具体实施办法、活动评奖办法、综合素质评价公示方案。相关高中阶段学校要制定综合素质评价的使用办法并提前在网上公布。

对公示的综合素质评价内容,学生发现错误、遗漏等问题,可向所在初中学校、区教育局和市教委逐级举报投诉。高中阶段学校在招生过程中发现不实信息可向主管部门举报投诉。对学生个人、初中学校的举报投诉一经查实,将按有关规定处理。

八、有关说明

1. 本办法自 2018 学年入学的六年级开始施行，自 2019 年 9 月起陆续录入综合素质评价信息。

2. 初中学生社会实践管理工作的实施办法将另行发布。

本办法自 2019 年 9 月 1 日起施行，有效期 10 年。

附件：上海市初中学生综合素质纪实报告（略）

上海市教育委员会关于印发《上海市初中毕业升学体育考试工作实施方案》的通知

（沪教委规〔2019〕4 号）

各区教育局：

为全面贯彻党的十九大精神，深入落实立德树人的根本任务，根据《国务院关于深化考试招生制度改革的实施意见》（国发〔2014〕35 号）、《教育部关于进一步推进高中阶段学校考试招生制度改革的指导意见》（教基二〔2016〕4 号）以及上海市教育综合改革等要求，结合本市高中阶段学校考试招生制度改革总体部署，我委制定了《上海市初中毕业升学体育考试工作实施方案》，现印发给你们，请按照执行。

上海市教育委员会

2019 年 4 月 28 日

上海市初中毕业升学体育考试工作实施方案

为全面贯彻落实《中共中央国务院关于加强青少年体育增强青少年体质的意见》（中发〔2007〕7 号）、《国务院办公厅关于强化学校体育促进学生身心健康全面发展的意见》（国办发〔2016〕27 号）等文件精神，进一步完善本市初中毕业升学体育考试（以下简称“体育考试”）工作，结合本市高中阶段学校考试招生制度改革总体部署，制定本实施方案并自 2017 学年的六年级起实行。

一、体育考试的目的和意义

全面贯彻党的教育方针，坚持“健康第一”的指导思想，促进社会、学校、家庭对学生体质健康状况的关心和重视，增强学生体质；引导学生积极参加体育活动，养成自觉进行体育锻炼的习惯，完成中小学课程标准规定的初中生学习体育的基本任务，达到《国家学生体质健康标准（2014 年修订）》（教体艺〔2014〕5 号）提出的基本要求，促进身心全面健康发展。

二、体育考试的原则和要求

体现“公开、公正、公平”原则，体现对学生体育锻炼积极性、主动性的激发和引导作用，体现对学生意志品质和道德情感的培养作用，体现对学校体育工作的推动作用。

实施体育考试应与学校体育课程教学相结合，与实施国家学生体质健康测试相结合，与学生日常锻炼过程相结合，与培养学生体育兴趣爱好和特长相结合；要有利于体育课教学质量和效果的提高，促进课程改革与建设。

各区教育行政部门要按照市教委的统一部署，认真实施本方案，坚持“客观、公正、安全”的组织原则，坚持“常态化、易行化、规范化”的发展方向，确保体育考试工作顺利进行。

三、体育考试的结构和内容

（一）结构和分值

1. 体育考试由统一考试和日常考核两个部分组成，总分为30分。其中，统一考试满分为15分，日常考核满分为15分。

2. 统一考试分设四类项目：第一类项目满分为6分，第二、三、四类项目满分均为3分。

3. 日常考核由《体育与健身》课程考试成绩和《国家学生体质健康标准（2014年修订）》综合评定（以下简称“体质健康综合评定”）结果两部分组成。其中《体育与健身》课程考试成绩满分为6分（七、八、九年级各为2分），体质健康综合评定结果满分为9分（七、八、九年级各为3分）。

（二）考试内容

1. 统一考试

（1）第一类项目

男生：1000米跑、200米游泳、4分钟跳绳（三选一）

女生：800米跑、200米游泳、4分钟跳绳（三选一）

（2）第二类项目

男生：50米跑、立定跳远、实心球、引体向上、25米游泳（五选一）

女生：50米跑、立定跳远、实心球、仰卧起坐、25米游泳（五选一）

（3）第三类项目

男生/女生：乒乓球、羽毛球、网球、武术、体操（五选一）

（4）第四类项目

男生/女生：足球、篮球、排球（三选一）

每位考生必须参加全部四类项目的考试。可在上述各类项目中各选择一个自己擅长的作为考试项目，项目一经选定后，不得更改。如选择体操项目，须选择垫上运动、单杠、双杠、支撑跳跃（横箱分腿腾越）中的两项。

2. 日常考核

（1）《体育与健身》课程考试由各初中学校负责实施，着眼于学生体育知识与技能、过程与方法、情感态度和价值观等目标要求的落实，对学生的学习表现、学科实践能力、学习能力和学习成绩进行综合评价。各年级《体育与健身》课程考试项目主要包括：

七年级　第一学期　1000米跑（男）、800米跑（女）、跳高、支撑跳跃（横箱屈腿转体90度腾越）、武术

　　　　第二学期　50米跑、实心球（单手原地侧向推）、跳绳、双杠

八年级　第一学期　1000米跑（男）、800米跑（女）、跳远、垫上运动、篮球

　　　　第二学期　50米跑、实心球（双手后抛）、单杠、仰卧起坐（女）、引体向上（男）

九年级　第一学期　1000米跑（男）、800米跑（女）、垫上运动、武术

　　　　第二学期　50米跑、实心球（双手头上前掷）、支撑跳跃（横箱分腿腾越）

（2）学生体质健康测试按《国家学生体质健康标准（2014年修订）》执行。测试项目包括体重指数（BMI）、肺活量、50米跑、坐位体前屈、立定跳远、引体向上（男）、1分钟仰卧起坐（女）、1000米跑（男）和800米跑（女）等。

（三）考试时间、考场和成绩管理要求

1. 考试时间和手段。统一考试时间设在4—5月份，5月10日前完成，采用统一集中测试的形式，日常考核由各初中学校严格按照中小学课程标准和《国家学生体质健康标准(2014年修订)》的评分标准进行综合考核。

2. 考试场地。每个区设立标准化的统一考试考场(游泳、网球可另设考场)，统一场地基本规格，统一测试仪器标准，全程摄像，设置实时监控系统，录像资料保留一年以上。

3. 成绩报送和管理机制。统一考试由各区教育局负责实施，考生参加每一个项目的测试成绩应当场告知，由测试人员和考生本人签字确认后，以学校为单位统计成绩信息，经区教育局汇总，由测试负责人和区教育局相关负责人签字确认后，由区招考机构按规定格式报送市教育考试院。

本市在学校体育综合素质评价系统的架构上建立上海市初中体育与健身学业评价数据库，各初中学校每学期经由校长签字确认后在规定时间内上报《体育与健身》课程考试成绩(同时报送区教育局)，由系统自动生成考生初中三年的《体育与健身》课程考试成绩。国家学生体质健康测试数据由校长签字确认后每年按教育部的要求在规定时间内上报至国家学生体质健康测试上报系统，由系统自动生成初中三年的体质健康综合评定成绩。由系统将上述两项成绩提供给区招考机构，区招考机构将其与统一考试成绩一并报送市教育考试院初中学业水平考试成绩库，计入考生中考录取总分。

4. 考试监督。加强考生诚信教育，对考试工作中出现的违纪违法行为，严格追究当事人及相关人员责任，及时公布查处结果。构成犯罪的，由司法机关依法追究刑事责任。完善市级巡考工作机制和监考裁判员随机跨区互换机制(定性项目评分裁判全部跨区互换)，加强考务工作人员专业培训力度，确保考试有效开展；采取有效措施充分保证考生隐私信息和系统数据的准确、安全、可靠，并落实责任人。

四、特殊考生的考试及成绩评定

（一）因残、因病考生免考或缓考的规定

1. 因残疾、伤病免修体育课且不能参加体育统一考试的考生，均应办理免考手续。由考生及其监护人向考生所在学校提出申请，填写《上海市初中毕业生残疾或伤病免予体育考试申请表》，并提供伤残证(具有资质的伤残等级鉴定机构出具)或病历(本市二级及以上医疗机构出具)。由学校初审，报区教育局统一确认，相关材料由区招考机构留档，其中申请表及审批材料存入学生档案。

上述考生如身体健康状况好转，准备参加体育统一考试，须由考生及其监护人提出书面申请，附本市二级及以上医疗机构病历，经学校和区教育局确认后方可参加。

2. 因考前或临场发生伤病等特殊情况不能参加体育统一考试的学生，由学生本人及监护人提出书面申请，经学校或考点负责人签字同意，可予以缓考。缓考者应另行参加补考，补考仅限一次。补考应在15天内完成。如因伤病仍不能参加补考的学生，须办理免考手续。

（二）因残、因病免考考生的成绩评定办法

1. 因残疾并全部丧失运动能力，获准免修及免考的学生，按教育部有关规定，其体育考试成绩按30分计。因残疾丧失部分运动能力的学生，不能参加单项统一考试的项目，该单项成绩按满分计算。

2. 因伤病在七、八、九年级《体育与健身》课程全程免修免考及《国家学生体质健康标准(2014年修订)》免测的考生，其体育考试总成绩按学籍所在学校日常体育考核平均分及统一考试满分的60%(即9分)之和计算。因伤病在初中阶段部分学期《体育与健身》课程免修的考生，其免修学期课程考试成绩按学籍所在学校平均分计算，其他学期按其实际分数计算，因伤病在初中阶段部分学年《国家学生体质健康标准(2014年修订)》免测的考生，其免测学年体质健康综合评定成绩按学籍所在学校平均分计算，其他学年按其实际分数计算，因伤病不能参加统一考试，获准免考后其统一考试成绩按统一考试满分的60%(即9分)计算。因考前或临场发生伤病不能参加统一考试，缓考后仍不能参加考试并获准免考的考生，其体育考试成绩按其日常体育考核实际分数及统一考试满分的60%(即9分)之和计算。因伤病获准单项免考的考生,其该项目成绩按该项目统一考试满分的60%计算。

(三)对因残、因病免考考生的认定

区教育局对因残、因病申请免考的考生提出的申请事由,须组织医学专家进行统一确认,通过的考生名单须进行公示。具体办法由区教育局制定。上述材料请各区在统一考试前汇总,并在统一考试现场指定地点摆放以备市督导组查验。

(四)具有本市户籍,在外省市就读且初中毕业回沪报考的考生、本市往届初中毕业生、跨区报考学校的考生的体育考试

具有本市户籍,在外省市就读且初中毕业回沪报考的考生,以及本市往届初中毕业生,应提供其在外省市就读学校或在本市原就读学校参加体育教学、健身锻炼活动及《国家学生体质健康标准(2014年修订)》等评价情况的证明材料,由区教育局按实际情况计算日常考核成绩。同时,上述考生须参加统一考试,计算其统一考试成绩,与日常考核成绩之和即为考生体育考试成绩。

具有本市户籍在外省市就读的学生,因特殊情况无法返沪参加统一考试的,由学生及其监护人提交书面情况报告,其统一考试分值以满分的50%(即7.5分)计。

跨区报考学校的应届初三学生,其日常考核成绩和统一考试成绩由学籍所在学校和区予以评定。

(五)其他免考规定

在市级及以上体育比赛中获得个人项目前六名或集体项目前三名的考生可申请统一考试免考,通过后,其统一考试成绩按满分(15分)计算。该类考生名单由各区教育局确认后报市教委公布。可认定免考的体育比赛项目按年度公布。

五、体育考试的组织与管理

(一)统一考试

各区应采用统一集中测试方式。游泳、乒乓球、羽毛球及网球项目可组织考生分批前往指定地点进行集中测试。

统一考试在每年4月进行,最晚5月10日前完成,具体时间由各区选定,并上报市教委体卫艺科处。每位考生所选的四类项目必须在当天内连续完成(游泳及网球项目可另定)。

男生1000米、女生800米跑应安排在当天考生的最后一个测试项目进行。其他项目的考试顺序由各区自行安排。

统一考试的场地应封闭考场,器材应符合本方案规定的标准。考前必须对场地器材的安全性和准确性进行检验。每个项目的测试必须做好安全预案,安排专人负责保护,确保考生安全。

(二)日常考核的组织实施和管理

1. 各校应根据规定的各年级《体育与健身》课程考试内容和项目,严格要求体育教师按照学期教学计划和单元教学内容,在单元教学结束时对学生进行考核,并就测试标准、方式和结果实事求是地评定,不得弄虚作假,原则上学校应组织3名体育教师参与评分。发现违纪违规现象,学校要及时处理。

2. 每学期《体育与健身》课程每项考试成绩应及时告知学生本人,学期结束时,在体育教研组统一组织下对各项考试成绩汇总评定,经教导处确认后,公示评定结果,同时应记录在《上海市学生成长记录册》上。评定结果及时输入上海市初中体育与健身学业评价数据库,并上报区教育局,不得更改。

3.《体育与健身》课程每学期考试成绩取各单项考试成绩的平均数;学年考试成绩取两个学期考试成绩的平均数后,按以下规则换算:

85分—100分得2分　　75分—84分得1.5分

60分—74分得1分　　59分以下得0.5分

（注:学期考试成绩计算出现小数点,保留 2 位;学年考试成绩计算出现小数点,按“四舍五入”原则处理。）

4. 每学年国家学生体质健康测试须在第一学期 9—12 月份进行,可组织集中测试,也可以各校为测试点,统一配备测试器材,由区教育局按照《国家学生体质健康标准(2014 年修订)》规定的方法与细则组织测试,学校予以配合,在当天将测试数据输入国家学生体质健康标准上报系统并上报区教育局。《国家学生体质健康标准(2014 年修订)》测试数据应及时告知学生本人。

5. 学生每学年国家学生体质健康测试成绩按照《国家学生体质健康标准(2014 年修订)》中规定的评分标准、各项目权重和等级进行评定,再按以下规则换算成每学年综合评定成绩:

优秀得 3 分　　良好得 2.5 分

及格得 2 分　　不及格得 1 分

（三）体育考试成绩的复核与仲裁

考生对日常考核成绩有异议的应在成绩公布之日起 3 天内向学校提出书面申请,由学校予以复核。考生对统一考试成绩有异议的,本人应在测试现场,向测试裁判反映,给予当场处理;或向区教育局提交书面申请,由区教育局予以复核。逾时不再受理。

（四）严格体育考试的监督

各级教育行政部门要设立体育考试监督电话,并在考试现场设立总监考,及时准确地解答考生及其监护人提出的问题,正确引导考生参加体育考试,监督检查考试过程。考生对考试工作中出现的各类违规违纪、徇私舞弊、弄虚作假等行为,有权直接向区或市教育行政部门反映,一经查实,按有关规定严肃处理。

市教委委托市教育督导事务中心组织督导队伍对各区统一考试进行全程督考。体育考试经费由区教育局及学校予以安排。

本文件自 2019 年 6 月 1 日起实施,有效期 5 年。

附件:1. 上海市初中毕业升学体育统一考试项目成绩评价标准(略)

2. 上海市初中毕业升学体育日常考核项目成绩评价标准(略)

3. 上海市初中毕业生残疾或伤病免予体育考试申请表(略)

上海市教育委员会　上海市体育局　上海市财政局　上海市精神文明建设委员会办公室关于印发《上海市学校体育场馆向社会开放导则》的通知

（沪教委规〔2019〕6 号）

各区教育局、体育局、财政局、文明办,各高等学校,各有关单位:

为贯彻落实《“健康中国 2030”规划纲要》《全民健身条例》《国务院办公厅关于强化学校体育促进学生身心健康全面发展的意见》《教育部　国家体育总局关于推进学校体育场馆向社会开放的实施意见》《上海市市民体育健身条例》《上海市体育设施管理办法》等文件要求,上海市教育委员会、上海市体育局、上海市财政局、上海市精神文明建设委员会办公室共同研究制定了《上海市学校体育场馆向社会开放导则》，现印发给你们，请认真按照执行。

上海市教育委员会
上海市体育局
上海市财政局
上海市精神文明建设委员会办公室
2019年10月16日

附件

上海市学校体育场馆向社会开放导则

一、总则

第一条 为科学指导和规范学校体育场馆向社区开放，根据《全民健身条例》和《上海市体育设施管理办法》等法律、法规和规章，结合本市实际，特制定本导则。

第二条 本导则所指的学校体育场馆，是指由教育部门主管的全市范围内公办中小学校（不含特殊教育学校、寄宿制学校和其他不宜开放类型学校）和中等职业学校（包括所属校区）具备向社会开放条件的体育场、体育馆及附属体育设施。学校适合对外开放的体育运动场馆及设施，分为室内场地和室外场地。室外场地包括学校操场、室外篮球场，室内场地包括适合对外开放的室内多种体育项目运动场所。支持鼓励民办学校参照公办学校依法向社会开放体育场馆。本市高校体育场馆向社会开放工作依据国家、本市相关政策要求自行实施。

第三条 学校体育场馆向社会开放，应当在保证学校正常教育教学秩序和校园安全，满足师生体育教学、训练、竞赛、课外体育活动及学校其他各项工作需要的前提下，按照规范、有序、安全、公益的要求，利用课余时间、节假日等时段，为群众建设活动提供服务。

第四条 除本市高校和市属学校体育场馆向社会开放管理工作由市教委会同市体育局等部门负责外，其他学校体育设施向社会开放管理工作，依照属地管理的原则，由各区政府具体负责。

第五条 以各区政府为主导，建立区教育、体育、文明办、财政、公安、卫生等多部门共同参与、协同管理的公益性多元共治机制。

二、开放条件及要求

第六条 学校体育场馆向社会开放应当同时具备下列条件：

（一）区域相对独立、集中、有专门出入通道，或者与其他功能区相对隔离。

（二）建有人员进出管理系统、视频监控系统等技防措施，配备专（兼）职的安全管理人员，制定完善的管理制度。

（三）能基本满足群众健身需求，通风照明、消防安全、应急疏散和卫生服务等功能配套完善。

第七条 具备开放条件的学校应当按照隶属关系，将学校地址、拟开放的体育设施名称、服务项目、开放时间等信息向同级教育、体育部门登记备案，经教育部门会同体育部门审核后向社会公布。

第八条 具备开放条件的学校应当在教学日早晚时段、双休日、国家法定节假日和寒暑假期间向社会开放体育设施。国家法定节假日和寒暑假期间，学校体育场馆应适当延长开放时间。开放具体时段，时长由各区政府根据实际情况制定具体规定。

第九条 因校舍、体育设施维修保养、重大活动、传染病流行、考点设置、安全保卫（保密）等因素可暂停向社会开放学校体育设施，但应当提前告知。

第十条　寄宿制中小学校在学生正常住宿期间，不向社会开放体育设施。

第十一条　场馆开放的具体实施部门应建立开放对象信息登记和发放准入证件制度，提出健康管理和安全使用场馆设施的基本要求，明确各方责任，并切实做好入校健身人员的身份识别工作。

第十二条　学校应当在校门口等显著位置和学校网站将开放的体育设施名称、服务项目、开放时间、基本要求等予以公告，便于公众知晓，接受社会监督。需要临时调整开放时间或者因维修等原因需要暂时停止开放的，应当提前向社会公示，取得居民的理解和支持。

第十三条　强化学校体育场馆开放管理要求，制定居民健身守则，杜绝不文明现象，引导居民科学合理健身。

三、运营模式及制度

第十四条　各区政府可结合区域实际情况，采取学校自行管理、街道合作管理、政府购买服务委托专业机构管理等多种方式，开展学校体育场馆向社会开放工作。

第十五条　建立由区政府牵头，区教育、体育、文明办、财政、公安、卫生等有关领导共同组成的“学校体育场馆开放工作管理委员会”，下设“学校体育场馆工作协调办公室”（以下简称“协调办公室”），协调和管理并指导街镇实施学校体育设施开放管理工作，并对街镇学校场馆开放工作开展督查评估。“协调办公室”具体下设部门由各区自行确定。

第十六条　建立由街镇牵头，学校和第三方管理机构共同组成的“学校体育场馆开放管理办公室”实施学校体育场馆日常管理。

第十七条　各区“学校体育场馆开放管理办公室”应加强学校体育场馆向社会开放的安全管理，全面落实安全管理主体责任并履行以下职责：

（一）建立健全管理制度和服务规范，包括场馆管理规定、管理单位和健身人员的权利和义务、突发事件预防和处置方案。

（二）使用符合国家安全标准的体育器材、设施设备，并在体育器材、设施设备区域显著位置标明使用方法，注意事项、安全警示及无障碍标志等。

（三）对体育器材、设施设备定期进行维护，对安全性能定期检查并及时维修。

（四）按照标准设置安全防范实施设备，并在醒目位置公布就近的医疗机构地址及急救电话。

（五）配备专职或兼职工作人员，加强业务培训，明确岗位职责，服务内容和服务标准，规范工作流程，提高业务水平和服务质量。

第十八条　公办学校体育设施向社会开放的，除按照规定应当免费开放的场所外，可以根据运营成本，适当收取费用。收费项目和标准应当向社会公布，实行明码标价，不得收取公布的收费项目和标准之外的任何费用。

第十九条　建立健身人员诚信管理制度，对健身人员在学校健身活动期间不良行为记入诚信档案，情节严重者取消入校健身资格。

第二十条　各区“学校体育场馆开放管理办公室”设立社会监督电话，接受市民和社会对学校开放情况监督。

四、保障和监督

第二十一条　各区政府应当将学校体育场馆向社会开放工作纳入教育、体育事业发展规范，制定指导性和扶持性政策，对辖区内学校体育设施向社会开放工作进行统筹规划和协调推进。各公办高校要加强体育场馆开放的经费保障，落实各项安全措施预案，确保体育场馆开放工作有序进行。

（一）以区级政府为主导，负责制定政策并落实经费，用于管理人员补贴，场馆维修维护以及各类责任保险费支出等。

（二）教育部门主要负责学校体育设施向社会开放的指导协调、登记备案、监督检查和考核评议等工作。

（三）体育部门主要负责学校体育设施向社会开放使用的指导、培训、协助做好学校体育设施向社会开放的登记备案和考核评议工作。

（四）财政部门主要负责学校体育设施向社会开放的经费保障，对资金使用和运转情况进行监督。

（五）公安部门主要指导学校体育场馆开放电子化管理系统安装以及加强对学校周边治安秩序维护工作。

（六）卫生部门主要统筹相关街道社区卫生服务中心对学校开放场馆内居民出现身体健康问题进行应急处置。

（七）文明办主要负责加强宣传，引导居民文明、合理、科学健身。

（八）街道（镇）主体负责学校体育设施向社会开放日常管理协调工作。

（九）开放学校根据学校实际制定开放方案和管理制度与街镇共同协商，签订协议，明确责任分工。

第二十二条　各区应当为向社会开放体育场馆的学校统一办理入校健身人员意外公众责任保险。

第二十三条　向社会开放的学校体育设施的改造、添置、维护、运行以及购买意外公众责任保险等经费，按照学校隶属关系，由财政部门予以统筹安排。

第二十四条　各区政府将学校场馆开放工作纳入社区精神文明建设考评，并定期对实施开放单位和管理组织进行综合评估，对突出贡献的单位和个人给予表扬和奖励。

五、附则

第二十五条　各区政府可以依照本导则制定细则。

第二十六条　本导则自2019年10月20日起施行，有效期5年。

上海市教育委员会等四部门关于印发《上海市家庭经济困难学生认定工作实施意见》的通知

（沪教委规〔2019〕7号）

各区教育局、财政局、民政局、残联，各市属高等学校，各有关委、局、控股（集团）公司：

为深入贯彻党的十九大精神，不断健全学生资助制度，进一步提高学生资助精准度，根据《教育部等六部门关于做好家庭经济困难学生认定工作的指导意见》（教财〔2018〕16号）要求，上海市教育委员会、上海市财政局、上海市民政局、上海市残疾人联合会联合制定了《上海市家庭经济困难学生认定工作实施意见》，现印发给你们，请遵照执行。

上海市教育委员会

上海市财政局

上海市民政局

上海市残疾人联合会

2019年8月8日

上海市家庭经济困难学生认定工作实施意见

为深入贯彻党的十九大精神，全面落实各项学生资助政策，健全学生资助制度体系，提升学生资助管理水平，探索和构建符合新形势发展的资助工作体系，进一步做好本市家庭经济困难学生认定工作，进一步提高学生资助精准度，根据《教育部等六部门关于做好家庭经济困难学生认定工作的指导意见》(教财〔2018〕16 号)要求，结合本市实际，制定本实施意见。

一、认定对象

家庭经济困难学生认定工作的对象是指本人及其家庭的经济能力难以满足在校期间的学习、生活基本支出的学生(幼儿)。

本意见中的学生包括：根据有关规定批准设立的普惠性幼儿园幼儿；根据国家有关规定批准设立、实施学历教育的全日制中等职业学校、普通高中、初中和小学学生；根据国家有关规定批准设立、实施学历教育的全日制普通本科高等学校、高等职业学校和高等专科学校招收的本专科学生(含第二学士学位和预科生)，纳入全国研究生招生计划的全日制研究生。

二、认定原则

(一) 坚持实事求是、客观公平。认定家庭经济困难学生要从客观实际出发，以学生家庭经济状况为主要认定依据，认定标准和尺度要统一，确保公平公正。

(二) 坚持定量评价与定性评价相结合。既要建立科学的量化指标体系，进行定量评价，也要通过定性分析修正量化结果，更加准确、全面地了解学生的实际情况。

(三) 坚持公开透明与保护隐私相结合。既要做到认定内容、程序、方法等透明，确保认定公正，也要尊重和保护学生隐私，严禁让学生当众诉苦、互相比困。

(四) 坚持积极引导与自愿申请相结合。既要引导学生如实反映家庭经济困难情况，主动利用国家资助完成学业，也要充分尊重学生个人意愿，遵循自愿申请的原则。

三、认定机构和职责

(一) 市教委、市财政局、市民政局、市残联等依据工作职责指导全市各级各类学校家庭经济困难学生认定工作。市教委要完善家庭经济困难学生认定制度，指导各区、各校健全家庭经济困难学生认定办法，健全各级各类学校家庭经济困难学生基础信息管理系统。市财政局要加强对认定工作的投入保障力度，确保依认定结果及时拨付学生资助资金。市民政、市残联等部门要做好相关家庭经济困难学生认定信息对接与共享，统筹做好区域间家庭经济困难学生认定信息，进一步简化程序，建立与学生管理信息的联动机制。

(二) 区教育局、区财政局、区民政局、区残联等依据工作职责指导所属学校家庭经济困难学生认定工作。区教育局负责管理所属学校的家庭经济困难学生认定工作，指导所属学校做好家庭经济困难学生认定实施细则，按要求汇总报送家庭经济困难学生信息，做好家庭经济困难学生认定的解释与答复工作，完善与指导学校做好家庭经济困难学生基础信息库。区财政局要加强对认定工作的经费保障，依据认定结果及时落实学生资助资金。区民政、区残联等部门要为家庭经济困难学生认定提供相关佐证材料，建立信息对接联动机制，实现信息共享。市属各学校、行业中等职业学校上级主管部门按职责做好所属学校的家庭经济困难学生认定工作。

(三) 学校负责组织实施本校家庭经济困难学生认定工作

1. 基础教育阶段家庭经济困难学生认定机构和职责。各中等职业学校、普通高中、初中、小学、幼儿园要成立家庭经济困难学生认定工作组，负责组织实施本校家庭经济困难学生认定工作。成员一般应包括学校领导、资助工作人员、教师代表、学生代表、家长代表等，其构成人员名单应在本校范围内公示。

2. 高等教育阶段家庭经济困难学生认定机构和职责。高校要成立学生资助工作领导小组，领导、监督家庭经济困难学生认定工作；学生资助管理机构具体负责组织、管理全校家庭经济困难学生认定工作；院(系)成立以分管学生资助工作的领导为组长，班主任、辅导员代表等相关人员参加的认定工作组，负责认定的具体组织和审核工作；年级(专业或班级)成立认定评议小组，成员应包括班主任、辅导员、学生代表等，开展民主评议工作，认定评议小组成员中，学生代表人数一般不少于年级或专业总人数的10%，其构成人员名单应在本年级(专业或班级)范围内公示。

四、认定依据

各校要健全家庭经济困难学生认定工作机制，以相关部门认定结果为基础依据，同时考虑影响家庭经济困难的成因，以及实际状况等作为参考依据。

(一) 家庭经济因素

主要包括家庭收入、财产、债务等情况。

(二) 特殊群体因素

主要指建档立卡贫困家庭学生、最低生活保障家庭学生、特困供养学生、低收入困难家庭学生、孤残学生、烈士子女、家庭经济困难残疾学生及残疾人子女等。

(三) 地区经济社会发展水平因素

主要指校园地、生源地经济发展水平、城乡居民最低生活保障标准，学校收费标准等情况。

(四) 突发状况因素

主要指遭受重大自然灾害、重大突发意外事件等情况。

(五) 学生消费因素

主要指学生消费的金额、结构等是否合理。

(六) 其他影响家庭经济状况的有关因素

主要包括家庭负担、劳动力及职业状况等。

五、认定程序

家庭经济困难学生认定工作程序一般应包括提前告知、个人申请、学校认定、结果公示、建档备案等环节。各区、各校可根据实际情况制定具体的实施程序，要加强对认定资格的复查机制，要建立健全认定结果复核机制，要按照家庭经济困难学生实际情况进行动态调整。

(一) 基础教育阶段家庭经济困难学生认定程序

1. 提前告知。家庭经济困难学生认定工作原则上每学期进行一次。学校应在新学期开学后及时完成家庭经济困难学生认定工作。通过召开家长会、张贴公告栏、书面通知等形式，向学生或监护人告知家庭经济困难学生认定工作事项，按有关规定向学生或监护人发放申请表(参照相关学生资助管理规定)，同时加强学生资助政策宣传。

2. 学生或监护人申请。由学生或监护人自愿提出，如实填写。学生或监护人应对所填信息的真实性负责。

3. 学校认定。家庭经济困难学生认定工作机构根据学生或监护人提交的申请材料，综合考虑学生日常消费情况以及影响家庭经济状况的有关因素开展认定工作，可采取家访、个别谈话、大数据分析、信函索证、量化评估等方式进行核实，提高认定工作的精准度和可信度。

4. 结果公示。学校应采取适当方式，在适当范围内公示家庭经济困难学生认定名单及等级，接受监督并及时回应有关认定结果的异议。公示时，严禁涉及学生个人敏感信息及隐私，公示期结束及时去除信息。

5. 建档备案。经公示无异议后，学校汇总名单，将最后确定的家庭经济困难学生名单连同学生或监护人提交的相关申请资料按学年整理装订，建立家庭经济困难学生信息档案，并按要求录入全国和上海学生资助管理信息系统。

（二）高等教育阶段家庭经济困难学生认定程序

高校应制定严格的认定工作程序，全面、认真组织做好家庭经济困难学生认定工作。高校各级资助、认定机构或部门要按照各自的职能分工，共同完成认定工作。家庭经济困难学生认定工作原则上每学年进行一次，学校应在新学年开学后及时完成家庭经济困难学生认定工作。学校可视具体情况，将家庭经济困难学生认定标准分为2—3档。

1. 提前告知。学校应通过有效方式，向学生告知家庭经济困难学生认定工作事项。学校在向新生寄送录取通知书时，同时寄送《上海市普通高等学校家庭经济困难学生认定申请表》（见附表），每学年结束之前，向学生发放认定申请表，同时做好学生资助政策宣传工作。

2. 学生申请。由学生自愿如实填写认定申请表，并提出认定申请。学生应对所填信息的真实性负责。

3. 学校认定。每学年开学初，可以由院（系）辅导员收集、汇总学生认定申请材料。年级（专业或班级）认定评议小组可以对提交申请的学生开展民主评议并提出意见，确定各档次初评名单报院（系）认定工作组审核。院（系）认定工作组可以对初评名单进行审核提出意见，确定各档次初审名单报学生资助管理机构审核。学生资助管理机构可以提出复核意见报学生资助工作领导小组核定。

认定工作可采取家访、个别谈话、大数据分析、信函索证、量化评估等方式进行核实，认定过程中应尊重和保护学生隐私。

4. 结果公示。高校应采取适当方式，在适当范围内将家庭经济困难学生认定名单及等级公示5个工作日，接受监督并及时回应有关认定结果的异议。公示时，严禁涉及学生个人敏感信息及隐私，公示期结束及时去除信息。

5. 建档备案。学生资助管理部门负责对终审的本校各等级家庭经济困难学生名单及相关认定资料按学年整理装订，建立学校家庭经济困难学生信息档案，并按要求录入全国和上海学生资助管理信息系统。每学年开学后八周内，将本学年家庭经济困难学生认定汇总信息录入上海市学生资助管理系统。

六、相关要求

各区教育局、财政局、民政局、残联等部门要加强对家庭经济困难学生认定工作的监督与指导，发现问题，及时纠正。

各校要加强学生的诚信教育，要求学生或监护人如实提供家庭经济情况，及时告知家庭经济状况变化情况。如发现有恶意提供虚假信息的情况，一经核实，学校应及时取消学生的认定资格和已获得的相关资助，并追回资助资金。情节严重的，学校应依据有关规定进行严肃处理。

七、附则

各区、各高校要根据本意见，结合实际，制（修）定具体的认定办法，并报市学生事务中心（市学生资助管理中心）备案。

科研院所、党校、行政学院、会计学院等研究生培养单位的家庭经济困难学生认定工作，参照本意见执行。

本意见自2019年9月1日起施行，有效期10年。原《上海市教育委员会　上海市财政局关于印发〈上海市高等学校家庭经济困难学生认定工作指导意见〉的通知》（沪教委学〔2015〕41号）同时废止。

附表：上海市普通高等学校家庭经济困难学生认定申请表（略）

上海市教育委员会　上海市精神文明建设委员会办公室共青团上海市委员会关于印发《上海市初中学生社会实践管理工作实施办法》的通知

（沪教委规〔2019〕8号）

各有关高等学校，各区教育局，各有关委、局、控股（集团）公司，各区文明办，各区团委，各区校外联办，各市校外联成员单位：

根据教育部《中小学德育工作指南》（教基〔2017〕8号）和《上海市初中学生综合素质评价实施办法》（沪教委规〔2019〕3号）等文件精神，我们制定了《上海市初中学生社会实践管理工作实施办法》，现印发给你们，请认真贯彻执行。

上海市教育委员会
上海市精神文明建设委员会办公室
共青团上海市委员会
2019年7月8日

附件

上海市初中学生社会实践管理工作实施办法

根据教育部《中小学德育工作指南》（教基〔2017〕8号）和《上海市初中学生综合素质评价实施办法》（沪教委规〔2019〕3号）等文件精神，结合上海初中学生综合素质评价改革的目标与任务，现就推进初中学生综合素质评价社会实践工作制定本办法。

一、指导思想

以习近平新时代中国特色社会主义思想为指导，坚持立德树人根本任务，培育和践行社会主义核心价值观，弘扬中华优秀传统文化、革命文化和社会主义先进文化，注重实践育人，统筹育人资源，创新育人载体，引导学生在社会实践中坚定理想信念、厚植爱国主义情怀、加强品德修养、增长知识见识、增强综合素质、弘扬劳动精神，提高学生的社会责任感、创新精神和实践能力，培养德智体美劳全面发展的社会主义建设者和接班人。

二、基本原则

1. 坚持价值导向

初中学生社会实践要坚持与社会主义核心价值观教育、中华优秀传统文化教育、革命传统教育、劳动教育、生涯教育、创新实践及生命安全教育等有机结合。要符合学生年龄特点、认知规律和教育规律，注重知行统一，体验教育，主动参与，引导初中学生在社会大课堂，自觉遵循道德规范，增长知识才干。

2. 注重统筹兼顾

以一体化发展思路，推动社会实践资源整合、学段衔接、课内外衔接和师资衔接；统筹育人方式，既要重视课堂教育，又要强化实践教育；统筹学校课程，既要重视与综合实践课程的衔接，又要兼顾社会实践资源与时空的相融一致。

3. 注重客观真实

结合培养目标、学生实际以及课程内容，有选择、有计划、有目的地组织、引导学生在社会实践基地/场所（项目）中开展社会实践。如实记录学生社会实践过程中的主要经历和典型事例，以事实为依据，真实反映其全面发展情况和个性特长发展状况，并作为综合实践活动课程及其他相关学科学习评价的参考依据。

4. 注重公平公正

运用科学规范的记录与评价方法，促进学生健康成长；用好"上海市初中学生综合素质评价信息管理系统"（以下简称"管理系统"）和"上海市初中学生社会实践电子记录平台"（以下简称"电子平台"），严格规范评价程序，建立信息确认制度、信誉等级制度、公示和举报投诉制度等，确保公开公平公正。

三、社会实践的主要内容

初中学生社会实践的主要内容包括社会考察、公益劳动、职业体验、安全实训等。

1. 社会考察

学校组织学生到爱国主义教育基地、革命历史类纪念地，大型公共设施、重大工程基地，国防、科技基地，农业基地，自然保护区等资源单位进行考察、调查、探究和研学实践等，培养学生主动探究和体验的兴趣，了解认识国家的历史文化和基本国情，增强学生的国家意识和社会责任感。其中每个初中学生在初中阶段至少有1次进入爱国主义教育基地考察学习的经历。

2. 公益劳动

学校组织学生参加校内及校园周边社区的公益劳动，主要包括校园内公共设施的卫生保洁、绿化美化、普及文明风尚、为孤残老幼服务、送温暖献爱心等，培养学生的劳动意识，珍惜劳动成果，磨炼意志品质，养成服务他人的良好行为习惯。每个初中学生在初中阶段至少有3个劳动岗位的经历。

3. 职业体验

学校组织学生到职业院校等场所参观、学习、体验等，引导学生认识职业角色，了解职业特点，体验岗位实践，感悟体验过程，培养职业兴趣，初步形成生涯规划的意识和能力，引导学生弘扬劳动精神，尊重劳动，能够为"辛勤劳动、诚实劳动、创造性劳动"而努力。

4. 安全实训

学校组织开展各类安全演练及实训体验，安排学生在学校开展火灾、地震、校车等突发事件逃生演练，组织学生在学校公共安全教育体验教室、区域公共安全教育体验中心、市级公共安全教育场馆等场所开展实训体验，让学生掌握交通安全、消防安全、治安防范、防震减灾等相关知识和技能，切实提高学生的安全防范意识、应急避险和自救互救能力，引导学生珍惜生命、敬畏生命、热爱生命。

四、学生社会实践的课时安排

学生在初中阶段需完成社会考察136课时、公益劳动80课时（一般每学年不少于20课时）、职业体验32课时（在本市职业院校的职业体验不少于16课时）、安全实训24课时（一般在上海市级公共安全教育场馆的安全实训不少于8课时）。根据课程计划，可安排在每学年2周的社区服务社会实践课程中完成，时间可集中安排也可分散安排。

社会考察、公益劳动、职业体验和安全实训可在整个初中阶段统筹安排。社会考察（含社会调查）可主要安排在六七年级，职业体验可主要安排在八九年级，学校可根据教学计划做适当调整。

社会考察、公益劳动、职业体验、安全实训四类学生实践活动内容的划分是相对的，学校在具体记录时可以根据具体情况有所侧重，也可统筹兼顾、融合贯通。

五、工作流程

1. 制定方案

学校要制定学生社会实践工作方案，包括时间地点、内容项目、课程建设、组织形式、教育培训、活动评价、安全保障、风险评估和安全预案等。要将学生社会实践活动与劳动技术、社会、道德与法治、地理、语文、历史、生命科学、信息技术、科学等学科结合，促进学生综合素质的提升。

2. 选好基地/场所(项目)

学校要选择并主动对接市、区学生社会实践基地(项目)，注重用好校园周边的社会资源，精心设计符合学生身心发展的社会实践活动。要加强学校与有关社会实践基地、场所及有关单位的合作，有条件的建立双向签约制度，明确社会实践内容、时间和有关权利、义务等。

3. 组织落实

要按照课程计划的要求，切实落实学生社会实践的组织、实施和评价，树立正确的学生发展观和评价观。按照制定的方案，做好学生网上统一身份认证、组织培训、活动开展、网上记录、信息核实、服务保障等工作。有序组织学生以少先队组织、共青团组织、班级或社团等方式开展集体性社会实践活动，并需经监护人书面同意，切实做好相关指导、培训和风险防控工作。

4. 写实记录

学校要及时并精准地做好学生社会实践档案记录工作，负责记录由学校集体组织的社会实践活动，主要在“电子平台”上记录社会实践的类别、主题、时间、内容、基地/场所(项目)、课时、获奖情况、记录人等信息。每学年学校可以指导学生在“电子平台”上选择1—2条典型事例予以展开。学校可以指导学生将个人参加的社会实践经历记录在“上海市初中学生综合素质评价纪实报告”中“自我介绍”部分。

六、组织管理

1. 加强组织领导

市教委委托上海市青少年学生校外活动联席会议办公室，统筹协调成员单位，加强对所属社会实践基地、场所(项目)的建设，积极挖掘潜力，开发资源，提供安全、有序、多样的社会实践活动。要加强组织培训、把参与学生社会实践工作的情况纳入本系统对基地的评优考核之中。

各区教育局要通过本区青少年学生校外活动联席会议机制，协调成员单位，在区域范围内加强组织协调，定期召开联席会议和组织培训，促进校际合作、馆校合作及社校合作，发展多元化社会实践项目，做好社会实践基地(项目)的满意度测评等评价工作。

各区教育局要加强管理和指导，将学校在课程中实施社会实践的情况纳入学校办学考核评价体系。各区教育局要加强与区青保办(未保办)、区周边办等相关部门的沟通协调，落实安全保障。总结学校开展社会实践的典型经验，推进本区初中学生社会实践工作。

各区文明办要统筹社区资源，要依托街道(镇)，为就近开展学生社会实践创造条件。要把做好学生社会实践工作纳入文明社区、文明单位评估体系。要指导好本区学生社区实践指导站(点)，明确专人负责，有效开展初中学生社会实践服务工作。

各团区委、区少工委要充分发挥共青团、少先队的组织优势，开发整合相关社会资源，加强对学校团、队组织的指导，有序有效地组织开展好学生社会实践活动。要优化整合评价方式，激励学生积极参加社会实践活动。要总结一批学校、社区、团、队组织积极开展初中学生社会实践的新模式、新经验。

2. 明确责任主体

学校是初中学生社会实践工作的责任主体，校长是第一责任人。要统筹德育、教学、团队等相关部门，形成合力，全面推进学生社会实践工作，保证学生社会实践的科学性、实效性和连续性。要按照课程计划要求，切实落实学生社会实践的组织、实施、评价。要加强对教师、家长和学生的宣传动员，形成共识与合力。

学生社会实践基地/场所（项目单位）是开展社会实践活动过程中的责任主体。要设置具有教育管理功能的部门，配备“教育专员”，落实具体责任。要做好资源提供，开发适合初中学生的社会实践活动课程和项目。要精心编制“中小学生社会实践活动科目指南”，增强互动性、情景性和探究性，吸引学生参加活动。

各职业院校要充分利用校企合作等校内外资源，研究制定职业体验方案，开发适合于初中学生体验的项目、课程等资源，增强学生对职业世界的认识与理解，提升学生职业素养和动手能力。

七、保障措施

1. 加强网络平台建设

市教委和各区教育局要通过青少年学生校外活动联席会议机制，加强学生、学校、基地/场所（项目）等网络平台用户的培训与指导。“电子平台”要进一步增强网络信息安全的法律法规意识，完善软硬件建设，丰富平台的功能及应用，完善操作流程，做好记录服务，提升用户体验。要做好平台数据信息的备份及保管等管理工作以及和管理系统的对接工作，切实保障平台稳定和信息安全。

2. 加强安全保障

学校、基地/场所（项目）要高度重视学生参加社会实践的人身安全和信息安全问题，明确具体责任，落实制度措施，做好安全预案。学校要开展及时必要的安全教育，增强学生的安全防范意识和能力。基地/场所（项目）单位要建立安全保障制度，切实保证活动场地、设施、器材的安全性，配备安全保护人员，设置必要的安全警示标志。各有关单位要高度重视对学生社会实践基地（项目）单位的管理监督，共同防止意外事故发生。

3. 加强队伍保障

学校要整合各类资源，加强指导教师队伍建设，发挥家长、校友、大学生和高中生志愿者等作用，协同支持，加强管理，营造全员育人的良好氛围。

4. 建立信誉等级制度

由市、区两级部门定期对学校的社会实践组织工作进行信誉等级评定，评定结果作为评选市、区文明校园和市、区中小学行为规范示范校等的重要参考依据。建立举报制度，接受社会监督，对违规违法等行为进行通报，并追究校长和相关责任人的责任。

5. 完善经费保障制度

各区相关部门要将社会实践管理工作经费纳入预算，切实保障学生社会实践经费专项投入，满足学校开展社会实践工作的需求，学校要将教师指导学生社会实践的工作量纳入绩效考核，切实保障参与社会实践教师的合法权益。社会实践基地要确保经费投入，积极探索指导社会实践工作的激励措施，对社会实践指导有突出表现的教师和“教育专员”应纳入市、区、学校和基地激励范畴。

本文件自 2019 年 9 月 1 日起实施，有效期 5 年。

上海市教育委员会等九部门关于印发《本市落实义务教育阶段学生减负增效工作实施意见》的通知

（沪教委规〔2019〕10号）

各区人民政府：

为贯彻落实全国教育大会、全国基础教育工作会议精神，根据《中共中央　国务院关于深化教育教学改革全面提高义务教育质量的意见》（中发〔2019〕26号）、《教育部等九部门关于印发中小学生减负措施的通知》（教基〔2018〕26号）等要求，结合本市实际，制定本实施意见。本市普通高中可参照执行。

一、规范学校办学行为

1. 严格执行课程计划

坚持“五育”并举、全面发展素质教育，科学编制中小学课程计划，严格控制周课时总量和周活动总量，确保体育与健身、劳动技术、道德与法治、艺术类、社会实践等课程（活动）的课时。实施提升中小学课程领导力行动计划，聚焦学校课程、学科教学、教师教研，整体提升中小学校长和教师的课程领导力。探索建设区域课程管理服务平台，以信息化方式加强对学校课程计划和实施的在线管理和服务，提高课程编制和实施效率。

2. 持续改进教学行为

推进小幼衔接，探索实施小学低年段基于学科的主题式综合活动课程，坚持从学生生活出发选取主题，围绕主题设计活动和学习任务，通过“做中学”等活动丰富学习经历。全面实施基于课程标准的教学与评价，落实各学科课程标准和教学基本要求，不拔高教学要求，不赶超教学进度，增强各学科教学基本要求的执行力。推广儿童学习基础素养研究成果，创新教学和研究模式，倡导自主、合作、探究、项目化等学习方式，增强学生学习自信心，培养学生的学习兴趣和学习习惯。

3. 切实加强学校作业管理

出台加强义务教育学校作业管理措施，加强对作业来源、设计、布置、批改、反馈、讲评、辅导等各环节的统筹管理。市级教研部门出台中小学作业设计与实施相关业务指导意见，明确设计方法与实施重点。各区要建立符合学校实际的作业长效管理机制，明确教学资源选用备案流程。加强对学校作业管理的日常检查，将作业管理情况纳入学校绩效考核范围。市教育督导部门研制作业管理督导指标，指导各区开展区域学校作业管理效能监测，形成定期抽查、发布区域监测报告的工作机制。各级科研、教研与师训部门将作业设计与实施统筹纳入科研、教研、师训范围，将作业设计、实施与命题能力作为评价教师教育教学能力的内容之一，探索开展教师作业设计和命题能力的专项调查。各中小学要制定学校作业管理制度，建立以校长为第一责任人的工作机制。

加强对学习类App和进入校园使用的中小学教学资料的严格管理，学校和教师不得使用未经学校及上级主管部门备案审查的学习类App布置作业，不得要求或组织学生购买未经国家或上海市审查通过的教学资料。

4. 严格规范学校考试评价

坚持教考一致原则，各级考试命题要严格按照课程标准和教学基本要求进行，严禁随意增加考试难度。严格控制考试次数和科目，严禁组织中小学生参加任何形式的联考或月考。

每学期开学后两周内不得举行考试、纸笔测试。小学阶段不进行期中考试或考查，一、二年级可进行期末考查（一年级不得进行书面考查）；三、四、五年级期末考试仅限语文、数学两门学科，其他学科只进行考查，考查形式可灵活多样。初中除语文、数学、外语学科可举行期中、期末考试以外，其他学科只进行期末考试或考查；道德与法治（思想品德）、历史、地理学科采用开卷形式（或以开卷、闭卷相结合的形式）进行考查；物理、化学、生命科学学科应加强动手实验能力考查；信息科技、劳动技术、体育与健身、艺术、音乐、美术学科只进行操作、应用和实践性的考查。

加强对区域考试和学业质量监测的规范管理，加强信息安全管理，严格控制考试频次，严禁各区按考试成绩对学生、学校进行排名，严禁各区按升学率对学校排队，严禁下达中考、高考等相关考试指标，或以此进行排名奖惩。

5. 提高教学研究质量

围绕课程建设、教学改革、作业研究、考试评价、资源开发等重点任务开展教学研究、指导、服务工作。丰富教研形式，根据不同学校、学科、学段、教师的发展需求，采用现场展示、项目研究、驻校指导、主题教研、跨学科教研、跨学段教研、网络教研等多种教研方式。研制教研工具，形成教研规准，深度融入现代信息技术，着力提升教研指导的精准性和有效性。健全教研机制，充分发挥学校年级组、教研组、备课组等组织和部门的协同作用，组织教师围绕教学实际问题经常性开展教学研究。健全课程目标引领下的教、学、研、评一体化的教研管理机制，及时解决教学实践中的问题，加强日常教学评价的设计、诊断与改进。

6. 提高教师教育教学素养

切实加强教师师德师风建设，提高教师教书育人能力以及本体知识更新能力、作业设计与命题能力、实验能力、信息技术使用能力和心理辅导能力。提高教师课堂教学效果，从关注学生的学习逐步转化为关注学生的能力培养、品质养成和人的全面发展，形成符合学生个性化需求的学习策略，引领课堂教学改革。加强教学五环节管理，提高教师的备课、上课、作业、辅导、评价工作水平，加强家校共育、心理及生涯规划辅导，切实规范教师的教学行为。完善教师培训机制，注重将提升教师能力素养的要求转化成教师研修和培训的课程，在教师研修过程中不断生成培训资源、优化培训模式和方法，激发校长、教师提升专业素养和能力的内生动力。

倡导教师对学习困难的学生开展补缺补差，鼓励教师对具有创新潜力的学生加强个性化辅导。严禁中小学校和在职中小学教师参与有偿补课，不以考试成绩作为评价和奖惩教师的标准，对有违反减负行为的教师，查实一件、处理一件，并将处理结果记入校长、教师诚信档案，将贯彻落实减负增效规定的内容纳入校长和教师工作考核评价范畴，考核评价结果与各类评审、晋升及评选挂钩。

7. 规范进入校园的各类教育活动

建立本市中小学专题教育项目归口管理制度，严禁随意增加专题教育内容，提高专题教育实施的系统性、完整性、针对性和有效性。指导学校整合实施专题教育，借助课堂教学集中主题活动、网络课程资源和实践体验活动等多种途径，统整运用校内外各类资源，加强专题教育与校园文化环境建设的融合。严格落实进入校园的学习类 App 的“双审查”责任制，建立健全日常监管制度，对违规使用 App 的学校、教师严肃问责。

二、规范培训机构办学秩序

1. 严查超标培训

加强校外培训机构学科类培训的课程、教材、班次等审批、备案制度建设；强化培训机构事中监管，开展“双随机”检查，重点抽查培训内容、上课时间、教师管理等事项；完善事后惩处制度，对开展“超纲教学”

“提前教学”“强化应试”等加重中小学生学业负担的培训机构，依照法律法规严肃处理，并与年检结果挂钩。建立专家认定机制，组建覆盖教研、督导、教育管理、法律等领域专家库，对拔高教学要求、加快教学进度、增加教学难度等违规行为进行认定，出具专家认定意见，认定意见可作为行政部门实施管理的参考依据。

2. 规范测试活动

严禁教育培训机构参与、组织、宣传未经国家或本市教育行政部门审查同意的竞赛活动。严禁组织以排名为目的的跨区、跨机构大规模学科类测试或变相测试。培训结果仅告知学生本人及家长，不得对外公开，不得以等级证书、分数等形式呈现。严禁进行培训成绩排名。严禁将培训结果与中小学招生入学挂钩。

3. 严禁扰乱招生秩序

培训机构应当积极维护义务教育正常招生秩序，参与营造公平公正的良好教育生态。不将培训结果以任何形式提供给本市中小学校，不向中小学校推荐学生，不开展与义务教育招生有关联的培训或其他活动。严禁培训机构宣传参加培训学生的升学情况，夸大培训效果，进行培训与升学相关联的宣传。严查信访举报线索，重点关注“占坑班”“神秘考”等隐秘违规行为，一经发现，严肃处理。对社会反响大、被多次举报查实的机构，加大检查和执法力度。对疑似通过与义务教育学校招生挂钩谋取不当利益的机构，通过年检、随机抽查、专项检查等方式，重点查清资金流向，涉嫌违纪违规、违法犯罪的，移交纪检部门和司法机关。同时，对违规的义务教育阶段民办中小学校实施“双减”(调减政府扶持资金，调减 3 年招生计划)，并严肃追究相关人员的责任。

4. 严格监督管理

各区要畅通违规培训行为投诉举报途径，对举报线索逐一核实，严查严处。强化办学资质规范，对证照不全的机构严肃查处。推进校外线上培训备案审查，完善相关管理机制。加强对培训机构教学活动的日常监管，开展学科及延伸类培训机构的专项检查和随机抽查，健全教材、课程、班次等备案制度，完善培训机构信息公开机制。健全校外培训机构白名单制度，实行“白名单”动态更新机制，对于查实存在“超纲教学”、违规开展测试活动、扰乱招生秩序等违规行为的机构，应及时从白名单中移除。对培训机构的日常监管情况纳入各区年度考核。

三、促进家校协同育人

1. 办好家长学校

各区、各校要办好家长学校，在队伍、场地、经费等方面给予保障，确保区域内家长学校全覆盖。学校要分年段开齐开好家庭教育指导课，形成覆盖身心健康、情绪管理、亲子沟通、生涯规划、时间管理、有效陪伴、网络新媒体使用等方面的系列化、规范化、适切化课程，引导家长培养孩子的好思想、好品行、好习惯。要建立教师、家长、专家等组成的家庭教育指导核心团队，确保每年开展家庭教育指导和家庭教育实践活动不宜少于 4 次。要建立家长学校成效评价和反馈调整机制，提高家庭教育指导的针对性和实效性。要多途径拓展指导载体，充分利用新媒体等平台，建设家庭教育指导“空中课堂”，为家长提供便捷、个性化的指导服务，实现家长学校受益面广覆盖。

2. 加强家校沟通

学校要建立健全家访制度，对新入学家庭、新接班家庭和有需要家庭做到家访全覆盖；每年至少要开展一次教师家访应知应会专题培训，规范教师家访行为，保护学生及家庭隐私、尊重家庭教育差异，促进家庭和谐；要建立家访工作档案，定期对家访情况和方式进行评估，对家访问题和成效进行分析，促进家访工作经常化、制度化、规范化。在日常家校沟通中，学校和教师要关注学生的日常学习生活情况，对未按时到校等异常情况和突发事件，要及时与家长取得联系，家校协同解决问题。在青春期等重点年龄段及重大政策发布、开学、考试前后等重要时段，要加大关注力度和沟通频率，确保家校信息通畅。要加强对全体教师家校日常沟通能力的培训，规范教师言行。要完善学校、年级、班级三级家长委员会网络，制定章程，保障家长的知情权、参与权、建议权和监督权，支持有条件的区建立区级或社区家长委员会。各区、学校要完善并落实家校微信群等新媒体互动平台管理制度，严禁利用微信群等新媒体发布作业、成绩及涉及个别学生的相关信息。

3. 引导健康生活

学校要指导家长关注孩子身心健康，按时作息，保证小学生每天睡眠时间不少于10小时，倡导中学生每天睡眠时间不少于9小时。要安排学生每天进行户外锻炼，鼓励孩子参加各种形式的体育活动，确保每天锻炼一小时，养成良好锻炼习惯。要科学安排学生膳食，做到荤素搭配、营养均衡，引导孩子遵守文明饮食礼仪规范，不偏食、不挑食。要安排力所能及的家务劳动，积极参与社会实践活动，培养社会责任感。要学会有效陪伴，开展亲子阅读，营造温馨家庭氛围。要引导学生合理使用电子产品，提高自律能力，勿沉迷游戏、网络等。要引导家长学会情绪管理，关注孩子心理变化，掌握有效的沟通和疏导方式，培养孩子积极乐观阳光心态。

4. 健全社会支持系统

各区要加强区家庭教育指导和研究中心建设，健全“家庭教育指导队伍”常态化培训机制，推动本市家庭教育学科(课程)建设，为学校、社区家庭教育工作提供资源配给和规范指导，为家庭教育提供咨询和个别化服务。要不断规范街道、社区(村)标准化家庭教育指导站(点)建设，引导多元社会主体参与家庭教育指导服务，开展公益配送项目。要加强普及心理健康服务热线，依托精神卫生机构、社会工作服务机构、志愿服务组织、网络、App、公众号等，健全学生心理援助服务平台，让每一位师生和家长都知晓救助途径及热线电话。要建立健全社工联校制度，加强与社工机构联系，定期对成长困难和特殊需求的学生家庭开展针对性教育引导工作，在节假日、寒暑假期间进行保护与跟踪服务。根据工作实际，学校可以聘请专业社工，对有需要的学生开展个案帮扶。

四、加强减负增效工作监督管理

1. 加强减负增效工作的组织领导

市教委负责对中小学生减负增效工作的统筹管理，牵头研制义务教育阶段学生减负增效的系列政策；市级相关部门根据各自职责推动落实减负增效相关工作，共同加强对各区落实减负增效工作的指导和监督。各区要将义务教育阶段学生减负增效工作纳入区政府重要议事日程，强化政府主体责任，适时召开减负增效工作专题会议，及时总结经验，研究新情况、新问题，不断改进政策措施。各区要把促进义务教育优质均衡发展作为减负增效工作的重要内容，扎实推进紧密型学区和集团办学，全面实施公办初中强校工程，打造家门口的好学校，积极创造有利于减负增效、落实立德树人的区域环境。强化校长教书育人的责任意识，压实校长作为学校增效减负工作的第一责任人，提高校长对减负增效的思想认识，提升校长综合治理学校的能力。

2. 深化招生考试制度改革

根据《中共中央　国务院关于深化教育教学改革全面提高义务教育质量的意见》(中发〔2019〕26号)的有关要求，改革义务教育学校招生入学制度。实施高中阶段招生考试改革，联动实施初中学业水平考试、初中学生综合素质评价与高中阶段学校录取等改革，突出学业水平考试的能力导向和实践导向，突出学生社会考察、科学实验、探究学习等综合实践活动过程和评价；推行名额分配综合评价录取的招生办法，市实验性示范性高中不超过65%的招生计划由市和区教育行政部门分别分配到有关区和初中学校，其中的70%分配到不选择生源的每所初中学校，并逐步扩大该比例。

3. 加强中小学生竞赛活动管理

市、区教育行政部门严格落实国家和本市中小学生竞赛管理规定，实施中小学生竞赛清单制管理，加强办赛信息公开。本市和各区不再举办义务教育阶段的数学、英语、物理、化学学科及其延伸类竞赛活动。各区不得举办跨区中小学生竞赛活动，各中小学不得举办跨校竞赛活动。市、区相关部门加强对面向中小学生竞赛活动的日常监管，加大违规办赛查处力度。学校不得组织、宣传未经市、区教育行政部门认可的竞赛活动，不得为社会培训机构提供开展竞赛活动的培训场所或比赛场所。

4. 开展小学生校内课后服务

坚持政府主导、学校负责、多方参与、因需提供的原则，普遍开展小学生校内课后及其延时服务，原则上覆盖所有确有需要的小学生，优先保障家庭经济困难和家庭监护缺失儿童等群体的需求。各区将开展课后服务工作所需经费纳入年度教育经费预算，在区财政教育经费、市对区财政教育转移支付中予以保障落实，并进一步强化各区的绩效工资统筹分配职能，可向开展课后服务积极主动、效果突出的学校适当倾斜。鼓励学校根据实际情况采取教职工轮流排班、返聘退休教职工、引入社区教育力量或社会公益性机构等多种方式提供服务，切实缓解家长接学生放学“最后一公里”问题。

5. 加强减负增效督导检查

将义务教育阶段学生减负增效工作状况纳入对各区政府依法履职的督政范围，对存在片面质量评价的区实行责任追究。将学生负担指数作为对区政府教育质量监测的核心指标，定期向社会公布监测结果。市级层面通过制定减负督查工作清单、定期开展飞行督导，对各区督查工作开展指导和监督；区教育督导部门通过“一月一主题”“一月一例会”“一月一专报”的方式，指导和监督责任督学按照减负督查清单开展随访督查。各区要公布举报电话和信箱，畅通社会反映情况通道。

6. 加强舆论宣传引导

对减负增效、义务教育优质均衡、家校共育等典型经验加强正面宣传和融合传播，扩大示范效应。结合义务教育招生、中高考改革等民生热点，加强素质教育理念引导，缓解家长焦虑。通过举办教育论坛、专题讲座等形式，多层次多角度宣传科学教育理念，引导家长和社会转变观念，树立正确教育观和成才观，努力破除“抢跑文化”“超前教育”“剧场效应”等功利现象。积极引导各类媒体不炒作考试成绩排名和升学率，不以任何形式宣传中高考状元。通过座谈、约谈、专项行动等形式，加强对教育类自媒体的综合治理，并不断完善舆情回应和舆论引导机制，合力营造良好育人环境。

本文件自2019年9月3日起施行。

上海市教育委员会
上海市发展和改革委员会
上海市公安局
上海市民政局
上海市财政局
上海市人力资源和社会保障局
上海市市场监督管理局
上海市广播电视局
上海市妇女联合会
2019年9月2日

上海市教育委员会　上海市文化和旅游局　上海市人力资源和社会保障局　上海市财政局　上海市发展和改革委员会　上海市文教结合工作协调小组办公室关于印发《上海市中小学艺术工作管理办法》的通知

（沪教委规〔2019〕11 号）

各区教育局、文化旅游局、人力资源社会保障局、财政局、发展改革委，各委、局、控股（集团）公司：

为全面贯彻党的教育方针，落实《关于加强本市中小学体育艺术工作的指导意见》（沪府办规〔2019〕10 号）等文件要求，进一步提升学校艺术工作水平，努力培养德智体美劳全面发展的社会主义建设者和接班人，市教委会同市文化旅游局、市人力资源社会保障局、市财政局、市发展改革委、市文教结合工作协调小组办公室等部门研究制定了《上海市中小学艺术工作管理办法》。现印发给你们，请认真按照执行。

上海市教育委员会
上海市文化和旅游局
上海市人力资源和社会保障局
上海市财政局
上海市发展和改革委员会
上海市文教结合工作协调小组办公室
2019 年 12 月 31 日

上海市中小学艺术工作管理办法

第一章　总　　则

第一条（目的依据）

为全面贯彻党的十九大精神和全国教育大会精神，落实上海市人民政府和教育部签署的“学校美育发展备忘录”要求，按照《国务院办公厅关于全面加强和改进学校美育工作的意见》（国办发〔2015〕71 号）、《关于加强本市中小学体育艺术工作的指导意见》（沪府办规〔2019〕10 号）、《上海市文教结合工作三年行动计划（2019—2021 年）》等文件要求，结合本市中小学校艺术工作实际，制定本办法。

第二条（总体要求）

本市各中小学校应坚持育人为本、面向全体。按照国家和本市有关部署和要求，发挥市、区两级艺术教育委员会作用，用好文教结合平台优势，整合高校优质资源，建立大中小学美育协同育人机制，完善艺术项目布局，推进艺术人才培养模式创新。结合民族文化传承创新教育，推进青少年民族文化培训系列活动，提升中小学生艺术人文素养，促进德智体美劳全面发展。

第三条（适用范围）

本办法适用于本市行政区域内中小学校（含中等职业学校）。

第二章 全面提升中小学校艺术工作水平

第四条（教育教学）

本市各中小学要持续推进学校美育改革发展，“开齐、开足、上好”美育课程。美育课程要以审美和人文素养培养为核心，与各学科相互渗透融合。挖掘美育特色资源，丰富学校美育课程内容。加强美育学科研究水平，特别是中华优秀传统文化美育课程研究，推出一批优质美育课程并增加其覆盖面。加强校外实践基地的美育课程资源建设，推动学校美育课程资源的整体优化。

第五条（艺术实践）

艺术实践是学校艺术教育工作的重要组成部分。本市将继续加强市级高水平学生艺术团联盟建设，发挥其示范和辐射作用。各中小学要加强以“三团一队”（合唱团、舞蹈团、美术文学社团和乐队）为主的学生艺术社团、兴趣小组建设，建立艺术实践制度，科学制定艺术实践计划，组织学生利用放学后、双休日及寒暑假等时间参加艺术实践，为有艺术兴趣爱好和发展潜力的学生参加艺术实践、提升艺术水平创造条件。学生每周参与艺术实践活动（艺术拓展课、艺术团排演、艺术观摩等）不少于2小时，艺术教育特色学校学生每周参与艺术实践活动需达到3.5小时。

第六条（艺术展演）

为坚持以普及促提高、以提高带普及，引导学生树立正确的审美观念、陶冶健康的审美情趣、培养良好的艺术修养，搭建青少年艺术教育成果展示平台，推进学校美育改革发展，本市继续完善市、区、校三级艺术展演活动，推荐优秀节目（作品）参加全国展演现场展示。各中小学应定期举办形式多样的艺术展演活动，在整体推动展演活动工作的基础上，要做到“班班有项目，人人都参与”，同时创新艺术展演形式，丰富活动内容。加强校内外联动，扩大艺术展演覆盖面，提升艺术展演水平。各中小学要开展与艺术特色项目配套的学校艺术品牌和文化平台建设，丰富师生精神生活，彰显校园文化特色，全面提升学生艺术素养。

第七条（综合评价）

艺术素质是学生综合素质的重要组成部分。为不断健全学生综合素质评价机制，本市将开展学生艺术素质评价工作，通过艺术素质测评、记录学生艺术素质成长档案等措施，形成科学的育人导向，提升中小学生艺术素养。

第三章 优化本市学校艺术项目布局

第八条（发展特色项目）

本市各中小学要不断丰富艺术项目类型，不断强化艺术特色，努力建设“一校多品”，逐步形成品牌特色，为学生综合素质提升提供有力保障。到2020年底前，每所小学和初中开展4种以上、高中开展5种以上艺术项目，引导学生养成参与艺术实践活动的习惯。

第九条（统筹项目布局）

为促进学校艺术工作均衡有序发展，提升育人效益，按照教育部中小学艺术展演项目设置，结合实际，本市在全市范围内加强艺术项目统筹布局，其中，中西器乐（含管乐、弦乐）、合唱、舞蹈、戏剧（含戏曲、影视、朗诵）及美术（含书画、篆刻、设计）等5个项目为各区必选的布局项目（以下简称“重点项目”），在此基础上，在具有育人效应的非遗、中华传统及海派文化等项目中选择若干个进行布局（以下简称“推进项目”）。总体上，各区形成以5个重点项目为主，若干个推进项目为辅的“5+X”学校艺术项目布局结构。

第十条(项目布局单位)

按照青少年身心成长规律和艺术教育规律,本市加强不同学段学校间艺术项目布局统筹,以实现承担各重点项目及推进项目布局建设任务的学校覆盖各学段,且不同学段学校间数量比例适当。原则上,由1所市实验性示范性高中阶段学校按照项目与至少2—3所初中、4—6所小学共同组成一个基本的学校艺术项目"一条龙"布局单位。在课程教学、师资队伍、场地设施、科研及评价等方面形成相关项目的高品质、系统性供给,促进实现各学段间培养的有序衔接。

第十一条(项目布局学校)

每个区应确定不少于5所市实验性示范性高中,每校承担至少1个艺术重点项目的"一条龙"布局建设任务,市实验性示范性高中不足5所学校的区,可依次在市级艺术教育特色高中阶段学校、区实验性示范性高中布局艺术项目。市教委委属高中学校项目布局建设工作原则上纳入属地管理。中等职业学校的项目布局工作由市、区两级按管理权限分别组织开展。

"一条龙"单位中的初中和小学,由各区结合实际统筹安排。项目布局应尽量覆盖所有初中和小学。有条件的中小学校分校可独立承担项目的布局任务。

所有"一条龙"学校承担的艺术项目数不超过2个。中西器乐、合唱、舞蹈等集体项目不宜集中在同一所学校。

第四章　构建形成衔接有序的人才培养体系

第十二条(人才培养目标)

各中小学应坚持面向全体,深入挖掘和发挥学校艺术教育在全面育人中的重要作用,营造有利于促进青少年学生全面健康发展的校园文化氛围。应充分依托课程教学、艺术实践、艺术展演等载体,培养和激发学生的艺术爱好和兴趣。各"一条龙"学校应把做好相关建设布局任务作为深入推进学校艺术教育改革发展,全面提升全体学生审美和人文素养的重要举措,纳入学校艺术工作全局进行规划和推进。同时,做好不同学段学校间艺术骨干学生培养和衔接等工作。

第十三条(高中阶段学校学生培养与管理)

高中阶段学校要积极探索大中小衔接的跨学段艺术教育,形成"特色共建、理念共融、资源共享、发展并进"的美育创新发展模式。充分发挥"一条龙"高中阶段学校的示范引领和辐射带动效应,探索艺术综合课程的有效实施,挖掘各学科的美育因素,促进高中阶段学生培养2—3项艺术爱好和艺术特长。中等职业学校要强化艺术实践,注重与专业课程有机结合,使学生成为具有审美修养的高素质技能人才。

为进一步做好各学段学校间人才培养的衔接工作,促进形成有效衔接的人才培养体系,为青少年综合素质的持续提升提供有力保障,本市进一步完善艺术骨干学生高中阶段培养机制。各"一条龙"高中阶段学校对按照择优原则通过艺术专业测试且初中学业水平考试成绩达到一定要求的艺术骨干学生按计划足额录取。其中,市实验性示范性高中招收艺术骨干学生的录取分数线达到当年度普通高中自主招生批次最低控制分数线,其他高中阶段学校录取分数线不低于当年度相应录取批次最低控制分数线。艺术骨干学生投档录取工作在自主招生批次完成。

"一条龙"高中阶段学校艺术骨干学生一定比例的招生计划分配到同一"一条龙"布局单位内的初中学校。本市全面加强艺术骨干学生管理和培养,实行注册管理制度,参加日常艺术实践及艺术展演等情况纳入综合素质评价等指标体系。

第十四条(义务教育阶段学校学生培养与管理)

义务教育阶段学校要注重激发学生艺术学习兴趣,使学生了解美育的基础知识与技能,发展艺术想象力和创新意识,培养健康向上的审美趣味、审美格调、审美理想,全面提升学生艺术素养,促进义务教育阶段学生形成1—2项艺术爱好和艺术特长。

各“一条龙”初中和小学要强化学校艺术特色项目建设，为学生发展艺术兴趣和技能创造有利条件。“一条龙”初中和小学可研究建立跨学校的艺术骨干学生联合培养机制，促进艺术师资、艺术实践和艺术展演场地等资源共享。

第十五条（时间安排）

自2022年起，各“一条龙”高中阶段学校按本办法开展艺术骨干学生的招收培养等工作。

第五章　加强师资场地等保障

第十六条（师资队伍）

配齐配足学校艺术教师并通过跨项目培训、交流研讨等多种途径不断提升专业能力。鼓励有一定专长或基础的学科教师“一岗多能”，通过培训承担部分艺术项目的排练和指导等工作，对艺术教师队伍形成有益补充。学校教师承担艺术实践和艺术展演排练指导等的工作量按不低于艺术相关课程的标准折算成一定课时，相关薪酬纳入区统筹范围。完善艺术教师工作量核算、薪酬待遇、职称发展以及管理办法，将排练和指导等工作量纳入考核评价范围并根据学生成绩等情况给予一定的奖励。

推进实施兼职教师进校园工作，引进高校、高水平演职人员、文化名家到校开展专业指导，形成一支专兼职结合的高水平艺术教师队伍。

第十七条（场地设施）

中小学校应加强学校艺术实践和艺术展演场地、场馆、专用教室、设施设备的建设和改造，满足全校性普及艺术教育和艺术骨干学生艺术教育教学需求，为学生进行艺术项目学习创造有利条件。加强与市、区各级各类排练厅、演出展出等场馆的交流合作，引入优质文化艺术资源。完善场馆资源共享机制，鼓励有条件的艺术场馆向“一条龙”学校开放共享。

第十八条（经费投入）

完善学校艺术教育发展经费投入保障机制，将“一条龙”学校开展相关项目教学、师资培训、科研、艺术实践和艺术展演场地建设等所需经费纳入财政预算予以保障。

第十九条（安全保障）

各中小学要做好艺术实践、艺术展演的安全保障工作，加强学生安全教育和艺术实践场地设施安全检查，依托校园综合险等具体措施，不断健全和完善学生艺术实践、展演活动意外伤害预防、应急处理和安全保障机制。

第二十条（社会支持）

鼓励本市各高校、专业团体、艺术教育协会、学生艺术团联盟等结合实际，为中小学校开展艺术教学、艺术实践、艺术展演、人才培养等工作提供指导和支持。在各区“一条龙”项目建设过程中，发挥区青少年活动中心（少年宫、少科站）自身优势，强化统筹、指导功能。

第二十一条（考核评估）

本市将中小学校艺术教育工作情况及“一条龙”项目布局实施情况纳入对各区及学校考核评价体系，连续两年考核优秀并在教育行政部门举办的艺术展演中成绩优异的“一条龙”项目学校学生艺术团可优先被推荐为上海市市级学生艺术团。各级教育督导部门要将艺术教育情况纳入学校综合督导评估和素质教育督导评估体系，开展经常性的督导检查。各区教育局应完善考核评估和激励机制，将学校艺术课程教学、艺术实践、艺术展演、艺术骨干学生培养等情况纳入对学校的考核评价体系。

第六章　附　　则

各区可参照本办法，结合实际研究制定相应的实施细则。

本办法自2020年2月1日起施行，有效期为5年。

上海市教育委员会　上海市体育局　上海市人力资源和社会保障局　上海市财政局　上海市发展和改革委员会关于印发《上海市中小学体育工作管理办法》的通知

（沪教委规〔2019〕12号）

各区教育局、体育局、人力资源社会保障局、财政局、发展改革委，各委、局、控股（集团）公司：

为全面贯彻党的教育方针，落实《中共中央　国务院关于加强青少年体育增强青少年体质的意见》（中发〔2007〕7号）《国务院办公厅关于强化学校体育促进学生身心健康全面发展的意见》（国办发〔2016〕27号）《关于加强本市中小学体育艺术工作的指导意见》（沪府办规〔2019〕10号）等文件要求，进一步提升学校体育工作水平，努力培养德智体美劳全面发展的社会主义建设者和接班人，市教委会同市体育局、市人力资源社会保障局、市财政局、市发展改革委共同研究制定了《上海市中小学体育工作管理办法》，现印发给你们，请认真按照执行。

上海市教育委员会
上海市体育局
上海市人力资源和社会保障局
上海市财政局
上海市发展和改革委员会
2019年12月31日

上海市中小学体育工作管理办法

第一章　总　　则

第一条（目的依据）

为全面贯彻党和国家的教育方针，进一步提升本市学校体育工作水平，通过强化学校体育特色，优化项目布局结构，完善人才培养体系，促进学校体育事业健康持续发展，努力培养德智体美劳全面发展的社会主义建设者和接班人，依据《中共中央　国务院关于加强青少年体育增强青少年体质的意见》（中发〔2007〕7号）《国务院办公厅关于强化学校体育促进学生身心健康全面发展的意见》（国办发〔2016〕27号）、《关于加强本市中小学体育艺术工作的指导意见》（沪府办规〔2019〕10号）等有关文件要求，结合本市实际情况，制定本办法。

第二条（总体要求）

本市各中小学校应坚持立德树人，按照国家和本市有关部署和要求，全面做好学校体育工作并逐步形成特色,推进实施高水平的体育教育,不断提升青少年学生体质健康水平,促进德智体美劳全面发展。

第三条(适用范围)

本办法适用于本市行政区域内中小学校(含中等职业学校)。

第二章　全面提升中小学校体育工作水平

第四条(课程教学)

本市各中小学校要坚持面向人人,全面做好学校体育相关教育教学工作。要持续深入实施小学兴趣化、初中多样化、高中专项化学校体育课程改革,不断加强与改进体育课教学,提升育人效果。

第五条(课时)

本市各中小学校要开齐、开足体育课。小学一到三年级落实“四课、两操、两活动”,即每周安排体育课4课时、体育活动课2课时,每天安排广播操1次、眼保健操2次。有条件的小学在2020年底前,四到五年级体育课逐步增加到每周4课时。

第六条(体育作业)

加强课外校外体育锻炼,全面实施学校体育家庭作业制度,鼓励根据学生体质健康实际情况,布置有针对性的家庭作业。布置寒暑假体育作业并在开学两周内组织相应的测试,结果纳入体育日常成绩。

第七条(课余训练)

课余训练是学校体育工作的重要组成部分。各中小学校建立体育课余训练制度,组建班级、年级及校运动队并建立完善选拔机制,为有体育运动兴趣爱好和发展潜力的学生参加锻炼、提升运动技能创造条件。根据运动项目特点,结合学生年龄、性别、健康状况及文化课成绩等情况,参照《上海市青少年体育教练员工作手册》等相关要求,科学制定训练计划并保证一定的运动时间,组织学生利用放学后、双休日及寒暑假等时间训练,引导学生主动参加体育锻炼并养成习惯,切实提高运动水平。学校建立课余训练研究工作机制,制定专门的工作计划,定期组织培训交流,不断提升训练的科学化、专业化水平。

第八条(赛事活动)

为检验课程教学、课余训练成效,搭建青少年学生运动技能水平展示平台,进一步激发运动兴趣爱好,本市继续完善普及与提高相结合的市、区、校三级赛事活动体系,组织青少年广泛参加并不断挖掘和发挥育人效益。本市每年举办单项锦标赛等市级赛事活动并建立完善优秀学生运动员参加国家级及以上重大赛事活动的选拔集训机制。各区要定期举办校际、区级竞赛及阳光大联赛等活动。鼓励结合区域发展特色承办有影响力的市级及以上大型赛事并形成品牌。各中小学校要定期组织班级、年级等竞赛活动,每年至少举办一次校级运动会,组织青少年学生广泛参加,营造浓郁的校园体育文化氛围。鼓励各区和学校结合实际组织观摩高水平的体育赛事活动。

第九条(综合评价)

体育素养是学生综合素质的重要组成部分。为不断健全学生综合素质评价机制,本市实施学生体育素养评价工作,通过学生运动等级技能测试等措施,促进中小学生体育素养水平提升,进一步推进形成科学的育人导向,全面提升学校体育工作水平。

第三章　优化本市学校体育项目布局

第十条(发展特色项目)

本市各中小学校要不断丰富开设的体育运动项目类型,不断强化体育特色,努力建设“一校多品”,逐步形成品牌特色,为学生综合素质提升提供有力保障。到2020年底前,每所小学和初中开展7种以上、高中开展8种以上的体育运动项目,中小学生年运动时间达到365小时(高中阶段学生在体育专项上的时间不少于 180 小时)，引导学生坚持体育锻炼，逐步提升运动技能并养成终生锻炼的习惯。

第十一条(统筹项目布局)

为促进学校体育工作均衡有序发展，提升综合育人效益，按照国家有关规划部署和国家级及以上大型赛事活动项目设置并结合实际，本市在全市范围内加强项目统筹布局。其中，足球、篮球、排球、田径、游泳、乒乓球、羽毛球、网球及武术等 9 个项目为各区必选的布局项目(以下简称“重点项目”)。在此基础上，市教委、市体育局指导各区结合区域发展规划及实际情况，在体操、击剑、射击、射箭、自行车、水上项目、棒球、垒球、高尔夫球、橄榄球、攀岩、滑板、拳击、马术、冰雪、棋牌、手球及壁球等奥运会、全国运动会项目及新兴项目中选择若干个进行布局(以下简称“推进项目”)。总体上，各区形成以 9 个重点项目为主，若干个推进项目为辅的“9＋X”学校体育项目布局结构。

第十二条(项目布局单位)

按照青少年生长发育规律及体育教育规律，本市加强不同学段学校间体育运动项目布局统筹，以实现承担各重点项目及推进项目布局建设任务的学校覆盖各学段，且不同学段学校间数量比例适当。原则上，1 所市实验性示范性高中阶段学校按照项目与至少 2—3 所初中、4—6 所小学共同组成一个基本的学校体育项目“一条龙”布局单位，在课程、师资、场地、科研及评价等方面形成相关项目的高品质、系统性供给，促进实现各学段间培养的有序衔接。

第十三条(项目布局学校)

每所市实验性示范性高中原则上均应承担 3 个项目的“一条龙”布局建设任务，非市实验性示范性高中的市体育传统项目高中阶段学校原则上不再新增项目。市实验性示范性高中、非市实验性示范性高中的市体育传统项目高中阶段学校数量不足 3 个的区，可依次在市特色普通高中、区实验性示范性高中和普通高中布局必选项目。市教委委属高中学校项目布局建设工作原则上纳入属地管理。中等职业学校的项目布局工作由市、区两级按管理权限分别组织开展。

“一条龙”单位中的初中和小学，由各区结合实际统筹安排。项目布局应尽量覆盖所有初中和小学。有条件的中小学校分校可独立承担项目布局任务。

各“一条龙”学校承担的体育项目数一般不超过 3 个。足球、篮球、排球等集体大项不宜集中在同一所学校且应尽量涵盖男女队，选择田径项目的，应至少开展其中的 3 个小项。

第四章　构建形成衔接有序的人才培养体系

第十四条(人才培养目标)

各中小学校应坚持面向全体学生，深入挖掘和发挥学校体育在全面育人中的重要作用，营造有利于促进青少年学生全面健康发展的校园体育文化氛围。应充分依托课程、课余训练、赛事活动等载体，培养和激发学生的运动兴趣，发展运动技能，强化体育课和课外锻炼，促进他们在基础教育阶段掌握 2 项可伴随终生的运动技能。各“一条龙”中小学校应把做好相关布局建设任务作为深入推进学校体育改革发展，全面提升全体学生身心健康水平的重要举措，纳入学校体育工作全局进行规划和推进。同时，做好不同学段学校优秀体育学生的培养和衔接等工作。

第十五条(高中阶段学校学生培养与管理)

各高中阶段学校要围绕全面育人目标，通过强化体育课和课外锻炼等措施，促进青少年学生体质健康水平提升并掌握 2 项运动技能。各“一条龙”高中阶段学校在全面做好学校体育工作，深入实施专项化体育教学的基础上，进一步强化校园体育特色项目发展，更好地发挥示范引领和辐射带动效应。

为进一步强化学校体育特色建设，促进形成有序衔接的人才培养体系，为青少年综合素质持续提升提供有力保障，本市进一步完善优秀体育学生高中阶段培养机制。各“一条龙”高中阶段学校对按照择优原则通过专业测试且初中学业水平考试成绩达到一定要求的优秀体育学生按计划足额录取。其中，市和区实验性示范性高中招收优秀体育学生的录取分数要求参照当年度普通高中自主招生批次最低投档控制分数线划定，不得低于当年度公办普通高中最低投档控制分数线。其他高中阶段学校录取分数要求参照当年度相应录取批次最低投档控制分数线划定。优秀体育学生投档录取工作在自主招生批次完成。

"一条龙"高中阶段学校优秀体育学生一定比例的招生计划分配到同一"一条龙"布局单位内的初中学校。为强化竞技体育后备人才队伍建设，本市继续实施特别优秀的体育学生选拔、引进和培养机制。本市全面加强优秀体育学生管理和培养，实行注册管理制度，参加日常训练及比赛等情况纳入综合素质评价等指标体系。

第十六条（义务教育阶段学生培养与管理）

义务教育阶段学校要通过实施兴趣化、多样化体育教学，开展形式多样、内容丰富的课外体育锻炼，激发学生参加体育运动的兴趣，培养他们从小养成坚持锻炼的习惯。各"一条龙"初中和小学要以学校体育特色项目为载体，营造积极的校园体育文化氛围，为青少年学生提升运动技能创造有利条件。"一条龙"初中和小学可研究建立跨学校的优秀体育学生联合培养机制，推动体育师资、训练场地等资源共享，促进优秀体育人才脱颖而出。

第十七条（时间安排）

自 2022 年起，各"一条龙"高中阶段学校按本办法开展优秀体育学生的招收培养等工作。

第五章　加强师资场地等保障

第十八条（师资队伍）

配齐配足学校体育教师并通过跨项目培训、交流研讨等多种途径不断提升专业能力。鼓励有一定专长或基础的学科教师"一岗多能"，通过培训承担部分体育带训及赛事活动组织等工作，对体育师资队伍形成有益补充。学校教师承担课余训练、带队比赛等的工作量按不低于体育课的标准折算成一定课时，相关薪酬纳入区统筹范围。引进优秀高水平教练员、运动员等专业人员进校园，推进实施兼职教师到校带训工作制度。完善教师及教练员工作量核算、薪酬待遇、职称发展以及管理办法，将带训等工作纳入考核评价范围并根据带训学生成绩等情况给予一定的奖励。

第十九条（场地设施）

加强学校体育场地综合开发和利用，推进智慧体育场馆建设。加强各体育训练基地、青少年校外体育活动中心及冰雪运动场馆等建设。加强与市区各级各类体育学校（训练中心）、社会场馆、运动基地及俱乐部等合作，完善场地和训练等资源共享共用机制。推进社会体育场馆向青少年学生公益开放。

第二十条（经费投入）

完善学校体育发展经费投入保障机制，将"一条龙"学校开展相关项目教学、训练、竞赛、场地开发、师资队伍建设及科研等所需经费，纳入财政预算予以保障。

第二十一条（安全保障）

加强学生运动意外伤害预防，强化学生安全教育和场地设施安全检查，建立健全学生运动意外伤害应急处理和综合保障机制。

第二十二条（社会支持）

鼓励本市各高校、专业团体、体育运动中心、学生体育协会、校园运动队联盟、市级训练基地、青少年活动中心（少年宫、少科站）、青少年校外体育活动中心等结合实际为中小学校开展体育教学、课余训练、赛事活动及人才培养等工作提供结合指导和支持。

第二十三条(考核评价)

本市将中小学校开展体育工作及“一条龙”项目布局建设情况纳入对各区及学校相关考核评价体系。各级教育督导部门要将体育教育情况纳入学校综合督导评估和素质教育督导评估体系,开展经常性的督导检查。各区教育局应完善考核评估和激励机制,将学校体育课程教学、课余训练、赛事活动和优秀体育学生培养等情况纳入对学校的考核评价体系。

第六章　附　　则

各区可参照本办法,结合实际研究制定相应的实施细则。

本办法自2020年2月1日起施行,有效期为5年。

上海市教育委员会关于做好本市普通高等学校学生转学工作的意见

(沪教委规〔2019〕31号)

各高等学校、研究生培养单位:

为规范本市普通高等学校、研究生培养单位(以下统称“高校”)学生转学工作,切实维护教育公平和高校教育教学秩序,根据《普通高等学校学生管理规定》(教育部令第41号,以下简称《规定》)要求,结合本市实际,提出如下工作意见,请遵照执行。

一、转学条件

(一)学生一般应当在被录取学校完成学业。因患病或者有特殊困难、特别需要,无法继续在本校学习或者不适应本校学习要求的,可以申请转学。

学生因学校培养条件改变等非本人原因需要转学的,学校应当做出说明,由所在地省级教育行政部门协调转学到同层次学校。

(二)学生有下列情形之一的,不得转学:

1. 入学未满一学期或者毕业前一年的;
2. 高考成绩低于拟转入学校相关专业在同一生源地相应年份录取成绩的;
3. 由低学历层次转为高学历层次的;
4. 以定向就业招生录取的;
5. 研究生拟转入学校、专业的录取控制标准高于其所在学校、专业的;
6. 无正当转学理由的。

(三)若申请转学的本专科学生高考生源地为高考改革省份,还须符合选考科目要求。

二、申请材料

学生符合转学条件,申请在上海市内高校间转学或申请跨省转学的,应当提交如下材料:

(一)《上海市普通高等学校学生市内转学备案表》(见附件1)或《上海市普通高等学校学生跨省转学申请(备案)表》(见附件2),须由学生本人签名(不满18周岁的学生,附加其法定监护人签字);

（二）含学生本人的普通高等学校统一招生录取新生名册复印件(注意保护其他学生个人信息)；

（三）拟转入学校专业选考科目要求，及可说明拟转入学校相关专业在同一生源地相应年份高考录取分数线的普通高等学校统一招生录取新生名册复印件(注意保护其他学生个人信息)；

（四）拟转入学校同意学生转入的校长办公会或专题会议纪要；

（五）拟转入学校对转学学生情况进行公示及结论的说明；

（六）所在学校对转学学生进行公示及结论的说明；

（七）转学理由辅助说明材料：学生因病申请转学，需提交医疗机构的诊断意见；学生有特殊困难、特别需要，需提供相关情况说明及必要辅助材料；

（八）研究生申请转学的，拟转入学校需出具导师同意意见及学校、专业的录取控制标准不高于其所在学校、专业的支撑材料。

上述材料中属学校提供的，应加盖学校公章。

三、办理程序

学生在上海市内高校间转学实行备案制，申请跨省转学需省级教育行政部门确认。

（一）市内转学备案流程

1. 学生本人提出申请，说明理由，填写《上海市普通高等学校学生市内转学备案表》，须由学生本人签名(不满18周岁的学生，附加其法定监护人签字)。

2. 所在学校审核同意的，应提供相应转学材料，在《上海市普通高等学校学生市内转学备案表》上签署意见并盖章。相关材料可以由所在学校函报拟转入学校。

3. 拟转入学校负责审核转学条件及相关材料，认为转学理由正当，符合转学条件且学校有培养能力的，经学校校长办公会或者专题会议研究决定后(研究生转学还应当经拟转入专业导师同意)，可以转入，并在《上海市普通高等学校学生市内转学备案表》上签署意见、盖章，同时准备相应转学材料。

4. 转入学校将《上海市普通高等学校学生市内转学备案表》及相关转学材料在3个月内报市教委备案。

（二）跨省转学确认流程

1. 学生本人提出申请，说明理由，填写《上海市普通高等学校学生跨省转学申请(备案)表》，须由学生本人签名(不满18周岁的学生，附加其法定监护人签字)。

2. 所在学校审核同意的，应提供相应转学材料，并在《上海市普通高等学校学生跨省转学申请(备案)表》上签署意见并盖章。

3. 拟转入学校负责审核转学条件及相关材料，认为转学理由正当，符合转学条件且学校有培养能力的，经学校校长办公会或者专题会议研究决定后(研究生转学还应当经拟转入专业导师同意)，可以转入，并在《上海市普通高等学校学生跨省转学申请(备案)表》上签署意见、盖章，同时准备相应转学材料。

4. 本市高校将学生转学材料送至上海市学生事务中心，市学生事务中心工作人员对转学材料进行初步审查，材料齐全并符合形式要求的，予以受理并出具《上海市普通高校学生跨省转学受理情况回执》(详见附件3)，申请材料不齐全或不符合形式要求的，要求补齐材料后予以受理。

5. 市教委依照《规定》及本文件关于转学的规定对市学生事务中心受理的材料进行审查，30日内告知学校转学材料审查情况，并将不符合转学规定要求的材料退还学校。

6. 由本市高校转到外地高校的，由市教委商拟转入学校所在地省级教育行政部门确认后办理转学手续；由外地高校转入本市高校的，转出学校报所在地省级教育行政部门确认后，由转出学校所在地省级教育行政部门商市教委确认后办理转学手续。

四、工作要求

（一）各高校是学生转学工作的责任主体。各高校要按照《规定》和本文件要求制定学生转学的具体办法，规范流程，严格把关。同时，建立健全转学信息公示和公开机制，接受学生、社会的监督。

（二）各高校要及时主动备案转学工作。对于逾期不备案的，市教委将追究相关高校责任，必要时在全市范围内予以通报。

（三）市教委对各高校学生转学工作履行监督管理职责。对于审核把关不严、未按《规定》要求同意转学等违法违纪行为，市教委将及时调查处理或者移送有关部门，并依据有关法律法规，追究相关责任人的责任。

本意见适用于本市行政区域内普通高等学校、承担研究生培养任务的科学研究机构对接受普通高等学历教育的研究生和本科、专科（高职）学生转学工作的管理。成人高等教育转学参照本意见执行。

本意见自 2019 年 9 月 1 日起施行，有效期 5 年。

附件：1. 上海市普通高等学校学生市内转学备案表（略）

2. 上海市普通高等学校学生跨省转学申请（备案）表（略）

3. 上海市普通高校学生跨省转学受理情况回执（略）

上海市教育委员会

2019 年 6 月 30 日

中共上海市教育卫生工作委员会　上海市教育委员会等 8 部门关于印发《上海学校思想政治理论课改革创新行动计划（2020—2022 年）》的通知

（沪教委德〔2020〕6 号）

各高等学校、各区教育局、各区委宣传部、各区人力资源社会保障局、市国资委各监管企业、各区总工会、各有关单位：

《上海学校思想政治理论课改革创新行动计划（2020—2022 年）》已经市委教育工作领导小组会议审议，现印发给你们，请参照执行。

附件：上海学校思想政治理论课改革创新行动计划（2020—2022 年）

中共上海市教育卫生工作委员会

上海市教育委员会

中共上海市委组织部

中共上海市委宣传部

中共上海市委统一战线工作部

上海市人力资源和社会保障局

上海市国有资产监督管理委员会

上海市总工会

2020 年 2 月 7 日

附件

上海学校思想政治理论课改革创新行动计划(2020—2022年)

为深入贯彻落实习近平总书记在学校思想政治理论课教师座谈会上的重要讲话和中共中央办公厅、国务院办公厅印发的《关于深化新时代学校思想政治理论课改革创新的若干意见》文件精神,切实办好学校思想政治理论课(以下简称"思政课"),按照上海高校思政工作"三圈三全十育人"综合改革思路和工作实际,制定如下行动计划。

一、铸魂行动:让活的理论、活的实践融入教育教学全过程

1."习近平新时代中国特色社会主义思想"课程建设计划。高校示范马克思主义学院开设"习近平新时代中国特色社会主义思想概论"课,逐步向所有高校推广。中小学(中职)分别探索开设"导读""导学"和主题活动课程。

2."中国系列"思政课选修课程建设计划。高校和区教育局结合自身办学特色、学科优势和区域特点,打造"中国系列"思政课选修课,形成一区一特色、一校一品牌的生动局面。

3."学科德育和课程思政"教学规范研制计划。挖掘中小学语文、历史、地理、体育、艺术等所有课程和高校各学科门类专业课程蕴含的思想政治教育资源,编制中小学学科德育教学指导意见和高校课程思政教学指南,融入习近平新时代中国特色社会主义思想,建立学科德育和课程思政课堂教学操作规范。

二、强师行动:让信仰坚定、学识渊博、理论功底深厚的教师讲信仰

4."学分银行"建设计划。推行思政课教师培训学分制管理,建立培训学分银行,将习近平总书记最新重要讲话精神学习设为必修学分,开设理论研修、实践考察、模拟实训立体培训模块,分层分类提供培训课程,创新课堂讲授、在线学习、工作坊研修、国外研学等多种培训形式,促进教师专业发展。

5."实践熔炉"成长计划。每年选派一批思政课骨干教师赴党政机关、企事业单位进行为期半年挂职锻炼,所有新上岗思政课教师须进行为期一年的挂职锻炼,在实践中提升能力,开阔眼界,历练成长。

6."引智讲学"行动计划。学校根据需要聘请党政领导干部、社科研究机构、党校专家学者和先进人物,承担或参与思政课教学任务,也可开设专题讲座,充实课堂教学力量。

7."望志学者"支持计划。每年在上海领军人才培养计划和青年拔尖人才开发计划中,加大思政专业高层次人才支持力度,给予入选上述计划人员经费资助。

三、提质行动:让课堂更有思想性、理论性和亲和力、针对性

8."整体性研究"支持计划。在上海市社哲项目中,设置马克思主义理论研究重大项目,注重马克思主义理论整体性研究,围绕习近平新时代中国特色社会主义思想、马克思主义经典理论开展系列联合攻关,总结中国特色社会主义在上海的伟大实践经验,推出系列重大理论成果,增强思政课课堂理论说服力。

9."魅力课堂"打造计划。打造一批内容准确、思想深刻、形式活泼的思政课"金课"。深入推进思政课集体大备课、教师大培训、教学大比武、示范大巡讲系列活动。运用多种形式开设融媒体思政公开课,积极传播当代中国马克思主义,增强社会影响力。

10."中央厨房"建设计划。发挥"易班"网络平台优势,建设高水平的马克思主义理论文献资料库,开发互联网多媒体优质教学资源,推进思政课教学资源融合,面向全社会启动思政课融媒体工作室建设项目,推出融媒体产品。

四、厚基行动:让"开门办思政"的活力更足、合力更强

11."同城平台"建设计划。组织公办本科高校马克思主义学院援建高职高专院校或民办高校马克思主义学院,在教学科研、师资队伍建设上提供支持。组织党校、社科研究机构与公办本科高校结对共建马克思主义学院,为学院发展提供优质资源支持和人才支援。

12.“党建引领”计划。全面加强党对思政课建设的领导，进一步完善市领导联系高校制度，把思政课建设列为联系指导重要内容。各区领导班子成员每人定点联系本区中小学，加强对联系学校思政课建设工作指导。

13.“大中小学思政课一体化建设示范区（教育集团）”建设计划。全面推进大中小学思政课工作、课程、教学、师训体系一体化建设，建设一批“大中小学思政课一体化建设示范区（教育集团）”。高校与区教育局、附属学校要一体化共建，完善共建机制，丰富共建内容，提升共建效能。

14.“家门口社会实践研修基地”建设计划。梳理习近平总书记对上海考察指导现场点，建立一批思政课教学实践基地。学校周边所在区域党政机关、企事业单位等要发挥社会服务职责，重大项目单位要彰显改革开放成果，就近与学校对接，挂牌建设一批“家门口社会实践研修基地”，为师生提供社会实践资源。

上海市教育委员会等12部门关于印发《上海市学前教育三年行动计划（2019—2021年）》的通知

（沪教委托幼〔2019〕10号）

各区教育局、区委编办、区发展改革委、区公安局、区财政局、区人力资源社会保障局、区规划资源局、区建设管理委、区农业农村委、区卫生健康委、区市场监管局、区房屋管理局：

为贯彻落实《中共中央　国务院关于学前教育深化改革规范发展的若干意见》《国务院关于当前发展学前教育的若干意见》精神，市教委、市委编办、市发展改革委、市公安局、市财政局、市人力资源社会保障局、市规划资源局、市住房城乡建设管理委、市农业农村委、市卫生健康委、市市场监管局、市房屋管理局等12部门研究制定了《上海市学前教育三年行动计划（2019—2021年）》（见附件），现印发给你们，请认真按照执行。

特此通知。

附件：上海市学前教育三年行动计划（2019—2021年）

上海市教育委员会
中共上海市委机构编制委员会办公室
上海市发展和改革委员会
上海市公安局
上海市财政局
上海市人力资源和社会保障局
上海市规划和自然资源局
上海市住房和城乡建设管理委员会
上海市农业农村委员会
上海市卫生健康委员会
上海市市场监督管理局
上海市房屋管理局
2019年8月30日

附件

上海市学前教育三年行动计划（2019—2021年）

为保障适龄幼儿入园需求，整体提升学前教育质量，满足社会对公平、科学、优质学前教育的期盼，上海自2006年起已实施三轮学前教育三年行动计划，在适龄幼儿快速增长的背景下，加大资源建设，完善保障机制，杜绝“小学化”倾向，提高保教质量，积极应对入园矛盾。通过采取一系列举措，确保了学前教育事业的稳步发展，基本构建起学前教育公共服务体系。未来3年，上海仍将面临幼儿入园高峰的压力。始终坚持公益普惠方向，持续优化学前教育资源，进一步提高保教质量，全面加强队伍建设，不断完善科学育儿指导服务体系，仍将是上海学前教育发展的重点任务。

为深入贯彻落实党的十九大关于办好学前教育、实现幼有所育的决策部署，促进学前教育事业健康、科学发展，特制定《上海市学前教育三年行动计划（2019—2021年）》。

一、指导思想

以习近平新时代中国特色社会主义思想为指导，全面贯彻党的十九大精神和党的教育方针，落实《中共中央 国务院关于学前教育深化改革规范发展的若干意见》《国务院关于当前发展学前教育的若干意见》精神，认真落实立德树人根本任务，坚持党的领导、政府主导、公益普惠、改革创新、科学育儿，打造普及普惠、安全优质、多元包容的学前教育，促进幼儿健康快乐成长。

二、发展目标

（一）总体目标

进一步强化政府职责，完善学前教育公共服务体系；加强园舍资源规划和建设，全面满足符合条件的常住人口中适龄幼儿接受学前三年教育的需求；建设一支师德为先、规模适当、结构合理、素质优良的幼儿园保教队伍；提高信息技术手段在学前教育工作中的应用效能，促进学前教育现代化水平发展；加大科学育儿指导与宣传力度，营造社会科学育儿氛围；加强过程性质量监测，整体提升学前教育质量，让人民群众获得更为满意的学前教育服务。

（二）发展指标

1. 园舍建设。进一步扩大学前教育园舍资源，积极应对入园高峰。按常住人口每万人配建1所15班的幼儿园，3年新建和改扩建90所幼儿园。

2. 幼儿受惠。符合条件的常住人口适龄幼儿学前三年毛入园率达到99%，幼儿园中公办幼儿园覆盖率（公办幼儿园实际办园点数占比）达到65%，公办园在园幼儿占比达到70%，普惠性学前三年教育覆盖率（公办园和普惠性民办园在园幼儿占比）达到85%。

3. 质量提升。整体提升幼儿园办园质量。公办示范性幼儿园比例达到10%，公办市一级幼儿园比例达到50%。郊区学前幼儿看护点达到民办三级幼儿园标准。鼓励有条件的郊区民办三级幼儿园申办二级幼儿园。逐步缩小城乡差距，提升郊区学前教育水平。

4. 队伍建设。扩大高校学前教育专业招生规模，学前教育专业招生人数每年达到3000人以上，幼儿园教职工人数增加10%，达7.3万人左右。着力提升教师素质，幼儿园专任教师本科及以上学历占比提升至80%；每所公办幼儿园力争有1名高级教师，中级和高级教师比例达28%；每10所幼儿园中有1所幼儿教师专业发展园；培养一定数量的卓越教师、名师、名园长。

5. 科学育儿。完善以科学育儿指导中心、指导服务站为主的覆盖街镇的科学育儿指导服务体系，每年为常住人口适龄幼儿家庭提供6次以上公益免费的科学育儿指导服务。

三、主要措施

（一）强化政府职责，完善学前教育公共服务体系

1. 强化政府职责和组织领导。进一步落实各相关部门在学前教育事业发展中的职责，健全教育部门主管、各相关部门分工负责、协同配合的工作机制，健全市、区两级托幼和学前教育工作联席会议制度，形成推动学前教育事业改革发展的整体合力。建立与完善托幼管理网络，依托科学研究，从发展性的角度，发挥强监管促发展的政府职能。

2. 加大学前教育发展政策扶持力度。联合各相关部门，完善促进学前教育发展的政策。通过综合奖补、购买服务、减免租金、队伍建设等方式支持普惠性民办幼儿园的发展。按照上海市行业分类调控事业单位绩效工资总量的框架体系，建立不同学段教师绩效工资动态平衡机制，使学前教育、义务教育、高中教育、高等教育四个学段的教师收入水平维持科学合理的比例，逐步提高幼儿园教师的收入水平。根据考核结果，对承接托班工作、办出相关特色的公办幼儿园，给予综合奖励。鼓励民办幼儿园建立年金制度，实现与公办幼儿园教师同等待遇。

3. 制定区域学前教育三年行动计划。继续把学前教育作为区域教育事业发展的重要组成部分纳入整体规划。各区结合实际，科学制定并实施本区域的学前教育三年行动计划，推动区域学前教育可持续发展。

（二）优化资源配置，保障学前教育有效供给

4. 加强园舍资源规划和建设。严格落实区政府主体责任，落实规划配套幼儿园与新建住宅“同步规划、同步设计、同步建设、同步验收、同步交付使用”的建设要求。各区应制定住宅小区建设项目征询意见的实施办法，在区域控制性详细规划、住宅小区建设项目立项等环节征询教育行政部门意见。区政府要统筹协调，住宅开发地块按规划配建的幼儿园等公益性配套设施应与交付的住宅同步建设完成。小区配套幼儿园产权应及时办至教育部门或国资部门指定单位。完成配套幼儿园专项治理，对存在配套幼儿园缓建、缩建、停建、不建和建而不交等问题的城镇小区，在整改到位之前，不得办理竣工验收。新建幼儿园用地面积和建筑面积等指标应符合《上海市控制性详细规划技术准则（2016 年修订版）》（沪府办〔2016〕90 号）、上海市《普通幼儿园建设标准》（DG/TJ08-45-2005）等有关规定，加强土地节约集约利用，优化幼儿园规划设计。

5. 发展普惠性幼儿园。新建住宅小区配套幼儿园应为公办幼儿园或普惠性民办幼儿园，不得办成营利性幼儿园。各区应对已开办的住宅小区配套幼儿园进行治理整改，根据实际情况将其办成公办、普惠性民办幼儿园，或者通过购买学位等方式，确保适龄幼儿享受普惠性学前教育的权利。制定普惠性民办幼儿园认定标准和扶持政策，将提供普惠性学位数量和办园质量作为奖补和支持的重要依据。

6. 提高幼儿园装备配置水平。修订并颁发《上海市幼儿园装备指南》，开展幼儿园玩教具配置情况专项调研；编制并印发《上海市幼儿园专用活动室建设要求》，合理设置功能性活动室，重点推进科学活动专用室、室内运动专用场所、安全教育活动场所、幼儿阅读室建设，为幼儿创设健康有益的活动环境，培养幼儿兴趣，促进幼儿身心全面和谐发展。进一步完善幼儿园自制玩教具和幼儿自带玩教具入园的规范管理，加强对幼儿自带玩教具的检查和教育指导。

7. 重视幼儿园安全保障。认真贯彻《上海市人民政府办公厅关于本市加强中小学幼儿园安全风险防控体系建设的实施意见》（沪府办规〔2019〕2 号），落实相关部门对幼儿园安全保卫和监管责任，建立全覆盖的幼儿园安全风险防控体系，完善安全管理机制，强化治安防范、消防安全、交通安全、食品安全、卫生防疫等工作。实施上海市地方标准《重点单位重要部位安全技术防范系统要求第 6 部分：中小学、幼儿园、托育机构》（DB31/T329.6—2019），提高幼儿园技术防范水平，实现安全技术防范设施覆盖幼儿集体活动区域。幼儿园必须把保护幼儿生命安全和健康放在首位，落实园长安全管理主体责任，健全各项安全管理制度和

安全责任制，切实维护师幼人身安全，保障幼儿园平安有序。研发幼儿园公共安全教育游戏和绘本，健全幼儿园公共安全教育制度，提高幼儿感知、体悟、躲避危险和伤害的能力。

8. 推进托幼一体化工作。统筹解决托幼供给总量、托幼需求结构和托幼服务质量。在有条件的公办幼儿园和新建幼儿园开设托班，政府加大对园所生均经费、编制等方面的支持力度。鼓励民办幼儿园开设普惠性托班，集体办托儿所扩大办所规模。

（三）加强内涵建设，整体提升学前教育保教质量

9. 加强学前教育实践指导。深化幼儿园课程改革，深入开展幼儿园活动的实践优化、研究和指导，强调以观察和解读幼儿为重点，进行积极有效的师幼互动。构建资源共享平台，推广实践各级学前教育成果经验，持续提升学前教育保教质量。

10. 开展医教结合探索研究。强化教育、卫生健康等部门的协同，深入研究6岁前幼儿身心发展的规律与特点，实施科学的保育教育，巩固深化“医教结合”工作机制。做好幼儿在园期间的健康监测和管理，加强对幼儿近视、龋齿、肥胖等的预防与干预，加强急症救助培训。落实《上海市特殊教育三年行动计划(2018—2020年)》（沪府办发〔2018〕6号）要求，加强对婴幼儿身心发展问题的早期发现与早期干预，提高教师对有特殊需要幼儿的观察与支持能力。根据地域特点、区域残疾幼儿分布和学前教育资源分布情况，进行合理布局，在每个街镇选取1所普通幼儿园设置1个特殊教育点，为各类学龄前残疾幼儿接受早期融合教育创造更多机会。

11. 完善学前教育质量评估与监测体系。颁布《上海市幼儿园办园质量评价指南》，强调对幼儿园活动和教育过程的质量评估与监测。完善幼儿园质量评估标准，修订《上海市幼儿园等级评估指标体系》。积极探索质量监测的路径与方法，明确监测内容，形成动态多元的质量监测与分析反馈机制。

12. 深化幼儿园与小学教育的双向衔接。充分尊重学前幼儿的年龄特点和身心发展规律，严格杜绝“小学化”倾向，注重对学前幼儿进行入小学适应性教育，明确幼儿园幼小衔接活动与小学低年级主题式综合活动课程价值取向的一致性、内容的衔接性、活动形式的过渡性。修订《上海市幼儿园幼小衔接活动指导意见》，建立并开展幼儿园与小学教师联合教研机制、双向交流机制，加强幼儿身体素质，培养良好的生活和学习习惯、好奇心、探究兴趣、坚持性等学习品质。

13. 提高家庭、社区对学前教育的参与度。建立健全家庭教育的指导机制，宣传推广家庭教育的优质资源和社区资源，进一步强化家长参与学前教育的意识、了解和认同幼儿园活动与教育内容，促进幼儿园、家庭、社区互动工作规范化、常态化。

14. 扩大学前教育交流与合作。积极探索幼儿园城郊结对、集团化办学、合作共同体等协同发展模式。通过委托管理、远程教研、影子园长等方式，推动长三角地区在学前教育管理、教科研、队伍建设等领域的合作。支持学会、协会等社会团体搭建学术交流平台，增进国内外对话与交流，学习先进理念和方法，提升保教质量。

（四）健全制度机制，加强学前教育队伍建设

15. 注重师德师风建设。建立新入职教师思想品德核查和涉性侵害违法犯罪人员从业限制长效机制。贯彻落实《新时代幼儿园教师职业行为十项准则》（教师〔2018〕16号），始终将师德师风建设放在队伍建设工作的首要位置，不断提高师德素养，加强教师心理辅导，将师德表现作为幼儿园教师准入、考核、聘任和评价的首要内容。

16. 优化学前教育师资培育。贯彻落实《上海市3岁以下幼儿托育机构从业人员与幼儿园师资队伍建设三年行动计划(2018—2020年)》（沪教委人〔2018〕60号），扩大高校和职业院校已有学前教育专业点、高等学历继续教育学前教育专业点的招生规模。建设高校幼儿卫生健康或幼儿保健专业，培养幼儿卫生保健专业人才。完善保教结合的学前、卫生保健教师队伍建设体系，完善卫生保健教师编制核定和职称（职

务)评定等机制。优化学前教育专业人才培养培训模式,实施未来教师储备与培养计划,在保证师资质量的基础上,增加教师数量,基本满足学前教育发展需求。探索建立卓越教师培育机制,提升学前教育专业人才质量,培养一批享有较高声誉的学前教育教科研专家、名园长、骨干教师和教坛新秀。

17. 完善学前教育教师研训体系。加强教研、科研与培训相结合,形成市、区不同层面的在职教师研训方案。对非学前教育专业毕业的新入职教师,侧重在职前培训和见习教师规范化培训阶段加强职业道德、幼儿心理学、幼儿安全等专业知识和实操技能的研训;对骨干教师,注重提升观察、解读和回应幼儿的能力;对全体教师,注重在熟练掌握和运用学前教育理论知识和专业艺体技能开展一日活动方面的研训,将教师专业技能发展水平作为职称评定内容之一。

18. 提升幼儿园园长的综合素养。通过精品讲座、实务研讨等多种形式,对幼儿园园长进行课程领导力、安全教育与管理、卫生保健管理、食品安全、传染病预防等方面的分层培训,全面提升园长的综合能力和素养。

19. 加强学前教育教研、科研人员培养。加强教研员和科研员选拔与队伍建设,健全教研、科研指导网络。加大教研员和科研员培养力度,大力提升教科研人员研究 6 岁前幼儿身心发展规律、指导教师专业发展、引领幼儿园课程实施的能力。

20. 提高保育人员的专业能力和待遇。幼儿园按照相关规定配足配齐保育人员,加强对保育员、营养员、安保人员等准入把关和管理工作,加强保育人员培养、培训、指导,规范标准化常规工作要求。完善向第三方购买服务的机制,鼓励行业协会等组织发布保育人员工资市场指导价,引导用人单位合理核定保育人员工资待遇,鼓励第三方为公办幼儿园非编保育人员缴纳年金。

(五) 强化实践应用,提升信息技术在学前教育发展中的效能

21. 完善学前教育信息化管理体系。实施《上海市教育信息化 2.0 行动计划》(沪教委信息〔2018〕28 号),颁布《上海市托幼机构信息管理指导意见》《上海市幼儿园信息化建设与应用指南》,加大对托幼机构信息化建设与应用指导。完善上海市适龄幼儿入园信息登记系统,了解幼儿入园需求,优化学前教育资源配置。落实网络安全园长责任制,提高幼儿园网络和信息安全意识,确保学前教育信息网络和数据的安全。

22. 推进新技术在学前教育质量监测中的应用。以"一网三通"常态化应用为基础,逐步推进学前教育数据的伴随式、智能化精准采集与归集共享。探索建立适合学前教育事业发展的过程化评价诊断模型,以大数据智能分析支持学前教育保教质量监测,提高学前教育科学管理决策水平。

23. 强化信息技术在学前教育的有效应用。常态化开展信息化环境下的学前教育教学模式创新研究与实践,从儿童立场出发,培育能有效助推儿童发展和健康成长的市级信息化应用特色幼儿园和市级信息化应用标杆幼儿园。促进市、区、园、家、社会多方协力共建,打造学前资源地图,实现资源开放共享和精准推送,提升家园共育能力。开展信息化素养提升专项培训,推动幼儿园教职工从技术应用向信息化教学能力的拓展。

四、保障机制

(一) 积极推动学前教育立法工作

适时推动本市学前教育地方性法规或政府规章的研制,推进依法办园,规范学前教育园舍建设、资金投入、安全防护、保教人员聘任和待遇等各方面工作。

(二) 完善学前教育治理机制

完善安全防范机制与制度,加强幼儿园活动方案引进和教师指导用书管理制度与机制,建立健全家庭教育的指导机制,以及系统的学前教育教师研训体系,提升学前教育内涵建设。进一步强化幼儿园主体责

任，优化幼儿园以章程为核心的内部规章制度体系建设，完善内部管理机制。

（三）加强学前教育三年行动计划落实情况的督导

依据本计划目标要求，将学前教育三年行动计划的落实情况纳入对区政府依法履行教育责任的综合督政内容和区政府履行教育职责年度自评公报，以确保学前教育三年行动计划和阶段目标的有效落实。

依据教育部《幼儿园办园行为督导评估办法》（教督〔2017〕7号），在《上海市幼儿园办园质量评价指南》的基础上，制定《上海市幼儿园发展性督导评价指南》，通过建立发展性督导评价、幼儿园办园等级评估、责任督学挂牌督导制度，促进幼儿园保教质量的提升。

（四）优化经费投入结构

优化政府与社会举办者共同投入、家庭合理分担的学前教育投入机制，制定公办幼儿园生均经费标准和普惠性民办幼儿园扶持政策，新增财力进一步向远郊农村地区和农村薄弱区域倾斜，对家庭经济困难的适龄幼儿实施学前教育资助政策。

（五）大力开展学前教育宣传

多视角、多渠道、多形式开展学前教育宣传活动，塑造新时代幼儿园教师爱岗敬业、积极向上的良好形象，引导社会和家长正确认识学前教育保教结合的特点，营造幼儿健康成长、教师专业发展、幼儿园和家庭有效互动的良好氛围。

上海市教育委员会　上海市发展和改革委员会 上海市公安局　上海市财政局　上海市市场监督管理局关于印发《上海市普惠性民办幼儿园认定及管理工作指导意见》的通知

（沪教委托幼〔2019〕12号）

各区教育局、发展改革委、公安局、财政局、市场监管局：

为贯彻落实《中共中央　国务院关于学前教育深化改革规范发展的若干意见》（中发〔2018〕39号），增加普惠性学前教育资源，现将《上海市普惠性民办幼儿园认定及管理工作指导意见》印发给你们，请按照文件要求，结合实际情况制定本区普惠性民办幼儿园认定及管理有关细则。

附件：上海市普惠性民办幼儿园认定及管理工作指导意见

上海市教育委员会
上海市发展和改革委员会
上海市公安局
上海市财政局
上海市市场监督管理局
2019年9月2日

附件

上海市普惠性民办幼儿园认定及管理工作指导意见

为贯彻落实《中共中央　国务院关于学前教育深化改革规范发展的若干意见》(中发〔2018〕39号),增加普惠性学前教育资源,建立普及普惠、安全优质、多元包容的上海学前教育公共服务体系,对上海市普惠性民办幼儿园的认定及管理工作提出如下指导意见。

一、指导思想

以习近平新时代中国特色社会主义思想为指导,全面贯彻党的教育方针,落实立德树人根本任务,遵循幼儿身心发展规律和学前教育规律,完善学前教育体制机制,健全学前教育政策保障体系,切实解决"入园难、入园贵"问题。

二、基本原则

——坚持党的领导。加强党对幼儿园发展和管理的领导,确保党的教育方针在学前教育领域深入贯彻,确保学前教育始终沿着科学方向发展。

——坚持政府主导。完善市级统筹、以区为主的学前教育管理体制,根据属地化原则,落实区级政府在学前教育规划、投入、保教队伍建设、监管等方面的主体责任,完善各有关部门分工负责、齐抓共管的工作机制。

——坚持公益普惠。加大公共财政投入,着力扩大普惠性学前教育资源供给,努力构建覆盖城乡、布局合理的学前教育公共服务体系,保障适龄幼儿接受公平而有质量的学前教育。

三、认定办法

区级人民政府是本区域普惠性学前教育资源建设的责任主体。普惠性民办园认定和管理由同级教育、发改、公安、财政、市场监管等部门共同组织实施。

(一)普惠性民办幼儿园的定义

普惠性民办幼儿园是指具有合法办园资质、面向大众、行为规范、收费合理的非营利性民办幼儿园。

(二)认定标准

1. 符合资质

幼儿园办园条件符合国家和上海市有关标准规定,依法登记并取得民办幼儿园办园许可证。

2. 面向大众

幼儿园根据所在区教育行政部门要求开展招生工作,不选择幼儿,不对幼儿和家长进行测试或变相测试。在公办幼儿园资源相对紧张的区域和时段,积极提供普惠性学前教育服务。

3. 办园规范

3年内幼儿园年度检查合格,财务管理规范,无违规收费和抽逃挪用资金等行为,保教质量较好,无"小学化"倾向,无安全事故和安全隐患,社会认可度高。幼儿园教职工严格按照国家及本市相关标准配备,且具备相关岗位资质。幼儿园依法保障教职工权益,不拖欠教职工工资收入。

4. 收费合理

幼儿园保育教育费收费标准参照上海市学前教育生均经费基本标准确定。

(三)认定程序

1. 园所申请

符合条件的民办幼儿园可在规定时间内向所在区教育行政部门书面提出认定申请。

2. 联合认定

区教育行政部门会同相关部门对幼儿园进行联合认定。认定工作定期开展，原则上每年第四季度认定一次，认定后有效期为 3 年。

3. 公示公告

区教育行政部门向社会公示拟认定为普惠性民办幼儿园的名单和收费标准，接受家长和社会监督。公示无异议的，认定为普惠性民办幼儿园，签订《提供普惠性服务协议书》，并于每年 3 月底集中对外公开名单和收费标准等相关信息。

4. 上报备案

各区教育行政部门将当年认定公布的普惠性民办幼儿园名单汇总后，于每年 8 月底前报市教委备案，并纳入当年教育事业统计。

（四）退出机制

1. 普惠性民办幼儿园截至有效期止未再提出认定申请的，普惠性民办幼儿园的认定自动失效，不再享受相关扶持政策。

2. 普惠性民办幼儿园在有效期内发生违规办学或安全事件，或者违反申请认定时的相关承诺，普惠性民办幼儿园的认定自动失效，不再享受相关扶持政策，并退回有效期内获得的相应财政补助。

3. 普惠性民办幼儿园在有效期内主动提出退出申请的，普惠性民办幼儿园的认定自动失效，不再享受相关扶持政策，并退回有效期内获得的相应财政补助。

四、扶持政策

各区要完善学前教育财政投入机制，充分发挥民办教育专项资金的引导激励作用，完善促进普惠性民办幼儿园发展的政策，并将提供普惠性学位数量和办园质量作为奖补和支持的重要依据。主要通过以下方式扩大普惠性学前教育资源：

（一）综合奖补

各区根据学前教育发展规划和财力情况，对通过认定的普惠性民办幼儿园可按办园规模，结合办园质量和办园绩效情况，给予经常性奖补和一次性专项补贴，用于幼儿园改善办园条件、提高保教质量。

（二）购买服务

各区根据学前教育规划和设点布局需要，通过购买服务方式鼓励民办幼儿园提供小区生普惠性学位。

（三）减免租金

对租赁所在区教育局园舍（场地）办园的普惠性民办幼儿园，区教育局可适当减免其房屋租赁费用，也可支持园舍修缮、改建等费用。

（四）队伍建设

各区为普惠性民办幼儿园教职工提供各类免费培训和教研指导，促进教师专业发展。在民办幼儿园各类评选、课题申报、项目申请中，同等条件下优先支持普惠性民办幼儿园教师。鼓励普惠性民办幼儿园建立教职工年金制度，对建立年金制度的幼儿园在综合奖补中给予师资队伍建设专项支持。

五、监督管理

普惠性民办幼儿园应完善财务资产管理制度和信息公开制度，接受有关部门的年检、督导和专项审计；所接受的财政资金应全部用于改善办园条件和提升内涵发展，不得抽逃挪用。

各区教育局、发展改革委、公安局、财政局、市场监管局等有关部门加强监管，对出现安全事故或存在重大安全隐患、办园行为不规范、保教质量下降、违规收费、小学化倾向严重等问题，造成不良影响的幼儿园，一经发现，立即取消普惠性民办幼儿园称号，并按有关规定进行处罚。

上海市教育委员会关于推进本市紧密型学区和集团建设的实施意见

（沪教委基〔2019〕7号）

各区教育局、市教委各有关直属事业单位：

近年来，本市大力推进学区化集团化办学，优质教育资源覆盖面持续扩大，校际差距有所缩小，呈现良好的工作局面。同时也存在部分学区、集团之间发展动力不足、优质共享机制不够完善等问题。为深入贯彻落实党的十九大精神和全国教育大会精神，落实市委、市政府关于本市基础教育综合改革的部署，进一步提高义务教育优质均衡发展水平，努力让每个学生都能享有公平而有质量的教育，现就推进本市紧密型学区和集团建设提出如下实施意见。

一、总体思路

坚持“办好每一所学校、成就每一名教师、教好每一位学生”的理念，按照“紧密合作、优质共享、提质增效”的思路，着力加强紧密型学区、集团创建，通过促进组织更紧密、师资安排更紧密、教科研更紧密、评价更紧密，激发每个学区和集团合作共进的创新活力，实现管理、师资、课程、文化等互通互融，提高每一所成员校的办学效益，整体提升义务教育优质均衡发展水平。

二、工作目标

通过两轮（3年一轮）创建，全市基本形成紧密型学区、集团创建的良好格局，学区和集团内各成员校的教师专业发展水平、教学质量进一步提高，办学特色更加明显，家长和社会满意度进一步提升。力争20%以上的学区、集团成为紧密型学区、集团，且覆盖所有区。

三、主要内容

各区依据行政区划、人口布局、优质资源分布等因素，结合已有的学区和集团分布，进一步优化学区、集团布局。根据各学区、集团的发展基础，分年度规划紧密型学区和集团创建工作，提出区域紧密型学区和集团建设方案。要合理确定学区、集团规模，加强政策保障，指导基础较好的学区、集团率先制定创建计划，推动更多学区、集团创建成为紧密型学区或集团。

各学区、集团要对照紧密型办学的任务和要求，结合自身发展实际，从治理体系、师资结构、课程教学、特色办学等方面进行全方位的梳理与总结，形成紧密型学区或集团创建方案，开展创建工作，经区级教育行政部门组织评估，认定为区级紧密型学区或集团。区教育行政部门遴选典型的区级紧密型学区或集团，向市教委申报上海市示范性学区或集团。市教委每3年开展一轮上海市示范性学区或集团评定工作，通过过程性监测、问卷调查等方式，对申报的学区、集团进行综合评定。通过评定的，命名为上海市示范性学区或集团。

四、主要任务

（一）健全治理体系，促进组织更紧密

各学区、集团应建立常设协调管理机构，选派政治素质高、沟通能力强、富有责任心的干部承担学区、集团日常管理、协调事务。

建立更加科学有效的规章制度，明晰学区、集团内部各法人学校的主体责任，健全组织管理和运行机制，完善议事规则和决策程序，确保紧密型学区、集团建设方案逐年得到落实。

加强学区、集团干部队伍建设，提任或转任学区、集团成员校校长应当事先听取学区、集团牵头校的意见，同时可征询学区、集团决策机构(理事会等)的意见。

(二) 优化流动机制，促进师资安排更紧密

推进实施教师“区管校聘”制度，统筹区域内教师资源，加强师资培养，健全骨干教师流动“蓄水池”机制，通过统筹编制、盘活存量等方式，形成干部、教师有序流动的工作制度。将学区、集团内1—2年的交流轮岗工作经历作为提任校级干部的重要因素。经学区管理委员会或集团理事会研究决定，根据紧密型学区、集团创建的需要，可统筹各校干部、教师的招聘、配备和使用，统筹中、高级职称申报，统筹部分绩效工资增量分配，促进干部、教师有序流动。同学段学区、集团每年教师交流轮岗人数应达到符合交流条件教师总数的10—20%，跨学段学区、集团每年教师交流轮岗人数应不低于符合交流条件教师总数的5%，其中骨干教师比例均不低于交流轮岗教师总数的20%。

发挥学区、集团内名校长、名师及其他优秀干部和骨干教师的示范带头作用，通过共建名校长名师工作室、特级教师流动站、骨干教师研修共同体等方式，搭建干部、教师成长发展平台，促进学区、集团内干部教师专业发展、素质提升。

着力提升教师专业素养，在校本研修的基础上，探索开展学区、集团内师资培训机制，形成市级培训、区级培训、学区集团培训、校本培训的教师培训新架构。经区级及以上教育部门认定，教师在学区、集团内参训可按照高于校本培训的原则核定学分。开展学区、集团层面的课堂交流展示、教科研活动，按照高于校级的原则认定。

(三) 加强课程教学共研共享，促进教科研更紧密

建立学区、集团同学段学科教研组或备课组，实施教师联合备课、联合教研、合作科研、教学比武，激发教师的积极性和创造性。探索实施教师走教、学生走校、信息化同步教学等多种课程教学互动模式。

建立健全学区、集团优质课程资源共享平台，丰富课程教学资源供给，共享优质特色课程资源、教学资源、教师培训研修和教科研成果等资源。学区、集团牵头校每年应组织开展高质量共享共用课程建设。

统筹学区、集团各类资源，建立文体场馆、创新实验室、外语听说测试教室、理科实验室等场地资源的共享共用机制。相关的社会场馆资源、社区文体资源、社会专业团体资源应当在学区、集团内充分共享。建立学生活动、家庭教育指导、课后服务联合运作机制，整体提升学区、集团在学生德育、体育、科技和艺术活动及家校合作等方面的水平。

充分发挥学区的群体智慧和集团的品牌影响力，以先进文化引领学校“和而不同”的发展。集中学区、集团专业力量，帮助各校在提升常态课教学水平的同时，打造特色课程，凝练办学特色。

(四) 实施捆绑考核，促进评价更紧密

完善学区、集团考核评价制度，把学区、集团内每一所学校的发展进步作为对牵头校校长年度绩效考核的重要依据，把参与学区、集团共建作为对其他成员校校长年度绩效考核的重要内容。加强对学校推进紧密型学区、集团建设工作的考核比重，原则上不低于区域对学校考核内容或分值总量的20%。

赋予学区、集团相应的考核评价建议权，区教育部门对成员校校长及相关干部进行年度考核应当事先充分听取学区、集团牵头校的意见；有条件的区可赋权学区、集团牵头校对其他成员校进行年度考核。

对考核优秀的，区教育行政部门可予以专项奖励。对积极参与学区、集团建设且办学水平提升明显的成员校校长，区教育行政部门可直接或通过学区、集团牵头校进行奖励。

(五) 探索学生共育，促进培养方式更紧密

在形成学校办学特色的前提下，上海市示范性学区或集团可在坚持义务教育免试就近入学原则下，实

施部分特色项目的学生联合培养实验。

上海市示范性学区或集团可按照高中阶段招生考试改革的方向和要求，适度加大市实验性示范性高中招名额分配综合评价录取招生计划向学区、集团内不选择生源初中的倾斜力度，激发市实验性示范性高中服务学区、集团的积极性和创造性。

五、推进机制

（一）市区联动

市教委建立紧密型学区、集团建设领导小组，日常工作由市教委基础教育处承担，统筹协调推进紧密型学区、集团建设工作。市教科院建立紧密型学区、集团建设项目组，牵手市集团化办学研究中心等机构，共同开展相关的专业指导和评估工作。

各区教育局在区人民政府的领导下，以创建紧密型学区、集团为契机，结合实施公办初中强校工程、新优质学校集群发展等工作，规范对紧密型学区、集团的管理，形成区域配套政策，统筹资源，加大投入，强化保障，加强指导，形成争创紧密型学区、集团的良好局面。

（二）以评促建

研制紧密型学区、集团建设评估指标，开展创建方案评估、中期评估、验收评估等工作，充分激发牵头校的引领作用和成员校的参与热情，不断加强治理能力建设和共建共享力度，提升学生、家长、社区的满意度。

相关评估结果作为学区、集团改进提升、绩效考核的重要依据，作为命名区级紧密型学区、集团和上海市示范性学区、集团的依据。

（三）交流展示

定期开展紧密型学区、集团建设交流展示活动，分享典型经验，研究解决推进中的具体问题。紧密型学区、集团创建过程中，创建市级示范性的学区、集团，每年至少在全区范围内有一次高质量的交流展示，3年内至少在全市范围内有一次高质量的交流展示，并取得较好的交流效果。

充分发挥新闻媒体的舆论引导作用，加大宣传力度，引导全社会关心、支持基础教育改革发展，营造有利于基础教育改革发展的良好氛围。

六、保障措施

（一）各区应在区域范围内，统筹解决紧密型学区、集团创建所需编制，健全骨干教师流动“蓄水池”机制。

（二）评定高级教师、特级教师等职称、荣誉，向学区、集团内经常性流动、承担带教任务的教师倾斜。

（三）加大考核力度，在绩效工资统筹部分中对紧密型学区、集团办学的先进单位和个人给予一定的奖励，调动各校教职工参与学区、集团办学的积极性。

（四）专项经费支持紧密型学区、集团建设，重点用于学区、集团整体办学所需要的课程建设、场地设施、专业资源引入、展示交流等项目支出。

（五）上海市示范性学区或集团可试点特色项目学生联合培养、市实验性示范性高中名额分配综合评价录取倾斜等改革项目。

（六）加大宣传力度。在有关媒体上开辟专栏，对紧密型学区、集团建设典型进行集中报道。

上海市教育委员会

2019年1月21日

上海市教育委员会等6部门关于全面加强本市乡村小规模学校和乡镇寄宿制学校建设的实施意见

（沪教委基〔2019〕57号）

各区教育局，各涉农区财政局、人力资源社会保障局、住房城乡建设管理委、规划资源局、农业农村委：

为贯彻落实《国务院办公厅关于全面加强乡村小规模学校和乡镇寄宿制学校建设的指导意见》（国办发〔2018〕27号）、《教育部　国家发展和改革委员会　财政部关于切实做好义务教育管理薄弱环节改善与能力提升工作的意见》（教督〔2019〕4号），加快实施乡村振兴战略，促进基本公共教育优质均衡发展，努力办好公平优质的农村义务教育，现就全面加强本市乡村小规模学校（根据本市实际，特指不足200人的乡镇地区公办义务教育阶段普通中小学校）和乡镇寄宿制学校（特指涉农区认定的乡镇地区寄宿制公办义务教育阶段普通中小学校）建设提出如下实施意见。

一、总体要求

（一）工作思路。全面贯彻党的十九大精神和全国教育大会精神，坚持以习近平新时代中国特色社会主义思想为指导，紧紧围绕实施乡村振兴战略和实现教育现代化的目标，按照“统筹规划、合理布局，重点保障、兜住底线，内涵发展、提高质效”的思路，全面巩固和加强乡村小规模学校和乡镇寄宿制学校（以下统称“两类学校”）建设，统筹推进城乡义务教育一体化改革发展，不断提高乡村义务教育水平和乡村居民对义务教育的获得感和满意度。

（二）工作目标。到2020年，补齐两类学校短板，进一步振兴乡村教育，两类学校布局更加合理，办学条件达到本市城乡义务教育一体化办学标准，经费投入与使用制度更加健全，教育教学管理制度更加完善，城乡师资配置基本均衡，满足两类学校教育教学和提高教育质量的实际需要，乡村教育质量明显提升，基本实现区域内城乡义务教育一体化发展。

二、统筹布局规划，改善办学条件

（三）优化布局方案。青浦、奉贤、崇明等区要进一步加强区级统筹协调，根据本地常住人口、交通情况、城镇化进程和学龄人口流动、变化趋势，优化设点布局，对两类学校未来规划、保留撤并、发展定位等出台具体方案，明确工作“路线图”。保护、保留村的现有小规模学校原则上不能撤并，如确需撤并的，要按照“先建后撤、积极稳妥”的原则提前做出安排，撤并后的闲置校舍应主要用于发展乡村学前教育、校外教育、留守儿童关爱保护等。对已经撤并的小规模学校，由于当地生源增加等原因确有必要恢复的，要按程序恢复。同时，在区人民政府统筹领导下，妥善解决部分农村小规模学校和乡镇寄宿制学校不动产权证缺失问题。

（四）改善办学条件。各有关区要严格落实城乡义务教育一体化“五项标准”（学校建设、设备配置、信息化建设、教师配置与收入标准、生均经费）等有关要求，按照“促进公平、提升质量、分类推进、综合利用”的原则推进义务教育资源配置的标准化和均等化。按照《上海市普通中小学校教育装备配备指南》要求，配齐配足教学仪器设备，建设创新实验室、安全体验教室，提升图书馆功能，寄宿制学校配备必要的生活设施，保障教育教学的顺利有序开展。要按标准配备饮用水设施、宿舍、食堂、卫生保健室、浴室、厕所、垃圾和污水设施等学校生活卫生设施，全面改善学生吃、住、学、文化活动等基本条件，满足偏远地区学生和留守儿童的寄宿需求。鼓励学校在办学设施建设中积极融入现代化、信息化科技，创设以学生为中心的新型学习环境，发挥环境育人功能，打造“乡村温馨校园”。

三、强化师资建设，促进专业发展

（五）加强资源统筹，配齐配足师资。根据区域教育事业的发展和实际情况，统一城乡教职工编制标准，坚持总量控制、城乡统筹、优化结构，合理配置教师资源。在核定的编制总额内，按照班额、生源等情况统筹分配各校教职工编制，严禁任何部门和单位以任何理由、任何形式占用或变相占用乡村学校教职工编制。深入推进教职工编制城乡、区域统筹和动态管理，盘活编制存量，统筹调配城乡教师资源，严禁在有合格教师来源的情况下“有编不补”。推动优秀教师的交流、辐射、引领、示范。积极推进到达退休年龄的高级教师和特级教师在延长退休期间赴乡村学校任教，鼓励优秀骨干教师到乡村学校支教。新评特级教师、特级校长中，须有30%左右的人员到乡村学校特别是小规模学校支教3年。对应聘乡村学校的非上海生源应届普通高校毕业生，在落户上实施政策倾斜。乡村小规模学校应当配齐配强专职心理健康教育教师，原则上每校应至少配备1名专职心理健康教育教师。通过多种办法，加强乡村学校优秀教师配置，不得降低现有配备，确保乡村学校开足开齐规定课程。寄宿制学校宿管人员可参照工勤人员，采用购买服务等方式进行配备。

（六）完善评聘机制，扩充骨干师资。各区教育行政部门应加大优质教师的统筹，缩小学校之间的师资队伍水平差距，通过骨干教师流动、培养等多种方式，确保每所小学都有高级职务教师、每所初中高级职务教师的比例不低于5%。乡村学校教师在评聘教师职务时，坚持育人为本、德育为先，注重师德素养，注重教育教学工作业绩，注重教育教学方法，注重教育教学一线实践经历，进一步强化实绩能力评价。在乡村学校任教5年以上且现仍在乡村学校任教或从城镇学校交流、支教到乡村学校任教3年以上的教师，在教师职务评聘中，论文发表不作为必备条件。在乡村学校任教累计满10年且现仍在乡村学校任教，并在一级教师岗位任教累计满4年的教师，可申报高级教师职务。从城镇学校交流、支教到乡村学校任教累计满3年的教师，其在受援学校交流过的教育教学方面的案例、总结等，可视作教育教学研究成果。城区中小学教师，具有在乡村学校或薄弱学校任教满1年经历的教师，在教师职务评聘中予以优先考虑。

（七）提高教师待遇，改善生活条件。积极鼓励乡村教师扎根乡村课堂，全面优化绩效工资分配方案，区人民政府应依据学校艰苦边远程度实施激励。要按照《上海市人力资源和社会保障局　上海市财政局关于本市乡镇机关事业单位工作人员实行乡镇工作补贴的通知》（沪人社资〔2015〕276号）等要求，落实乡村工作津贴。在现行制度架构内，做好乡村教师重大疾病救助工作和相关医疗服务工作，坚持保障每一位乡村教师每年体检一次。各区人民政府在本区保障性住房建设和供应管理中，要按规定将符合条件的乡村教师纳入住房保障供应范围。积极鼓励高校毕业生到乡村学校任教，健全大学生学费补偿和助学贷款代偿制度，保障学费补偿和助学贷款代偿经费落实。

（八）加强培养培训，提升专业素养。加大两类学校教师培训力度，充分依托市或区级教师专业发展学校，发挥教师专业发展学校在校本研修中的示范引领作用，提高校本研修实效，构建基于一线课堂实际、研训一体的教师专业发展机制。充分发挥全市优质资源和对口帮扶的作用，加强两类学校教师培训项目的统筹安排、培训指导、政策倾斜。对补充到两类学校的新教师，在一年见习期内安排到市、区两级教师专业发展学校进行规范化培训。提升两类学校教师课程实施能力和信息技术应用能力，开展分层分类专项培训，夯实乡村教师队伍基础，提高乡村教师自我发展能力。加强对寄宿制学校宿管人员的培训，重点开展有关职业责任、安全意识、沟通技能等职业素养的培训。

四、强化经费保障，规范经费管理

（九）加大经费投入力度。要以实现城乡基本公共教育服务均等化为目标，继续加大财政投入力度，优化财政支出结构，向农村义务教育倾斜，促进本市城乡义务教育优质均衡发展。对本市乡村小规模学校按照不低于200人核定公用经费，对寄宿制学校按照寄宿生年生均200元标准增加公用经费补助；各区现有公用经费补助水平高于规定标准的，要确保水平不降低。各区要落实保障义务教育办学基本标准的主体责任，将义务教育经费纳入财政预算，并确保及时足额拨付到位。各学校应在此基础上，进一步优化支出结构，提高资金使用效益。

（十）完善经费管理制度。规范义务教育学校财务管理，以绩效为导向，创新管理理念，加强义务教育学校预算管理，细化预算编制，硬化预算执行，强化预算监督；进一步建立健全教育经费管理的规章制度，包括内部监管机制、项目资金管理责任制、内部控制制度等，做到依法依规科学管理，严格按照制度办事，全面推进教育经费科学化精细化规范化管理，切实提高教育经费使用效益。

五、加强教育教学，提高办学水平

（十一）激发办学活力。发挥学区、集团联合体牵头校的统筹、辐射和指导作用，实施两类学校与办学联合体内其他学校一体办学、协同发展、捆绑评价，打造紧密型办学联合体。指导两类学校制定符合实际的三至五年发展规划，加强规划实施的过程指导和评估。区教育行政部门应为两类学校配备相关的区级教研员、科研员，开展经常性蹲点指导。加强两类学校课程领导力建设，全面提升课程规划、实施和评价水平，建设符合学校实际的校本课程。鼓励和支持两类学校积极参与改革任务，每一所学校每两年都应承担至少一项促进学校改革和发展的项目或课题。通过实施公办初中强校工程，提升乡镇公办初中办学水平。创新两类学校治理体系建设，建立健全乡镇政府、社区、家庭等多元主体参与办学的体制机制，加强学校与社区之间的资源共建共享制度建设。

（十二）完善育人模式。乡村小规模学校普遍实施小班教学，采用更加灵活的教育教学方式，突出因材施教，加强个性化教学和针对性辅导，密切关注每一个学生的思想动态和身心健康状况，切实提高育人水平。充分发挥寄宿制学校全天候育人和乡村教育资源的独特优势，精心设计、组织开展主题明确、内容丰富、形式多样、吸引力强的各类素质教育活动，确保专题教育和班团队活动每周不少于1课时，社会实践活动每学年不少于2周。推进农村学校艺术教育实验区工作，组织艺术类高校和文学艺术类专业教师以志愿服务方式，与区级相关单位和部门开展结对帮扶工作，联合各级文化部门，选派文化艺术工作者到农村中小学任教，依托现有中小学优秀文化艺术进校园活动，把艺术教育当成促进广大农村学生全面发展的重要途径。成立家长委员会，共同参与学校管理，对学校工作计划和重要决策提出意见和建议，对学校教育教学活动进行监督，促进提高家庭教育质量，形成家校育人合力。建立健全家庭教育工作机制，指导家长科学、理性地开展家庭教育。密切家校联系，完善家访制度，制定家校互动平台管理制度，严禁发布名次、成绩、票数和布置作业等行为。将家长学校纳入到学校工作的总体部署，办好家长学校，定期开展分学段、分年级、分层次的家庭教育指导研修活动。切实关爱帮扶农村留守儿童，推广设立留守儿童之家、托管中心等关爱服务阵地，定期开展农村留守儿童排查摸底，建立留守儿童数据库，开展结对帮扶关爱工作，加强留守儿童家庭教育指导和留守儿童自护教育，严惩侵害留守儿童权益的违法犯罪行为。

（十三）发挥信息化带动作用。加强学校互联网基础设施建设，实现光纤到校全覆盖，两类学校率先全部接入上海教育城域网，带宽大于100 Mbps，教师全部配备办公电脑或移动互联网终端，每校配备一定数量的移动互联网学习终端，所有教室全部无线覆盖并接入互联网，满足“互联网+教育”教和学的需要。推进学校“互联网+教学”应用，支持两类学校通过互联网共享上海优课、慕课、专题教育等数字化课程资源，优化学校的课程结构，丰富课程资源。发挥学区、集团资源整合作用，通过多校同步在线课堂教学，开足开齐各门课程。发挥学区、集团优质师资的引领作用，开展教师在线教研、交流，学生在线答疑、辅导。运用大数据、云计算、人工智能等信息技术，开展基于数据的精准分析，推进精细化管理和个性化教学，全面实施因材施教。将两类学校教师纳入上海市中小学（幼儿园）教师信息技术应用能力提升工程，让教师掌握基本的、必备的信息技术教学应用工具和方法，提升教师信息素养和专业发展水平。积极引导两类学校师生使用网络学习空间，通过学习空间汇聚数字化教学资源，保障学生时时处处可学能学，提升学生信息素养，引导学生养成良好的互联网学习习惯。

（十四）推进城乡学校携手发展。实施城乡学校携手共进计划，优先把两类学校纳入精准委托管理和互助成长行动项目，促进城乡学校联动发展。采取“一带一”“一带二”等联动模式，发挥中心城区和郊区新城优质资源的辐射带动和引领作用，努力实现每一所乡村小规模学校和乡镇寄宿制学校都有支持学校。统筹调剂区域内城乡学校编制，推进特级校长、特级教师和其他骨干教师定期到两类学校交流轮岗。强化对两类学校教研和科研工作的指导，鼓励城乡间、学区和集团内学校采取同步教研、联合科研等多种方式开展交流。落实国家和本市关于加强乡镇政府服务能力建设的有关要求，充分发挥乡镇政府和社区在改善乡村教学环境、保障校园和师生安全、控辍保学、帮扶家庭经济困难学生等方面的作用，巩固提高义务教育质量和水平。

六、加强组织领导，落实工作责任

（十五）落实政府责任。各有关区要把办好两类学校列入实施乡村振兴战略重要工作议事日程，加强区级政府统筹，健全协调机制，及时解决两类学校在规划布局、经费投入、建设运行、教师队伍建设等方面的突出问题。把办好两类学校纳入对区、镇考核评价体系，完善责任追究机制，确保各项政策措施落实到位、工作目标按期实现。要全面加强党的建设，充分发挥学校党组织把方向、管大局、推落实的作用，有效调动各方力量，大力激发广大校长、教师的积极性和创造性，努力营造促进乡村义务教育发展良好局面。

（十六）加强督导检查。进一步完善两类学校质量监测和督导评估机制。将两类学校政府保障工作落实情况纳入对区政府履行职责的综合督政。完善两类学校的责任督学工作机制，充分发挥督导检查结果公告和限期整改制度的作用，督促整改，切实推动办好农村义务教育。

隶属于本市的农场学校相关政策可参照本实施意见执行。

上海市教育委员会
上海市财政局
上海市人力资源和社会保障局
上海市住房和城乡建设管理委员会
上海市规划和自然资源局
上海市农业农村委员会
2019 年 10 月 22 日

上海市教育委员会关于印发《上海市中等职业教育信息化建设行动计划(2019—2022)》的通知

（沪教委职〔2019〕26 号）

各区教育局，各相关委、局、控股（集团）公司：

为深入贯彻党的十九大和全国教育大会精神，落实国务院《国家职业教育改革实施方案》，以及《中国教育现代化2035》《教育信息化2.0行动计划》《关于进一步推进职业教育信息化发展的指导意见》和《上海市教育信息化2.0行动计划(2018—2022)》相关部署和要求,积极推进上海市中等职业教育信息化建设,结合本市实际,制定《上海市中等职业教育信息化建设行动计划(2019—2022)》。现印发给你们,请按照执行。

附件:上海市中等职业教育信息化建设行动计划(2019—2022)

上海市教育委员会

2019年7月31日

附件

上海市中等职业教育信息化建设行动计划(2019—2022)

为深入贯彻党的十九大和全国教育大会精神,落实国务院《国家职业教育改革实施方案》,以及教育部《教育信息化"十三五"规划》《教育信息化2.0行动计划》《关于进一步推进职业教育信息化发展的指导意见》和《上海市教育信息化2.0行动计划(2018—2022)》等有关文件要求,提升新时代上海市中等职业教育(以下简称"中职教育")信息化发展水平,加快推进中职教育信息化建设工作,助力上海教育现代化建设,结合本市中职教育实际制定本行动计划。

一、指导思想

以习近平新时代中国特色社会主义思想为指导,对接教育现代化目标,落实立德树人根本任务。坚持育人为本,以促进学生全面发展和自主学习为核心,以信息化引领构建以学习者为中心的教育生态。坚持融合创新,促进信息技术与教育教学、实训融合创新发展,全方位创新实现常态化应用,积极探索教育信息化可持续发展之路,坚持系统推进,加强顶层设计和统筹规划,整合各类社会企业资源,以学校为基本单位整体设计建设,信息化建设和网络安全管理同步协调。充分发挥现代信息技术作用,改进上海职业教育服务供给方式,进一步提升上海中等职业学校(以下简称"中职学校")信息化建设水平,推动教育信息化向实用性、高效率、常态化方向发展,以教育信息化带动职业教育现代化。

二、工作目标

至2022年,依托上海市教育信息化"一网三中心两平台"(上海教育城域网、上海教育数据中心、上海教育资源中心、上海教育认证中心、上海大规模智慧学习平台、上海教育综合管理决策平台)的建设,进一步优化职业教育信息化基础环境。形成中职教育数据共享互通、数字资源深度共建共享、信息技术深度融入职业教育全过程、师生信息化素养全面提高、优质资源辐射欠发达地区的上海中职教育信息化发展新态势。形成全市中职学校统一的信息化建设规范与标准,推进数字学校建设,探索信息技术、物联网、人工智能技术等与职业教育全过程初步融合,形成信息时代背景下面向未来的新型优质学校标杆。构建并完善职业教育信息化数字资源共建共享机制,将德育、工匠精神和传统文化融入数字教学资源,进一步扩大优质资源覆盖面。提升师生的信息化素养,使师生运用信息化的手段更加多元,让自主运用信息化手段进行教与学成为师生的共识。优化信息化管理手段和服务平台,实现数据共享、业务协同,提升中职教育管理科学化、精准化、智能化水平。加大网络精准扶智工作力度,使优质教育资源通过信息化手段与平台进一步惠及欠发达地区的中职学生。

三、具体任务

(一)开展中等职业学校数字学校建设工作。依托上海市教育城域网统一接入、云网融合和统一身份认证,应用大数据、云计算、物联网、虚拟现实/增强现实、人工智能等技术,依据《上海市中等职业学校数字学校建设指南》(见附件),提升校园环境与应用服务的智能化水平,形成协同开放的现代化校园生态。进一步深化信息技术与教育教学及实训的融合创新，鼓励与行业、企业开展多种形式的校企合作与交流，利用智能学习空间、个性化学习支持服务等，强化信息技术对课程与教学改革的服务与支撑。全面提升教育治理能力，通过大数据分析开展教学与管理的自我诊断与改进，以信息化推进职业学校教育治理现代化、标准化、精细化与智能化水平，学校整体上实现智慧运行。至2022年，全面实现中职数字学校建设，并培育适应未来社会人才培养需要的市级信息化应用特色学校30所，创建市级信息化应用标杆学校10—15所。

（二）健全数字教学资源共建共享机制。继续推进市级、校级专业教学资源库建设，在推进数字资源建设与应用的过程中，要积极吸纳教育界内部和外部的各种优质数字资源，将德育、工匠精神和传统文化等融入数字教学资源。进一步加强网络课程、精品课程、在线开放课程、专业素材库等建设。至2022年，完成500门优质数字课程资源建设。推进中职学校数字图书馆建设，逐步建立数字教育资源共建共享平台，形成中职教育资源图谱，扩大优质资源覆盖面，服务于全市中等职业学校的课程开发、教学设计、教学实施与教学评价等工作。

（三）深化教育教学模式创新。开展信息化环境下的职业教育教学模式创新研究与实践，大力推进信息技术与教育教学的深度融合，汇聚优秀案例，推进示范课例建设。支持和推进学校开展智慧教学研究与实践，鼓励教师充分、合理运用多种信息技术手段和数字教育资源开展教学，解决教学中的重点、难点问题，促进教学的智慧化和有效性，为每个学生提供最适合的教育。结合教育部和本市关于网络学习空间的建设要求，形成具有学校专业特色的个性化自主学习空间，以学生为中心，探索适应新时代和未来教育的新型人才培养模式，探索智能学习的多元形式，如移动学习、远程协作、虚拟实验室、智能学习空间等等，开展翻转课堂、泛在学习、混合学习等教学新模式，借助慕课、微课、教育超市等为学生提供个别化课程，注重教与学过程数据的采集和分析，以数据驱动因材施教，营造高效和个性化的课堂。

（四）有效提升师生信息化素养。加强教师信息技术应用能力培训，全面提升教师信息化教学能力，帮助教师应用信息技术优化课堂教学、转变教与学方式，将信息技术与专业知识深度整合。鼓励学生积极参与信息化、数字化学习，师生共同提高综合信息素养、信息技术应用能力与数字化学习能力。开展信息技术支持的跨学科教学培训，构建成果导向、全程监测评价体系，以信息化教学方法创新、精准指导学生个性化发展为重点，创新信息素养培训资源建设机制，促进教师跨学科教学能力提升。以市级示范性培训项目为引领，采用线上与线下培训相结合的模式，开展教师信息技术应用能力培训，每人5年不少于50学时，其中实践应用学时不少于50%。鼓励师生广泛参与各类信息化应用大赛，转化信息化应用大赛等赛事的成果并广泛共享。

（五）推进示范性虚拟仿真实训室建设。依托本市中等职业教育开放实训中心，开发基于职场环境与工作过程的虚拟仿真实训资源。至2022年，建设10个示范性虚拟仿真实训室。积极探索智能化实训流程与资源建设路径，开展信息化环境下的实训教学模式创新研究与实践，建设适应信息化教学需求的实训课程体系。不断融合行业企业资源与需求，开发具备虚拟仿真、理实一体特点的实训教学资源和平台，借助虚拟现实/增强等现实技术拓展产教融合的途径和手段。

（六）建立“互联网+职业教育”管理服务平台。依据《上海中等职业教育信息化管理数据标准》（另行颁布），以“互联网+”的理念，在现有“上海市中等职业学校基本情况数据库”基础上，整合本市现有职业教育管理应用系统，建立“上海市中等职业教育业务数据共享服务系统”，实现统一认证、数据共享、业务协同，有效落实中职教育统一数据管理和教育服务的“一网通办”。充分发挥现有市级管理信息系统在学籍管理、学生评价、师资培训、资产与设备管理、日常教学与实习跟踪等重点工作中的作用，进一步完善学生综合素质评价信息系统，提高管理效能。通过大数据分析实现对学校教学与管理的精准监管，提高科学决策水平，形成信息时代职业教育治理新模式。

（七）逐步拓展网络精准扶智工作。借助网络信息平台，勤练内功、东西合作，以沪喀、沪果、沪遵、沪滇四大职教联盟为基础，积极服务于国家脱贫攻坚战略部署，将信息化帮扶纳入全市职业教育东西协作行动计划，提升上海优势资源惠及全国的服务能力，促进教育公平和均衡发展。

（八）积极推动网络安全工作。构建一支强有力的管控队伍，以学校主要责任人为第一责任人的网络安全工作体系，落实网络安全责任制。结合本市及各中职学校的实际，开展多种形式的信息安全教育与培训，提高网络和信息安全意识。全面实施信息安全等级保护制度，落实信息系统定级及备案，通过委托服务等形式建立多层次网络与信息安全技术防护体系，构建网络信息安全技术防护环境。制定网络安全与信息安全应急预案，定期开展网络安全应急演练，注重网络风险预警机制的建立，定期开展系统检测、加固和漏洞整改，增强网络与信息安全管控和应急处理能力。

四、保障措施

（一）组织保障。在市教委信息化工作领导小组领导下，成立上海市中等职业教育信息化工作指导小组，以市教委相关职能处室以及上海电化教育馆、上海市教育委员会信息中心、上海市师资培训中心、上海市教育委员会教育技术装备中心和上海市教育委员会教研室等为成员单位，成立由信息化领域专家、职业教育专家和专业骨干教师组成的专家组，对信息化建设工作进行规划、指导和推动实施。中职学校主管单位要加强对所属中职学校信息化工作的统筹管理和指导，并强化信息安全管理机制。由上海电化教育馆负责市级层面信息化教学指导及推进工作，上海市教育委员会信息中心负责市级中职教育信息化基础设施、数据标准、数据共享、管理应用统筹建设与运行、技术指导等工作，上海市师资培训中心统筹指导教师信息技术应用能力提升工作，上海市教育委员会教育技术装备中心具体负责教师信息技术应用能力提升，组织实施相关项目在市教委层面的申报、评审及验收等工作，上海市教育委员会教研室负责教学资源的开发运用等工作。

（二）制度保障。中职学校要进一步完善和细化本校信息化建设规划，明确各职能部门的分工，着力落实岗位职责；要完善职教信息化项目管理细则和服务流程规范，健全保障和激励机制，特别是要充分认识到教师信息化素养培育对于落实立德树人目标、培养技术技能型人才的重要作用，不断完善师资队伍建设保障制度与激励机制，确保职业教育信息化长效持续发展。进一步完善投入经费绩效考核与评估手段，优化经费使用结构。

（三）经费保障。各区教育部门、各行业中职校主管部门要切实保障中等职业学校信息化建设经费投入，完善经费投入长效机制，多渠道筹措建设资金，对信息化建设所需基础建设等提供经费保障；各中等职业学校要将信息化建设经费纳入预算，优化支出结构，提高资金使用效益。健全教育信息化经费投入保障与监管机制，强化经费使用的绩效评价。

附件：上海市中等职业学校数字学校建设指南（略）

上海市教育委员会关于印发《上海深化产教融合推进一流专科高等职业教育建设试点方案》的通知

（沪教委高〔2019〕11号）

各有关高等学校：

现将《上海深化产教融合推进一流专科高等职业教育建设试点方案》印发给你们，请认真贯彻执行。

附件:上海深化产教融合推进一流专科高等职业教育建设试点方案

上海市教育委员会

2019年3月15日

附件

上海深化产教融合推进一流专科高等职业教育建设试点方案

为深入贯彻习近平新时代中国特色社会主义思想和党的十九大精神,全面落实全国教育大会精神和立德树人根本任务,根据《国家职业教育改革实施方案》总体部署,结合本市实际,更好服务本市"五个中心""四大品牌"战略需求,现就本市统筹发展一流专科高等职业教育,打造一批一流高等职业院校和专业制订本方案。

一、总体要求

(一) 指导思想

全面贯彻党的教育方针,以习近平新时代中国特色社会主义思想为指导,坚定社会主义办学方向,扎根中国大地办大学,培养德智体美劳全面发展的社会主义建设者和接班人。按照关于"在落实国家赋予的战略任务中构筑上海发展的战略优势"要求,深化产教融合、校企合作,主动对接"五个中心""四大品牌"需求,坚持立德树人为根本,建设一流为目标,专业建设为基础,完善职业教育和培训体系,重塑上海技术技能人才战略新优势,为建设具有世界影响力的社会主义现代化国际大都市提供坚实的技术技能人才支撑。

(二) 基本原则

坚持"一流"定位。引导一批高职院校和骨干专业瞄准国内领先、国际一流,汇聚优质资源,培养一流人才,产出一流成果,形成具有竞争力的技术技能人才培养高地。一流高等职业院校建设要有一流专业(群)支撑。

坚持服务需求。聚焦"五个中心"建设、打响"四大品牌",引导高等职业院校主动面向产业经济发展重点领域,找准主攻方向,聚焦重点发力,创新建设理念、拓宽发展路径、做实改革举措,为培养新时代的"上海工匠"作出更大贡献。

坚持产教融合。深化产教融合、校企合作,鼓励高等职业院校创新体制机制,全面提高人才培养供给侧和产业需求侧的匹配度,将产教融合作为推进高等职业教育质量提升的关键点和突破口,形成高等职业教育与本市重点产业统筹融合、良性互动的格局。

坚持绩效导向。突出目标导向,对建设项目实施全程跟踪,强化事前绩效设定、事中绩效监控、事后绩效评价,形成动态调整、滚动支持的建设机制,促进学校和专业对标最好、办出特色、争创一流,在人才培养、技术研发、文化创新、国际影响等方面的能力水平明显提升。

(三) 建设目标

主动服务"五个中心""四大品牌"发展需求,对标国际最高标准最好水平,大力发展一流专科高等职业教育,重点围绕工匠人才培养、品牌专业创建、双师队伍建设、协同基地打造、培养机制完善、院校治理创新、社会服务提升等方面夯实基础、培育优势,支持推动一批高等职业院校、专业进入国际一流、国内领先行列,打造2—4所国内同类最好的高职院校,建设10—15个左右在国内具有引领作用的标杆专业,带动上海高职整体建设和发展,实现服务上海所需、产教深度融合、国内树立标杆、国际具有影响的发展目标,为上海建设具有世界影响力的社会主义现代化国际大都市提供高素质劳动者和技术技能人才支撑。

二、重点任务

（一）培养一流的“上海工匠”

1. 加强思想政治教育。坚持党对高职教育工作的全面领导，坚持把立德树人作为根本任务，坚持思想政治工作贯穿教育教学全过程，建立健全“三圈三全十育人”的思政工作机制。做好习近平新时代中国特色社会主义思想进课堂、进教材、进头脑“三进”工作。深入推进以思政课为核心的课程思政教育教学改革，建好“中国系列”思政课选修课，结合高职教育特点和育人规律，配齐配强思政课教师队伍、辅导员队伍、心理健康教育教师队伍，提升思政教育实效。

2. 培育追求卓越的工匠精神。要将精益求精、追求卓越的工匠精神培育贯穿人才培养的全过程，使弘扬和传承工匠精神成为办学的鲜明特征。开展“大国工匠进校园”等系列活动，努力营造劳动光荣、技能宝贵、创造伟大的育人环境，为上海工匠培养奠定职业教育文化基础。

3. 培养杰出技术技能人才。深化教育教学改革，培育和践行社会主义核心价值观，提升学生的科学素养、人文素养、职业素养，增强学生创新精神、实践能力和社会责任感，培养学生国际交往能力和可持续发展能力。根据《国家职业教育改革实施方案》对“1＋X”证书制度试点工作的总体要求，全面推进“双证融通”改革试点，提升学生职业发展所需要的综合能力。瞄准本市重点发展产业人才需求，通过与国内外高水平职业院校、国际大型企业的合作，共同制定人才培养方案和计划，培养国际化、高水平、创新型、复合型人才。全方位推动教学组织、教学方法、教育科研、教学评价、教学资源开发利用创新，实施启发式、参与式、探究式等教学改革，充分激发学生学习兴趣，切实增强学生自主学习能力。着力培养一批具有良好职业素养、专业技术技能过硬、对企业贡献突出，并能参与国际竞争的杰出技术技能人才。

（二）创建一流的品牌专业

4. 优化布局结构。坚持把专业建在产业链上，基于大数据创建科学可行的专业设置动态调整机制。引导学校聚焦本市重点发展的人工智能、生物医药、集成电路、学前教育、养老服务等产业领域，设置与需求相匹配的新专业。同时推动高校主动淘汰不符合产业发展方向、培养质量不佳的专业。

5. 建设一流专业。对接国际先进标准，引领国内同类专业标准建设，率先开展并通过国内外相关专业认证，辐射带动专业群协同发展。专业负责人和骨干教师能主持或参与行业主要技术标准制定。依托专业优势，学校成为行业主要和高水平的技术技能人才培养基地。

6. 重构课程体系。对接现代技术发展趋势和岗位能力要求，构建契合产业需求的职业能力框架，将行业最新的技术技能标准转化为专业课程标准，打造一批具有高阶性、应用性、创新性的高职“金课”，其中部分课程冲击成为国家精品在线开放课程。拓展优质教育教学资源，健全教材专业审核机制，形成课程比例结构合理、质量优良、形式丰富的课程教材体系。

（三）建设一流的双师队伍

7. 加强教师政治引领。按照“有理想信念、有道德情操、有扎实学识、有仁爱之心”的标准，深入开展教师理想信念学习教育，坚定“四个自信”，在人才引进、人才选聘、课题申报、职称评审等过程中，加强对教师思想政治素质和师德师风等方面的考核，引导教师做社会主义核心价值观的坚定信仰者、积极传播者和模范践行者。

8. 促进教师提升发展。深化教师培训工作，完善新进教师规范化培训和专业主任轮训制度，依托高职专业教学指导委员会和行业企业，开展“市校系”三级专业教师培训，提升专任教师的专业素质和教学能力。遵循教师成长发展规律，以中青年教师和创新团队为重点，优化中青年教师成长发展、脱颖而出的制度环境，培养一批具有国际视野、能在行业发挥引领作用的专业带头人，服务国家和上海重大战略，在人才培养方面取得突出成效。

9. 建设高水平“双师”队伍。提升专任教师实践能力，依托本市高技能人才培养基地和行业企业，建立教师企业实践基地，全面落实教师每5年必须在企业实践1年以上制度。落实《国家职业教育改革实施方案》关于“双师型”教师队伍建设相关要求，将教师是否取得与本专业相关的高水平职业资格证书作为教师聘任的重要依据，提高双师型专任教师比例。针对行业高技能人才的特点，结合学校实际，制定行业技能大师进入高职院校的入职任教标准，大力拓宽从行业聘任高技能人才的渠道。打造一支拥有国家名师、行业名匠的高水平双师型教师团队。

（四）打造一流的协同基地

10. 建设应用技术研发中心。面向战略新兴产业和重点发展领域，整合校企各方优势资源，打造高水平的应用技术研发团队，成立应用技术研发中心，开展产品研发、技术攻关和应用推广，切实解决企业生产面临的技术问题，成为相关行业技术研发和应用推广的重要策源地，提高学校对产业转型升级的贡献率。

11. 搭建协同创新平台。探索“校校协同”，组建跨院系、跨专业合作团队，共同开展专业课程和教学资源建设。推进“引企入教”，鼓励企业联合高等职业院校设立产业学院、大师工作室，加强成果孕育与转换。与行业企业共建先进的生产性实训基地，开展订单培养和现代学徒制试点，形成可复制可推广的产教融合人才培养新模式。

12. 打造品牌职业教育集团。提升职教集团的集聚和辐射功能，加强各成员单位在人才培养、教学科研、技能鉴定、技术服务等方面的合作，延伸产业、师资、信息、就业等合作链条，促进职教集团各成员单位的共同发展。依托职教集团平台，助推学校在国家行指委等各类行业组织里发挥重要作用。加强国际合作交流，在相关国际职教组织内具有一定影响力。

（五）完善一流的培养机制

13. 完善贯通人才培养体系。发挥高职承上启下的作用，优化中高贯通、高本贯通培养模式，探索高等职业教育专科、本科与专业硕士各学段衔接的培养模式，构建“中职—专科高职—应用型本科—专业学位研究生”相衔接的培养体系。支持一流高职院校积极探索开展五年一贯制职业院校试点改革，支撑现代职业教育体系建设。

14. 开展高水平技能竞赛。坚持“以赛促教、以赛促学”，积极参与世界技能大赛、全国技能大赛等技能竞赛活动，将竞赛标准融入教学之中，不断提高获奖层次和数量，力争实现上海高职选手在世界技能大赛上金牌零的突破。推动高校成为国家或市级世界技能大赛选手培训基地，全力办好2021年第四十六届世界技能大赛。

（六）创新一流的院校治理

15. 提升院校治理水平。完善高校内部治理体系，形成以大学章程为统领、规范行使办学自主权的现代学校制度。加强学校校企合作理事会、学术委员会、专业指导委员会建设，充分发挥理事会参与决策咨询、推动校企合作、开展监督评估的职能，积极构建行业企业等利益相关方参与学校办学的运行机制。

16. 完善质量保障机制。切实发挥学校质量保证主体作用，以高职质量年度报告编制与发布为抓手，强化质量监控，全面建立高职专业教学诊断与改进制度，提升职业院校内部质量保证体系建设水平。健全第三方评价机制，积极支持社会第三方机构开展高等职业院校评价。

（七）提供一流的社会服务

17. 积极服务国家战略。落实“一带一路”战略，鼓励学校在“一带一路”沿线国家设立职业培训基地、搭建“鲁班工坊”平台，把上海高职优秀教育成果输出国门与世界分享。扩大中外学生互换、学分互认力度，提高接受全日制教育的外国专业留学生数量，提升职业院校国际影响力。服务东西部扶贫协作需求，以就业脱贫为导向，瞄准建档立卡贫困人口精准发力，开展东西职业院校协作全覆盖行动。促进长三角三省一市优质资源共享，选择部分行业领域成立长三角职业教育联盟，发挥牵头领衔作用，探索深化合作、提升协作质量的有效机制，为提升上海城市核心竞争力作出新贡献。

18. 加大职业培训力度。实施学历教育和非学历培训并举、全日制与非全日制并重发展多样化的在岗人员继续教育。鼓励学校主动承接政府和企事业单位组织的职业培训，按照国家有关规定开展退役士兵职业教育培训，服务社区教育和终身学习，成为本市提高劳动力人口受教育年限的主力军。

三、保障措施

（一）加强组织领导

学校要建立健全推进一流专科高等职业教育建设的组织领导和工作推进机制，做好顶层设计，统筹规划项目，制定项目建设具体目标、路线图、时间表。市教委对学校项目建设情况和建设绩效进行跟踪评价，并据此适时调整经费支持力度，同时将一流高职建设情况列入对学校党政班子工作考核和内涵建设绩效评价的范围。

（二）多方协同推进

学校围绕一流高职建设目标，争取各方资源，形成建设合力，提高项目决策与建设水平。各校要及时总结实施过程中的好经验、好做法，加大宣传力度，形成可供借鉴的制度性成果。

（三）强化政策指导

贯彻落实新修订的《上海市职业教育条例》《中共上海市委　上海市人民政府关于全面深化新时代教师队伍建设改革的实施意见》等法规文件要求，加快制定完善有利于双师队伍建设、校企深度合作等方面的配套文件，为发展一流专科高等职业教育提供更优的制度环境。在上海教育综合改革国家试点框架下，突出建设成效导向，鼓励学校先行先试，勇于创新、善于改革。

（四）落实经费保障

对于入选项目，市教委将安排专项经费给予支持。入选院校要积极争取多方支持，加大投入力度，改善学校教育教学、实习实训等条件，夯实基础办学能力，为项目实施提供有力的经费和资源支撑。

上海市教育委员会关于印发《上海市一流专科高等职业教育建设专项经费管理办法》的通知

（沪教委高〔2019〕64号）

各有关单位：

现将《上海市一流专科高等职业教育建设专项经费管理办法》印发给你们，请各单位根据实际情况，认真执行。

附件：上海市一流专科高等职业教育建设专项经费管理办法

上海市教育委员会

2019年11月21日

附件

上海市一流专科高等职业教育建设专项经费管理办法

第一章 总 则

第一条(目的意义) 为贯彻落实《关于印发〈现代职业教育质量提升计划专项资金管理办法〉的通知》(财科教〔2016〕31号)、《上海深化产教融合推进一流专科高等职业教育建设试点方案》(沪教委高〔2019〕11号)、《上海市现代职业教育质量提升计划专项资金管理办法》(沪教委财〔2019〕80号)等文件精神,加强和规范一流专科高等职业教育建设专项经费管理,提高经费使用效益,促进上海高等职业教育现代化发展,根据国家和上海市有关法律制度规定,制定本办法。

第二条(经费来源) 本办法所称一流专科高等职业教育建设专项经费(以下简称"专项经费")来源,包括中央财政下达的现代职业教育质量提升计划专项资金和市教委部门预算资金。

第三条(支出范围) 专项经费用于支持院校及相关单位(以下简称"有关单位")开展一流专科高等职业教育建设,具体包括一流项目(含中国特色高水平高职学校和专业建设计划、上海一流高职院校及一流高职专业建设项目、《国家职业教育改革实施方案》明确的"1+X"证书制度试点工作等项目)和平台项目(含师资培训、技能竞赛、职业体验日等公共服务平台建设项目)。

第四条(职责分工) 专项经费由市教委管理,负责相关项目遴选、年度经费分配以及专项经费使用情况的监督和绩效评价。有关单位负责制定项目规划、编制预算及项目执行等工作。

第五条(管理原则) 专项经费管理和使用应遵循"中央引导、全市统筹、院校实施,科学规划、合理安排,责任清晰、规范管理,专款专用、突出绩效"的原则。

第二章 预 算 管 理

第六条(项目遴选) 项目采用"竞争性遴选,项目法管理",市教委根据教育部工作要求和本市高等职业教育发展形势等情况制定项目申报方案,明确项目申报条件和范围,有关单位根据要求进行申报,制定项目总体发展规划。市教委组织专家对申报单位的项目建设目标和实施方案进行遴选,并确定专项经费支持项目,遴选过程中考虑以下几方面因素:

(一) 承担国家及本市高职重大改革试点项目的情况;

(二) 承担本市高职公共服务平台项目的情况;

(三) 以往承担过的相近项目完成情况,包括资金使用绩效评价、各类获奖情况等;

(四) 高校二维分类评价情况;

(五) 其他与一流专科高等职业教育发展相关的要素。

第七条(支持额度)

(一) 对一流项目:根据标准定额确定支持额度,其中,中国特色高水平高职学校和专业建设计划按照教育部下达的名额和资金总额确定;上海一流高职院校每个院校支持总量不超过3000万元/年,建设周期为3年,一流高职专业建设项目每个院校专业支持总量不超过150万元/年,建设周期为3年。对符合条件的民办院校支持经费按照同等标准并入民办教育发展专项资金,按照民办教育发展专项资金相关规定管理。

(二) 对平台项目:参考往年同类项目,根据平台项目任务工作和评审情况确定。

第八条(预算评审)

(一) 一流项目承接单位应自主确定建设子项目,根据《关于进一步规范和加强市教委系统项目支出预算管理实施意见》(沪教委财〔2017〕102 号),按照项目评审内容、评审方法、评审要求等方面的相关规定,委托第三方开展项目评审或自行组织评审,评审后排序择优纳入本单位预算项目库,并报市教委备案。

(二) 平台项目承接单位应按照项目实际需要编制预算,经市教委评审后纳入市教委预算项目库。

第九条(项目出库) 市教委根据年度专项经费额度和本市高等职业教育发展形势,统筹安排各有关单位项目出库数,并会同市财政局下达专项经费。

第十条(支出限制) 专项经费不得用于基本建设、对外投资、偿还债务、支付利息、捐赠赞助、弥补其他项目资金缺口等支出,不得用于以各种形式安排绩效工资性质的人员经费。

第十一条(政府采购) 专项经费中凡属于政府采购范围的内容,应按国家和本市政府采购的有关规定执行;对应当实行"公务卡"结算的支出,按照"公务卡"结算的有关规定执行。

第十二条(预算调整) 专项经费预算一经下达,承接项目的单位必须严格执行,不得随意自行调整。确有必要调整时,应按原预算审批程序报批。

第三章 监督检查与绩效评价

第十三条(责任主体) 各有关单位是专项经费使用管理的责任主体,收到专项经费后,应建立健全内部管理机制,制定经费管理办法,规范内部预算管理程序。专项经费使用要严格执行国家有关法律法规和财务规章制度,自觉接受财政、教育、审计、监察等部门的监督检查。

第十四条(监督检查) 市教委对专项经费使用管理情况开展定期或不定期监督检查,或根据实际情况,委托其他有资质的机构开展监督检查工作。项目承办单位对市教委监督检查中发现的问题应及时整改。

第十五条(结余资金管理) 各有关单位预算年度未执行完毕的资金,应按照国家和本市现行有关财政资金结转和结余的管理规定执行。

第十六条(自评报告) 在年度终了后,应当对照项目建设实施方案和设定的绩效目标,开展经费使用绩效自我评价,形成年度绩效自评报告并报市教委。

第十七条(绩效评价) 市教委将根据各有关单位报备的专项经费建设目标、建设内容和经费预算等内容,按照本市财政资金绩效管理的有关规定,组织对学校建设项目和经费使用情况开展绩效评价。绩效评价结果作为后续分配专项经费的重要依据。

第十八条(违规责任) 经批准的专项经费必须专款专用,任何单位不得截留、挤占、挪用。如有违规,一经发现,将按照国家相关规定追究相应责任。

第四章 附 则

第十九条(解释归属) 本办法由市教委负责解释。

第二十条(实施期限) 本办法自 2020 年 1 月 1 日起施行。

上海市教育委员会 江苏省教育厅 浙江省教育厅 安徽省教育厅关于印发《长三角地区社区教育、老年教育协同发展三年行动计划（2019—2021年）》的通知

（沪教委终〔2019〕19号）

各市、县（市、区）教育局：

现将《长三角地区社区教育、老年教育协同发展三年行动计划（2019—2021年）》印发给你们，请认真贯彻执行。

附件：长三角地区社区教育、老年教育协同发展三年行动计划（2019—2021年）

上海市教育委员会
江苏省教育厅
浙江省教育厅
安徽省教育厅
2019年11月18日

附件

长三角地区社区教育、老年教育协同发展三年行动计划（2019—2021年）

为深入贯彻落实习近平总书记关于长三角地区一体化发展的重要指示精神，推动长三角教育一体化、高质量发展，依据《长三角地区一体化发展三年行动计划（2018—2020年）》，上海市教育委员会、江苏省教育厅、浙江省教育厅和安徽省教育厅共同研究制定本行动计划。

一、总体要求

（一）指导思想

全面贯彻党的十九大精神，深入学习习近平新时代中国特色社会主义思想，牢固树立“创新、协调、绿色、开放、共享”的发展理念，积极贯彻全国教育大会精神，深入落实长三角地区一体化发展国家战略，围绕实现长三角地区社区教育、老年教育协同高质量发展的总体目标和要求，着重做好统筹规划、创新合作机制、完善平台对接、优化机构布局、加强师资交流、深化资源共享，努力形成沪苏浙皖社区教育、老年教育合作共建、优势互补、创新发展的新格局，不断缩小区域内社区教育、老年教育发展的水平差距，助推提升长三角城市群的城市能级和核心竞争力，构筑新时代长三角发展的新优势。

（二）基本原则

坚持合作共建，服务大局。要严格遵循中央顶层设计，强化战略协同，抓紧抓好抓实中央决策部署的落地落实，对长三角地区社区教育、老年教育协同发展进行整体谋划，以强烈的使命担当、更高的工作标

准，引领长三角社区教育、老年教育加快现代化，更好服务国家发展大局，为全国改革发展作出更大贡献。

坚持优势互补，融合发展。统筹考量各联盟城市社区教育、老年教育工作所具备的优势定位、水平特色，创新协作机制，建立平等互惠的合作关系，不断拓展合作领域，各扬所长，分工协同，引导区域内部优质资源与现实需求的有效对接，促进抱团发展、融合发展、协同发展，推动长三角社区教育、老年教育协同发展取得突破。

坚持创新发展，提升能级。把握重大历史机遇，着力解放思想，创造新思维、新举措、新路径，打破行政边界的阻隔，在理念互鉴、制度互认、队伍互学、资源互用、平台互通、功能互利和科研互动等方面积极探索，释放社区教育、老年教育工作者的创新活力，增强长三角地区社区教育、老年教育协同创造的动能。

（三）总体目标

加快推进长三角地区社区教育、老年教育协同发展，到2021年，探索形成一整套完善的体制机制和改革措施，共筑合作平台，引导资源流通，实现优势互补，释放集聚效应，提升社区教育、老年教育基础服务能力，建设一批具有全国影响力的社区教育、老年教育协同发展的品牌项目，满足长三角地区人民的终身学习需求，服务长三角地区世界级学习型城市群建设，引领和带动全国社区教育、老年教育发展。

二、主要任务

（一）促进社区教育、老年教育均衡发展

充分发挥国家级和省市级社区教育示范区在体系构建、制度创新、资源开发、队伍建设、教学研究等方面的示范引领作用，推动长三角地区社区教育、老年教育均衡发展。引导工作重心下移，优化社区教育、老年教育机构的网络布局，大力推动社区教育、老年教育标准化、信息化、国际化发展。研制各级各类社区教育、老年教育机构建设标准，提升社区教育、老年教育机构的基础服务能力，举办社区教育、老年教育机构展览。联合开展社区教育、老年教育工作者培训，提升队伍专业水平。

（二）汇聚优质普惠的终身学习资源

开展学习需求调研，建立资源开发的标准，联合开发具有地方特色、适应居民需求的学习手册、教材、微课、高清视频App等学习资源。建设长三角地区社区教育、老年教育资源库，实现资源的集聚。组织长三角社区教育、老年教育微课评选活动，促进优质教育资源的示范引领、开放共享和推广应用。鼓励社会组织、社区居民等共同参与课程开发，引导课程设计与科学普及、人文素养、生活休闲、社区治理等发展需要紧密结合。

（三）打造区域特色的品牌项目

实施长三角地区社区教育、老年教育品牌创建计划，鼓励各地挖掘当地历史、人文、自然等各类资源的教育内涵，培育具有鲜明特色的社区教育、老年教育品牌项目。打造社区教育发展联盟，联合举办社区教育、老年教育艺术节。共同推动市民终身学习体验基地的拓展，研制体验站点等级标准，绘制长三角终身学习体验基地地图，扩大长三角地区社区教育、老年教育的社会影响，促进终身教育、终身学习理念深入人心。

（四）提升社区教育、老年教育发展活力

发挥城市的带动作用，着力补足农村社区教育、老年教育短板，实现紧密协作、联动发展。探索社区教育、老年教育在乡村振兴中发挥作用的路径，开展学习型乡村、农村文化礼堂等乡村社区教育建设，举办长三角地区学习型乡村建设研讨会，充分利用社区教育特色项目开展精准扶贫，形成社区教育、老年教育服务乡村振兴的典型案例。鼓励社会力量广泛参与，开展特色教育培训活动，不断提升全民综合素质。发布《2020长三角老年教育发展白皮书》，加强国际国内的交流合作。

三、具体任务

三省一市合作推进项目及分年度重点任务(详见附表)。

四、保障措施

(一) 加强组织领导

建立由上海市教育委员会、江苏省教育厅、浙江省教育厅、安徽省教育厅成员组成的领导小组,加强对社区教育、老年教育协同发展工作的统筹规划、综合协调、督促落实。各级教育行政部门要把推动社区教育、老年教育协同发展纳入年度工作要点,建立统筹协调机制,破除区域间要素流动的体制障碍,定期召开联席会议,完善沟通协商。

(二) 完善制度体系

加强顶层设计,为长三角地区社区教育、老年教育协同发展提供科学的制度框架。建立长三角地区终身教育协同发展联盟,建立轮值负责制度,明确工作任务和责任分工,保证层层落实。

(三) 加强科研引领

以研究促发展,提倡开展跨省市协同研究,为工作开展提供可供推广借鉴的有效经验。组织长三角地区社区教育、老年教育协同发展的国际交流,吸收借鉴国内外有关教育合作和协同发展方面的理论成果与实践经验,为高质量推进相关工作打好基础。

(四) 注重氛围营造

充分利用现代媒体,宣传长三角地区社区教育、老年教育协同发展工作,形成广泛的社会共识,为工作推进营造良好环境。鼓励各相关单位发展不同层面的合作交流,共同推动长三角社区教育、老年教育实现全方位的协同发展。

(五) 政策保障

各地制定相关政策,保障长三角地区社区教育、老年教育协同发展三年行动计划的顺利进行;根据三省一市终身教育发展的总体布局,各地安排具体实施方案,教育行政部门加强对项目开展的督查、指导;落实年度经费保证项目的开展、实施、评估、督导。

附表:长三角地区社区教育、老年教育工作项目表(2019—2021 年)(略)

上海市教育委员会关于印发
《上海教育数据管理办法(试行)》的通知

(沪教委信息〔2019〕33 号)

各高等学校、各区教育局、市教委各直属单位:

为进一步规范本市教育数据采集管理,推动归集整合,保障数据安全,促进数据共享开放,发挥数据价值,并明确相关单位的职责和权力,依据《中华人民共和国网络安全法》(中华人民共和国主席令第五十三号)、《教育部办公厅关于印发〈教育部机关及直属事业单位教育数据管理办法〉的通知》(教发厅〔2018〕1号)、《上海市公共数据和一网通办管理办法》(上海市人民政府令第 9 号)等文件,结合本市教育工作实际,市教委研究制定了《上海教育数据管理办法(试行)》,现印发给你们,请认真贯彻执行。

附件:上海教育数据管理办法(试行)

上海市教育委员会

2019年10月11日

附件

上海教育数据管理办法(试行)

目　　录

第一章　总　　则

第一条　教育信息化是教育现代化的重要目标和必要手段。教育数据的有效利用是实现大规模因材施教、推动教育信息化转段升级的关键环节和根本方法。为进一步规范本市教育数据采集管理,推动归集整合,保障数据安全,促进数据共享开放,发挥数据价值,并明确相关单位的职责和权力,依据《中华人民共和国网络安全法》(中华人民共和国主席令第五十三号)、《教育部办公厅关于印发〈教育部机关及直属事业单位教育数据管理办法〉的通知》(教发厅〔2018〕1号)、《上海市公共数据和一网通办管理办法》(上海市人民政府令第9号)等文件,结合本市教育工作实际,制定本办法。

第二条　本办法适用于上海教育数据管理工作。本办法所指上海教育数据包括上海市教育委员会(以下简称"市教委")、各区教育局及其辖区内的公办中小学和幼儿园、各市属公办高等学校(以下简称"各高等学校")和各市属公办中等职业学校(以下简称"各中职校")等教育单位(部门)(以下简称"各级各类教育单位")在履行职责过程中产生、采集和使用的各类非涉密数据。涉密数据管理按照国家和本市有关法律、法规进行。

第三条　概念定义:

本办法所称的教育数据管理,指教育数据获取、处理、控制和价值提升等活动的集合,主要包括数据采集、归集、共享、开放、使用和安全等管理环节。

本办法所称的数据资源管理技术平台,指一种用以实现数据归集、存储、交换、共享、治理、分析、应用等功能的管理技术平台,是组织、制度、标准、流程、工具等方面的集合,包括各类数据库和数据交换共享平台等模块。

第四条　教育数据管理总体应当遵循以下原则：

（一）数据统一管理原则

市教委、各区教育局、各高等学校、各中职校应当建立其所属层级的教育数据资源管理技术平台（以下简称“本级数据资源管理技术平台”），负责本级教育数据的统一归集、共享、开放和使用，加快建设学生、教师和学校三大主题数据库及教育教学管理等各类业务数据库。各级各类教育单位之间的数据交换共享须以上海教育城域网为通道在教育数据资源管理技术平台进行。各区教育局、各高等学校和各中职校的数据资源应当及时向市级进行归集。

（二）数据业务归口原则

应当根据数据业务属性和单位（部门）业务职能，将各类教育数据归属于相应单位（部门）。须遵循“一数一源”的原则，确定每一类数据的唯一权威来源。如本单位（部门）无法确认的，须由上级教育行政部门确定。

（三）数据共享开放原则

市教委建立与各区教育局、各高等学校、各中职校的统一数据共享通道和数据交换机制，开展应用场景授权，优化共享审核流程，实现全市教育数据按需共享，并有序推动与民生紧密相关、社会迫切需要、应用价值显著的教育数据向社会开放。数据共享开放应当通过数据归属部门或上级教育行政部门的审核。

（四）数据安全管控原则

各级各类教育单位应当编制本级教育数据安全规划，建立教育数据安全体系，制定并督促落实教育数据安全管理制度，加强安全保障，确保数据在采集、归集、整合、共享、开放和应用等全生命周期风险可控。

第二章　职 责 分 工

第五条　教育数据管理一般涉及数据归属部门、数据使用部门、数据管理协调部门和数据技术管理部门。

第六条　数据归属部门是指根据职能采集或产生某类数据的部门，是该类数据的唯一权威来源，对该类数据有管理和审核权。数据归属部门负责该类数据的采集、归集和质量管理，并审核其他部门对该类数据提出的共享申请。

原则上，当数据尚未被上级部门归集时，数据归属权归数据采集部门所有；当数据被上级部门归集后，数据归属权应转移至上级部门。

第七条　数据使用部门指因履行职责需要申请使用数据的部门。数据使用部门根据业务需要和数据使用的相关规定，提出数据使用申请，并按规定在授权范围内合理安全地使用数据。

第八条　数据管理协调部门指对数据共享和使用进行管理协调和监督审核的部门。市级数据管理协调部门的职责包括：建设上海教育数据标准体系；制定上海教育数据标准，包括学生、教师和学校三大主题数据的数据标准，以及教育教学管理的业务数据标准等；制定上海教育数据分类分级管理规范，编制市级教育数据资源目录，明确教育数据的组织管理机制；统一协调市级教育数据的共享审核；定期组织开展数据资源共享工作业务培训。市教委、各区教育局、各高等学校、各中职校应当指定相应的部门承担本级教育数据的管理协调和监督审核工作。

第九条　数据技术管理部门指为数据管理和服务提供技术支撑和保障的部门。数据技术部门的职责包括：建立和维护数据采集、归集、存储、备份和共享交换的软硬件环境及技术平台，保障数据传输和存储的技术安全；协助数据归属部门和数据使用部门完成数据采集、归集和共享工作。市教委、各区教育局、各高等学校、各中职校应当指定相应的部门承担本级数据资源管理技术平台的建设、运维等各项技术管理和支撑保障工作。

第三章 数据采集

第十条 数据采集指数据归属部门根据业务管理职能需要，通过信息系统或其他手段进行数据获取的行为。市教委、各区教育局、各高等学校、各中职校应当遵循合法、必要、适度原则，按照“一数一源、一源多用”的要求，根据工作需要确定采集数据的范围。凡属于数据资源管理技术平台可以获取的数据，原则上不得重复采集。

第十一条 教育数据的采集应当遵循相关数据标准。市教委根据相关国家标准、行业标准并结合上海教育工作实际情况，编制和发布上海教育数据标准，作为本市教育行业信息系统设计开发和数据采集可引用的数据标准，也是各级数据资源管理技术平台建设和数据归集、交换共享遵循的数据标准。各级各类教育单位可在此基础上根据实际情况进行扩展，形成本单位的数据标准。

第十二条 数据采集阶段的质量管理遵循“谁采集、谁负责”的原则。数据归属部门应当在各自职责范围内，建立数据采集渠道，制定数据采集的规范程序，建立数据质量核查和技术保障制度，保证数据符合准确性、完备性、现时性等数据质量评估维度。

第十三条 数据归属部门应当加强数据采集的授权管理和安全保障，制定完善的数据安全存储、备份、归档等管理方案并配备必要的设施、设备，确保数据存储的安全可靠，防止数据泄露、被篡改或被非法获取。

第十四条 数据归属部门应当做好数据的管理、更新和维护工作。参照上海教育数据分类分级管理规范，编制相关的文件明确归属于本部门数据的分类和权限。当数据结构发生变更(包括但不限于以下情况:数据长度、数据类型、字典表变化、验证逻辑等情况)，数据归属部门可根据业务需求和对影响程度的评估，按需向市教委提出数据标准修订申请。市教委审批后组织标准修订，发布标准新版本。

第四章 数据归集

第十五条 数据归集是指数据归属部门将依法履职过程中采集和产生的数据根据数据管理要求集中传输到本级数据资源管理技术平台的行为。数据归集应当通过本级数据资源管理技术平台进行，原则上不允许通过其他方式归集数据。

第十六条 数据归属部门根据法定职责和数据责任清单确定归集数据的范围，按照统一标准编制、审核和发布本部门教育数据资源目录，作为教育数据共享、公开和业务协同的基础和依据。

数据归属部门按要求及时报送本部门教育数据资源目录至本级数据管理协调部门。本级数据管理协调部门汇总审定并报所在单位领导同意后，形成本级教育数据资源目录。市教委汇总各区教育局、各高等学校、各中职校的教育数据资源目录，形成上海教育数据资源目录。本级数据技术管理部门根据共享范围向数据使用部门发布教育数据资源目录，并通过数据资源管理技术平台实现数据共享服务。

第十七条 数据归集工作由数据管理协调部门牵头，数据归属部门负责将本部门的教育数据向本级教育资源管理平台归集，数据技术管理部门从技术层面协助开展具体实施。数据管理协调部门制定相关的管理规范和数据标准，数据技术管理部门制定工作流程、相关技术规范和数据质量管理规范，数据归属部门遵循数据归集相关的规范和标准及时提供、维护和更新归集数据，各方共同确保实现数据状态可感知、数据处理可明示、数据源头可追溯、安全责任可落实。

第十八条 数据技术部门负责数据归集阶段的数据质量校核和监管，按照多源校核、动态更新的原则，实施相应的数据质量监控手段，对本级数据资源管理技术平台的数据的数量、质量以及更新情况等进行实时校核、确认、检查和考核。若发现问题，应当及时向数据归属部门通报并督促解决。

第十九条 当数据结构或接口发生变更时，数据归属部门应当及时与数据技术管理部门协调并调整，必要时报送数据管理协调部门，并协调数据使用部门进行相应调整，对变更后所涉及的业务情况提供解释和相关技术支持。

第二十条　数据使用部门如需使用非归集范围内的数据，应当由数据管理协调部门组织论证其合理性和必要性，论证通过后协调数据归属部门进行归集，并及时加入数据资源目录，统一纳入数据资源管理技术平台进行管理。

第二十一条　在保证数据安全的前提下，数据技术管理部门可根据数据集成要求对数据进行抽取、转换和加载等处理，开展数据治理。

第五章　数 据 共 享

第二十二条　数据共享是指基于业务场景将特定数据通过数据资源管理技术平台授权给数据使用部门的行为。各级各类教育单位之间的数据共享应当以共享为原则，不共享为例外，无偿共享数据。

第二十三条　数据共享方式分为三类：

（一）无条件共享：经数据归属部门确认后，可无条件向各级各类教育单位和其他公共管理和服务机构提供；

（二）授权共享：经共享申请和审核后，按照特定方式提供给指定使用对象；

（三）非共享：依照相关法律、法规不能共享。

数据归属部门应当根据法定职责，明确本单位（部门）无条件共享、授权共享和非共享数据的范围。列入授权共享和非共享的，应当说明理由，并提供相应的法律、法规、规章依据，否则不得拒绝其他机构提出的共享要求。

第二十四条　数据使用部门应当明确数据共享的具体应用场景及相关条件。对于无条件共享的数据，由数据技术管理部门通过数据资源管理技术平台实现数据共享，数据使用部门可直接获取。对于授权共享的数据，数据使用部门提出数据共享申请，明确数据共享的具体应用场景及相关条件后，数据归属部门进行审核，通过后由数据技术管理部门将特定数据通过数据资源管理技术平台授权给数据使用部门在一定范围内使用。如数据使用部门和归属部门未达成一致，由数据管理协调部门进行协调，或报上级教育行政部门审核。审核通过后由数据技术管理部门按审核结果办理。

第二十五条　数据共享应当优先采用请求响应的调用方式；采用数据复制或者其他调用方式的，应当征得数据归属部门和数据管理协调部门的同意。

第六章　数 据 开 放

第二十六条　各级各类教育单位应当以需求为导向，遵循统一标准、便捷高效、安全可控的原则，有序推进面向自然人、法人和非法人组织的教育数据开放。

第二十七条　数据开放按照开放类型分为无条件开放、有条件开放和非开放三类。涉密或涉及个人隐私，以及法律、法规规定不得开放的，列入非开放类；对数据安全和处理能力要求较高、时效性较强或者需要持续获取的数据，列入有条件开放类；其他数据列入无条件开放类。各级各类教育单位应当在数据资源目录范围内，制定本单位的数据开放清单，向社会公布并动态更新。

第二十八条　各级数据资源管理技术平台应当设立具备数据开放功能的子平台，实现教育数据向社会统一开放。对列入无条件开放类的数据，应当通过开放子平台主动向社会开放；对列入有条件开放类的数据，数据归属部门对数据请求进行审核后，通过开放子平台以接口等方式开放。

第七章　数 据 使 用

第二十九条　数据使用部门如需使用共享的教育数据，应当根据数据归属情况通过相应的数据资源管理技术平台就近获取，不得从其他途径获取或自行采集。

第三十条　数据使用部门获得的共享数据，其使用应当按照“谁经手，谁使用，谁管理，谁负责”的原则，并遵循相关法律、法规以及共享审核结果的要求。数据使用部门应当根据共享审核结果所描述的用途安全使用数据，并加强数据使用的全过程管理。

第三十一条　数据使用部门获得的共享数据仅限于本单位（部门）履职使用。如确需对外提供或发布，应当向数据归属部门或上级教育行政部门提出书面申请，经同意后，方可对外提供或发布。数据使用部门不得擅自以任何形式提供给第三方，也不得用于其他任何目的，并对共享数据资源的滥用、非授权使用、未经许可的扩散以及泄露等行为及后果承担全部责任。数据使用部门应当建立严格安全的数据访问控制机制，如有第三方数据分析需求，须经过审核后提供脱敏数据。数据使用部门对共享数据进行二次加工得到的数据，其使用和安全由数据使用部门负责。

第三十二条　数据使用部门对获取的共享数据有疑义或发现有明显错误的，应当及时反馈给数据归属部门予以校核。

第八章　数 据 安 全

第三十三条　各级各类教育单位应当设置或确定本级的数据安全管理机构，并明确安全管理责任人。按照“谁建设、谁维护，谁使用、谁负责”的原则建立数据分类分级安全保护、风险评估、日常监控等管理制度，健全数据共享和开放的安全审查机制，定期组织开展安全测评和风险评估，保障数据的真实性、保密性、完整性、可用性。

第三十四条　各级数据资源管理技术平台应当落实网络安全等级保护制度，针对本级涉及的信息系统和教育数据信息开展定级备案和测评整改工作。市级平台安全保护等级定为第三级，其他各级平台根据各自情况和相关文件要求确定保护级别。

第三十五条　各级各类教育单位应当制定数据安全应急预案并定期组织应急演练。发生安全事件时，应当立即启动应急预案，迅速采取应急措施降低损害程度，防止事故扩大，保存相关记录，并按照规定向有关部门报告。各级数据技术管理部门应当建立数据监控审计机制和数据备份灾难恢复制度，当发生意外时，应当及时恢复并追根溯源。

第三十六条　市级数据管理协调部门负责制定数据分类分级与授权机制，以“分类管理、分级应用”为基本思路，结合数据的共享开放价值和数据涉及公民及法人隐私程度等因素制定分类分级标准。各级各类教育单位应当参照标准，采用数据分类分级管理、备份、加密等措施加强对个人信息和重要数据保护，保护个人信息和重要数据免受泄露、窃取、篡改、毁损、非法使用等。

第三十七条　各级各类教育单位应当建立安全管理岗位人员管理制度，明确重要岗位人员安全责任和要求，并定期对相关人员进行安全培训。各级数据归属部门、数据使用部门、数据技术管理部门应当加强信息技术外包服务管理，与外包公司签订网络与信息安全承诺书和保密协议。各级各类教育单位及其工作人员泄露、出售或者非法向他人提供履行职责过程中知悉的个人信息、隐私和商业秘密等数据，或者不依法履行职责，玩忽职守、滥用职权、徇私舞弊的，依法追究法律责任。

第九章　保 障 与 监 督

第三十八条　各级数据技术管理部门应当建立完善的数据管理制度和服务团队。数据归属部门应当指定具体人员承担本单位（部门）数据管理工作。数据管理协调部门应当共同建立完善的数据管理运行制度。

第三十九条　各级各类教育单位在进行教育信息化项目规划时应当同步考虑数据采集、归集、共享、使用的安全管理工作，加强数据管理和服务的相关经费保障。

第四十条　市教委、各区教育局应当通过随机抽查、电子督查等方式，对本市教育数据管理工作进行日常监督，发现存在问题的，应当及时开展督查整改。

第四十一条　市教委、各区教育局应组织制定年度教育数据管理考核方案，对各级各类教育单位开展年度工作绩效考核，考核结果作为下一年度信息化项目评审的重要参考依据。对于新建信息系统无法实现与数据资源管理技术平台互联互通、信息共享、业务协同的，原则上不再批准建设。对于未按要求进行系统整合和数据对接的信息化项目，原则上不再批准安排运维经费。

第十章　附　　则

第四十二条　本办法由市教委负责解释。

第四十三条　本办法自发布之日起施行。

第四十四条　部属高等学校、行业主管的中等职业学校、各类民办学校和中外合作办学学校可参照执行。

中共上海市委宣传部　中共上海市教育卫生工作委员会　上海市教育委员会　上海市文化和旅游局　上海市财政局　上海市人力资源和社会保障局　上海市文教结合工作协调小组办公室关于印发《上海市文教结合工作三年行动计划（2019—2021年）》和《上海市文教结合2019年工作要点》的通知

（沪教委文教〔2019〕1号）

各高等学校，各区委宣传部、各区教育局、文化旅游局、财政局、人力资源社会保障局：

为深入学习贯彻习近平新时代中国特色社会主义思想，贯彻落实中央关于推进社会主义文化强国建设和努力办好人民满意教育的决策部署，大力促进文化传承创新，彰显文教结合影响力与辐射力，服务本市率先实现教育现代化，助推“上海文化”品牌建设，为加快建设国际文化大都市和具有全球影响力的科技创新中心提供有力支撑。市委宣传部、市教卫工作党委、市教委、市文化旅游局、市财政局、市人力资源社会保障局在充分总结借鉴第二轮文教结合三年行动计划（2016—2018年）经验成效的基础上，联合制定了《上海市文教结合三年行动计划（2019—2021年）》（见附件1），在此基础上形成了《上海市文教结合2019年工作要点》（见附件2）。现印发给你们，请按照执行。

各区在推进落实过程中，要注重结合本区域实际，探索构建区级层面的文教结合工作推进机制，夯实本市文教结合基础，促进文化和教育事业深度融合，共同发展。

联系人：（略）

附件：1. 上海市文教结合三年行动计划（2019—2021年）

2. 上海市文教结合2019年工作要点(略)

中共上海市委宣传部
中共上海市教育卫生工作委员会
上海市教育委员会
上海市文化和旅游局
上海市财政局
上海市人力资源和社会保障局
上海市文教结合工作协调小组办公室
2019年7月1日

附件1

上海市文教结合工作三年行动计划(2019—2021年)

为深入贯彻习近平新时代中国特色社会主义思想和党的十九大精神,深入贯彻全国教育大会和全国宣传思想工作会议精神,助推服务本市建设国际文化大都市、加快文化创意产业发展、打响文化品牌,率先实现教育现代化、办好人民满意的教育,根据市委、市政府《关于推进本市文教结合工作的若干意见》《关于加快本市文化创意产业创新发展的若干意见》《关于全力打响上海"四大品牌"率先推动高质量发展的若干意见》《全力打响"上海文化"品牌加快建成国际文化大都市三年行动计划(2018—2020年)》等部署安排,结合本市宣传文化和教育事业"十三五"规划,以及新形势新任务新要求,制定本行动计划。

一、本市文教结合工作现状与成效

2013年建立文教结合新机制以来,本市宣传文化、教育部门在市委、市政府领导下,在原有基础上进一步强化协同,以优势互补、资源共享的理念深化融合、双向促进,连续发布实施了第一轮(2013—2015年)和第二轮(2016—2018年)上海市文教结合工作三年行动计划。六年来,本市文教结合工作积极发挥两种资源、两个领域的优势,双向促进了文化和教育事业改革发展,取得的成效集中体现在:

——强化组织领导,文教结合工作统筹谋划、任务推进、过程管理机制更趋完善。依托市教育综合改革领导小组和市文教结合工作专题会议审议决策文教结合重大规划、年度项目任务和项目预算安排,组织领导机制统筹有力。依托市文教结合工作协调小组平台,宣传文化、教育、财政、人社等部门紧密协作,形成跨部门合力。出台《上海市文教结合项目管理办法》,从立项论证、预算评审、项目实施、过程跟踪、监督检查、绩效考核等环节,构建形成文教结合项目全流程管理机制。

——强化文化传承,社会主义核心价值观和中华优秀传统文化校园传承弘扬更具实效。切实贯彻落实全国和上海高校思想政治工作会议精神,实施"马克思主义学科学院建设计划",新增3个马克思主义学科一级博士点和3个一级硕士点,2所高校马克思主义学院进入全国重点建设行列,建设15所市级示范马克思主义学院。持续实施"高雅艺术进校园""书法篆刻进校园""百场昆曲进校园""京昆校园公益演出"、三大军乐团进校园、"教师走进经典""学生相约经典"等主流文化和高雅艺术校园传播活动,大力推进"非遗"进校园,全市近50%的中小学在不同层面传习"非遗";搭建艺术场馆现场教学平台,学生阅读素养引导和推广机制构建形成。

——强化人才引育,高层次和紧缺文化艺术人才"筑巢引凤"更加彰显。坚持引"高"补"缺",分年度支持依托高校设立51个高层次和紧缺文艺人才工作室建设。以不同形式引进高层次和紧缺文化艺术人才开展学科教学和文艺创作,双向支撑高校相关文艺学科建设和文化产业改革发展。设立市级中小学高级别文化艺术名师工作室，服务中小学艺术教育。布局建设高端文化艺术人才培养机构，上海乐队学院、上海舞蹈学院、上海电影学院、上海美术学院、上海国际时尚创意学院、上海国际设计创新学院在人才培养、产教融合、服务文化创意产业发展等方面实现新突破。市级学生艺术团联盟建设取得新进展，实现五大高水平学生艺术团整体布局。深化实施卓越新闻传播人才教育培养计划，部校、院媒共建高校新闻学院机制结出硕果。

——强化平台创设，文化艺术实践与期刊出版平台的品牌效应更加凸显。用好上海国际电影节、上海电视节、中国上海国际艺术节、上海夏季音乐节、上海之春国际音乐节等重大节庆活动，搭建学生艺术实践展示平台，锤炼了学生艺术舞台实践。局市共建中华优秀传统文化传承平台启动实施，共建合作任务稳步实施。高校学术期刊平台持续走向品牌化，新增一批高校学术期刊被《科学引文索引》(SCI)和“新兴资源引文索引”(ESCI)收录，影响因子快速提升；一批高校中文学术期刊办刊水平快速提升，相继达到相关学科全国顶级水平。

——强化文创对接，校园文化创意创作支持更加有力。打造一年一度的“汇创青春”——上海大学生文化艺术创意作品展示季，建立跨界交流协作平台，每年集中展示当代上海大学生在文化艺术领域的精彩创意，打通校园文化创意与市场对接通道，探索了文化创意产教融合机制，促进了大学生创新创业。持续支持高校开展校园大师剧创编与巡演，在高校和全社会唱响主旋律、激扬正能量。

——强化监督管理，完善文教结合项目和预算执行过程监督与绩效评价机制。出台《上海市文教结合财政教育经费预算监督管理细则(试行)》，加强文教结合财政教育经费使用监督与管理。逐年开展文教结合项目实施情况过程跟踪与绩效评价，用好绩效评估结果，据此构建项目动态调整机制，经费使用效益得到进一步提升。

与此同时，面对新形势新任务新要求，本市文教结合工作还需要进一步突出文化和教育主题，强化育人导向和人才培养导向，强化跨部门合力机制、放大双向促进效应、进一步对接服务文化创意产业发展、进一步做精做强平台机制、进一步扩大影响辐射特别是向下延伸至区级层面和对外拓展至长江三角洲地区等方面。2019—2021 年，要继续不断深化改革，努力推动文教结合工作更上一层楼，成为上海文化建设和育人工作的金字招牌，成为上海当好改革开放排头兵、创新发展先行者的闪亮名片。

二、基本思路与工作目标

(一) 指导思想

深入贯彻党的十九大精神和习近平新时代中国特色社会主义思想，深入贯彻全国教育大会和全国宣传思想工作会议精神，以习近平总书记关于宣传思想工作的重要思想和关于教育的重要论述为指导，着力落实习近平新时代中国特色社会主义思想进教材、进课堂、进头脑“三进”工作，传承弘扬社会主义核心价值观和中华优秀传统文化，以促进主流文化校园传承弘扬、促进文化创意产教融合、引进培育文艺人才、建设阅读与期刊平台等为重点，扩大文教结合工作的双向服务辐射效应，进一步发挥跨界融合的独特作用，助推本市建设“五个中心”、打响“四个品牌”，加快建成国际文化大都市，努力办好人民满意的教育，为中国共产党建党 100 周年献礼，为社会主义现代化建设培养德智体美劳全面发展的建设者和接班人。

(二) 基本思路

对标习近平总书记提出的新时代宣传思想工作“举旗帜、聚民心、育新人、兴文化、展形象”的五大使命要求，2019—2021 年新一轮“文教结合”三年行动计划中，要“五坚持、五结合、五个化”，实施“五项工程、十大平台、五十项目”，推进“文教结合”提质升级，形成更丰硕成果。

——坚持“传承主流、聚焦育人”的核心目标，实现思政教育与文化建设相结合。把握社会主义办学方向，增强教育内容供给能力，巩固马克思主义指导地位，推进习近平新时代中国特色社会主义思想进教材进课堂进头脑，用党的理论武装师生和社会大众；对接“开天辟地—党的诞生地发掘宣传工程”，深化建党精神和红色文化教育，坚定师生理想信念；以文化为载体开展主题教育活动，推进社会主义核心价值观落小落细落实，培养担当民族复兴大任的时代新人。

——坚持"跨界融合、资源共享"的协同模式，实现文化建设与素质教育相结合。宣传文化和教育部门进一步强化协同，找准文化和教育最佳结合点，深入推进社会主义核心价值观教育，推动中华优秀传统文化、革命文化和社会主义先进文化"进教材、进课堂、进课外、进网络、进队伍建设、进评价体系"，增强广大师生文化自信，提升广大师生文化艺术修养和综合素质。

——坚持"引育人才、双向服务"的重点任务，实现文化建设与人才培养相结合。聚焦引进、培养、培训、留住高层次和紧缺文化艺术人才，建设高校建设文化艺术人才工作室、构建文化创意产教协作平台、健全紧缺文艺人才培训机制等，发挥人才双向跨界服务优势，提升高校文化艺术学科专业水平，促进文艺院团和文化创意产业发展。

——坚持"带动辐射、动态调整"的路径方法，实现文化育人与精神文明建设相结合。按照"扩大优质教育资源供给"和打响"上海文化"品牌部署，推动形成一批文化艺术精品和文化育人品牌。注重发挥品牌项目带动示范效应，建立文教项目动态调整机制，营造文化机构主动参与学校育人，学校主动参与社会文化建设的双向互动机制。加强监督检查和绩效评估，建立退出机制，推动文教结合项目务求实效。

——坚持"中外交流、文化自信"的战略谋划，实现文化建设与对外传播相结合。围绕上海建设国际文化大都市目标实现，建设文化高地，繁荣文化市场，引导文化需求，提升社会大众文化欣赏水准。坚持"文化走出去"战略，推进师生对外文化交流，讲好中国故事、讲解中国方案、展示中华文明、展现中国文化自信。

（三）工作目标

围绕文化建设和文化育人目标，2019—2021年，要推动文教结合更加科学化、体系化、精准化、常态化和特色化。

——文教融合推动思政教育更加科学化。文化工作更加凸显围绕中心、服务大局要求，更加凸显上海党建、思政和文化建设战略布局，更加聚焦学校思政德育工作的内容、载体和方法创新，党的理论教育、思政教育与文化艺术全面融合推进，思想政治工作更加贴合师生思想状况和成长成才需求，更加契合"全员育人"和"开门办思政"理念，思政教育的亲和力、科学性、有效性不断增强。

——主流文化服务育人更加体系化。各类主流文化、高雅艺术走进校园更加系统化、规模化、集成化，每年受益的师生20万人次以上，师生人文综合素养持续提升。推进中华优秀文化传承创新，高校中华优秀传统文化基地聚点成面，实现45%以上高校建有基地；非物质文化遗产校园传习覆盖范围进一步扩大，实现60%以上中小学校有开展传习活动，非物质文化遗产传承落地生根、形成常态。

——文化艺术人才引进培育更加精准化。聚焦宣传文化和教育事业改革发展之需，以文化演出支撑学校育人，以学校文化需求激励文化艺术人才成长。支持高校设立50个左右人才工作室，引进一批高层次和紧缺艺术人才。精准对接本市文化创意产业发展需求，在电影、舞蹈、设计、音乐、美术、时尚创意等领域加快培养一批高水平人才。

——文化创意产教融合常态化。支持高校依托文创园区和企业设立10个左右大学生文创实践基地；支持高校文化艺术学科教师与文创企业骨干双向互聘100人以上；每年面向社会展示3000件以上大学生文创作品，逐步将辐射范围拓展至长三角乃至全国，推进文创产教融合常态化。新增3—5种学术期刊进入国际权威检索系统，已经进入国际权威检索系统的高校学术期刊大幅提升影响因子。

——文教结合制度创新特色化。推动建设一批影响大、受欢迎、辐射广的特色文教结合项目，对本市文化创意产业发展的支撑力进一步提升，文教结合"红利"进一步释放、特色优势进一步凸现，成为上海发挥示范引领作用的又一重要创新，为国家层面推进文教结合改革积累经验。

三、主要任务与重点举措

2019—2021年，上海“文教结合”三年行动计划要着力建设形成“五项工程、十大平台、五十项目”的工作体系，推动各项文化建设和文化育人工作迈上新的台阶。

（一）开展“思想文化引领工程”，用习近平新时代中国特色社会主义思想武装头脑

1. 建设“理论武装与红色资源育人平台”。(1)实施“部校共建高校马克思主义学科学院计划”，市委宣传部共建复旦马院、华师大马院和华政马院，共同建好全国重点马院和市级示范马院，推动马克思主义整体研究，进一步提升上海高校马克思主义学科整体实力。支持高校马克思主义学科学院积极开展对外交流活动，向世界讲好中国特色社会主义道路、理论、制度和文化。(2)实施“建党百年党史研究出版支持计划”，推动高校深入参与“党的诞生地宣传发掘工程”，发挥高校研究优势，形成更多高质量的上海党史党建研究成果。(3)实施“高校党的建设人才培养支持计划”，推动复旦、同济、华师大等高校开设“党的建设”学科，招收本科生、研究生，开展专业人才培养；支持高校开设“中国共产党创建史”和“建党精神”必修课，进行党史党建系统教学。(4)实施“红色文化育人实践教学基地建设计划”，遴选全市各类红色文化教育基地，建设20家示范基地，开发现场教学课件系统和配套管理系统；研发全市红色文化育人版图，开发在线预约和在线学习App。推动“文化志愿课堂”在校园内外延伸，依托面向全市中小学生的上海青少年文化地图掌上平台，通过文化志愿服务等形式开设各类文化艺术课程，提升青少年文化艺术修养。(5)实施“高校红色文化资源发掘计划”，推动高校整理挖掘本校历史上的办学遗迹遗存和其他红色育人资源，建立10个左右育人基地；引导复旦《共产党宣言》展示馆、同济“一·二九学生运动纪念园”、华师大“冯契学术成就陈列室”和华政“党内法规研究中心”等平台发挥更大育人作用，开发形成一批党建和理想信念教育品牌项目，进一步丰富全市红色文化资源和育人资源。

2. 建设“主流思想文化教育平台”。(6)实施“红色教育三进计划”，构建上海红色文化教育进课程、进教材、进头脑工作体系。以学前教育和义务教育阶段为重点，编写上海红色文化幼儿读物，支持相关高校开展红色音乐录制展演；开展“上海少年传承上海红色文化”系列活动，创作系列绘本、童谣、儿歌、动画和系列故事集，丰富中小学道德与法治、语文、历史等课程的课程资源和课外读物。(7)实施“社会主义核心价值观教育计划”，充分运用上海各类红色文化资源，开展爱国主义、集体主义和理想信念教育；充分运用上海改革开放40年建设成果，结合新中国成立70周年和建党100周年重大主题，开展主题思政教育，增强师生“四个意识”和“四个自信”。(8)实施“高校教师思政教育品牌项目支持计划”，推动高校创新教师思政工作方法载体，建立师德师风建设长效机制，打造师德建设品牌项目。(9)实施“大学文化育人项目支持计划”，推动高校充分挖掘校史、校训、校歌中的育人元素，形成一批育人课程、育人活动、书籍、影视作品和其他文化成果。促进高校博物馆质量提升，开展馆藏资源数字化工程，支持若干高校博物馆跻身国内优秀博物馆行列；引导全市文博场馆切实履行公共文化设施职能，最大限度向公众开放，发挥社会教育功能；鼓励高校博物馆开展各类社区服务活动，发挥更大影响力与辐射力。(10)实施“高校文化之旅开发支持计划”，充分发挥高校历史文化、展示展览、文化艺术活动、建筑文化等的旅游价值，开发大学文化旅游线路，丰富上海都市旅游业态。推动高校专家学者深度参与“江南文化”“都市文化”以及“上海购物”“上海品牌”等的研究，形成一批有质量的研究成果。

（二）开展“文化艺术教育工程”，增强师生文化艺术修养和综合素质

3. 建设“中华优秀传统文化育人平台”。(11)实施“中华优秀传统文化展示项目”，继续深化开展每年九月的“中华优秀传统文化主题月活动”，组织本市文化艺术单位和文创企业为全市大中小学制作以文博展示、传统文化、非遗传承为题材的专题展示展览和教育教学资源，结合文物活化、影像呈现、活动参与、展览策划、出版等多种创新性转化方式，通过寓教于乐的形式，将中华优秀传统文化所蕴含的价值，有机融入各级各类学校教育。(12)实施“上海高校中华优秀传统文化基地建设计划”，支持高校围绕民族民间音乐、

民族民间美术、民族民间舞蹈、戏剧、戏曲、曲艺、传统手工技艺和民族传统体育等传统文化项目建设传承基地。鼓励高校设立中华优秀文化传承研究中心，着力推进文化传承课程建设，加强对外宣传与传播，形成文化传承项目体系。支持高校积极配合做好全国和本市“非遗”传承人群研修研习培训计划，提升传承人的传承与创新能力，振兴传统工艺。(13)实施“非遗校园传习教育计划”“传统工艺进校园计划”，推动非遗传统文化传习传艺传承及“老字号”文化在校园的传播，弘扬工匠精神和劳模精神。挖掘和用好本市“非遗”传承人资源，依托“非遗”项目保护机构，在全市中小学校深入开展“非遗”传习传承。建设超过100所市级“非遗”进校园优秀传习基地学校，持续扩增“非遗”项目的传习量；搭建“非遗”传习成果展示平台，开展“非遗”传习“大比武”、发掘“非遗”小传人等系列品牌活动。(14)实施“中华文明互联网+书法/篆刻教育计划”，推动“书法、篆刻进校园”，建设互联网+美育网络资源共享平台。

4. 做精做强“主流文化与高雅艺术进校园平台”。(15)实施“高雅艺术进校园、军乐团进校园计划”，围绕立德树人目标，根据不同学段学生身心特点，统筹安排高雅艺术进校园活动，使艺术经典展演成为校园的“四季歌”。开展“军乐团进校园”活动，支持高校邀请解放军军乐团、海军军乐团、武警军乐团等进大中小学校园，开展革命精神、革命传统和爱国主义教育和国防教育。(16)实施“相约经典学生公益票项目”，文化部门为在校学生提供本市主要剧场的营业性演出公益门票，教育部门支持学校组织学生走进艺术殿堂，接受经典文化浸润，零距离亲近艺术、聆听大师，体会原创戏剧魅力。(17)实施“戏曲进校园项目”，开展京剧、昆曲等民族艺术，沪剧、越剧等本土艺术精品剧目，以及歌剧、交响乐等世界艺术展演，提升师生对优秀传统艺术的欣赏水平。举办长江三角洲地区青少年戏曲大赛，促进提升“三省一市”学生艺术素养提升。

5. 建设“艺术实践教育平台”。(18)实施“艺术馆现场教学支持计划”，推动各类艺术场馆面向学校开放，建设50个艺术现场教学示范基地，新增一批文博场馆成为学生社会实践基地，促进学校艺术类课程教学与社会实践有机衔接。开发课程资源，邀请专家现场教学，为学生创造体验式、互动式美术课堂。(19)实施“大剧院—上音”艺术实践基地建设计划，为上海音乐学院人才培养提供实习实训和演出支撑，举办更多面向大学生的演出。(20)实施“上海青年京昆剧团艺术实践基地建设计划”，支持相关院团和高校进一步围绕专门艺术人才培养提供更多支撑，举办更多面向市民的公益演出。(21)实施“上海青年歌剧团艺术实践基地建设计划”，支持相关院团和高校培养更多高水平歌剧人才。(22)实施“上海青年舞蹈团艺术实践基地建设计划”，注重面向大中小学生开展教育培训，选苗育苗，培养一批舞蹈人才；举办更多高水平舞蹈演出，形成一批高质量舞蹈艺术作品。(23)实施“上海歌剧团和上海交响乐团艺术实践基地建设计划”，支持面向大中小学举办更多公益演出。在这些项目中，注重引导学生参与创作、演出，创造机会使学生接受艺术大师指点、同台演出，激发学生对戏曲艺术的兴趣爱好，提升学生艺术创作与舞台实践能力，培养未来的戏曲观众群。

6. 建设“阅读与期刊出版平台”。(24)实施“学生阅读素养培育与推广计划”，用好上海学生阅读联盟机制，建设一批“书香校园基地学校”，营造浓厚的“书香校园”氛围；依托世界读书日、上海书展、上海国际童书展等载体，打造“青衿书苑”读书会等系列阅读品牌。(25)实施“高校实体书店建设计划”，支持建设更多特色实体书店，完善校园文化公共服务体系，满足师生多层次、多样化阅读需求，将高校实体书店打造成为上海文化地标。(26)实施“高等教育高水平学术期刊建设支持计划”，通过三年持续支持，新增3—5种高校学术期刊进入国际权威检索系统，促使现有进入国际权威检索系统的高校学术期刊影响因子大幅提升；新增3—5种高校中文学术期刊进入相关学科全国顶级水平，一批高校中文学术期刊在核心数据库CSSCI等国内期刊的排名显著上升，建设学术期刊全国高地。(27)实施“高校重要学术成果出版支持计划”，紧密结合高校“高峰”“高原”学科建设需求，支持高校重要科研项目成果出版，促使其纳入国家重大出版规划和国家出版基金支持范围。支持出版宣传贯彻习近平中国特色社会主义思想、建国70周年、建党100周年的优秀主题出版物。

（三）开展“文艺人才培育工程”，建强上海文化艺术事业人力资源

7. 建设“高层次和紧缺文化艺术人才培养平台”。(28)实施“部校、媒校共建高校新闻学院计划”，对接本市高校学科专业布局、打响“上海文化”品牌，推进市委宣传部与高校、上海主流媒体与高校共建新闻学院，加强马克思主义新闻观教育，着力培养始终坚持新闻工作党性原则、具有国际视野和跨文化传播能力的高素质新闻传播人才。(29)实施“高水平艺术院校建设支持计划”，继续支持建好上海国际时尚创意学院、上海国际设计创新学院等中外合作办学艺术院校，推动形成一批重要文化艺术成果，培育一批具有世界艺术眼光的专业人才。(30)建设“高校高层次文化艺术人才工作室和紧缺艺术人才创新工作室”，建立高校文化艺术学科和本市文化艺术人才供需对接机制，及时发现、识别和锁定高层次和紧缺急需文化艺术人才；支持设立一批高校高层次文艺人才工作室和紧缺文艺人才创新工作室，引进、留住和用好一批海内外顶尖文艺人才和“文艺巧匠”。(31)实施“麒派艺术等紧缺人才培养计划”，有重点、有针对性地就文化艺术领域的“冷门绝学”专业人才进行扶持，培养艺术传承人。(32)实施“上海乐队学院建设计划”，推动培养若干高水平有特色的乐队，培育一批乐队音乐人才。(33)实施“高端文艺人才培养机构建设试点计划”，推动高端艺术人才培养平台建设，提升本市艺术类学科建设和人才培养水平，更好地服务上海国际文化大都市建设，继续以新机制试点组建若干个普通高校相对独立的二级学院，以学科建设为牵引，以人才培养为核心，以体制机制创新为驱动关键，推动高端文艺人才培养机构试点建设。支持上海交通大学—南加州大学文化创意产业学院(电影教育)、复旦大学文物保护创新研究院(文物修复)、华东师范大学美术学院上海艺术管理与文化创意紧缺人才培养基地、上海师范大学音乐创意学院、上海工程技术大学艺术设计学院等项目。(34)实施“上海大学上海美术学院社会服务项目”，推动该学院成为培养美术人才的重要摇篮。(35)实施“中小学高级别文化艺术名师工作室建设计划”，推动中小学更好开展专业的文化艺术教育，促进中小学生获得良好优质艺术教育。(36)实施“中小学生原创作品创作支持计划”，培育中小学生文化创作好奇心和兴趣感，激发创作热情，培养一批后备文化艺术创作人才。

（四）开展“文化创意产教融合工程”，推进文化教育和产业发展双丰收

8. 建设“文化创意产教融合平台”。依托市“文创办”和“文教办”，进一步建立文化创意产教融合统筹运行机制。(37)实施“大学生文创实践基地建设计划”，支持高校依托文创园区、文创企业设立学生实习实践基地，使学生走出校园、走进行业，了解前沿进展，使学习书本知识与投身社会实践相统一。支持建立骨干人才双向互聘机制，打造“双师型”文创师资队伍；支持园区和企业高管、骨干人才走进高校兼职授课。(38)实施“文化创意产教融合引领项目”，依托园区和企业畅通“作品—产品—商品”孵化、转化和商品化渠道，扶持高校师生开展原创文艺作品创作，支持师生把创意设计转化为创意作品，产出一批高质量文创产品。(39)实施“高校文创产业发展研究与发布项目”，依托高校打造文创行业智库，发挥“旋转门”机制引进产教研领域高端人才，支持高校和企业定期发布文创行业发展报告，引导服务文创产业发展。(40)实施“学生文创作品展示活动”(汇创青春)，定期举办学生文化艺术创意作品展示，逐步将覆盖范围延伸至长三角乃至全国，使其成为区域乃至全国性展示平台，成为高校学生创业就业、作品孵化的重要途径。

（五）开展“校园文化展示工程”，推动校园文化的国内外传播

9. 建设“校园文化展演平台”。(41)实施“系列重大文化项目青少年参与计划”，在上海夏季音乐节、上海之春国际音乐节、中国上海国际艺术节、上海国际电影节、上海电视节等重大文化活动中，增加青少年参与展示项目，推动举办“中国上海国际艺术节校园行”“上海夏季音乐节国际青少年夏令营”等对接配套活动。(42)实施“上海校园电影院线建设支持计划”，推动建设连通全市中小学校的校园院线平台，链接国家数字电影片源库，实现学生在校观影、公益观影、绿色观影。建设上海电影育人联盟，把校园院线打造成为集辅助课堂教学、展示学生作品、发布校园新闻与信息等功能于一体的综合性育人平台。(43)实施“上海学生艺术团联盟建设与展演计划”，完善学生合唱团、学生交响乐团、学生民乐团、学生舞蹈团、学生戏剧团等上海学生艺术团联盟体系，加大培养培训力度，进一步提升学生艺术水准。支持学生艺术团学生开展系

列艺术展演活动，参加国内外各类交流演出，打造更多展示平台，更好发挥对学校艺术教育的促进作用。(44)实施“学生美育月月演计划”，依托各区青少年活动中心，分类、分项目、分地区开展上海青少年艺术展示“月月演”活动。举办上海青少年艺术节，面向社会集中展示当代上海青少年的文化艺术风采。(45)实施“校园大师剧创编巡演计划”，鼓励高校创作、编排和巡演“大师剧”，挖掘学校建校历程中名师大家的感人事迹和人格魅力，面向校园内外进行公益演出，引导师生感受大师高尚品德，创新“演者观者皆受教”的育人模式，面向社会传播校园文化，宣传大学精神，培育公民道德。(46)举办“上海大学生社团文化节”，汇集全市高校各类学生社团精英，展示当代大学生进行风貌，促进学生社团更好发挥“三自教育”作用。(47)实施“上音、上戏开放周计划”，引导艺术院校和艺术学科专业秉承“开门办学”理念，打开校门、打开师门、打开艺术之门，定期开展教学与展演开放活动，吸引国内外艺术专业人士、爱好者和广大市民，特别是社区居民进校观摩，面向社会普及传播文化艺术。

10. 建设“中华文化对外展示平台”。积极实施中华优秀文化走出去战略，以文化为民间大使，促进中外民心相同，展示中国形象，展现上海魅力。(48)实施“上海师生艺术总团建设计划”，围绕对外文化交流需要，遴选大中小师生艺术人才，组建上海师生艺术总团，编创精品作品，把师生艺术总团打造成为代表上海形象、在国内外有重要影响艺术团体。(49)实施“中外大学生文化交流计划”，鼓励有条件的高校通过邀请外方来访演出和组织中国学生对外文化展演的方式，进行中外文化交流。尝试举办“世界大学生文化艺术节”，集中展示上海文化艺术和教育事业建设成果。(50)实施“上海师生艺术团世界巡演计划”，有计划地开展对外巡演活动，注重展示中华优秀传统文化魅力，扩大中国文化的世界影响；加强与孔子学院等的合作，搭建更多文化交流合作平台，推动中国学校文化项目“走出去”。

四、组织保障与工作推进

(一) 完善统筹推进机制。依托本市相关议事决策机制，审议决策文教结合重大规划、工作要点和重点项目等。严格执行《上海市文教结合项目管理办法》，加强项目立项、实施、结项、监督、考核等全流程管理。鼓励引导各区结合实际，建立文教结合推进落实机制，夯实文教结合基础。

(二) 健全监督管理机制。严格执行《上海市文教结合财政教育经费预算监督管理细则(试行)》等制度，强化文教结合项目预算评审、过程监管、绩效评价，着力提升经费使用效益。

(三) 强化宣传激励机制。搭建文教结合工作宣传平台，加强文教结合工作成效宣传展示，营造良好氛围。定期总结文教结合工作实施成效和制度性成果，积极开展推广辐射。建立文教结合年度优秀项目遴选与通报表扬机制，形成示范引领效应。

上海市教育委员会等8部门关于印发《上海市贯彻落实〈综合防控儿童青少年近视实施方案〉行动方案》的通知

(沪教委体〔2019〕49号)

各区人民政府：

为贯彻落实教育部等八部门《综合防控儿童青少年近视实施方案》(教体艺〔2018〕3号)等有关文件的要求，切实加强本市儿童青少年近视防控工作，市教委会同市卫生健康委等八部门制定了《上海市贯彻落实〈综合防控儿童青少年近视实施方案〉行动方案》，经市政府同意，现予以印发，请遵照执行。

附件：上海市贯彻落实《综合防控儿童青少年近视实施方案》行动方案

上海市教育委员会
上海市卫生健康委员会
上海市体育局
上海市财政局
上海市人力资源和社会保障局
上海市市场监督管理局
上海市新闻出版局
上海市广播电视局
2019年6月25日

附件

上海市贯彻落实《综合防控儿童青少年近视实施方案》行动方案

为全面贯彻习近平总书记关于青少年近视问题的重要指示精神，认真落实教育部等八部门联合印发的《综合防控儿童青少年近视实施方案》（教体艺〔2018〕3号，以下简称《实施方案》）等有关文件要求，切实加强本市儿童青少年近视防控工作，现结合本市实际，提出以下行动方案。

一、深刻领会教育部等八部门《实施方案》要求

儿童青少年是国家和民族的未来，他们的健康成长历来受到党和国家的高度重视。近年来，由于受到中小学生课内外负担加重，手机、电脑等带电子屏幕产品的普及（以下简称“电子产品”），用眼过度、用眼不卫生、缺乏体育锻炼和户外活动等因素的影响，我国儿童青少年出现了近视率居高不下、不断攀升的情况，且近视低龄化、重度化日益严重，已成为关系到儿童青少年全面健康成长、关系到中华民族生命力和核心竞争力的重大社会公共卫生问题。教育部等八部门联合出台的《实施方案》，确定了儿童青少年近视防控的目标，进一步明确了政府、学校、医疗卫生机构、家庭、学生等各方面的职责和任务，提出了更加有针对性的防近工作措施。

各区要充分认识做好近视防控工作对儿童青少年健康成长、未来市民素质、经济社会可持续发展能力及健康城市建设的重大意义，把思想和行动统一到习近平总书记关于青少年近视问题重要指示精神上来，以高度的责任感、使命感和紧迫感，全面做好《实施方案》和本行动方案的贯彻落实工作，不断提升上海青少年学生身心健康水平，努力培养德智体美劳全面发展的社会主义建设者和接班人。

二、深刻认识本市儿童青少年近视防控工作所面临的形势

市委、市政府始终将青少年健康成长作为全面贯彻落实党和国家方针政策的重要政治任务，作为健康城市、全球知名体育城市建设的重要内容，坚持“健康第一”指导思想和“为了每一个学生的终身发展”的核心理念，在不断深化医教结合、体教融合中将青少年健康促进工作纳入教育、卫生、体育事业改革发展的全局进行全面推进。随着学生健康促进工程的顺利实施，教育综合改革深入推进，全国校园足球改革试验区等建设工作的有序开展，近年来，本市青少年学生体质健康水平总体逐步回升，国家学生体质健康综合评价及格率稳定在95%以上，优良率稳定在40%以上。

在总体向好的同时，本市青少年学生身心健康状况仍存在一定的问题和不足，而视力不良检出率的居高不下已逐渐成为其中较为明显的突出短板之一。本市青少年视力不良现状与《实施方案》提出的防控目标存在着较为明显的差距。同时，青少年良好的体育锻炼习惯和科学合理的用眼行为习惯还没有充分养成，全社会共同关注、共同参与、合力推进近视防控工作的环境氛围需要进一步营造形成，与上海城市定位和发展战略相协调、与经济社会发展水平相适应、与上海教育现代化目标相一致的儿童青少年近视防控工作机制亟待健全完善。因此，本市青少年近视防控工作面临着较大的压力和挑战，必须加大力度、加快推进、加紧攻坚，才能扎实推进青少年近视防控工作并不断取得新成效。

三、工作目标、基本原则和总体策略

（一）工作目标

到 2023 年，力争实现本市儿童青少年总体近视率在 2018 年的基础上每年降低 0.5 到 1 个百分点以上。到 2030 年，实现全市儿童青少年新发近视率明显下降，儿童青少年视力健康整体水平显著提升，6 岁儿童近视率控制在 3%左右，小学生近视率下降到 38%以下，初中生近视率下降到 60%以下，高中阶段学生近视率下降到 70%以下，国家学生体质健康标准达标优秀率达 25%以上、优良率达 55%以上。

（二）基本原则和总体策略

坚持“分级管理、综合施策”的基本原则，按照“政府主导，多部门协作，家庭密切配合，全社会共同参与”的总体策略，按照年龄、屈光发育和近视发展的不同阶段，聚焦近视发生发展全程中的关键环节，瞄准影响近视防控效果的关键因素，将儿童青少年近视防控工作作为重要内容纳入学校教育、公共卫生、全民健身的各方面和全过程，通过分类管理与分级服务，多措并举、综合施策，全面推进儿童青少年近视防控和身心健康促进工作迈上新的台阶。

四、聚焦关键，全面推进各项青少年近视防控措施的落实

（一）家庭

家庭是儿童青少年日常学习生活的重要场所，对孩子的健康成长至关重要。家长应当了解科学用眼护眼知识，以身作则，带动和帮助孩子养成良好的用眼习惯并尽可能提供良好的居家视觉环境。0—6 岁是孩子视觉发育、自觉意识形成和行为习惯养成的关键期，家长应当尤其重视孩子早期视力保护与健康，及时预防和控制近视的发生与发展。

1. 增加户外活动和锻炼。让孩子到户外阳光下度过更多时间，能够有效预防和控制近视。要营造良好的家庭体育运动氛围，积极引导孩子进行户外活动或体育锻炼，使其在家时每天接触户外自然光的时间达 60 分钟以上。已患近视的孩子应进一步增加户外活动时间，延缓近视发展。鼓励支持孩子参加各种形式的体育活动，督促孩子认真完成体育作业，使其至少掌握 2 项体育运动技能，引导孩子养成终身锻炼习惯。

2. 控制电子产品使用。家长陪伴孩子时应尽量减少使用电子产品。有意识地控制孩子特别是学龄前儿童使用电子产品，非学习目的的电子产品使用单次不宜超过 15 分钟，每天累计不宜超过 1 小时，使用电子产品学习 30—40 分钟后，应休息远眺放松 10 分钟，年龄越小，连续使用电子产品的时间应越短。

3. 减轻课外学习负担。配合学校切实减轻孩子负担，不要盲目参加课外培训、跟风报班，应根据孩子兴趣爱好合理选择，避免学校减负、家庭增负。双休日和寒暑假期间尤其应注意合理安排作息时间，保护孩子的视力健康。

4. 避免不良用眼行为。引导孩子不在走路时、吃饭时、卧床时、晃动的车厢内、光线暗弱或阳光直射等情况下看书或使用电子产品。写作业应使用适合的桌椅，监督并随时纠正孩子不良读写姿势，应保持“一尺、一拳、一寸”，即眼睛与书本距离应约为一尺、胸前与课桌距离应约为一拳、握笔的手指与笔尖距离应约为一寸，读写连续用眼时间不宜超过 40 分钟。

5. 保障睡眠和营养。保障孩子睡眠时间，确保小学生每天睡眠 10 个小时、初中生 9 个小时、高中阶段学生 8 个小时。让孩子多吃鱼类、水果、绿色蔬菜等有益于视力健康的营养膳食。

6. 做到早发现早干预。改变“重治轻防”观念，经常关注家庭室内照明状况，注重培养孩子的良好用眼卫生习惯。掌握孩子的眼睛发育和视力健康状况，有条件的可在医生指导下使用视力简易测试包等工具定期自测，随时关注孩子视力异常迹象，了解到孩子出现需要坐到教室前排才能看清黑板、看电视时凑近屏幕、抱怨头痛或眼睛疲劳、经常揉眼睛等迹象时，及时带其到眼科医疗机构检查。14 岁以下应在医疗机构眼科进行规范验光，遵从医嘱进行科学的干预和近视矫治，避免不正确矫治方法导致不良后果。

（二）学校

1. 确保教学秩序。严格落实本市中小学年度课程计划，开齐开足规定课程和科目。实施基于课程标准的教学，建立备课、上课、作业、辅导及评价等教学环节的基本规范，加强备课、上课、作业和评价的一致性，不拔高教学要求，不赶超教学进度。严格控制作业总量，加强对各年级各学科作业数量、时间和内容的统筹管理，小学一二年级不留书面家庭作业，小学其他年级的课外作业应保证绝大多数学生能在 1 小时以内完成，初中各年级的课外作业应保证绝大多数学生能在 1.5 小时以内完成，高中各年级的课外作业应保证绝大多数学生能在 2 小时内完成。丰富作业类型，倡导阅读、探究、实践、合作、体验类作业，减少机械、重复训练，精心设计不同层次的作业，及时批改与讲评，提高反馈的及时性、针对性和有效性。严格教学纪律，确保学生课间休息，不得占用课间、午休等时间。

2. 加强考试管理。全面推进义务教育公办学校免试就近入学全覆盖，采取信息化手段加强招生过程监管，实施公民办小学同步招生，实施公办初中强校工程，引导居民就近选择家门口的学校。严禁以各类竞赛获奖证书、学科竞赛成绩或考级证明等作为招生入学依据，严禁以各种名义组织考试选拔生源，加强对民办学校招生监管。严格基于课程标准进行命题和评价。小学生学业评价严格实行等第制，小学阶段不进行期中考试或考查，低年段可进行期末考查（一年级不得进行书面考查）。中高年段期末考试仅限语文、数学两门学科，其他学科只进行考查，考查形式可灵活多样。严禁中小学校组织中小学生参加任何形式、任何范围的联考或月考。推进考试命题改革，严格按照课程标准的要求进行命题，减少单纯记忆、机械训练性质的内容，增强与学生生活、社会实际的联系，加强对命题的程序管理和质量评估。严禁按考试成绩对学生进行排名，严禁按升学率对学校进行排队，严禁下达考试指标或以此进行排名奖惩，切实减轻学校和教师的压力。

3. 改善视觉环境。改善教学设施和条件，为学生提供符合用眼卫生要求的学习环境。严格按照普通中小学校、中等职业学校建设标准，落实教室、宿舍、图书馆（阅览室）等采光和照明要求，使用利于视力健康的照明设备，鼓励采购符合标准的可调节课桌椅和坐姿矫正器。学校教室照明卫生标准达标率应达到 100％。根据学生座位视角、教室采光照明状况和学生视力变化情况，至少每月调整学生座位，每学期对学生课桌椅高度进行个性化调整，使其适应学生生长发育变化。全面消除义务教育阶段“大班额”现象，提高中小学班额达标率。

4. 坚持眼保健操等护眼措施。中小学校要严格组织全体学生每天上下午各做 1 次眼保健操，认真执行眼保健操流程，做眼保健操之前提醒学生注意保持手部清洁卫生。教师要教会学生正确掌握执笔姿势，督促学生读写时坐姿端正，监督并随时纠正学生不良读写姿势，提醒学生遵守“一尺、一拳、一寸”要求。教师发现学生出现看不清黑板、经常揉眼睛等迹象时，要了解其视力情况。

5. 强化户外体育锻炼。通过体育课、课余训练及家庭体育作业等措施，确保中小学生每天校园体育活动时间不少于 1 小时，努力使每年运动时间达到 365 个小时。

（1）强化体育课。严格落实国家体育与健康课程标准和本市有关要求，在确保小学一至三年级每周 4 节体育课的基础上，2020 年以前小学所有年级每周开齐开足 4 节体育课。推进大中小一体化的学校体育课程改革，不断加强与改进体育课教学。

（2）强化课间体育活动。中小学校每天安排 30 分钟大课间体育活动。按照动静结合、视近与视远交替的原则，有序组织和督促学生在课间时到室外活动，楼层较高的也应组织学生到走廊远眺、游戏活动等，防止学生持续疲劳用眼。

(3) 强化课外锻炼。全面实施学生体育家庭作业制度，鼓励安排个性化的体育作业并采用信息技术等手段进行记录。利用每天放学后、周末及寒暑假等时间开展课余训练，为有体育运动兴趣爱好和发展潜力的学生创造运动条件。广泛开展阳光体育运动，组织学生积极参加阳光体育大联赛、冬夏令营及 Hi Run 跑入最美校园等各类普及与提高相结合的体育赛事活动。实施青少年运动等级技能标准测试，推进青少年体育素养评价工作，引导青少年学生走向户外、走向运动场。

(4) 强化保障措施。开展学校体育场地综合开发利用，通过“上天入地”“全天候智能操场”“可移动操场”等建设，为学生创造体育运动条件。通过开展校园足球特色学校、冰雪运动特色学校等创建工作，努力发展校园体育特色，营造良好的校园体育文化氛围。

6. 加强学校卫生与健康教育。依托健康教育课程，向学生讲授保护视力的意义和方法，提高其主动保护视力的意识和能力，积极利用学校闭路电视、广播、宣传栏、家长会、家长学校等形式对学生和家长开展科学用眼护眼健康教育，通过学校和学生辐射教育家长。培训培养健康教育教师，开发和拓展健康教育课程资源。支持鼓励学生成立健康教育社团，开展视力健康同伴教育。

7. 科学合理使用电子产品。指导学生科学规范使用电子产品，养成信息化环境下良好的学习和用眼卫生习惯。学校教育本着按需的原则合理使用电子产品，教学和布置作业不依赖电子产品，使用电子产品开展教学时长原则上不超过教学总时长的 30%，原则上采用纸质作业。

8. 定期开展视力监测。幼儿园应在卫生健康部门指导下每学期对幼儿进行不少于 2 次的视力测试。小学要接收医疗卫生机构转来的儿童青少年视力健康电子档案，确保一人一档，并随学籍变化实时转移。在卫生健康部门指导下，严格落实中小学健康体检制度和每学期至少 2 次视力监测制度，对视力异常的学生进行提醒教育，为其开具个人运动处方和保健处方，及时告知家长带学生到眼科医疗机构检查。鼓励学生在医生、卫生保健人员的指导下，利用视力表等工具相互帮助进行经常性的视力检测。做好学生视力不良检出率、新发率等的报告和统计分析，配合医疗卫生机构开展视力筛查。幼儿园和中小学校开展的视力测试结果纳入本市相关学生健康管理平台(具体要求另行发布)。

9. 加强视力健康管理。建立校领导、班主任、卫生保健人员、家长代表、学生视力保护委员和志愿者等学生代表为一体的视力健康管理队伍，明确和细化职责。将近视防控知识融入课堂教学、校园文化和学生日常行为规范。加强卫生保健机构力量，按照标准和要求配备卫生保健人员、必要的药械设备及相关监测检查设备。

10. 倡导科学保育保教。严格落实 3—6 岁儿童学习与发展指南，重视生活和游戏对 3—6 岁儿童成长的价值，严禁“小学化”教学。要保证儿童每天 2 小时以上户外活动，寄宿制幼儿园不得少于 3 小时，其中体育活动时间不少于 1 小时，结合地区、季节、学龄阶段特点合理调整。为儿童提供营养均衡、有益于视力健康的膳食，促进视力保护。幼儿园教师开展保教工作时要主动控制使用电视、投影等设备的时间。

11. 开展群体性干预工作。有条件的学校可在卫生健康部门的指导下，依托组织优势和场地等便利条件，为处于不同近视阶段的青少年学生制定相应的群体性干预方案并利用课余时间组织实施。

(三) 医疗卫生机构

1. 建立和应用视力健康档案。严格落实国家基本公共卫生服务中关于 0—6 岁儿童眼保健和本市视力屈光检查工作要求，做到早监测、早发现、早预警、早干预，2019 年起，0—6 岁儿童每年眼保健和视力检查覆盖率达 90%以上。在学校配合下继续开展 4—18 岁儿童屈光发育档案建立工作并逐年提高覆盖率，力争非睫状肌麻痹下验光每学年全市覆盖、逐步增加眼轴长度测量，选取一定数量符合抽样要求的学校，在家校配合、学生家长知情同意的基础上进行睫状肌麻痹下验光精细化检查。进一步加强和规范建档反馈和转复诊管理，提高应就诊儿童青少年近视转复诊率。

2. 实施18岁以下近视全程防控。基于学校监测和屈光发育档案，按照不同年龄、屈光发育和近视发展的不同阶段，实施健康教育和促进、视力和屈光筛查、规范诊疗、随访干预等。婴幼儿期（0—3岁），开展致盲性眼病和严重影响视力的高度数屈光不正筛查和干预。学龄前期（3—5岁），开展眼病及屈光筛查，重点对近视高危儿童进行适宜干预，对斜弱视及显著屈光不正提供转诊服务。小学阶段（6—12岁），开展屈光发育档案建档及随访，重点发现高危人群并及时进行干预，对于近视及眼病开展转诊及规范治疗。中学阶段（13—18岁），开展屈光发育档案的建档、随访；对近视青少年开展高度近视风险评估，重点干预高度近视高风险青少年。

3. 实施近视全周期分类精准干预。基于屈光发育档案，根据屈光发育和近视发展的不同阶段实施分级分类服务与管理。针对正常屈光发育阶段儿童青少年，建立屈光档案和护眼行为档案、开展爱眼护眼健康教育和近视危险因素量化监测管理；针对近视高危儿童青少年，建立屈光档案和护眼行为档案、开展爱眼护眼健康教育、近视危险因素量化监测并实施针对性的干预，避免或延缓近视发生；针对近视儿童青少年，强化及时转诊并进行适宜的医学干预，延缓进展速度，避免或延缓高度近视发生。

4. 加强近视防控科学研究和成果转化。率先形成有影响力的研究成果并推动形成一定的成果转化。推进自动化智能检测技术研究与应用，加强适宜技术和模式的成本—效益评估。开发户外活动、近距离用眼、电子产品使用和光环境检测等近视影响因素的量化评估和监测智能工具。探索学生群体预防干预的有效措施以及临床个体化控制近视进展和防治高度近视并发症的有效方案。开展正视向近视、近视向高度近视和病理性近视演变的关键转折点的基础研究。建立近视防控大数据平台，进行大数据应用研究分析。

（四）学生

1. 强化健康意识。每个学生都要强化“每个人是自身健康的第一责任人”意识，主动学习掌握科学用眼护眼等健康知识，并向家长宣传。积极关注自身视力状况，自我感觉视力发生明显变化时，及时告知家长和教师，尽早到眼科医疗机构检查和治疗。

2. 养成健康习惯。遵守近视防控的各项要求，认真规范做眼保健操，保持正确读写姿势，积极参加体育锻炼和户外活动，每周参加中等强度体育活动3次以上，养成良好生活方式，不熬夜、少吃糖、不挑食，自觉减少电子产品使用。

五、各相关部门的工作措施

（一）市教委

1. 全面做好学校体育工作。以体育课程改革与教学、课余训练及赛事活动等为载体，全面巩固学校体育工作基础，不断提升青少年身心健康水平。完善普及与提高相结合的青少年体育赛事体系，广泛开展各类冬夏令营等面向人人的体育赛事活动。组织实施青少年运动等级技能标准测试、体育素养评价并逐步纳入学生综合素质评价内容，形成更加科学的育人导向。

2. 加强学校健康教育工作。按照《学校卫生工作条例》《中小学健康教育指导纲要》相关要求，推进学校健康教育资源库建设，开展青少年视力健康专题教育活动。

3. 加强人员队伍培养建设。鼓励高校特别是医学院校、高等师范院校开设眼视光、健康管理、健康教育等相关专业，培养近视防治、视力健康管理专门人才和健康教育教师。开展学校卫生保健人员培训。

4. 做好学生视力健康监测。依托本市学生健康管理平台，对学生个体和群体健康趋势进行科学研判和分析并开展有针对性的指导，探索将学生视力情况纳入综合素质评价。

5. 加强教学卫生条件检查。会同有关部门定期对学校教室采光照明、课桌椅配备、电子产品等达标情况开展检查。对每天校园体育锻炼1小时有关要求的落实情况进行督导检查。

6. 指导修订中小学教室灯光照明标准，推进制定多媒体等电子产品的使用标准。

7. 做好国家级近视防控试点县(区)创建工作,开展市级近视防控试点区及特色学校等创建工作。

8. 会同市卫生健康委整合优质资源建设市级儿童青少年近视防控技术支持基地。

9. 会同市各有关部门坚决治理规范校外培训机构。加强对校外培训机构教室采光照明、课桌椅配备、电子产品等达标情况以及所开展培训内容的检查。推进制定仅通过互联网等非线下方式提供培训服务机构的设置标准。

(二) 市卫生健康委

1. 加强近视防控体系建设。依托本市"市—区—社区"三级眼病防治服务体系,进一步完善本市近视综合防控服务体系。建设"上海市视觉健康中心(上海市儿童青少年近视防治中心)",加强对儿童青少年近视防控的技术支撑。明确市区两级眼病防治、妇幼等专业机构技术指导和网络管理职责,鼓励在二三级医疗机构建立人员和硬件配置符合规范的"视光中心"。鼓励社会办医疗机构眼科和"视光中心"规范化参与近视防治。

2. 加强近视防控队伍建设。按照近视防控的需求,会同教育、体育等部门组建卫生、教育和社会力量协同、分层分梯度的综合防控队伍。充实市和区眼病防治专业机构、社区卫生服务中心眼科、视光等近视防控专业人员队伍。加强二三级医疗机构眼科近视防治力量。深化"一校一医"工作,加强对学校近视防控工作的技术支撑,指导由班主任、卫生保健人员组成的学校视力健康管理队伍开展工作。引导和规范相关社会机构人员参与近视防控。建设近视防控规范化培训基地,加强人员队伍培训,提升近视防控能力。

3. 实施近视综合防控措施。依据全程、精准的要求,组织医疗卫生机构基于筛查和屈光发育档案,按照不同年龄、屈光发育和近视发展的不同阶段实施分级分类服务与管理,支持学校和家长落实群体干预策略,逐步开展个体化精准干预。会同市教委组织开展儿童青少年视力及其相关影响因素监测。

4. 组织制定配套标准和规范。制定和优化近视筛查、干预、评价等标准和规范。制定和完善眼病防治专业机构、社区卫生服务中心、视光中心等机构近视防控人员设备等配置标准。制定眼视光门诊接诊近视儿童青少年规范和近视筛查复诊的工作标准。制定近视防控适宜技术遴选标准和实施规范,并组织遴选防控适宜技术,不断丰富近视防控干预手段。

5. 加强近视防控信息化服务。依托"上海健康信息网"推进近视防控信息管理平台的建设,实现屈光发育档案、眼视光诊疗等数据互联互通,并实现部门间近视防控信息的共享。拓展儿童屈光发育档案应用范围,充分利用面向社会公众的服务应用,实现家长—医疗机构—学校等相关方的信息互通共享。探索和实践在可穿戴设备、物联网、大数据等人工智能领域的近视防控技术,将户外活动、读写坐姿、近距离用眼时长、电子产品使用时间等日常行为数据通过信息化渠道纳入监测并进行反馈指导,促进学生和家长关注眼健康,开展自主眼健康管理,帮助有效控制关键危险因素,实施智慧化、个性化矫治。

6. 开展近视防控宣教工作。组织梳理近视防控核心知识、建立知识库和科普资源平台,编制面向家长、不同年龄段儿童的近视防治读本和面向学校教师等基层近视防控人员的近视防控应用指南。开展面向公众的近视防控宣传教育。组织开发和推广健康支持工具,提高自主管理能力。

(三) 市体育局

1. 推进适合青少年户外活动和体育锻炼的场地设施建设,推动公共体育设施向青少年公益开放。配合市教委做好学校体育场地开放工作。

2. 加强青少年体育技能培训。以周末及寒暑假为重点,以政府购买服务形式广泛开展青少年体育公益培训、青少年体育公益冬夏令营、社区青少年体育配送等,推动青少年至少掌握2项体育技能,切实增强体质健康。

3. 广泛开展青少年体育赛事,举办青少年社区运动会、青少年体育俱乐部联赛等赛事活动,为青少年搭建体育交流平台。

4. 大力培养青少年体育指导人员。鼓励市级体育协会创设大众教练员技术等级，开展大众教练员培训，扩大大众教练员队伍，提高青少年体育指导水平。

5. 进一步加强以青少年体育协会为枢纽的青少年体育社会组织培育和建设，创建市级青少年体育俱乐部，引导社会力量积极参与青少年体育公共服务。

（四）市财政局

支持相关部门开展儿童青少年近视综合防控工作，做好相关经费保障。

（五）市人力资源社会保障局

推进落实学校卫生保健人员职称评聘工作，畅通学校卫生保健人员职业发展通道。

（六）市市场监管局

严格监管验光配镜行业，不断加强眼视光产品监管和计量监管，整顿配镜行业秩序，加大对眼镜和眼镜片的生产和流通等执法检查力度，规范眼镜片市场，杜绝不合格眼镜片流入市场。加强广告监管，依法查处虚假违法近视防控产品广告。推进家用台灯、簿册等标准的实施。

（七）市新闻出版局

贯彻中宣部、国家新闻出版署关于网络游戏的相关管理规定，积极探索符合实际的适龄提醒制度，采取措施限制未成年人使用时间。

（八）市广播电视局

充分发挥广播电视、网络新媒体等作用，多层次、多角度宣传推广近视防治知识。

防控儿童青少年近视是一项系统工程，各相关部门都要关心、支持、参与儿童青少年视力保护，在全社会营造政府主导、部门配合、专家指导、学校教育、家庭关注的良好氛围，让每个孩子都有一双明亮的眼睛和光明的未来。

六、加强考核

各区政府负责区域儿童青少年近视防控措施的落实，主要负责同志要亲自抓近视防控工作。市政府授权市教委、市卫生健康委与各区政府签订全面加强儿童青少年近视防控工作责任书。将儿童青少年近视防控工作、总体近视率和体质健康状况纳入各区政府绩效考核，纳入学校绿色指标评价体系，严禁片面以学生考试成绩和学校升学率考核教育行政部门和学校。

按照国家评议考核办法，建立本市儿童青少年近视防控工作评议考核制度，对各区开展防近工作情况进行评议考核。建立健全市、区两级儿童青少年近视防控工作联席会议制度，定期召开联席会议，开展沟通协调等推进工作。对儿童青少年体质健康水平连续三年下降的区政府和学校依法依规予以问责。

教育统计

Educational Statistics

上海市各级普通学校基本情况

单位：万人

指　　标	学校数（所）	毕业生数	招生数	在校学生数	教职工数	#专任教师
总　计	**3418**	**68.27**	**80.50**	**282.27**	**31.30**	**22.05**
研究生	**21**	**4.61**	**6.75**	**19.62**		
高等学校	（28）	4.55	6.68	19.42		
科研机构	21	0.06	0.07	0.20		
普通高等学校	**64**	**13.17**	**14.83**	**52.65**	**7.72**	**4.63**
本科院校	39	9.67	10.69	41.65	6.98	4.13
高职（专科）学校	25	3.50	4.14	11.00	0.74	0.49
普通中等学校	**934**	**16.71**	**21.60**	**69.76**	**8.90**	**7.01**
普通中学	842	13.82	18.71	61.04	7.72	6.17
高　中	258	5.16	5.42	15.94		1.86
初　中	584	8.66	13.29	45.10		4.31
职业中学	23	0.64	0.66	1.97	0.35	0.28
高　中	23	0.64	0.66	1.97	0.35	0.28
初　中		0.00	0.00	0.00		
中等专业学校	50	1.95	1.83	5.70	0.70	0.47
技工学校	7	0.26	0.37	0.99	0.09	0.05
工读学校	12	0.04	0.03	0.06	0.04	0.04
小　学	**698**	**14.54**	**18.44**	**82.63**	**6.62**	**5.95**
特殊教育	**31**	**0.07**	**0.08**	**0.48**	**0.18**	**0.14**
幼儿园	**1670**	**19.17**	**18.80**	**57.13**	**7.87**	**4.32**

注：1. 表中幼儿园招生数指当年入园幼儿数。
2. 2014 学年起，中科院、煤炭院所属科研机构不纳入本市研究生培养机构统计。
3. 表中研究生包含 2019 年招收的非全日制学生。
4. 2019 学年中，职业初中毕业生数为 28 人，招生数为 0 人，在校生数为 0 人。
5. 普通高中包括完全中学、高级中学、十二年一贯制学校，普通初中包括初级中学、九年一贯制学校。
6. 括号内数字为普通高校开展研究生教育的学校数，已包含在普通高校校数中。

上海市各级成人学校基本情况

单位：万人

指　　标	学校数（所）	毕业生数	招生数	在校学生数	教职工数	#专任教师
总　计	**752**	**182.43**	**10.50**	**224.51**	**1.65**	**0.87**
成人高等学校	**14**	**4.01**	**4.58**	**12.81**	**0.13**	**0.07**
独立设置成人高校	14	0.14	0.18	0.61	0.13	0.07
广播电视大学	1				0.03	0.01
职工高等学校	10	0.11	0.17	0.58	0.08	0.05
管理干部学院	3	0.03	0.01	0.03	0.02	0.01
普通高校举办	（55）	3.87	4.40	12.20		
函授部	8	0.13	0.09	0.31		
业　余	47	3.74	4.31	11.89		
成人脱产班						
成人网络本、专科		**4.62**	**5.36**	**14.18**		
成人中、初等学校	**12**	**0.53**	**0.57**	**1.35**	**0.02**	**0.01**
成人中等专业学校	10	0.53	0.57	1.34	0.02	0.01
全日制		0.37	0.31	0.91		
非全日制		0.16	0.25	0.42		
成人中学	2	0.00		0.01	0.00	0.00
成人小学						
职业技术培训机构	**726**	**173.27**		**196.17**	**1.50**	**0.79**

注：1. 表中成人中学、职业技术培训机构在校学生指累计注册数，毕业生数指累计结业数。
2. 普通高校举办的函授、业余、脱产班学校数是指举办这类教育的学校点数，括号内是点数之和。

研究生教育基本情况

单位：人

指　　标	合　计	中央部委所属	教育部所属	其他部委所属	地方所属	教育部门	其他部门
毕业生数	**46040**	**28267**	**27929**	**338**	**17773**	**17498**	**275**
攻读硕士学位	40288	23388	23062	326	16900	16663	237
攻读博士学位	5752	4879	4867	12	873	835	38
招生数	**67488**	**42116**	**41642**	**474**	**25372**	**25022**	**350**
攻读硕士学位	57462	33881	33423	458	23581	23279	302
攻读博士学位	10026	8235	8219	16	1791	1743	48
在校学生数	**196266**	**125580**	**124437**	**1143**	**70686**	**69679**	**1007**
攻读硕士学位	158211	94614	93548	1066	63597	62788	809
攻读博士学位	38055	30966	30889	77	7089	6891	198
预计毕业生数	**71227**	**46003**	**45599**	**404**	**25224**	**24863**	**361**
攻读硕士学位	56330	34714	34348	366	21616	21359	257
攻读博士学位	14897	11289	11251	38	3608	3504	104

注：表中研究生包括非全日制学生。

研究生分学科学生数

单位：人

指　　标	毕业生数	招生数	在校学生数	预计毕业生数
总　计	**46040**	**67488**	**196266**	**71227**
女　生	24640	35786	100786	35420
学术型学位	24733	34574	108115	37355
专业学位	21307	32914	88151	33872
哲　学	309	360	1200	496
经济学	3807	4402	10873	4545
法　学	4065	5408	15514	5653
教育学	2320	3462	10334	4287
文　学	3035	3571	10218	3901
历史学	378	464	1559	660
理　学	3530	5664	17665	5570
工　学	14751	22868	66883	22500
农　学	447	781	2032	658
医　学	4135	5519	16648	5334
管理学	7566	13027	37371	15498
艺术学	1697	1962	5969	2125

注：表中研究生包括2019年招收的非全日制学生。

普通本专科教育基本情况

单位：人

指　　标	学校数（所）	本专科学生数								教职工数	
		毕业生数	#本科	招生数	#本科	在校生	#本科	预　计毕业生	#本科		#专任教师
总　计	**64**	**131694**	**85641**	**148313**	**98340**	**526585**	**391302**	**146443**	**100282**	**77224**	**46278**
部　属	10	26477	23934	30056	27019	118750	110547	29404	26932	33335	16915
市　属	54	105217	61707	118257	71321	407835	280755	117039	73350	43889	29363
民　办	19	29818	10509	38452	14700	116393	53977	32958	13664	8015	5454
中外合作办	1	145	145	220	220	766	766	138	138	602	212
综合大学	4	14854	14697	16477	16477	68673	68560	17335	17222	25625	12108
理工院校	24	50377	30909	57224	34762	201513	140595	58182	37296	22099	14786
农业院校	2	4034	2855	4399	3023	15444	11977	4150	2967	1486	1095
医药院校	2	4188	1011	4447	2983	15204	10087	4403	1924	2198	1371
师范院校	2	8192	8191	8600	8600	35458	35458	9498	9498	7177	4386
语文院校	3	4261	1423	4958	1514	15177	6028	4204	1476	1979	1289
财经院校	17	35174	18810	40312	22350	133000	84628	37259	21453	11424	7707
政法院校	3	6056	5075	6566	5606	23821	21812	6429	5380	2465	1723
体育院校	2	1028	934	1113	1007	4432	4074	1158	1025	796	494
艺术院校	5	3530	1736	4217	2018	13863	8083	3825	2041	1975	1319

注：2018年开始，增加举办者类型为中外合作办的统计数据。

普通本科分学科学生数

单位：人

指　　标	毕业生数	招生数	在校学生数	预计毕业生数
总　计	**85641**	**98340**	**391302**	**100282**
哲　学	127	374	903	137
经济学	8421	10056	38402	9876
法　学	5506	5835	23221	5888
教育学	2191	2607	9920	2416
文　学	8596	9788	37864	9681
历史学	210	481	1423	254
理　学	4894	6075	23503	5781
工　学	27734	33991	135572	34766
农　学	490	629	2199	550
医　学	2722	4668	18386	3834
管理学	17987	15814	69472	19171
艺术学	6763	8022	30437	7928

普通专科分专业学生数

单位：人

指　　标	毕业生数	招生数	在校学生数	预计毕业生数
总　计	**46053**	**49973**	**135283**	**46161**
农林牧渔大类	830	1059	2673	957
资源环境与安全大类	359	305	825	288
能源动力与材料大类				
土木建筑大类	2537	3022	7742	2608
水利大类				
装备制造大类	4145	4258	11444	4145
生物与化工大类	222	182	410	162
轻工纺织大类	613	474	1428	570
食品药品与粮食大类	364	477	1211	414
交通运输大类	4192	4819	13531	4373
电子信息大类	3958	5864	15000	4625
医药卫生大类	6146	4579	13906	5330
财经商贸大类	8943	7703	22400	8143
旅游大类	2347	2640	7440	2533
文化艺术大类	4846	5085	14041	4750
新闻传播大类	1399	1749	4757	1493
教育与体育大类	3647	6099	14522	4070
公安与司法大类	1081	1179	2597	1230
公共管理与服务大类	424	479	1356	470

普通高等学校专任教师基本情况

单位：人

指　　标	专任教师数	正高级	副高级	中　级	初　级	未定职称
总　计	**46278**	**8999**	**14943**	**17556**	**2832**	**1948**
学　历						
研究生	39758	8437	12860	14613	2177	1671
博　士	26266	7917	10055	7475	63	756
硕　士	13492	520	2805	7138	2114	915
本　科	6274	525	2042	2855	617	235
专科及以下	246	37	41	88	38	42
年　龄						
29 岁及以下	3126	10	20	820	1378	898
30—34 岁	6715	164	844	4299	858	550
35—39 岁	9398	652	3088	5074	329	255
40—44 岁	9079	1288	3876	3674	139	102
45—49 岁	6576	1671	2906	1905	54	40
50—54 岁	5166	1901	2153	1033	35	44
55—59 岁	4472	2090	1662	649	31	40
60—64 岁	1151	844	225	64	7	11
65 岁及以上	595	379	169	38	1	8

普通高等学校分科专任教师数

单位:人

指　　标	专任教师数	正高级	副高级	中　级	初　级	未定职称
总　计	**46278**	**8999**	**14943**	**17556**	**2832**	**1948**
哲　学	1066	191	286	459	73	57
经济学	2635	439	884	1087	114	111
法　学	3447	574	1023	1383	267	200
教育学	3684	319	1039	1644	498	184
文　学	6607	801	1844	3230	441	291
历史学	586	181	168	200	13	24
理　学	5466	1784	1938	1457	111	176
工　学	12915	3140	4744	4191	469	371
农　学	352	81	121	107	13	30
医　学	2525	547	806	899	176	97
管理学	3901	613	1313	1543	247	185
艺术学	3094	329	777	1356	410	222

中等职业学校基本情况

指　标	总　计	普通中专	职业高中	技工学校	成人中专
机构数(所)	**90**	**50**	**23**	**7**	**10**
中央部委属	2	1		1	
地方所属	84	48	22	6	8
教育部门	48	23	22	1	2
非教育部门	36	25		5	6
民办	3	1	2		
中外合作办	1		1		
教职工数(人)	**11722**	**7030**	**3522**	**943**	**227**
中央部委属	229	110		119	
市　　属	11356	6838	3481	824	213
民　　办	96	82			14
中外合作办	41		41		
专任教师(人)	**8160**	**4732**	**2777**	**547**	**104**
中央部委属	121	38		83	
市　　属	7977	4665	2745	464	103
民　　办	30	29			1
中外合作办	32		32		

注:2018 年开始,增加举办者类型为中外合作办的统计数据。

普通中等专业教育学生数

单位：人

指　　标	毕业生数	招生数	在校学生数	预计毕业生
总　计	**19468**	**18323**	**57027**	**18836**
中央部委属				
市　属	19222	18226	56411	18548
民　办	246	97	616	288
中外合作办				
农林牧渔类	378	373	1149	364
资源环境类	239	307	767	239
能源与新能源类	445	174	809	276
土木水利类	1599	1595	4672	1376
加工制造类	3255	2616	9390	3245
石油化工类	432	295	1217	369
轻纺食品类	301	435	1139	367
交通运输类	2130	1651	5548	1977
信息技术类	2027	2383	6816	2179
医药卫生类	2200	1583	5022	1926
休闲保健类	43	145	311	55
财经商贸类	4002	3615	10763	3726
旅游服务类	550	714	2164	692
文化艺术类	1119	1175	4108	1202
体育与健身	157	218	518	144
教育类	93	139	419	122
司法服务类				
公共管理与服务类	234	372	950	269
其他	264	533	1265	308

注：2018 年开始，增加举办者类型为中外合作办的统计数据。

分区职业高中学校(班)基本情况

单位：人

指　　标	学校数（所）	毕业生数	招生数	在　校学生数	预　计毕业生	教职工数	#专任教师
全市合计	**23**	**6402**	**6585**	**19703**	**6679**	**3522**	**2777**
黄浦区	2	511	404	1274	479	378	298
徐汇区	1	226	23	431	196	179	128
长宁区	1	412	438	1270	451	187	115
静安区	2	252	492	1169	201	334	236
普陀区	1	260	204	674	242	151	114
虹口区	1	555	418	1378	538	292	219
杨浦区	2	297	390	1114	386	173	132
闵行区	1	555	630	1759	589	179	154
宝山区	2	503	580	1705	588	192	129
嘉定区	1					50	42
浦东新区	5	2093	2210	6711	2359	715	656
金山区							
松江区	2	204	236	633	179	323	280
青浦区	1	64	26	66	17	65	37
奉贤区							
崇明区	1	470	534	1519	454	304	237

职业高中(班)学生数

单位:人

指　　标	毕业生数	招生数	在校生数	预计毕业生
总　计	**6402**	**6585**	**19703**	**6679**
中央部门办				
地方教育部门	6206	6327	18970	6448
地方非教育部门				
民　办				
中外合作办	196	258	733	231
农林牧渔类	61	56	204	65
资源环境类				
能源与新能源类				
土木水利类				
加工制造类	460	558	1578	463
石油化工类				
轻纺食品类				
交通运输类	1056	961	3045	1163
信息技术类	691	706	2007	728
医药卫生类	47		101	51
休闲保健类	23	20	67	26
财经商贸类	999	908	2840	981
旅游服务类	1475	1249	3872	1391
文化艺术类	494	795	2129	570
体育与健身	38	19	49	12
教育类	633	601	1909	697
司法服务类				
公共管理与服务类	40	28	92	39
其他	385	684	1810	493

注:2018年开始,增加举办者类型为中外合作办的统计数据。

职业高中学校专任教师基本情况

单位:人

指　　标	专任教师	正高级	副高级	中　级	初　级	无职称
合　计	**2777**		**532**	**1497**	**660**	**88**
学　历						
研究生	390		51	150	151	38
本　科	2374		481	1345	504	44
专　科	12			2	5	5
高中及以下	1					1
年　龄						
29岁及以下	281			5	207	69
30—39岁	737		41	402	280	14
40—49岁	1129		254	730	142	3
50—59岁	627		236	358	31	2
60岁及以上	3		1	2		

普通中等专业学校专任教师基本情况

单位：人

指　　标	专任教师	正高级	副高级	中　级	初　级	无职称
合　计	**4732**	**22**	**1147**	**2359**	**1078**	**126**
学　历						
博　士	37		13	23	1	
硕　士	1263	4	195	598	403	63
本　科	3341	14	928	1709	633	57
专　科	76	2	10	26	33	5
高中及以下	15	2	1	3	8	1
年　龄						
29 岁及以下	461			41	335	85
30—34 岁	756		1	346	387	22
35—39 岁	952		117	646	179	10
40—44 岁	676	2	177	420	76	1
45—49 岁	675	3	250	371	49	2
50—54 岁	782	9	383	362	27	1
55—59 岁	425	7	217	171	25	5
60 岁及以上	5	1	2	2		

普通中等专业学校分学科专任教师数

单位：人

指　　标	合　计	正高级	副高级	中　级	初　级	无职称
总　计	**4732**	**22**	**1147**	**2359**	**1078**	**126**
文化基础课	1919	1	436	981	444	57
专业课	2641	21	700	1294	564	62
农林牧渔类	40		12	16	12	
资源环境类	22		11	7	3	1
能源与新能源类	62		20	24	12	6
土木水利类	127		42	57	27	1
加工制造类	350	1	106	164	64	15
石油化工类	101	1	35	50	15	
轻纺食品类	57		19	29	7	2
交通运输类	163		34	83	38	8
信息技术类	354		87	179	83	5
医药卫生类	161		59	76	25	1
休闲保健类	8		4	3	1	
财经商贸类	473	1	106	257	101	8
旅游服务类	82		12	46	18	6
文化艺术类	275	7	53	145	66	4
体育与健身	175	5	52	65	53	
教育类	99	5	29	49	15	1
司法服务类						
公共管理与服务类	23		7	10	6	
其　他	69	1	12	34	18	4
实习指导课	172		11	84	70	7

中学校数、班数、学生数、教职工数

指　　标	全　市	教育部门	其他部门	民　办	中外合作办
学校数(所)	**842**	**709**		**132**	**1**
完全中学	86	61		25	
高级中学	144	129		14	1
初级中学	370	338		32	
九年一贯制学校	214	174		40	
十二年一贯制学校	28	7		21	
班数(班)	**18155**	**15575**	**11**	**2551**	**18**
初　中	13485	11379	2	2104	
高　中	4670	4196	9	447	18
在校学生数(人)	**610399**	**522817**	**215**	**86829**	**538**
初　中	450954	377328	8	73618	
高　中	159445	145489	207	13211	538
招生数(人)	**187149**	**162045**	**87**	**24839**	**178**
初　中	132913	112710		20203	
高　中	54236	49335	87	4636	178
毕业生数(人)	**138191**	**118898**	**94**	**19062**	**137**
初　中	86567	72128	7	14432	
高　中	51624	46770	87	4630	137
教职工数(人)	**77184**	**65572**		**11499**	**113**
专任教师数	61682	53680		7930	72

注:2018年开始,增加举办者类型为中外合作办的统计数据。

中学专任教师学历情况

指　　标	总　计	研究生	本　科	专　科	高　中	高中以下
初中(人)	**43073**	**6780**	**35948**	**345**	**0**	
所占比重(%)	100	15.74	83.46	0.80	0.00	
高中(人)	**18609**	**4659**	**13943**	**7**	**0**	
所占比重(%)	100	25.04	74.93	0.04	0.00	

中学专任教师职称情况

指　　标	总　计	正高级	副高级	中　级	助理级	员　级	未定职级
初中(人)	**43073**	**8**	**5297**	**21426**	**13229**	**170**	**2943**
所占比重(%)	100	0.02	12.30	49.74	30.71	0.39	6.83
高中(人)	**18609**	**49**	**5605**	**8016**	**3953**	**51**	**935**
所占比重(%)	100	0.26	30.12	43.08	21.24	0.27	5.02

中学专任教师年龄情况

指　　标	专任教师数	29 岁及以下	30—39 岁	40—49 岁	50—59 岁	60 岁及以上
初中(人)	**43073**	**8795**	**13686**	**13477**	**6973**	**142**
所占比重(%)	100	20.42	31.77	31.29	16.19	0.33
高中(人)	**18609**	**2960**	**5770**	**6090**	**3692**	**97**
所占比重(%)	100	15.91	31.01	32.73	19.84	0.52

中学占地和校舍建筑面积数

单位:万平方米

指　　标	全　市	城　区	镇　区	乡　村
学校占地面积	2580.68	2013.57	412.86	154.25
#运动场地面积	738.67	587.72	112.00	38.95
校舍建筑面积	1612.77	1361.09	181.32	70.36

分区高中分年级在校生情况

单位:人

指　　标	毕业生数	招生数	高中在校生	一年级	二年级	三年级
全市合计	**51624**	**54236**	**159445**	**54791**	**52302**	**52352**
黄浦区	2933	3124	9334	3140	3124	3070
徐汇区	4066	3948	11645	3975	3787	3883
长宁区	1492	1444	4375	1459	1418	1498
静安区	3545	3360	10359	3385	3430	3544
普陀区	2574	2455	7384	2499	2463	2422
虹口区	2097	2035	6222	2058	2060	2104
杨浦区	3624	3604	10677	3641	3462	3574
闵行区	4113	4683	13624	4705	4480	4439
宝山区	3369	3401	10189	3500	3394	3295
嘉定区	2168	2662	7591	2698	2492	2401
浦东新区	11468	12387	35576	12446	11582	11548
金山区	2134	2256	7186	2329	2424	2433
松江区	2534	3055	8627	3098	2775	2754
青浦区	1950	2047	5878	2058	1935	1885
奉贤区	2060	2196	6428	2211	2115	2102
崇明区	1497	1579	4350	1589	1361	1400

分区初中分年级在校生情况

单位：人

指　　标	毕业生数	招生数	初中在校生	一年级	二年级	三年级	四年级
全市合计	**86567**	**132913**	**450954**	**133063**	**121237**	**99635**	**97019**
黄浦区	2651	4296	14549	4298	4012	3240	2999
徐汇区	5301	8246	28163	8263	7556	6158	6186
长宁区	2495	3768	12909	3776	3436	2840	2857
静安区	4866	7087	25223	7091	6841	5604	5687
普陀区	3914	6672	22094	6693	5916	4873	4612
虹口区	3024	4434	15575	4440	4109	3456	3570
杨浦区	4037	6552	22156	6552	5759	4974	4871
闵行区	7950	14959	48091	14966	13464	10161	9500
宝山区	6858	10565	35100	10588	9405	7692	7415
嘉定区	4843	7821	25674	7839	6681	5808	5346
浦东新区	20596	31741	108392	31752	30005	23783	22852
金山区	4143	4615	17184	4616	4399	3968	4201
松江区	5752	8859	29219	8869	7699	6435	6216
青浦区	3554	5078	17516	5083	4475	3996	3962
奉贤区	4114	5397	17943	5405	4398	3942	4198
崇明区	2469	2823	11166	2832	3082	2705	2547

分区中学基本情况

单位：人

指　标	学校数（所）	完全中学	高级中学	初级中学	九年一贯制学校	十二年一贯制学校	初高中学生数	教职工数	#专任教师	初　中	高　中
全市合计	**842**	**86**	**144**	**370**	**214**	**28**	**610399**	**77184**	**61682**	**43073**	**18609**
黄浦区	35	6	9	15	4	1	23883	3460	2755	1565	1190
徐汇区	41	11	8	18	3	1	39808	4740	3922	2430	1492
长宁区	26	4	4	14	2	2	17284	2912	2063	1424	639
静安区	52	13	9	23	7		35582	5040	3800	2444	1356
普陀区	49	8	5	12	22	2	29478	4042	3206	2279	927
虹口区	36	5	9	17	5		21797	3182	2742	1681	1061
杨浦区	50	3	11	25	8	3	32833	4267	3695	2341	1354
闵行区	78	4	15	36	20	3	61715	7494	5832	4322	1510
宝山区	71	5	8	26	31	1	45289	4750	4151	3155	996
嘉定区	45	0	8	22	13	2	33265	3921	3152	2369	783
浦东新区	166	19	28	80	31	8	143968	15060	12835	9261	3574
金山区	34	3	7	19	3	2	24370	3330	2552	1779	773
松江区	45	2	6	10	26	1	37846	5559	3685	2708	977
青浦区	34	1	5	17	10	1	23394	3116	2495	1812	683
奉贤区	46		7	16	22	1	24371	3206	2743	2060	683
崇明区	34	2	5	20	7		15516	3105	2054	1443	611

实验性示范性中学

指　　标	总　计	市实验性示范性	区实验性示范性
学校数(所)	**147**	**63**	**84**
班数(个)	**4417**	**1942**	**2475**
初　中	844	118	726
高　中	3573	1824	1749
毕业生数(人)	**46198**	**21889**	**24309**
初　中	6025	955	5070
高　中	40173	20934	19239
招生数(人)	**50849**	**23281**	**27568**
初　中	8418	1269	7149
高　中	42431	22012	20419
在校学生数(人)	**155198**	**69114**	**86084**
初　中	30213	4280	25933
高　中	124985	64834	60151
预计毕业生数(人)	**47735**	**22359**	**25376**
初　中	6978	1044	5934
高　中	40757	21315	19442
教职工数(人)	**21201**	**10059**	**11142**
其中:专任教师	17374	8167	9207
初　中	2652	392	2260
高　中	14722	7775	6947
学校占地面积(万平方米)	**752.66**	**457.77**	**294.89**
校舍建筑面积(万平方米)	**514.54**	**310.84**	**203.70**

小学校数、班数、学生数、教职工数

指　　标	全　市	教育部门	其他部门	民　办	中外合作办
学校数(所)	**698**	**610**		**88**	
班数(班)	**22470**	**19449**		**3021**	
学生数(人)	**826347**	**720743**		**105604**	
一年级	184487	161674		22813	
二年级	182721	159608		23113	
三年级	161870	140734		21136	
四年级	153893	133910		19983	
五年级	143376	124817		18559	
教职工数(人)	**66209**	**58054**		**8155**	
# 专任教师数	59451	52301		7150	

注:2018 年开始,增加举办者类型为中外合作办的统计数据。

小学专任教师年龄、职称情况

单位：人

指　　标	专任教师	29岁及以下	30—39岁	40—49岁	50—59岁	60岁及以上
总　计	**59451**	**15014**	**16849**	**19957**	**7550**	**81**
正高级	1				1	
副高级	1953		155	1277	500	21
中　级	27287	331	6124	14558	6227	47
助理级	23789	10777	8757	3627	623	5
员　级	807	351	327	94	33	2
未定职级	5614	3555	1486	401	166	6

小学专任教师学历情况

指　　标	合　计	本科及以上	专　科	高　中	高中以下
专任教师(人)	**59451**	**50890**	**8308**	**253**	
所占比重(%)	100	85.60	13.97	0.43	

小学占地和校舍建筑面积数

单位：万平方米

指　标	学校占地面积	运动场地面积	校舍建筑面积
全　市	**1083.21**	**400.89**	**635.91**
城　区	866.68	332.63	535.15
镇　区	154.06	49.98	76.11
乡　村	62.46	18.29	24.64

分区小学基本情况

单位：人

指　标	学校数(所)	毕业生数	招生数	在校学生数	一年级	二年级	三年级	四年级	五年级	教职工数	#专任教师
全市合计	**698**	**145432**	**184354**	**826347**	**184487**	**182721**	**161870**	**153893**	**143376**	**66209**	**59451**
黄浦区	29	4015	4621	21134	4624	4678	4042	3918	3872	2190	1839
徐汇区	44	8106	10022	45724	10026	9995	8843	8613	8247	3293	2968
长宁区	23	4303	4763	22264	4763	4859	4353	4286	4003	2031	1714
静安区	45	6821	7747	36004	7753	8049	7040	6765	6397	3428	2764
普陀区	25	7517	8935	41020	8941	9144	8137	7604	7194	3253	3076
虹口区	33	4472	4910	22867	4915	4957	4542	4320	4133	2206	2033
杨浦区	42	6494	9086	39909	9086	8825	7773	7329	6896	3375	3235
闵行区	67	16867	21758	98473	21773	21943	19157	18437	17163	7433	6537
宝山区	67	12235	16009	70266	16025	15592	13966	12843	11840	5550	5303
嘉定区	43	8071	12331	51477	12338	11680	10024	9241	8194	3775	3277
浦东新区	150	37411	45047	204755	45055	44728	40377	38744	35851	14243	13510
金山区	23	4556	5689	25509	5696	5735	4945	4629	4504	2312	1979
松江区	35	10424	15108	65375	15122	14846	12717	11812	10878	5154	4348
青浦区	26	5151	7660	31643	7672	7062	6072	5658	5179	2973	2577
奉贤区	22	6079	7448	34350	7455	7387	6747	6666	6095	2678	2567
崇明区	24	2910	3220	15577	3243	3241	3135	3028	2930	2315	1724

幼儿园基本情况

指　　标	全　市	教育部门	集体办	其他部门	民　办	中外合作办
独立幼儿园(所)	1670	979	24	23	642	2
班数(班)	20215	13710	189	215	6081	20
幼儿数(人)	571302	397655	5120	4883	163165	479
教职工数(人)	78681	50864	742	1123	25844	108
专任教师数	43171	30624	390	508	11603	46

注:2018 年开始,增加举办者类型为中外合作办的统计数据。

幼儿园园长、教师学历情况

指　　标	合　计	本科及以上	专　科	高　中	高中以下	合计中:幼教专业毕业
园　长(人)	2056	1759	281	16		1756
所占比重(%)	100	85.55	13.67	0.78		85.40
专任教师(人)	43171	33317	8915	939		31793
所占比重(%)	100	77.17	20.65	2.18		73.64

幼儿园园长、教师职称情况

指　　标	正高级	副高级	中　级	助理级	员　级	未定职级
园　长(人)	11	673	893	77	38	364
所占比重(%)	0.53	32.73	43.43	3.74	1.84	17.70
专任教师(人)	3	415	11800	16275	2076	12602
所占比重(%)	0.00	0.96	27.33	37.69	4.80	29.19

分区托儿所基本情况

指　　标	独立设置托儿所(所)	班数(个)	托儿数(人)	教职工数(人)	#教养员
全市合计	**35**	**260**	**3753**	**1198**	**607**
黄浦区	1	4	80	15	12
徐汇区	2	8	188	33	24
长宁区					
静安区	3	8	152	41	17
普陀区					
虹口区	9	31	659	163	113
杨浦区	2	7	165	29	13
闵行区					
宝山区					
嘉定区					
浦东新区	7	179	2107	785	359
金山区	4	7	130	51	26
松江区	7	16	272	81	43
青浦区					
奉贤区					
崇明区					

分区幼儿园基本情况

单位:人

指 标	园数(所)	入园幼儿数	离园幼儿数	在园幼儿数	教职工数	#专任教师	占地面积(万平方米)	校舍面积(万平方米)
全市合计	**1670**	**187467**	**191202**	**569745**	**78681**	**43171**	**987.41**	**694.89**
黄浦区	45	3779	3915	11661	1366	930	8.46	9.65
徐汇区	99	8187	8015	24718	4453	1991	38.09	25.86
长宁区	40	4374	4484	13108	1919	1258	35.41	16.36
静安区	89	7360	7275	22144	2932	1974	28.71	25.93
普陀区	83	9128	8829	27071	4168	2188	38.19	30.29
虹口区	53	4266	4575	13232	2024	1141	18.35	14.34
杨浦区	85	8512	8538	25820	2859	1911	33.53	25.40
闵行区	189	21889	24612	71425	11533	5599	121.96	83.08
宝山区	172	17629	19390	56537	6723	3651	92.86	67.81
嘉定区	98	13117	12963	40706	5799	2991	71.53	48.74
浦东新区	327	43254	45052	132799	16766	9456	251.82	179.06
金山区	45	6584	5619	18262	2668	1315	42.15	24.55
松江区	138	16695	16507	49488	7208	3861	76.57	56.66
青浦区	91	10896	9148	27782	4105	2291	51.04	34.70
奉贤区	73	8911	8869	25902	2931	1788	48.22	33.03
崇明区	43	2886	3411	9090	1227	826	30.51	19.43

特殊教育学校基本情况

单位:人

指 标	学校数(所)	班数(个)	学生数	教职工数	#专任教师
总 计	**31**	**552**	**8122**	**1752**	**1385**
视力残疾		21	156		
听力残疾		45	446		
言语残疾		1	14		
肢体残疾			182		
智力残疾		426	6696		
精神残疾		4	202		
多重残疾		55	426		
盲人学校	1	21	119	114	63
聋哑学校	4	43	317	218	161
培智学校	22	362	3198	1225	978
其他学校	4	29	430	195	183
小学附设特教班		9	39		
中学附设特教班		6	24		
其他附设特教班		82	690		
小学随班就读			1140		
中学随班就读			2070		
小学送教上门			44		
中学送教上门			51		

注:1. 其他学校指对两类以上残疾人进行教育的学校。
2. 随班就读和送教上门学生是普通中、小学学生的其中数,不计入独立的特教校班数据中。

工读学校基本情况

单位：人

指　　标	学校数(所)	班数(个)	学生数	教职工数	#专任教师
全市合计	**12**	**53**	**564**	**423**	**354**
黄浦区	1	1	1	19	15
徐汇区	1	5	13	27	19
长宁区	1			10	5
静安区	1	10	128	44	36
普陀区	1	2	4	23	18
虹口区	1	4	23	34	30
杨浦区	1	5	46	28	25
闵行区	1	4	27	28	28
宝山区	1	8	49	31	27
嘉定区	1	2	50	29	22
浦东新区	1	8	187	96	89
金山区					
松江区					
青浦区					
奉贤区					
崇明区	1	4	36	54	40

职业技术培训机构基本情况

指　　标	学校数(所)	教学班(点)(个)	结业生数(万人次)	注册学生数(万人次)	教职工数(人)	#专任教师	聘请校外教师(人)
总　计	**725**	**27186**	**173.27**	**196.17**	**14977**	**7872**	**7184**
职工技术培训学校	**10**	**935**	**20.35**	**31.12**	**731**	**522**	**142**
教育部门办和集体办	5	786	18.24	13.50	598	450	100
其他部门办	1	74	1.71	17.17	16		10
民　办	4	75	0.40	0.45	117	72	32
中外合作办							
农村技术培训学校	**81**	**4198**	**52.87**	**43.17**	**844**	**486**	**1710**
教育部门办和集体办	68	3556	45.15	41.28	793	467	1501
县　办	53	2244	21.62	21.10	706	391	1202
乡　办	14	1300	23.52	20.17	84	73	294
村　办	1	12	0.01	0.01	3	3	5
其他部门办	13	642	7.72	1.90	51	19	209
民　办							
中外合作办							
其他培训机构	**634**	**22053**	**100.06**	**121.87**	**13402**	**6864**	**5332**
教育部门办和集体办	21	4391	7.65	10.19	1343	1071	865
其他部门办	36	2689	13.49	14.32	454	166	964
民　办	577	14973	78.91	97.36	11605	5627	3503
中外合作办	1						

注：1. 表中结业生数、注册学生数均指一学年内的累计数。

2. 2018年开始，增加举办者类型为中外合作办的统计数据。

成人本、专科分形式学生数

单位：人

指　标	毕业生数	#本科	招生数	#本科	在校生数	#本科	预计毕业生数	#本科
总　计	**40061**	**26170**	**45717**	**32970**	**128118**	**93464**	**45205**	**30011**
函　授	1324	758	854	659	3113	2313	1291	874
业　余	38662	25412	44736	32311	124550	91151	43627	29137
脱　产	75		127		455		287	

注：含普通高校举办的成人本专科及独立设置的成人高校学生。

网络本、专科学生数

单位：人

指　标	毕业生数	#本科	招生数	#本科	在校生数	#本科
总　计	**46175**	**16597**	**53572**	**24288**	**141834**	**59719**
成人生	46175	16597	53572	24288	141834	59719

独立设置的成人高等学校专任教师学历情况

单位：人

指　　标	总　计	正高级	副高级	中　级	初　级	未定职称
专任教师数	**692**	**18**	**170**	**371**	**92**	**41**
博　士	58	13	26	15	1	3
硕　士	284	1	58	153	44	28
本　科	348	4	86	202	46	10
专科及以下	2			1	1	

成人本科分学科学生数

单位：人

指　　标	毕业生数	招生数	在校生数	预计毕业生数
总　计	**26170**	**32970**	**93464**	**30011**
哲　学	4		1	1
经济学	1203	1928	5268	1268
法　学	656	498	1288	623
教育学	521	591	1518	692
文　学	986	1448	4581	1548
历史学				
理　学	207	325	755	199
工　学	3818	4662	12158	3925
农　学	86	91	214	109
医　学	3933	3937	14968	5391
管理学	14054	18396	49300	15222
艺术学	702	1094	3413	1033

成人专科分学科学生数

单位：人

指　　标	毕业生数	招生数	在校生数	预计毕业生数
总　计	**13891**	**12747**	**34654**	**15194**
农林牧渔大类	65	76	202	61
资源环境与安全大类	22	7	7	
能源动力与材料大类	96	16	111	88
土木建筑大类	168	146	416	200
水利大类				
装备制造大类	502	413	1285	335
生物与化工大类	19		90	90
轻工纺织大类	4		9	7
食品药品与粮食大类	11	6	18	6
交通运输大类	925	288	1090	491
电子信息大类	286	564	1141	447
医药卫生大类	482	196	1027	516
财经商贸大类	8844	8619	22113	9169
旅游大类	199	189	1044	795
文化艺术大类	403	660	1736	703
新闻传播大类	12	0	66	66
教育与体育大类	619	629	1518	640
公安与司法大类	10			
公共管理与服务大类	1224	938	2781	1580

校外教育单位和教职工数

单位：人

指　标	少　年　宫		少年科技站		少　年　之　家	
	单位数(所)	教职工数	单位数(所)	教职工数	单位数(所)	教职工数
全市合计	**19**	**1205**	**3**	**130**	**1**	**24**
黄浦区	2	96				
徐汇区	1	86				
长宁区	1	39	1	28		
静安区	2	187				
普陀区	1	66				
虹口区	1	66				
杨浦区	1	45	1	41		
闵行区	1	68				
宝山区	1	39	1	61		
嘉定区	1	49			1	24
浦东新区	1	138				
金山区	2	83				
松江区	1	46				
青浦区	1	55				
奉贤区	1	61				
崇明区	1	81				

历年研究生基本情况

单位：人

年份	合计			普通高等学校			科研单位		
	招生数	在读生数	毕业生数	招生数	在读生数	毕业生数	招生数	在读生数	毕业生数
2000	12652	30614	5868	11796	28582	5435	856	2032	433
2001	15826	39043	6817	14751	36528	6380	1075	2515	437
2002	19211	48896	7926	17848	45713	7481	1363	3183	445
2003	22524	59090	10079	20767	55092	9501	1757	3998	578
2004	25334	69437	13469	23545	64747	12788	1789	4690	681
2005	27692	78728	16741	25845	73557	15857	1847	5171	884
2006	30099	86906	19931	28250	81487	18833	1849	5419	1098
2007	30610	91763	23926	28748	86177	22691	1862	5586	1235
2008	32142	95498	25753	30195	89778	24431	1947	5720	1322
2009	37425	103492	28291	35418	97639	26949	2007	5853	1342
2010	38643	111717	28207	36619	105711	26843	2024	6006	1364
2011	40080	119017	30816	37971	112902	29431	2109	6115	1385
2012	44229	127014	34606	41899	120503	33189	2330	6511	1417
2013	46223	134799	35669	43659	127803	34148	2564	6996	1521
2014	43930	133554	36572	43353	131806	36013	577	1748	559
2015	46005	138287	37868	45400	136539	37289	605	1748	579
2016	49079	144987	39733	48488	143248	39212	591	1739	521
2017	59519	161046	40982	58906	159261	40425	613	1785	557
2018	63628	178790	43084	63010	176984	42499	618	1806	585
2019	67488	196266	46040	66751	194242	45467	737	2024	573

历年普通高等学校基本情况

单位：万人

年份	学校(所)	毕业生数	招生数	在校学生	教职工数	#专任教师
2000	37	4.09	8.13	22.68	6.08	2.05
2001	45	4.28	9.86	28.00	6.17	2.17
2002	50	5.52	10.92	33.16	6.18	2.29
2003	57	7.12	12.03	37.85	6.31	2.44
2004	59	8.86	13.06	41.57	6.83	2.87
2005	60	10.34	13.18	44.26	7.09	3.18
2006	60	11.05	14.04	46.63	7.17	3.39
2007	60	11.85	14.46	48.49	7.18	3.55
2008	61	12.21	14.58	50.29	7.31	3.69
2009	66	12.69	14.35	51.28	7.45	3.81
2010	66	13.37	14.46	51.57	7.42	3.92
2011	66	13.90	14.11	51.13	7.41	3.96
2012	67	13.98	13.67	50.66	7.33	4.01
2013	68	13.38	14.09	50.48	7.34	4.03
2014	68	13.24	14.19	50.66	7.34	4.06
2015	67	12.87	14.07	51.16	7.36	4.16
2016	64	13.26	14.27	51.47	7.34	4.23
2017	64	13.42	14.28	51.49	7.39	4.35
2018	64	13.25	14.34	51.78	7.51	4.46
2019	64	13.17	14.83	52.66	7.72	4.63

历年普通中学基本情况

单位:万人

年　份	学校(所)	毕业生数	招生数	在校学生	教职工数	#专任教师
2000	861	22.92	26.46	79.54	7.66	5.01
2001	865	24.91	26.42	80.23	7.65	5.04
2002	857	26.40	26.02	78.97	7.63	5.07
2003	844	25.77	23.04	75.47	7.60	5.08
2004	822	25.68	21.81	82.78	7.54	5.13
2005	807	25.39	20.90	77.02	7.46	5.12
2006	794	22.24	17.84	71.17	7.33	5.14
2007	786	21.23	16.72	65.60	7.11	5.13
2008	774	20.09	16.63	61.77	6.89	5.03
2009	762	17.03	16.50	60.37	6.76	5.05
2010	755	16.13	16.33	59.44	6.73	5.07
2011	754	15.48	16.84	59.17	7.53	5.11
2012	760	14.91	17.00	59.04	7.58	5.18
2013	762	14.68	17.34	59.35	6.82	5.26
2014	768	14.32	16.51	58.42	6.95	5.41
2015	790	14.55	16.87	57.05	7.96	6.43
2016	801	14.37	17.83	57.11	8.11	6.57
2017	818	14.12	17.38	57.06	7.36	5.72
2018	833	13.62	18.51	59.07	7.54	5.94
2019	842	13.82	18.71	61.04	7.72	6.17

历年小学基本情况

单位:万人

年　份	学校(所)	毕业生数	招生数	在校学生	教职工数	#专任教师
2000	1021	18.73	10.28	78.86	6.13	4.43
2001	852	17.43	10.27	72.28	5.87	4.23
2002	751	15.76	10.11	67.24	5.62	4.06
2003	686	12.87	10.05	64.83	5.34	3.88
2004	648	10.97	10.55	53.74	5.07	3.75
2005	640	10.93	10.36	53.50	4.94	3.74
2006	626	10.85	10.87	53.37	4.86	3.75
2007	615	10.55	11.00	53.33	4.84	3.85
2008	672	10.44	12.39	59.06	5.10	4.10
2009	751	11.36	13.86	67.12	5.48	4.43
2010	766	12.44	15.05	70.16	5.58	4.52
2011	764	13.09	16.94	73.11	4.82	4.63
2012	761	12.95	17.23	76.04	4.89	4.81
2013	759	13.45	18.10	79.25	5.81	4.98
2014	757	13.12	16.34	80.30	5.96	5.15
2015	764	13.79	15.58	79.87	6.03	5.23
2016	753	14.69	16.08	78.97	5.11	4.34
2017	741	14.31	16.37	78.49	6.29	5.47
2018	721	15.03	18.25	80.02	6.44	5.68
2019	698	14.54	18.44	82.63	6.62	5.95

历年幼儿园基本情况

单位：万人

年 份	独立幼儿园(所)	幼儿数	教职工数	# 专任教师
2000	958	24.12	2.52	1.50
2001	1003	23.40	2.42	1.44
2002	1001	24.21	2.42	1.46
2003	1014	25.22	2.47	1.49
2004	1017	26.58	2.56	1.55
2005	1035	28.70	2.79	1.70
2006	1057	29.98	3.04	1.88
2007	1058	31.32	3.19	2.02
2008	1058	32.88	3.36	2.17
2009	1111	35.38	3.60	2.36
2010	1252	40.03	4.09	2.67
2011	1337	44.42	4.58	2.92
2012	1401	48.06	4.90	3.13
2013	1446	50.10	5.10	3.29
2014	1462	50.29	5.34	3.49
2015	1510	53.59	5.62	3.66
2016	1553	55.65	5.89	3.83
2017	1591	57.27	6.66	4.01
2018	1627	57.14	7.06	4.14
2019	1670	57.13	7.87	4.32

历年中等技术学校基本情况

单位：万人

年 份	学校(所)	毕业生数	招生数	在校学生	教职工数	# 专任教师
2000	83	3.80	2.98	11.77	1.25	0.51
2001	81	2.91	3.48	12.06	1.22	0.50
2002	81	2.94	3.93	12.65	1.18	0.50
2003	83	3.39	4.34	13.69	1.19	0.53
2004	82	3.08	3.87	14.05	1.12	0.53
2005	81	3.39	3.33	13.67	1.09	0.53
2006	81	3.52	3.47	13.70	1.06	0.52
2007	76	3.86	3.23	12.81	1.00	0.51
2008	73	3.71	3.24	12.08	0.97	0.51
2009	70	3.39	2.98	11.50	0.94	0.49
2010	65	3.34	2.99	10.91	0.91	0.50
2011	64	3.14	2.78	10.22	0.89	0.50
2012	61	2.77	2.76	9.88	0.85	0.48
2013	55	2.76	2.51	9.23	0.82	0.48
2014	54	3.55	2.25	7.74	0.80	0.48
2015	51	2.49	2.22	7.24	0.78	0.48
2016	50	2.27	2.02	6.77	0.76	0.48
2017	50	2.14	1.90	6.31	0.74	0.47
2018	50	2.07	1.80	5.98	0.72	0.47
2019	50	1.95	1.83	5.70	0.70	0.47

历年特殊教育学校基本情况

单位:人

年　份	学校(所)	毕业生数	招生数	在校学生	教职工数	#专任教师
2000	34	844	1139	5407	1584	943
2001	32	615	731	5463	1599	946
2002	32	639	641	5529	1653	987
2003	31	767	692	5463	1629	985
2004	29	809	650	5358	1597	978
2005	28	853	692	5238	1598	1002
2006	28	869	675	5043	1614	1047
2007	28	886	741	5043	1603	1092
2008	29	828	752	5131	1612	1115
2009	29	901	758	5044	1594	1121
2010	29	918	776	5036	1596	1143
2011	29	907	732	4927	1577	1158
2012	29	876	783	4885	1580	1177
2013	29	813	602	4724	1588	1207
2014	29	844	621	4603	1587	1228
2015	29	754	529	4334	1590	1239
2016	29	755	521	4226	1588	1248
2017	30	840	734	4330	1623	1268
2018	30	717	640	4378	1641	1286
2019	31	721	848	4817	1752	1385

历年成人高等学校基本情况

单位:万人

年　份	学校(所)	毕业生数	招生数	在校学生	教职工数	#专任教师
2000	37	3.10	4.23	11.49	0.66	0.30
2001	31	2.77	5.38	13.83	0.53	0.24
2002	30	3.08	6.73	17.09	0.49	0.22
2003	27	4.24	7.22	19.80	0.45	0.21
2004	22	6.08	11.64	26.67	0.36	0.18
2005	21	7.68	9.32	22.45	0.32	0.15
2006	21	1.50	6.78	19.46	0.31	0.16
2007	21	5.20	7.26	20.68	0.30	0.15
2008	18	5.69	7.25	21.38	0.24	0.13
2009	18	5.97	6.94	21.33	0.23	0.13
2010	17	6.88	6.54	19.86	0.20	0.11
2011	17	6.06	5.79	18.86	0.19	0.10
2012	16	5.66	5.85	18.37	0.17	0.09
2013	15	5.40	5.44	17.46	0.16	0.09
2014	14	5.16	5.24	16.84	0.15	0.08
2015	14	4.97	4.79	15.80	0.15	0.08
2016	14	4.90	4.16	14.39	0.15	0.08
2017	14	4.72	4.55	13.46	0.14	0.07
2018	14	4.62	4.56	12.86	0.14	0.07
2019	14	4.01	4.57	12.81	0.13	0.07

普通高等学校基本情况一览表(一)

单位:人

指标	研究生在校生数			普通本专科							
	全日制	专业学位	非全日制	毕业生	#本科	招生	#本科	在校生	#本科	预计毕业生	#本科
总计	**163149**	**56898**	**31093**	**131694**	**85641**	**148313**	**98340**	**526585**	**391302**	**146443**	**100282**
部委属高校	**98119**	**35228**	**26444**	**26477**	**23934**	**30056**	**27019**	**118750**	**110547**	**29404**	**26932**
复旦大学	20274	7368	5399	2870	2713	3397	3397	14104	13991	3601	3488
上海交通大学	22822	8530	5060	3654	3654	4107	4107	16351	16351	3685	3685
同济大学	17871	6658	5405	3657	3657	4289	4289	18115	18115	4069	4069
华东理工大学	9605	3106	1743	3464	3464	4072	4072	16698	16698	4115	4115
东华大学	6561	2092	626	3258	3258	3454	3454	14339	14339	3874	3874
华东师范大学	12855	3898	5194	3277	3276	3520	3520	14569	14569	3631	3631
上海外国语大学	3255	1145	369	1423	1423	1514	1514	6028	6028	1476	1476
上海财经大学	4798	2353	2600	1934	1934	1997	1997	8027	8027	2034	2034
上海海关学院	78	78	48	555	555	669	669	2429	2429	560	560
上海民航职业技术学院				2385		3037		8090		2359	
市属院校	**65030**	**21670**	**4649**	**105217**	**61707**	**118257**	**71321**	**407835**	**280755**	**117039**	**73350**
本科院校	**65030**	**21670**	**4649**	**72607**	**61707**	**79877**	**71321**	**305885**	**280755**	**83794**	**73350**
上海大学	14838	3569	1185	4673	4673	4684	4684	20103	20103	5980	5980
上海理工大学	8366	3384	255	3752	3752	4113	4113	16706	16706	4441	4441
上海海事大学	4966	1871	748	3906	3906	3947	3947	16301	16301	4436	4436
上海海洋大学	3653	1176	138	2855	2855	3023	3023	11977	11977	2967	2967
上海中医药大学	3259	1474		859	797	963	897	3908	3704	999	932
上海师范大学	8193	2950	345	4915	4915	5080	5080	20889	20889	5867	5867
上海对外经贸大学	2566	1245	351	2284	2283	2219	2219	9033	9033	2388	2388
华东政法大学	4530	1462	858	2711	2711	2801	2801	11516	11516	2976	2976
上海工程技术大学	3814	1005		4592	3898	4628	4358	18667	17584	5540	4842
上海电力大学	2299	521	125	2293	2293	2549	2549	10682	10682	2976	2976
上海应用技术大学	1715	606	24	3354	3104	4132	3993	16332	15791	4328	4090
上海科技大学	2067			270	270	398	398	1534	1534	367	367
上海纽约大学				145	145	220	220	766	766	138	138
上海第二工业大学	293	293		3272	2421	3539	2694	12596	10305	3602	2667
上海健康医学院				3329	214	3484	2086	11296	6383	3404	992
上海体育学院	1828	473	333	1028	934	1113	1007	4432	4074	1158	1025
上海音乐学院	820	488	146	359	359	475	475	1804	1804	421	421
上海戏剧学院	422	184	141	437	437	464	464	1839	1839	450	450
上海立信会计金融学院	231	231		4922	4615	4318	4279	17900	17693	4825	4696
上海电机学院	378	378		3068	2296	3345	2652	12185	10365	3430	2746
上海政法学院	792	360		2405	2364	2405	2405	9446	9446	2404	2404

续表

指　　标	研究生在校生数			普　通　本　专　科							
	全日制	专业学位	非全日制	毕业生	#本科	招　生	#本科	在校生	#本科	预　计毕业生	#本科
上海商学院				2528	1956	2167	1877	8334	7433	2436	1885
上海公安学院				940		1360	400	2859	850	1049	
上海杉达学院				3361	3063	3946	3591	15439	14363	4279	3871
上海建桥学院				3701	3054	5879	5059	19839	17197	5092	4115
上海兴伟学院				19	19	48	48	111	111	17	17
上海视觉艺术学院				940	940	1079	1079	4440	4440	1170	1170
上海立达学院				2256		3053	478	7759	674	2163	
上海外国语大学贤达经济人文学院				1350	1350	2181	2181	7779	7779	1904	1904
上海师范大学天华学院				2083	2083	2264	2264	9413	9413	2587	2587
专科院校				**2993**		**3172**		**8960**		**3009**	
上海旅游高等专科学校				1231		1265		3587		1218	
上海出版印刷高等专科学校				1762		1907		5373		1791	
高职学院				**29617**		**35208**		**92990**		**30236**	
上海行健职业学院				1389		1432		3922		1295	
上海城建职业学院				2885		3693		10084		3500	
上海交通职业技术学院				1592		1606		4381		1656	
上海海事职业技术学院				371		225		796		453	
上海电子信息职业技术学院				2827		3730		9979		3504	
上海工艺美术职业学院				1254		1518		3917		1214	
上海科学技术职业学院				1589		1626		4768		1628	
上海农林职业技术学院				1179		1376		3467		1183	
上海工会管理职业学院				423				63		57	
上海体育职业学院											
上海东海职业技术学院				2041		2434		6357		2023	
上海工商职业技术学院				1779		2340		6010		1875	
上海震旦职业学院				1507		2292		5328		1490	
上海民远职业技术学院				323		318		800		323	
上海思博职业技术学院				2350		2549		6882		2155	
上海济光职业技术学院				1711		2351		5702		1565	
上海工商外国语职业学院				2415		3444		9086		2671	
上海邦德职业技术学院				1260		1323		3506		1130	
上海中侨职业技术学院				2182		2270		6079		1944	
上海电影艺术职业学院				540		681		1863		570	
上海欧华职业技术学院											
上海中华职业技术学院											

普通高等学校基本情况一览表(二)

单位:人

指　　标	成人本专科在校生	#本科	教职工数	专任教师数	正副高	研究生学历	占地面积(万平方米) 学校产权	非产权独用	校舍面积(万平方米) 学校产权	非产权独用
总　计	**121970**	**93464**	**77224**	**46278**	**23942**	**39758**	**3530.71**	**385.97**	**2323.56**	**247.92**
部委属高校	**39249**	**37330**	**33335**	**16915**	**11764**	**15875**	**1384.24**	**142.28**	**1071.43**	**27.27**
复旦大学	6002	6002	6681	2927	2367	2783	130.30	113.62	215.34	7.82
上海交通大学	4511	4511	7455	3236	2289	3094	332.90	6.60	202.91	
同济大学	6926	6698	5858	2803	2095	2586	254.38		181.43	16.30
华东理工大学	12841	12009	3101	1806	1153	1708	168.99		94.03	
东华大学	981	924	2293	1372	928	1267	125.63		81.41	
华东师范大学	1001	843	4214	2423	1789	2273	168.32	21.34	144.74	3.15
上海外国语大学	2369	2189	1426	838	427	825	72.87	0.72	43.49	
上海财经大学	4154	4154	1607	1038	602	1012	54.19		62.20	
上海海关学院			286	142	62	121	31.22		12.60	
上海民航职业技术学院	464		414	330	52	206	45.42		33.30	
市属院校	**82721**	**56134**	**43889**	**29363**	**12178**	**23883**	**2146.47**	**243.69**	**1252.13**	**220.65**
本科院校	**75458**	**56134**	**36886**	**24745**	**10964**	**21283**	**1832.01**	**78.18**	**1101.43**	**106.19**
上海大学	19397	13414	5631	3142	1683	2870	189.47		139.47	2.25
上海理工大学	3844	3750	2364	1799	801	1636	66.14	5.30	64.41	4.69
上海海事大学	2920	2426	1948	1281	530	1206	138.07	1.55	67.84	2.76
上海海洋大学	5231	4427	1252	955	418	838	135.74	0.44	44.66	1.71
上海中医药大学	3761	3591	1369	790	380	676	36.44	2.86	33.39	3.00
上海师范大学	5541	5246	2963	1963	1065	1806	153.24		65.35	
上海对外经贸大学	348	316	1105	795	420	756	66.88	0.23	32.36	2.11
华东政法大学	1529	1529	1322	967	427	890	75.43		35.89	
上海工程技术大学	3278	2404	1881	1467	549	1306	92.84		59.09	
上海电力大学	1600	1477	1156	798	402	705	75.13		42.84	
上海应用技术大学	4655	2924	1633	1156	543	962	92.37	2.23	56.43	0.92
上海科技大学			789	453	282	453	59.87		70.66	2.47
上海纽约大学			602	212	109	210		0.86		8.07
上海第二工业大学	7416	3618	1136	815	347	625	40.26	6.59	25.93	7.08
上海健康医学院	1267	1113	829	581	143	449	43.51	14.79	28.60	10.50
上海体育学院	571	387	796	494	270	384	37.07		33.24	
上海音乐学院	248	248	487	306	179	219	6.67	1.73	20.66	0.41
上海戏剧学院	1260	1165	528	308	129	189	22.56		28.09	0.52
上海立信会计金融学院	5154	3783	1684	1301	462	1038	62.63	15.55	46.72	9.24
上海电机学院	4903	2605	1037	809	296	764	76.46		36.46	
上海政法学院	457	457	720	579	237	518	62.76		22.83	

续表

指标	成人本专科在校生	#本科	教职工数	专任教师数	正副高	研究生学历	占地面积（万平方米）		校舍面积（万平方米）	
							学校产权	非产权独用	学校产权	非产权独用
上海商学院	1031	691	845	565	233	387	20.73	1.00	17.64	2.53
上海公安学院			423	177	33	56	43.83	1.87	6.92	6.09
上海杉达学院	439	424	948	606	221	554	49.28	4.53	30.96	6.05
上海建桥学院	604	139	1183	867	269	587	53.26		35.92	6.01
上海兴伟学院			30	14	5	9	14.53	8.57	4.65	5.75
上海视觉艺术学院			457	340	142	279	49.21	2.28	12.34	6.50
上海立达学院	4		536	394	140	234	33.78		20.43	
上海外国语大学贤达经济人文学院			585	342	105	302	8.66	1.93	7.50	7.27
上海师范大学天华学院			647	469	144	375	25.16	5.87	10.17	10.26
专科院校	**325**		**653**	**396**	**117**	**297**	**19.26**	**27.59**	**5.53**	**13.27**
上海旅游高等专科学校	72		270	170	44	138	0.92	20.61	1.57	6.33
上海出版印刷高等专科学校	253		383	226	73	159	18.34	6.98	3.96	6.94
高职学院	**6938**		**6350**	**4222**	**1097**	**2303**	**295.20**	**137.93**	**145.17**	**101.19**
上海行健职业学院	330		205	157	41	106	7.08	4.24	9.11	2.14
上海城建职业学院	617		747	506	157	274	19.96	26.78	3.34	18.78
上海交通职业技术学院	184		304	250	50	96	4.90	18.00	3.57	7.74
上海海事职业技术学院	21		110	73	22	22	5.50		7.92	
上海电子信息职业技术学院	556		540	279	57	162	27.04	8.49	15.30	6.63
上海工艺美术职业学院	51		328	236	87	98	12.95	0.53	7.88	1.21
上海科学技术职业学院			253	159	50	82	21.40		11.86	
上海农林职业技术学院			234	140	28	105	26.74	28.50	2.51	9.56
上海工会管理职业学院							27.07		11.15	
上海体育职业学院										
上海东海职业技术学院	985		502	255	78	134	12.66		10.11	2.89
上海工商职业技术学院	215		425	301	68	170	13.87	8.57	7.69	9.56
上海震旦职业学院	1445		464	286	74	175	10.41	2.04	4.49	6.22
上海民远职业技术学院			97	43	7	27		10.67		6.24
上海思博职业技术学院	692		413	293	89	140	33.19		3.62	11.00
上海济光职业技术学院			306	211	53	103	11.25		10.14	
上海工商外国语职业学院	1297		553	451	86	277	19.88	3.43	15.64	3.43
上海邦德职业技术学院	35		229	110	23	57	5.13		4.84	0.57
上海中侨职业技术学院	510		465	343	109	199	36.16		16.01	7.34
上海电影艺术职业学院			175	129	18	76		26.68		7.88
上海欧华职业技术学院										
上海中华职业技术学院										

成人高校基本情况一览表

单位：人

指标	学生情况				教职工数				占地面积（平方米）		校舍面积（平方米）	
	毕业生	招生	在校生	预计毕业生		#专任教师数	正高	副高	学校产权	非产权独用	学校产权	非产权独用
总计	**1387**	**1781**	**6148**	**3682**	**1315**	**692**	**18**	**170**	**418404.47**	**553046.12**	**403528.49**	**634919.55**
上海科技管理干部学院	174	51	314	167	103	17	2	4	16606.00		18551.54	
上海市黄浦区业余大学	143	193	476	283	94	65		18	13230.00		30272.00	
上海市徐汇区业余大学	118	117	691	476	94	65		17	40325.27		22553.26	
上海市长宁区业余大学	131	179	1662	1483	81	60	1	14	23581.00		35732.00	
上海市静安区业余大学	139	374	670	296	99	81	1	7	48576.00		59763.00	786.00
上海市普陀区业余大学	119	155	300	145	87	60	1	18	40266.00		31137.00	
上海市虹口区业余大学	69	19	205	186	62	36		5	21730.00	3406.00	29795.00	3406.00
上海市杨浦区业余大学	164	202	566	364	56	37		9	24629.20		21132.94	
上海市宝山区业余大学	55	103	177	74	85	46		13	25529.00		28912.08	3663.01
上海纺织工业职工大学	21	231	608	50	83	26		3		15267.00		32443.89
上海医药职工大学	118	157	479	158	47	17		1	5491.00		15972.67	
上海开放大学					338	117	8	41	55904.00	534373.12	62564.00	594620.65
上海市经济管理干部学院	26											
上海青年管理干部学院	110				86	65	5	20	102537.00		47143.00	

实验性示范性中学名单

单位：所

地区	市实验性示范性中学		区实验性示范性中学	
	校数	校名	校数	校名
全市合计	**63**		**84**	
黄浦区	7	光明中学	4	五爱高级中学
		卢湾高级中学		第八中学
		向明中学		第十中学
		上外附属大境中学		储能中学
		大同中学		
		敬业中学		
		格致中学		
徐汇区	5	市二中学	5	徐汇中学
		南洋中学		第四中学
		南洋模范中学		中国中学
		上海中学		五十四中学
		位育中学		西南位育

续表

地　区	市实验性示范性中学		区实验性示范性中学	
	校数	校　名	校数	校　名
长宁区	3	市三女中	4	华师大附属天山学校
		延安中学		建青实验学校
		复旦中学		华东政法附中
				仙霞中学
静安区	7	华东模范中学	8	市一中学
		市西中学		同济附属七一中学
		育才中学		民立中学
		市北中学		上戏附属高中
		市六十中学		风华中学
		新中中学		彭浦中学
		回民中学		久隆模范中学
				闸北第八中学
普陀区	3	宜川中学	5	同济二附中
		曹杨二中		甘泉外国语
		晋元中学		曹杨中学
				长征中学
				桐柏中学
虹口区	4	北郊中学	5	北虹中学
		上外附中		澄衷中学
		华师大一附中		继光中学
		复兴中学		虹口中学
				鲁迅中学
杨浦区	5	杨浦中学	9	市东中学
		控江中学		上理工附中
		复旦附中		中原中学
		同济一附中		财大附中
		交大附中		少云中学
				同济中学
				复旦实验中学
				民星中学
				体院附属中学
闵行区	4	闵行中学	5	莘庄中学
		七宝中学		文来中学
		上师大附中闵行分校		田园中学
		交大附中闵行分校		上外闵行外国语中学
				华理附属闵行科技中学

续表

地　　区	市实验性示范性中学		区实验性示范性中学	
	校数	校　　名	校数	校　　名
宝山区	3	吴淞中学	5	罗店中学
		行知中学		宝山中学
		上大附中		通河中学
				顾村中学
				行知实验中学
嘉定区	2	嘉定一中	3	上外嘉定外国语中学
		交大附中嘉定分校		嘉定二中
				安亭中学
浦东新区	11	洋泾中学	18	华师大附属东昌中学
		实验学校		上南中学
		进才中学		高桥中学
		建平中学		杨思中学
		华师大二附中		三林中学
		南汇中学		华师大附属周浦中学
		川沙中学		新场中学
		浦东复旦附中分校		海洋大学附属大团中学
		上海中学东校		浦东中学
		上外附属浦东外国语学校		陆行中学
		上师大附中		香山中学
				建平世纪中学
				新川中学
				海事大学附属北蔡中学
				高行中学
				南汇一中
				交大附属浦东实验高中
				文建中学
金山区	2	华师大三附中	4	上师大二附中
		金山中学		张堰中学
				华师大附属枫泾中学
				亭林中学
松江区	2	松江一中	2	上师大附属外国语中学
		松江二中		华师大松江实验中学
青浦区	3	青浦中学	1	青浦一中
		朱家角中学		
		复旦附属青浦分校		

续表

地　区	市实验性示范性中学		区实验性示范性中学	
	校数	校　名	校数	校　名
奉贤区	1	奉贤中学	2	致远中学
				曙光中学
崇明区	1	崇明中学	4	扬子中学
				民本中学
				城桥中学
				堡镇中学

民办小学名单

单位:所

地　区	校数	校　名	
全市合计	**88**		
黄浦区			
徐汇区	4	爱菊小学	世界外国语小学
		逸夫小学	盛大花园小学
长宁区	2	新世纪小学	东展小学
静安区	4	上外静安外国语小学	童园(实验)小学
		扬波外国语小学	彭浦实验小学
普陀区	1	金洲小学	
虹口区	4	四中心实验小学	宏星小学
		丽英小学	上外附属外国语小学
杨浦区	2	打一外国语小学	阳浦小学
闵行区	17	双江小学	七宝外国语小学
		振兴小学	华星小学
		银星学校	华博利星行小学
		华虹小学	弘梅小学
		育苗小学	马桥小学
		浦江文汇学校	文博小学
		浦江文馨学校	塘湾小学
		弘梅第二小学	文河小学
		协和双语学校	
宝山区	10	罗希小学	申华小学
		山海小学	杨行小学
		杨东小学	惠民小学
		肖泾小学	海兰小学
		顾教小学	益钢小学

续表

地　区	校数	校　　名	
嘉定区	8	桃苑小学	娄塘小学
		包桥小学	育红小学
		华武小学	沪宁小学
		杨林小学	天宇小学
浦东新区	20	育才小学	浦东外国语小学
		竹林小学	明辉小学
		宣桥小学	徐庙小学
		新农小学	利民小学
		唐四小学	福山正达外国语小学
		鲁冰花小学	联营小学
		寿春小学	梅林小学
		新金童小学	航头小学
		皖蓼小学	英才小学
		筑桥实验小学	常青藤小学
金山区			
松江区	16	薛家小学	古松三村小学
		北干山小学	刘家小学
		联庄小学	打铁桥村小学
		南门村小学	陈春小学
		众兴小学	马汤村小学
		永悦小学	花桥村小学
		向阳小学	世泽小学
		昆港小学	新叶小学
青浦区			
奉贤区			
崇明区			

民办中学名单

单位：所

地　区	校数	校　　名	
全市合计	**132**		
黄浦区	5	明珠中学	永昌学校（九）
		立达中学	康德双语实验学校（十二）
		震旦外国语中学	
徐汇区	7	西南高级中学	世界外国语中学
		西南模范中学	位育中学
		华育中学	南模中学
		西南位育中学	

续表

地　区	校数	校　　名	
长宁区	3	包玉刚实验学校(九)	新虹桥中学
		新世纪中学	
静安区	6	上外静安外国语中学	田家炳中学
		风范中学	扬波中学
		精文中学	新和中学
普陀区	7	兰田中学	玉华中学
		培佳双语学校(十二)	华师大附属进华中学
		新黄浦实验学校(九)	桐柏中学
		托马斯实验学校	
虹口区	6	迅行中学	瑞虹高级中学
		新北郊初级中学	新华初级中学
		上外第一实验学校	新复兴初级中学
杨浦区	9	沪东外国语学校(九)	杨浦实验学校
		控江中学附属学校(十二)	兰生复旦中学
		同济大学附属存志中学	同济大学实验学校(九)
		杨浦凯慧初级中学	上实剑桥外国语中学
		上外附属双语学校(十二)	
闵行区	20	文绮中学	星河湾双语学校(十二)
		万源城协和学校(九)	协和双语高级中学
		协和双语尚音学校(九)	教科实验中学
		复旦万科实验学校(九)	上师初级中学
		博世凯外国语学校(九)	上宝中学
		上外闵行外国语初级中学	文来中学
		燎原双语学校(九)	美高双语学校(九)
		万科双语学校(九)	莘庄初级中学
		华东师大二附中紫竹双语学校(九)	燎原双语高级中学
		诺德安达双语学校(十二)	德闳学校(十二)
宝山区	10	和衷中学	锦秋学校(九)
		行知二中实验学校(九)	交华中学
		建峰职业技术学院附属高中	行中中学
		日日学校(九)	同洲模范学校(十二)
		华二宝山实验学校(九)	宝山世界外国语学校(九)
嘉定区	8	远东学校(十二)	怀少学校(九)
		嘉一联合中学	华二初级中学
		桃李园实验学校(九)	斌心学校(九)
		华师大附属双语学校(十二)	世界外国语学校(九)

续表

地　区	校数	校　　名	
浦东新区	27	东方外国语学校(十二)	工商外国语职业学院附属中学
		进才外国语中学	平和学校(十二)
		东方阶梯双语学校(九)	丰华高级中学
		金苹果学校(十二)	洋泾外国语学校
		上科大附属民办学校(九)	更新学校(九)
		育辛高级中学	新竹园中学
		尚德实验学校(十二)	浦东交中初级中学
		福山正达外国语学校(九)	张江集团学校
		民远高级中学	光华中学
		中芯学校(十二)	沪港学校(九)
		上师大附属第二外国语学校(十二)	建平远翔学校
		协和双语学校(九)	华二浦东实验学校
		万科学校(九)	惠立学校(九)
		宏文学校(九)	
金山区	7	金盟学校(九)	枫叶国际学校
		交大南洋中学	永昌中学
		世界外国语学校(十二)	金山剑桥实验中学
		杭州湾双语学校(十二)	
松江区	7	西外外国语学校(十二)	九峰实验学校
		包玉刚实验高中	茸一中学
		赫德双语学校(九)	领科双语学校
		尚文武术专业学校(九)	
青浦区	5	宋庆龄学校(十二)	世界外国语学校(九)
		复旦五浦汇实验学校(九)	平和双语学校(九)
		协和双语学校(九)	
奉贤区	3	帕丁顿双语学校(十二)	上外临港外国语学校(九)
		铭远双语高中	
崇明区	2	新纪元双语学校(九)	
		民一中学	

上海市国际学校名单

学　校　名　称	地　　址
上海美国外籍人员子女学校	闵行区金丰路258号
上海日本人外籍人员子女学校	闵行区虹梅路3185号
上海英国外籍人员子女学校	浦东新区沪南公路2729弄康桥半岛600号
上海法国外籍人员子女学校	青浦区高光路350号
上海虹桥德国外籍人员子女学校	青浦区高光路350号
上海韩国外籍人员子女学校	闵行区华漕镇联友路355号

续表

学校名称	地址
上海新加坡外籍人员子女学校	闵行区朱建路301室
上海耀中外籍人员子女学校	长宁区水城路11-15号
上海长宁国际外籍人员子女学校	长宁区虹桥路1161号
上海协和国际外籍人员子女学校	浦东新区金桥明月路999号
上海德威外籍人员子女学校	浦东新区蓝桉路266号
上海西华外籍人员子女学校	青浦区徐泾镇联民路555号
上海李文斯顿美国外籍人员子女学校	长宁区甘溪路580号
上海虹桥国际外籍人员子女学校	长宁区虹桥路2381号
上海不列颠英国外籍人员子女学校	闵行区古北路1988号
上海惠灵顿外籍人员子女学校	浦东新区耀龙路1500号
上海奥伊斯嘉外籍人员子女幼儿园	长宁区茅台路715弄20号
上海美丘外籍人员子女幼儿园	闵行区虹许路788号(名都城内)
上海泰宁外籍人员子女幼儿园	徐汇区复兴西路43号
上海恩吉尔外籍人员子女幼儿园	闵行区虹中路375号
上海东进外籍人员子女幼儿园	闵行区虹梅路3081号虹桥别墅内
上海骏台日本人补习中心	长宁区延安西路2633号美丽华商务中心B308室
上海青海韩国人补习中心	长宁区水城南路37号万科广场北楼705室
上海一麦日本人补习中心	闵行区虹梅路3201弄26号101室
东进上海日本人补习中心	浦东新区花木路1883弄御翠园230号
上海日本人教育补习中心	长宁区水城南路55号六月汇广场5楼501室
上海飞翔日本人补习中心	长宁区荣华东道96号维多利亚商务楼C座504—505室
上海哈罗外籍人员子女学校	浦东新区外高桥高西路588号

上海市老年教育机构情况

指标名称	合计	市	区、县	街道、乡、镇	居、村委
老年学校教育	—	—	—	—	—
老年大学	—	—	—	—	—
数量(个)	66	4	62	—	—
学员人数(人)	242026	41255	200771	—	—
老年学校	—	—	—	—	—
数量(个)	221	—	—	221	—
学员人数(人)	318410	—	—	318410	—
老年教学点	—	—	—	—	—
数量(个)	5589	—	—	—	5589
学员人数(人)	392454	—	—	—	392454
老年远程教育	—	—	—	—	—
集体收视点(个)	5941	—	—	—	5941
集体收视人数(人)	261099	—	—	—	261099

续表

指 标 名 称	合 计	市	区、县	街道、乡、镇	居、村委
老年社会教育	—	—	—	—	—
学习团队数(个)	16691	186	865	11723	3917
参加人数(人)	479251	4678	31332	338833	104408
群众性教育活动	—	—	—	—	—
次数(次)	147814	206	2492	36373	102191
参加人次(人次)	5752341	41434	160793	1756055	3794059

索　引

Index

索 引

说明：①本索引的主题词索引及人名索引采用主题分析索引方法，按主题词及人名首字的汉语拼音字母顺序排列。串文图片索引按页码先后顺序排列。②索引名称后的数字表示内容所在的页码，数字后面的 a、b 表示内容所在版面的左、右区域。③在上海的单位和在上海发生的事件名称前的“上海”两字一般均予省略。括号内高校名称一般用全称。

主题词索引

C

D

E

F

G

H

J

K

L

M

N

O

P

Q

R

S

T

W

X

Y

Z

人名索引

串文图片索引

《2020 上海教育年鉴》编纂人员

总 编 审:蒋　红
副总编审:丁　力　闫鹏涛
《上海教育年鉴》编辑部:刘　捷　郑秀敏

供稿单位组稿人:(以姓氏笔画为序)

万翰杰　马宏亮　王会姣　王　阳　王金晶　方乐莺　邓叶芬　平　婧
叶丽玉　田　原　史志明　白前永　印成君　成　钊　吕颜婉倩　朱云飞
刘红菊　刘丽英　刘　建　刘晓燕　关淑君　许　凌　许　诺　许梅英
孙　慧　杜　宇　李池峰　李　杨　李　莉　李惠君　杨雅静　杨　静
吴永丽　吴志芳　吴怀莉　沈　华　宋莉莉　宋　娟　宋偲蕾　张仲礼
张　菲　张毅婷　陆祎琳　陈　卫　武　婕　范春燕　季　嘉　季慧琴
岳　强　金舒莺　周益斌　庞　媛　郑贺春　郑　辉　郑　楷　单　君
单驹超　赵英媛　胡　珺　胡萌萌　俞晓菁　姜传松　秦　凤　聂韶晶
徐春霞　凌长臣　高兰兰　高　哲　黄　欣　梅　飞　梅湘瀛　曹佳凤
曹桂馥　曹婷婷　章玲苓　梁　艳　葛春晖　韩松儒　童子益　赖黎明
虞　兰　廖文文　戴　泓

供稿单位审稿人:(以姓氏笔画为序)

丁树哲　马　强　王占勇　王　彤　王剑岳　王晓波　王爱祥　毛成功
未景达　叶　华　叶福林　叶蔚蓝　史成宇　史　寅　毕秀水　曲玉梁
仲立新　刘文星　刘　丽　刘鹤霞　严　奕　杜　峥　李　川　李少丹
李希萌　李　旺　杨旭辉　肖建农　何　杰　余　娟　应陵蓉　张　红
张　凯　张　莉　张锦华　张增泰　陈宇卿　陈国兰　陈晓斌　陈敬良
范以纲　茅卉弦　罗英华　金峥杰　金　辉　周　英　周婉婉　周路海
宗　弘　胡花玉　胡恺真　胡德平　段仁启　俞光虹　俞雷霖　姜易群
费　明　姚赟勤　秦立卿　袁　晖　夏雅敏　徐　咏　徐沫扬　徐祖广
徐　辉　徐皓刚　徐　斌　高雪岭　高　琳　郭伟钧　陶海根　陶　强
曹士勋　曹锡康　盛　况　崔亦田　章甘群　梁晓峰　葛　朗　蒋乃平
蒋昕宇　程　涛　滑智平　蔡　磊

特邀审稿人:(以姓氏笔画为序)

王正华　江　岚　杨　琼　钟　智　宣念蜀　顾剑华　郭天和　盛　懿
蒋侯玲

主要摄影作者:(以姓氏笔画为序)

叶辰亮　朱水苗　李立基　顾　超

英文翻译:江　岚

责任编辑:鲍　静　罗　俊
特邀编辑:余鸿源

图书在版编目(CIP)数据

2020上海教育年鉴/上海市教育委员会编.—上海：上海人民出版社，2020
ISBN 978-7-208-16835-0

Ⅰ.①2… Ⅱ.①上… Ⅲ.①教育工作-上海-2020-年鉴 Ⅳ.①G527.51-54

中国版本图书馆CIP数据核字(2020)第225580号

责任编辑 鲍 静 罗 俊
特邀编辑 余鸿源
封面设计 张志全工作室

2020上海教育年鉴
上海市教育委员会 编

出 版 上海人民出版社
(200001 上海福建中路193号)
发 行 上海人民出版社发行中心
印 刷 浙江新华数码印务有限公司
开 本 890×1240 1/16
印 张 31.75
插 页 12
字 数 800,000
版 次 2021年2月第1版
印 次 2021年2月第1次印刷
ISBN 978-7-208-16835-0/G·2057
定 价 200.00元